세심하게 연구한 역작!

— 퍼블리셔스 위클리(Publishers Weekly)

농업에 대해 우리가 갖고 있는 이미지(가족농)와 농기업이 지배하고 있는 현실 사이
의 거리를 충격적이고도 강력하게 일깨운다. 저녁식사 전에 반드시 이 책을 읽어라.

— 빌 매키번(Bill MaKibben), 《우주의 오아시스 지구(Eaarth)》 저자

하우터는 황금빛 곡물이 너울대는 들판 아래 시체가 묻혀 있는 곳을 알고 있다. ……
가슴 아픈 내용과 울화통 터지는 내용, 그리고 고무적인 내용이 번갈아가며 나오는
《푸도폴리》는 먹거리 체계를 되찾는 도전의 규모와 시급성을 이해하고자 하는 사람
의 필독서이다.

— 라즈 파텔(Raj Patel), 《식량 전쟁(Stuffed and Starved)》 저자

설득력 있는 문체로 먹거리에 대한 기업 지배력 집중이 중요한 이유와 먹거리 독점
에 맞서 우리가 할 수 있는 일을 분석한다. 《푸도폴리》는 안전한 먹거리와 깨끗한 물
을 원하는 사람이라면 누구나 반드시 읽어야 할 무척 중요한 책이다.

— 애나 라페(Anna Lappé), 《지구를 위한 다이어트 혁명(Diet for a Hot Planet)》 저자

《푸도폴리》는 정치적으로 용감하다. 단순히 농산업체의 실명을 고발하기 때문이 아니다. 우리를 구매자와 소비자라는 역할을 넘어 먹거리를 지배하는 정치학과 경제학에 대해 심사숙고하도록 이끈다.

— 샌프란시스코 크로니클(San Francisco Chronicle)

지금까지 미국에서 나온 먹거리 정치에 관한 책 중 가장 중요하다. …… 하우터는 먹거리 위기의 책임이 누구에게 있는지 분명하게 보여준다. 그것은 바로 대기업이 지배하고 있는 먹거리 체계에서 이익을 얻는 정치 및 농산업계 지도자들이다. 이 책을 읽고 행동에 나서라!

— 모드 발로(Maude Barlow), 《물은 누구의 것인가(Blue Covenant)》 저자

설득력 있는 주장이다. …… 우리가 대규모 정책 변화로 기업 지배력의 아성을 무너뜨리지 못한다면, 먹거리운동은 계속해서 아주 미미한 성공만을 거두게 될 것이라는 하우터의 주장은 전적으로 옳다.

— 미셸 사이먼(Michele Simon), 《이윤에 대한 욕구(Appetite for Profit)》 저자

먹거리는 생명이다. 오늘날 먹거리와 생명은 기업에게 강탈되었다. 그리고 우리의 지구, 우리의 농민, 우리의 건강은 기업 이윤을 위해 희생당하고 있다. 《푸도폴리》는 먹거리 민주주의와 먹거리 자유를 실현하기 위해 우리가 반드시 들어야 할 이야기이다.

— 반다나 시바(Dr. Vandana Shiva), 《누가 세계를 약탈하는가(Stolen Harvest)》 저자

Foodopoly

푸드 폴리
FOODOPOLY

위노나 하우터 지음 | 박준식 이창우 옮김

누가 먹거리를 독점하고 어떻게 망치는가

빨간소금

일러두기

- 원서에는 부와 장의 제목만 있을 뿐 각 장의 소제목은 없다(16장에는 있다).
  본서의 소제목은 한국어 독자의 편의를 위해 빨간소금 편집부에서 달았다.
- 본문 각 페이지의 아래에 있는 주석은 모두 '역주'이다. 본문 내용을 보완하는 성격이라서
  페이지 아래에 넣었다. 그리고 '원주'는 대부분 출전주라서 책의 끝 부분에 '주'로 넣었다.
- 책은 《 》, 신문 및 잡지는 〈 〉로 표기했다.

땅을 돌보고 정의를 위해 싸우는

가족농 수호자들에게 이 책을 바칩니다.

차례

감사의 말

너무나 많은 사람이 이 책이 나올 수 있도록 도움을 주었다.

정말로 똑똑하고 재능이 뛰어나며 훌륭한 연구보조원 릴리 보이스의 도움이 없었더라면 《푸도폴리》를 결코 완성하지 못했을 것이다. 그녀는 언제나 쾌활하고 효율적이었으며, 지칠 줄 모르고 연구를 도왔다. 이 책에 실린 도표들과 그림들을 만들기 위해 수개월을 보냈다. 릴리는 스타다!

푸드앤워터워치(Food & Water Watch)의 비범한 직원들에게도 감사하고 싶다. 명석하고 재능 있는 연구소장 패트릭 우달(Patrick Woodall)에게 나는 지적인 면에서 많은 빚을 졌다. 그는 깊은 사고, 방대한 수치 처리 능력, 많은 연구 경험으로 나에게 큰 도움을 주었다. 또한 망가진 먹거리 체계를 만들어낸 문제들의 미로 속에서 헤매고 있을 때 나를 격려하면서 끈기 있게 이야기를 들어주었다. 광범위한 이슈에 관해 믿기지 않을 정도로 지식이 많으며, 많은 측면에서 엄청나게 큰 도움을 준 먹거리 프로그램 책임자 패티 로베라(Patty Lovera)에게 특별히 감사한다. 편집을 비롯해 출판 과정에서 많은 도움을 준 홍보부장 다시 레이크스트로우(Darcy Lakestraw)에게도 깊이 감사하고 싶다. 이 난해한 원고를 더 읽기 쉽게 만들기 위해 편집과 표현에서 조언을 아끼지 않은 리사 매스트니(Lisa Mastny)에게도 감사한다. 최고운영책임자인 동료 레인 브룩스(Lane Brooks)는 내가 이 책을 쓰고 있을 때 내 임무와 책임의 많은 부분을 떠맡았다. 훌륭한 판단을 해준 데 대해, 그리고 푸드앤워터워치를 운영하면서 차분하고 믿을 만하며 사근사근한 파트너가 되어 준 데 대해 영원히 감사하고 싶다.

연구와 기술을 지원하고, 이 장기 프로젝트를 진행하는 동안 내 빈 자리를 메우고 정신적 지원을 아끼지 않은 푸드앤워터워치의 훌륭한 직원들께도 크게 감사하고 싶다. 그들의 이름은 다음과 같다. 사라 알렉산더, 데이브 앤드류스, 사라 보런, 로옐런 보이키, 존 브라운, 토니 코보, 잭 코리건, 스콧 에드워즈, 노엘 페르돈, 클레이 게이트우드, 애나 고쉬, 킴 거턴, 미치 존스, 덕 레이키, 미셸 메르켈, 이브 미첼, 레이첼 니슬리, 다시 오칼라간, 맷 올로프, 겐나 리드, 마크 슐로스버그, 벤 슈민, 팀 슈왑, 아담 스카우, 타일러 섀넌, 엘라노르 스타머, 이 왕, 안나 위토와스카, 에밀리 워스, 가브리엘라 잔자나이니, 론 주커.

이 프로젝트에 확신을 갖고 나에게 격려와 지지를 보낸 헬레인과 시드 레너에게 깊이 감사한다. 먹거리 체계 개선을 위한 그들의 헌신이 없었더라면 이 책은 결코 나오지 못했을 것이다. 내 일의 많은 부분을 지속적으로 후원하고 지원한 그레이스커뮤니케이션재단(GRACE Communications Foundation)에 특별히 감사하고 싶다. 재단 사람들 이름은 다음과 같다. 스콧 컬렌, 레슬리 햇필드, 리사 클레거, 데스틴 레인, 그리고 〈잘 먹기 가이드(Eat Well Guide)〉, 〈미트릭스(Meatrix)〉, '지속가능한 식탁(Sustainable Table)' 담당자들, 조안과 밥 레흐니츠가 보낸 지지와 격려에도 매우 감사한다. 이들 부부는 자연을 돈으로 환산해선 안 되며 극단적인 형태의 에너지는 우리의 먹거리와 물을 위협한다는 위대한 통찰력을 보여주었다.

인터뷰에 응하고 이 책에 필요한 자료를 제공한 많은 사람의 도움이 없었더라면 이 책은 가능하지 않았을 것이다. 시간을 내서 나와 대화하고 귀중한 식견과 정보를 제공한 다음의 사람들에게 나는 큰 빚을 졌다. 마크 아락스, 존 번팅, 벤 버켓, 마이크 캘리크레이트, 로이드 카터, 데일 코크, 호아킨 콘텐테, 로버타 쿡, 아가사 데스테라지, 캡 디어크, 다이앤 엔디콧, 휴 에스피, 래리 진터, 조엘 그리노, 앤드류 건터, 숀 할라한, 카일 해밀턴, 존 한센, 마이클 한센, 다이앤 해츠, 게리 하스키, 프레더릭 카우프만, 커트 켈지, 로비 케너, 켄드라 킴비라우스카스, 존 킨스맨, 개리 클리커, 주디 라벨, 안나 라페, 로버트 로렌스 박사, 레이 레온, 스콧 말로우, 마이클 마스터스, 마스 마스모토, 래리 미첼, 캐롤 모리슨, 키브 나흐만 박사, 조지 네일러, 매리언 네슬 박사, 펠리시아 네스터, 하비 니저, 캐시 오저, 스탠 페인터, 론다 페리, 마이클 퍼척, 크리스 피터슨, 다릴 레이 박사, 맷 로저스, 발레리 러들, 레베카 스펙터, 스티븐 스톨, 로버트 테일러 박사, 워런 테일러, 브루스 폰스타인, 로리 윌락, 데이비드 월링가 박사, 마이크 위버, 톰 윌리, 브래드 윌슨, 도나 윈번, 마크 윈.

　뉴 프레스 출판사의 편집자 마크 파브로(Marc Favreau)에게 진심으로 감사한다. 마크가 출판 작업을 이끈 것은 나에게 아주 큰 행운이었다. 그의 인내심과 이해 덕분에 즐겁게 일했다. 뛰어난 안목으로 이 책이 더 좋아질 수 있도록 힘쓴 프로덕션 에디터 사라 팬(Sarah Fan)에게도 감사한다. 꼼꼼하고 심혈을 기울여 원고를 교열한 레이첼 버드(Rachel Burd)에게 감사한다. 또한 아주라 콕스(Azzurra Cox)와 도움을 준 다른 직원들에게도 감사한다.

이 책이 그냥 아이디어 차원이었을 때 가치를 알아보고, 난관에 부딪혔을 때 지속적으로 성원한 소중한 친구이자 동료 모드 발로에게 큰 감사를 드린다. 동료이자 소중한 친구 리사 슈버트의 조언, 긍정적인 태도, 동지애에도 감사하고 싶다. 그녀는 늘 내 곁에서 친절한 말을 해주었다.

나는 운 좋게도 미드웨스트 아카데미(Midwest Academy)의 뛰어난 조직가들로부터 교육을 받았다. 그들은 나에게 진보적 변화를 일으키는 유일한 방법은 정치적인 힘 키우기이며, 이것은 장기간에 걸친 풀뿌리 조직화로 가능하다는 것을 가르쳐주었다. 스티브 맥스(Steve Max), 재키 켄달(Jackie Kendall), 데이비드 헌트(David Hunt)는 수년간 조직화 관련 멘토링을 해주었다. 나는 그들에게 많은 감사의 빚을 지고 있다.

나는 랄프 네이더(Ralph Nader)가 40년 전에 설립한 퍼블릭 시티즌(Public Citizen)에서 일하며 10여 년을 보냈다. 세계관 형성을 돕고, 푸도폴리와 수십 년 동안 싸울 수 있는 힘의 원천을 만들어준 랄프 네이더에게 감사한다. 그는 지금은 고인이 된 알 크렙스(Al Krebs)가 쓴 기념비적 저작 《대기업 농부: 애그리비즈니스에 관한 책(The Corporate Reaper: The Book of Agribusiness)》 출간을 돕기도 했다. 《푸드폴리》를 쓰면서 나는 알 크렙스의 책을 마음껏 참조했다. 나를 포함해서 공정한 먹거리 및 농장 운동을 하는 사람들 모두가 크렙스를 몹시 그리워한다. 1779~1990년의 농업 및 농장 정책과 관련해서는 그의 지식과 통찰력을 따를 사람이 없다.

또한 나는 푸도폴리 연구를 처음 시작한 사회과학자 빌 헤퍼넌(Bill

Heffernan) 박사와 메리 헨드릭슨(Mary Hendrickson) 박사에게도 지적인 빚을 지고 있다. 먹거리 체계의 통합이 농민과 소비자에게 미친 영향에 관한 그들의 뛰어난 연구는 이 책의 기초가 되었다.

터프츠대학교 세계개발환경연구소의 연구 및 정책 책임자 팀 와이즈(Tim Wise)에게 감사하고 싶다. 농가 소득과 농촌 개발에 관한 그의 연구는 농업 정책에 관한 내 주장의 기초가 되었다. 마찬가지로 수십 년 동안 농업 정책을 연구해온 테네시대학교 농업정책분석센터 소장 다릴 E. 레이(Daryll E. Ray) 박사에게도 감사를 표하고 싶다. 그의 연구는 먹거리 체계에서 과잉 생산의 부정적 역할에 관한 내 분석과 정책 변화를 위한 제언의 기초가 되었다.

'공유재에 관한' 지혜가 풍겨 나오는 해리엇 바로우(Harriet Barlow)에게 큰 감사를 드리고 싶다. 그녀 덕분에 나는 블루마운틴센터(Blue Mountain Center)에서 무료로 목가적인 한 달을 보낼 수 있었다.˙ 그때 나는 이 책의 몇 장을 썼다. 블루마운틴센터의 직원인 벤 스트레이더, 앨리스 고든, 시스 엘드리지, 다이앤 매케인, 니코 호비츠, 제이미 바렛 라일리와 레지던시 프로그램에 참여했던 재미있는 사람들 덕분에 작가로서의 피정(避靜)이 즐겁고 생산적인 경험이 되었다.

나에게 사랑과 지원을 아끼지 않는 친구들과 가족들에게도 진심으로

• 블루마운틴센터는 작가, 예술가, 활동가 들의 공동체로, 한 달 동안 공짜로 머무르며 생활할 수 있는 레지던시 프로그램을 운영하고 있다. 이런 이유로 저자가 '공유재에 관한'이란 표현을 쓴 것 같다.

감사하고 싶다. 그들은 내가 이 프로젝트에 완전히 빠져 있던 작년 한 해 동안 엄청난 이해심과 인내심을 보여주었다. 내 사랑하는 아이들, 아드리나 밀러와 체 밀러는 언제나 나를 열렬하게 응원하는 치어리더이다. 이번에도 끊임없는 사랑과 관심과 격려를 보내주었다. 상호 존중과 우정으로 똘똘 뭉친 가족이 있다는 점에서 나는 행운아다.

소중한 의붓딸이자 친구인 크리스티 니콜스는 나를 자극하기 위해 힘을 북돋는 메시지를 거의 매일 문자나 이메일로 보냈다. 꽃도 여러 번 보냈다. 그녀의 친절함과 격려에 진심으로 감사한다. 40년 지기인 내 소중한 친구 수 헤이즈와 그녀의 남편 톰 헤이즈는 끊임없는 지지와 관심, 맛있는 음식을 보내왔다. 일가친척과 친구들인 에린 도허티, 알튼 둘레이니, 데비와 웨인 하우터, 켈시 커, 팻 루이스, 캐시와 칩 리드, 메리 리치, 레오와 얀 스콜포로, 켈리 울프는 이 프로젝트의 여러 단계에서 도움과 지원을 아끼지 않았다. 마크와 L. J. 힐베라, 타일러, 크리스천, 베넷 니콜스, 잭슨 울프 등 더 나은 세상을 위해 계속 싸우도록 나에게 영감을 주는, 내 인생의 젊은이들에게도 감사한다.

마지막으로 내 인생의 농부인 사랑하는 남편 리(Leigh)에게 감사하지 않을 수 없다. 남편은 정치 문제에서 나를 지도한 친구이자 동반자이며 동지이다. 우리는 공정한 먹거리 체계뿐 아니라, 사회·경제·환경 정의를 위한 투쟁도 거의 30년 동안 함께했다.

머리말

1963년 내 아버지는 버지니아주 불런산맥의 농촌 지역에서 금방이라도 허물어질 듯한 농장을 하나 샀다. 워싱턴 D.C.에서 서남쪽으로 64킬로미터 떨어져 있는 이곳은 토양은 비옥하지만 돌이 아주 많았다.

아버지는 더스트 보울(Dust Bowl)$^{•}$ 시대에 오클라호마에서 자랐으며, 화물열차에 무임승차했고, 마침내 50대 후반에 "땅으로 돌아가기"를 실현했다. 그래서 우리는 무척 시골스러운 곳으로 이사했다. 이곳은 미국의 수도와는 문화적으로 완전히 동떨어져 있었으며, 오직 2차선 도로를 통해서만 간접적으로 연결되었다. 집에 가려면 비포장도로에서부터 진입로를 따라 1.6킬로미터를 더 가야 했다. 이 길은 울퉁불퉁해서 사륜구동 차만 다닐 수 있었다. 아버지는 지역 농촌전기협동조합을 움직여 전봇대를 설치하고 전기를 연결했지만, 집안에 수세식 화장실을 설치하려는 꿈은 이루지 못했다.

아버지는 특이한 사람이었다. 종교적 인습에 반대했으며, 그런 말을 아는 사람이 거의 없던 시절에 벌써 유기농 원예가였다. 야채를 몇 가지 기르고 벌을 쳤는데, 사람들은 아버지를 괴짜이자 취미농부로 여겼다. 야생화 벌꿀이 아버지의 영농 사업 가운데 유일하게 약간 성공한 분야였다. 1991년에 81세로 돌아가신 아버지가 지금의 농장 모습과 주위의 엄청난 발전상을 본다면 깜짝 놀랄 것이다.

• 1930년대 극심한 모래폭풍이 발생한 미국 대평원 지역을 일컫는다. 존 스타인벡의 소설《분노의 포도(The Grapes of Wrath)》의 배경이기도 하다.

대부분 숲인 이 40헥타르의 땅은 현재 한쪽에는 대저택 지구가, 다른 쪽에는 일직선으로 1.6킬로미터 거리에 외부인의 출입을 제한하는 고급 주택단지가 위치해 있다. 한때 암소가 여기저기 흩어져 있던 들판에는 수 많은 연립주택과 새로운 개발 구역이 솟아났다. 그러자 월마트 같은 대형 마트와 패스트푸드 매장도 덩달아 생겨나서 한때 목가적이었던 경관을 망치고 있다. 최근에는 주요 고속도로의 하나인 I-66이 구간별로 6차선이나 8차선으로 확장되면서, 통근자들로 길이 막히지 않는 흔치 않는 시간대에는 미국의 수도로 총알같이 달려갈 수 있다.

1997년부터 남편은 이 농장을 공동체지원농업(CSA)** 방식으로 운영하며, 회비를 낸 500가구에 유기농법으로 재배한 야채를 공급해왔다. 이 일은 운동가인 남편에게 잘 맞는다. 남편은 고등학교와 대학교에서 학생을 가르치고 공익단체에서도 일했지만, 화학물질을 쓰지 않고 농사를 짓는 도전을 정말로 더 좋아한다. 농장은 재정 면에서 성공적이다. 우리 땅이 있고, 자기가 먹는 먹거리의 출처가 더 확실하기를 바라는 주민들이 사는 대도시권 부근에 농장이 있기 때문이다. 주민들은 자기 아이의 먹거리가 어디에서 오는지 알고 싶어 하며, 닭들이 목초지에서 함께 지내는 것을 좋아한다는 사실을 배우고 싶어 한다. 사람들은 공동체지원농업에서 야채보다는 방문할 농장이 있다는 점을 더 중시한다고, 우리는 가끔씩 농담을 한다.

건강한 먹거리운동가로서 나는 농촌에서 자라면서 잡초를 뽑고, 감자의 벌레를 짓이기고, 야채를 통조림하고, 닭의 내장을 제거하고, 빵을 굽고, 조리용 화덕의 땔감을 팬 것을 특권으로 여긴다. 십 대 때는 내가 불우하다고 느꼈지만, 어른이 되어서는 먹거리가 어디에서 오며 먹거리를 생

** Community Supported Agriculture: 한국에서는 보통 '꾸러미 사업'이라 부른다. 하지만 개별 농가 단위에서 공동체지원농업을 운영하는 미국과 달리 한국은 개별 농가의 규모가 작기 때문에 작목반, 마을, 조합 단위로 여러 농민이 모여서 운영하거나, 시민단체, 생활협동조합, 중간상인 등이 운영한다.

산하기 위해 얼마나 많은 일이 필요한지 알게 된 것을 감사히 여긴다. 또한 우리 가족은 더할 수 없이 운이 좋은 편이다. 1960년대에 아버지가 구입한 땅이 당시에는 거의 가치가 없었지만, 지금은 부유하고 교육 받은 사람들이 주로 사는 대도시권 근방이 되었기 때문이다. 그러나 농민이나, 농민이 되기를 열망하는 사람들의 대부분은 그렇게 운이 좋지 않다. 다행스럽게도 농부시장 같은 판매처가 농사와 더 단순하고 건강한 라이프스타일을 바라는 사람들을 돕고 있다. 소비자에게 기쁨을, 농민에게 경제적 이득을 준다.

나는 직접 경험을 통해 공동체지원농업과 농부시장의 엄청난 편익에 관한 많은 지식을 얻었다. 그 가치를 높이 평가한다. 하지만 그것들은 망가진 우리 먹거리 체계의 해결책 가운데 작은 부분에 지나지 않는다. 로컬푸드를 한데 모으고 분배하는 푸드허브는 참여 농민과 식품 대량 소비처(식당, 식료품점 등)에 도움을 준다. 그러나 지금까지는 자생력 부족으로 비영리단체나 지방정부의 보조가 꼭 필요했다.

먹거리 체계를 어떻게 개선해야 할지 알고자 한다면 그 역사를 더 깊이 파고들어야 한다. 우리가 어떻게 현재에 이르렀는지에 관한 가슴 아픈 역사를 이해하는 것은 흥미진진할 뿐만 아니라, 먹는 방식 변화와 관련한 로드맵을 만드는 데에도 필요하다. 그래서 나는 이 책을 쓰기로 결심했다.

먹거리 독점

먹거리를 생산하는 방식과 식품 산업 자체의 통합 및 조직화로 먹거리 체계는 위기에 놓여 있다. 이를 해결하기 위해서는 소비자 선택에 초점을 맞추는 것을 넘어서서, 건강하지 못한 체계를 뒷받침하는 기업, 과학, 산업, 정치구조를 면밀히 살펴야 한다. 이와 관련한 싸움은 개인적인 선택과 포크로 투표하기(voting with our forks) 이상이 될 것이다. 옛날 방식의 정치적 행동주의가 필요하다. 이 책의 목표는 과연 무엇이 문제이며, 우리가 푸드

허브를 만들고 농민의 소비자 직판 통로를 늘리는 것보다 훨씬 더 많은 일을 해야 하는 이유를 밝히는 데 있다. 우리는 "푸도폴리(foodopoly)"*(소수의 기업이 종자에서 식탁에 이르는 우리의 먹거리 체계 전체를 통제하는 현상)에 정면으로 대응해야 한다.

경쟁과 자유시장에 관한 말만 무성한 이 나라에서 공공 정책은 소수의 기업으로 이루어진 도당이 먹거리 체계의 모든 측면을 지배하도록 돕는 데 맞춰져 있다. 현재 20개 식품 기업이 미국인이 먹는 먹거리의 대부분을 생산한다. 심지어 유기농 브랜드도 마찬가지다. 월마트를 비롯한 4개 대형 체인이 전체 식료품 매출의 절반 이상을 지배한다. 한 회사가 유기농 식품 산업을 지배하고 있으며, 한 유통 회사가 유기농 식품의 전국 배급을 장악하고 있다.

게다가 과학 역시 미쳐 날뛰고 있다. 생명공학 산업은 너무나도 강력해서, 문자 그대로 공공 정책을 살 수 있다. 과학자들은 적절한 규제 없이 앞으로 나아가고 있다. 이제 과학자들은 미생물, 종자, 어류, 동물 등 모든 생물의 게놈을 조작하고 있다. 덕분에 기업이 생명의 기본 구성 요소에 대한 통제권을 획득했다. 그 결과 세계의 유전자 공유 자원과 식량 안보가 위험에 빠졌다. 생명공학은 이미 공상과학소설의 영역으로 진입했다. 실제로 과학자들은 새로운 생물체를 만들고 이를 상업화하기 위해 노력하고 있다. 생명공학 산업에 대한 통제와 규제는 망가진 먹거리 체계의 개혁에 무척이나 중요하다.

좋은 먹거리운동은 이런 구조적 결함을 흔히 간과한다. 새롭게 만들어낸 대안적인 모델이 망가진 체계를 대체하도록 초점을 맞추고 있을 뿐이다. 하지만 이런 접근 방식은 '과연 누구를 위한 것이고, 얼마나 많은 사람이 그로부터 득을 볼 것인가?'라는 의문을 불러일으킨다. 로컬푸드에 대

• food와 monopoly의 합성어. 즉 '먹거리 독점'을 뜻한다.

한 최신 통계를 살펴보면 이 점이 명확히 드러난다. 2008년 데이터(이용 가능한 최신 데이터)를 사용한 미 농무부 경제연구소의 2011년 11월 연구에서 다음 사실을 발견할 수 있다. "생산자 및 소비자 관심 증대에도 불구하고 지역산 먹거리의 미국 농업 내 비중은 작다. 로컬푸드 생산을 계속 늘리기 위해서는 판로와 공급망 인프라를 강화해야만 한다."[1]

이 연구 보고서를 통해 북동부 지역, 서부 해안 지역, 그밖의 몇몇 국지적인 도시 지역에서 소비자 직판이 가장 활발한 것으로 밝혀졌다. 농부시장과 공동체지원농업을 통한 로컬푸드의 소비자 직접 판매는 2008년에 48억 달러의 매출을 올렸다.[2] 이 수치는 식료품점, 편의점, 푸드 서비스업체*, 식당의 식료품 구매총액인 1조 2,290억 달러에 비하면 미미한 수준이다.

미 농무부에 따르면, 로컬푸드 시장에 농산물을 판매하는 농가 중 대농(연매출액 25만 달러 이상)의 비율은 5퍼센트에 불과했다. 하지만 이 대농이 슈퍼마켓과 식당에 공급되는 로컬푸드의 93퍼센트를 차지했다. 로컬푸드 판매 농가의 81퍼센트는 연매출액 5만 달러 미만의 소농이며, 14퍼센트는 연매출액 5만~25만 달러의 중농이다. 소비자 직판 로컬푸드에서 중소농의 비중은 거의 75퍼센트에 달했지만, 슈퍼마켓과 식당에서 구입한 로컬푸드에서는 7퍼센트에 불과했다. 5,300개 대농의 로컬푸드 평균 매출액은 77만 2,000달러에 달했지만, 중농은 7만 달러, 소농은 7,800달러에 불과했다.[3]

특히 중요한 점은 로컬푸드 판매 농가의 과반수가 대도시 근방에 있다는 것인데, 미국 전체 농가 중 이 비율은 1/3에 불과하다. 이는 농상품(commodity)** 시장 판매를 위해 옥수수, 대두, 밀 같은 사료작물이나 곡물을 경작하는 농민이 자기 사업을 소비자 직판으로 전환하는 데 어려움이

---

* 급식업체, 식재료 공급업체 등을 포괄하는 개념.

있다는 뜻이다. 이 농민이 판매하는 작물은 다른 식품의 원료(감미료, 오일, 전분, 동물 사료)로 먹거리 체계에 다시 진입한다. 지역 시장과 유통망이 없거나, 로컬푸드의 수확, 집하, 가공에 필요한 인프라가 부족한 점(많은 경우 이렇다) 역시 대안적인 먹거리 체계 형성을 방해한다.

농장 끝에서 끝까지 수십만 헥타르에 걸쳐 옥수수와 대두를 경작하는 얼마 남지 않은 농민이 소비자 직판이 불가능한 곳에 산다. 미국 중부의 대규모 농업 지대의 지도를 보면 알 수 있다. 대부분 농민에게는 경작한 농산물을 판매할 부유한 도시 지역이 인근에 없다. 설령 시장이 있다고 하더라도 농상품용 작물 재배에서 야채와 과일 재배로 전환할 수 없다. 상추, 브로콜리, 토마토가 아니라, 옥수수와 대두를 심고 수확하는 데 필요한 장비에 이미 투자했기 때문이다.

좋은 먹거리운동의 일부 지도자들은 먹거리 위기의 근본 원인(소수의 힘 있는 기업에 의한 먹거리 공급의 규제 완화, 통합, 지배)을 호도하는, 지나치게 단순한 해법을 제시하는 경우가 많다. 망가진 체계에 대한 해법으로 가장 흔하게 제시하는 정책 가운데 하나가 농가 보조금의 폐지이다. 이 묘책은 소수의 탐욕스런 농민이 농가 정책을 조작해 정부 보조금으로 자신은 호화롭게 살고, 아무런 지원도 받지 못하는 소농을 어려움에 빠뜨린다는 인식을 내포하고 있다. 이 대책의 지지자들은 소수의 대농에게 주어지는 이 잘못된 보조금을 없애면 먹거리 체계가 바로잡힐 것이라고 주장한다.

안타깝게도 이런 주장은 농가 데이터를 지나치게 왜곡해서 분석한 결과다. 이 분석은 오해의 소지가 많은 미 농무부 통계의 잘못된 해석에 근거하고 있다. 농무부 통계는 전업 가족농 농업경영체 수를 크게 과장한다.

●● 옥수수, 밀, 대두 등 대량 생산해 대규모로 거래하는 곡물, 사료작물, 지방종자 등의 환금작물을 통칭하는 말이다. 가공식품의 원료나 공업 원료, 가축 사료 제조 등으로 많이 사용하며, 초거대 기업들이 지배하고 있다. '농산물원자재'로 번역하기도 한다. 이 책에서는 '농상품'으로 번역했다.

미 농무부의 〈농업 센서스〉를 자세히 들여다보면 농무부가 농가(farm)ᴬ로 간주한 220만 호 중 1/3이 연매출 1,000달러 미만이고, 2/3가 연매출 1만 달러 미만이다. 이 소규모 사업체들은 전혀 전업농이 아닌데도 농가로 간주된다. 대부분 전원주택이며, 그 소유자들은 은퇴했거나 상당한 농외소득이 있다. 이들은 농촌 라이프스타일의 일부로 농업 기반의 사업체를 파트타임으로 운영한다. 사업 내용은 포도밭 소유에서부터 꽃과 버섯 재배에 이르기까지 다양하다.

이들 소규모 사업체를 농가에 포함하는 것은 미국 농가 통계를 왜곡할 뿐 아니라, 작은 비율의 농가만이 정부 돈을 받는 것처럼 보이게 만든다. 실제로는 100만 호 미만의 전업농가가 남아 있으며, 크든 작든 거의 모두가 정부 보조금을 받는다. 보조금 제도가 좋은 정책이라는 말은 아니다. 보조금 제도는 문제의 원인이 아니라, 망가진 먹거리 생산 체계의 증상이라는 뜻이다. 힘 있는 곡물중개업체, 식품가공업체, 육류업체의 로비로 탄생한 정책이 농민에게 불이익을 준다면 결코 지속가능한 먹거리 체계를 만들 수 없다. 중농이 살아남아서 지속가능한 먹거리 체계 속으로 편입되어야 한다.

중규모 가족농의 연평균소득은 1만 9,277달러인데, 여기에는 정부 보조금이 포함되어 있다.[4] 종자, 비료, 연료, 기타 투입물의 가격은 이 산업들의 독점이 심화되면서 계속 오르고 있다. 대부분 농민은 근근이 살아가면서 땅을 지키려 애쓰고 돈을 아낀다. 하지만 이런 농민은 빠르게 사라지고 있다. 그 결과 상근 관리자와 계약 노동자를 이용해서 대기업이 운영하는 산업화된 농업경영체로 소형 농장들이 통합되고 있다. 이 농민들에게 보

• 미국 농업은 영국, 캐나다, 뉴질랜드 같은 선진국처럼 농장(farm)을 기반으로 한다. 이 농장은 보통 면적이 넓으며, 울타리로 외부와 차단되어 있다. 농민이 마을에 살면서 주변 농지에서 농사를 짓는 개도국과는 사뭇 다르다. 이런 점에서 영어권에서는 전자를 farmer, 후자를 small-holder나 peasant로 구분해 부른다. 하지만 이 책은 미국을 대상으로 하고 있기에 farm은 농장 혹은 농가로, farmer는 농민으로, 그리고 small farmer는 소농으로 각각 번역했다.

조금 폐지 뒤에는 지역 농부시장에 판매할 야채를 재배하기만 하면 된다고 이야기하는 것은 진짜 해법이 아니다. 농촌 지역 주민은 농업에서 나오는 부와 이익이 세계적인 거대 식품 기업의 이윤으로 빨려 들어가는 현실을 목격하고 있다.

먹거리 체계 바꾸기

경제적 자생력을 가진 농가는 농촌 지역의 활력소이다. 이들이 번 돈으로 지역에서 물건을 구매하고 그 돈이 해당 지역사회 안에 머무르면 경제적 승수효과가 발생한다. 지난 30년에 걸쳐 약 140만 개의 소·돼지 사육 농가와 낙농가가 없어졌다. 미국 농촌 지역의 경제 기반뿐 아니라 활력도 사라졌다. 이 지역들은 가난해지면서 방치되었다. 일자리를 얻을 수 있는 희망은 수압파쇄** 같은 채굴 산업에 고용되거나, 교도소 건설 노동자나 직원으로 채용되는 길밖에 없다.

적절한 규모의 가족농장에서 전업농이 경작한 진짜 먹거리를 높이 평가하고 소중히 여기지 않는 사회는 무언가 근본적으로 문제가 있다. 기업에서 고용한 관리인이 아니라, 농민이 작물과 토지를 돌보는 데 따르는 장점은 많다. 노스다코타주의 농민이자 지속가능한 농업운동의 지도자인 프레드 커쉰먼(Fred Kirschenmann)은 '중규모 농업' 프로젝트 동료들과 함께 이 점에 대한 많은 글을 쓰면서, 지금 경제 상황에서 취약한 중규모 농가가 가진 장점을 통렬하게 지적했다. 이들은 수직통합된 대규모 농상품 농가와, 소비자에게 직접 판매하는 소규모 농가 사이에 있다. 중규모 농장은 야생동식물 서식지, 오픈 스페이스, 다양한 경관을 제공한다. 또한 지하의 대수층으로 흘러들도록 빗물을 잡아두는 토양과, 대기 중에서 탄소

** 지하에 고압의 물을 주입해 혈암 속에 있는 석유와 천연가스를 채굴하는 방법을 말한다. 미국은 이 방법을 이용해 세계 최대의 석유 생산국이 되었으며, 이는 최근 유가 하락의 한 원인으로 지목되고 있다. 이 방법은 환경오염 등 많은 문제를 안고 있다.

를 제거해 온실가스를 줄여주는 다년생 식물, 침식과 홍수를 줄여주는 작물과 목초지도 제공한다.[5]

바로 이 농가들이 지속가능한 방식으로 재배한 유기농 먹거리를 장기적으로 공급하는 주체가 될 수 있다. 이들 대부분은 농가에서 직접 농산물을 구매할 수 있는 인구가 별로 없는 중서부와 남부에 있다. 하지만 이들은 대다수 미국인을 위해 먹거리를 생산할 수 있는 능력을 갖고 있다. 기회만 주어진다면 말이다.

그런 기회를 제공할 수 있도록 농가 정책을 바꾸는 것이, 미국 농촌 지역이 공업용지가 되는 것을 막고 모든 미국인을 위한 먹거리 체계를 제대로 만드는 열쇠이다. 먹거리 체계에 기능장애(반독점법 집행 미흡, 유전자 변형 식품 규제 실패, 영양 기준 조작, 어린이 대상 정크푸드 광고 허용 등)를 일으킨 주요한 구조적 문제를 해결해야 한다. 정책 변화를 이끌 만큼 광범위한 기반을 갖춘 운동을 발전시키려면 고정관념과 단순한 해법을 넘어서야 한다.

대부분 사람은 자기 먹거리를 직접 생산하는 경험에서 수 세대나 떨어져 있다. 그래서 어렵고 허리가 휠 정도로 고된 작업을 너무 낭만적으로 묘사하는 데서부터, 농민을 탐욕스럽고 무지하며 이기적인 "복지의 여왕"이라고 무시하는 데 이르기까지 여러 오해가 생긴다. 그들이 직면한 어려운 과제를 이해하는 것이 가족농을 구하고 지속가능한 미래로의 이행에 필요한 정책적 해법 개발에 결정적으로 중요하다. 농민이 생계를 꾸려나가면서 모든 미국인에게 건강하고 적당한 가격의 먹거리를 제공할 수 있는 농촌 경제 개발 계획을 수립해야 한다.

너무 늦기 전에 공장식 농장과 실험실에서 벗어나 생태적·경제적으로 건전한 체계로 나아가도록 먹거리 체계의 발전 방향을 바꿀 기회는 있다. 반독점법의 복원과 집행을 위한 싸움을 통해 독점 지배에 도전할 수 있다. 진짜 먹거리, 건강한 먹거리를 재배할 수 있는 땅과 인적 역량이 우리에게 있다. 하지만 그렇게 하려면 먹거리 재배·판매·유통 방식의 구조 개편을 포함한 전면적인 노력이 필요하다. 먹거리 정책과 농장 정책*을 근본적으로 바꾸고 환경법, 보건법, 안전법을 준수하도록 정책 결정자들의 책임을 묻는 운동을 조직해야 한다.

소비자와 농민을 볼모로 이익을 얻는 다국적기업에 도전하고, 더 중요하게는 선출직 공무원에게 우리를 환자와 뚱보로 만들고 있는 정책에 대해 책임지도록 해야 한다. 그러려면 풀뿌리 수준에서 대규모 시민 참여를 이끌어내는 것이 필요하다. 해결책을 위한 운동을 벌이기 위해서는 문제의 복잡성을 이해해야만 한다. 현명하게 먹거리를 사는 것만으로는 이 난국에서 벗어날 수 없다. 로컬푸드운동은 사기를 높이고 고무적이며, 올바른 방향으로의 긍정적인 변화를 나타낸다. 그러나 지금은 우리가 힘을 모아서 포크로 투표하기 이상의 일을 해야 할 시간이다. 먹거리 체계를 바꾸는 일은 정치 행위이다.

그렇게 하기 위한 정치적인 힘을 키워야 한다. 이것은 생존의 문제다.**

---

* 미국의 농장 정책은 결국 국내 농업 정책이다. 미국 농업법의 명칭이 'Farm Bill'인 것을 보면 알 수 있다.

** 이 책에 실려 있는 모든 도표의 컬러 버전을 다음 사이트에서 볼 수 있다. http://www.foodand-waterwatch.org/foodopoly-infographics/

1부

미쳐 날뛰는 농장 정책과
먹거리 정책

오늘날 우리를 괴롭히는 망가진 먹거리 체계는 2차 세계대전 직후 미국에서 가장 강력한 힘을 가진 몇몇 사람이 처음으로 제안한 농장 정책 및 먹거리 정책의 결과다. 이 사람들은 농촌 젊은이 대부분이 농사를 계속 짓는 대신 산업화된 북부의 제조업에 값싼 노동력을 공급하고, 필요한 먹거리는 산업화된 대규모 농장에서 공급하는 미래를 그렸다. 그들은 먹거리 생산이 경제적 효율성을 위해 세계화될 것이며, "자유시장"을 통해 가공식품에 필요한 값싼 투입물이 생겨날 것이라고 예견했다. 이 힘 있는 사람들이 1940년대 후반과 1950년대 초반에 그린 비전은 결국 연방 농업 정책과 세계무역협정으로 명문화되었다.

1
청년들이
농장을 떠나게 하라!

당신네들의 도시를 불살라버리고 우리들의 농장을 그대로 두면,
마술처럼 당신네들의 도시가 다시 생겨날 것이다.
그러나 우리들의 농장을 파괴해버리면,
우리나라 모든 도시의 거리에서 잡초가 자라날 것이다..
— 윌리엄 제닝스 브라이언(William Jennings Bryan)이 1896년 7월 9일에 한 '황금 십자가(Cross of Gold)' 연설.

Foodopoly

대부분 소비자(먹거리를 먹는 사람들)는 먹거리를 생명 유지에 가장 중요한 요소로 본다. 하지만 대기업은 우리의 부엌과 위장을 이윤 창출원으로 여긴다. 먹거리 생산·유통 체계의 소유와 지배력을 집중시키려는 강력한 소수 다국적기업의 확고한 결의에 따라 먹거리 사슬 전체에 걸쳐 유례없는 통합이 일어났다. 식품과 농산품은 손익계산서의 분기 순익 등락을 초래하는 일종의 화폐로 전락했다. 이들 상품의 가치는 투자수익률이나 인수합병 기회의 차원에서 평가되며, 이것이 모기업의 전략을 결정한다. 그 가치는 월스트리트에서 쓰는 용어인 딜(deals), 시너지, 다각화, 블록버스터 게임 체인저 등으로 묘사된다.

심지어 헤지펀드(규제가 제대로 되지 않아서 최근의 금융 위기 발생에 일조했다)마저도 식품 기업, 농지, 농산품의 대형 투자 기관이 되었다. 이 회사들은 부유한 개인이나 기관이 맡긴 돈으로 식품과 농업을 비롯한 광범위한 경제 부문에 투자한다. 이들은 농상품 시장에서 투기를 해왔고(옥수수, 대두의 가격 급등에 기여), 외식 체인(던킨 도너츠)을 매입했으며, 미국과 개발도상국의 농지를 사들이고 있다. 심지어 돼지고기를 더욱 더 지속가능하게 생산하는 방식을 처음으로 도입했던 니먼 랜치(Niman Ranch)까지 한 민간 투자 회사의 소유가 되었다.[1]

• 당시 하원의원이었던 브라이언이 1896년 시카고 민주당 전당대회에서 한 연설로, 금본위제에 반대하는 내용을 담고 있다.

헤지펀드는 토지 수탈* 주도 세력의 하나로, 실제로 전 세계에서 농지를 구입해왔다. 기후변화가 농업에 미치는 파멸적인 영향으로 큰 수익을 올릴 수 있을 것이라 기대하기 때문이다. 지난 수년 동안 미국 중서부 지방의 땅값이 급등하는 바람에 캔자스시티 소재 연방준비은행 행장이 거품 폭발에 따른 농지 가격 폭락 위험을 경고하기에 이르렀다. 미 상원 농업위원회는 "금융 시장 왜곡"이 다시 한 번 미국에 큰 충격을 줄 것이라 경고하고 있다.

이 같은 먹거리와 농업의 금융화는 자연계에 큰 피해를 입혔다. 산업화된 농업이 가져온 결과의 긴 목록에는 농약, 과다 사용 비료와 가축 배설물로 인한 호수·강·소하천과 해양 생태계의 오염이 들어 있다. 수계(水系)와 바다의 용존산소 부족을 불러오는 원인 중 하나는 줄뿌림 작물** 과 공장식 축산 농장에서의 영양물질 유출(질소, 인)이다. 이로 인해 바다에 광대한 죽음의 구역들이 생겨나고 있다. 예를 들어 미시시피강 하구에는 뉴저지주만한 크기의 죽음의 구역이 있다. 또한 줄뿌림 작물의 경작과 관개는 심각한 토양 침식을 일으킨다. 관개수와 빗물로 매년 13억 톤의 표토가 유실된다. 하지만 토양과학자들이 즐겨 말하듯이 "흙이 없으면 생명도 없다."

농기업이 무자비하게 이윤을 추구하면서 사회 모든 부문에서 장기적이고 부정적인 영향이 나타났다. 많은 광고의 영향으로, 열량은 높지만 영양분은 부족한 가공식품을 미국인이 주로 먹게 되면서 공중보건이 희생되었다. 소비자는 과체중과 영양불량에 시달리고 있다. 비만은 미국 어른의 35퍼센트와 어린이의 17퍼센트에 영향을 미치고 있으며, 심장병에서 당뇨병에 이르는 다양한 건강 문제를 일으키고 있다. 그리고 많은 미국인이

• 외국 기업이 수출용 대규모 농산물 재배를 목적으로 개도국 농지를 대규모로 매입하거나 임차하는 것을 말한다. 이 때문에 개도국에서 많은 농민이 토지에서 쫓겨나고, 환경이 오염되며, 자급용 농산물 생산이 감소하는 등 많은 문제가 발생하고 있다. 4장에 자세한 내용이 나온다.

•• 고랑을 만들어 줄지어 작물을 파종하는 방식. 농기계를 사용한 대규모 농업에 적합하다.

과식과 다이어트를 오가는 반면, 6명 중 1명은 끼니를 거를 때가 많다.

농촌 대탈출

지난 60년 동안 농기업과 정부 안에 존재하는 산업의 협력자들로부터 가장 큰 영향을 받아온 사회계층이 바로 농민이다. 2차 세계대전 뒤 농민은 그 숫자를 줄여 대량의 값싼 노동력 풀 만들기를 목표로 하는 교묘하면서도 무자비한 정책의 표적이 되었다. 노동을 자본과 기술로 대체하는 추세가 이어지면서, 최근 연방정부 정책은 농가 줄이기에 초점을 맞추고 있다. 1935년에는 미국 인구의 54퍼센트가 680만 농가에서 살았지만, 1950~1970년에 농가 인구는 절반 넘게 줄었다. 지금은 100만 호 미만의 농가가 미국 먹거리의 대부분을 생산하고 있으며, 농민은 전체 인구의 1퍼센트도 채 안 된다.

생계를 유지하기 위한 몸부림은 1950년 이후 10년이 지날 때마다 더욱 심해졌다. 농민이 낮은 농산물 가격, 빌린 자본, 큰 빚, 높은 지가, 약한 사회 안전망 시스템에 갇혀버렸기 때문이다. 무제한적인 기업 인수합병 역시 농민의 경제적 압박을 가중시켰다. 농민이 일상적으로 사용하는 종자, 농기구, 농자재를 팔기 위해 경쟁하는 기업의 숫자가 줄어들었다. 농민의 농산물 판매 경로 역시 극소수만 남았다. 먹거리를 생산하는 농민과 먹거리를 소비하는 3억여 명의 미국인 사이에는 몇 안 되는 농기업과 다국적 식품기업만이 있다.

먹거리 사슬 꼭대기에서 진행된 통합은 먹거리 사슬의 다른 모든 부문에 많은 영향을 끼쳤다. 농업 역시 예외가 아니다. 미국 농가의 12퍼센트에 불과한 대규모 농업경영체가 농가 생산액의 88퍼센트를 차지한다. 가족농은 멸종 위기에 있으며, 대부분 중소농이 생존을 위해 농외소득에 의존한다. 2008년 이후 농산물 가격이 오르기는 했지만, 종자, 농약, 비료, 연료와 사료의 가격이 올라서 늘어난 소득을 집어삼켰다.[2]

농가 감소로 농촌의 경제적 활력이 사라지면서 농촌 소읍과 카운티가 썰렁해지고 있다. 빈집이 늘고 완전히 버려지는 예까지 생겼다. 미시시피강과 로키산맥 사이에 위치한 1,400개 농촌 카운티의 센서스 자료를 분석한 〈LA 타임스〉 기사에 따르면, 농촌 지역 인구는 계속 줄어들고 있다.[3] 농가가 도산하면 그 농가에 의존하던 지역 상공업체들도 사라진다. 농기구 판매상, 농자재 회사, 상점, 서비스 제공업체 등이 모두 없어진다. 경제적으로 힘든 시기가 되면, 농촌 젊은이들 역시 일자리를 찾아 도시 지역으로 사라진다. 농사와 농촌 라이프스타일을 좋아하던 젊은이들조차 그렇다.

농민들은 1세기 이상 이어진 농촌 대탈출에 맞서 싸워왔다. 운동가들은 경제체계에서 농민이 차지하는 불공정한 지위를 향상시키기 위해 은행, 철도, 기업 등의 이해 세력과 오랫동안 투쟁했다. 19세기와 20세기는 농가 생계를 위협하는 불공평한 경제 정책에 맞서 일어난 민중 봉기로 얼룩졌다. 운동가들은 단결해서 조직을 만들었다. 농민공제조합(Grange), 농장연합(Farm Alliance), 전국농민연맹(National Farmers Union)의 일원으로서 농민을 조직하고 선거에 출마했으며, 노동운동 및 사회정의운동 진영의 진보적인 지지자들과도 힘을 합쳤다. 그러나 이 역사의 대부분은 미국인의 기억에서 사라졌다. 특히 2차 세계대전 이후 농장운동과 관련해서는 더욱 심하다. 농민은 1950년대에는 아직도 무시 못할 크고 중요한 정치 세력이었다. 농민들은 가족과 지역사회를 지키기 위해 과격한 행동도 서슴지 않았다.

아이젠하워 대통령 시절 에즈라 벤슨(Ezra Benson) 농무부 장관이 저지르고 있던 농산물 가격 인하 움직임에 항의하기 위해 1955년에 전국농민단체(National Farmers Organization)가 결성되었다. 벤슨은 적정한 농산물 가격을 보장하기 위한 목적으로 만든 '뉴딜 농업 프로그램'을 없애는 일에 착수했다. 규모가 크고 강한 힘을 가진 곡물 거래, 식품가공, 은행, 산업계의 거대 기업들이 곡물 가격을 내려서 농가를 대폭 줄이는 일에 공모했다. 산업계 우두머리들은 농민을 공장으로 옮겨야 할 노동자인 "과잉 노동력"으로 간주했다. 이들은, 다량의 자본에 기반한 대농장이 국내 소비와 자신들이 구상한 세계무역에 필요한 모든 먹거리를 생산해야 한다는 의견을 갖고 있었다.

1942년 몇몇 기업인과 광고계 중역이 2차 세계대전 이후 경제와 사회의 변화에 강력한 역할을 할 기구를 만들었다(그 영향력은 오늘날까지 이어지고 있다). 경제개발위원회(Committee for Economic Development)는 경제 정책에 관한 기업 지도자들의 의견 차이를 조정한 뒤 합의한 의제를 새로운 홍보 기법을 이용해서 확산하는 것을 목표로 했다. 창립자 중에는 스터드베이커(Studebaker) 사장 폴 호프만(Paul Hoffman), 현대 소비자 연구 및 여론조사 고안자 윌리엄 벤튼(William Benton), 이스트먼 코닥(Eastman Kodak) 임원 마리온 폴섬(Marion Folsom)이 있었다.

세 사람 모두 나중에 정부 고위직에 올랐다. 트루먼 대통령은 호프만에게 전쟁으로 피폐해진 유럽을 재건하고 공산주의를 막기 위한 목적으로 만든 대규모 경제원조 프로그램인 마셜플랜을 관리하게 했다. 훗날 그는 포드재단 이사장이자 유엔개발계획 행정관으로 있으면서 "녹색혁명"의 설계자가 되었다. 벤튼은 나중에 홍보 일을 그만두고 유엔 설립 과정에 중요한 역할을 했다. 그는 《브리태니커 백과사전》을 출판했으며, 코네티컷주 상원의원이 되었다. 폴섬은 미 하원의 전후경제정책및계획특별위원회에서 근무했다. 그는 1953년 아이젠하워 행정부의 재무부 차관으로서 조세법 종합 정비(1874년 이후 최초였다) 추진에 중요한 역할을 했으며, 이후 아이젠하워 대통령에 의해 보건교육복지부 장관으로 임명되었다.

1960년대 초 매우 영향력이 큰 싱크탱크였던 경제개발위원회(포드 자동차와 시어스의 대표자들이 수뇌부에 있었다)는 농민이 너무 많다고 주장하는 보고서를 발표했다. 기업 측이 내놓은 해결책은 농장을 떠난 청년들에게 직업훈련을 시킨 뒤 노동력이 필요한 곳에 재배치하는 것이었다.[4]

1962년 8월 아이오와주 디모인에서 열린 전국농민단체 연차 총회에 모인 2만 명의 농민은 격론을 벌이고 있었다. 농기업, 식품가공 기업, 전국 은행이 합심해 지난 10년 동안 농산물 가격을 낮춰온 상황에서 경제개발위원회 보고서는 농민들의 상처를 더욱 쓰라리게 했다. 전국농민단체는 7개 도시에서 "카탈로그 시위 행진"을 벌였다. 시위 참가자들은 시어스 매장 앞에 시어스의 카탈로그를 와르르 쏟았다. 포드의 자동차와 트럭들이 긴 대열을 이루며 몇몇 도시에 있는 포드 지사 건물 주위를 빙빙 돌았다. 곧 두 회사는 보고서를 부인했고, 미국 상원 및 하원 농업위원회에서는 청문회가 열렸다. 소위 농장 문제에 관한 경제개발위원회식 해법의 신뢰성이 낮아졌다.

준공공 분야에서 활동하는 경제개발위원회는 미국에서 가장 강력한 경제적 이해 세력을 대변했다. 회원들은 "정부가 자유시장에 반대하지 말고 찬성하는 행동을 취할 것"을 요구했다.[5] 설립 뒤 첫 15년 동안 이 단체의 이사 중 38명이 공직을 맡았으며, 2명은 지역 연방준비은행 행장으로 일했다. 경제개발위원회는 트루먼, 아이젠하워, 케네디 행정부와 공고한 관계를 유지하면서 학술 연구 자금 제공뿐 아니라 정부 연구비 배당에도 관여했다. 학계와의 유대가 강한 덕에 뉴딜 정책이 지닌 개혁진보주의적 성향의 약화에 초점을 맞춘 정책 처방들이 세련된 경제학적 미사여구로 포장되어 나왔다. 그들은 농가 인구 감축에 대한 자신의 주장을 "노동과 자본을 가장 생산성이 높은 곳"으로 이동시키는 것이라고 표현했다.[6]

1962년 이 위원회의 힘을 분명하게 보여주는 일이 벌어졌다. 당시 케네디 대통령은 참모들과 대규모 감세의 장점에 관해 토론을 벌이고 있었다. 갈등하던 케네디 대통령은 백악관의 입법부 연락사무소가 의회 의원들에게 배포한 "즉각적이고, 상당하며, 영구적인 감세"를 촉구한 경제개발위원회 보고서의 영향으로 감세를 지지했다.[7] 그 후 경제개발위원회는 감세 실무위원회 구성에 기여했다. 케네디 대통령이 승인한 이 위원회가 의회에 적극적으로 로비한 결과, 1964년 개인세율을 20퍼센트 인하하고 법인세율을 낮추는 법이 통과되었다.

회원들은 경제개발위원회를 아이디어를 파는 조직으로 보았다. 경제개발위원회 지도부는 정책 제안을 선출직 공무원이나 대중에게 널리 알릴 수 있는 든든한 대중매체 인맥이 있었다. 이 조직의 정보위원회에는 몇몇 광고대행사 대표들, 〈애틀란타 헌법(Atlanta Constitution)〉과 〈룩(Look)〉의 편집인들, 〈워싱턴 포스트〉 발행인, 이달의 책 클럽(Book-of-the-Month Club) 대표, 커티스 출판사 이사장, 〈타임-라이프(Time-Life)〉와 〈컬럼비아 방송〉 사장 등이 있었다. 경제개발위원회가 말하면 그 선전원들이 썼다. 1958년에 나온 소책자 《인플레이션 방어(Defense Against Inflation)》는 354개 신문과 잡지에 보도되어 3,100만 명이 접했다.

설립 직후 경제개발위원회는 화학물질 집약적인 농업을 확대하고 산업계와 금융계의 농업 지배력을 키우는 전후 프로그램을 면밀히 계획하기 시작했다. 경제개발위원회는 북부의 대규모 산업 성장을 기반으로 하는 전후 경제를 창조하기 위해 노력했는데, 수지맞는 이 산업이 다량의 값싼 노동력 풀을 필요로 할 것이라고 전망했다. 경제개발위원회 최초의 농업 관련 보고서가 1945년에 출간되었다. 당시 농민들은 전쟁으로 파괴된 세계에 식량을 공급하며 좋은 세월을 누리고 있었다. 전후 생산비가 올랐는데도, 농가 소득이 영농비용을 따라가도록 보장하는 뉴딜 농업 프로그램 덕분이었다(이 중요한 정책을 패리티(parity)˙라 부른다). 농민들이 다른 경제 부문과 동등한 대가를 받도록 돕기 위한 목적으로(적정임금과 유사하다) 1933년 농업조정법(Agricultural Adjustment Act)에 따라 만든 이 프로그램을 경제개발위원회는 반대했다.

패리티를 달성하기 위한 목적으로 만든 프로그램에는 농지 축소와 휴

• 농산물 가격을 생산비가 아니라, 관련되는 물가 변동에 균형을 맞추어 결정하는 것을 뜻한다.

경이 있었다. 둘 다 농업의 골칫거리인 과잉 생산 줄이기에 초점을 맞췄다. 식품가공 회사나 곡물 회사가 농민에게 생산비 충당에 필요한 가격 지불을 거부하면 상품금융공사가 농민에게 대출을 해줌으로써 농산물의 최저가격이 설정되었다. 농민은 대출 담보로 농작물을 정부에 제공했다. 이는 농민의 적정가격 수취를 효과적으로 보장했다. 패리티에 기초해 상품금융공사가 정한 대출 금리가 최저가격 역할을 했다. 농민이 농산물을 최후의 판로인 국가 곡물 비축 창고에 팔 수 있었기 때문이다.

곡물 비축 창고는 농산물이 남아돌아 가격이 낮을 때 재고를 채웠다가, 농산물이 부족해졌을 때 재고를 방출했다. 이런 식으로 비축 곡물은 가뭄이나 흉작 때 농작물 가격의 폭등을 방지했다. 가격이 적정하지 않으면 농산물이 시장에 나오지 않으므로, 가격은 정상 수준으로 되돌아갔으며 농민은 대출을 모두 갚을 수 있었다. 이 모든 정책 덕분에 과잉 생산이 억제되고 농상품 가격의 급격한 변동이 줄어들었다. 농민은 보조금 '없이도' 생활할 수 있게 되었다.

패리티 프로그램은 아주 잘 돌아갔다. 덕분에 2차 세계대전과 그 전후 시기에 농촌 지역은 정말로 번영했다. 공급 관리가 안 되어 농산물 가격이 폭락했던 1차 세계대전 뒤와는 천양지차였다. 이 프로그램은 가격 변동성을 줄여 중산층에게도 도움을 주었다. 곡물 비축 창고는 비축 농산물의 시장 판매를 통해 20년 동안 실제로 1,300만 달러의 수익을 올렸다. 한편 식품가공 및 곡물 회사는 과잉 생산을 선호했는데, 생산이 과잉되면 그들이 필요로 하는 농산물의 가격이 낮아지기 때문이었다. 오늘날에도 여전히 그들은 농민에게 적정 가격을 받을 기회를 주는 모든 정책에 반대하는 선전전을 계속해서 벌이고 있다.

뉴딜 농업 프로그램의 몰락

경제개발위원회는 농상품 가격 하락과 값싼 산업 노동력 풀 증가에 대한 욕망을 넘어 정치적인 이유에서 패리티 프로그램에 반대하는 캠페인을 계속했다. 경제개발위원회를 비롯해 식품가공 회사와 곡물 회사 등은 농민의 정치적 힘을 두려워했다. 농민이 남북전쟁 이후 민중주의*의 선봉에 서서 철도, 은행, 곡물상 등 부유한 이해 세력들의 권력 남용에 항의했기 때문이었다.

1870년대의 불황으로 큰 타격을 입은 농민들은 대출 제한과 철도 회사가 부과한 높은 운송 요금에 필사적으로 반응했다. 그들은 농민공제조합, 농민연합(Farmer's Alliance) 등의 정치단체를 조직했다. 1860년부터 20세기 초까지 이어진 민중주의적 농민 폭동은 농민이 느끼는 이상과 현실의 괴리, 즉 국가 안녕의 중심임에도 불구하고 빈곤과 파산으로 고통 받는 상황 때문에 일어났다. 이 시기에 미국 노동력 풀에서 농민이 차지하는 비율이 58퍼센트에서 38퍼센트로 줄어들었다. 1850년에는 농민이 미국 부의 약 75퍼센트를 소유하고 있었지만, 1890년에는 25퍼센트로 급락했다.

농민들은 경제적 롤러코스터를 겪으면서 19세기 말 내내 역동적인 정치 세력으로 역할했다. 그들은 선거운동에 참여하고, 철도, 대형 곡물 창고, 정육업체를 규제하도록 압박했으며, 노동조합과 힘을 합쳐 자신들이 겪고 있는 경제적 어려움의 종식을 요구했다. 또한 그들은 생활수준 개선을 위해 대안적인 체계를 추구했다. 협동조합을 결성하고, 은행을 설립했으며, 금융업계의 지배를 완화시키기 위해 금본위제를 끝내고 은화를 사용할 것을 강력히 요구했다.

20세기 시작 무렵 산업혁명으로 미국이 탈바꿈되면서 부자들이 도시 중심부로 몰려들었고, 농민 간의 소득 격차는 점점 커졌다. 남부 소작농이

* 지배층이나 엘리트에 대항해서 보통 사람의 요구와 바람을 대변하는 정치사상이나 활동을 가리킨다.

든 대평원 지역 곡물 경작 농민이든 상황은 마찬가지였다. 경제가 격변하면서 주요 산업 사이의 동맹이 이루어졌다. 트러스트라 불리는 대규모 기업집단이 생겨났다. 트러스트는 경쟁을 피하기 위해 가격 담합을 하고 생필품에 높은 가격을 부과했다. 20세기 초 농산물 가격 하락은 목화 농민과 담배 농민에게 파멸적인 영향을 미쳤다. 이에 대항해 농민들이 가격을 끌어올리기 위해 조직적으로 농산물을 시장에 내놓지 않는 바람에, 이들 작물에 의존하던 산업에서 격렬한 반응이 일어났다. 1902년, 오늘날까지 정치적 힘을 발휘하고 있는 전국농민연맹이 가족농 농업 체계 수호를 위한 운동을 벌이기 위해 텍사스주 레인스 카운티에서 설립되었다.

20세기가 시작되고 20년은 많은 농민에게 번영의 시기였다. 농산물 가격은 올라가고 농가는 줄어들었다. 하지만 여전히 많은 농민은 은행, 철도, 곡물 회사로부터 부당한 대우를 받고 있다고 느꼈다. 초당파농민동맹(Non-Partisan League)이 주 정부 소유의 대형 곡물 창고와 제분소 설립을 목표로 노스다코타주에서 출발했다. 농민과 노동자의 연합 덕분에 초당파농민연맹 후보들은 1916년 노스다코타주 선출직 공무원 선거에서 대부분 승리했다. 이들은 대형 곡물 창고에 대한 주 정부 검사, 철도 운송료의 규제, 농민에게 부과하는 토지세 재평가를 비롯한 개혁을 시작했다.

그러나 핵심 산업과 소비재에 대한 독점적 지배는 계속되었다. 그러자 농민과 도시민 모두에게 경제적 어려움이 발생해서 진보 시대(Progressive era) 집권에 유리한 정치적 추진력이 만들어졌다. 트러스트를 때려잡겠다는 공약으로 선출된 시어도어 루스벨트 대통령은 "특별 이익단체"에 대한 공정한 정부 규제의 필요성을 역설했다. 루스벨트 행정부의 첫 표적은 노던 시큐러티즈(Northern Securities)를 지배하는 금융 회사 JP 모간이었다. 당시 노던 시큐러티즈는 미국 북부 지역 전역의 화물 운송을 독점하는 철도 회사였다. 루스벨트 정부의 법무장관은 이 철도 회사를 여러 개의 회사로 해체하기 위한 소송을 제기했고, JP 모간은 미 연방대법원 상소에서 5

대 4로 패소했다. 임기 말에 루스벨트는 자신이 미국인에게 "공정한 딜 (square deal)"을 선사했다고 말했다.

가격이 오르게끔 설계한 정부 정책 덕분에 1차 세계대전 동안 농민들은 엄청난 양의 농산물을 생산했다. 그러나 1920년이 되자 가격이 폭락했다. 유럽의 전쟁터가 농지로 회복돼 미국 농산물이 더 이상 필요 없어지면서 농상품 시장이 축소되었고, 전시의 가격 지지도 사라졌다. 윌슨 대통령은 수입을 촉진하기 위해 관세까지 내렸다. 곡물과 면화의 세계시장 가격이 급락하자 전국에서 농장들이 도산하기 시작했다. 1920년대가 일부 사람에게는 '대박'의 시기였지만, 농민 지역에는 대공황의 시기였다. 농산물 가격이 전시 수준의 절반으로 떨어졌다.

바로 이 시기에 지금까지 계속해서 농기업을 대변하고 있는 미국농업연합회(American Farm Bureau Federation)가 당시 가공할 정치 세력으로 성장하던 농민-노동자 조직에 대항하기 위해 설립되었다. 오늘날까지 미국농업연합회는 미국상공회의소와 협력해 업계와 농기업의 경제적 이익을 보호하고, 진보 연합의 힘을 빼며, 농민을 분열시키기 위한 도구로 기능해왔다. 그 창립 과정에는 진보운동을 두려워하던 의회 의원들의 협력이 있었다. 농민이익대표단이라 불리는 이 농촌주 의원들은 경제체계의 변화 없이 유권자의 우려에 대처하고자 했다.

1차 세계대전 이후 농산물 가격이 폭락하자 민중주의자들은 선물거래 폐지를 요구했다. 선물거래와 관련한 투기와 가격 조작이 상황을 악화시켰기 때문이었다. 선물거래를 폐지하는 법률을 저지하고 싶었던 하딩 대통령은 이를 규제하는 법을 제안했다. 1921년 선물거래법(Futures Trading Act)은 연방정부가 허가한 거래소에서 이루어지지 않은 거래에 세금을 부과했다. 이 법은 미 연방대법원에서 파기되었다가, 가격 조작으로 밀 가격이 폭락한 뒤 재도입되었다. 곡물선물거래법과 거의 동일한 이 새 법은, 1922년 헌법이 의회에 부여한 통상 권한을 이용해서 선물거래에 세금을

부과했다. 이후에도 1929년 주식 시장이 대폭락할 때까지 투기는 농민을 계속 괴롭혔다.[8]

1930~1935년에 미국 농장의 1/6이 파산, 압류, 세금 체납 처분 공매로 사라졌다. 또한 많은 농민이 자발적으로 농장을 떠나거나, 부동산 담보 대출을 받았다. 프랭클린 루스벨트는 농민, 실업자, 노동조합의 연합이 사회주의 혁명을 일으키는 정치 세력으로 성장하는 것을 우려했다. 그는 몇몇 주에서 제3당으로 선거에서 승리를 거둔 연합 조직을 약화시키는 작업에 착수했다. 루스벨트는 대통령에 당선된 2주 뒤 자본주의를 구하기 위한 프로그램의 하나로, 농업을 살리는 "새로운 방법들"을 발표했다. 이 계획의 중심은 농민을 위해 패리티를 제정한 1933년 농업조정법과, 농산물에 만연한 투기 중지를 목표로 하는 1936년 상품거래소법의 정책들이었다.

19세기 후반의 진보 시대와 1930년대 대공황기에 걸쳐 일어난 농민 폭동에 대한 반발은 거셌다. 기업 수장들은 경제의 재편과 사회적, 경제적, 인종적으로 더 평등한 사회를 꺼렸다. 그들은 당시 커지고 있던 경제적 취약 계층의 연합을 깨부수기 위한 조치를 취했다. 이러한 대응은 빨갱이 사냥과 반대자 투옥에서부터 허위 정보 유포와 경제개발위원회 같은 단체들 설립에 이르기까지 다양한 형태로 나타났다.

경제개발위원회 회원들은 농민의 정치적 잠재력을 두려워했다. 그래서 그들은 새로운 농업 정책을 통해 농민의 수를 줄임으로써 농촌 반란 문제를 해결하고자 했다. 이들에게 농업 개혁은 농장 노동력을 자본으로 대체하고, 소형 농장을 대형 농장으로 대체하는 것이었다. 대형 농장을 수직통합해서 먹거리 체계를 표준화 및 기계화하려 했다.

경제개발위원회의 농업 전략은 마침내 1962년 《농업 적응 프로그램(An Adaptive Program for Agriculture)》 출간으로 이어졌다. 이 급진적인 보고서는 농민을 대폭 줄여서 공업을 위한 노동력 풀을 만들고, 자유무역 의제를 통해 먹거리 생산을 세계화한다는 전망을 제시했다. 50명의 영향력 있는 재계 지도자와 18명의 일류 대학 경제학자가 작성한 이 보고서는 "농업에서 가장 필요한 것은 사람의 감소다"라고 선언했다. 그리고 그것을 위해 "많은 사람이 직업으로 농업에 전념하기 전에 농업을 그만두게 해야"했다.

이 보고서는 직업훈련에서 농업 장려를 중단하고, 공업 일자리를 구하도록 농촌 젊은이를 재교육하며, 필요한 곳으로 그들을 재배치할 것을 권고했다. 또한 "농산물 가격이 자유시장의 힘으로 결정되도록" 5년 뒤에는 패리티 가격 지지를 없애라고 권고했다. 그러면서 자신들이 제시하는 프로그램을 시행하면 "농업 분야에서 일하는 노동자가 줄어들 것이며, 남은 노동자들은 규모는 커지고 숫자는 적어진 농장에서 일하게 될 것이라고" 결론 내렸다.

1945년에 발간된 소책자 《국제무역, 해외투자, 국내 고용(International Trade, Foreign Investment and Domestic Employment)》에 실린 무역에 관한 경제개발위원회의 견해는 오늘날 미국의 공식 정책이 되었다. 경제개발위원회는 "세계무역 규제는 재화, 용역, 자본이 여유 있는 곳에서 필요한 곳으로 자유롭게 흐르는 것을 방해한다. 이 장애물이 세계의 인적·물적 자원 이용의 효율성을 방해한다"라고 말했다.[9]

1962년 경제개발위원회 농업 보고서는 현재 세계무역기구(WTO)가 관장하는 농업협정의 기본 뼈대 중 하나를 제시했다. 이 보고서에서 경제개발위원회는 이렇게 말한다. "세계경제의 효율적인 구조 안에서 미국은 농산물을 유럽에 훨씬 더 많이 수출하게 될 것이며", 무역 제한적인 유럽의 수입쿼터 제거가 "미국 무역 정책의 기본 원칙이 되어야 한다." 1964년의 경제개발위원회 보고서 《더 나은 자유세계경제를 위한 무역 협상(Trade Negotiations for a Better Free World Economy)》은 당시 진행하던 무역 협상과 향후 진행할 무역 협상의 로드맵이 되었다. 이 정책 강령은 무역 자유화를 "경제적 효율성"으로 정당화했으며, "농산품 무역의 걸림돌을 축소하라고"

주장했다.

미 농무부가 새로운 장비에 투자하고 새로운 기술을 이용할 수 있는 대농의 이른바 경제적 효율성을 강조하기 시작한 것은 2차 세계대전의 여파가 이어지고 있을 때였다. 경제개발위원회 역시 이때 만들어졌다. 1943년 농무부의 발주로 발간된 한 보고서에는 "가족농을 선호하는 공공 정책을 우리가 옹호하는 것이 모든 소농의 유지를 선호한다는 뜻은 아니다"라고 적혀 있다. 이 보고서는 기존 600만 농가 중 250만 농가가 농무부 생산 기준에 맞지 않는다고 언급했다. 또한 농산물의 84퍼센트가 미국 농가의 33퍼센트에서 나오며, 목표는 "잉여 인력을 생산적인 비농업 활동으로 돌리는 것"이라고 명시했다.[10] 농민을 위해 패리티를 확립한 뉴딜 농업 프로그램이 지속되었기 때문에 전후 10년 동안 일시적으로 농촌이 번영했다. 게다가 유럽의 폐허화, 식민 제국의 해체, 전 세계적인 기상재해, 유럽을 위한 마셜플랜의 도입으로 미국 농산물의 수요가 증가했다. 하지만 좋은 시절은 오래가지 못했다.

1953년 경제개발위원회는 제1단계 선전전에서 승리를 거두었다. 농업 경제학자로 훈련받은 극우 이론가 에즈라 벤슨이 농무부 장관으로 임명되었다. 벤슨은 8년 동안 아이젠하워 대통령 행정부에 있으면서, 동시에 모르몬 교회(오늘날에도 이 교회는 수십억 달러 규모의 애그리비즈니스(agribusiness)• 경영체이다)의 통치 기구인 12사도정원회 일원으로도 일했다.•• 마침내 그는 예수 그리스도 후기 성도 교회(모르몬 교회의 정식 명칭)의 제13대 예언자이자 회장이 되었다.

벤슨의 관리 아래 1930년대 패리티법의 철폐가 시작되고 농가수취가격이 하락하면서 농가 위기가 시작되었다. 벤슨은 뉴딜 농업 프로그램을 "사

• 농업을 둘러싼 관련 기업을 통칭하는 말로, 농기구 기업, 농업 투입물(종자, 비료, 농약) 기업 등 농산물 생산을 지원하는 회사와, 농산물의 유통·가공을 담당하는 회사를 포괄한다. 농기업이라고도 한다. 이 책에서는 문맥에 따라 '애그리비즈니스'와 '농기업'으로 섞어서 번역했다.

•• 모르몬 교회는 직업적인 성직자가 없으며, 모든 성직자가 다른 직업을 갖는다.

회주의"라며 강력히 비난했다. 아이젠하워는 농민을 위한 패리티를 공약으로 내걸고 당선되었지만, 벤슨의 목표는 이를 무력화하는 것이었다. 그는 '탄력적 가격 지지'라는 개념을 홍보하는 데 성공함으로써, 농무부 장관이 농가수취가격을 낮출 수 있는 권한을 갖게 되었다. 탄력적 가격 지지는 기업의 값싼 곡물 구입을 가능하게 하고, 정부는 농업에서 손을 떼겠다는 의도를 감추는 사탕발림이었다.

구체적으로 벤슨은 공급 관리를 "사회주의적"이라 규정짓고 경제개발위원회와 힘을 합쳐 대학교수들을 끌어 모아 기존의 농업 프로그램에 반대하는 대대적인 선전 활동을 벌였다. 경제개발위원회 이외에도 미국상공회의소, 미국은행가협회를 비롯한 수많은 조직이 패리티를 없애기 위해 온 힘을 다했다. 연구 활동, 보고서 출간, 모든 정부 부서를 대상으로 한 강력한 로비 등을 진행했다.[11]

아이젠하워 행정부의 농무부 차관보였던 존 데이비스(John Davis)는 공직을 떠난 뒤 CPRC(Corn Products Refining Corporation)의 재정 지원을 받는 하버드대학교 비즈니스-농업 관련 프로그램의 책임자가 되었다. 그는 〈하버드 비즈니스 리뷰(Harvard Business Review)〉에 실은 글에서 수직통합이 "대규모 정부 프로그램"을 대신할 수 있는 최선의 대안이라고 이야기했다. 그는 이러한 새로운 형태의 농업을 "애그리비즈니스"라 불렀다. 이 용어는 아이젠하워 정부 시절에 일반적으로 쓰이기 시작했다.[12]

농민이 도시 근로자와 동등한 수입을 올릴 수 있게 해주었던 뉴딜 농업 프로그램이 30년 동안 점점 약화되는 바람에 농민들은 농업을 그만두거나 많은 빚을 지게 되었다. 농가 인구는 1950~1960년에 30퍼센트 감소했으며, 1960~1970년에 다시 26퍼센트 감소했다. 이는 산업계 거물들이 촉진하려고 획책했던 바로 그 결과였다. 그러나 농가 위기가 악화됨에 따라 새로운 저항운동이 일어났다.

벤슨의 부하 직원이자 코넬대학교 졸업생인 얼 부츠(Earl Butz)보다 20세기 후반기 농업에 더 큰 영향을 미친 사람은 없다. 코넬대학교는 아이젠하워 행정부와 케네디 행정부 시절에 농업 정책의 대변자 역할을 했다. 앨런 에모리(Alan Emory) 기자는 뉴욕주 북부 신문인 〈워터타운 타임스(Watertown Times)〉 기사에서 "이타카 출신 젊은이들"이 "개별 농민보다 대규모 농업에 우호적"이며, "농민의 구매력 증가보다 낮은 원료 가격에 더 관심이 많은 것처럼 보인다"라고 평했다.

부츠는 닉슨 대통령의 두 번째 농무부 장관으로 있으면서 애그리비즈니스 의제를 촉진했다. "농업은 빅 비즈니스다" 같은 슬로건과 농민은 "적응하거나 죽거나" 해야 한다는 말로 악명을 떨쳤다. 1960년대와 1970년대에 농산물 가격이 계속해서 떨어지는 가운데 미국농업연합회와 애그리비즈니스연합은 1970년 농업법(farm bill) 관련 싸움에서 25개 농민 단체 연합에 도전했다(농업법은 약 5년마다 새로 재승인된다). 그 결과로 탄생한 법은 수출 촉진을 위해 가격 지지를 줄이기로 했다. 닉슨 행정부는 개발도상국이 노동집약적인 과일이나 야채 재배에 적합한 반면, 미국은 자본집약적인 작물 생산에 "비교 우위"가 있다고 주장하면서 곡물 수출에 크게 의존하는 경제 정책을 추진하기 시작했다.

1995년 세계무역기구로 대체되기 전까지 국제기구 역할을 한 관세및무역에관한일반협정(GATT)을 둘러싼 협상이 먹거리 무역의 확대에 중요한 역할을 했다. 1960년대 초 경제개발위원회와 같은 의견을 가진 기업 후원 단체들이 힘을 합친 결과 1995년 세계무역기구 조약이 체결되었다. 이 조약에는 농업협정이 포함되어 있었다. 이 조약의 기능은 무역 장벽을 제거하고 경쟁력을 높이는 데 있다고 대외적으로 천명되었다. 하지만 실제 목적은 대형 식품 회사와 곡물 무역 회사가 농산물을 최저가격으로 제시하는 곳에서 구입할 수 있게 하는 것이었다.

1950년대의 패리티 철폐, 이로 인해 축적된 농민 불만, 곡물 산업과 식품 산업의 값싼 농산물 요구를 배경으로 해서 1970년대 초의 새로운 농업 프로그램이 나왔다. 그리고 이는 1980년대 농가 위기의 계기가 되었다. 이 새로운 프로그램은 농상품의 목표가격이 농무부가 정한 금액 이하로 떨어지면 미국 납세자들이 생산비를 지불하도록 했다. 참여하는 농민은 패리티 프로그램 폐지에 따른 보상으로 매년 "부족분 수표(deficiency check)"를 받았다.[•] 켈로그, 제너럴 밀스 같은 식품 회사와 카길 같은 곡물 거래업체, 그리고 그들의 사업자단체는 정치적 영향력을 이용해서 이익을 늘릴 수 있었다. 이들은 수십 년에 걸친 캠페인을 통해 농민을 비효율적이라고 혹평하는 동시에 농민이 국민생활보호수당을 받고 있다고 강도 높게 비난했다.

게다가 1972년 여름, 부츠 농무부 장관은 카길 등 5개 곡물 중개 회사가 흉작에 시달리던 러시아와 비밀 협상을 벌이도록 승인했다. 이 곡물 카르텔은 미국 곡물 수확고의 25퍼센트를 해외로 보내는 15억 달러 규모의 계약을 체결했다. 이는 미국 내 먹거리 가격을 올리는 효과를 가져왔다.

인기 있는 농장 순회 연설가인 부츠는 전국을 돌아다니며 농민에게 "커지든지 아니면 꺼지든지(to get big or get out)", 세계 수요를 맞추기 위해 "농장 울타리 끝에서 끝까지 모두 경작하라"라고 말했다. 1972년 곡물 생산을 늘리기 위해 부츠는 뉴딜 휴경 프로그램에서 1,000만 헥타르를 제외했다. 그러자 1973년에는 휴경지가 300만 헥타르로 줄어들었다. 그의 지도 아래 1973년 농업법안은 농산물의 패리티를 50퍼센트 이하로 낮추었다. 하지만 많은 농민이 부츠의 조언에 따라 사업 규모를 확장하기 위해 큰돈을 투자하기 시작했다. 그 결과 1978년에는 미국 농가 중 겨우 19퍼센트가 전국 농산물의 78퍼센트를 생산하게 되었다. 지미 카터의 당선은 1930년대 이래 최악의 농가 위기가 더욱 악화될 것임을 알리는 신호탄이었다. 미국과 해외의 에너지 공급 부족 때문에 석유를 기반으로 하는 비료, 농기

• 보통 부족불 제도(deficiency payment)라 부른다.

구, 디젤 연료의 가격이 치솟은 반면 농산물 가격은 계속 떨어졌다. 지가도 올라가는 상황에서 많은 농민의 선택은 땅을 팔거나 빌리는 것이었다. 그 결과 1960~1977년에 농가 부채가 400퍼센트나 급증했다.

콜로라도주 스프링필드에 모인 농민들이 전국적인 농민 파업을 촉구하던 1977년 가을, 미국농업운동(American Agriculture Movement)이 태어났다. 농민의 계속되는 자산 손실 문제에 대처하지 않는 농업법이 다시 한번 통과되자 농민들은 절망했다. 전국의 농민들이 트랙터를 몰고 콜로라도주 푸에블로로 와서 농무부 장관에게 가족농을 보호하기 위한 조치를 취하라고 요구했다.

인터넷이 나오기 훨씬 전이라 파업 뉴스는 사람들의 입에서 입으로 퍼져나갔다. 1977년 12월 10일 트랙터 행진이 많은 주의 수도에서 벌어졌고, 1978년 1월에는 5만 명의 농민이 워싱턴 D.C.에 집결했다. 농민들은 압류를 중단시키고 패리티를 부활시키기 위해 항의 집회를 계속했다. 1979년 1월, 대규모 트랙터 행진으로 미국 수도의 교통이 마비되었다. 그러나 시위 도중 눈보라가 덮치자 농민들은 트랙터를 이용해 눈을 치우고 응급치료를 위한 교통수단도 제공했다. 전국적으로 보도된 이 시위로 대중의 인식이 높아졌지만, 정책 결정자들은 농민들을 안심시키기 위한 조치를 취하지 않았다.

1980년대 로널드 레이건 대통령 집권기에 위기는 눈덩이처럼 불어났다. 과잉 생산으로 농산물 가격이 계속 떨어졌으며 농가 부채는 급격히 늘어났다. 농민은 계속 농사를 짓기 위해 농지를 담보로 대출을 받아야 했다. 많은 농민이 모든 자산을 팔아치우며 버티다가 은행 압류를 맞곤 했다. 수많은 농가가 집과 땅을 잃었다. 부츠가 약속한 해외의 곡물 수요는 결코 실현되지 않았으며, 급등했던 지가가 폭락하면서 농가 재산 가치는 급락했다. 살아남은 농민들은 대부분 농외소득에 의존해야 했다. 한편 값싼 곡물 때문에 공장식 농장의 확대가 가능해졌으며, 식품가공업체와 곡

물 무역 회사는 납세자의 보조금을 받는 값싼 농상품 덕분에 기록적인 수익을 만끽했다. •

클린턴의 질주

1982년 4월, 오랜 경력을 지닌 농장 활동가 메를 한센(Merle Hansen)이 아이오와주 디모인에서 회의를 열었다. 50개 이상의 농장, 노동, 지역사회 단체가 레이건 정책에 반대하고 패리티 가격을 요구하기 위해 모였다. 한센은 북미농민동맹(North America Farm Alliance)의 회장이 되었다. 이 새로운 연합체는 많은 단체를 하나로 모았다. 오늘날에도 이 단체들의 협력은 계속되고 있다. 한센은 미국 역사를 통틀어 죽음을 무릅쓰고 싸운 가족농 지도자들의 표상이었다. 그는 농기업이 "미국의 농업·무역·식품 정책뿐만 아니라 세계의 농업·무역·식품 정책까지 정하고 있다"라고 평하기도 했다.[13]

한센은 1919년에 태어났다. 십 대 때 아버지와 함께, 1930년대 중서부 지방에서 결성된 전투적인 단체인 농민휴가협회(Farmer's Holiday Association)에서 일하면서 "페니 경매(penny auctions)"를 조직했다. 페니 경매란 압류 농장의 이웃들이 경매에 나온 물품에 몇 페니만 입찰한 뒤 낙찰 품목을 그 가족에게 되돌려주는 것이다. 한센은 이 경험에서 깊은 영향을 받았다. 2차 세계대전 때 태평양에서 군 복무를 한 뒤 사우스다코타농민조합과 아이오와농민조합에서 현장 조직책으로 일했다. 그는 아프리카계 미국인 활동가 에드나 그리핀(Edna Griffin)과 긴밀히 협력했다. 그리핀은 미국 최초의 인종차별 제도 폐지 운동에서 아이오와주 조직책으로 일하고 있었다.

1950년대에 한센이 네브래스카의 가족농장으로 돌아왔을 때, 한국전

• 다큐멘타리 영화 〈괴짜 농부 존(The Real Dirt On Farmer John)〉은 한 농민의 삶을 통해 이러한 미국 농장의 변화를 잘 보여준다.

쟁의 영향으로 아이오와농민조합에 격심한 내분이 일어났다. 조합에서 그는 전쟁에 반대하던 미국농민연합회(U.S. Farmsers Association) 부회장이 되었으며, 전국농민단체 지역 지부 활동에 적극적이었다. 한센은 농장 정책을 사회정의의 관점에서 보았으며 광범위한 연합의 잠재력을 굳게 믿었다. 1970년에 그는 평화를위한네브래스카인(Nebraskans for Peace)의 회장이 되었으며, 10년 뒤 미국농업운동의 주 담당관이 되었다. 마침내 그는 제시 잭슨 목사의 농업 정책 수석고문이 되었으며, 1984년 민주당 전당대회에서 잭슨을 대통령 후보로 지명하는 역할도 맡았다.

한센은 위기의 1980년대에도 농민을 위해 논리정연한 대변인 역할을 계속했으며, 자선 음악회 팜 에이드(Farm Aid)의 개최도 도왔다. 또한 북미 농민동맹을 창립하고 전미가족농연합(National Family Farm Coaltion)도 출범시켰다.

아이오와주 농민이자 전미가족농연합의 전 회장인 조지 네일러(George Naylor)는 레이건 행정부 시절에 한센과 긴밀하게 협력했다. 그는 2009년에 세상을 떠난 한센을 다음과 같이 추억했다. "그는 훌륭한 연설을 할 줄 알았습니다. 연설이 끝나고 나면 사람들의 눈에 눈물이 가득했어요. 정말 대단한 사람이었습니다." 네일러는 한센이 정치적 신념이 다른 사람들을 한데 모아 서로 대화하고 함께 행동하도록 하는 능력이 있었다고 말한다. 현재 전미가족농연합 가맹단체로서 서로 협력하고 있는 많은 단체들을 처음 끌어 모은 사람이 바로 메를 한센이다.[14] 1980대에 한센은 다음과 같이 말했다.

내가 살던 지역에서 아웃사이더였을 때도 있었지만, 지금은 그렇지 않습니다. 내가 베트남전에 반대했을 때 사람들은 내게 편지를 써서 가축을 죽이겠다고 협박하고, 나를 끔찍하고 비애국적인 인물이라고 말했지요. 내 아이들은 그 대가를 혹독히 치렀습니다. 누군가가 우리 차를 훼손했으며, 아이들은 학교에서 놀림을 당하고 공산주의자라고 불렸지요. 당시 아들 존은 머리를 길게 기르기 시작했는데, 하느님 맙소사, "나 여기 있다"라고 외치고 다니는 격이었죠. …… 요즘 그가 뉴먼 그로브에 와서 네브래스카농민연합 회장 자격으로 연설을 하면, 그때 그렇게 말하던 그 사람들이 아들이 정말 좋은 사람이라고 이야기합니다.[15]

가족농장을 6대째 이어오고 있는 존 한센 역시 아버지의 뒤를 밟아 1970년대 초에 운동가가 되었다. 존 한센은 1982년에 판사가 절차상의 문제로 파기할 때까지 미국에서 가장 강력한 법이었던, 네브래스카주에서 기업농을 금지하는 1982년 법을 통과시키기 위해 지칠 줄 모르고 일했다. 존 한센은 아버지의 뒤를 이어 네브래스카농민연합에서 일했으며, 1989년부터 10차례나 회장으로 선출되었다. 가족농 수호를 위한 투쟁은 우리가 어떤 종류의 사회를 갖게 될 것인지와 관련한 근본적인 의문을 제기한다고 존 한센은 말한다. "먹거리와 섬유를 생산하는 미국 가족농은 큰 적자를 내고 있습니다. 편파적이고 불공정한 농장·무역 정책의 압력 탓에 농가와 농업경영, 농촌 사회, 미국인의 혼이 참담한 피해를 입고 있습니다."[16]

조지 네일러 역시 이런 평가에 동의한다. 네일러의 가족농장은 그의 할아버지가 1919년에 처음 땅을 사면서 시작되었다. 네일러는 농기구를 직접 수리하고 경비를 낮게 유지하는 등 매우 검소하게 살면서 가족농으로서 아이오와주에서 겨우 살아가고 있다.

1999년 8월, 미국 중서부 지방은 뉴딜 농업 프로그램과 안전망이 사라진 충격 때문에 여전히 비틀거리고 있었다. 네일러는 농장 자유화법의 결과로 나타난 "빈집이 즐비한 소도시"와 "농가의 고통"에 관해 아이오와주 본듀런트 지역 상원의원 톰 하킨(Tom Harkin)이 개최한 미국 상원 민주당 정책 청문회에서 증언했다.

2012년 네일러는 "빌 클린턴의 맹목적인 자유무역 추구와 1996년 농장

자유화법[•]에 대한 지지보다 더 짜증나는 배신은 없었다. 그것보다 농민과 식품 소비자에게 더 파괴적인 영향을 미친 것도 없었다"라고 말했다.[17]

경제개발위원회가 "과잉 노동력"을 농업에서 몰아내기 위한 계획을 세운 지 50년이 지난 뒤에 마침내 클린턴 대통령이 결정타를 날렸다. 그동안 미국 농민은 2/3 이상 감소했으며, 경제개발위원회 창립자들은 이미 오래 전에 세상을 떠났다. 하지만 자유무역의 장애를 제거하고 농업을 시장의 힘에 복종시키기 위한 경제개발위원회의 계획은 결국 미국의 법률이 되었다. 1940년대에 경제개발위원회가 제시한 급진적인 의제를 완전히 성취하기 위해서는 중도우파 민주당원인 클린턴 대통령의 전폭적인 지지가 필요했다. 지구상에서 가장 강력한 이익단체가 수십 년 동안 추구해온 목표가 마침내 달성되었다.

자유무역 정책과 1996년 농장자유화법에 이르는 20년 동안 은행, 제조업, 에너지, 제약, 농기업 등 다양한 기업 세력이 세계 경제를 지배하는 규칙들을 조종하기 위해 연합했다. 상업적 이익이 다른 모든 것을 능가한다는 철학을 공유하는 그들은 건강·안전·환경 관련 국내 규제를 자신들이 만들고 있던 국제 규칙 아래로 복속시키기 위해 선거 기부금, 불법적인 영향력, 부당한 정치력을 이용했다. 기업이 자금을 지원하는 사업자단체, 비영리 싱크탱크, 공공 재단, 사적 클럽 등으로 이루어진 복잡한 네트워크를 통해 그들은 (인간과 환경을 희생해서) 수익을 극대화할 수 있도록 국제무역 규정과 미국 농업 정책을 구상했다.

클린턴은 1993년 9월 13일 북미자유무역협정(NAFTA)에 서명했으며, 이 협정이 의회의 승인을 받을 수 있도록 행정부가 전력을 다하겠다고 약속했다. 이 협정과 관련한 치열한 논쟁으로 민주당이 분열해 민주당의 40년 의

• 1996년 연방농업개선개혁법(Federal Agriculture Improvement and Reform Act)을 비판적으로 부르는 명칭. 이 법이 생산자율계약제 등을 통해 농민의 자유를 향상시킨다는 정부 주장을 비꼬는 말이다. 몇 쪽 뒤에 자세한 내용이 나온다.

회 지배가 끝나고 말았다. 유감스럽게도 민주당 지배 아래 있던 의회는 이 기간에 가족농을 지지하지 않았다. 클린턴 대통령도 마찬가지였다. 클린턴 대통령의 약속대로 북미자유무역협정은 1994년 선거 직후 통과되었다. 하지만 대통령이 예상했던 번영은 오지 않았다. 경제정책연구소에 따르면, 그때 이후 북미자유무역협정 때문에 70만 개의 일자리가 사라졌다. 그리고 미국 옥수수와 경쟁할 수 없었던 200만 명의 멕시코 소농이 헐값에 땅을 팔고 일자리를 찾아 이주했다.

클린턴 대통령은 당시 논란이 되고 있던 세계무역기구 가입을 위한 전투도 주도했다. 그는 세계무역기구에 한해서 대통령이 "패스트트랙(fast track)" 권한을 갖도록 했다. 이 비민주적 절차에 따르면, 대통령은 무역협정 관련 협상 권한을 가지지만 체결된 무역협정에 대해 찬반 투표만 할 수 있을 뿐 수정이나 이의 제기는 못한다.

1994년 12월 1일, 의회의 잔여 회기**에 패스트트랙 절차에 따라 미국의 세계무역기구 가입이 승인되었다. 세계무역기구 가입 국가는 농업 프로그램, 식품 안전 규정, 환경 규제, 근로자 안전 관련 국내법이 불법적인 무역 장벽인지를 스스로 결정할 수 있는 권한이 없다. 세계무역기구는 구조적으로 다른 사회적 목적을 희생하면서 무역을 촉진한다. 세계무역기구는 무역 분쟁의 최종 결정자로서 거의 언제나 업계에 유리한 판결을 내린다. 기업이 무역을 방해한다고 주장하는 건강·안전·환경 규정을 회원국이 갖지 못하도록 한다.

세계무역기구는 소비자 이익에 반하는 조치들 중 하나로서, 2011년 11월 미국의 육류에 대한 원산지 표시를 의무화해야 한다는 미국의 요구를 국제통상법 위반이라고 판결했다. 원산지 표시제는 미국이 2008년에 도입한 것으로, 소비자가 충분한 정보에 근거해 먹거리를 선택하도록 하는

•• 의원 선거 결과가 이미 나왔지만 현 의원들의 임기는 아직 끝나지 않은 기간을 말한다.

데 목적이 있다. 캐나다와 멕시코가 이를 세계무역기구에 제소했다.

퍼블릭시티즌(Public Citizen)의 세계무역감시프로그램 책임자인 로리 월락(Lori Wallach)은 원산지표시제에 대한 세계무역기구의 판결이 "이러한 소위 무역협정들이 국가 간 무역과는 거의 관계가 없고 미국에서 정체불명의 고기를 파는 대형 농기업들과 전적으로 관계가 있다"라는 점을 분명히 보여준다고 말한다. 월락에 따르면, 이것은 2011년에 세계무역기구가 인기 있는 미국 소비자 정책에 반하는 판결을 내린 세 번째 사례였다. 그녀는 "십 대의 관심을 끌기 위해 흔히 이용하는 사탕향이나 클로버향이 나는 담배와, 참치 어획 중 우발적으로 죽는 돌고래를 줄이는 데 중요한 역할을 하는 돌고래 안전 참치 표시도 세계무역기구 규정 위반으로 선고되었다"라고 말했다.

1980년대 후반 하버드대 출신 변호사 월락은 식품 안전 문제에 관한 의회 로비를 벌이는 과정에서 무역 협상이 국내법에 미치는 영향을 알게 되었다. 식품 안전 개선에 관한 여러 공청회에서 기업 로비스트들이 당시 협상 중이던 무역협정에는 식품 안전 개선을 결코 허용하지 않겠다고 단언하는 것을 들었다. 월락은 1991년 세계무역기구 문서의 초안을 입수하고서, 건강과 안전을 위해서는 의회나 미국 정부기관뿐 아니라 세계무역기구와도 싸움을 벌여야 한다는 사실을 깨달았다.

이후 월락은 국내 규제에 대한 세계무역기구의 기습 공격에 맞서 싸웠다. 1999년 시애틀에서 열린 세계무역기구 반대 항의 시위에서도 중요한 역할을 했다. 또한 그녀는 거대 농기업 카길과 골드만 삭스(Goldman Sachs)의 중역을 지낸 다니엘 암스터츠(Daniel Amstutz)가 세계무역기구의 농업 관련 규정을 작성했다고 밝혔다. 레이건 행정부에서 암스터츠는 우루과이 라운드 무역 협상 당시 농업 부문 수석대표였다. 이후 그는 북미곡물수출협회 전무이사가 되었다. 이 사업자단체는 카길, 아처 대니얼스 미들랜드(Archer Daniels Midland) 같은 기업들의 이익을 대변하며, 세계무역기구 규정을 위해 로비를 벌인 바 있다.

아처 대니얼스 미들랜드를 강력한 농기업으로 바꿔놓은, 당시 CEO 드웨인 안드레아스(Dwayne Andreas)는 미국 관리들이 세계무역기구에 우호적인 태도를 취하도록 로비를 벌였다. 안드레아스가 아처 대니얼스 미들랜드를 회사의 슬로건에 따라 "세계의 슈퍼마켓"으로 만들어갈 동안, 회사 고위 간부 몇 명이 가격 담합을 벌인 죄로 수감되었다. 회사에는 반독점법 위반으로 역사상 최고의 벌금이 부과되었다.•

안드레아스는 당파에 얽매이지 않고 험프리, 닉슨, 카터, 레이건, 부시, 클린턴, 돌 등의 대선 후보에게 자금을 지원해서 위험을 분산시켰다. 그리고 제시 잭슨에서 뉴트 깅리치에 이르기까지 정파를 가리지 않고 자금을 제공했다. 현실 정치의 신봉자인 그는 한때 이렇게 말했다. "자유시장에서 팔리는 것은 이 세상에 하나도 없다. 단 하나도. '자유시장'을 볼 수 있는 유일한 곳은 정치가의 연설뿐이다."[18]

아처 대니얼스 미들랜드, 카길 등의 다국적 식품 회사가 작성한 농업협정은 치열한 논쟁을 불러일으켰지만, 세계무역기구 설립 관련 협상에서 핵심적인 역할을 했다. 거대 글로벌 기업을 위해 만든 이 농업협정에 따르면, 각국은 수입품의 양과 질을 통제하기 위해 전통적으로 사용되던 수입금지, 수입 쿼터, 수량 제한을 불법화하는 한편, 관세도 단계적으로 폐지해 "시장 접근"을 가능하게 해야 했다. 농업협정 덕분에 거대 농기업은 생산비가 가장 낮은 해외로 기업을 이전하고, 지역 생산자와 불공정하게 경쟁하며, 전 세계를 돌면서 가장 낮은 가격에 농산물을 구매할 수 있게 되었다. 이제 농민에게 공정한 가격을 보장하는 정책은 무역 장벽으로 간주된다.

세계무역기구 역시 농업에 영향을 미치는 몇 가지 다른 협정을 관리하

• 3장에 자세한 내용이 나온다.

고 집행한다. 그런데 이 협정들은 하나같이 수직통합된 글로벌 대기업에 유리하게 되어 있다. 각국은 법이나 규정을 가치판단이나 사회적 우선순위(환경 마크 제도 장려나 인터넷 도박 금지 등)에 근거해 제정할 수 없으며, "예방 원칙(후회하기보다 안전한 것이 더 낫다는 개념)"을 사용하는 것은 불법이다. 세계무역기구는 비용이 많이 들고 현실성도 낮은 위험평가 절차를 사용하도록 규정하고 있다. 이는 다양한 안전 규정(농약, 박테리아 오염, 호르몬 관련 규정 등)에 끔찍한 영향을 미쳤다. 유전자 변형 작물과, 호르몬을 투입해 생산한 고기를 금지하는 법을 통과시킨 국가들에 이것들을 강요하는 데에도 무역 규정을 이용했다.

세계무역기구 규정은 노동력이 가장 싸고, 환경법이 가장 약하며, 비용이 가장 낮은 곳에서 농기업이 농산물을 생산할 수 있도록 하기 위해 만들어졌다. 그 결과 먹거리 생산이 점점 개도국으로 옮겨가고 있으며, 이에 따라 과거 먹거리 생산에 종사하던 사람들 중 상당수가 새롭게 빈곤층으로 전락했다. 이들은 도시의 슬럼으로 밀려들어갔다. 이처럼 가난한 나라들이 국내 소비용 먹거리를 생산할 이유가 줄어들자 다국적기업들이 수출 작물 재배를 위해 소농을 땅에서 몰아내기 시작했다. 농업협정 채택 이후 국내 소비용 농업 생산이 감소해 전 세계의 식량 불안이 심해졌다.

월락은 이렇게 말한다. "세계무역기구 체제에서 선진국과 개도국의 농가 소득 급감이 일반화되면서 부자 나라에서는 부채 증가와 농장 압류가, 가난한 나라에서는 생계 수단 상실과 기아가 발생했다."

앞에서 언급했듯이 카길은 수많은 고통을 불러온 정책을 밀어붙인 회사들 가운데 하나이다. 카길은 미국 최대의 비상장 회사이자 세계 최대의 곡물 거래 회사이다. 대부분 소비자에게는 보이지 않지만, 카길은 식품 산업의 전 부문에서 활동하고 있다. 대부분 미국인은 카길의 생산품을 매일 먹는다. 카길은 비료와 사료를 만들고, 농민에게 대출금을 제공한다. 농민이 생산한 농산물을 구매하고, 농민이 최종적으로 농산물을 인도하는 곡물 터미널을 운영한다. 그리고 이 전체 과정을 농민이 순조롭게 통과할 수 있도록 마케팅 자문 서비스도 제공한다.

카길은 세계 최대의 옥수수, 밀, 대두, 기타 지방종자 유통 및 가공 기업으로서의 지위와 전 세계 무역 규정을 이용해서, 세계에서 가장 가격이 싼 곳에서 농상품을 조달한 뒤 가장 수익이 많이 나는 곳에서 판매한다. 카길은 그동안 유전자 조작 작물 보급에 중요한 역할을 해왔다. 카길은 대형 곡물 창고를 운영하므로 구매할 농산물의 종류를 정할 수 있으며, 농민과의 계약을 통해 특정 품종을 재배할 수 있다.

카길은 수십 년 동안 무역 정책을 홍보해왔다. 1971년 한 카길 부회장이 휴직하고 닉슨 대통령의 무역 담당 특별부대표가 되었다. 덕분에 그는 중국이 세계 시장에 문을 열고 러시아에서 곡물 위기가 일어난 10년 동안 농산물 무역 정책을 만들 수 있었다. 카길 투자 회사의 전 회장은 1987~1989년에 관세무역일반협정(GATT) 농산물 무역 협상의 미국 수석대표를 지냈다(관세무역일반협정 체제는 1995년에 세계무역기구 체제로 대체되었다).

당연히 카길은 클린턴 행정부와도 관계를 맺고 있었다. 왜냐하면 연방 농업 정책 규제 완화와 무역 규정에 관한 둘의 견해가 일치했기 때문이다. 클린턴은 당시 카길 CEO였던 어니스트 미섹(Ernest Micek)을 수출위원회 위원으로 임명하고, 자유무역을 장려하기 위해 그와 함께 아프리카로 갔다.

1994년 카길은 미국 농업 정책을 새로운 통상 규범에 맞춘다는 공동의 목표를 갖고 나타난 강력한 연합체의 출범에 기여했다. 경쟁력있는식품 및농업체계연합에는 시카고 상품거래소, 제너럴 밀스, 타이슨 푸드(Tyson Foods), 크래프트 푸즈(Karft Foods), P&G(Procter & Gamble), 유니언 퍼시픽 철도(Union Pacific Railroad), 비료협회와 100여 개의 다른 기업이 참여

• 카길의 부회장이었던 다니엘 암스투츠는 우루과이라운드 미국 수석대표로 있으면서, 이 협정의 기본 텍스트를 작성했다. 우루과이라운드 협상 때 한국 농민 이경해 씨가 자살하는 사건도 발생했다.

농업과 먹거리 정책에 영향을 미치는
규정 변화

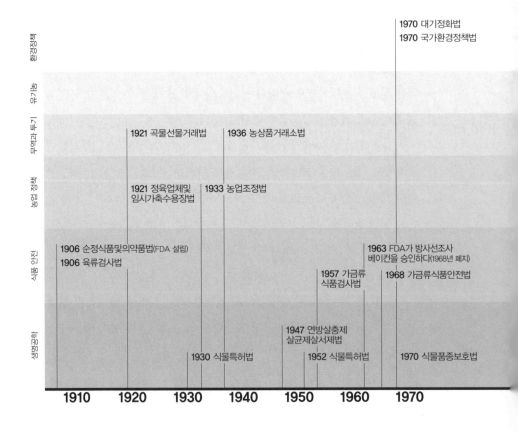

환경정책

1970 대기정화법
1970 국가환경정책법

유기농

무역과 투기

1921 곡물선물거래법   1936 농상품거래소법

농업 정책

1921 정육업체및
임시가축수용장법   1933 농업조정법

식품 안전

1906 순정식품및의약품법(FDA 설립)
1906 육류검사법

1963 FDA가 방사선조사
베이컨을 승인하다(1968년 폐지)

1957 가금류
식품검사법   1968 가금류식품안전법

생명공학

1947 연방살충제
살균제살서제법

1930 식물특허법   1952 식물특허법   1970 식물품종보호법

| 1910 | 1920 | 1930 | 1940 | 1950 | 1960 | 1970 |

정치적 배경

| 대통령 | | | 트루먼 | 아이젠하워 | JFK | 존슨 | 닉슨 |

| 농무부 장관 | | | | 에즈라 벤슨 패리티법 폐지 | | | |

| 주요 사건 | | | 1940 FDA가 농무부에서 보건복지부로 이동 | | 1962 《침묵의 봄》 출간
1962 경제개발위원회, '농업 적응 프로그램' 발표 | | |

1977 수질환경법

1990 유기식품 생산법

1997 농무부가 유기농 기준을 제정하다

2005 의회가 합성첨가제가 유기농 식품에 들어가는 것을 허용하다

1994 NAFTA, WTO 가입

2004 중앙아메리카 자유무역협정(CAFTA)

2007 법무부가 스미스필드와 프리미엄 스탠다드의 합병을 허용하다—스미스필드가 노스캐롤라이나 돼지 시장의 90%를 차지하게 됨

1996 '농장자유화'법

1973 농업법이 농산물 패리티를 50% 이하로 낮추다

1995 WTO 농업협정

2008 GIPSA 규정이 농업법에 포함되다

1997 WTO 식물검역 협정—HACCP가 세계 식품 안전체계가 되다

1985 그램-루드만- 홀링스법 (강제적 예산 삭감)

1996 육가공의 HACCP 의무화

2010 식품현대화법 및 테스터 개정

1984 국가협동연구법

1994 몬산토의 첫 생명공학제품인 rBGH를 FDA가 승인하다

1980 대법원이 GMO에 대한 특허 보호를 연장하다

1986 기술이전법

1996 라운드업 레디 옥수수 승인되다

1992 생명공학정책

2005 라운드업 레디 알팔파 승인되다

1980　　　　**1990**　　　　**2000**　　　　**2010**

포드	카터	레이건	부시	클린턴	부시	오바마
얼 부츠 "커지든지 아니면 꺼지든지"				마이크 에스피 댄 글릭먼	앤 베너먼 마이클 요한스 에드 세이퍼	톰 빌색
1977 미국농업운동 설립		1985 유기무역협회 창립		1994 중간선거 결과 40년에 걸친 민주당의 의회 지배가 끝나다	2007 금융 위기, 농상품 투기 거품, 식품 가격 폭등	2011 WTO가 원산지 표시 제도를 불법으로 규정하며 문제 제기

하고 있다. 미국상공회의소의 한 직원은 "식품 산업의 다양한 집단들이 이렇게 다 모인 것은 사상 최초"라고 말했다.[19] 클린턴과 양당의 자유무역주의자들은 기쁜 마음으로 연합을 도왔다. 가장 먼저 도마에 오른 것은 농민을 보호하고 먹거리를 보장하는 뉴딜 농업 프로그램의 잔재였다.

1995년 뉴트 깅리치의 "미국과의 계약"● 때문에 농민 활동가들과 기업 세계화 비판자들이 미국 최대의 기업들에 맞서게 되었다. 전미가족농연합의 캐시 오저(Kathy Ozer)는 1987년부터 농업법 관련 논쟁이 벌어질 때마다 이에 관여해왔다. 그녀는 1996년 농업법의 이른바 농장자유화 계획이 세계무역기구의 농업 규정을 작성했던 바로 그 기업들이 꾸민 짓이라고 말한다. "그들의 목표는 과잉 생산을 위한 값싼 곡물이었습니다. 그래서 그들은 수요와 공급의 균형 유지에 도움이 되는 '공급 관리' 정책을 비난했습니다. 농장자유화는 농산물의 과잉 생산, 가격 하락, 가격 급변을 방지하는 장치인 휴경 중인 보전농지와 곡물 비축 프로그램을 축소시켰습니다. 세계무역기구 규정과 마찬가지로, 농장자유화 계획은 최저임금과 유사하게 농민에게 생산비를 보장하는 정책을 없애버렸습니다."

워싱턴 D.C. 교외에서 자란 오저는 자신이 가족농을 위해 싸우면서 20년이 넘는 세월을 보내게 되리라고는 꿈에도 생각하지 못했다. 오저는 신용 문제에 전문 지식을 갖고 있었다. 농업 위기 때 전미가족농연합에 이 전문 지식을 활용하러 갔다가 관련 이슈들에 너무 열성적이 된 나머지 그곳을 떠나지 못했다. 오저는 이렇게 말한다. "1996년 법에 따라 농가 지불금을 생산량이나 가격과 연계시키지 않는 '탈동조화(decoupling)' 개념이 도입되었습니다. 이행 기간인 7년 동안에는 농민에게 지불금을 지급하지만, 그 후에는 더 이상 주지 않도록 되어 있었지요. 카길이나 아처 대니얼스 미들랜드 같은 기업들은 '탈동조화' 지불을 세계무역기구가 '시장을 왜곡

● 1994년 중간선거에서 깅리치 주도로 공화당이 국민에게 내건 10대 정책 강령을 말한다. 상당히 보수적인 내용을 담고 있는 이 공약으로 공화당은 승리를 거뒀다.

하지 않는' 보조 형태로 지정하도록 로비를 벌였습니다. 이 규제 완화 이전에는 농민이 적정 소득을 위해 정부에 의존할 필요가 없었습니다. 시장이 그것을 제공했으니까요."

미국 농무부 산하 곡물검사정육업체및가축수용장관리청(GIPSA: Grain Inspection, Packers & Stockyards Administration) 청장을 맡고 있는 래리 미첼(Larry Mitchell)은 이에 동의한다. 그는 1996년에 전국농민연맹 로비스트였다. 농업을 둘러싼 영웅적인 싸움에서 최전선 병사로 일했다. 1970년대부터 이 문제를 해결하기 위해 노력한 농업 정책 전문가인 미첼은 처음에는 깅리치가 농장자유화 조항을 1995년 균형예산법(Balanced Budget Act)에 끼워넣었다고 말했다(그 해 12월 예산 삭감 관련 논쟁 과정에서 클린턴 대통령은 이 법에 거부권을 행사했다). 어느 날 밤늦게 농장자유화 조항이 균형예산법안에 첨부되기 전까지 아무도 이러한 내용의 법안을 본 적이 없었다. 그러나 깅리치와 클린턴은 기본적으로 농장 정책에 관한 의견이 일치했기 때문에 마침내 합의에 이르렀다. 클린턴 대통령은 1996년 4월에 농장자유화법에 서명함으로써 규제 완화 시대의 정점을 장식했다.

작고한 미네소타 출신 진보주의자 폴 웰스톤(Paul Wellstone) 상원의원은 "결국 이것은 여러분이 자신의 판단에 따라 카길에 동의한다는 걸 말해주는군요. 여러분은 자신의 판단에 따라 시카고 상품거래소에 동의하다는 거군요"라며 이 법안에 반대표를 던졌다.[20] 이 법이 농상품 시장에 대한 모든 정부 개입을 단계적으로 폐지하고, 과잉 생산을 방지하는 프로그램을 제거하며, 공정가격을 유지하는 정책을 철폐함으로써 농민을 시장의 불규칙한 변동과 투기적 장난에 맡겨버렸다고 미첼은 설명한다.

미첼은 1996년 클린턴 재선 선거운동을 한 뒤 1997년 농무부 산하 농업진흥청 부청장으로 임명되었다. 그러나 미첼은, 클린턴과 공화당 대통령 후보 밥 돌이 무역, 금융, 농업에 관해서는 의견이 별로 다르지 않았다고 회고한다. 미첼은 농업진흥청 지부 직원이 워싱턴에 와서 규제 완화 농업의 영향에 관한 의회 청문회에서 증언하는 데 찬성했다. 그러나 클린턴의 백악관은 안 된다고 말했다.

원래 텍사스 출신의 미국농업운동 활동가였던 미첼은 너무나도 많은 정책결정자, 농업단체, 농민이 '결국에는 무역이 농촌 경제를 고쳐줄 것'이라고 여러 해에 걸쳐 세뇌 당했다고 말한다. "무역이 농업의 엔진이 된 적이 딱 세 번 있습니다. 1차 세계대전, 2차 세계대전, 1970년대 소련과의 곡물 거래 때이지요. 그러나 우리는 1세기에 딱 세 번만 작동한 것에 우리 농장 정책의 전부를 걸었습니다."

수출이 늘어나지 않았다는 점에서 볼 때 미국 농민에게 이 전략은 실패했다. 테네시대학교의 존경받는 농업경제학자 다릴 레이(Daryll Ray) 박사는, 당시에는 규제 완화로 농산물 가격이 내려가면 수출액이 급증할 것으로 예상했으며, 이것이 미국 농업을 수출 증가 가속화와 재정적 호황이라는 약속의 땅으로 이끌 것이라고 선전했다고 이야기한다. 그는 2010년 의회에서 다음과 같이 증언했다. "수출 중심의 논리로 정부가 농장 정책을 농민에게 직접 돈을 지불하는 프로그램(보조금 제도)으로 바꾸는 데는 성공했지만, 곡물 수출이 약속처럼 일어나지는 않았습니다. …… 놀랍게도, 그리고 일반적인 믿음과는 정반대로 옥수수, 밀, 대두 생산량의 총합을 기준으로 할 때 현재 미국의 농상품 총생산량에서 수출이 차지하는 비중은 1980년에 비해 더 낮아졌습니다. 1980년에는 45퍼센트였지만, 2009년에는 25퍼센트였지요."[21]

무역으로 번영이 촉진되기는커녕, 규제 완화로 농상품 생산이 엄청나게 증가하면서 지난 15년의 대부분 기간 동안 농산물 가격이 곤두박질쳤다. 1999년이 되자 옥수수의 실질가격은 1996년보다 50퍼센트 낮아졌으며 대두 가격은 41퍼센트 떨어졌다. 1998년 작물 가격이 폭락하자 농민들의 분노와 정치적 열기를 잠재우기 위해 의회는 "긴급 지불금"을 승인했다. 반면 육류업체, 곡물중개업체, 식품가공업체는 10여 년 동안 납세자가 낸 돈으로 낮은 가격의 농상품을 즐겼다.

터프츠대학교의 팀 와이즈에 따르면, "값싼 농상품으로 가장 크게 이익을 본 쪽은 (미국 최대의 옥수수, 대두 구매자인) 산업화된 육류 산업이다." 와이즈는 농산물 가격이 폭락했을 때 육류 생산업체의 비용이 7~10퍼센트 감소했다고 추정한다. 이런 비용 절감 덕분에 산업적 육류 생산자는 농상품 가격이 극히 낮은 수준을 유지하는 동안 자신의 사업을 크게 확장할 수 있었다.[22]

와이즈의 연구는, 기업이 사료용 곡물에 생산비 이하의 가격을 지불하는 반면, 소규모 축산농민은 사료용으로 직접 곡물을 재배하는 데 드는 비용을 모두 지불하기 때문에 더 불리한 입장에 처하게 된다는 것을 분명히 보여준다. 건초, 목초, 곡물을 이용하는 다각화된 축산농민은 더 많은 노동력을 필요로 하며, 그래서 낮은 가격에 더 취약하다. "게다가 산업화된 축산농장들이 가축 가격을 떨어뜨리는 바람에 농민들이 소규모 가축 생산을 포기하고 대량 줄뿌림 작물의 대량 생산 쪽으로 몰리게 된다"라고 말한다. 농민이 소규모 축산에서 쫓겨나 어쩔 수 없이 농상품을 생산할 수밖에 없게 되면 과잉 생산이 한층 더 눈덩이처럼 불어난다.[23]

이러한 사실이 1997년 이후 명백해졌다. 그러나 농기업들의 정치적 힘때문에 공급 관리 정책을 재도입하거나 곡물 비축으로 가격을 지지하고 먹거리를 보장하려는 어떤 시도도 이루어지지 않았다. 심지어 1998년의 "긴급 지불금"이 있었는데도 현재 많은 농민이 실패자유화법(Freedom to Fail Act)으로 부르고 있는 법이 제정된 뒤 첫 5년 동안 순농가소득은 16.5퍼센트 감소했다.

의회는 낮은 가격의 기본 원인을 다루기보다는 과거와 마찬가지로 최대한 신속하게 정치적 파장을 잠재웠다. 2002년 농업법을 통해 긴급 지불금을 영구화했다. 그 결과, 오늘날 우리가 알고 있는 보조금 제도가 태어났다.

보조금 제도

농장 정책의 역사를 생각할 때, 보조금 제도와 관련해서 망가진 먹거리 체계를 만든 사람들이 아니라 농민이 비난받는다는 점은 전혀 놀랍지 않다. 보조금은 공격하기 쉬운 표적인 반면, 먹거리 체계가 제대로 기능하지 않는 원인(규제 완화와 농장 정책 체계 해체의 결합)은 이해하기 어렵다. 반독점법 집행 실패에서부터 정치 시스템을 부패시키고 있는 합법적인 뇌물 수수 제도에 이르기까지, 우리를 이곳에 이르게 한 많은 복잡한 상황을 지나치게 단순화하는 것은 농민과 식품 소비자에게 해롭다.

전미가족농연합의 오저는 이렇게 말한다. "불행히도, 먹거리 체계의 가장 큰 문제점이 보조금이고, 농민은 탐욕스럽다는 믿음이 널리 퍼져 있습니다. 과잉 생산을 계속 조장하고, 몬산토와 듀폰으로부터 너무 비싸고 위험한 화학물질과 종자를 계속 사도록 만드는 시스템의 피해자를 비난하는 것은 부당할 뿐만 아니라 별로 생산적이지도 않습니다. 보조금은 망가진 시스템의 증상이지 원인이 아닙니다."

아이오와주에서 농업 활동가로 오랫동안 일해온 브래드 윌슨(Brad Wilson)은 보조금 논의에서 진보주의자들이 "자신도 모르는 사이에 농기업 편을 들고 있다"라고 말한다. 그는 자신의 블로그에서 "단순히 보조금을 없애면 남아 있는 가족농이 도산할 것이다"라고 한탄한다. "이 예산 삭감과 규제 완화 시대에 진보주의자들의 주요 운동 전략 목표와 광범위한 정책 목표 달성을 위해 농민들이 도울" 수 있다고 말한다. 윌슨은 경고한다. "그들을 망가뜨리지 말아요! 이미 충분해요!"[24]

지속가능한 먹거리운동이 답해야 할 진짜 질문은 '가족 소유 농장을 지키기 위한 운동을 어떻게 효과적으로 벌일 수 있을까?'가 되어야 한다. 상당한 토지 기반이 있고 농업이 농장 소유자의 주된 직업인 중농의 생존을 위해 노력하는 일은 지속가능한 미래로의 전환에 매우 중요하다. 정부 보조금에도 불구하고 간신히 생존하고 있는 이런 가족농장은 쉽게 대규모 산업농의 일부가 되거나 또 다른 주택 단지나 쇼핑 센터로 바뀔 수 있다.

레오폴드지속가능한농업센터(Leopold Center for Sustainable Agriculture)의 전 소장 프레드 커쉬먼은 수십 년 동안 중농을 살리는 운동을 벌였다. 그는 이렇게 말한다. "미국 농지의 80퍼센트 이상은 소비자 직판 위주의 소농과, 통합된 대형 농장 사이에 있는 농민들이 관리합니다. 이 농민들은 점점 우리 먹거리 체계에서 밀려나고 있습니다. 만약 지금 추세가 계속된다면, 이 농가는 그들이 제공하는 사회적·환경적 혜택과 더불어 향후 10년, 20년 안에 사라질 것입니다. 그리고 토지 관리와 공동체 사회자본의 형태로 이 농가들이 제공했던 '공공재' 역시 사라질 것입니다."

통계를 자세히 살펴보면 중규모 가족농이 간신히 명맥만 유지하고 있으며, 보조금에 크게 의존하고 있음을 알 수 있다. 커다란 제도 개혁 없이 보조금을 없애면 먹거리 체계의 산업화가 더욱 심화될 것이다. 다릴 레이 박사의 연구에 따르면, 과잉 공급을 막기 위한 정책을 시행하지 않고 보조금을 없애면 농가 소득이 추가로 25~30퍼센트 줄어들어 더욱 많은 농민이 도산한다.

유감스럽게도 대중매체와 여러 기관에서 사용하는 보조금 관련 데이터는 기만적인 농무부 통계에 기초하고 있다. 보조금 문제를 극적으로 드러내기 위해 대중매체와 운동가가 널리 사용하는, 환경실무그룹(Environmental Working Group)의 농업보조금 데이터베이스는 농가를 210만 호로 추정하는 잘못된 농무부 수치에 기반한다. 이렇게 농가 수를 늘리면 소수의 농민이 정부 지원금을 받는 것처럼 보인다. 하지만 사실은 중규모 농민의 82퍼센트가 어떤 형태로든 지원금을 받아서 파산을 면하고 있다. 팀 와이즈는 단언한다. "대다수 전업 가족농을 연방 농업 프로그램에서 제외하고 있다는 주장은 거짓입니다. 상당수가 그러한 혜택을 받고 있습니다."[25]

와이즈는 이 잘못된 정보가 농무부의 부풀려진 농가 수에 근거한다고 설명한다. 농무부는 농가를 210만 호로 산정하는 과정에서 2009년에 농외소득이 평균 10만 달러였던 '주거/라이프스타일' 및 '은퇴' 농가를 포함했다. 이 140만 농가가 전체 농가의 약 2/3를 차지한다. 하지만 이들은 농업이 농장 소유주의 주된 직업이 아니며, 거의 모든 소득이 농외소득원에서 나온다. 좀 더 정확한 농가 수를 구하려면 소유주가 전업농민인 농가만을 살펴봐야 한다. 이렇게 하면 미국 농가는 100만이 채 안 된다.[26]

특히 보조금에 대한 비난이 정기적으로 제기되는 워싱턴 D.C.의 기준으로 봐도 대부분의 농민이 풍족하게 살고 있다는 말은 결코 할 수 없다. 중규모 농가(총수입 10만~25만 달러)의 2009년 평균 순수입은 정부 지불금을 포함해서 약 1만 9,270달러였다. 농무부가 "산업적 대농"(2009년 총수입 25만~50만 달러)으로 지정한 농업경영체조차도 평균 순수입이 겨우 5만 2,000달러에 불과했다. 여기에는 1만 7,000달러의 정부 지불금이 포함되어 있다.[27]

경제개발위원회가 1940년대에 한 예언이 실현되었다. 현재 초대형 상업적 농기업들이 2010년 미국 농가 총수입의 73퍼센트를 차지하고 있다. 이 11만 5,000개 산업적 농업경영체의 총수입은 50만 달러 이상이며, 평균 순수입은 26만 4,000달러였다.

아처 대니얼스 미들랜드의 옥수수 에탄올 장려금 로비 성공, 투기, 세계 여러 지역에서 일어난 가뭄을 비롯한 복합적인 이유로 농산물 가격이 2006년 이후 상승했다. 하지만 농가 순수입은 투입물 비용을 따라잡지 못했다. 농기업 간의 합병 때문에 종자, 연료, 비료, 사료, 기타 투입물의 가격은 올랐지만, 농상품 가격 상승으로 정부 지불금은 줄었다.

와이즈는 말한다. "가족농에게는 경기 호황이라 해도 별게 없습니다. 농산물 가격이 오른다고 해봤자 증가된 비용이 다 잡아먹었고, 정부 지불금은 줄었으며, 최근에는 불경기로 가족농이 생계를 꾸리기 위해 의존하는 농외소득이 크게 줄었기 때문이지요."[28]

2부

먹거리 사슬의
모든 연결고리 통합하기

레이건 행정부의 커다란 유산 중 하나는 공정한 경쟁 시장을 보장하는 규제 제도의 해체이다. 그 이후 대규모 합병을 저지하지 못한 바람에 소수의 기업이 종자, 비료, 농기구에서 가공, 유통, 식품 소매 체인에 이르는 전체 먹거리 사슬을 지배할 수 있게 되었다. 상위 20대 식품 회사가 생산요소 구매자이자 생산물 판매자로서 먹거리와 농업에 엄청난 지배력을 행사하고 있다. 유제품과 쇠고기에서 감자칩과 수프, 통조림 야채에 이르는 모든 하위 부문에서 소수의 기업이 시장을 완전히 지배하고 있다. 소매업 부문의 통합 정도는 더욱 심해서, 월마트와 다른 3개 대형 소매 체인이 미국 여러 지역 시장의 70~90퍼센트를 지배한다. 이러한 기업의 횡포와 집중을 뒤집는 것이 공정하고 지속가능한 먹거리 체계를 만드는 데 결정적으로 중요하다.

미국 상위 20대 식품 회사와 그 상표들

1 펩시 PEPSI

펩시(Pepsi), 마운틴 듀(Mountain Dew), 아쿠아피나(Aquafina), 시에라 미스트(Sierra Mist), 타조(Tazo), 소비(Sobe), 슬라이스(Slice), 립톤(Lipton), 프로펠(Propel), 게토레이(Gatorade), 트로피카나(Tropicana), 네이키드 주스(Naked Juice), 캡 앤 크런치(Cap'n Crunch), 앤트 제미나(Aunt Jemina), 니어 이스트(Near East), 라이스 어 로니(Rice-A-Roni), 파스타 로니(Pasta-Roni), 퍼프드 휘트(Puffed Wheat), 하베스트 크런치(Harvest Crunch), 퀘이커(Quaker), 퀴스프(Quisp), 킹 비타민(King Vitamin), 마더스(Mother's), 레이스(Lay's), 마우이 스타일(Maui Style), 러플스(Ruffles), 도리토스(Doritos), 퍼니언스(Funyuns), 치토스(Cheetos), 롤드 골드(Rold Gold), 선 칩스(Sun Chips), 사브리토네스(Sabritones), 크래커 잭(Cracker Jack), 체스터스(Chester's), 그랜마스(Grandma's), 먼초스(Munchos), 스마트푸드(Smartfood), 베이컨-에츠(Baken-ets), 마타도어(Matador), 히코리 스틱스(Hickory Sticks), 호스티스(Hostess), 미스 비키스(Miss Vickie's), 먼치스(Munchies), 트루 노스(True North), 스타벅스 프라푸치노(Starbucks Frappuccino*), 스타벅스 더블샷(Starbuck's Doubleshot*), 시애틀즈 베스트 커피(Seattle's Best Coffee*), 돌 주스(Dole Juice*)

2 네슬레 Nestle

카네이션(Carnation), 커피메이트(Coffee-Mate), 네스카페(Nescafe), 네스프레소(Nespresso), 네스티(Nestea), 주시 주스(Juicy Juice), 킷캣(Kit-Kat), 버터핑거(Butterfinger), 톨 하우스(Toll House), 크런치(Crunch), 웡카(Wonka), 드라이어스(Dreyer's), 에디스(Edy's), 하겐다즈(Haagen-Dasz*), 스마티즈(Smarties), 파워 바(Power Bar), 쿠키 크리스프(Cookie Crisp), 핫 포켓츠(Hot Pockets), 린 쿠진(Lean Cuisine), 제니 크레이그(Jenny Craig), 셰프메이트(Chef-Mate), 스토우퍼스(Stouffer's), 부이토니(Buitoni), 거버(Gerber), 톰스톤(Tombstone), 디지오르노(DiGiorno), 캘리포니아 피자 키친(California Pizza Kitchen*), 페리에(Perrier), 폴란드 스프링(Poland Spring), 산 펠레그리노(San Pellegrino), 오자르카(Ozarka), 디어 파크(Deer Park)

3 크래프트 KRAFT

오스카 마이어(Oscar Mayer), 런처블스(Lunchables), 보카(Boca), 클라우센(Claussen), 젤오(Jell-O), 쿨 휩(Cool Whip), 미라클 휩(Miracle Whip), 제트 퍼프드(Jet-Puffed), 굿 시즌즈(Good Seasons), 에이원(A1), 불즈 아이(Bull's Eye), 그레이 푸폰(Grey Poupon), 베이커스(Baker's), 쉐이크 앤 베이커(Shake 'n' Bake), 스토브 탑(Stove-Top), 루이 리치(Louis Rich), 필라델피아(Philadelphia), 아테노스(Athenos), 폴리오(Polly-O), 벨비타(Velveeta), 치즈 휘즈(Cheez Whiz), 브레이크스톤즈(Breakstone's), 크누센(Knudsen), 맥스웰 하우스(Maxwell House), 카프리 썬(Capri Sun), 쿨 에이드(Kool-Aid), 크리스탈 라이트(Crystal Light), 타조(Tazo*), 스타벅스(Starbucks*), 시애틀즈 베스트 커피(Seattle's Best Coffee*), 오레오(Oreo), 칩스 아호이(Chips Ahoy), 뉴턴스(Newtons), 닐라(Nilla), 너터 버터(Nutter Butter), 리츠(Ritz), 프리미엄(Premium), 트리스킷(Triscuit), 스낵 웰스(Snack Wells), 휘트 신스(Wheat Thins), 치즈 닙스(Cheese Nips), 허니메이드(Honeymaid), 플랜터스(Planters), 테디 그레이엄스(Teddy Grahams), 백 투 네이처(Back to Nature), 토블론(Toblerone), 트라이던트(Trident), 홀스(Halls), 덴타인(Dentyne), 사우어 패치 키즈(Sour Patch Kids), 스웨디시 피시(Swedish Fish), 치클리츠(Chiclets), 밀카(Milka)

4 타이슨 Tyson

콥-밴트리스(Cobb-Vantress), 보니치(Bonici), 레이디 애스터(Lady Aster), 라이트(Wright), 아이티시(ITC), 멕시칸 오리지널(Mexican Original), 러서(Russer), 조던스(Jordan's), 아이오와 햄(Iowa Ham)

5 제이비에스 JBS

필그림스 프라이드(Pilgrim's Pride), 스위프트 프리미엄(Swift Premium), 지에프 스위프트 1855(G.F. Swift 1855), 스위프트 내추럴(Swift Natural), 라 헤렌시아 내추럴 포크(La Herencia Natural Pork), 아메리칸 리저브(American Reserve), 시더 리버 팜스(Cedar River Farms), 쇼케이스 슈프림(Showcase Supreme), 팩커랜드(Packerland), 모이어(Moyer), 클리어리버 팜스(ClearRiver Farms), 리버티 벨(Liberty Bell), 블루 리본 비프(Blue Ribbon Beef), 서티파이드 앵거스 비프(Certified Angus Beef), 스테이크하우스 클래식(Steakhouse Classic)

General Mills 제너럴 밀스 6

치리오스(Cheerios), 첵스(Chex), 카운트 초큘라(Count Chocula), 허니 넛 클러스터스(Honey Nut Clusters), 킥스(Kix), 쿠키 크리스프(Cookie Crisp), 베이직 4(Basic 4), 오트밀 크리스프(Oatmeal Crisp), 부 베리(Boo Berry), 프랑켄베리(Frankenberry), 시나몬 토스트 크런치(Cinnamon Toast Crunch), 트릭스(Trix), 레이진 넛 브랜(Raisin Nut Bran), 럭키 참스(Lucky Charms), 골든 그레이엄스(Golden Grahams), 토탈(Total), 휘티스(Wheaties), 코코아 퍼프스(Cocoa Puffs), 파이버 원(Fiber One), 베티 크로커(Betty Crocker), 비스퀵(Bisquick), 골드 메달 플라워(Gold Medal Flour), 필스버리(Pillsbury), 뮤어 글렌(Muir Glen), 라라바(Larabar), 버글스(Bugles), 프루트 스낵스(Fruit Snacks), 가데토스(Gardetto's), 네이처 밸리(Nature Valley), 프로그레소(Progresso), 마운틴 하이 요구르트(Mountain High Yoghurt), 요플레(Yoplait), 카스카디안 팜(Cascadian Farm), 그린 자이언트(Green Giant), 토티노스(Totino's), 햄버거 헬퍼(Hamburger Helper), 올드 엘 파소(Old El Paso), V. 피어리(V. Pearl), 완차이 페리(Wanchai Ferry), 서든리 샐러드(Suddenly Salad), 밸리 셀렉션스(Valley Selections), 다이아블리토스(Diablitos), 하겐다스(미국)(Haagen-Dazs(U.S.)), 리세스 퍼프스(Reese's Puffs*), 허쉬스(Hershey's*), 웨이트 워처스(Weight Watchers*), 마카로니 그릴(Macaroni Grill*), 굿 어스(Good Earth*), 선키스트(Sunkist*), 시나본(Cinnabon*), 베일리스(Bailey's*)

Dean 딘 7

앨터 디너(Alta Dena), 아크틱 스플래시(Arctic Splash), 애틀랜타 데어리스(Atlanta Dairies), 바버스(Barbers), 바브스(Barbe's), 버클리 팜스(Berkeley Farms), 브라운즈 데어리(Brown's Dairy), 버즈 아이스크림(Bud's Ice Cream), 브로튼(Broughton), 처그(Chug), 컨트리 참(Country Charm), 컨트리 천(Country Churn), 컨트리 딜라이트(Country Delite), 컨트리 프레시(Country Fresh), 컨트리 러브(Country Love), 크림랜드(Creamland), 데어리 프레시(Dairy Fresh), 딘스(Dean's), 딥츠(Dipzz), 필드크레스트(Fieldcrest), 프렌드십(Friendship), 갠디스(Gandy's), 게어릭 팜스(Garelick Farms), 히게이아(Hygeia), 질버트(Jilbert), 리하이 밸리 데어리 팜스(Lehigh Valley Dairy Farms), 리버티(Liberty), 루이 트로스 데어리 회사(Louis Trauth Dairy Inc.), 메이플허스트(Maplehurst), 메이필드(Mayfield), 맥아더(McArthur), 메도우 브룩(Meadow Brook), 메도우 골드(Meadow Gold), 마일 하이 아이스크림(Mile High Ice Cream), 모델 데어리(Model Dairy), 네이처스 프라이드(Nature's Pride), 너처(Nurture), 너티 버디(Nutty Buddy), 오크 팜스(Oak Farms), 오버 더 문(Over The Moon), 프라이시즈(Price's), 퓨리티(Purity), 라이터(Reiter), 로빈슨(Robinson), 손더스(Saunders), 쉔켈스(Schenkel's), 올스타(All-Star), 스트로스(Stroh's), 스위스 데어리(Swiss Dairy), 스켑스(Schepps), 쉐난도즈 프라이드(Shenandoah's Pride), 스위스 프리미엄(Swiss Premium), 트루무(Trumoo), T.G. 리(T.G. Lee), 터스컨(Tuscan), 터틀 트랙스(Turtle Tracks), 베리파인(Verifine), 비바(Viva), 호라이즌 오가닉(Horizon Organic), 실크(Silk), 더 오가닉 카우(The Organic Cow), 알프로(Alpro), 보든스(Borden*), 랜드 오즈 레이크스(Land O' Lakes*), 포어모스트 팜스(Foremost Farms*), 프로바멜(Provamel), 인터내셔널 딜라이트(International Delight), 프루트2데이(Fruit2Day), 허쉬스(Hershey's*), 크누센(Knudsen*)

Mars 마스 8

삼총사(3 Musketeers), 바운티(Bounty), 셀레브레이션스(Celebrations), 콤보스(Combos), 도브(Dove), 갤럭시(Galaxy), 쿠도스(Kudos), 엠앤엠스(M&M's), 밀키 웨이스(Milky Ways), 먼치(Munch), 스니커즈(Snickers), 트윅스(Twix), 아부 시오이우프 라이스(Abou Sioiuf Rice), 카스텔라리(Castellari), 돌미오(Dolmio), 매스터푸즈(Masterfoods), 로이코(Royco), 시즈 오브 체인지(Seeds of Change), 수지 완(Suzi Wan), 엉클 벤스(Uncle Ben's), 페디그리(Pedigree), 로얄 캐닌(Royal Canin), 휘스카스(Whiskas), 카이트캣(KiteKat), 밴필드 동물병원(Banfield Pet Hospital), 시저(Cesar), 뉴트로(Nutro), 쉬바(Sheba), 채피(Chappi), 그리니스(Greenies), 더 굿라이프 레시피(The Goodlife Recipe), 5(5), 윈터민트(Wintermint), 부머(Boomer), 스피어민트(Spearmint), 주시 프루트(Juicy Fruit), 알토이즈(Altoids), 라이프세이버스(Lifesavers), 오빗(Orbit), 스키틀스(Skittles), 빅 레드(Big Red), 크레이브(Crave), 스타버스트(Starburst), 에어웨이브스(Airwaves), 이클립스(Eclipse), 엑셀(Excel), 엑스트라(Extra), 프리덴트(Freedent), 크림 세이버스(Creme Savers), 후바 부바(Hubba Bubba), 더블민트(Doublemint)

Smithfield 스미스필드 9

컴벌랜드 갭(Cumberland Gap), 올드 켄터키(Olde Kentucky), 제뉴인 스미스필드 햄(Genuine Smithfield Ham), 배시즈 초이스(Basse's Choice), 스미스필드 마켓플레이스(Smithfield Marketplace), 에크리치(Eckrich), 아머(Armour), 마게리타(Margherita), 헬시 원즈(Healthy Ones), 카란도(Carando), 컬리스(Curly's), 패트릭 커더히(Patrick Cudahy), 히구에랄(Higueral), 리얼린(Realean), 엘 미노(El Mino), 라 아부엘리타(La Abuelita), 리오하노(Riojano), 파보네(Pavone), 스테파노스(Stefano's), 엠버 팜스(Ember Farms), 팜랜드(Farmland), 크레츠마 델리(Kretschmar Deli), 그왈트니(Gwaltney), 웨이트 워처스(Weight Watchers*), 피넛 숍 오브 윌리엄스버그(Peanut Shop of Williamsburg), 폴라 딘 컬렉션(Paula Deen Collection*)

10

켈로그 *Kellogg's*

켈로그(Kellogg's), 올브랜(All-Bran), 애플 잭스(Apple Jacks), 브랜 버즈(Bran Buds), 코코아 크리스피스(Cocoa Crispies), 콘 플레이크(Corn Flakes), 컴플릿(Complete), 카스(Carr's), 콘 팝스(Corn Pops), 크랙클린 오트 브랜(Cracklin' Oat Bran), 크리스 픽스(Crispix), 크런치 넛(Crunchy Nut), 에고(Eggo), 크런치루스(Cruncheroos), 크런치매니아(Crunchmania), 파이버플러스(FiberPlus), 프루트 룹스(Froot Loops), 프로스티드 플레이크스(Frosted Flakes), 프로스티드 미니-위츠(Frosted Mini-Wheats), 프루트 하베스트(Fruit Harvest), 저스트 라이트(Just Right), 뮤슬릭스(Mueslix), 팝스(Pops), 프로덕트 19(Product 19), 레이즌 브랜(Raisin Bran), 라이스 크리스피스(Rice Krispies), 스맥스(Smacks), 스마트 스타트(Smart Start), 스페셜 K(Special K), 카쉬(Kashi), 베어 네이키드(Bear Naked), 모닝스타 팜스(Morningstar Farms), 로마 린다(Loma Linda), 내추럴 터치(Natural Touch), 가든버거(Gardenburger), 워싱턴(Worthington), 키블러(Keebler), 오스틴(Austin), 치즈-잇(Cheez-It), 페이머스 아모스(Famous Amos), 히호(Hi-Ho), 그립츠(Gripz), 잭스(Jack's), 크리스피(Krispy), 마더스(Mother's), 머리(Murray), 레디 크러스트(Ready Crust), 라이트 바이츠(Right Bites), 샌디스(Sandies), 스트레치 아일랜드(Stretch Island), 선사인(Sunshine), 토스티즈(Toasteds), 타운 하우스(Town House), 비엔나 크림스(Vienna Creams), 휘터블스(Wheatables), 제스타(Zesta)

11

코카콜라 *Coca-Cola*

코카콜라(Coca-Cola), 다이어트 코크(Diet Coke), 스프라이트(Sprite), 환타(Fanta), 스퀴르트(Squirt), 캐나다 드라이(Canada Dry), 다사니(Dasani), 섬즈 업(Thums Up), 프레스카(Fresca), 바크스(Barq's), 캐피(Cappy), 번(Burn), 노스(Nos), 풀 스로틀(Full Throttle), 멜로 옐로(Mello Yello), 에이앤더블유(A&W), 파이브 얼라이브(Five Alive), 미스터 핍(Mr. Pibb), 탭(Tab), 볼트(Vault), 미니트 메이드(Minute Maid), 하이-C(Hi-C), 심플리(Simply), 네스티 티스(Nestea Teas), 비타민워터(VitaminWater), 리프트(Lift), 퓨즈(Fuze), 파워에이드(Powerade), 아쿠아리우스(Aquarius), 슈웹스(Schwepppes), 보나쿠아(Bonaqua), 크리스털(Cristal), 어니스트 티(Honest Tea), 골드 피크(Gold Peak), 오드왈라(Odwalla)

12

콘아그라 ConAgra

알렉시아 푸즈(Alexia Foods), 뱅퀴트(Banquet), 키드 퀴진(Kid Cuisine), 데니슨즈(Dennison's), 마리 칼렌더스(Marie Callender's), 헬시 초이스(Healthy Choice), 램 웨스턴(Lamb Weston), 셰프 보알디(Chef Boyardee), 라 초이(La Choy), 맨위치(Manwich), 헌츠(Hunt's), 울프 브랜드 칠리(Wolf Brand Chili), 리비스(Libby's), 피터 팬(Peter Pan), 로텔(Ro*Tel), 랜치 스타일 빈스(Ranch Style Beans), 밴 캠프스 빈스(Van Camp's Beans), 로자리타(Rosarita), 액트 2(Act II), 크런치 앤 먼치(Crunch 'N Munch), 데이비드(David), 히브리 내셔널(Hebrew National), 지피 팝(Jiffy Pop), 오빌 레덴바허스(Orville Redenbacher's), 슬림 짐(Slim Jim), 스낵 팩(Snack Pack), 스위스 미스(Swiss Miss), 에그 비터스(Egg Beaters), 레디-윕(Reddi-Wip), 웨슨 오일(Wesson Oil), 파케이(Parkay), 팸(Pam), 블루 보네트(Blue Bonnet)

13

호멜 *Hormel*

호멜(Hormel), 스태그(Stagg), 스팸(Spam), 제니-오 터키 스토어(Jennie-O Turkey Store), 로이즈 비비큐(Lloyd's BBQ), 딘티 무어(Dinty Moore), 밸리 프레시(Valley Fresh), 파머 존(Farmer John), 디 루소(Di Lusso), 돈 미구엘(Don Miguel), 엠바사(Embasa), 하우스 오브 창(House of Tsang), 허덱스(Herdex), 라 빅토리아(La Victoria), 마라케시 익스프레스(Marrakesh Express), 펠로폰네스(Peloponnese), 사그스(Saag's), 허브-옥스(Herb-Ox), 치치스(Chi-Chi's)

14

카길

소비자 브랜드: 리자(Liza), 네이처프레시 오일(Naturefresh Oil), 다이아몬드 크리스털 솔트(Diamond Crystal Salt), 트루비아(Truvia), 피터스 초콜릿(Peter's Chocolate), 윌버스 초콜릿(Wilbur's Chocolate), 허니서클 화이트 터키(Honeysuckle White Turkey), 셰디 브룩 팜스(Shady Brook Farms), 스털링 실버 미츠(Sterling Silver Meats), 럼바 미츠(Rumba Meats), 텐더 초이스 포크(Tender Choice Pork), 굿 네이처 포크(Good Nature Pork)
동물 영양 브랜드: 퓨리안 피드(Purian Feed), 스포츠맨즈 초이스(Sportsman's·Choice), 뉴트레나(Nutrena), 아코 피즈(Acco Feeds), 라이트 나우(Right Now), 로얄(Loyall)

돌

15

돌(Dole)

SaraLee 사라 리

16

볼 파크(Ball Park), 브라이언(Bryan), 델리 디탈리아(Deli D'Italia), 델리 퍼펙트(Deli Perfect), 갈릴레오(Galileo), 갈로 살라메(Gallo Salame), 힐셔 팜(Hillshire Farm), 지미 딘(Jimmy Dean), 칸스(Kahn's), 미스터 터키(Mr. Turkey), 알비 라이스(R.B. Rice), 사라 리(Sara Lee), 비스트로 컬렉션(Bistro Collection), 본 가토(Bon Gateaux), 버터-크러스트(Butter-Krust), 셰프 피에르(Chef Pierre), 콜로니얼(Colonial), 크루스티파테(Croustipate), 어스 그레인스(Earth Grains), 그랜마 시카모어(Grandma Sycamore), 하이너스(Heiners), 아이언키즈(IronKids), 마담 브리오슈 마리네즈(Madame Brioche Marinez), 마더스(Mother's), 오티즈(Ortiz), 레인보(Rainbo), 루디스 팜(Rudy'd Farm), 실루에타(Silueta), 선빔(Sunbeam), 웨스트 버지니아 브랜드(West Virginia Brand), 브라보(Bravo), 버터-너트 카푸치노(Butter-Nut Cappuccino), 카페 콘티넨탈(Cafe Continental), 카피테스 새트 누아르(Cafitesse Chat Noir), 도위 에그버츠 해리스(Douwe Egberts Harris), 호니만스(Hornimans), 자바 코스트(Java Coast), 메릴랜드 클럽(Maryland Club), 모코나 피아자 도로(Moccona Piazza D'Oro), 픽윅(Pickwick), 프리마 스티머스(Prima Steamers), 스테이트 페어(State Fair), 빔보(Bimbo)

Unilever 유니레버

17

벤 앤 제리스(Ben & Jerry's), 브라이어스(Breyer's), 굿 유머(Good Humor), 클론다이크(Klondike), 매그넘(Magnum), 팝시클(Popsicle), 스키피(Skippy), 헬만스(Hellmann's), 위시본(Wishbone), 아이 캔트 빌리버 잇츠 낫 버터(I Can't Believe It's Not Butter!), 쉐즈 스프레드 컨트리 크록(Shedd's Spread Country Crock), 프라미스(Promise), 라구(Ragu), 노르(Knorr), 베르톨리(Bertolli), 슬림패스트(Slimfast), 피에프 창즈 홈 메뉴(P.F. Chang's Home Menu), 립톤 티(Lipton Teas*)

Saputo 사푸토

18

드라곤(Dragone), 프리고(Frigo), 치즈 헤즈(Cheese Heads), 가드니아(Gardenia), 로렌(Lorraine), 루가노(Lugano), 사푸토(Saputo), 스텔라(Stella), 트레저 케이브(Treasure Cave), 살렘빌(Salemville), 크레이트 미드웨스트(Great Midwest), 킹스 초이스(King's Choice)

Campbell's 캠벨

19

캠벨(Campbell's), 페이스(Pace), 프레고(Prego), 브이8(V8), 스완손(Swanson), 페퍼리지 팜(Pepperidge Farm)

HERSHEY'S 허쉬스

20

허쉬스(Hershey's), 다고바(Dagoba), 제로(Zero), 핍스 에비뉴(5th Avenue), 아몬드 조이(Almond Joy), 캐드버리(Cadbury*), 히스(Heath), 킷캣(Kit Kat), 마우나 로아(Mauna Loa), 밀크 더즈(Milk Duds), 마운즈(Mounds), 미스터 굿바(Mr. Goodbar), 페이데이(Payday), 리시즈(Reese's), 롤로(Rolo), 테이크 파이브(Take 5), 와차마칼리트(Whatchamacallit), 호퍼스(Whoppers), 요크(York), 자그넛(Zagnut), 브레스세이버스(Breathsavers), 아이스 브레이커스(Ice Breakers), 졸리 랜처(Jolly Rancher), 트위즐러스(Twizzlers), 굿 앤 플렌티(Good and Plenty), 버블 얌(Bubble Yum)

출처: 〈100대 식품가공업체(Food Processing's Top 100)〉 2011년 판, 각 회사 문서 및 웹사이트

2
정크푸드
진흥 세력

법으로 주의 깊게 구속해서 사람들의 하인이 되어야 할 기업이
빠르게 사람들의 주인이 되어가고 있다.
— 1888년 12월 3일 제4차 신년 국정 연설에서 그로버 클리블랜드(Grover Cleveland) 대통령이 한 말.

Foodopoly

워싱턴 D.C. 정가 내부 소식지 〈롤 콜(Roll Call)〉이 '케이 스트리트의 대부'라는 별명을 붙인 조지 코크(George Koch)는 1960년대 중반부터 25년 동안 식품 및 소비재 제조업계를 대신해서 정치권에 막강한 영향력을 행사한 실세였다. 그는 미국식품제조업협회(Grocery Manufacturers of America: GMA) 회장으로 있으면서 강경한 언론 전략, 속임수, 수다 떨기 등 교묘한 뇌물 수수 책략을 개발했다. 그와 일단의 젊은 로비스트들 덕분에 미국식품제조업협회는 선출직 공무원이 두려워하는 영향력 있는 조직이 되었다. 그는 수완이 좋고 호감을 주는 성격으로, 적수들조차 그를 멋진 사람이라고 생각했다.

코크는 미국식품제조업협회에서 수십 명의 로비스트를 훈련시켰다. 그들은 주요 기업과 로비 회사의 수장이 되었다. 코크의 철학은 이렇다. "젊을 때 고용해서, 잘 훈련시켜, 더 좋은 자리로 옮기게 한다." 구형 기계식 타자기를 쓰던 시절, 그는 고친 곳이 있는지 확인하기 위해 타자 종이를 높이 들어 불빛에 비추어보았다. 만약 고친 곳이 있으면 다시 치게 했다. 직원들은 코크로부터 월요일 아침부터 금요일 저녁까지는 "내가 너희를 소유하고 있다"라는 말을 들었으며, 코크가 아침식사로 치즈버거를 먹는 오전 7시에 종종 같이 식사하는 등 오랜 시간 일했다. 그는 수수께끼 같은 사람이었다. 보수적인 공화당원이었지만, 현금 착복 음모를 벌여 아프리카계 미국인 노동자와 히스패닉 노동자의 돈을 갈취한 지역 컨트리클럽에 자비로 소송을 벌였다. 소비자 보호 기관의 설립을 두고 카터 행정부의

연방거래위원회와 싸워 이기기도 했다.[1]

코크는 미국 수도에 산업 로비스트들의 작은 친목 단체가 있던 시절에 로비스트 일을 시작했다. 알고 지내던 그들은 일하면서 서로 뒤를 봐주었다. 그는 전설적인 로비스트 브라이스 할로우(Bryce Harlow)와 함께 일했고, 나중에 할로우의 아들 래리(Larry)를 고용했다. 워싱턴에서는 적절한 사람을 아는 것이 성공의 첫 번째 원칙이다. 브라이스 할로우는 워싱턴 최고의 해결사였다. 처음에 그는 아이젠하워 대통령과 닉슨 대통령 시절, 백악관을 위해 의회에 로비를 하는 로비스트로 일했다. 그 뒤 1978년 은퇴할 때까지는 P&G를 위해 일했다. 레이건 대통령은 민간인에게 수여하는 가장 높은 등급의 훈장인 대통령자유훈장을 주었다.

래리 할로우는 1976~1981년에 미국식품제조업협회에서 코크를 위해 법무 일을 했다. 할로우에 따르면 코크는 로비스트들을 바쁘게 부려먹었으며, 그들이 실수를 저지르면 나무랐다.[2] 그 후 할로우는 미국식품제조업협회를 떠나 레이건 행정부의 연방거래위원회에서 일했다. 그는 이 위원회 위원장 제임스 C. 밀러(James C. Miller)가 이끄는 팀의 일원으로 3년 동안 일하면서 반독점법 무력화를 지원했다. 또한 식품 회사가 마음대로 광고할 수 있도록 허용해야 한다고 주장했다.

밀러 팀의 주도 아래 식품의약광고부가 없어졌고, 식품 의약 문제를 담당하던 변호사 20명은 전임 또는 강등되었다. 식품 광고를 감독하는 인력역시 급격히 줄어들었다. 식품 광고에 대한 포괄적인 규정이 사라졌고, 단 4건의 민원만이 청취되었다. 주요 제조업체들의 전국적인 대규모 광고 캠페인을 담당하는 직원들도 없어졌다.[3]

밀러가 오기 전에 연방거래위원회는 더나은영양을위한네트워크(the Network for Better Nutrition)라는 광범위한 기반을 갖춘 단체에 적극 참여했다. 카터 대통령이 식품 및 영양 정책에 초점을 맞춰 설립한 이 단체에는 정부의 정책 수립 기관도 들어가 있었다. 하지만 레이건 행정부가 지원을 중단하자 이 단체는 와해되었다. 밀러는 허위 광고에 대한 이의 제기는 거부했지만, 1982년 식품의약국에 대한 논평은 직접 준비했다. 이 논평에서 식품의약국이 영양 성분표에 나트륨 함량을 반드시 기재하도록 한 것을 연방거래위원회는 철회하고, 이 문제를 시장의 힘에 맡겨야 한다고 주장했다.

할로우가 연방거래위원회에서 한 역할은 레이건 행정부의 입장을 대변해서 의회에 로비를 하는 것이었다. 뒤에 그는 조지 H.W. 부시 대통령을 위해 법무 일을 했다. 2007년 잡지 〈워싱토니언(Washingtonian)〉은 그를 워싱턴을 대표하는 로비스트 50명 가운데 한 명으로 선정했다.

어떤 것들은 결코 바뀌지 않는다. 로비스트들은 고객사의 이권을 좌우하는 정치인을 구워삶기 위해 고객사로부터 수백만 달러를 거둬들인다. 최근까지 로비스트들이 업계로부터 모은 수백만 달러의 수수료는 의회 의원들과 규제 기관 담당자들의 술값, 밥값, 그리고 주머니 속으로 들어갔다. 오늘날 여러 제한 규정이 이러한 행위의 일부를 제한하기는 하지만, 선출직 공무원에 대한 로비스트들의 영향력이 지금보다 더 큰 때는 없었다. 사업자단체는 늘 창의성을 발휘해서 워싱턴에 영향력을 확보하기 위한 새로운 방법을 찾아냈다.

미국식품제조업협회와 식품마케팅협회의 공모

미국식품제조업협회는 전형적인 사업자단체다. 식품 산업이 탈바꿈하던 수십 년 동안 미국식품제조업협회는 식품 및 농업 정책에서 무역, 보건, 노동에 이르기까지 생각할 수 있는 모든 문제에 끼어들었다. 지난 수십 년 동안 미국식품제조업협회가 추진한 식품 관련 의제는 다음과 같다. 연방 정부의 살충제 및 유독 물질 관련 법 약화, 소비자 보호 기관 설립 중단, 연방거래위원회에 진보적인 인물이 임명되는 것에 반대, 세계 무역·투자 규정 완화 촉진, 위험한 방부제·첨가제·착색제의 식품 사용 허용, 반독점법 약화, 식품 방사선조사(irradiation) 지지, 의무적인 식품 표시제 중단, 영양 기준 왜곡, (규정 강화를 가장한) 식품 안전 규정 약화, 유전자 조작 식품 홍보 등이다.

2007년 미국식품제조업협회는, 칼 둘리(Cal Dooley)가 자유무역 지지자로서 의회에서 14년을 보낸 뒤에 회장으로 취임한 식품협회(Food Products Association)와 합병해서 세계 최대의 식품·음료·소비재 사업자단체가 되었다. 합병 이후에도 이 조직은 잘 알려진 영문 약자 GMA를 계속 사용하기로 했다. 다만 'America'를 'Association'으로 바꾸었다. 회원 기업들이 전 세계를 대상으로 사업을 하고 있었다.

2009년 GMA는 CEO로 파멜라 베일리(Pamela Bailey)를 고용했다. 그녀는 닉슨, 포드, 레이건 행정부에서 여러 자격으로 근무하며 식품업계에 종사하기 시작했다. 최근 점점 더 많은 여성이 식품업계 고위 관리직에 선출되고 있다. 이는 기업 이미지를 부드럽게 만들고 여성 쇼핑객의 구미에 맞추려는, 경쟁이 치열한 이 업계의 새로운 전략이다. 베일리는 식품업계의 강력한 옹호자로, 예를 들어 소비자에게 식품이 어디에서 생산되었는지 알려주는 원산지표시제(어렵게 마련한 중요한 정책이다)에도 반대한다. 베일리 같은 식품 세계무역 지지자들은 이러한 형태의 표시제가 미국 밖에서 재배하거나 생산한 물품의 소비자 구매를 억제한다고 생각한다.[4]

레슬리 사라신(Leslie Sarasin)은 1978년에 2개의 작은 식품도소매업 사업자단체가 합병해서 만든 식품마케팅협회(Food Marketing Institute: FMI)에 고용되었다. 많은 로비스트와 마찬가지로 그녀는 의회 직원으로 일을 시작했다. 그 뒤 미국냉동식품협회와 전미식품중개인협회를 비롯한 다양한 사업자단체에서 일했다. 식품마케팅협회는 로비 활동의 최전선에서 다음과 같은 일을 했다. 트럭 운송업 규제 완화, 북미자유무역협정 통과, 소비자 친화적인 표시제 중단, 반독점법 약화, 아동노동법 약화, 보건 개혁 방지, 유기농 기준 약화, 식품 방사선조사 허용, 노동 기준과 근로자 보호 수단 약화 등이다.

베일리와 사라신은 공조를 위해 GMA-FMI사업파트너연합회(GMA-FMI Trading Partner Alliance)를 만들었다. 이 연합회는 공동의 목표를 정하고, 양측의 업무 조율을 통한 비용 절감과 판매 최적화를 위해 매년 두 차례의 회의를 열 계획이다.[5]

제조 회사와 판매점이 어떻게 서로 업무를 조율하는지를 보여주는 사례가, 18개월 동안 크래프트와 세이프웨이가 연 일련의 회의이다. 회의 의제 가운데 하나는 설탕덩어리 음료인 크래프트의 카프리썬 레모네이드의 재고를 유지하면서 매상을 끌어올리는 방법이었다. 이 제품이 매장 바닥의 팔레트(pallet)• 위에 상자째 쌓인 상태로 팔리고 있었다. 이 팀은 매력적인 상자 쌓기 방식을 개발해서 쉽게 재고를 유지했으며, 매출도 162퍼센트 늘렸다.[6]

또한 식품제조업협회와 식품마케팅협회는 자발적인 포장 전면 라벨링 시스템을 도입하자는 교활한 캠페인을 벌인 적도 있다. 이 시스템은 어떤 식품이 몸에 좋다는 잘못된 인상을 주는 영양 성분 내역과 불완전한 정보를 제공함으로써 소비자의 혼란을 조장할 가능성이 크다. 정직한 라벨링이라기보다 마케팅 술책이다. 이 캠페인은 연방정부의 새로운 라벨링 규정 제정을 방해하기 위해 기획되었다. 유명한 영양학 교수이자 식품 저술가인 매리언 네슬(Marion Nestle)은 식품제조업협회와 식품마케팅협회가 화상 회의를 통해 라벨링에 대한 발표를 하던 당시 그것에 관해 처음 들었다. 네슬은 이 사업자단체 대표가 라벨링에 대해 "쿰바야'를 찬송하고 있다"••라는 말도 했다고 보고한다. 그들은 이 시스템을 식품 회사가 "100퍼센트의 지지를 받으며……대대적으로 행동에 나선 '기념비적이고 역사적

• 위에 화물을 쌓아 올리고 지게차 등으로 운반할 수 있게 만든 화물 운반대를 말한다. '팰릿', '파레트' 등으로도 쓴다.

•• 그것이 확대되기를 열렬히 바라고 있다는 의미이다. 쿰바야(kumbaya)는 찬송가에서 흔히 쓰는 표현으로("주여 오소서" 등) 'come by here'에서 비롯되었다고 한다. 따라서 본문의 내용은 '그것이 실현되기를 간절히 바라며 쾌재를 부르고 있다'라는 뜻으로 해석할 수 있다.

인 노력'"이라고 불렀다.[7]

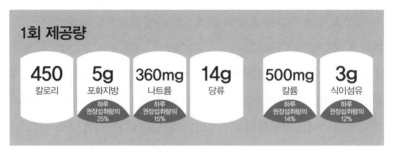

1회 제공량

| 450 칼로리 | 5g 포화지방 하루 권장섭취량의 25% | 360mg 나트륨 하루 권장섭취량의 15% | 14g 당류 | 500mg 칼륨 하루 권장섭취량의 14% | 3g 식이섬유 하루 권장섭취량의 12% |
-->

자발석인 포장 전면 라벨링의 예.

네슬은 업계의 목표를 이렇게 이야기한다. "식품 회사가 가공식품의 '부정적인 측면'을 밝히도록 요구하는 포장 전면 라벨링을 식품의약국의 식품 라벨링 개선팀이 도입하지 못하도록 미리 차단하는 것."[8] 실제로 업계는 건강에 해로운 음식은 빨간색, 건강에 이로운 음식은 초록색 등으로 소비자가 손쉽게 식품의 건강성을 파악할 수 있는 신호등 표시제 사용에 한목소리로 반대하고 있다.

유감스럽게도 업계의 이 새로운 라벨링은 이미 의무화되어 있는 상품후면 영양 성분 표시를 간략하게 표시한 것에 불과하며 식품의 건강성과 관련한 추가 정보나 배경지식은 제공하지 않는다. 포화지방이 심장병을 일으킬 수 있다거나 나트륨이 고혈압이 있는 사람에게 위험하다는 표시는 없다. 이 라벨링은 특정 성분의 밀리그램이나 그램 수치가 높은 것이 바람직한지, 아니면 낮은 것이 바람직한지 명시하지 않는다. 하지만 대부분 미국인은 이러한 물질 측정에 사용하는 미터제에 익숙하지 못하다.

업계는 이 포장 전면 라벨링이 사용하기 쉽고 비만 문제도 해결할 수 있다고 주장한다. 그러나 대부분 미국인은 몸무게 유지에 필요한 칼로리 수치를 비롯해서 식품 내 여러 성분의 하루 필요량을 거의 알지 못한다. 1회 제공량당 함량을 그냥 보여주는 것만으로는 소비자가 총섭취량을 줄이는 데 도움이 될 가능성이 낮다.

국제식품정보협의회재단이 펴낸《2008년 식품·건강 조사: 식품, 영양, 건강에 대한 소비자 태도(2008 Food & Health Survey: Consumer Attitude toward Food, Nutrition, & Health)》에 따르면, "미국인의 15퍼센트만이 나이, 키, 신체 활동 수준, 몸무게에 맞는 1인당 1일 권장 칼로리 수치를 올바르게 추정했다."[9]

식품 라벨링이 유용한 정보를 제공해야 한다는 주장을 오랫동안 펴온 여성 국회의원 로자 들로로(Rosa DeLauro)는 2011년 1월 24일자 언론 발표문에서 식품제조업협회와 식품마케팅협회를 다음과 같이 비난했다. "어떤 영양 성분이 좋은지 나쁜지를 포장에서 구별할 수 없다는 점을 감안하면, 이 라벨링은 소비자에게 외면당할 위험성이 큽니다. 적절한 라벨링은 잠재적으로 건강에 해로운 식품에 대해 소비자에게 분명하게 경고해야 하며, 어떤 식품이 그렇지 않는데도 불구하고 건강에 좋은 것으로 잘못 믿게 만들어서는 안 됩니다."[10]

포장 전면 라벨링은 라벨링보다는 마케팅 수단으로 더 큰 역할을 할 것으로 보인다. 식품업계는 해당 식품의 부정적인 측면을 소비자에게 알리기보다는, 긍정적인 측면을 열거하는 데 더 관심이 있다. 이 라벨링의 공식 웹사이트에는 다음과 같이 적혀 있다. "추가로 식품 제조업체가 섭취를 '장려해야 할 영양소'에 관한 정보를 최대 2개까지 라벨링에 포함시킬 가능성도 있다. 〈미국 영양 섭취 가이드라인(Dietary Guidelines for Americans)〉에 따르면 칼륨, 식이섬유, 단백질, 비타민A, 비타민C, 비타민D, 칼슘, 철 같은 영양소는 '고영양' 식단을 만들기 위해 필요하다." 이 가이드라인에 따르면, 라벨링은 아이스크림을 칼슘의 공급원으로 먹도록 장려하거나, 영양상의 이점을 위해 비타민C와 철분이 첨가된, 설탕이 든 시리얼을 선택하도록 "장려하는 데" 라벨링을 이용하는 것도 가능하다.

식품제조업협회의 베일리는 "이번에 우리가 제안한 라벨링은 2만 개의 건강식품 개발, 책임 있는 마케팅 관행 채택, 매년 수천만 달러에 이르는 건강한 라이프스타일 홍보 관련 지출 등 지금까지 우리가 벌인 노력들과 맥을 같이 합니다"라고 주장한다.[11] 하지만 가공식품이 대부분인 신제품이 소비자의 건강을 증진시킬 것이라는 주장을 뒷받침할 증거는 거의 없다. 식료품점에 넘쳐나는 신상품은 쓸데없는 것들이다. 왜냐하면 건강의 비결이 신선한 야채, 과일, 통곡물, 콩이 많이 포함된 저지방 식단이라는 것을 보여주는 증거가 많기 때문이다.

소비자를 현혹하는 라벨링 체계 개발 이외에도 식품업계의 사업자단체와 기업은 연방거래위원회, 농무부, 질병통제예방센터가 공동으로 작성하고 있는 '아동 마케팅에 관한 자율 규제 가이드라인'에도 강하게 반대하고 있다. 어린이는 광고에 매우 취약한 표적이다. 광고가 설득하려는 의도를 어린이는 이해하지 못하고 곧이곧대로 받아들인다. 〈컨슈머 리포트(Consumer Reports)〉에 따르면, "어린이는 광고와 광고 속의 실제를 구별하는 데 어려움을 느끼며, 광고는 어린이의 세계관을 왜곡할 수 있다."[12]

예일대학교 러드식품정책비만센터(Yale Rudd Center for Food Policy & Obesity)는 정크푸드를 공격적으로 마케팅하는 것이 어린이 비만의 원인 가운데 하나라고 밝혔다. 이 센터는 패스트푸드업계가 TV, 라디오, 잡지, 옥외 광고나 다른 매체에 광고비로 2009년에 42억 달러 이상을 썼다고 보고했다.

연방정부는 어린이 보호에 관한 한 우유부단한 태도를 보여왔다. 연방거래위원회의 소비자보호국 국장 데이비드 블라덱(David Vladeck)은 브랜드 마스코트를 없애는 일의 중요성에 관해 이렇게 증언했다. "포장재 속의 이런 요소들은 어린이의 흥미를 끄는 것이기도 하지만, 동시에 더 넓은 고객층에게 호소하는 마케팅 역할도 합니다. 따라서 그 식품의 브랜드 정체성과 떼려야 뗄 수 없는 관계에 있습니다." 블라덱은 타협안을 제시했다. 업계의 반발을 줄이기 위해 자발준수 가이드라인의 연령 기준을 2~17세에서

2~11세로 낮추고, 모금 행사나 스포츠 행사에서 건강에 해로운 식품의 마케팅을 허용하자는 것이다.[13]

공화당 하원의원들의 지지를 받는 업계 대표들은 자발준수 가이드라인까지 적극적으로 없애버렸다. 이 가이드라인이 "너무 광범위해서 몇몇 요구르트와 여러 어린이용 시리얼 등 미국인이 좋아하는 거의 모든 식품의 마케팅을 제한할 것이며", "만약 업체가 따르지 않으면 정부가 보복할지도" 모르기 때문이다. 오바마 행정부가 자발준수 가이드라인을 포기한 것에 만족하지 않고, 식품제조업협회의 한 로비스트는 이렇게 말했다. "식품회사들은 이런 변화가 어떻게 비만을 막을 수 있을지 입증하고, 그것이 공급 사슬 전반에 미치는 영향을 파악하는 비용 분석을 정부가 수행하기를 원합니다." 프로스티드 플레이크의 호랑이 토니(Tony the Tiger)나 프루트룹스의 투칸 샘(Toucan Sam) 같은 켈로그 시리얼의 유명한 상징물들이 영양소가 부족한 설탕덩어리 시리얼로, 앞으로도 계속해서 어린이를 유인할 것이다.[14]

특히 울화통 터지는 것은 식품제조업협회의 연구다. 협회의 연구는 자발준수 가이드라인이 미국 곡물보다는 수입 과일과 야채를 먹게 해서 미국에 300억 달러의 손실을 입힐 것이라고 주장한다. 미국에서 여섯 번째로 큰 식품제조업체인 제너럴 밀스는 "그 가이드라인이 경제적으로 미국 소비자와 농업에 엄청난 손실을 끼칠 것"이며, "심각한" 경제적 파장을 초래할 것이라고 말했다.[15] 해외 먹거리 생산을 가장 열렬하게 지지하는 세력인 식품업계와 사업자단체가 신선한 과일과 야채를 먹는 것에 반대하는 논거를 찾는 데 골몰한 나머지, 이제는 수입 과일과 야채에 대해 한탄한다. 정말 짜증나는 일이다.

탄산음료업계는 학교에서 자동판매기 판매를 중단하려는 시도를 공격했으며, 비만 방지운동을 펼치는 사람들에게도 법적 공격을 가했다. 〈로이터〉에 따르면, 식품업계 변호사들이 캘리포니아주, 뉴욕시를 비롯한 공공 기관에 탄산음료가 비만에 기여한다는 사실을 과학적으로 입증하는 문서를 최소 6건 이상 요청했다. 그 기사는 한 운동가의 말을 인용한다. "우리가 보기에 이것은 이미 할 일이 너무 많은 공무원들을 질리게 하거나 숨 막히게 하려는 시도다."[16]

하루에 탄산음료 한 캔을 소비할 때마다 어린이가 비만이 될 가능성이 60퍼센트 증가한다는 내용의 논문이 세계적인 의학 학술지 〈란셋(The Lancet)〉에 실리자 미국음료협회는 총력전에 나섰다. 이 논문을 바탕으로 해서 2009년 권위 있는 학술지 〈뉴잉글랜드 저널 오브 메디슨(New England Journal of Medicine)〉은 건강 프로그램의 재원을 마련하기 위해 탄산음료에 28그램당 1페니의 소비세를 부과하라고 촉구했다. 그러자 미국음료협회는 식품세에반대하는미국인(Americans Against Food Taxes)이라는 연합체를 만들었다. 식품제조업협회, 탄산음료 제조업체, 패스트푸드 체인, 편의점, 미국상공회의소, 옥수수정제협회, 카길을 비롯한 이 단체의 수십 개 회원 회사와 사업자단체는 연방정부 및 주 수준의 탄산음료세 도입 노력을 중단시키기 위해 수백만 달러를 들여서 로비와 광고를 하고 있다. 뉴욕, 펜실베이니아, 버몬트, 미시시피, 캔자스, 알래스카 등에서 이들의 활동을 볼 수 있다.

소비자 특히 어린이가 정크푸드나 탄산음료를 사도록 유인하는 방법 중 하나가 간접광고이다. 간접광고는 소비자를 브랜드와 무의식적, 감정적으로 연결시키기 위해 TV 프로그램, 영화, 비디오, 뉴스에 브랜드를 삽입하는 행위를 말한다. 업계 전문지 〈브로드캐스팅 앤 케이블(Broadcasting & Cable)〉에 따르면 광고주의 2/3가 '브랜디드 엔터테인먼트(branded entertainment)' 다시 말해 간접광고를 이용하고, 간접광고의 80퍼센트는 TV를 대상으로 한다.

펩시는 코카콜라와 벌이는 전쟁에서 소비자의 브랜드 충성도를 높이기 위해 간접광고를 사용하고 있다. (코카콜라는 콜라 판매량에서 압도적인 1위를 차지하고 있으며, 2010년 판매량은 16억 병/캔이다.) 펩시는 맛과 외관에서 흡사한 경쟁 제품과의 차별화를 위해 〈저스트 고 위드 잇(Just Go with It)〉, 〈더 엑스 팩터(The X Factor)〉 등 영화나 TV 프로그램에서 간접광고를 진행했다.

2011년 10월 몇몇 소비자운동단체가, 사람들을 현혹하는 디지털 마케팅에 관여했다는 이유로 펩시콜라와 그 자회사인 프리토레이(Frito-Lay)를 연방거래위원회에 제소했다. 이 단체들에 따르면 공포를 테마로 한 2개 웹사이트의 광고 캠페인이 "광고가 아니라 엔터테인먼트라는 착각"을 불러일으키며, "그 사이트들이 수집한 사용자 데이터를 어떻게 얼마만큼 공유할 것인지를 분명하게 언급하고 있지 않다." 디지털민주주의센터의 제프리 체스터(Jeffrey Chester)에 따르면, "펩시는 디지털 마케팅을 이용한 제품 광고의 선두주자다. 스낵칩 제품 라인이 대표적이다. 뻔뻔스럽게도 그들은 십 대를 광고 대상으로 해왔다."[17]

펩시콜라의 위선

1898년 노스캐롤라이나주 베른의 한 약국에서 탄산음료 펩시콜라를 처음 팔기 시작한 칼렙 브래드햄(Caleb Bradham)은 이러한 형태의 광고나, 그가 만든 탄산음료 회사가 미국 최대 식음료 회사로 변모할 줄은 상상조차 못했을 것이다. 브래드햄은 뛰어난 장사꾼이었다. 그는 사람들의 가슴 깊숙한 곳에 있는 감정을 이용하는 과감한 광고를 한다는, 미래에 펩시가 누릴 명성과 관련해서도 선견지명을 보였다. 이 대표적인 음료의 이름을 펩신(pepsin) 효소와 아프리카 콜라나무 열매(kola nut)를 합쳐서 지었다. 미래의 마케팅 책략과 유사하게, 이국적인 정서를 불러일으키기 위해 만들었다. 처음에는 펩시콜라를 펩신과 과일 주스의 "완전히 순수한 조합"으로

• 제품을 소품으로 등장시켜 간접 홍보하는 간접광고에서 한 걸음 더 나아가, 기업이 제품 및 브랜드를 광고할 목적으로 영화, 드라마, 뮤직비디오 등 엔터테인먼트를 제작하는 것을 말한다. 많은 화제를 불러일으켰던 하이네켄의 동영상(레알과 밀란 간의 축구 경기에 관한 것)이 대표적이다(www.youtube.com/watch?v=mFAroG92UMQ).

만든 소화제라고 광고했다. 그러나 1920년대 초가 되자 원래 재료는 더 값싼 설탕, 감미료로 대체되었다.[18]

오늘날 펩시콜라는 세계에서 두 번째로 큰 식음료 제조 회사다. 600억 달러의 가치가 있으며 200개국에서 사업하고 있다. 펩시를 식품 회사로 분류하는 것은 관대한 정의이다. 왜냐하면 매상의 대부분이 단 음료와 짠 스낵에서 나오기 때문이다. 펩시는 세계적인 모든 식품 회사와 마찬가지로 마케팅의 명수다. 목표 대상 소비자에게 자사의 브랜드가 행복, 즐거움, 성적(性的) 매력, 날씬한 몸매, 건강, 혹은 이 모든 것을 가져다준다고 광고한다. 펩시는 이 겉만 번지르르한 광고와 수십억 달러의 예산을 통해 수익을 올리고 있다. 전 세계 어디에서나 흔히 볼 수 있는 공칼로리(empty-calorie)• 식품의 주요 공급업체인 펩시콜라는 필사적으로 자사의 브랜드 이미지를 보호해왔다.

2011년 펩시콜라의 수익성 증가는 개도국의 스낵 및 음료 매출 증가와 관련이 있다. 펩시콜라는 개도국 사람들을 가공식품, 고칼로리 스낵, 탄산음료의 중독자로 만들고 싶어 한다. 인드라 누이(Indra Nooyi) 펩시콜라 CEO는 자사의 정크푸드 판매 노력을 비판하는 사람들에게 이렇게 답한다. "지금 현재 건강에 좋은 식품은 펩시콜라 포트폴리오 브랜드의 약 22퍼센트입니다. 건강에 좋은 식품이 지금부터 10년 뒤에는 우리 회사 포트폴리오 브랜드의 27~30퍼센트까지 늘어날 수도 있습니다. 물론 나머지 브랜드들도 성장하고 있습니다."[19] 2012년 펩시콜라는 광고비와 마케팅 비를 6억 달러 늘릴 예정이며, 12개 음료와 스낵에 그 비용을 집중할 계획이다.

펩시콜라가 갖고 있는 수백 가지 제품 중에는 대표 음료인 펩시콜라 이외에도, 시에라 미스트, 마운틴 듀, 머그 루트 비어, AMP 에너지, 다수의

• 영양분은 없고 열량만 높은 식품을 말한다.

과일 주스(punches), 게토레이, 소비 음료(SoBe drinks), 그리고 스타벅스와 제휴해 출시한 다양한 프라푸치노가 있다. 생수로 팔리고 있지만, 실제로는 수돗물을 여과한 제품에 불과한 아쿠아피나(순수한 물이라고 거짓 광고하고 있다)에는 감미료와 향료를 넣은 여러 제품이 나와 있다. 프리토레이 제품 라인은 65종의 스낵으로 구성되어 있는데, 대부분이 짠맛 스낵이다. 레이즈 포테이토 칩스, 도리토스, 러플스, 크래커 잭, 치토스, 토스티토스 등이 대표적이다. 펩시의 자회사인 퀘이커 오츠(Quaker Oats)의 여러 브랜드에는 앤트 제미마(Aunt Jemima) 믹스 및 시럽, 캡 앤 크런치(Cap'n Crunch), 라이스 어 로니(Rice-A-Roni)가 있다. 펩시의 트로피카나 주스는 미국에서 가장 많이 팔리는 기성품 주스이다.

이 수많은 제품을 라틴아메리카의 771개, 유럽의 759개, 아시아·중동·아프리카의 1,465개 등 전 세계 여러 시설에서 생산하고 있다. 건강에 관심이 높은 사람들은 아마도 현란한 광고로 판매하는 정크푸드가 60퍼센트를 차지하는 펩시의 브랜드 포트폴리오가 결코 전혀 자랑거리가 아니라는 사실을 알 것이다. 특히 건강에 좋은 식품에 대한 이 회사 CEO 누이의 정의가 누가 보기에도 의심스럽다는 점에서 더욱 그러하다. 그녀는 최근 〈폭스 비즈니스 TV〉에서 이렇게 말했다. "우선 한 가지를 바로잡고 싶습니다. 도리토스는 건강에 해롭지 않습니다. 펩시콜라는 건강에 해롭지 않습니다. 도리토스는 그저 옥수수를 으깨서 극소량의 기름으로 살짝 튀긴 다음, 가장 맛깔나게 향미를 더한 것에 지나지 않습니다. 그리고 펩시콜라는 소화불량 치료약으로 약국에서 개발했습니다. 따라서 이 제품들은 건강에 해롭지 않습니다."[20]

누이는 인도에서 태어나 나중에 미국 시민이 되었다. 다국적기업 CEO로서는 이례적이다. 하지만 여러 가지 점에서는 전형적이다. 그녀는 예일대학교에서 공조직 및 민간조직 경영으로 MBA(경영학 석사)를 받고, 유명한 경영 컨설팅 회사인 보스턴 컨설팅 그룹(Boston Consulting Group)에서 기업 전략가 기술을 연마했다. 보스턴 컨설팅 그룹은 인수합병을 통한 기업 간 융합이 계속 확대될 것이라는 신조에 동조하는 많은 CEO와 재계 지도자를 배출한 회사이다. 보스턴 컨설팅 그룹에서 그녀는 섬유 및 소비재 분야 고객사를 위해 일했다. 세계적인 소매업체들과 화학업체들이 그녀의 고객사였다.

〈포춘(Fortune)〉은 누이를 미국에서 가장 영향력 있는 여성 기업인으로 두 번이나 선정했다. 현재 누이는 여러 기업, 재단, 비영리단체의 이사로 일하고 있다. 식품제조업협회, 미중무역전국위원회, 세계경제포럼 재단이사회, 미국-인도비즈니스협의회, 삼극위원회(Trilateral Commission), 소비재포럼, 피터G.피터슨국제경제연구소(Peter G. Peterson Institute for International Economics) 등이 대표적이다. 오바마 행정부는 그녀를 미국-인도 CEO포럼 위원으로 임명했다. 그 이전에는 연방준비제도에서 가장 중요한 은행인 뉴욕연방준비은행 행장을 지내기도 했다.[•]

누이는 학계에서도 중요한 인물이다. 예일대학교에서 영향력 있고 강력한 역할을 맡고 있다. 현재 그녀는 예일대학교의 최고 의사 결정 기구인 예일 코퍼레이션(Yale Corporation)을 구성하는 19명 중 한 명이다.[••] 또한 중국의 주석과 부주석이 공학 학위를 받은 칭화대학교 이사회 이사이다. 누이는 중국에서 가장 영향력 있는 정책 결정자들을 알기에 좋은 위치에 있다.

중국과 개발도상국은 펩시콜라와 다른 다국적 식품 기업에게 점점 더 중요해지고 있다. 끊임없이 분기순익을 올리기 위해 애쓰는 이 회사들은 개도국이 식품의 생산과 가공에 가장 유리한 곳이라는 점을 잘 안다. 값싼 노동력, 느슨한 환경 규제, 유순한 정부, 가공식품의 신규 시장 개척 등, 개

• 미국의 중앙은행 시스템인 연방준비제도는 미국 전역의 12개 연방준비은행으로 구성되어 있다. 그중에서도 뉴욕에 있는 연방준비은행이 가장 중요한 역할을 한다.
•• 예일 코퍼레이션은 총장, 부총장, 코네티컷 주지사, 10명의 세습 회원, 6명의 동문으로 구성된다.

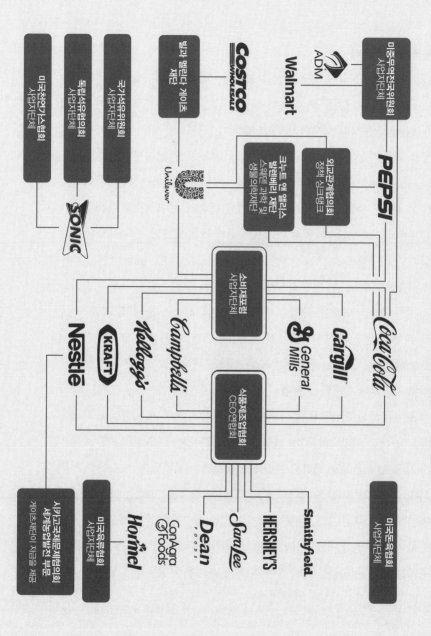

식품 회사 임원들의 비영리단체 이사 겸임 현황

각각의 선은 겸직을 나타냄

도국은 세계에서 가장 공격적이고 규모가 큰 이 기업들에게 만병통치약
이다.

공룡이 된 네슬레

중국과 개발도상국은 다국적 식품 회사인 네슬레(Nestle)의 기업 전략에도
매우 중요하다. 스위스에 본사를 둔 네슬레는 매출액 기준으로 미국에서
두 번째로 큰 식품 회사이자, 세계에서 가장 큰 식품 회사이다.[21] 2011년
여름 네슬레는 중국의 캔디 제조업체 쉬푸치 인터내셔널(Hsu Fu Chi
International)의 지분 60퍼센트를 17억 달러를 주고 인수했다. 이 인수로
네슬레는 향후 10년에 걸쳐 개도국에서 매출의 45퍼센트를 올리겠다는
목표에 다가가고 있다. 현재 중국은 빠르게 세계 최대의 캔디 시장이 되고
있다.[22]

　네슬레는 1905년* 2개 경쟁사의 합병으로 만들어졌다. 이후 네슬레는
유럽과 미국 전역으로 사업을 확장했다. 네슬레는 원래 연유 제품, 유아
식, 초콜릿 등을 판매했지만, 2차 세계대전 무렵 미군에 공급하는 인스턴
트 커피인 네스카페를 선보이면서 큰 성공을 거두었다.

　1960년대에 선진국 출생률이 감소하자 네슬레는 유아용 조제분유 시
장을 개척하기 위해 가난한 개도국에서 탐욕스럽게 판촉 활동을 시작했
다. 네슬레는 여자 직원에게 간호사처럼 옷을 입힌 다음 유아용 조제분유
가 모유보다 좋다고 치켜세우며 무료 샘플을 나눠주었다. 개도국 여성들
이 오염 가능성이 높은 지역의 물로 조제분유를 타서 먹이는 바람에 설사
병이 생기고 수천 명의 유아가 죽기도 했다. 1977년 전 세계적인 불매운
동이 시작되어 이 비윤리적인 마케팅 전략이 주목받았다. 일부 전술이 바
뀌기는 했지만, 지금도 네슬레는 전 세계 가난한 여성들을 대상으로 유아

* 원문에는 19세기 4/4분기로 잘못 나와 있어 바로 잡았음(http://en.wikipedia.org/wiki/Nestl%
C3%A9).

용 조제분유 판촉 활동을 벌이고 있다.

오늘날 네슬레는 86개국에서 약 6,000개 브랜드로 식품과 음료를 팔고 있다. 이 스위스의 거대 기업은 미국 내 79개 공장과 해외 374개 공장에서 수많은 유명 브랜드 제품을 생산하고 있다. 대표적인 브랜드는 다음과 같다. 애프터 에이트(After Eight), 버터핑거, 카네이션, 커피메이트, 쿠키 크리스프, 드라이어스, 팬시 피스트(Fancy Feast), 피트니스(Fitness), 거버(Gerber), 하겐다즈, 핫 포켓츠, 제니 크레이그, 주시 주스, 킷 캣, 네스카페, 네스프레소, 네스퀵, 네스티, 파워 바, 다양한 푸리나(Purina) 반려동물 먹이, 스키니 카우 아이스크림(Skinny Cow Ice Cream), 스마티즈, 스토퍼스(Stouffer's).

네슬레가 가장 공격적인 마케팅을 진행한 품목이 생수다. 현재 네슬레가 전 세계에서 판매하는 70여 개 생수 브랜드 중 하나인 페리에의 전 회장은 생수가 가진 장점을 솔직하게 말했다. "땅속에서 물을 빼낸 뒤 와인이나 우유, 심지어 석유보다도 비싼 가격으로 팔기만 하면 된다는 생각이 갑자기 들었습니다."[23]

미국에서 생수보다 수돗물 규제가 훨씬 더 엄격함에도 불구하고, 네슬레는 생수를 수돗물의 건강한 대안으로 팔고 있다. 네슬레는 미국에서 팔리는 생수의 약 32퍼센트를 지배하고 있다. 네슬레의 유명 브랜드로는 페리에, 산 펠레그리노, 퓨어 라이프(Pure Life), 폴란드 스프링 등이 있다. 네슬레는 미국의 주요 생수 브랜드 10개 중 7개를 소유하고 있다.

소비자는 오염되지 않은 양질의 물을 산다고 믿지만, 미국의 생수 규제가 너무 느슨한 탓에 어떤 오염 물질이 그 속에 숨어 있는지 알 길이 없다. 여러 독립 실험실에서 조사한 결과, 생수에서 상당한 오염 물질이 발견되었다. 2008년 10월 환경운동연합(Environmental Working Group)은 미국의 인기 있는 10대 생수 브랜드에서 박테리아, 비료, 타이레놀, 공업용 화학 물질을 비롯한 38종의 서로 다른 오염 물질이 뒤섞여 있다는 보고서를 발표했다.[24]

생수 규제를 책임지는 식품의약국은 늘 예산과 인력이 부족하다. 생수 관리 감독 업무를 전담하는 상근 직원은 3명도 채 안 된다. 관련 규정들은 병에 담은 생수를 다른 주에 판매하는 경우에만 적용된다. 따라서 전체 생수의 60~70퍼센트를 차지하는, 한 주 안에서 생산과 판매가 이뤄지는 생수는 적용 대상에서 제외된다.

생수 규정이 있는 주는 40개가 안 된다. 몇몇 주의 규정은 불충분한 연방 기준보다 훨씬 약하다. 식품의약국이 규제하는 생수(전체 생수의 30~40퍼센트)의 경우, 회사는 3개월에 한 번씩 빈병 4개를 대상으로 박테리아 오염 검사를 해야 한다. 그리고 일주일에 한 번씩은 생수를 여과한 뒤 병에 담기 전에 생수 샘플의 박테리아 검사를 해야 한다. 하지만 생수 샘플에 대한 화학·물리·방사능 오염 검사는 1년에 단 한 번만 하도록 규정하고 있다. 게다가 생수 회사는 병입이나 저장 뒤에는 생수를 검사할 필요가 없다.

또한 네슬레는 생수 공장이 있는 미국의 여러 지역사회로부터 분노의 표적이 되어왔다. 민감한 생태계에서 수억 리터의 물을 뽑아내면서도 특권의 대가로 낮은 이용료만을 지불하고 있기 때문이다. 네슬레의 생수 추출 프로젝트는 캘리포니아, 오리건, 위스콘신, 미시건, 플로리다와 몇몇 뉴잉글랜드 지역 주를 비롯한 여러 주에서 비판, 항의, 소송을 불러일으켰다. 반대자들은 네슬레가 대수층을 고갈시키고 우물, 호수, 시내를 말라붙게 한다고 주장한다.

예를 들어, 네슬레는 2018년까지 플로리다의 한 주립공원에서 수백만 리터의 물을 퍼 올릴 수 있는 허가를 취득하는 데 단돈 230달러만 냈다. 네슬레는 공원에서 나온 물을 병에 담아 미국 동남부 지역 전역에 실어 날라서 수백만 달러의 수익을 낸다. 그러면서도 주나 카운티에 세금이나 이용료를 내지 않는다. 네슬레에 내준 이 취수 허가는 가뭄이 한창이던 때에 이루어졌으며, 지역 수도국 직원의 권고에 반하는 것이었다.[25]

최근 몇 년간 네슬레는 퓨어 라이프 브랜드에 광고비를 집중했다. 이 브랜드는 기본적으로 병에 담은 수돗물이다. 2004~2009년에 퓨어 라이프 광고비는 3,000퍼센트 이상 증가했다. 네슬레가 2009년에 퓨어 라이프 광고에 지출한 약 970만 달러는 네슬레의 나머지 5개 주요 생수 브랜드 광고비를 모두 합친 것보다도 많았다.

이 광고의 주된 대상 중 하나는 수돗물을 마시기에 안전하지 않은 나라에서 온 이민자들이다. 보통, 소득 수준이 낮은 사람들이다. 네슬레가 소수 인종 사회를 대상으로 특별한 판촉 활동을 하고 있느냐는 질문을 받고 북미 네슬레 워터스(Nestle Waters North America)의 기업 홍보 책임자 제인 라진(Jane Lazgin)은 이렇게 말했다. "맞습니다. 네슬레 퓨어 라이프가 히스패닉계 주민에게는 의미 있는 브랜드입니다." 또 라진은 네슬레 퓨어 라이프의 물이 "관정이나 상수원에서 나온 것"임을, 즉 지하수나 수돗물임을 인정했다.[26]

퓨어 라이프는 네슬레의 '보급형 제품' 가운데 하나이다. 투자자를 위해서 네슬레 연구소가 준비한 회사 문서는 보급형 제품이 "앞으로 네슬레의 주된 성장 동력 중 하나"가 될 것이라고 설명한다. 그 문서에는 계속해서 이렇게 적혀 있다. "보급형 제품은 선진국의 식비 지출이 적은 사람뿐 아니라, 신흥개도국(emerging markets) •(유엔/세계은행의 정의—구매력 기준 1인당 연간 소득이 3,000~2만 2,000달러인 국가)의 덜 부유한 소비자를 대상으로 하고 있다. 이 둘을 합치면 세계 인구의 약 50퍼센트를 차지한다. 이런 이유로 보급형 제품은 선진국 시장의 중요한 하위집단뿐 아니라, 신흥개도국의 가장 크고 가장 빠르게 성장하는 소비자층을 대상으로 한다."[27]

보급형 제품 시장용으로 네슬레가 개발한 또 다른 제품은 유아용 조제분유다. 네슬레에 따르면, "보급형 유아용 조제분유는 현재 1차로 출시된

• 이 용어의 정의는 모호하다. 원문에서는 세계은행을 출처로 밝히고 있지만, 세계은행 웹사이트는 이 용어를 사용하지 않는다고 밝히고 있다. 어쨌든 이 말은 중국, 한국, 브라질, 싱가포르, 홍콩, 칠레 등 전통적인 선진국은 아니지만 비교적 잘 사는 나라들을 가리키는 용어로 널리 사용되고 있다.

시장에서 잘 팔리고 있다. 필리핀에서는 락토겐(LACTOGEN)으로, 인도네시아에서는 락토겐 클라식(LACTOGEN Klasik)으로, 인도차이나(미얀마, 타이, 말레이시아)에서는 락토겐 컴플릿(LACTOGEN Complete)으로, 그리고 멕시코에서는 니달(NIDAL)이란 브랜드로 팔리고 있다. 다른 시장으로의 확대 출시를 계획하고 있다."[28]

1970년대 후반 네슬레는 유아용 조제분유 광고에 관한 세계보건기구 가이드라인 위반 때문에 유명한 불매 운동의 대상이 되었다. 그리고 최근에는 개도국에서의 유아용 조제분유 광고와 관련해서 새롭게 큰 비판을 받고 있다. 개도국에서는 부모들이 비위생적인 조건에서 안전하지 않은 물로 분유 사용 요령을 제대로 이해하지 못한 채 분유를 타는 경우가 많다.• 세계보건기구는 생후 6개월까지는 어린아이에게 모유만 먹이고, 2세 때까지는 모유 수유를 보충하는 역할로 분유를 먹이라고 권고한다.

월드비전 아시아태평양지역사무소의 옹호사업팀장인 로렌스 그레이(Laurence Gray)는 네슬레의 전술을 이렇게 이야기한다. "일부 마케팅 전략은 조제분유가 모유 수유보다 더 좋다고 말합니다. 조제분유를 먹이는 데 필요한 환경은 고려하지 않습니다."[29]

세이브더칠드런, 옥스팜(Oxfam), 케어인터내셔널(Care International), 플랜인터내셔널(Plan International), 월드비전 등 라오스에 있는 국제 NGO는 물, 영양, 농촌개발 분야에서 뛰어난 혁신을 이룬 프로젝트를 대상으로 약 50만 달러의 상금을 주는 네슬레의 2012년 공모 사업을 보이콧하겠다는 계획을 발표했다. 그들은 네슬레가 여러 병원을 돌면서 조제분유를 홍보하는 의사와 간호사에게 선물과 공짜 여행 기회를 주고 있다고 비판했다.[30]

얄궂게도 네슬레는 개발도상국의 영양 결핍 상태에 있는 사람뿐 아니

• 분유 값을 아끼려고 권장 사항보다 계속 분유를 묽게 타서 아이에게 먹이는 바람에 아이가 영양실조에 걸리는 일도 벌어진다.

라 전 세계 과식 소비자도 판촉 대상으로 삼고 있다. 칼로리가 높은 캔디, 아이스크림, 초콜릿 드링크를 세계에서 가장 많이 판매하는 이 회사는 저칼로리 식품을 생산하는, 제니 크레이그(Jenny Craig)의 계열사 매입을 통해 체중 관리 분야에 뛰어들었다. 이 제품 계열은 살을 많이 빼서 유명해진 커스티 앨리(Kirstie Alley)를 TV 광고에 출연시켜 눈길을 끌었다(나중에 다시 살이 찌자 그녀는 광고에서 퇴출되었다). 또한 네슬레는 피트니스와 미용 시장에도 진입했다. 린 퀴진(Lean Cuisine)을 소유하고 있으며, 세계 최대 화장품 회사인 로레알(L'Oreal)의 지분도 26.4퍼센트 보유하고 있다.

네슬레 회장 피터 브라벡-레트마테(Peter Brabeck-Letmathe)는 오스트리아 사람으로, 1970~1980년에 칠레 등 남미의 네슬레에서 일했다. 그곳에서 우유 생산의 국유화를 막고, 민주적으로 선출된 개혁가 살바도르 아옌데 정부를 전복시킨 CIA 주도 유혈 쿠데타가 일어났을 때 네슬레 시설에서 파업을 일으키지 말도록 노조 간부를 설득했다. 거침없는 말 혹은 실언으로 유명한 브라벡-레트마테는 2006년 다보스 공개 포럼에서 물이 기본적인 인권이라는 생각은 "극단적이며", 물은 다른 식료품과 같은 가치를 가져야 한다고 말했다.[31]

브라벡-레트마테는 여러 이사회의 이사로도 활동하고 있다. 그는 크레디트 스위스(Credit Suisse)의 부회장직을 겸임하고 있는데, 스위스의 거대 금융 그룹인 크레디트 스위스는 네슬레의 기업 인수 관련 자문을 맡고 있다. 크레디트 스위스와 네슬레는 오랫동안 근친상간 관계를 맺어왔다. 1986~2000년에 크레디트 스위스 회장이었던 라이너 E. 구트(Rainer E. Gut)는 1981~2005년에 네슬레의 임원으로도 일했으며, 네슬레에서 근무하던 마지막 5년 동안에는 부회장이었다.[32] 누이와 마찬가지로 브라벡-레트마테 역시 세계경제포럼 재단이사회 이사이다. 그는 엑슨모빌(ExxonMobil), 로슈홀딩(Roche Holding), 알콘(Alcon), 민간해외투자촉진보호국제협회의 이사이기도 하다.[33]

최근 브라벡-레트마테는 유전자 변형 식품 때문에 죽은 사람은 아무도 없지만 유기농 식품 때문에 죽은 사람은 있다고 〈파이낸셜 마케츠(Financial Markets)〉 기자에게 말했다(이 말은 유기농 새싹채소 관련 식중독 사고를 염두에 둔 것이다). 다른 인터뷰에서 그는 유기농에 관해 이렇게 말했다. "합리적으로 판단해야 합니다. '농장에서 식탁까지'* 바로 갈 경우 세계인을 먹여 살릴 방법이 없습니다."[34]

최대의 식품가공회사 크래프트

잘못된 생각을 갖고 있다 하더라도, 모든 CEO가 이처럼 거침없이 말하지는 않는다. 미국에서 세 번째로 큰 식품 회사인 크래프트 푸즈의 CEO 아이린 로젠펠드(Irene Rosenfeld)는 좀 더 조심스럽게 말한다. 이런 그녀의 스타일은 코넬대학교에서 마케팅과 통계학으로 박사 학위를 받았거나, 매디슨 애비뉴에 있는 일류 광고 회사에서 직장 생활을 시작했기 때문일 것이다. 로젠펠드는 1981~2003년에 크래프트 푸즈 자회사들에서 일했으며, 2004~2006년에는 펩시콜라의 프리토레이 부문을 이끌기 위해 잠시 자리를 떠났다. 로젠펠드는 식품제조업협회, 시카고경제클럽, 코넬대학교 이사회 이사로 있다. 크래프트는 다른 식품 대기업과 함께 오랫동안 코넬대학교 식품영양학과를 후원해왔다.

크래프트는 세계 최대 포장식품 판매 회사다. 170개국에서 사업을 펼치고 있으며, 223개 제조·가공 공장이 있다. 크래프트 매출의 80퍼센트는 해당 제품군 중 가장 잘 팔리는 브랜드들에서 나오며, 매출의 50퍼센트는 2위 경쟁사에 비해 시장점유율이 2배 이상인 브랜드들에서 나온다. 그러한 브랜드에는 ① 오레오, 나비스코(Nabisco), LU 비스킷, ② 탕(Tang), ③ 밀

• 사실 이 말은 유기농보다는 로컬푸드와 관련해서 주로 사용된다. 하지만 여기서 그는 이 말을 '유기농으로 가야 한다고 주장하는 먹거리운동 진영의 주장'을 통칭하는 의미로 사용하고 있다. 실제 그는 유기농은 경제적 여유가 있는 사람을 위한 것이며, 세계인을 먹여 살리는 문제는 유기농으로 해결할 수 없다는 의견을 갖고 있다.

카(Milka) 초콜릿과 캐드베리(Cadbury) 초콜릿, ④트라이던트 껌, ⑤제이콥스(Jacobs) 커피와 맥스웰 하우스 커피, ⑥필라델피아 크림치즈, ⑦크래프트 치즈, 디너와 드레싱, ⑧오스카 마이어 육류 제품 등이 있다.[35]

크래프트 창업의 역사는 제임스 크래프트(James Kraft)가 치즈 배달업체를 시작한 1903년으로 거슬러 올라간다. 훗날 이 회사는 더 큰 치즈 제조 회사와 합병했으며, 마침내 1930년 내셔널 데어리 프로덕츠(National Dairy Products)에 인수되었다. 시카고의 약제사 토마스 맥이너니(Thomas McInnerney)는 아이스크림업계 통합 계획에 투자하도록 골드만 삭스와 리먼 브라더스 등이 참여한 투자은행 컨소시엄을 설득해서 내셔널 데어리 프로덕츠를 설립했다. 1930년 당시 미국 최대 유제품 회사였던 내셔널 데어리 프로덕츠는 금융권과 기업의 기생적 관계가 최근에 만들어진 것이 아님을 분명히 보여준다. 담배 사업으로 유명한 필립 모리스는 1988년 크래프트를 매입한 뒤 1989년에 자회사인 제너럴 푸즈(General Foods)와 합병시켰다. 지난 20년 동안 크래프트는 여러 사업 부문을 인수하고 매각했다. 2003년 완곡어법을 사용해서 알트리아(Altria)로 개명한** 필립 모리스는 2007년에 크래프트를 상장회사로 완전히 분리 독립시켰다. 현재는 기관투자자들이 크래프트 지분의 30퍼센트 이상을 보유하고 있다.

유럽의 캔디 제조 대기업인 캐드베리를 매수한 지 18개월이 지난 2011년 8월, 크래프트는 자사의 북미 식료품 사업을 글로벌 스낵 그룹에서 분리 독립시키겠다고 발표했다. 펩시콜라, 네슬레와 마찬가지로 이 스낵 식품 회사는 "급성장하는 신흥공업국 시장과 인스턴트식품 소비 채널"에 초점을 맞추고, 분사한 북미 사업 부문은 종전처럼 식료품 판매에 초점을 맞출 것이다.[36]

●● 담배 기업으로서 필립 모리스라는 이름이 갖고 있는 부정적인 이미지를 상쇄하기 위해 회사 전체 이름을 그 의미가 모호한 알트리아로 바꾸고, 필립 모리스는 담배 회사 이름으로만 사용토록 했다. 알트리아의 뜻에 대해서는 논란이 많지만, 필립 모리스는 그것이 'high'를 뜻하는 'altus'에서 만든 말로, 더 높은 곳에 도달하고자 하는 회사의 바람을 나타내는 것이라고 설명한다.

대학 농업 연구에 대한 기업의 영향력(2012년)

플로리다 대학교 (UF)
화이자, 인터넷, 알콘 리서치, 마스, 비스타콘

퍼듀 대학교 (PU)
크로거, 몬아그라
다우, 디어 앤 컴퍼니, 힌즈데일 팜스, 네슬레, BASF

코넬대학교
크래프트

일리노이 대학교 (UI)
몬산토
몬산토, 신젠타, 화이자, 네슬레, 뉴트리샤, 펩시, 얼라코, 스미스버글린 앤 어소시에이츠, 미국돈육협회

아칸소 대학교 (UA)
타이슨, 월마트

미네소타 대학교 (UM)
카길

텍사스A&M (TAMU)
몬산토, 파이오니어 하이브레드, 코크 Inc.., 세브런, 테코 내셔널, 목장주소고기협회, 도널드 댄포스 식물과학센터

미주리 대학교 (UM)
필립 모리스, 몬산토, 다우, 스미스버글린 앤 어소시에이츠, 화이엄스, 화이저, 미국수의학협회

아이오와 주립대학교 (ISU)
몬산토, 아이오와 팜 뷰로, 파이오니어 하이브레드, 시닛 그룹
몬산토, 다우, 디어 앤 컴퍼니, 신젠타, 바이엘, 아이오와와돈주협회, 미국돈육협회, 미국대두협회

조지아 대학교 (GU)
카길, 몬아그라, 제네럴 밀스, 유니레버, 코카콜라, 맥도날드

캘리포니아 대학교 (UC)
몬산토, 치키타, 돌, 유나이티드 프레시, 어소바운드 팜, 테일러 팜스, 신젠타, 시스코, 농산물마케팅협회
노마크크, 미스, 미국포도원협회, 세브런 테코그룹지, 벡터스, 아카디아, 바이오사이언스, 누보 누르디스크

콜로라도 주립대학교 (CSU)
파이브 리버스 랜치(JBS)

정보공개법상의 온라인 데이터베이스 요청을 통해 획득한 대학 지원금 기록을 푸드앤워터워치가 분석한 것.
더 자세한 정보를 구하려면 www.foodandwaterwatch.org에 실려 있는 보고서 (공저 연구, 서적 이야)을 참고하라.

크래프트의 분사와 관련해서 무슨 일이 벌어지든 이 식품 대기업은 최대·최강의 식품가공회사의 하나로 계속 남을 것이다. 만약 우리가 농업, 식품, 광고, 라벨링 분야에서 대규모 개혁을 이루어내지 못한다면, 크래프트는 다른 식품가공 거대 기업들과 함께 미국인의 먹거리를 규정하는 데 중요한 역할을 할 것이다.

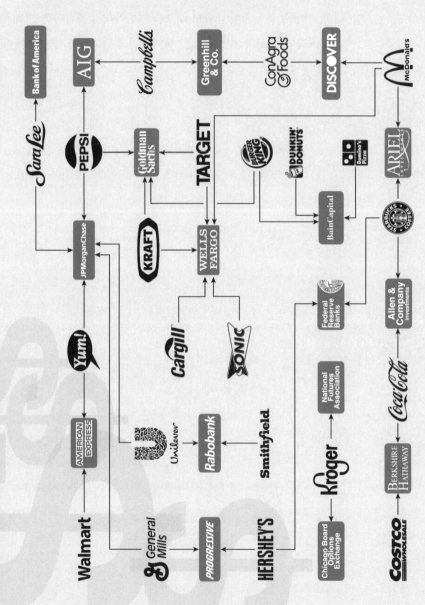

금융업계 속의 식품 회사

각각의 선은 금융 회사 이사회에 참여하고 있는
식품 회사 이사를 나타낸다.

3
먹거리 사슬의
월마트화

"링컨은 장군들이 '느림'이라는 병을 만성적으로 달고 사는 것에 한탄했다.
그들은 거의 전진하지 못했다. 오늘날 레이건의 연방거래위원회는 '느림' 병으로 사망 지경에 이르렀다.
그렇게나 많은 사람에게 그렇게나 적은 것을 만들어내기 위해서
그렇게나 열심히 일하라고 한 적은 지금까지 한 번도 없었다.
그리고 이들의 직무태만을 소비자 피해로 보기에는 불충분하다고 하더라도,
소비자 보호 및 반독점 전선에 있는 레이건의 장군들은
사기방지법 강화와 관련한 60년 동안의 진전에서 후퇴하고, 반독점법 중 몇몇 장들을 통째로 포기하며,
경제적 장난과 우회, 기업의 과도한 세력 확장, 소비자 착취에 관계하는 등
놀랄 만한 퇴행 증상을 보여주고 있다."

Foodopoly

반경쟁적인 기업 관행 규제를 책임지는 연방거래위원회의 해체를 다룬 통렬한 보고서(400쪽 분량이다)의 첫 문장은 이렇게 첫 번째 포격을 가하고 있다. 의회가 제정한 독점금지법과 소비자보호법의 기반 자체를 레이건 행정부가 파괴하고 있는 것에 대한 신랄한 평가이다. 연방거래위원회 위원장 마이클 퍼척(Michael Pertschuk)이 임기 말인 1984년에 의회 제출용으로 작성했다.

레이건의 대통령 당선은 자유방임주의 경제의 도래를 알리는 신호탄이었다. 이 18세기 경제 이론은 규제, 세금, 관세, 반독점법 등 기업 문제에 관한 정부의 개입을 모두 비판했다. 이 접근법은 밀턴 프리드먼에 의해 '자유시장'으로 부활한 다음, 앨런 그린스펀을 비롯한 현재 경제구조의 설계자들에게 받아들여져서 지난 30년 동안 입법 및 규제 정책으로 명문화되었다. 자유방임주의 경제의 주요 강령인 기업 합병은 부의 집중이라는 명백한 목표를 갖고 있다. 기업 합병은 규모의 경제와 경제적 효율성을 이유로 정당화되었다. 그럼에도 불구하고, 기업 합병 관련 반독점법 위반 행위는 최근 수십 년 동안 일자리가 줄어든 주요 원인의 하나로 밝혀졌다.[1]

1981년에 시작된, 연방거래위원회에 대한 공격에 격분한 퍼척은 그냥 떠나기를 거부했다. 맞서 싸우기로 했다. 퍼척은 TV 담배 광고 금지 입법을 촉진하는 일을 맡았으며, 영향력 있는 소비자 운동가인 랠프 네이더(Ralph Nader)의 추천으로 지미 카터 대통령에 의해 연방거래위원회 위원장에 임명되었다. 지금은 은퇴한 퍼척은 연방거래위원회에 대한 공격과 관련해서, 이 기관이 1970년대에 부흥기를 경험한 직후에 이런 일이 벌어 진 점이 비극이었다고 말한다.[2]

닉슨, 포드, 카터 행정부에서 연방거래위원회 위원장들은 이 기관의 독 점 금지 집행 능력을 키웠다. 위반 업체를 조사하고 그에 관한 소송을 담 당하는 지역사무소를 강화했다. 그러나 레이건이 임명한 제임스 C. 밀러 (2장에서 이미 언급했다) 아래서 연방거래위원회는 "법 집행 인력의 예산을 삭감"했으며, 그 결과 "경쟁업체 간의 빈번한 합병, 더 거리낌 없는 반독점 법 위반, 예전에 내린 명령을 철회하거나 완화해 달라고 요구하는 수많은 기업의 진정" 등 이전에 기업들이 기피하던 행위가 일어났다.[3]

밀러 위원장은 미국기업연구소 출신의 공격적인 보수 이론가였다. 퍼 척은 밀러를 "정부는 나쁘고, 민간 부문은 좋다"라는 간단한 강령을 갖고 연방거래위원회에 온 사람이라고 묘사했다. "그는 기업의 부정행위에 대 한 개입이나 반독점법의 집행에 반대했다." 계속해서 퍼척은 밀러가 "우 리를 미치게 만들었다"라고 말했다. 퍼척에 따르면, 밀러는 "고위층 사람 에게는 아첨하고 아랫사람은 괴롭히는 성향을 가진 매우 불쾌한 사람"이 었다.[4]

퍼척은 카터 대통령이 임명한 패트리샤 P. 베일리(Patricia P. Bailey)(공화 당원이었지만 밀러의 행동을 못마땅해 했다)와 더불어 밀러와 자주 논쟁을 벌였 다. 밀러가 저지른 잘못 가운데 하나는 전문직 여성에 대한 명백한 경시이 다. 밀러 아래에서 연방거래위원회는 대규모 예산 삭감, 인력 감축, 몇몇 부서의 전면 폐지 등을 겪었다. 연방거래위원회는 대규모 합병을 승인하 고 반독점 규정과 공정 경쟁 관련 규정도 집행하지 않았다. 반독점 관련 보고 프로그램도 없었다. 기업의 부정행위를 억제하는 정책들도 급격히 변화시켰다.[5]

밀러의 철학을 보여주는 사례 하나가, 파도에 휩쓸려 배 밖으로 떨어진 선원을 위한 구명장비의 불량과 관련한 공정거래국 사건이다. 밀러는 공정거래국이 결함 있는 안전 장비를 판매한 회사를 고소할 이유가 없다고 말했다. 만약 선원이 물에 빠져 죽으면 회사가 소송을 당할 것이며, 결국 시장이 스스로 바로잡을 것이기 때문이다. 물론 그는 집단소송에도 반대했다.[6]

식품에 영향을 미친 조치에는 어린이를 대상으로 하는 광고에 대한 감시 감독 중지와, 경쟁사를 시장에서 몰아내기 위한 수법인 약탈적 가격 설정•에 적절한 조치를 취하지 않은 것이 있다. 밀러는 그 당시까지 연방거래위원회가 제기한 소송에서 가장 중요했던, 시리얼업계를 대상으로 한 반독점 소송 판결에 대한 항소를 허용하지 않았다.

연방거래위원회는 소규모 회사들을 퇴출시킨 행위들에 관여하고 시리얼 가격을 부당하게 올렸다는 이유로 켈로그, 제너럴 밀스, 제너럴 푸즈에 소송을 제기했다. 오랜 재판 끝에 행정법 판사가 내린 판결에서 패소했다. 그러나 재판에 관계한 직원들은 이 중요하고 이길 수 있는 소송 사건에 항소하기를 원했다. 그러나 항소는 금지되었다. 그 결과 현재 식품업계의 경쟁 부족 상황은 1980년대에 비해 몇 배나 더 나빠졌다.[7]

뉴딜 시대의 종언

반독점법 집행과 관련해서 뉴딜 시대에 이루어졌던 진전을 파괴하는 데에는 불과 몇 년이면 충분했다. 당시 프랭클린 루스벨트가 임명한 관료들과 의회는 대공황 시기에 경제를 부흥시키기 위해 경쟁을 촉진하는 정책을 폈다. 이 민중주의자들은 물과 전기 공급 같은 "자연 독점"은 효율적이며, 자본집약적·노동집약적인 산업은 규모가 커야 하지만, 개별 회사들은 강력한 반독점법을 통해 서로 경쟁하도록 만들어야 한다고 믿었다. 그러나 이러한 정치적·경제적 힘의 다양하고 민주적인 배분이 레이건 행정부

• 경쟁사를 시장에서 몰아내기 위해 일시적으로 정상보다 낮은 가격을 설정한 다음, 나중에 다시 가격을 올리는 수법을 말한다.

의 반동 정책 때문에 사라져버렸다.[8]

저널리스트이며 저술가인 배리 린(Barry Lynn)은 《진퇴양난: 신독점자본주의와 파괴의 경제학(Cornered: The New Monopoly Capitalism and the Economics of Destruction)》에서 반독점 조사에 사용되는 기준의 교묘한 변화를 기록하고 있다. 이 기준은 "경제적 효율성"을 지지하는 기준으로 바뀌었다. 경제적 효율성은 보수적인 시카고 경제학파가 개발한 이론으로, 재화와 용역의 생산이 극대화되도록 자원을 사용하면 가격이 낮아진다는 사고에 기초한다.[9]

린은 연방정부의 반독점 규제 담당자들이 기업의 인수합병을 심사하면서, 가격이 낮아져서 "소비자 후생"이 증진된다는 구실로 기업 집중을 허용한다고 지적한다. 그는 다음과 같이 쓰고 있다.

돌이켜 생각해보면, 반독점법에 대한 레이건의 공격이 지닌 급진적 성향은 경악스러울 정도이다. …… 레이건 팀이 1982년에 새로운 합병 가이드라인을 발표했을 때, 그 문서는 두 가지 혁명적인 변화를 공식화했다. 미국 시장이 본질적으로 세계적이라고 재정의하고, 독점의 희생자로 간주할 수 있는 사람을 엄격히 제한했다. 그때 이후 오직 단 하나의 행위만이 정말로 용납되지 않았다. 바로 소비자에게 바가지를 씌우는 일이다. 그런 서투른 실수를 피한 회사는 모두, 그 의도에 상관없이, 다른 모든 시민 계층에게 마음껏 바가지를 씌울 수 있게 되었다. 약탈적 가격 설정이나, 공급업자와 노동자에 대한 뻔뻔스런 권력 행사 등이 그 주된 방법이다.[10]

조지 오웰의 빅 브라더에 필적하는 더블스피크(doublespeak)* 를 통해서

• 조지 오웰의 소설 《1984년》에서 유래한 말로, 고의적으로 애매모호한 언어를 사용해서 사안의 본질을 흐리는 것을 말한다. 정리해고를 '다운사이징'으로, 고용불안정 증가를 '노동시장 유연화'로, 폭력을 '목표물에 대한 서비스'로, 민간인 사상자를 '부수적인 손실'로 표현하는 것이 대표적이다. 이 책의 1장에서도 농가 인구 감축을 "노동과 자본을 가장 생산성이 높은 곳으로 이동시키는 것"이라고 표현한 바 있다.

경쟁은 모든 문제를 해결하는 성배로 칭송받고 있다. 하지만 모든 공공 및 민간 활동은 합병을 용이하게 하는 데 집중되어 있다. 미국 먹거리 체계에 대한 비판에서 보통 간과되던, 반독점법의 주요 골자 누락이 이 법의 핵심 문제이다. 모래시계처럼, 식품 소비자와 생산자 사이를 소수의 식품 회사와 소매 체인점으로 이루어진 도당이 가로막고 있다.

아처 대니얼스 미들랜드는 기업의 시장 지배력과 정치적 영향력이 어떻게 공공 정책과 미국인의 식단을 변화시키는지 잘 보여주는 대표적인 사례이다. 이 회사는 1998년 반독점법 혐의로 기소되어 벌금, 합의금, 소송비용으로 2억 7,900만 달러를 썼다. 당시 이 회사는 라이신(공장식 축산 농장 가축 사료의 필수 성분)과 구연산(방부제와 탄산음료 성분으로 이용됨)의 가격을 정하는 세계적인 담합에 관여한 혐의로 유죄 선고를 받았다.[••]

아처 대니얼스 미들랜드는 1880년대 중반 아마씨 분쇄업체로 시작했다. 현재 전세계적으로 270개 공장을 운영하면서 곡물이나 지방종자를 식품, 음료수, 영양 보충제, 산업 공정, 가축 사료의 원료로 가공한다. 가공식품의 맛과 질감은 다국적 대기업이 옥수수, 대두, 목화 씨, 해바라기 씨나 다른 식물에서 추출한 감미료, 기름, 화학물질에서 나온다.

아처 대니얼스 미들랜드의 주요 사업 중 하나가 옥수수에서 에탄올을 생산하는 것이다. 현재 이 회사는 미래 에너지 생산을 위해 생합성(biosynthesis)[•••]을 활용하는 방안을 연구하고 있다. 흔히 농산물 기반 연료의 엑슨모빌이라 불리는 이 회사는 대체연료 보조금에 찬성하는 로비를 열성적으로 벌여왔다.[••••] 2006년에 패트리샤 워츠(Patricia Woertz)를

[••] 영화 〈인포먼트(The Informant!)〉가 이에 관한 내용을 다루고 있다.

[•••] 종래의 화학적 방법이 아니라 생물체의 세포로 유기물질을 합성하는 것을 가리킨다. 현재 많은 연구가 진행 중이다. 바이오연료와 관련해서는 셀룰로오스(섬유소)를 활용하는 방안이 큰 주목을 받고 있다. 14장에 더 자세한 내용이 나온다.

[••••] 미국 정부의 보조금과 자동차 연료 중 일정 비율을 대체연료로 사용하도록 한 지원 정책이 없었더라면 옥수수 에탄올의 확대는 불가능했다.

CEO로 고용한 것을 보면, 이 회사의 연료 사업에 대한 의지를 알 수 있다. 그녀는 이전에 걸프 오일(Gulf Oil)과 셰브런(Chevron)의 임원으로 일한 회계사다. 세계 최대의 곡물 가공 회사인 아처 대니얼스 미들랜드보다 옥수수의 새로운 용도를 찾거나 농상품 작물 보조금을 얻기 위해 로비 활동을 벌여서 이익을 많이 본 회사는 지금껏 없었다.

아처 대니얼스 미들랜드의 또 다른 옥수수 사업은 정크푸드용 감미제이다. 엄청난 마케팅 능력을 가진 이 회사는 1970년대에 액상과당의 개발과 마케팅을 선도했다. 이 회사는 방부제로 자용하고, 탄산음료나 소스(케첩, 과일 절임 등)의 안정성을 높여서 가공식품의 질을 높여주는 감미료를 만들었다. 액상과당은 미생물에 의한 부패를 억제하고, 쉽게 결정화되지 않으며, 제빵 제품에 부드러운 질감을 주고, 온도 변화에도 잘 견딘다.

과거 나비스크와 제너럴 밀스에서 마케팅 담당 고위 임원으로 일한 식품 산업 컨설턴트 브루스 폰 스타인(Bruce von Stein)은 이렇게 설명한다. "만약 식품 회사에 더 값싼 재료가 주어진다면, 회사는 그것을 활용할 방법을 알아낼 것입니다. 식품 제조 회사의 공급업체에는 마케팅팀이 있습니다. 이 팀은 대형 고객들에게 신제품 관련 아이디어와 고객사 식품의 재료로 자사 제품을 새로 활용하는 방법을 문자 그대로 '팔려고' 노력합니다. 회사는 식품가공업체가 값싸고, 안정적이며, 유통 기한이 길고, 가공하기 쉬운 재료의 꾸준한 공급을 원하고 있다는 사실을 알고 있습니다."[11]

이것이 액상과당이 업계에서 선호하는 감미료가 된 이유이다. 1984년에 설탕 가격이 오르자, 아처 대니얼스 미들랜드는 액상과당으로 대체하도록 펩시콜라와 코카콜라를 설득했다. 실제로 설탕 가격은 급등하고 있었다. 아처 대니얼스 미들랜드가 플로리다 설탕업계와 협력해서 레이건 행정부가 설탕 관세를 도입하도록 로비했기 때문이다(이 관세는 지금도 존재한다). 자유무역 지지자가 보기에는 좀 위선적인 행동이었지만, 아처 대니얼스 미들랜드로서는 훌륭한 조치였다. 그 뒤 액상과당은 미국인 식단의 대부분을 차지하는 가공식품의 주재료 가운데 하나가 되었다.

미국인은 식비의 90퍼센트를 가공식품(공장에서 만들어 상자, 봉지, 깡통, 곽에 넣어 파는 식품)에 쓴다. 식품업계는 가공식품을 넓게 정의한다. 야채 통조림, 말린 과일, 미니당근*은 물론이고 자르거나, 썰거나, 조리하거나, 말린 과일이나 야채(샐러드바에 있는 것들)도 가공식품으로 간주한다. 하지만 식료품점을 한번 쭉 훑어보기만 해도 대부분의 식품이 지나치게 가공되어 있다는 사실을 알 수 있다. 착색제, 방부제, 유화제, 결착제,** 향미료(MSG), 미각개량제, 보충제, 안정제 등 발음하기조차 힘든 첨가물을 사용해서 만든다. 이렇게 열량은 높지만 영양분은 적은 식품의 소비는 미국인이 겪고 있는 비만, 당뇨병, 심장병과 관련이 깊다. 그럼에도 불구하고 식품업계의 엄청난 힘이 이러한 연결고리의 대처에 필요한 공공 정책의 변화를 막고 있다.

최근에 나온 몇몇 연구 결과를 보면 가공식품과 암의 관계를 알 수 있다. 하와이대학교에서 20만 명을 대상으로 7년 동안 수행한 연구에 따르면, 핫도그나 소시지 같은 가공육을 먹은 사람은 췌장암에 걸릴 위험이 67퍼센트나 더 높았다. 또한 여러 연구에 따르면, 고지방식은 유방암 및 결장암 발병 위험 증가와 관련이 있다. 거꾸로 야채, 과일, 곡물이 풍부한 채식 위주 식사가, 즉 먹이사슬의 낮은 단계에 있는 먹거리를 먹는 것이 건강과 수명 유지에 이롭다는 사실을 보여주는 증거는 많다.

미국인은 식사와 간식의 반을 집 밖에서 해결한다. 패스트푸드 식당을 이용하는 빈도는 점점 더 높아지고 있다. 자녀가 있는 가정의 70퍼센트는

- 미국에서는 상품 라벨에 baby carrot(미니당근)과 baby-cut carrot(미니모양당근)을 구분한다. 전자는 당근이 어릴 때 수확한 진짜 미니당근이고(이런 목적의 품종도 따로 있다), 후자는 큰 당근을 자른 뒤 깎아서 만든 것이다(원래 이 제품은 상품가치가 없는 비품들을 활용하기 위해 개발되었다). 하지만 사람들은 보통 미니모양당근을 진짜 미니당근으로 혼동한다. 마트에서 흔히 볼 수 있는 미니당근 역시 미니모양당근이다.
- •• 육고기나 어육 가공 때 결착성을 높이기 위해 사용하는 첨가물. 수산물 통조림, 햄, 소시지 등에 쓴다.

모든 어른이 상근직으로 일한다. 미국인은 다른 어느 선진국 국민보다도 더 오랫동안 일한다.* 그렇기 때문에 인스턴트식품에 대한 막대한 물량의 광고가 효과를 발휘할 수 있는 시장이 이미 준비되어 있다. 예일대학이 최근 수행한 조사에 따르면, 84퍼센트의 부모가 자기 자녀가 지난주에 패스트푸드를 먹은 적이 있다고 말했다.

최근 경기 침체가 이어지자 맥도날드는 달러 메뉴(Dollar Menu)**로 고객을 유인한다. 3만 2,000개 매장을 가진 세계 최대 패스트푸드 체인점인 맥도날드는 지난 3년 동안 늘어나는 수익을 만끽했다. 2012년 현재 맥도날드는 매장 신설에 약 30억 달러를 투자할 계획이며, 2013년에는 중국에 2,000개 매장을 더 열 계획이다.

맥도날드는 거대한 패스트푸드 시장의 15퍼센트를 지배한다. 상위 10대 체인이 이 분야 전체 매출의 47퍼센트를 거둬들이고 있다. 두 번째로 큰 체인인 얌 브랜즈(Yam Brands: KFC, 타코벨, 피자헛 등)의 시장점유율은 8퍼센트 이상이며, 그 다음은 웬디스, 서브웨이, 버거킹, 스타벅스 등이다.

패스트푸드업계는 가공식품의 최대 구매자로서 식품 제조 회사에 큰 영향을 미친다. 대형 체인들은 산업화된 농업과 식품가공이 발달하는 데 중요한 역할을 했다. 듀크대학 연구원들에 따르면, 이 두 업계는 공진화해 왔으며, 먹거리가 "경작, 제조, 포장, 유통, 전시되는" 방식을 좌지우지할 수 있다.[12]

맥도날드는 미국 최대의 감자 구매업체이다. 이 회사가 매우 구체적인 특성을 지닌 엄청난 양의 감자튀김용 썬 감자를 필요로 하기 때문에, 감자튀김용 썬 감자 공급 사슬의 통합이 촉진되었다. 콘아그라, 맥케인 푸즈(McCain Foods), J. R. 심플로트(J. R. Simplot)가 맥도날드에서 파는 엄청난 양

• 놀랍게도 이 말은 사실이다. 2012년 기준으로 미국의 연간 노동시간은 1,789시간으로, 일본(1,745시간)보다도 많았다.

•• 패스트푸드 음식점의 최저가 메뉴를 말함. 보통 0.99달러에서 2.99달러 사이에서 가격이 매겨진 메뉴로, 밸류 메뉴(Value menu)라고도 한다.

10대 패스트푸드 회사

	2010년 매출 (단위: 10억 달러)	미국 내 매장수
맥도날드	$32.40	14,027
얌 브랜즈 피자헛, 타코 벨, KFC, 롱 존 실버스(2011년 매각)	$17.70	19,195
웬디스 알비스(2011년 매각)	$11.35	10,225
서브웨이	$10.60	23,850
버거킹	$8.60	7,253
스타벅스	$7.56	11,131
던킨 도너츠	$6.00	6,772
소닉	$3.62	3,572
칙필레	$3.58	1,537
도미노	$3.31	4,929

10대 회사를 모두 합치면 전체 패스트푸드 매출액의 47%를 차지한다.

출처: 〈QSR 매거진 탑 50(QSR Magazine Top 50)〉, USDA ERS, 각 회사 보고서.

의 감자튀김용 썬 감자를 만든다. 이 회사들은 맥도날드가 요구하는 러셋 감자를 사용한다. 이 감자는 아이다호주에 있는 대형 감자 공급업체인 유 나이티드 프레시 포테이토 그로워즈(United Fresh Potato Growers)에서 생산 한다. 바이엘 크롭사이언스(Bayer CropScience)와 몬산토가 이 감자를 생산 하는 계약 농민에게 특정 종자, 제초제, 살충제를 제공한다. 이렇게 생산된 감자는 맥도날드와 다른 패스트푸드 체인점에서 크기와 모양이 똑같은 감 자튀김이 된다.[13]

미국인은 외식을 하지 않을 때에는 대형 식료품점에서 식품을 구입하곤 한다. 월마트와 다른 3개 대형 식료품점 체인인 크로거(Kroger), 코스트코(Costco), 타깃(Target)보다 미국인의 식단에 더 큰 영향력을 행사하는 산업 부문은 없다. 2011년 타깃은 세이프웨이를 밀어내고 4번째로 큰 식료품점 체인이 되었다. 타깃이 매장의 식료품 섹션 면적을 급속히 늘렸기 때문이다. 이 4개 회사를 모두 합치면 미국 식료품 매출총액의 약 50퍼센트를 차지한다. 시장 규모가 가장 큰 100개 지역에서 이 회사들이 지역 식료품 매출의 70퍼센트 이상을 지배하고 있기 때문에 소비자는 선택의 여지가 없다.

모든 것을 집어삼키는 월마트

식료품업계의 변화는 대형 식료품 체인이 서로 합병하거나 다른 지역 소매업체와 회원제할인점을 인수한 1990년대에 시작되었다. 그리고 이 무렵 월마트가 식료품 부문에 진출한다. 이 거대 체인과의 경쟁을 위해 식료품점 체인들은 지난 10년 동안 통합, 합병, 인수에 집중해왔다. 업계가 과대 선전하는 효율성 증대가 가격 인하로 이어지지 않았지만 합병 체인들의 이윤은 늘어났다. 미 상무부 경제분석국에 따르면, 지난 10년 동안 미국 가구의 식비는 12퍼센트 증가했다.

월마트는 1988년이 되어서야 다른 소매물품과 함께 식품도 파는 슈퍼센터를 열었다. 하지만 불과 12년 만에 미국 최대의 식품 소매업체가 되었다.[14] 지금은 월마트 매출의 절반 이상이 식료품에서 나온다.[15] 그리고 미국에서 식료품에 쓰이는 3달러 중 1달러는 월마트로 간다.[16]

월마트는 그 규모가 너무나 커서 모든 경제 부문에 유례없이 엄청난 영향력을 발휘한다. 식품 부문도 예외가 아니다. 식품 생산자와 소비자 사이에 월마트 같은 대형업체가 존재하면, 개인은 더 이상 식품 제조 회사의 중요한 고객이 될 수 없다.

미국 4대 식품 소매업체

Walmart 월마트 1
점포 수 4,750 매출 264.2달러

Kroger 크로거 2
점포 수 3,624 매출 90.4달러

COSTCO WHOLESALE 코스트코 3
점포 수 592 매출 88.9달러

TARGET 타깃 4
점포 수 1,767 매출 70.0달러

식료품 매출총액의
50퍼센트

(순매출액* 기준)(단위: 10억 달러)

출처: 〈슈퍼마켓 뉴스: 상위 75개 소매업체와 도매업체 2012
(Supermarket News: Top 75 Retailers & Wholesalers 2012)〉, 미국 센서스.

• 순매출액은 총매출액에서 제품의 손상, 분실, 할인으로 인한 금액을 제외한 값이다. 손익계산서에 나오는 매출액은 보통 순매출액이다.

월마트는 가격을 낮추라고 끊임없이 공급업체를 압박한다. 식품 회사는 최대 고객인 월마트의 압력을 받아들일 수밖에 없다. 그리고 월마트가 사업 방식을 바꾸겠다고 결정하면 업계 전체가 그에 맞춰 움직인다. 월마트의 대외적인 선전과는 달리, 이 결정은 이윤을 염두에 두고 내려진다. 월마트는 사람들이 더 잘살 수 있도록 노력하고 있다는 홍보 메시지[•]를 소비자와 정책 결정자에게 끊임없이 쏟아낸다. 따라서 월마트의 성공이 지금까지 우리 먹거리 체계에 어떤 영향을 미쳤는지 살펴보고, 망가진 먹거리 체계를 고치는 과정에서 이 모델을 어떻게 해야 할지 다시 생각해봐야 한다.

단순히 규모가 크고 시장점유율이 높아서 월마트가 공급업체에 그처럼 큰 통제력을 행사할 수 있었던 것은 아니다. 월마트의 성공은 몇 가지 구체적인 사업 방식의 결과이다. 월마트의 물류 및 유통 모델은 다른 회사와 매우 다르다. 월마트가 식품 소매 회사로 크게 성장한 요인은 공급 사슬 관리 방식이다.[17] 기본적으로 월마트 모델은 모든 수단을 동원해서 공급 사슬로부터 돈을 빨아들인다. 월마트의 물류는 주로 비용과 책임을 공급업체에 이전시키는 방식이다. 월마트는 공급업체에 공급사슬관리(SCM), 물류, 데이터 공유 관련 프로그램을 채택하라고 요구할 뿐만 아니라, 납품한 물건에 대한 재고 관리까지 공급업체에 떠맡긴다(심지어 매장 선반 위에 있는 물건도).[18] 월마트는 첨단 IT 기술을 이용한 관리 기법을 최초로 도입하고, 공급업체에도 이를 따르도록 요구했다.[••] 공급업체는 월마트 특유의 IT 시스템에 맞춰 자기 시스템을 정비해야 한다. 이 시스템에는 자동화된 물품 배달(배달 일정 포함)과 재고 관리가 포함되어 있다. 재고는 바코드를 스캔하는 방식으로 추적한다.[19] 이에 대한 모니터링은 월마트가 아니

- 월마트의 모토 중 하나가 "아끼고, 더 잘살자"이다.
- 2003년 월마트는 RFID를 채택하면서 100대 공급업체에 편지를 보내서, 18개월 안에 자사에 공급하는 모든 운송 단위(팰릿 및 케이스)에 RFID 태그를 붙이라고 요구했다. 나머지 공급업체들은 2006년 말까지 이 기술을 채택하도록 했다.

라 공급업체의 책임이다. 월마트는 공급업체의 제품 디자인도 통제한다. 재료에서 포장에 이르는 광범위한 영역에서 월마트가 정한 사양을 따르도록 강요한다.[20]

월마트와의 계약은 협상이 불가능하다. 어떤 공급업체든 이 세계 최대의 소매업체와 거래하고 싶다면 월마트의 계약 조건을 그대로 받아들여야 한다.[21] 월마트는 자신이 판매하는 물품의 결함에 대한 법적 책임을 공급업체에 전가한다. 배달된 물품이 주문 내역과 다르거나, 심지어 제품이 충분히 판매되지 않는 경우에도 월마트는 일종의 벌금을 부과할 수 있다. "지불거절(chargeback)"을 통해 공급업체에 대금 지급을 거부하거나 이미 지급한 대금의 환불을 요청할 수 있다.[22] 지불거절에 따른 비용(다른 소매업계에도 점점 보편화되었다)은 상당하다. 때로는 수십만 달러에 이르기도 한다.[23]

월마트가 일부 공급업체에 재고 추적을 위해 RFID(radiofrequency identification)••• 태그를 사용하도록 요구하기 시작했을 때, 공급업체는 이 기술 채용에 드는 비용 전부를 지불해야 했다. RFID 태그는 약한 무선 신호를 내보내기 때문에 좀 떨어진 곳에서도 물품을 스캔하고 추적할 수 있다.[24] 이 기술은 처음에는 화물 운송 단위인 팔레트를 추적하는 데 사용되다가 일부 의류 제품 및 식품 품목(신선 식품 포함)에까지 확대되었다.[25] 매출액이 50억 달러인 식료품 제조업체가 이 기술을 채택하는 데 드는 비용은 매년 약 3,300만 달러 정도이다. 그러므로 월마트는 수십억 달러를 절약할 수 있다.[26] 월마트가 모든 물품에 이 태그를 붙이도록 요구하지는 않는다. 하지만 월마트의 요구에도 불구하고 이 기술을 채택하지 않는 공급업체는 태그를 붙이지 않은 제품에 수수료를 내야 한다.[27]

월마트는 대량을 요구한다. 월마트는 각 식품 품목별로 믿기 어려울 정

••• RFID는 이미 많은 곳에 사용되고 있다. 카드키, 교통카드가 대표적이다.

도로 엄청난 양을 판매한다. 이는 개별 중소 생산업체가 혼자서는 결코 충족시킬 수 없는 수준이다. 예를 들어 월마트는 매년 45만 톤의 쇠고기를 구매한다. 공급망 효율성 증대에 혈안이 된 이 회사로서는 수많은 소규모 지역 공급업체보다 몇몇 대규모 육류가공업체로부터 쇠고기를 구입하는 것이 훨씬 더 타당하다. 게다가 대형업체에 비해 중소 생산업체는 월마트의 기술적인 요구 조건을 충족하는 데 어려움을 겪을 가능성이 크다.

월마트는 미국 농산물의 최대 구매자이다. 따라서 일반인이 먹을 수 있는 먹거리의 종류, 먹거리 생산 방법, 먹거리 생산자가 받는 가격에 큰 영향을 미친다. 현재 월마트는 딘 푸드(Dean Foods: 유제품 거대 기업), 제너럴 밀스, 크래프트, 타이슨 푸드 등 미국의 거대 식품 생산업체 및 가공업체의 최대 고객이다.[28] 각 공급업체가 월마트의 전체 사업에서 차지하는 비중은 아주 작다. 하지만 공급업체에는 이 관계가 훨씬 더 중요하다. 월마트는 너무나도 큰 고객이기 때문에 월마트가 어떤 요구를 해도 따를 수밖에 없다.

월마트와 물품 공급업체 간 힘의 균형이 믿기 힘들 정도로 한쪽에 쏠려 있기 때문에 월마트는 이런저런 요구를 하기에 유리한 위치에 선다. 실제로 월마트는 그렇게 한다. 식품가공업체, 육류가공업체, 기타 공급업체는 대형 고객인 주요 소매업체를 결코 포기할 수 없다. 하지만 소매업체는 손쉽게 다른 공급업체로 옮겨갈 수 있다. 월마트의 비용 절감 압력 때문에 리바이스(Levi's), 허피(Huffy), 러버메이드(Rubbermaid), RCA는 미국 내 제조 시설을 폐쇄하고 해외로 이전해야 했다. 또한 같은 이유로 블라식(Vlasic) 같은 식품 생산업체들은 월마트의 가격 관련 요구를 맞추지 못해 파산했다. 이 압력이 먹거리 사슬 끝까지 전해지면서 식품 산업 전 부문에 걸쳐 통합이 증가했다.

린은 그 사례로 코카콜라에도 영향을 미칠 수 있는 월마트의 능력을 제시한다. 린은 코카콜라를 "비밀 제조법'으로 만든 상품을 판매하는 대표적인 기업"이라고 말한다. 하지만 최근 월마트는 코카콜라가 새로운 다이어트 콜라 제품에 사용할 계획인 인공 감미료를 받아들이지 않기로 결정했다. 코카콜라는 이에 굴복해서 월마트의 규격에 맞는 두 번째 제품을 만들었다.[29]

월마트의 부정적 영향은 먹거리 체계를 넘어선다. 월마트의 뉴욕 진출을 막는 일에 관여하고 있는 유명한 활동가이자 저술가인 안나 라페(Anna Lappe)는 '시빌 이츠(Civil Eats)'의 블로그 포스트를 통해 다음과 같이 말한다.

> 또한 현재 우리는 월마트가 지역에 진입하면 중소 상공업체들이 사라지고, 지역사회에서 자본이 빨려나간다는 증거를 많이 갖고 있다. 월마트에서 1달러를 쓸 때마다 그중 극히 일부만이 남아서 지역 경제에 이익을 가져다준다. 또한 우리는 성차별과 노동자 인권 유린 같은 이 회사의 어둡고 오랜 과거 기록과 관련한 증거도 충분히 보아왔다.
>
> 이른바 "식품 사막(food desert)"에 진출하는 것이 이 회사의 확장 전략이라는 점을 명확히 해두자. 이는 자선 행동이 아니다. 먹거리의 건강성 개선과 관련한 월마트의 엄청난 홍보는 미국인의 삶의 질에 월마트가 실제로 미치는 영향으로부터 관심을 다른 데로 돌리기 위한 영리한 전술이다. (건강과 인구 데이터를 추적해서 1996~2005에 월마트 확장과 비만율 증가 사이의 연관성을 발견한 새로운 연구가 관심을 끌고 있던 주(week)에 이 기자 회견이 열린 것이 과연 우연의 일치일까?)[30]

2005년 월마트의 대중적 이미지는 최악이었다. 월마트는 갑자기 "친환경적이 되겠다"라고 발표하면서 향후 몇 년에 걸쳐 월마트가 달성하려고 노력할 세 가지 목표를 열거했다. 그 목표는 다음과 같다. ① 쓰레기 발생량 제로, ② 재생에너지만 사용, ③ 친환경 제품의 판매 증진.[31] 이후 월마트는 에너지 비용과 폐기물을 줄이기 위한 프로그램을 여럿 발표했다. 이 결정 덕분에 월마트는 기업 이미지 개선이라는 편익도 얻고 여러 비판자를 자기편으로 만들기도 했다.

월마트의 전 CEO 리 스콧(Lee Scott)은 이 프로그램의 논리적 근거가 순전히 경제적인 것이라면서, "월마트가 해온 것은 이타주의가 아니라 비즈니스 관점에서의 접근입니다"라고 말한다.[32] 월마트는 미국 최대의 민간 전기 소비처이다. 그래서 전기 사용량을 조금이라도 줄이면 비용을 크게 절감할 수 있다. 월마트는 재생에너지 사용 비율을 늘리고 싶다고 주장하면서도, 전통적인 방식으로 생산한 에너지보다 재생에너지가 더 비싸다면 재생에너지를 사용하지 않겠다는 이야기도 계속했다. 이것이 월마트의 한계다. 지속가능성이 회사에 이롭지 않다면 월마트는 관련 노력을 중단할 것이다. 그동안 월마트는 자신이 설정한 환경 목표를 달성하는 데 그다지 큰 진전을 이루지 못했다.

인수, 합병, 기업 매수

월마트와 다른 식료품 체인이 대형 공급업체를 필요로 했기 때문에 식품 제조업의 통합은 예전보다 훨씬 더 심해졌다. 현재 대형 브랜드 식품 제조업체 24개가 식료품 매장에서 팔리는 식품의 60퍼센트를 생산한다. 식품 가공은 경제에서 차지하는 비중이 매우 큰 제조업이다. 인수합병 열풍으로 초대형 다국적기업이 출현했고, 이들 기업은 먹거리 생산을 해외로 이전시켜 원료비와 노동비가 가장 낮은 곳에서 상품을 조달하고 있다. 3대 식품가공업체인 펩시콜라, 네슬레, 크래프트는 포장식품을 제조한다. 이 포장식품을 대부분의 미국인이 매일 먹는다.

식품 산업은 우리가 먹는 식품만이 아니라, 무역과 농업에서부터 영양과 건강에 이르는 다양한 사안과 관련한 공공 정책을 좌우할 수 있는 경제적 힘을 갖고 있다. 식품 산업은 기업, 사회, 조직의 연계망을 통해 정치적·경제적 힘을 키워왔다. 기업들은 이런 기관들의 뒤에 숨어서 때때로

의회와 규제 기관, 국제기구를 회유하고 협박하고 부당하게 영향력을 행사하기 위해 한목소리를 낸다. 식품 산업은 학술 기관에 제공하는 자금(연구비)을 통해 식품 관련 규제를 정하는 데 기초가 되는 과학 연구를 특정 방향으로 유도한다.

특히 주목할 만한 것이 가장 강한 힘을 가진 대기업들의 이사진 중복 현상이다. 상위 20개 식품 회사의 여러 부문에는 의사 결정자 역할을 하는 위치에 겸직이사가 436명이나 있다. 글로벌 기업의 통제력에 관한 최근 연구에 따르면, 이 기업들은 전 세계를 망라하는 직·간접적 소유 관계망을 통해 다른 회사들에 통제력을 행사하고 있다.[33]

이사회에는 그 회사와 관련한 경제적 이해관계가 같은 개인들이 모인다. 하지만 개별 이사 역시 자신만의 이해관계와 의제를 갖고 있다. 이사회는 이렇게 모인 이사들이 기업을 위해 집단적으로 의사 결정을 내리는 곳이면서, 동시에 미래의 인수합병 중개, 전략적 제휴 체결, 새 직장 발견 등에 필요한 인맥을 구축하는 곳이기도 하다. 은행 및 금융 서비스업계 고위 임원이 식품 관련 회사 이사를 겸임하는 경우도 많고, 그 반대도 역시 많다. 이러한 관계는 이롭다. 왜냐하면 금융 서비스업계가 식품 산업에서 중요한 역할을 하고 있기 때문이다.

농기업과 식품가공 및 식료품 업계는 월스트리트의 은행, 금융업자, 헤지펀드, 사모펀드가 제공하는 서비스에 의지한다. 이들은 합병을 추진하고, 회사채를 매각하며, 사업 전략을 조언하고, 심지어 일상적인 사업 기능(일반 예금계좌 비슷한 것의 대기업 버전)까지 수행한다. 실제로 은행은 이들 업체에 일상적인 여러 금융 서비스를 제공하며, 많은 은행은 수십억 달러의 매출을 올리는 이들 업체에 이 서비스를 적극적으로 알리고자 한다. 식품 회사에는 개별 소비자보다 더 광범위한 은행 서비스를 제공해야 하지만, 그 효과(은행 매출 증가)는 같다. 식품 회사와 농기업은 구매 및 대금 청구 처리, 자금 관리, 투자 등 재정 관리 기능을 수행하기 위해 상업 은행을

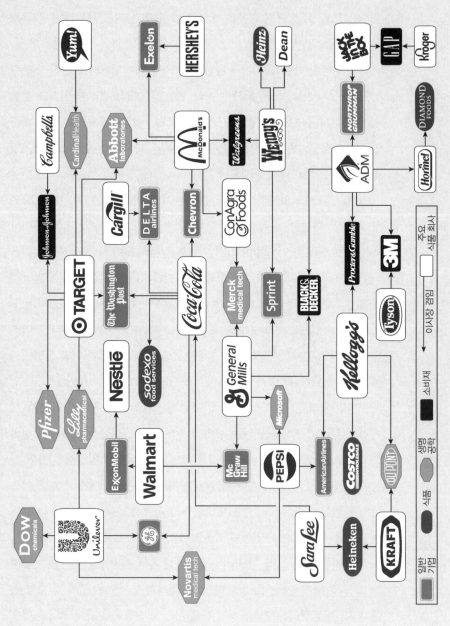

기업 간 이사직 겸임 현황

이용한다.

외국산 식재료(커피, 코코아, 향신료 등)에 의존하는 회사는 환율 변동이나 각국의 금리 변동 문제*에 대처하기 위해 은행의 도움을 받는다. 웰스 파고(Wells Fargo), 해리스 뱅크(Harris Bank), 커머스 뱅크(Commerce Bank) 같은 은행들은 농기업과 식품 회사에 특화된 맞춤형 상업 금융 상품과 서비스를 제공한다. 2010년 상위 20대 대형 식품가공 회사의 매출 총합은 50억 달러 이상으로, 이들 회사의 계좌를 관리하는 은행으로서는 자금 관리 수수료가 중요한 수익원이 될 수 있다.

지난 10년간 급증한 인수, 합병, 기업 매수는 거래를 성사시키고 자금을 조달한 월스트리트 회사들이 없었다면 불가능했을 것이다. 투자은행은 거래를 만드는 데 관여한 기업들에게 자문을 해줄 뿐 아니라, 필요한 자금에 접근할 수 있는 기회도 제공한다. 월스트리트 은행과 투자 회사는 다른 기업을 인수하고자 하는 기업에게 인수 자금으로 현금을 빌려줄 수도 있고, 회사채 발행을 지원할 수도 있다. 2010~2011년에 식품, 음료 및 담배 업계는 기업 인수나 사업 확장에 필요한 자금을 조달하기 위해 600억 달러 이상의 회사채를 새로 발행했다.[34] 금융 회사는 비상장 기업의 기업공개를 지원해서, 이들 기업이 상장회사가 되어 주식 시장에서 자금을 조달할 수 있도록 한다.

그리고 인수합병이 많아질수록 은행, 사모펀드와 법률 회사는 더 많은 수수료를 번다. 경기 침체기에도 인수합병은 여전히 활발했다. 식품협회는 2009~2011년에 식음료 부문에서 약 1,000건의 합병 거래가 있었다고 보고했다. 2010년에는 연 거래 건수가 경기 침체 이전 수준에 이르렀다.[35]

경기가 회복되고 있기 때문에 대형 식품·금융 회사들은 어려움을 겪고 있는 식음료 회사들이나 농기업들에서 잠재적인 인수합병 대상을 찾고

---

* 사업자금을 융통할 때 금리가 낮은 나라에서 돈을 빌리는 것이 유리하다.

있다. 톰슨 로이터(Thomson Reuters)의 글로벌 투자금융 부문 책임자인 닐 매스터슨(Neil Masterson)에 따르면, "금융 위기의 여파가 아직 남아 있다는 것은 분명하지만, 인수합병과 사모펀드 회사들의 딜 관련 활동이 다시 활발해지고 있으며 투자금융 수수료도 증가하고 있다."[36]

이러한 대규모 합병에는 수많은 금융 서비스 회사와 은행이 관여한다. 예를 들어 크래프트가 영국의 다국적기업인 캐드버리(Cadbury)를 대상으로 190억 달러 규모의 적대적 인수를 추진했을 때, 크래프트는 세계적인 투자 은행 라자드(Lazard)와 신생 투자 은행 센터뷰 파트너스(Centerview Partners)로부터 자문을 받았다. 시티그룹과 도이체방크도 크래프트의 자문 기관 역할을 하며 자금을 제공했다. 크래프트는 이 거래에 필요한 자금을 조달하기 위해 115억 달러를 빌려야 했다.[37] 캐드버리의 금융 자문 기관은 골드만 삭스, UBS, 모건 스탠리였다. 모건 스탠리와 시티그룹은 최근 금융 위기 때 다른 금융기관들과 더불어 대규모 구제금융을 받았다.

투자 은행들이 중개하려고 했던 또 다른 합병은 대형 스낵 및 견과류 회사인 다이아몬드 푸즈(Diamond Foods)와 P&G의 프링글스 사업 부문이었다. 하지만 대차대조표를 실제보다 더 건전하게 보이도록 한 분식회계가 다이아몬드 푸즈에서 발견되었다. 그러자 다이아몬드 푸즈의 새 경영진은 모건 스탠리 출신의 고참 투자은행가들이 만든 회사인 딘 브래들리 오스본(Dean Bradley Osborne)과 고용 계약을 맺어 채권자들과 부채를 신속하게 재조정하는 작업을 지원했다. 이 딜을 성사시키려면 다이아몬드 푸즈는 주주들에 대한 배당금 지급을 중지하고, 약 150만 달러에 달하는 대출 위약금을 물며, 더 높은 이자율을 적용받아야 했다. 이렇게 할 경우 아직 남아 있는 미상환 대출금이 약 300만 달러 더 늘어날 것으로 추정되었다. 관련 대출 기관은 뱅크 오브 아메리카(Bank of America: 대규모 구제 금융을 받았다), 버클레이(Barclays), BBVA 컴파스(BBVA Compass), BB&T, HSBC, JP모간, 지멘스 파이낸셜 서비스(Siemens Financial Services) 등이었다.

이 합병이 실패로 끝나자 켈로그가 프링글스를 매수하겠다고 발표했다. 협상은 신속하게 진행되었고, 2012년 6월에 마무리될 예정이었다. 켈로그는 버클레이 캐피털(Barclays Capital)과 법률 회사인 와치텔(Watchtell), 립톤, 로젠 앤드 카츠(Rosen & Katz)로부터, 그리고 P&G는 모건 스탠리와 법률 회사 존스 데이(Johns Day)로부터 각각 자문을 받았다.

켈로그 CEO 존 브라이언트(John Bryant)는 이렇게 말했다. "프링글스는 훌륭한 사업으로, 우리가 스낵 사업을 지금보다 더 좋게 만드는 데 도움이 된다. 이것은 좋은 가격에 나와 있는 결코 거부할 수 없는 자산이다. 그래서 우리는 매우 신속하게 움직였다."[38]

식품 산업에서 일어나는 대부분의 합병이 그러하듯이 켈로그의 인수는 레이건 행정부가 옹호했던 경제적 효율성이나 대중에게 영양분을 제공하는 것과는 아무 상관이 없다. 그것은 자사의 엄청난 정크푸드 독점력을 더 키우려고 혈안이 되어 있는 한 다국적 가공식품 회사와 관련이 있다. 그리고 대출 수수료와 이자로 수백만 달러를 벌어들이는 탐욕스러운 금융 서비스 회사 역시 관련이 있다. 그것은 대규모 금융 거래와 이윤에 관한 것일 뿐 사람들에게 먹거리를 제공하는 일과는 아무 상관이 없다.

3부

사람보다 이윤을 우선시하는 농산물 산업과 유기농 산업

관행 먹거리에서와 마찬가지로 과일과 야채에서부터 유기농 식품에 이르는
건강한 먹거리의 생산과 판매 역시 통합 및 기업 통제에 시달리고 있다. 대
기업의 이익을 위해 체결한 무역협정의 결과로 중국, 멕시코 등 개도국에서
조달되는 먹거리의 비율이 점차 늘고 있다. 과일과 야채, 유기농 식품 역시
예외가 아니다. 월마트 같은 소매 체인은 너무나 커서 분배 사슬의 전 영역
에서 규모화를 요구한다. 캘리포니아와 세계 각지의 산업화된 농장들로부터
물건을 조달하는 대형 농산물 기업들이 생겨났다. 가공식품을 제조·판매하
는 대기업 다수가 유기농 산업의 소기업들을 매입해서 자신들의 제국에 합
병시켰다. 그 때문에 유기농 식품의 가격이 올랐다. 뿐만 아니라 다국적기업
의 로비로 유기농 식품에 값싼 합성 원료를 사용할 수 있도록 유기농 기준이
완화되고 있다. 지역화한 먹거리 체계를 만들려면, 유기농 식품의 생산뿐 아
니라 과일과 야채의 재배, 판매와 관련한 모든 문제를 이해해야 한다.

4
녹색 공룡들은 더 이상
캘리포니아에 살지 않는다

그리고 농장 소유주들은 더 이상 자신의 농장에서 일하지 않게 되었다.
그들은 종이 위에서 농사를 지었다. 그리고 그들은 땅, 땅의 내음과 감촉을 잊었다.
자신이 그것을 소유하고 있다는 점만을,
자신이 거기서 어떤 이득을 얻고 어떤 손해를 봤는지 만을 기억했다.
— 존 스타인벡, 《분노의 포도》.

우리는 더 이상 농업에 종사하지 않는다.
······ 우리는 브랜드가 된 제품 계열을 판매하고 있다.
— 프레시 익스프레스(Fresh Express)의 모회사인 퍼포먼스 푸드(Performance Foods)의
    수석부사장 톰 러브리스(Tom Loveless), 〈로스앤젤레스 타임스〉, 2002. 8. 19.

Foodopoly

부동산과 마찬가지로 야채와 과일 재배는 입지가 전부이다. 거의 나무가 자라지 않는 경관 위로 뜨겁고 건조한 바람이 휩쓸고 지나가는 여름철의 아이오와에 가본 적이 있는가? 몇 가지 기상 요인이 이곳 옥수수 지대 한 가운데에서 만나 늦봄의 서리나 타는 듯이 뜨거운 여름이 생겨나며, 가뭄, 홍수, 우박, 토네이도가 한 차례씩 지나가고 나면 혹독한 겨울이 비교적 빨리 찾아온다. 아이오와주의 기후는 백인 개척자들이 도착하기 전에 이 땅을 지배했던 키 큰 풀들이 자라기에 적합하다.

"아이오와주에서 공장식 돼지 농장이 늘어나기 전까지는 다각화된 농장들이 여기저기에 흩어져 있었습니다." 푸드앤워터워치의 수석대표이자 미국카톨릭농촌생활협의회(National Catholic Rural Life Conference, 디모인 소재) 전임 사무총장 데이브 앤드류스(Dave Andrews) 수사는 이렇게 이야기한다. 앤드류스는 아이오와주의 날씨와 시골 환경이 소규모 축산 농장에 특히 적합하다고 말한다. 따뜻한 기후를 좋아하는 옥수수가 아이오와의 뜨거운 여름에 잘 자라고, 축산 농장이 충분히 소규모여서 농민이 가축 분뇨를 사료 곡물 재배용으로 쓸 수 있었을 때에는 지속가능한 상태였다. "60년 전 아이오와주는 거의 자급 상태였으며, 대부분 농장이 가축, 야채, 과일을 길렀다. 하지만 1970년대에 식료품 체인들이 밀고 들어오자 농민은 캘리포니아에서 생산된 과일과 야채의 경쟁 상대가 되지 못했다."

여러 주를 연결하는 고속도로, 디젤 트럭, 식료품 체인이 먹거리 체계의 경제학과 저녁 식탁에서의 기대를 모두 바꿔놓기 전까지 다른 주의 상황

역시 마찬가지였다. 2차 세계대전 전까지는 심지어 몬태나주조차 자급에 필요한 인프라를 갖추고 있었으며, 주에서 소비되는 먹거리의 70퍼센트(다양한 과일, 야채, 가축)를 길렀다. 냉장과 냉동 기술 발달로 캘리포니아에서 신선한 야채와 과일, 냉동 야채와 과일을 실어올 수 있게 되기 전인 1947년에는 200개에 이르는 통조림 공장, 방앗간, 낙농장, 도살장에서 몬태나 주민 4,000명이 일했다.

아이오와나 몬태나와는 대조적으로 캘리포니아에는 비옥한 토양, 따뜻한 기후, 강물이 있었다. 덕분에 캘리포니아는 농산물 부문의 슈퍼스타가 되었다. 역사학자 스티븐 스톨(Steven Stoll)은 이런 환경 덕분에 캘리포니아의 건조한 계곡과 고립된 해안 평야가 과일과 야채 생산에서 "자연적 이점"을 가지게 되었다고 이야기한다. 전 세계적인 경쟁으로 세계 시장에서 밀 가격이 폭락한 1880년, 많은 재원을 가진 "과수원 자본가들"은 캘리포니아주의 길고 비옥한 계곡인 센트럴 밸리에서의 과일 생산으로 눈길을 돌렸다.[1]

캘리포니아는 변했다

시카고학파 자유시장론의 신봉자인 경제학자 에드윈 노스(Edwin Nourse)는 1880년대에 전문화, 기계화, 마케팅을 통해 농업을 비즈니스로 만들 수 있는 기회를 포착했다. 이 새로운 유형의 농민은 동부 지역 시장에 적합한 환금작물 재배를 위해 토양을 조사하고 기후 패턴을 연구했으며, 자연 환경을 조작했다. 집약형 농업의 가치를 입증할 수 있는 여건을 창조한 셈이다. 농민들은 주 입법부에 농업 연구 투자를 위한 로비를 하고, 노동의 결실을 판매할 수 있는 전략을 개발하기 위해 자발적으로 협회들을 결성했다. 단일 작물을 대규모로 재배하는 단작으로 작물이 병해충에 취약해지자 캘리포니아주에서 농화학 산업이 발달했다. 화학물질, 이주노동자, 기술을 이용해서 캘리포니아는 신선농산물 시장을 장악했다. 하지만 강물

을 이용한 관개가 없었더라면 이루지 못했을 것이다.[2]

이 모두가 환경에 재앙이라는 데에는 이견이 없다. 하지만 캘리포니아에 있는 1,400개 댐은 그 자체로 공학적 위업이다. 20세기 내내 이루어진 댐, 제방, 수로에 대한 공공 투자로 값싼 농업용수와 풍성한 농산물 수확이 가능해졌다. 다른 주와는 대조적으로 캘리포니아는 독특한 배수 시스템을 갖추고 있다. 3,000개에 이르는 공공 및 민간 물 공급업체가 연방정부, 주정부, 지방정부의 물 프로젝트로 건설한 수리 시설을 통해 값싼 물을 공급하고 있다. 값싼 물 덕분에 캘리포니아주는 미국 최대의 과일과 야채 생산지가 되어 400개 농상품을 판매하고 있다. 캘리포니아는 미국에서 재배되는 과일, 견과, 야채의 거의 절반과, 미국에서 생산되는 아몬드, 아티초크, 아보카도, 브로콜리, 가공용 토마토의 90퍼센트 이상을 공급한다. 시장가치를 기준으로 미국 10대 농산물 생산 카운티 가운데 9개가 캘리포니아에 있으며, 그중 5개가 센트럴 밸리에 있다. 가장 대표적인 환금작물은 포도, 아몬드, 베리류(berries)*, 상추이다.

센트럴 밸리는 캘리포니아 농업 지역들 중에서도 독보적이다. 미국 농지의 1퍼센트에서 미국 농산물의 8퍼센트를 생산하기 때문이다. 센트럴 밸리의 북쪽 지역 새크라멘토 밸리는 연간 강수량이 508밀리미터로 홍수 예방을 위해 물길을 규제한다. 더 면적이 넓은 남쪽 지역 샌 호아킨 밸리는 반건조 지역으로, 관개용수 및 지하수 의존도가 무척 크다. 미국 관개 농지의 1/6이 센트럴 밸리에 있다. 농민은 관개용수 0.09제곱미터당 2~20달러를 지불한다. 물 공급비용의 약 10퍼센트에 불과한 금액으로, 그 차액은 납세자가 부담한다.

캘리포니아 남부는 북부에서 소중한 수자원을 늘 빼앗아오고 싶어 했다. 캘리포니아 최대의 농업 이익 집단들이 수십 년 동안 로비를 펼친 결과,

---

• 딸기, 산딸기, 블루베리, 오디 같은 열매의 통칭.

1950년대에 주정부는 수돗물과 관개용수를 공급하기 위해 미국 최대 규모의 수자원 프로젝트를 성공했다. 그중 30퍼센트는 남부 캘리포니아에 있는 40만 헥타르의 농지로 들어간다. 수출용 아몬드와 기타 견과를 재배하는 소수의 억만장자를 위해 많은 물이 공급된다. 캘리포니아주 물 프로젝트는 센트럴 밸리 프로젝트와 일부 인프라를 공유해서, 계곡 북부 지역의 강물을 샌 호아킨 밸리와 그보다 더 남쪽의 임페리얼 밸리로 보낸다.

유명 저자이자 물 문제 전문가인 모드 발로(Maude Balow)는 물 프로젝트가 환경에 엄청난 영향을 미쳤다고 이야기한다. 강, 생태계, 야생 생물을 파괴했다는 것이다. 한때 풍부했던 왕연어가 대표적이다. 그녀는 이렇게 지적한다. "댐은 강물을 통한 토사의 자연스런 흐름을 가로막아서, 결국에는 강바닥이 높아지고 물길이 막힌다. 홍수 예방을 위한 강물 규제는 이런 날씨 패턴에 적응한 생태계에 부정적인 영향을 미친다. 습지는 홍수로 퇴적되는 영양물질에 의존하며, 많은 동물 종은 짝짓기나 부화 같은 다양한 생애주기 단계를 위해 홍수를 필요로 한다."

〈UPI〉와 〈프레스노 비(Fresno Bee)〉 기자를 지낸 로이드 카터(Lloyd Carter)는 35년 넘게 캘리포니아 물 문제에 관해 글을 써왔다. 캘리포니아에서 물에 관한 진실을 보도하는 것은 많은 기득권층의 심기를 거스르는 일에 다름 아니다. 실제로 카터는 적을 여럿 만들었다. 셀레늄에 오염된 관개수가 야생 생물에 미치는 파멸적인 영향에 관한 보도로 그는 언론 관련 상을 몇 개 받았다. 카터는 이렇게 고발한다. "셀레늄이 가득한 물로 샌 호아킨 밸리 서쪽 사막의 알칼리성 토양을 관개한다는 결정은 미국 환경사의 큰 실수입니다. 이 황폐한 사막의 염류 축적 문제에 대한 해법을 찾기 위해 60년 이상 연구를 진행하고 혈세 수십만 달러를 지출했지만, 경제적이고 안전한 해법을 발견하지 못했습니다. 샌 호아킨 밸리 서쪽 지역은 천천히 메소포타미아와 같은 운명에 처하고 있습니다. 염류층이 서서히 올라와서 아무것도 자라지 못하는 사막이 되는 것이지요."

캘리포니아대학교에서 수행한 한 연구를 언급하며 카터는 이렇게 지적한다. "샌 호아킨 밸리에 미국에서 가장 돈을 많이 버는 농장 몇 개가 있을 것입니다. 하지만 이곳 주민의 절반은 대기 및 수질 오염을 경험하고 있으며, 빈곤, 교육 부족, 언어 장벽, 인종적·민족적 차별에 시달립니다."

센트럴 밸리는 미국에서 대기 오염이 심한 지역 중 하나이다. 이곳에 사는 어린이는 다른 곳에 비해 천식에 걸릴 가능성이 35퍼센트나 더 높다. 삼 면이 높은 산으로 둘러싸인 계곡이라는 지리적 특성 때문에 농업이 만들어내는 오염 물질(농산물을 운송하는 대형 디젤 트럭의 배기가스 등)이 쌓인다. 대기를 오염시키는 방식으로 농산물 산업을 운영하면 농산물 산업의 비용이 줄어든다. 따라서 그 자체가 간접적인 보조금 역할을 한다.

카터는 저임금 노동 역시 마찬가지라고 이야기한다. 등록되지 않은 노동자들이 가혹한 노동 조건에서 일하고 있다. 그는 이렇게 설명한다. "엄청난 수의 저임금 기간제 수확 노동자로부터 가장 큰 이득을 얻는 것은 소수의 농업 왕조입니다. 이 노동자들은 극심한 빈곤 상태에 놓여 있습니다." 전미가족농연합 사무총장 캐시 오저(Kathy Ozer) 역시 이렇게 지적한다. "산업화된 대형 야채와 과일 재배자들은 저임금 노동력의 사용으로부터도 득을 보고 있습니다. 이 노동력은 등록되지 않은 노동자인 예가 많습니다. 이런 불법 노동자가 '보조금'에 해당한다고 이야기할 수도 있겠지요."

농장 노동자를 둘러싼 문제가 이 책의 범위를 벗어나는 복잡한 문제이기는 하다. 하지만 이주노동자가 없다면 농산물 산업이 존재하지 못할 것이라 이야기해도 무방하다. 소수의 초대형 농산물 기업이 캘리포니아의 산업 구조에 편승해서 무척 부유해지고 있음은 의심의 여지가 없다. 그 결과 중소형 재배자들은 밀려나고 있다. 저임금 노동력에도 불구하고 농산물 생산의 이윤 폭은 줄어들어서 소수의 초대형 재배자를 제외하고는 이윤 확보가 불가능해졌다. 많은 중소형 생산자가 폐업하고 있다.

재배자와 운송업체의 결합

상하기 쉬운 상품인 농산물의 재배는 무척 위험한 사업이다. 공정한 가격을 얻는 일은 재배보다 훨씬 더 어렵다. 지난 15년간 월마트와 기타 대형 식료품 소매 체인들의 경제적 영향력으로 생산 및 유통 분야가 구조조정되었다. 초대형 구매업체들의 규모에 맞추기 위해 공급업체들도 통합을 추진하지 않을 수 없었다. 심지어 캘리포니아가 제공하는 그 모든 이점에도 불구하고, 중소형 농산물 재배자가 이윤을 내기는 점점 더 어려워지고 있다.

캘리포니아대학교 데이비스 캠퍼스의 농업경제학자 로버타 쿡(Roberta Cook)은 이렇게 말한다. "재배자와 운송업체는 가격 수용자입니다. 가격을 정할 수 있을 정도로 규모가 크지 않습니다. 농산물을 보통 하루 단위로 수확해서 배송하며, 날씨의 변화가 공급과 수요에 영향을 미칩니다. 때문에 시장의 변동이 무척 심하지요. 이것과 높은 생산비용 때문에 농산물 생산은 위험한 사업입니다. 상품가격으로 전체 비용을 충당하지 못할 수도 있지요. 낮은 가격을 극복하려면 상당한 자본이 필요합니다." 이어서 이렇게 말한다. "재배자는 시장가격에서 수확, 포장, 마케팅 비용을 뺀 금액을 받습니다. 몇몇 경우에는 냉장비나 상품 취급과 관련한 비용도 부담해야 하고, 식료품 체인이 요구하는 판촉 행사비나 기타 수수료까지 지불해야 하지요."[3]

농사비용이 늘어나고 있다. 연료, 종자, 비료, 기타 농자재 값은 산업이 점점 더 통합됨에 따라 더욱 오르고 있다. 농산물 운송은 재배자의 주요 문제가 되었다. 독립적인 운송업체는 거의 남아 있지 않다. 철도가 거의 사라진 탓에 장거리 운송에서 트럭을 대신할 다른 수단도 없다.

수확 직후의 농산물 냉장이 재배자가 직면한 인프라 관련 도전을 단적으로 보여준다. 대부분 재배자는 냉장이나 농작물 출하 관련 작업에 필요한 전문 장비를 구입할 여력이 없다. 농산물을 트럭에 실어 운송하기 전에

씻고, 분류하고, 등급을 매겨 포장하는 일이 대표적이다. 오렌지, 사과, 토마토, 양파 같은 농산물은 보통 가장 좋은 값을 받을 수 있을 때까지 저온창고에 보관한다. 몇몇 과일과 야채는 품질 유지를 위해 수확 뒤 바로 최적의 온도와 습도로 냉장해야 한다. 농산물마다 냉장 최적 온도와 습도는 다르다. 샐러리, 상추, 포도 같은 농산물은 재배자가 비용을 낮추기 위해 생산지에서 판매용으로 포장한 뒤 냉장한다.

농산물 재배자는 대부분 포장-운송업체 한 곳과 제휴를 맺는다. 포장-운송업체는 수확을 지휘하고, 농산물을 판매 가능한 상태로 준비한다. 보통 자체적으로 대량의 농산물을 재배하며, 다른 재배자와도 제휴를 맺는다. 재배자에게 제공한 서비스는 모두 재배자의 수취가격에서 차감한다. 계약 조건에 따라 달라지기는 하지만, 때때로 포장-운송업체는 수수료를 더 많이 받기 위해서 농산물을 저온창고에 필요한 기간보다 더 오래 묶어놓기도 한다.

포장-운송업체는 이미 큰 규모임에도 불구하고, 소매 체인에 물건을 공급하기 위해 크기와 사업 영역을 확대하고 있다. 대형업체는 대형 체인이 요구하는 시설, 장비, 인력 투자에 필요한 자본을 동원할 수 있다. 공항이나 운송 허브에 위치한 대형 물류창고가 대표적이다. 포장-운송업체는 자체 재배와, 제휴 관계를 맺은 농장이 생산한 농산물의 중개를 통해 다량의 농산물을 제공할 수 있다. 또한 외국 회사와 계약을 맺어 농산물을 연중 소매 체인의 물류창고로 바로 보낼 수 있다. 이를 위해 합작회사, 독점 계약, 일반 계약 등을 활용한다. 많은 포장-운송업체가 농산물을 연중 공급하기 위해 멕시코에서 작물을 재배하고 있다.

쿡은 이렇게 이야기한다. "규모가 재배자-운송업체에게 점점 더 중요해지고 있습니다. 캘리포니아의 회사들이 시장을 지배하고 있고, 플로리다와 워싱턴의 회사들이 그 뒤를 따르고 있지요. 대형 소매 체인과 푸드 서비스업체는 물건이 연중 공급되기를 바랍니다. 그래서 미국 재배자-운송업체가 제공하는 물량의 비중이 점점 더 늘고 있습니다. 이들은 비수확기에 농산물을 해외에서 수입하지요." 이어서 신선농물 무역 패턴은 각 상품별로 파악된 이상적인 재배 장소 파악에 따라 주로 결정된다고 말한다.

미국에서 사업을 하는 3,000개 이상의 재배자-운송업체는 대부분 비상장기업이다. 이 회사들은 다양하며, 농산품·마케팅 전략·해외 제휴 기업별로 특화되어 있다. 많은 회사가 특정 소매업체에 집중하며, 소매업체의 고객 유치를 돕기 위해 다른 곳에서는 구할 수 없는 특별한 제품의 개발을 지원한다. 농산물 산업의 로비 조직인 유나이티드 프레시(United Fresh)의 회원사 중 하나가 몬산토라는 점은 주목할 만하다.

쿡에 따르면, "종자 회사는 소비자에게 호소력을 발휘할 수 있는 형질을 더 많이 개발하기 위해 애쓰고 있습니다. 몇몇 경우에는 가치 사슬에서 좀 더 많은 몫을 챙기기 위해 재배자 및 운송업체와 제휴를 맺고, 소매업체와 전속 판매 계약을 체결해서 소매업체의 차별화를 지원하기도 하지요."

대형 포장-운송업체이자 판매업체인 선 월드(Sun World)는 새로운 품종을 개발하는 상당한 규모의 인허가 및 육종 관련 시설도 보유하고 있다. 이 회사는 광대한 국제 네트워크를 갖고 있다. 이탈리아, 오스트레일리아, 칠레, 멕시코, 남아프리카공화국에 사무실을 두고 있다. 선 월드는 9,300헥타르의 경작지에서 작물을 재배하며, 국내외 재배자 950명과 관계를 맺고 있다. 이 회사는 다양한 과일과 야채를 육종하고 재배한다. 또 다른 포장-운송업체인 팬돌 브라더스(Pandol Brothers)는 포도와 과수원 과일을 다양하게 재배한다. 캘리포니아, 칠레, 페루, 브라질, 멕시코에 농장을 갖고 있다. 캘리포니아 자이언트 베리 팜(California Giant Berry Farms)은 캘리포니아, 플로리다, 퍼시픽 노스웨스트*, 멕시코, 칠레, 아르헨티나, 우루과이의

---

* 오리건, 워싱턴, 아이다호 주 북부 일부.

농장에서 매년 200억 트레이(tray) 분량의 베리를 재배해서 운송한다.

푸드 서비스업체와 소매점에 과일과 야채를 판매하는 배송업체는 업종 분류상 "신선편이"**에 속한다. 비상장기업인 테일러 프레시 푸드(Taylor Fresh Foods)는 포장 샐러드와 신선편이 과일과 야채의 최대 공급업체이다. 이 회사는 애리조나, 콜로라도, 플로리다, 메릴랜드, 멕시코, 테네시, 텍사스에 공장을 갖고 있다. 처음에는 푸드 서비스에 집중했지만, 소매업에 진출하고 많은 인수합병으로 덩치를 키워서 현재는 연매출액 13억 달러 이상을 올리고 있다.

원래 플랜테이션에서 재배한 열대과일을 팔던 소수의 다국적 대형 상장기업이 지금은 신선농산물 및 포장 농산물 분야도 지배하고 있다. 캘리포니아주에 본사를 둔 돌(Dole)은 세계 최대의 농산물 기업으로, 90개 나라에서 300개 이상의 제품을 생산하기 위해 전일제 및 기간제 노동자 6,000명을 고용하고 있다. 이 회사의 최대 매출 품목은 바나나다. 하지만 냉동, 신선, 포장 과일과 야채도 다양하게 판매한다.

유나이티드 프루트(United Fruit)의 후신인 치키타 브랜드(Chiquita Brands)는 바나나로 유명할 뿐만 아니라, PL(private-label) 제품***용 야채의 최대 생산업체이기도 하다. 이 분야에서 치키타 브랜드는 돌과 경쟁을 벌이고 있다. PL 야채 통조림의 최대 생산업체로서 치키타 브랜드는 세계 각지에서 농산물을 조달하고 있다. 이 회사의 자회사인 프레시 익스프레스(Fresh Express Inc.)는 소비자용 포장 샐러드 분야의 1위 업체로, 매달 520억 달러어치를 생산한다.

이렇게 규모가 큰 농산물 공급업체들마저도 소매 공룡들의 시장 지배력에 영향을 받고 있다. 월마트, 크로거, 코스트코, 세이프웨이가 식료품 판매의 50퍼센트 이상을 지배하고 있다. 이 지배력 덕분에 이들은 공급업

•• 신선한 상태로 다듬거나 절단해서 세척 과정을 거친 과일, 야채, 나물, 버섯류.
••• 소매 체인 자체 브랜드 제품.

체에게 지불하는 가격을 정할 수 있는 시장 지배력을 갖게 되었다. 초대형 소매업체들은 효율적인 중앙집중식 구매 시스템을 갖고 있으며, 공급업체에게 연중 다량의 농산물을 제공하도록 요구하고 있다. 경기 불황으로 압박이 가중되자 소매 공룡들은 공급 체인에서 추가로 비용을 절감하기 위해 애쓰고 있다.

농산물 공급업체가 초대형 소매 체인과 거래하려면 실제 제품비용 이외에도 수수료, 판촉 행사비, 기타 비용까지 지불해야 한다. 소매업체는 다량 구매 할인, 재고량 자동 보충 등을 포함한 복잡한 판매 계약을 요구한다. 또한 자신의 물류센터로 배달되는 농산물 하나하나에 바코드를 부착하는 등 비용을 낮출 수 있는 여러 서비스도 요구한다. 소매업체들은 복잡한 식품 안전 규정을 갖고 있으며, 이런 규정은 업체별로 다르다. 여기에는 제3자에 의한 다양한 식품 안전 인증이 포함된다. 이 인증업체들은 해당 식료품 체인의 기준을 어떤 공급업체가 충족시키는지를 평가하는 데 전문화되어 있다.

그러므로 공급업체는 제품 판매와 관련해서 여러 가지 노력을 기울인다. 목표 고객층에 대한 소매 체인별 특화 연구, 제품 진열 방식 설계, 농산물 판매대 위에 제품을 배치하는 방법에 관한 제안, 고부가가치 제품을 별도 브랜드로 개발하는 것(어린이를 목표로 하는 경우가 많음) 등이다. 농산물 공급업체와 그 사업자단체는 심지어 인구 집단에 관한 연구나 여러 농산물을 구매하는 소비자 심리에 관한 연구도 제공한다.

농산물은 이 소매업체들에게 중요하다. 쿡의 연구에 따르면 농산물은 소매업체 매장 총매출의 10~12퍼센트를 차지하며, 매장 순이익의 거의 17퍼센트를 책임진다. 소매업체는 일정한 품질을 지닌 제품을 다량으로 공급받기를 원한다. 실수는 용납되지 않는다. 소매업체가 공급업체에 가하는 압력 때문에, 크고 작은 재배자들은 유통 기간이 길고 운송에 적합한 제품을 생산하기 위해 특정 품종을 기른다. 그래서 품종 다양성, 맛, 심지어 영양까지 훼손된다. 수확 뒤에는 농산물의 비타민 함량이 매일 계속해서 줄어들기 때문이다. 식료품점에서 판매하는 토마토가 대표적이다. 이런 토마토는 운송, 저장에 적합하고 외관이 좋도록 육종되었다. 하지만 지역에서 재배한 토마토를 먹어본 사람에게는 이런 토마토가 맛있지도 않고, 심지어 먹을 가치조차 없다.

소매 체인은 포장, 운송, 냉장, 전문 용기 등에 관한 세부적이고 까다로운 요구 사항을 갖고 있다. 특정 요건을 충족시키지 못한다는 이유로 소매 업체가 배달 제품의 수령을 거부하는 예도 많다. 소매 체인은 제품의 외관과 관련해서 특히 까다롭다. 소비자 연구에 따르면, 소비자가 쇼핑 장소를 선택할 때 가장 중요한 결정 요인은 신선도이다. 농산물 섹션은 크기가 더 커지고 제품 구성도 더 다양해지고 있다. 고부가가치 제품도 많아지고 있다. 씻을 필요가 없는 상추나 당근, 샐러드용으로 잘게 썬 양배추 같은 전문 제품은 이윤을 늘린다. 많은 소매 체인이 고객을 끌어들이고 매장을 차별화하기 위해 농산물을 이용한다. 몇몇 업체는 농무부 등급 기준을 상회하는 품질을 요구하기도 한다.

포장-운송업체에 가해지는 이 모든 경제적 압력은 재배자에게 전가되어 재배자의 이윤을 줄인다. 냉장, 포장, 도매 마케팅 서비스 등과 관련한 수수료 때문에 재배자의 수익이 줄어든다. 또한 표준화와 저가 요구 때문에 중소 재배자의 생계 유지가 점점 더 어려워지고 있다.

과거에는 더 다양한 판로가 존재했다. 터미널 도매시장이 대표적이다. 예전에는, 기차역에 있는 다양한 농산물 도매상과 중개인이 배송 준비가 된 농산물이나 가까운 미래에 배송될 농산물을 사고 팔았다. 독립 거래가 많이 이루어졌으며, 가격 지불은 투명했다. 하지만 지금은 극소수의 터미널 도매시장만이 남아 있어서 소규모 재배자를 더 어렵게 한다. 현재는 단 13개의 터미널 도매시장이 소형 식료품점, 식당, 기관에 농산물을 판다.

재배자는 가격과 마케팅 통제력을 확보하기 위한 전략의 하나로 협동조합도 활용했다. 협동조합은 농산물 종류별로 특화되어 있으며, 냉장, 포장, 운송, 기술 지원, 마케팅 등 다양한 서비스를 제공한다. 조합원들이 공동으로 운영하기는 하지만, 선 메이드(Sun Maid, 건포도), 블루 다이아몬드(Blue Diamond, 견과), 썬키스트(Sunkist, 오렌지) 같은 대형 협동조합은 중소 재배자들의 불만을 사고 있다. 초대형 재배자들이 지배하는 대형 협동조합은 그들의 이익에 복무한다. 이 협동조합들은 조합원들이 공동으로 소유하고 운영하는 조직이라기보다는 대기업에 가깝다.

농산물 판매와 관련한 많은 위험과 어려움 때문에 "계약농업"이 생겨났다. 미국에서 생산되는 야채와 과일의 20퍼센트 이상이 재배자와 농산물 "최초 취급자" 사이의 계약에 따라 생산된다. 최초 취급자는 포장업체나 식품가공업체인 경우가 보통이다. 변호사를 보유하고 흔히 표준계약서를 사용하는 대형 회사와 계약 관련 협상을 할 때 재배자는 불리한 위치에 선다.

계약 조건은 농산물 산업 분야별로 차이가 있다. 재배자와 포장-운송업체 사이의 계약에는 고정가격을 사용하지 않는 것이 보통이다. 판매 시점에서의 시장가격을 사용한다. 하지만 가공한 과일과 야채의 계약에는 고정가격을 보통 사용한다. 이 가격은 재배자가 공개 시장에서 받을 수 있는 가격보다 낮다. 치키타 같은 초대형 다국적기업은 수십 년 동안 계약 생산을 이용해왔다. 바나나, 파인애플 같은 열대과일 이외의 농산물에 대해서도 개도국에서의 계약 생산이 늘어나고 있다.

자유무역은 이로운가

소매 산업의 통합과 더불어 세계무역 역시 산업의 구조조정을 일으키는 중요한 요인이다. 현재 미국은 국내에서 생산되는 것보다 더 많은 양의 과일, 견과, 신선 및 가공 야채를 수입하고 있다. 2001~2010년에 미국은 과일과 견과에서 26억 달러, 가공한 야채와 과일에서 195억 달러, 신선한 야채에서 185억 달러의 무역적자를 기록했다.

1월에도 7월과 특성 및 품질이 같은 농산물을 요구하는 소매업체 때문에 미국인의 식습관과 기대가 바뀌었다. 그뿐만 아니라 농산물 산업 역시 완전히 탈바꿈했다. 대형 소매업체들과 이들의 이해를 대변하는 식품제조업체연합 같은 사업자단체들은 전 세계 농산물 무역의 가장 강력한 지지 세력이다. 이들이 자유무역을 지지하는 이유는 비용 절감과 조달 기회 확대 때문이다. 무역협정은 외국 기업으로부터의 수입을 촉진할 뿐만 아니라, 대기업이 과일과 야채 제품을 미국 시장으로 값싸게 들여올 수 있게 해준다.

전 세계적인 무역과 소매 체인이 떠오르면서 1990년대부터 과일과 야채의 수입량은 2배로 증가했다. 예전에는 열대과일과 미국의 겨울철에 수입되는 신선한 야채가 수입의 대부분을 차지했다. 하지만 이제는 연중 어느 때를 기준으로 하더라도 미국인은 국내산보다 수입산 야채와 과일을 더 많이 먹는다. 미국에서 재배할 수 있는 토마토, 오이, 감자, 멜론 같은 농산물이 수입산으로 대체되고 있다. 미국에서 농산물을 재배하는 기간에도 상황은 마찬가지이다. 소매업체는 항상 비용을 낮출 새로운 방법을 찾는다. 개도국에서 제품을 직접 조달하는 것이 대표적이다.

농산물 무역에는 전 세계를 가로질러 미국 항구까지 화물선으로 물건을 운송하는 일이 수반된다. 아스파라거스, 나무딸기(raspberry), 체리 같은 몇몇 고부가가치 품목은 심지어 항공 수송된다. 북미자유무역협정 같은 국제 무역협정이나 지역 차원의 무역협정 및 쌍무 무역협정은 수입량 급증을 촉진했다. 일련의 무역협정들이 새로 체결되면서, 농산물 무역의 증가 속도가 다른 농상품 무역보다 더 빨라졌다.

1995년 세계무역기구 창설로 전 세계 여러 나라가 미국으로 과일과 야채를 수출하는 일이 더 쉬워졌다. 세계무역기구 무역협정이 발효되자 미국에서 가장 많이 먹는 50대 농산물의 수입 국가가 1/3 가량 늘어났다. 이

제 110개국이 미국으로 과일과 야채를 수출하고 있다. 2000년 중국과 무역협정이 승인되자 중국의 비중이 급증했다. 현재 중국은 미국으로 농산물을 가장 많이 수출하는 5개국 중 하나이다.

"식품가공업체들은 핵심 원재료를 수입할 수 있는 새로운 통로"를 확보하기 위해 2004년 중미자유무역협정 체결을 추진했다. 또한 "제철 야채의 무관세 수입을 위해" 페루와의 무역협정도 추진했다.[4] 2004년 칠레와의 자유무역협정이 발효되어 칠레의 과일 산업이 포도, 체리, 복숭아, 베리 등을 미국으로 더 많이 수출할 수 있게 되었다. 또한 카리브해 국가들과의 무역협정과 안데스산맥 부근 4개 국가(볼리비아, 콜롬비아, 에콰도르, 페루)와의 무역협정으로 미국의 농산물 관세가 낮아지고 수입이 증가했다.

농산물 수입량 증가로 미국의 과일과 야채 재배 농민이 위협받고 있다. 미국산 과일과 야채의 주된 판매처가 미국 내 소비자 시장이기 때문이다. 수입산 과일과 야채가 식료품점의 판매대에서 미국산을 밀어냈으며, 농장의 감소에도 기여했다. 수입산 농산물은 국내산에 비해 식품 안전 문제가 발생할 가능성이 크다.

지난 20년 동안 수입량은 급증했지만, 수출량은 거의 늘어나지 않았다. 농무부의 자유무역 지지자들은 미국의 농산물 재배자에게 새로운 무역협정 때문에 수출 기회가 크게 늘어날 것이라고 약속했다. 하지만 이런 예측은 실현되지 않았다. 미국의 생산자는 낮은 비용으로 생산되는 수입산 농산물과의 경쟁이 심해지는 상황에 직면하고 있다. 하지만 국내 시장 상실을 보충할 수출 증가는 전혀 이루어지지 않고 있다.

그 대신 미국은 생산과 소비가 많은 과일과 야채의 순수입국이 되었다. 농무부가 약속한 무역수지는 신기루에 불과했다. 푸드앤워터워치는 미국에서 상업적으로 재배되는 온대·열대 농산물 50개를 조사했다. 수입 증가는 미국에서 이들 작물의 경작 면적 축소에 기여했다. 1993~2007년에 미국의 과일과 야채 경작 면적은 10만 헥타르 이상 감소했으며, 이들 농산물의 수입은 거의 3배 증가했다.

많은 자유무역 지지자가, 농산물 수입이 국내 재배 기간이 끝난 겨울철에 신선한 농산물을 제공함으로써 국내 생산을 보완한다고 주장한다. 수입 농산물이 미국 시장에 들어오는 기간에는 미국 농장이 동면 상태에 있기 때문에 수입산에 의한 미국산 농산물 대체는 없다고 이야기한다. 하지만 겨울철 수입은 당연히 플로리다의 과일 및 야채와 직접적인 경쟁 관계에 있다. 북미자유무역협정과 세계무역기구 무역협정이 발효되고 난 직후인 1990년대 중반에는 농산물 수입의 대부분이 실제로 겨울에 발생했다. 하지만 이제는 국내산 농산물과 경쟁 관계에 있는 수입 농산물이 1년 내내 미국 시장으로 들어온다.

아스파라거스가 다른 과일과 야채 농민에게 좋은 사례를 제공한다. 북미자유무역협정과 미국-페루 자유무역협정 아래서 아스파라거스 무역을 지지하는 사람들은 처음에 이런 주장을 펼쳤다. 신선한 아스파라거스 수입으로 소비자에게 연중 아스파라거스를 제공함으로써 국내 생산을 보완할 것이라고. 하지만 결과적으로는, 페루가 1년 내내 신선한 아스파라거스를 미국으로 수출하게 되었다. 원래 캘리포니아의 재배자가 신선한 아스파라거스를 미국 시장에 공급했던 재배 기간에도 페루로부터 아스파라거스를 수입하게 되었다.

무역협정 추진의 또 다른 근거로, '개도국의 빈곤을 완화하는 전략이 될 수 있다'는 주장이 있다. 자유무역 지지자들은 개도국 농민에게 돌아가는 편익을 이야기한다. 하지만 불행히도 이보다 더 큰 거짓말은 없다. 수출용 농산물의 재배로 개도국의 국내 소비용 식량 생산은 감소했다. 그뿐만 아니라, 수출용 작물을 대량으로 재배하기 위해 대형 농기업이 경작 면적을 늘리면서 소농이 농지에서 쫓겨났다.

농산물 무역이 농민의 빈곤 탈출에 기여할 것이라고 주장하는 세계 농산물 무역 지지자 다수는 이런 추세를 무시했다. 멕시코의 소농은 농지에서 쫓겨나 도시의 슬럼으로 흘러들고 있다. 도시에서 그들은 일자리를 전혀 찾지 못하거나 매우 낮은 임금을 받으며 일한다.

이 문제에 관해 많은 글을 써온 오클랜드연구소(Oakland Institute) 이사 아누라다 미탈(Anuradha Mittal)은 수출용 작물의 재배로 소농이 축출되었으며, 부유한 지주에게 토지 집중이 가속화되었다고 이야기한다. "농지에서 쫓겨난 농민은 도시에서 처참한 생활을 이어갈 수밖에 없으며, 노동자 착취형 공장이 활용하는 값싼 노동력의 핵심을 이룬다."

미탈은 이 때문에 토지 수탈도 발생했다고 지적한다. 토지 수탈은 민간 투자자가 수출용 농산물 생산을 위해 가난한 개도국의 광대한 토지를 구입 혹은 임차하는 것을 말한다. 그녀는 이렇게 이야기한다. "외국 민간 주체들이 중요한 식량 생산용 토지를 빠른 속도로 취득함에 따라 농촌의 경제와 생계, 토지 개혁 의제가 위협받고 있으며, 먹거리 접근성을 더 공평하게 만들고 먹거리 접근성의 측면에서 모든 사람의 인권을 보장하려는 다른 노력들도 위협받는다."

세계무역 지지자들은 세계무역을 통해 농산물을 저렴하게 이용할 수 있을 것이라고 선전했다. 그러나 전체적으로 보았을 때, 수입으로 미국인이 구입하는 농산물의 가격이 내려가지는 않았다. 인플레이션을 고려한 조정에도 불구하고 2001~2010년에 네이블 오렌지(navel orange), 딸기, 레드 딜리셔스(Red Delicious) 사과, 토마토, 감자, 브로콜리 등 대부분 농산물의 소매가격이 올랐다. 같은 기간에 가격이 내린 품목은 바나나와 양상추뿐이었다.

자유무역은 일자리 축소도 가져왔다. 미국의 관세 인하와 투자 규정 완화로 미국 식품가공 기업들이 미국 내 공장을 폐쇄하고 해외 공장에 투자하는 일이 많아졌다. 이는 식품가공 공장 납품용 농산물 재배도 새로 공장이 이전된 나라로 옮겨가는 것을 뜻한다. 이런 개도국의 공장은 환경 규정 및 노동 안전 규정이 보통 약해서, 미국 내 공장에 비해 생산비가 낮다. 낮은 인건비는 미국 식품가공 기업들의 해외 투자와 공장 이전의 핵심 요인이다.

몇몇 대형 식품가공 기업은 멕시코에 투자했다. 북미자유무역협정 발효에 따라 멕시코의 저임금과 약한 환경 규정을 이용하기 위해서였다. 거대 농산물 기업들은 농장을 캘리포니아에서 멕시코로 이전했다. 결국 캘리포니아주 왓슨빌에 있는 냉동식품 공장 한 곳이 문을 닫았다. 거대 기업들이 고용하는 멕시코 노동자는 하루 약 4.30달러를 받지만, 왓슨빌 공장의 노동자는 시간당 7.60달러를 받았다. 미국인의 멕시코 투자가 늘어나면서 식품 기업 자회사나 계열사 간의 농산물 운송이 늘어났다. 한 기업의 사업부가 식품 재료나 제품을 국경 너머의 다른 사업부로 운송한 데 따른 결과였다.

미국 회사나 초국적 기업 자회사들이 소유한 외국 공장으로부터 수입하는 가공 과일과 야채의 비중이 늘어나고 있다. 2000~2007년에 거의 35퍼센트 증가했다. 북미자유무역협정 파트너인 멕시코와 캐나다에서 수입한 가공 과일과 야채의 절반 정도가 대기업 계열사들로부터 온 것이다. 이는 수입산 토마토 페이스트나 수입산 냉동 사탕옥수수 봉지 2개 중 하나가 멕시코나 캐나다에 있는 미국인 소유 공장에서 만들어진다는 뜻이다. 중국, 칠레와 맺은 자유무역협정 역시 동일한 수출 구도를 만들어냈다. 2000~2007년 대기업 계열사가 중국에서 생산한 가공 과일과 야채의 수입량은 4배로 늘어나 전체의 20퍼센트 이상이 되었다. 같은 기간 칠레로부터 수입량은 74퍼센트 증가했다.

농산물 무역의 또 다른 결과는 식인성 질환과 관련한 대형 사고의 급증이다. 이것은 농산물 무역이 초래할 수 있는 잠재적인 위험을 잘 보여준다. 신선한 농산물은 재배자, 운송업체, 규제 기관에게 식품 안전과 관련한 독특한 문제를 일으킨다. 오염된 관개수, 가축 사육장으로부터의 오염, 농장 노동자에 대한 부적절한 위생 기준, 포장·가공 공장에서의 오염 확산, 장거리 냉장 운송 동안의 부패 등으로 신선한 과일과 야채가 위험한 수준으로 병원균에 노출될 수 있다. 신선한 농산물은 사람들이 보통 생으로 먹기 때문에 조리 과정에서 박테리아를 사멸시킬 기회가 없다.

신선한 과일과 야채는 살모넬라 감염의 중요한 원천이다. 살모넬라 감염증은 매년 3만 6,000건의 식인성 질환을 일으키는 것으로 추정된다. 규제 기관들은 발병 대처에 엄청난 어려움을 겪고 있다. 농산물이 일으키는 식인성 질환 건수의 절반은 포장 공장, 슈퍼마켓, 농장 중 어디에 원인이 있는지 파악하지 못한다. 부패가 빠른 신선한 농산물의 특성상 시험을 통해 발병원을 추적하기 전에 사람들이 먹거나 버리는 경우가 많기 때문이다.

국내산 과일과 야채에 비해 수입산은 위험이 더 높을 수 있다. 몇몇 개도국으로부터 수입하는 농산물은 미국에 비해 덜 위생적인 환경, 더 약한 환경 규정, 더 느슨한 규제 아래서 생산되는 것일 수 있다. 예를 들어 식품의약국은 몇몇 살모넬라 발병의 진원지였던 멕시코 농장의 환경을 조사한 뒤 이렇게 결론 내렸다. "실제로 멕시코 칸탈루프 멜론은 전반적으로 위생적이지 못한 환경에서 생산, 가공, 포장되며" 농장의 환경 기준과 멕시코 정부의 감독은 불충분하다. 이와 비슷하게 농무부는 많은 중국 농촌 지역의 농지가 "위험스러울 정도로 오염되어 있지만", 그럼에도 불구하고 거의 집행되지 않는 느슨한 환경 규정 때문에 농작물이 생산되고 있다고 지적했다.

중국과 기타 개도국으로부터 수입하는 유기농 과일과 야채가 신선농산물과 가공 농산물 모두에서 점점 더 늘고 있어서 특히 문제다. 재배자로부터 대가를 지급받는 민간 기업이 유기농법으로 농산물을 재배하는지 여부를 확인한다. 제3자에 의한 이 같은 인증 체계는 이미 미국에서도 문제가 되고 있다. 유기농 기준의 해석과 생산 방법 확인이 인증기관별로 다르기 때문이다. 인증 관련 문제는 규제 체계가 미약한 나라에서 더욱 심각하다. 진짜 유기농 농산물에 비해 훨씬 싸게 재배한 가짜 유기농 농산물의 사기 판매로 미국 유기농 재배자들은 큰 어려움을 겪고 있다.

다국적기업은 개도국에서 유기농 및 관행 농산물을 더 싼 가격에 구입할 수 있는 능력을 갖고 있다. 때문에 미국의 농산물 재배자들은 압박을 더욱 크게 받고 있다. 소수 대기업의 생산 지배력이 커지면서 로컬푸드운동이 주장하는 좀 더 지역화한 지속가능한 먹거리 체계로 미국을 전환시킬 수 있는 능력이 줄어들고 있다. 지역산 농산물 구입과 유통에 좀 더 적극적인 자세를 보여온 독립적인 식료품점들과 소규모 식료품 체인들은 업계에서 퇴출되었다. 남아 있는 업체들은 "365일 할인가격(everyday lower price)"•과 경쟁하고 있다.

월마트에 속지 마라

불행히도 식료품 산업에 훨씬 더 가혹한 환경이 도래하고 있다. 월마트와 많은 자본을 가진 다른 대형 체인들은 시장 점유율을 높이기 위해 사업 영역을 확대하고 있다. 〈슈퍼마켓 뉴스(Supermarket News)〉가 주최하는 16차 연례 라운드테이블 참석자들은 다음과 같이 말했다. "내년(2012년)에 이 업계에 또 한 차례 인수합병 바람이 몰아칠 수 있다. 몇몇 대형 전국 체인이 대형 광역 체인들을 노리고 있다."[5]

예측대로 2012년 3월 BI-LO와 윈-딕시(Winn-Dixie)가 합병해서 미국에서 9번째로 큰 슈퍼마켓이 되었다. 이 업체는 남동부 지역•• 전역에 688개의 식료품 매장을 운영한다. 뉴욕에 있는 이지스 캐피털(Agegis Capital)의 운영이사인 게리 기블런(Gary Giblen)은 식료품 산업의 상황을 이렇게 요약했다. "앞으로 나아가기를 멈추면 죽는 상어처럼 이 체인들은 어떤 식으로든 성장을 쟁취할 것이다."[6]

• 월마트가 시작한 가격 전략으로, 소비자가 할인 기간을 기다릴 필요가 없도록 늘 낮은 가격을 제공하겠다는 의미이다. 이는 기업에도 광고비 절감과 소비자 충성도 향상 측면에서 득이 된다.
•• 앨라배마, 플로리다, 조지아, 켄터키, 미시시피, 노스캐롤라이나, 사우스캐롤라이나, 테네시, 버지니아, 웨스트버지니아 주.

월마트는 통합을 계속 추진하고 있다. 월마트 네이버후드 마켓(Walmart Neighborhood Markets)이라 불리는 '소형 매장'을 이용해서 도시 지역으로의 공격적인 시장 진입을 시도하고 있다. 월마트 회장이자 CEO인 마이크 듀크(Mike Duke)는 주주들에게 보내는 2012년 4월 16일자 편지에 다음과 같이 썼다. "월마트가 전 세계 소매업체 가운데 가장 유리한 위치에 있다는 점은 의심의 여지가 없다." 그는 2011년에 순매출이 5.9퍼센트 증가해서 4,439억 달러가 되었다고 말했다.

2011년 월마트는 자사가 펼치는 "먹거리를 더 건강하게 만들고 더 건강한 먹거리를 더 저렴한 가격으로 만드는 운동"의 일환으로, 판매하는 농산물이 좀 더 저렴한 가격이 되도록 만들겠다고 발표했다. 영부인 미셸 오바마와 몇몇 좋은 먹거리운동가는 이를 환영했다. 월마트의 언론 보도 자료에 따르면 이 프로그램의 핵심은 "더 건강한 선택을 더 적당한 가격으로 만들고, 공급 사슬에서 불필요한 비용을 몰아내는 조달, 가격 설정, 운송, 물류 관련 다양한 프로그램을 통해 고객들의 신선한 야채, 과일 구매비용을 연간 10억 달러가량 절감시키는 것이다."[8]

이것은 농산물 재배자를 업계에서 몰아내고 농산물 산업의 구조를 변화시키기 위해 사용해온 전략과 같다. 월마트가 발행하는 2012년 〈전 세계 지속가능성 보고서(Global Sustainability Report)〉에 실린 한 글은 월마트가 터스키기대학교 및 농무부와 협력해 지역 재배자들을 파악한 뒤 재배자들이 깐 완두콩을 월마트에 납품하는 계약을 체결토록 했던 프로젝트에 관해 이야기한다. 월마트는 이 프로젝트와 장애물을 극복한 자사의 노력을 자랑하고 있지만, 깐 완두콩 운송에 사용하는 특수 운송 용기를 구입하는 비용을 감당한 것은 월마트가 아니라 터스키기대학교였다. 이 보고서는 이렇게 말한다. "과거 대형 식료품 체인에 전혀 접근할 수 없었던 농민들은 이런 제휴를 실현시키는 데 필요한 제품 포장 용기, 라벨 등의 비용을 감당할 여력이 없었다. 오래 갈 수 있는 경제적 기회의 문을 이들에게 열어주기로 결심한 터스키기대학이 이런 초기 비용을 모두 부담했다."

더 건강한 먹거리운동은 지역 농업에 대한 관심 및 지원 흐름에 편승하려는 월마트의 시도를 보여주는 사례 중 하나에 불과하다. 이 초대형 마트는 "로컬푸드"를 같은 주 안에서 생산된 먹거리로 정의한다. 로컬푸드운동 진영의 대부분이 이 정의의 적절성에 이의를 제기할 것이다. 하지만 이정의를 액면 그대로 받아들인다고 하더라도, 월마트가 그것을 달성하려면 대형 운송-포장업체와 협력해야만 한다. 더욱이 지역 생산과 관련한월마트의 목표치는 미 전역에서의 평균치로, 캘리포니아, 플로리다, 텍사스, 워싱턴 주에서의 매출로 목표치를 달성할 가능성이 크다.

월마트와 프레이 팜(Frey Farms)과의 관계는 이 회사의 느슨한 정의를잘 보여주는 좋은 사례이다. 2006년 언론 보도 자료를 통해 월마트는 "지역산 농산품 지원을 위해 해당 지역 내 매장들로 유통할 물품을 지역 재배자들에게서 구매하는 데 자사가 헌신하고 있다"라고 칭송했다. 이 보도자료에서 월마트는 프레이 팜을 구체적으로 언급하며 "일리노이주 농업과 재배자들에 대한 월마트의 헌신을 온 미국이 알도록 해주었다"라고 이야기했다.

하지만 프레이 팜의 웹사이트에는 다음과 같이 적혀 있다. 프레이 팜은 "신선한 과일과 야채를 연중 공급하는 업체이며", "프레이 팜 프로듀스(Frey Farms Produce)의 본사는 일리노이주 버논산 북동부에 있는 농촌 지역인 웨인 카운티에 있다. 하지만 일리노이, 인디애나, 미주리, 조지아, 플로리다, 기타 중서부 지역•에 위치한 전략적 배송지들로부터 지원을 받고 있다. …… 우리는 매장으로의 직배송과 주요 물류센터로의 배송을 통해 고객에게 봉사한다."[10]

• 일리노이, 인디애나, 아이오와, 캔자스, 미시간, 미네소타, 미주리, 네브래스카, 노스다코타, 오하이오, 사우스다코타, 위스콘신 주.

프레이 팜을 비난하려는 의도는 없다. 이 회사가 수박, 호박, 칸탈루프 멜론, 가을철 장식용으로 사용하는 미니호박, 조롱박 등을 전문적으로 취급하는 훌륭한 농산물 비상장기업임은 의심의 여지가 없다. 프레이 팜의 조직은 캘리포니아 센트럴 밸리에 있는 여러 초대형 농산물 기업과 비슷하다. 하지만 미국 전역에 농장을 보유한 이 중앙집중형 회사에서 조달한 과일과 야채는 지역 농업에 대한 대부분 사람의 정의에 들어맞지 않는다.

〈동반 성장: 가족농장, 월마트에 물건을 공급하다(Growing Business Together, Family Farm Supplies Wal-Mart)〉라는 제목의 짧은 유튜브 동영상에는 다음과 같은 설명이 나온다. "프레이 팜은 월마트와 더불어 성장했으며, 현재는 수백만 개의 호박, 수박, 칸탈루프 멜론을 미국 전역의 월마트 매장에 공급하고 있다."

프레이 팜의 소유자 가운데 한 명인 사라 탈리(Sarah Talley)는 하버드 경영대학원 소식지에 실은 글에서 월마트와 협상하는 방법에 대해 이렇게 조언한다. "월마트가 여러분 회사 사업의 20퍼센트 이상이 되도록 내버려두지 마세요. 여러분 사업을 통제하는 회사와 협상하기는 어렵습니다." 이말을 통해 프레이 팜이 어느 정도 큰 회사인지 충분히 알 수 있다.[11]

월마트를 칭찬했던 지속가능한 먹거리운동의 전문가들은 이제 통합의 장기적인 영향에 대해 새롭게 살펴보아야 한다. 중앙집중식으로 관리하는 산업화된 초대형 농산물 기업을 지속가능한 지역 농업으로 간주할 수는 없다. "365일 할인가격"을 제공하기 위해 월마트가 행사하는 압력 때문에 식료품 산업의 통합이 더욱 진전되는 상황은 지역 농산물 생산에 부정적인 영향만 끼칠 뿐이다.

캘리포니아에 있는 농산물 산업에 대한 압력 증가로 중소 규모 농산물 농장과 심지어 일부 대형 농장마저 퇴출되고 있는 현실이 이를 증명한다. 과일과 야채를 재배하기에 거의 완벽한 조건(값싼 관개용수, 좋은 농지, 온화한 기후)을 갖춘 주에서조차 농민은 생계유지에 어려움을 겪고 있다. 많은 자본을 보유하고, 식료품업계의 늘어나는 요구 사항을 충족시킬 재정적·기술적 역량을 가진 대규모 포장-운송업체만이 생존할 수 있다. 번성은 꿈도 못 꾼다.

5
유기농 식품의
역설

농사로 약간의 돈을 벌 수는 있다.
대규모로 시작한다면 말이다.•
— 익명의 사람.

Foodopoly

1970년대 초 대학생일 때 나는 한 생활공동체에서 살았다. 생활공동체에서 우리는 유기농 야채를 길러서 거주자들과 많은 방문객에게 엄청난 양의 식사를 제공했다. TV나 영화에서 볼 수 있는 그런 종류의 공동체는 아니었다. 우리는 건강했다. 열의 넘치고, 이상주의적이며, 진실하고, 물론 순진했다. 하지만 다른 무엇보다도 우리는 미래에 대해 낙관적이었다. 그리고 그 긍정적인 전망의 큰 부분은 유기농업의 미래, 자연과 조화를 이룬 삶 및 대안적인 경제 창조의 가능성과 관련되어 있었다. 하지만 우리는 유기농 식품이 근원에서 벗어나 고도로 통합된 전 세계적인 사업이 되리라고는 생각하지 못했다. 고도로 산업화된 식품과 관련한 함정에 유기농 식품도 걸려들 줄 몰랐다.

유기농 식품이 소규모 가정 재배에서 초대형 식품 기업들이 지배하는 연매출액 약 300억 달러(2011년 기준)의 산업으로 성장하리라고는 꿈에도 생각하지 못했다. 유기농 식품에 대해 우리가 갖고 있던 포부는, 사회적·경제적으로 공정하고 생태적으로 건전한 사회와 관련한 더 광범위한 비전의 일부였다. 유기농 식품은 온전함을 체화한 것이었으며, 농화학물질의 사용을 배제하는 것 이상이었다. 삶의 원칙들에 대한 상징이었다.

이 운동의 뿌리는 1930년 〈로데일 프레스(Rodale Press)〉 창립으로까지 거슬러 올라간다. 창립자 J.I. 로데일(J.I Rodale)은 유기농 식품과 건강한

• 주식에서 잔고 1억을 만드는 가장 쉬운 방법은 잔고 2억으로 시작하는 것이라는 농담이 있다. 대부분 사람이 돈을 잃는다는 뜻이다. 이 격언 역시 같은 의미다..

생활을 확산시키려 노력한 선각자였다. 1942년에 그는 〈유기농업과 가드닝(Organic Farming and Gardening)〉을 발행했는데, 이 잡지는 오늘날에도 〈유기농업〉으로 계속 나오고 있다. 1962년 레이철 카슨의 《침묵의 봄》이 출판되자 농화학물질의 독성에 관한 아동보육운동의 인식이 바뀌었다. 1960년대 중반과 1970년대 초가 되자 반문화운동의 영향으로 자연식품점과 식품협동조합이 성장했다.

1972년 〈로데일 프레스〉는 자발적으로 유기농 가이드라인을 만들었으며, 몇몇 주에서 유기농재배자협회가 결성되었다. 협회들은 각기 다른 가이드라인을 갖고 있었다. 1989년 사과에 사용하는 위험한 화학물질인 알라(Alar)*를 둘러싼 스캔들로 인해 유기농 식품 시장 확대가 촉발되었다. 유기농 식품에 대한 수요가 급증하자 유기농 생산자들은 다양한 기준을 단일 기준으로 대체해야 할 필요를 느꼈다. 광범위한 연합체가 결성되었고, 로비를 통해 유기농식품생산법(Organic Foods Production Act)을 통과시켰다. 이후 이 법은 1990년 농업법에 포함되었다.

유기농 인증

신설된 미국유기농프로그램을 관장할 책임은 역사적으로 유기농업에 반대하는 입장을 취해온 농무부에 주어졌다. 농무부가 법에 따른 의무 사항인 미국유기농기준위원회를 설립하기까지 2년이 걸렸다. 농무부 장관이 임명하는 이 자문위원회는 유기농 기준을 개발하는 일을 담당하며, 농무부가 그 기준을 최종 승인한다. 1997년 클린턴 행정부에서 농무부는 일련의 공개 회의와 자문을 통해 미국유기농기준위원회가 힘들게 합의한 기준 대신 식품업계의 요청으로 개발한 기준을 발표했다. 몬산토, 식품제조업체연합, 생명공학산업기구 등 농기업 이해 세력이 자신들의 영향력을

• 식물 생장 조절제.

이용해서 유전공학, 식품에 대한 방사선 처리, 하수 오니를 유기농 기준에 포함시켰다. 미국 전역에서 국민들의 항의가 빗발쳤다. 농무부 사상 최대인 무려 27만 5,000명 이상의 미국인이 농무부에 의견을 보냈으며, 거의 전부가 "3대 요건"을 유기농 기준에 포함시켜서는 안 된다고 주장했다.

그러자 클린턴 행정부의 농무부 장관 댄 글릭먼(Dan Glickman)은 2000년 12월 20일에 "유전공학적 방법, 이온화방사선, 하수 오니의 비료 사용을 구체적으로 금지하는" 새로운 기준을 발표했다. 하지만 이 발표는 많은 사람을 실망시켰다. 유기농 공동체가 유기농 제품의 온전성을 보호하기 위해 포함해야 한다고 생각했던 여러 영역이 유기농 기준에서 빠졌기 때문이다.

유기농 산업에 관해 많은 글을 쓴 미시건주립대학교 필 하워드(Phil Howard) 교수는 농무부 기준이 "받아들여서는 안 될 기타 투입물(항생제, 합성비료, 농약 등)을 금지하는 측면에서는 꽤 엄격하지만, 몇몇 지역 인증 시스템에서 발견되는 유기농의 고차원적 이상에 관한 언급은 제거해버렸다"라고 말한다. 하워드는 "이 국가 기준은 유기농 인증 기관들이 농무부가 요구하는 것보다 더 엄격한 기준을 적용하는 것을 막으며, 심지어 이 기관들이 예전에 제정했던 기준들도 이 기준에 의해 영향을 받는다"라고 비판한다.[1]

미국 전역의 소규모 유기농 생산자들은 유기농 인증에 너무나 많은 기록과 서류 작업이 필요하기 때문에, 이 기준이 소규모 농민을 배제하고 산업적 농장에 득이 될 것이라고 주장했다. 농민은 새로운 작물을 심을 때마다 기록해야 한다. 이는 산업적 대형 농장에게는 별로 어려운 일이 아니다. 하지만 공동체지원농업을 실시하는 농장은, 예를 들어 한 해 동안 40개 작물을 여러 농지에서 돌려가며 경작하는 농장은 기록을 제대로 할 수 없다. 인증은 또한 많은 비용이 들 수 있다. 따라서 유기농법을 사용하는 많은 소규모 농민은 인증을 받지 않기로 결정했다. 소규모 생산자들은 농무부의 유기농 라벨에 의존하지 않고, 농장을 방문해서 먹거리가 어떻게 생산되는지 직접 보는 지역 고객들에 의지한다.

연방정부 기준의 채택은 유기농 산업을 극적으로 변화시켰다. 대형 식품 제조업체는 유기농업의 윤리를 전부 채택하지 않고서도 수지맞는 틈새시장에 진출할 수 있는 가능성을 봤다. 새로운 유형의 먹거리 체계를 만들 수 있는 기회는 사라졌다. 연방정부의 기준에 규모와 관련한 내용이 없어서 대형 식품가공 회사가 유기농 브랜드를 집어삼킬 수 있는 길이 열렸기 때문이다. 값싼 유기농 식품에 대한 요구가 커지자 독립적인 가공업체, 소형 소매업체, 농민, 농장 노동자는 관행농업에서 존재하는 것과 똑같은 불평등에 시달리게 되었다.

더욱이 정부의 개입은 대기업이 유기농에 관심을 갖는 데 필요한 믿음을 제공했다. 이 가이드라인은 유기농에서 (농화학물질의 사용을 제외한) 산업적 생산을 허용함으로써 수직계열화된 가공과 유통이 가능하도록 만들었다. 슬픈 운명의 장난으로 1950년 이전에 우리 증조부들이 했던 농업이 이제는 관행 재배자들이 사용하는 화학물질 집약적인 농업보다 더 많은 비용이 들게 되었다.

이 새로운 가이드라인은 유기농 제품과 원료 물질을 값싸게 전 세계에서 조달할 수 있도록 허용했다. 딘 푸드나 하인 셀레셜(Hain Celestrial) 같은 대기업들에게는 득이었다. 소토니필드 팜(Stoneyfield Farm) 회장이자 CEO인 게리 허쉬버그(Gary Hirshberg)는 경쟁력 있는 가격으로 유기농 유제품을 생산하기 위해서 회사가 1만 4,500킬로미터 떨어진 뉴질랜드에서 분유를 사와야만 한다고 인정한다. "우리 집 반경 16킬로미터 안에서 우리가 먹는 먹거리를 모두 조달할 수 있다면 정말 좋을 것입니다. 하지만 일단 유기농 산업에 발을 들여놓고 나면, 전 세계로부터 물건을 조달해야만 합니다."[2] 이 비용 절감 관행은 지속가능하지 않으며, 대부분 유기농 소비자의 기대와는 상반된다.

농무부 기준에는 생활하기에 적합한 임금과 관련한 내용이 없다. 그래서 관행농업 노동자가 직면한 부정의(不正義)가 유기농업에도 나타난다. 원래 유기농 철학의 일부분이었던 많은 원칙을 포기함으로써 유기농 라벨의 정수가 사라졌다.

더욱이 농무부가 기준을 정하기는 하지만, 실제로 농민과 가공업체를 검사해서 유기농 인증을 해주는 곳은 제3의 "인증기관"이다. 유기농 기준의 온전성과 관련한 의문 중 다수가 '인증기관별로 인증 기준 적용에 차이가 있는 것은 아닌가?'라는 질문으로 귀결된다. 몇몇 비영리 인증기관은 일을 제대로 하고 있다. 하지만 대형 농장을 주 고객으로 하는 인증기관은 신뢰성이 떨어진다. 농무부가 인증기관을 제대로 관리하지 못했기 때문에(특히 부시 행정부가 더 그랬다) 기준의 몇몇 약점이 더 커졌다.

이런 결함에도 불구하고, 정부에서 관할하는 유기농 기준의 개발은 살충제, 제초제, 기타 위험한 기술들을 사용해서 생산한 먹거리의 대안을 소비자에게 제공하는 데 핵심 역할을 했다. 얄궂은 것은, 관행 식품 생산자들이 자사의 유기농 제품 계열을 마케팅하기 위해 지출한 수백만 달러 덕에 많은 미국인이 유독성 농화학물질에 노출될 위험이 줄어들었다는 점이다. 많은 소비자가 유기농 식품을 구입한 이유를 묻는 질문에 '더 건강하기 때문'이라고 대답했다. 농기업 이해 세력은 이 상황을 위험으로 간주한다. 유기농 식품은 미국 식품 판매액의 4퍼센트에 불과하다. 하지만 2010년 하트만 그룹(Hartman Group)이 실시한 설문 조사에 따르면 소비자의 75퍼센트가 전년도에 유기농 식품을 구매한 적이 있다고 응답했으며, 22퍼센트는 매달 유기농 식품을 구매했다.

하지만 공통으로 준수해야 할 최소한의 요건만 정하고 더 엄격한 수준의 인증이 이루어질 수 있는 가능성을 없앤 이 기준의 약점 때문에 역설적인 상황이 벌어졌다. 대기업이 통제하는 먹거리 체계의 대안으로 인기를 얻은 유기농 식품이 이제는 세계적인 초대형 식품 회사들의 통제를 받게 된 것이다. 오늘날 20대 식품가공업체들 중 14개가 유기농 브랜드를 매입하거나 자체적인 유기농 브랜드를 출시했다. 홀 푸드 마켓(Whole Foods Market)이 미국 자연 식품 소매 부문을, 유나이티드 내추럴 푸드(United Natural Foods, Inc.)가 유통을 지배하고 있다.

식품가공 산업을 지배하는 기업들이 사업을 확장하기 시작하면서 인수합병과 전략적 제휴 열풍이 유기농 산업을 휩쓸었다. 유기농 브랜드의 통합이 1997~2002년에 계속 진전되어, 가장 성공한 대형 유기농 회사 몇 개가 관행 식품가공업체들에게 팔렸다. 제너럴 밀스는 캐스캐디언 팜(Cascadian Farm)과 뮤어 글렌(Muir Glen)을, 켈로그는 모닝스타 팜/내추럴 터프(Morningstar Farms/Natural Tough)를 각각 인수했다. 하인즈(Heinz)는 하인 푸드(Hain Foods)에 10만 달러를 투자했으며, 하인 푸드는 셀레셜 시즈닝(Celestial Seasonings)과 합병했다. 유니레버(Unilever)는 벤 앤 제리(Ben & Jerry's)를 매입했다. 1990~2005년에 집중화가 진전되면서 유기농 산업의 규모는 연간 10억 달러에서 약 150억 달러로 성장했다.[3]

유기농 제품에도 화학첨가물이

농무부가 국제무역과 국내 상거래를 위해 "간소화된" 인증 과정을 마련함에 따라 유기농 식품과 원재료를 전 세계에서 조달할 수 있게 되었다. 유기농 식품과 원재료의 수입은 극적으로 증가했다. 농부무 자료에 따르면, 외국에서 조달한 유기농 식품의 절반이 중국, 터키, 멕시코, 이탈리아, 캐나다 산이었다. 농무부는 전 세계 생산업체 및 취급업체 2만 7,000개에 인증을 해주었는데, 그중 약 1만 6,000개는 미국에 있고 1만 1,000개는 외국에 있다.[4]

2009년 풍요의뿔연구소(Cornucopia Institute)가 발표한 보고서 〈콩의 이면(Behind the Bean)〉에 따르면, 2007년 농무부가 유기농 인증기관을 감사하러 중국에 처음 갔을 때 연방정부 검역관들은 단 4개 농장만을 감사

미국 10대 유기농 식품가공 회사

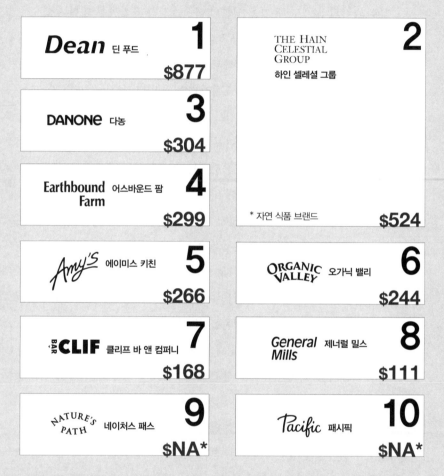

1
Dean 딘 푸드
$877

2
THE HAIN
CELESTIAL
GROUP
하인 셀레셜 그룹
* 자연 식품 브랜드
$524

3
DANONE 다농
$304

4
Earthbound 어스바운드 팜
Farm
$299

5
Amy's 에이미스 키친
$266

6
ORGANIC
VALLEY 오가닉 밸리
$244

7
BAR CLIF 클리프 바 앤 컴퍼니
$168

8
General 제너럴 밀스
Mills
$111

9
NATURE'S
PATH 네이처스 패스
$NA*

10
Pacific 패시픽
$NA*

$ 2008년 유기농 식품 총매출(단위 백만 달러).
(Mintel–2008 Organic Food)

* 정확한 매출 데이터 부재 – 이 개인 기업들의 매출은 50~200백만 달러 수준으로 추정됨.
(Nutrition Business Journal 2007)

하고, 단 2개 농장만을 실제로 방문했다. 이렇게 제한된 감사를 했음에도 미국 유기농 기준의 준수와 관련한 여러 문제점이 드러났다. 유기농 제품의 온전성을 유지할 수 있는 중국의 능력에 관해 의문이 제기되었다. 이에 대한 답은 지금까지 누구도 하지 못했다.

별로 놀랍지 않게도, 유기농 생산의 아웃소싱과 유기농을 대형 사업으로 탈바꿈하는 과정이 은밀하게 진행되었다. 홀 푸드에서 볼 수 있는 수백 개 브랜드를 소수의 기업이 통제하며, 이런 브랜드를 관행 식품가공업체가 흔히 소유한다는 사실을 아는 소비자는 거의 없다. 유기농 브랜드의 모기업은 유기농 자회사 광고에서 자사 이름을 거의 언급하지 않는다. 초대형 식품 회사는 마케팅 전문가이며, 유기농 소비자가 자신을 신뢰하지 않는다는 사실을 잘 알고 있다. 이런 불신에는 충분한 이유가 있다.

유기농 산업이 점점 더 통합됨에 따라 유기농 기준을 약화시킬 수 있는 기업의 능력 역시 커졌다. 1985년에 설립된 유기농교역협회는 유기농업계의 절반을 대변해서 로비를 펼친다. 이 협회는 대기업들의 통제로부터 점점 더 큰 영향을 받고 있다. 이 대기업들은 유기농업의 정신에 전혀 헌신하지 않는다. 2005년 10월 대기업 회원사들을 대변해서 유기농교역협회는 의회 로비를 통해 유기농 기준을 약화시켰다. 유기농 라벨을 부착한 식품에 비유기농 첨가물과 합성 첨가물을 사용할 수 있도록 허용했다.

미국에서 가장 오래된 유기농 식품 회사인 에덴 푸드(Eden Foods)는 유기농 원칙의 위반에 항의했다. 이 회사의 웹사이트에는 이렇게 설명되어 있다. "유기농교역협회는 은밀한 거래를 통해 의회에 로비를 벌여 유기농 식품의 부정불량을 합법화시켰다. 식품제조업체가 원하는 거의 모든 유독성 첨가물을 사용할 수 있게 되었다. 영양성분표에 관련 정보를 표시할 필요가 없는 물질들도 예외가 아니다. …… 농기업이 다시 한 번 승리를 거둔 것이다."[5]

2005년부터 유기농 식품의 합성 첨가물 사용과 관련한 논란이 계속 커졌다. 대기업들의 통제를 점점 더 많이 받고 있는 미국유기농기준위원회는 합성 첨가물을 비합성 첨가물로 지정하고, 분명히 문제가 있는 재료 사용을 승인함으로써 유기농 기준을 약화시켰다. 과일 생산에서 항생제 테트라사이클린과 스텝토마이신의 사용을 허가한 것이 대표적이다.

질산나트륨은 유기농에서 결코 허가해서는 안 될 대표적인 화학물질이다. 질산나트륨은 식물의 성장을 촉진하는 속효성 비료다. 장기 토양 비옥도에 악영향을 미치며, 결국 토양의 질을 떨어뜨린다. 따라서 질산나트륨 사용은 유기농업의 중심 원칙을 위반한다. 이 비료는 칠레의 광산에서 채굴되므로, 장거리 운송이 불가피하다. 그뿐만 아니라 쉽게 토양에서 유출되어 수질 오염을 일으킬 수 있다.

미국유기농기준위원회에서 최근 논란이 된 또 다른 사례가 있다. 유기농교역협회는 로비를 통해 옥수수 침지액을 비합성비료로 계속 지정하도록 했다. 옥수수 침지액은 고과당 옥수수시럽(액상과당), 옥수수 전분(콘스타치), 에탄올 생산의 부산물로, 옥수수 습식제분 과정에서 이산화황을 사용해서 만든다. 미국유기농기준위원회 위원 몇 명은 다음과 같은 소수 의견을 냈다. "옥수수 침지액이 합성비료인지 아닌지에 관한 결정은 전문가가 해야 할 기술적인 문제처럼 보이며, 유기농 소비자와는 아무 관련이 없는 것처럼 여겨질 수 있다. 하지만 실제로 합성 또는 비합성에 대한 결정은 유기농 생산에 허용하는 투입물의 결정과 관련한 근본적인 문제이다."

이보다 더 큰 논란을 불러일으킨 것이 유기농 유아 식품의 합성 첨가물 문제이다. 특히 이 제품이 100명 이상의 유아에게 나쁜 반응을 일으켰기 때문에 더욱 논란이 커졌다. 첨가물은 제품을 차별화하고 높은 가격을 정당화하는 수단으로 활용될 수 있다. 뉴욕대학교 영양학 교수 매리언 네슬에 따르면, 이런 첨가물을 넣는 이유는 시장점유율 경쟁 때문이다. "심지어 건강상의 편익이 거의 없거나 의심스러울 때조차도 첨가물을 광고에 활용할 수 있다."

풍요의뿔연구소는 유아용 분유 회사들 및 딘 푸드 소유의 호라이즌 밀크(Horizon milk)를 상대로 승인되지 않은 첨가물을 유제품에 넣은 것에 관한 소송을 제기했다. 합성 지방산 오메가-3(DHA)와 오메가-6(ARA)를 넣은 제품은 어스 베스트(Earth's Best, 하인 셀레셜)와 시밀락 어드밴스 오가닉(Similac Advance Organic, 애봇 래버러터리)이다. 이런 합성 지방산은 마텍 바이오사이언스(Martek Biosciences)가 제조하며, 조류와 균류를 발효시키는 과정에서 헥세인을 사용한다. 헥세인은 베지 버거(veggie burger)나 단백질 바(protein bar)* 같은 대두 기반 유기농 식품의 생산에도 널리 쓰인다. 헥세인은 환경보호청이 대기 오염 물질로 지정했다. 휘발유 생산의 부산물로, 폭발성이 크고 신경독소로 작용한다. 거대 곡물 기업이자 대두 제품 제조업체인 카길, 아처 대니얼스 미들랜드, 벙기(Bunge)가 헥세인의 주요 배출업체이다.

2011년 11월 미국유기농기준위원회는 표결을 통해 헥세인 없이 생산된 DHA와 ARA를 유기농 식품에 사용할 수 있도록 허가했다. 유기농 식품에서 헥세인 사용 승인이 전혀 이루어지지 않았음에도 불구하고, 제조업체들은 수년 동안 헥세인을 사용해왔다. 농무부가 법 집행과 관련한 조치를 한 번도 취하지 않았기 때문이다. 미국유기농기준위원회의 DHA와 ARA 사용 승인은 더 큰 문제를 유발할 수 있는데, 이런 물질들의 제조에 훨씬 더 위험한 용제를 사용할 수 있는 길이 열렸기 때문이다.

카길은 유기농 가공식품에 사용되는 "향상된" 원료들도 생산한다. 풍부한 자금과 1,400명의 식품 과학자를 활용해서, 식품 회사가 자사 제품을 더 건강한 선택처럼 마케팅하는 데 쓸 수 있는 다양한 첨가물을 개발할 수 있었다. 카길은 다양한 유기농 식품에 사용되는 원료 물질인 대두 레시틴의 생산을 위해 헥세인과 아세톤을 사용한다. 유기농 식품에 사용할 수 있

• 단백질 함량이 높은 성분들로 만든 바 모양의 식품. 운동선수와 보디빌더가 주로 먹는다.

도록 허가된 원료 물질인 잔탄 검도 생산한다. 잔탄 검은 안정제로 작용하며,** 옥수수 시럽을 발효해서 만든다. 또한 카길은 구연산도 생산한다. 구연산은 옥수수 가공의 부산물로, 생산의 마지막 단계에서 황산을 사용한다. 구연산은 방부제와 향미증진제로 가공식품에 널리 사용되며, 유기농 식품과 음료에도 많이 사용된다.

카길이, 자사의 "향상된" 원료를 가공식품 제조에 사용하는 유기농 식품 회사 하인 셀레셜과 제휴한 것은 별로 놀랍지 않다. 2003년 두 회사는 전략적 동맹을 맺었다. 하인 셀레셜의 회장이자 CEO인 어윈 사이먼(Irwin Simon)은 합동 기자 회견에서 이렇게 말했다. "양사의 전문성을 결합함으로써 두 업계 리더가 힘을 합쳐서 건강에 높은 관심을 가진 소비자들에게 가장 유망한 품목 중 하나인 차세대 기능성 음료 개발에 집중할 것이다." 카길 헬스 앤 푸드 테크놀로지(Cargill Health & Food Technologies) 회장 테드 지만(Ted Ziemann)은 이렇게 첨언했다. "우리는 회사의 여러 원재료 브랜드를 이용해서 새로운 제품을 개발할 수 있게 된 것에 대해 흥분하고 있다." 카길의 원재료를 사용하는 하인 셀레셜의 제품으로는 라이스 드림(Rice Dream), 소이 드림(Soy Dream), 웨스트소이(WestSoy) 등이 있다.[6]

미국에서 두 번째로 큰 자연 식품 및 유기농 식품 회사인 하인 셀레셜은 1926년에 창립했다. 1993년 이 회사는 슬림-패스트(Slim-Fast)와 하겐다즈에서 경영 기술을 연마한 사이먼에 의해 구조조정되었으며, 10여 건 이상의 인수합병을 통해 성장했다. 오늘날 하인 셀레셜은 연간 5억 달러 이상의 매출을 올리고 있으며, 식품 및 개인용품 브랜드 50개를 보유하고 있다. 이 회사의 최대 고객은 아직도 홀 푸드이다. 하지만 이 회사 제품의 70퍼센트는 여러 식료품 체인과 기타 판로를 통해 일반 소비자에게 판매된다.

** 식품 재료를 걸쭉하게 만든다.

PL 제품 전성시대

2010년 유기농 식품 판매액에서 일반 소비자 대상 소매업체가 차지한 비중은 54퍼센트였다. 여기에는 유기농 PL 제품, 즉 소매업체 자체 브랜드로 판매하는 제품이 빠져 있다(유기농 시장에서 PL 제품의 비중은 점점 커지고 있다). PL 브랜드로 판매되는 제품은 해당 소매업체 고유의 상품이 아니다. 여러 곳에 제품을 공급하는 회사가 만든다. 소매 체인은 PL 제품에 관한 정보를 보통 공개하지 않는다. 따라서 매출액이나 기타 데이터 역시 이용 가능하지 않다. 이 책을 쓰면서 PL 제품 제조에 관한 정보를 유기농 식품 제조업체들에게 요청했지만, 거의 얻을 수 없었다. 제너럴 밀스는 자사의 유기농 식품 자회사들이 PL 제품을 공급한다는 대답을 보내왔다.

　유기농 부문 가운데 유제품이 PL 판매의 영향을 가장 많이 받는다. 관행 우유 시장의 거의 75퍼센트가 PL 매출이며, 유기농 우유 역시 같은 길을 걷고 있다. 미국 최대의 유기농 회사인 딘 푸드는 호라이즌 오가닉(Horizon Organic) 우유와 미국 최대의 두유업체인 실크(Silk)를 갖고 있다. 관행 우유 최대 생산업체인 딘 푸드는 PL 관행 우유와 유기농 우유를 모두 공급하며, 관행 우유 시장의 40퍼센트 가량을 지배하고 있다. 대형 공장식 농장 소유와 관련해서 많은 비판을 받고 있는 오로라 오가닉 데어리(Aurora Organic Dairy)는 세이프웨이와 코스트코를 위해 PL 우유를 생산한다.

　미국의 4위 유기농 식품 회사인 어스바운드 팜(Earthbound Farm)은 100종의 유기농 과일과 야채를 생산한다. 그중 일부는 PL 브랜드이다. 이 회사의 회장 찰스 스웻(Charles Sweat)에 따르면, 어스바운드 팜이 공급하는 PL 신선편이 농산물의 양은 점점 늘고 있다. 포장 샐러드 제품 이외에도 로메인 하트, 셀러리, 브로콜리, 컬리플라워 같은 PL 농상품을 공급한다. 찰스 스웻 회장은 향후 4년 동안 PL "농상품 야채" 부문이 급속히 성장해, 어스바운드 팜에서 차지하는 비중이 더 커질 것으로 예상한다고 말했다.[7]

　한 독일 가족이 소유하고 있는 사기업으로, 연매출액이 85억 달러인 비밀스런 소매업체 트레이더 조(Trader Joe's)는 PL 제품 유행의 선구자역할을 했다. 하지만 이 회사는 회사의 운영 방식이나 제품에 관해 거의아무런 정보도 공개하지 않는다. 2010년 8월 〈포춘〉에 실린 한 글에 따르면, 25개 주에 344개 매장을 가진 이 회사는 공급업체에게 비밀보장협약에 서명할 것을 요구한다. 이 체인은 보통 4,000개 제품을 판매하는데,그중 80퍼센트가 자체 브랜드이다.• 매장의 평균 상품 매출이 0.1제곱미터당 1,750달러에 달한다. 이 수치는 홀 푸드의 거의 두 배이다. 덕분에 이회사는 부채가 전혀 없으며 외부 자금을 동원하지 않고도 성장을 이어나간다. 트레이더 조에 제품을 납품하는 회사로는 펩시콜라와 다농 소유의스토니필드 팜 등이 있다.[8]

트레이더 조 같은 자연 식품 매장이 유기농 식품 매출의 39퍼센트를 차지한다. 하지만 시장을 지배하고 있는 것은 홀 푸드이다. 지난 20년 동안여러 경쟁업체들(웰스프링 그로서리(Well-spring GRocery), 브레드 오브 라이프(Bread of Life), 브레드 & 서커스(Bread & Circus), 푸드 포 소트(Food for Thought),프레시 필드(Fresh Fields), 미세스 구치(Mrs. Gooch's), 와일드 오츠 마켓(Wild Oats Markets))을 매입한 결과, 이 체인에 대항하는 전국적인 경쟁자는 현재 존재하지 않는다.

홀 푸드의 불길한 출발은 1978년 텍사스주 오스틴의 작은 자연 식품 가게였다. 창립자인 대학 중퇴생 존 맥키(John Mackey)와 여자 친구 르네 로손하디(Renee Lawson Hardy)는 가게 이름을 세이퍼 웨이 내추럴 푸드(Safer Way Natural Foods)라 지었다. 2년 뒤 그들은 다른 자연 식품 상점과 제휴해홀 푸드 마켓을 창립했다. 다른 상점들과 체인들을 공격적으로 인수한 뒤인 1992년에는 회사를 상장했다.

• 이는 보통 5만 개 제품을 판매하는 다른 체인들(홀 푸드 포함)의 8퍼센트에 불과하다. 이렇게 제품수가 작기 때문에 매장 면적도 작아서 소비자 입장에서는 불필요한 쇼핑 시간을 줄일 수 있다는 장점이 있다. 판매하는 제품은 대부분 친환경 제품이나 특수 식품이며, 품질도 꽤 우수하다.

많은 논란을 불러일으킨 인수는 가장 큰 경쟁업체였던 와일드 오츠 마켓 건이었다. 연방 반독점 위반으로 연방거래위원회에 제소되었지만, 2년에 걸친 법적 공방과 협상 끝에 인수가 승인되었다. 하지만 연방거래위원회가 발견한 사항들로 맥키의 명성은 손상을 입었다. 여러 해에 걸쳐 맥키는 야후의 투자 관련 게시판에 익명으로 글을 올려서 홀 푸드를 칭송하고, 경쟁업체들 특히 와일드 오츠 마켓을 깎아내렸다.

현재 홀 푸드 마켓은 311개 매장에서 90억 달러의 연매출을 올리고 있다. 더 높은 품질로 인식되는 음식(실제로는 그렇지 않을 수 있다)과, 홀 푸드가 제공하는 이미지에 더 높은 가격을 기꺼이 지불하려는 고소득층 단골을 대상으로 급식 서비스도 제공하고 있다. 자신을 자유주의자로 여기는 맥키는 반노조 전략을 맹렬하게 추진해왔다. 그의 철학은 2009년 8월 〈월스트리트 저널〉에 실린 글에 잘 요약되어 있다. 이 글에서 그는 의료보험 개혁을 비판했다. 그는 다음과 같이 썼다. "우리나라에 가장 필요 없는 것이 대규모 의료보험 관련 법안의 신설이다. …… 독립선언문과 헌법을 잘 읽어보면 의료보험, 음식, 거주지의 태생적인 권리와 관련한 내용을 전혀 발견할 수 없다. 그 이유는 그런 권리가 결코 존재하지 않기 때문이다. 이런 '권리'는 미국에서 한 번도 존재한 적이 없다."[9]

BB&T 캐피털 마켓(BB&T Capital Markets) 운영이사인 앤드류 울프(Andrew Wolf)는 이렇게 말한다. "홀 푸드는 새로운 상점의 성장 신화라기보다는 인수 신화에 가깝습니다." 그는 트레이더 조가 더 이상 홀 푸드에 위협이 되지 못한다고 지적했다. 왜냐하면 홀 푸드가 트레이더 조를 표적으로 삼아 트레이더 조에서 판매하는 물품에 같은 가격을 붙였기 때문이다. 트레이더 조가 어떤 품목에 2가지 상품을 판매한다면, 홀 푸드는 10가지를 판매한다. 홀 푸드는 트레이더 조에서 판매하는 2개 상품에 대해서는 트레이더 조와 같은 가격으로 낮추지만, 나머지 8개 상품에 대해서는 더 높은 가격을 유지한다. "상품군 관리를 통해서 트레이더 조가 가진 이점 중 일부를 소멸시켰다." 울프는 맥키가 무척 경쟁심이 강하고 적응력도 높다고 이야기한다. 예를 들어 그는 와일드 오츠와 경쟁하던 당시 홀 푸드의 매장 면적당 매출을 두 배로 늘렸다.[10]

홀 푸드가 가장 큰 이윤을 올리는 관행 중 하나가 운동가들로부터 많은 비판을 받고 있다. 그것은 바로 홀 푸드가 관행 먹거리를 주로 팔면서도, 그것을 일반 식료품 매장에서 판매하는 제품보다 더 나은 것처럼 보이게 만든다는 점이다. 잘 정비된 홀 푸드 매장에서 쇼핑하면, 특별히 선정된 건강한 제품이나 심지어는 유기농 제품을 구매하고 있다고 착각하기 쉽다. 그 결과 소비자는 더 높은 가격을 지불하게 된다.

유기농소비자협회 전국 대표인 로니 커민스(Ronnie Cummins)는 홀 푸드의 가장 강력한 비판자이다. 그는 홀 푸드를 이렇게 비판한다. "각 상품 진열대마다 대부분이 비유기농 제품인 '자연 식품'을 '교묘한 눈속임'을 통해서 '거의 유기농'처럼 보이도록 매력적으로 전시하고 있다." 진실을 이야기하자면, 홀 푸드에서 판매하는 제품의 대부분은 유기농 제품이 아니다. 가장 잘 팔리는 PL 브랜드인 홀 푸드의 365 브랜드마저도 그렇다.[11]

홀 푸드에서 육류를 구입하는 소비자는 품질이 더 낫다고 스스로 확신하는 제품에 더 높은 가격을 지불하고 있다. 2011년 2월 홀 푸드는 육류 제품에 대한 5단계 동물 복지 등급 시스템을 도입한다고 발표했다. 독립적인 제3의 인증기관인 세계동물파트너십(Global Animal Partnership)이 이 시스템의 운영을 맡았다. 세계동물파트너십은 비영리단체지만, 실제로는 홀 푸드가 설립했으며 홀 푸드로부터 자금의 대부분을 제공받는다. 그다지 정직하지 못한 이 5단계 등급 시스템을 기준으로 할 때, 홀 푸드가 판매하는 육류의 대부분은 가장 낮은 등급에 해당한다. 많은 고객의 최우선순위인 동물 복지에 대한 홀 푸드의 헌신 정도와 관련해서 이 평가 시스템이 잘못된 환상을 심어주고 있다.

영국 홀 푸드에서 '동물에게 자비로운 제품 조달 및 개발' 담당자로 일한 앤드류 건터(Andrew Gunther)는 이렇게 확증한다. "세계동물파트너십의 가장 낮은 단계 인증 기준은 무척이나 낮습니다. 비육장도 허용하고, 도살장에 대한 감사도 하지 않지요. 운송 기준과 관련해서는 휴식, 사료, 물 없이 육우를 최대 25시간 동안 운송해도 됩니다." 명망 있는 동물 복지 관련 단체인 동물복지협회(Animal Welfare Institute)에서 시작한 비영리 인증 프로그램 '승인된 동물 복지'의 책임자로 일하고 있는 건터는 세계동물파트너십 프로그램이 소비자를 혼란시키고, 동물 복지에 부정적인 것으로 알려진 생산 시스템에 신뢰성을 부여한다고 지적한다.

건터는 이 프로그램의 가장 불편한 측면 중 하나가 5단계 등급 시스템을 마케팅에 이용하는 것이라고 말한다. 홍보용 사진에서 육우와 닭은 농장 마당과 초원을 돌아다니며 먹이를 먹는다. 그는 이렇게 이야기한다. "이것은 기만입니다. 왜냐하면 세계동물파트너십 프로그램에 따라 팔리는 대부분의 가축이 관행적으로 사육되고 있기 때문입니다. 닭은 초원에 나가는 것은 고사하고 우리 밖으로도 나갈 수 없으며, 육우는 대규모 비육장에서 사육되고 있습니다." 건터는 바로 이런 이유 때문에 "업계의 등을 두드려주는 것에 불과한 프로그램이 아니라, 정말로 투명하고 독립적인 기준의 설정"이 필요하다고 주장한다.

투명하지 않은 유통

유기농업계에서 가장 투명성이 결여된 부문이 유통이다. 제조업체, 특히 소규모 제조업체가 자사 상품을 미국 전역의 매장에 팔 수 있는 공급 사슬이 부족하다. 1998년부터 홀 푸드의 주된 공급업체는 유나이티드 내추럴 푸드(UNFI)였다. UNFI는 미국에서 유기농 식품 및 자연 식품을 납품하는 상장회사 중 가장 크다. 이 두 회사는 최근에 UNFI가 2020년까지 홀 푸드의 유통업체 역할도 맡도록 계약을 확장했다.

홀 푸드는 UNFI 매출의 35퍼센트를 차지한다. 이 유통업체는 독립적인 자연 식품 상점과 협동조합에도 서비스를 제공한다. 이런 소규모 상점들은 유통업체들의 통합 때문에 유기농 제품과 자연 제품을 조달할 수 있는 다른 방법이 거의 없다. UNFI는 자체 창고에 물건을 저장했다가 상점으로 유통한다. 소형 제조업체는 상품의 시장 출하를 유통업체와의 계약에 의존하고 있다. 이러한 의존 때문에 소형 제조업체는 더 높은 가격을 지불해야 하는 경우가 많다. 유통업체 숫자가 무척 적고 이들이 소매업체에 높은 가격을 청구할 수 있는 능력도 갖고 있어서 많은 식품 협동조합과 소규모 자연 식품 상점이 폐업하곤 한다. 경쟁력을 확보할 수 없기 때문이다.

1970년대와 1980년대에는 다양한 유통 회사가 많은 자연 식품 상점(대부분 소규모였다), 구매 클럽, 식품 협동조합에 서비스를 제공했다. 1983년에는 협동조합 소유의 유통 회사 29개, 광역 단위 유통 회사 23개, 전국 단위 유통 회사 1개가 있었다. 이제는 사람들에게 별로 알려지지 않은 UNFI가 자연 식품 및 유기농 식품 유통 사업을 지배하고 있다. UNFI의 경쟁업체로 UNFI보다 규모가 작은 트리 오브 라이프(Tree of Life)가 있었다. 트리 오브 라이프는 네덜란드 소유 기업으로, 유통하는 제품의 폭이 훨씬 좁았다. 하지만 이 회사는 2010년에 특수식품* 유통업체인 케히 디스트뷰터스(KeHE Distributors)에 인수되었다. 건강 기능 식품 정보 사이트인 〈뉴트리션 비즈니스 저널(Nutrition Business Journal)〉에 따르면 "이 인수는 소매업계 내 힘의 균형을 흔들어놓았다. 세계가 더 가까워짐에 따라 제조업체가 상품을 시장에 출시할 때 사용할 수 있는 옵션이 줄어들었다."[12]

1977년 단일 자연 식품 상점으로 창립한 UNFI는 유기농 제품과 자연 제품의 거대 공급업체로 성장했다. 현재 46개 주 6,500개 이상의 상점에 물건을 공급하고 있다. 노먼 클라우티어(Norman A. Cloutier)는 급속히 성장

• 품질과 혁신성을 특징으로 하는 식품으로 장인에 의한 제조, 자연 식품, 로컬푸드 등이 이에 속한다.

하는 유기농 산업을 위해 신속하게 사업의 초점을 유통에 맞췄으며, 광역 유통업체들의 인수합병을 추진했다. 이 회사가 인수합병한 광역업체로는 스토우 밀스(Stow Mills), 앨버츠 오가닉스(Albert's Organics), 블루밍 프래리(Blooming Prarie), 노스이스트 코퍼러티브스(Northeast Cooperatives), 셀렉트 뉴트리션(Select Nutrition), 루츠 앤 후르츠(Roots'N Fruits), 밀브룩 디스트리뷰션 서비스(Millbrook Distribution Services) 등이 있다. 그중에서도 1996년에 이루어진 서부의 대형 유통 회사 마운틴 피플스 웨어하우스(Mountain People's Warehouse)와의 합병이 가장 중요했다. 1998년에 상장한 UNFI는 남아 있는 다른 지역 및 광역 유통업체들보다 싼 가격을 제시할 수 있었다.[13]

UNFI가 주로 도매 상품의 유통을 담당하기는 하지만, 이 회사는 자회사인 어스 오리진 마켓(Earth Origins Market)을 통해 12개 소매점도 소유하고 있다. 이 매장들은 플로리다, 메릴랜드, 매사추세츠 주에 위치하고 있다. UNFI는 이 매장들을 고객에게 새로운 상품과 마케팅 및 판촉 프로그램을 적용하기 전에 시험하는 장소로 활용하고 있다.

자연 식품 및 유기농 식품 유통업체 가운데 비상장기업으로는 최대 업체인 네이처스 베스트(Nature's Best)가 있다. 이 회사는 로키산맥 서쪽의 12개 주에서 UNFI와 치열한 경쟁을 벌이고 있다. 이 회사는 건강 식품 및 자연 식품의 도매업체이자 유통업체로서 약 2,000개 상점에 서비스를 제공한다. 여기에는 식료품, 냉장/냉동/벌크 식품, 건강 보조 식품, 개인 용품, 허브 제품, 약용 제품, 반려동물 용품이 포함된다.

네이처스 베스트의 조달 및 마케팅 담당 부사장인 러셀 파커(Russell Parker)는 이렇게 이야기한다. "트리 오브 라이프가 서부를 떠나기 전에는 UNFI, 트리 오브 라이프와 늘 경쟁해야만 했습니다. 늘 정신을 바짝 차려야 했지요. 이제는 우리가 계속 주의를 기울여야 할 악의 제국이 단 하나 남아 있습니다." 파커는 이런 이야기를 했다. "우리는 UNFI에 대해서 무척 현실적으로 생각하고 있습니다. 하지만 우리는 규모가 작기 때문에 순식간에 변화가 가능하지요."[14]

네이처스 베스트는 경쟁력 유지를 위해 최근 사업장들을 하나의 대형 건물로 통합해 인건비를 40퍼센트 절감했다. 운영 담당 부사장 브라이언 맥카시(Brian McCarthy)는 이렇게 이야기했다. "서비스 유지를 위해서 우리는 계속해서 더 많은 인력을 투입하고 있었습니다. …… 살아남기 위해서 가격을 양보하고 있었지요."[15] 파커는 "비록 기회가 많지 않지만," 네이처스 베스트가 다른 유통업체 인수에 "개방적인 입장"이라고 덧붙였다. 하지만 그는 이 비상장기업이 다른 기업을 매수하지는 않을 것이라고 말했다.[16]

네이처스 베스트의 최대 고객 중 하나가 애리조나주 피닉스에 있는 스프라우츠 파머스 마켓(Sprouts Farmers Markets)이다. 스프라우츠 파머스 마켓은 남서부 지역* 12개 이상의 주에서 매장을 운영한다. 몇몇 지역에서는 소형 매장으로 홀 푸드에 맞서고 있다. 2년 전 사모 투자 전문 회사** 인 아폴로 글로벌 매니지먼트(Apollo Global management)에 매입된 이후 크게 성장했다. 2011년 이 회사는 아폴로 소유의 캘리포니아 자연 식품점 헨리스 파머스 마켓(Henry's Farmers Market)과 합병해서 미국 서부에서 가장 큰 자연 식품 식료품점이 되었다. 이 합병 회사는 98개 매장을 갖고 있으며, 연매출액은 10억 달러가 넘는다. 2012년 3월 아폴로는 스프라우츠와 선플라워 파머스 마켓(Sunflower Farmers Market)을 합병했다. 스프라우츠의 자연 식품 매장은 139개로 크게 늘었다.[17]

이 합병 회사 주식의 과반수는 아폴로와 제휴 관계에 있는 펀드들이 소유한다. 네바다, 유타, 뉴멕시코, 오클라호마, 캘리포니아, 애리조나, 콜로

• 애리조나, 캘리포니아, 콜로라도, 네바다, 뉴멕시코, 오클라호마, 텍사스, 유타 주.

•• 공모가 아닌 사모의 방식으로(30인 미만의 투자자로부터) 자금을 모아서 주식 또는 지분에 투자한 뒤, 투자한 회사에 대한 경영권 참여로 기업 가치를 높여서 수익을 투자자에게 배분한다.

라도, 텍사스 주에서 스프라우츠 기업명을 사용해서 영업한다. 1만 명 이상의 직원을 고용하고 있으며, 2012년에 13개 매장을 새로 열 계획이다. 아폴로의 시니어 파트너 앤드류 쟈와르(Andrew S. Jhawar)는 이 합병에 관해 이렇게 논평했다. "우리는 이 두 성장 중심적인 식료품점의 경영진과 사업장을 하나로 합칠 수 있게 된 것을 믿을 수 없을 정도로 큰 행운이라고 생각하고 있습니다. …… 자연 제품과 유기농 제품에 대한 수요가 급증하는 상황과 이 두 회사의 사업 지역이 상호보완적인 성격을 갖고 있다는 점을 고려하면, 이는 무척이나 타당한 조합입니다."[18]

아폴로는 주식 시장에 상장한 사모 투자 전문 회사로서 엔터테인먼트 기업, 부동산업체, 소매 체인, 패스트푸드 체인 등을 소유하고 있다. 역사적으로 차입매수와, 채무불이행이나 파산 뒤 구조조정 중에 있는 기업에 대한 매입을 전문 분야로 해왔다. 사모 투자 전문 회사가 진출할 정도로 유기농 식품 및 자연 식품 판매 분야가 이윤이 많이 남는다는 점은 누구도 의심할 수 없다. 이 거래는 규모 확대와 추가적인 통합을 염두에 두고 진행되었으며, 신규 매장 개설과 기존 매장의 유지 및 업그레이드를 위한 대량의 자본 유입에 기반했다.

예를 들어, 2012년 4월 사모 투자 전문 회사 오크 힐 캐피털 파트너스(Oak Hill Capital Partners)는 노스캐롤라이나 소재 유기농 식품 및 자연 식품 체인 어스 페어(Earth Fare)의 지분 80퍼센트를 매입했다. 어스 페어는 남동부와 중서부 지역에 25개 매장을 갖고 있었다. 이 거래의 가치는 약 3억 달러에 달했다. 어스 페어는 네이처스 베스트를 유통업체로 이용한다. 또 다른 사모 투자 전문 회사 모니터 클리퍼 파트너스(Monitor Clipper Partners)가 2006년에 이 체인을 매입했지만, 이후 많은 지분을 팔아서 지금은 어스 페이의 지분을 상당히 적게 갖고 있다.[19]

오크 힐의 파트너인 테일러 볼프람(Taylor Wolfram)은 이렇게 말했다. "자연 식품과 유기농 식품에 대한 소비자의 꾸준한 수요를 감안할 때 어스 페

어는 확장에 유리한 여건을 갖고 있습니다. …… 우리는 어스 페어의 다음
단계 성장을 지원하기 위해 잭 머피(Jack Murphy, 어스 페이 CEO)를 비롯한
경영진과 긴밀하게 협력하기를 학수고대하고 있습니다."[20]

돈이 되는 틈새시장

유기농 식품과 자연 식품이 수지맞는 사업이 되자 월마트가 행동에 착수했
다. 극도로 효율적인 유통망으로 유명한 이 괴수는 2006년에 자사가 판매
하는 유기농 제품의 숫자를 늘리고, 유기농 제품을 관행 제품보다 10퍼센
트 높은 가격에 판매하겠다고 발표했다.

　늘 그랬듯이 월마트는 물량으로 압도했다. 유기농 시장으로의 진입은 더
부유한 소비자를 끌어들이고 자사의 이미지를 높이려는 마케팅 전략의 일
부였다. 몇몇 먹거리운동가가 월마트의 유기농 전환을 칭송했지만, 다른
이들은 슬픈 운명의 반복을 예견했다. 초대형 공룡이 가격과 품질을 끌어
내리는 과정에서 유기농 식품의 온전성이 더욱 심하게 망가질 것이라고 예
상했다. 가공식품업계는 쌍수를 들어 환호했다. 가공식품 회사들은 이미
생산하고 있던 식품의 유기농 버전을 출시하기 시작했다. 키블러(Keebler)
크래커, 라구(Ragu) 파스타 소스, 나비스코 오레오(Nabisco's Oreos) 등의 유
기농 버전이 출시되었으며, 마스는 월마트 전용으로 도브 유기농 초콜릿
(Dove Organic Chocolate)을 출시했다.

　월마트가 이야기하는 유기농은 많은 소비자가 유기농 제품에서 기대하
는 것과는 다르다. 대형 식품 회사들과 제휴해 이미 월마트 매장에서 판매
하고 있는, 라이스 크리스피, 크라프트 마카로니 앤 치즈 같은 가공식품들
의 유기농 버전을 만드는 것이다. 또한 고과당 옥수수시럽을 사탕수수로
만든 설탕으로 대체하고 방부제를 없앰으로써 가공식품을 유기농으로 만
드는 것이다. 월마트의 신선 식품 담당 임원은 유기농 시장 진출이 단순한
마케팅 전략에 불과하며, "유기농업은 단순히 다른 농법에 불과한 것으로,

다른 것보다 더 좋지도 나쁘지도 않다"라고 털어놓았다.[21] 월마트는 유기 농업 배후의 원칙들은 신경 쓰지 않으며, 농무부 유기농 기준도 최소한만 받아들일 뿐이다.

미국 최대의 유제품 협동조합인 오가닉 밸리(Organic Valley)는 가격 하락 압력 때문에 월마트 판매를 중단했다. 이 농민 소유 협동조합은 월마트에 약 4년 동안 물건을 공급하면서 매년 490만 리터의 우유를 판매했다. 이는 한 해 월마트가 판매한 우유의 3.6퍼센트에 불과하다. 오가닉 밸리는 유기농 우유 부족 사태 이후 월마트에 더 이상 우유를 공급하지 않는다. 월마트에 물량을 대려면 다른 고객들을 희생시켜야 하기 때문이다. 오가닉 밸리 경영진은 월마트에 지나치게 의존하면, 이 할인점이 가격 인하를 강요해 자신의 조합원인 낙농 농민들에게 돌아가는 수익이 줄어들게 될 것이라 우려했다.

오가닉 밸리가 월마트와의 공급 계약 중단을 고려하는 동안 거대 유제품 기업인 딘 푸드는 월마트와 거래를 시작하고자 기회를 엿보았다. 딘 푸드의 유기농 우유 브랜드 호라이즌(Horizon)은 공장식 농장에서 생산한 우유를 월마트에 할인가격•으로 판매할 용의가 있었다. 오가닉 밸리가 전혀 맞출 수 없을 정도로 낮은 가격을 부르려 했다. 이 회사는 월마트가 오직 가격에만 관심을 기울이며, 해당 낙농가가 작은 규모로 젖소를 사육하는지, 더 나은 관행을 사용하는지, 생계를 유지할 수 있는지 등에 관해서는 전혀 관심을 기울이지 않는다는 사실을 알고 있었다.

오로라 오가닉 데어리에서 공급하는 월마트 PL 유기농 우유는 공장식 농장의 젖소에서 나온다. 목초지에 제대로 접근하지 못한 채 밀집 환경에서 수천 마리의 젖소가 사육된다. 이 젖소들은 1년 중 두 달을 제외하고는 내내 주로 곡물 사료를 먹는다. 이는 유기농 원칙 위반이다. 젖소가 목초

• 고의로 싼 값을 붙인 다음 나중에 여러 명목으로 가격을 올리는 것.

지에 접근할 수 있어야 한다고 규정한 실제 유기농 기준 또한 위반했다.

오로라 오가닉 데어리는 호라이즌의 공동 창립자인 마크 레츨로프 (Mark Retzloff)와 마크 페퍼잭(Marc Peperzak)이 PL 유기농 유제품 공급을 위해 만든 회사다. 오로라는 우유 생산에서부터 용기에 담는 단계에 이르기까지 수직통합되어 있으며, 가격을 낮게 유지하기 위해 규모를 이용한다. 2007년 풍요의뿔연구소가 이 회사를 대상으로 몇 건의 소송을 제기하자 농무부는 이 회사 사업장들을 조사했다. 오로라는 연방정부 유기농 법규를 14건 "고의적으로" 위반한 혐의로 제재를 받았다. 하지만 부시 행정부의 개입으로 유기농 인증이 취소되지는 않았다.

이 회사 CEO 레츨로프는 이렇게 말한다. "우리는 유기농 부문에 대형 회사를 위한 공간이 존재한다고 굳게 믿는다." 이어서 이렇게 이야기한다. "따라서 큰 규모 때문에 오로라 오가닉 데어리를 비판하고 공격하는 사람들에게는, 규모가 동물, 사람, 지구에 많은 편익을 가져올 수 있다는 이야기와 유기농이 이 나라의 나머지 98퍼센트 유제품이 생산되는 방식보다 훨씬 낫다는 이야기만 할 수 있다."[22]

레츨로프는 요점을 놓치고 있다. 유기농업은 늘 적절한 규모(그리고 원칙들)에 관한 것이었다. 오로라처럼 4,000~5,000마리의 젖소를 사육하는 낙농은 땅을 돌보고, 생태적 균형을 유지하며, 동물 복지에 신경 쓴다는 기본 원칙을 부정한다. 유제품과 두유의 독점적 통제는(딘 푸드는 관행 우유 생산의 많은 부분도 통제하고 있다) 농장 가족을 지탱하고 지역 경제를 강화한다는 유기농 낙농의 원래 비전과는 상반된다.

캘리포니아의 몇 개 카운티에 있는 광대한 농장에서 생산되는 유기농 과일과 야채에 대해서도 같은 이야기를 할 수 있다. 많은 자본을 가진 대기업들이 운영하는 이 농장들은, 미국 전역의 지역 유기농 재배자들을 경쟁에서 압도할 수 있다. 사모 투자 전문 회사들의 투자 덕분에, 어스바운드 같은 대기업들은 규모 확장에 필요한 자본도 확보하고 높은 투자수익률도 기대할 수 있다. 보조금 덕분에 저렴해진 관개용수를 이용할 수 있기 때문에, 어스바운드의 산업화된 대형 농장이 상추, 과일, 야채를 1만 2,000헥타르에서 재배해 미국 전역으로 운송할 수 있다.

전 세계에서 농산물을 조달하는 대기업들은 월마트와 대형 식료품 체인들이 요구하는 대량의 유기농 과일과 야채를 공급할 수 있다. 낮은 인건비와 약한 환경 법규 덕분에 개도국의 유기농 농장은 높은 운송비에도 불구하고 이윤이 남는다. 유기농 가공식품의 원재료를 해외에서 조달하면 비용이 절감되는 예가 많다. 대형 다국적기업은 이윤에 초점을 맞추기 때문에 해외 유기농 인증 과정과 관련한 위험은 크게 신경쓰지 않는다.

초대형 다국적 식품 회사가 유기농 시장에 진출한 까닭은 유기농 원칙에 대한 헌신 때문이 아니다. 높은 가격으로 제품을 팔 수 있는 틈새시장에서 이윤을 획득할 수 있는 가능성을 발견했기 때문이다. 제너럴 밀스, 켈로그 같은 대형 식품 회사들이 유기농 회사들을 매입함에 따라, 유기농 회사들은 계속해서 분기 이윤을 키우고 신제품을 개발해야 한다는 압박을 받는다. 열량은 높고 영양분은 적은 유기농 오레오와 유기농 가공식품은 유기농 원칙에 부합하지 않는다. 이 다국적기업들은 합성 첨가물과 비유기농 원재료의 사용을 위해 로비를 벌이고 있다. 이는 유기농의 온전성 훼손을 상징적으로 보여준다. 초대형 다국적 식품 회사들의 유기농 시장 진출이 업계에는 좋을 수 있지만, 유기농 산업을 구축하느라 수십 년을 보낸 사람들과 최선의 유기농 관행을 고수하고 있는 많은 가족농에게는 불공정한 처사이다.

유기농 식품의 소비자가 더 높은 가격을 지불하는 이유는 그 기저에 있는 원래의 가치들(지역, 생태, 화학물질 배제, 건강, 윤리적 생산)을 믿기 때문이다. 사람들이 유기농에 기꺼이 더 높은 가격을 지불하는 이유는 환경 친화적인 관행을 사용하거나, 잡초 통제를 위해 화학물질 대신 추가적인 노동을 할 경우 비용이 더 많이 든다고 믿기 때문이다. 일단 실상을 알아차리고 나면, 소비자는 유기농의 정신에 전혀 헌신하지 않는 다국적기업의 배를 불려주기 위해 더 높은 가격을 지불하는 일을 더 이상 하지 않을 것이다. 황금알을 낳는 거위를 죽이고 있는 부정직과, 진실성 결여를 바로잡을 시점이다.

4부

식품 안전
규제 완화

다국적 육류업계는 힘과 영향력을 이용해서, 식품 안전 규제를 완화하고 안전하지 않은 화학물질과 약물을 가축 생산에서 사용할 수 있도록 로비를 벌여왔다. 육류업계가 도살장 라인의 속도를 극적으로 올리고, 로비를 통해 연방정부 육류 검사의 역할을 축소시키는 데 성공하면서 상한 고기가 일으키는 식중독이 엄청나게 늘어났다. 안전한 가공법을 사용하고 청결 유지에 신경을 쓰는 대신 육류업계는 화학물질과, 치명적인 박테리아 제거를 위해 방사선 처리 기술을 사용한다. 초대형 기업은 공장식 농장의 확장을 위해 계속 항생제를 쓰고 있다. 이제는 항생제에 내성을 가진 박테리아가 출현해서 산업화된 가축 생산의 부정적인 영향이 더욱 커지고 있다. 항생제의 효력이 줄어들 경우 인간 건강에 어떤 영향을 끼칠지에 관해서 보건 전문가들이 계속 경고의 목소리를 내고 있다. 안전하고 건강한 먹거리 체계를 만들기 위해서는 산업화된 동물 생산을 반드시 종식시켜야 한다.

6
독극물이 되어가는
먹거리

기업만을 보호하는 정부는 시체에 불과하며,
부패와 타락으로 스스로 곧 무너진다.
— 아모스 브론슨 알코트(Amos Bronson Alcott, 1799~1888), 미국 초월주의 작가, 철학자.

Foodopoly

그것은 흥분되는 일이었다. 빌 클린턴이 대통령에 당선되자 12년 동안의 공화당 지배로 미국의 모습을 변화시켰던 규제 완화 문제를 해결할 수 있다는 희망이 보였다. 하지만 미사여구에도 불구하고, 클린턴이 미국을 휩쓴 민영화와 규제 완화 추세를 바꿀 의도가 없음이 곧 분명해졌다. 농무부가 이를 단적으로 보여준다.

1993년 1월 클린턴은 인종차별로 악명 높은 이 기관의 수장으로 아프리카계 미국인을 최초로 임명했다. 활동가들은 이 역사적인 순간을 축하할 수 있기를 바랐다. 하지만 마이크 에스피(Mike Espy)는 진보주의자가 아니었다. 보수 색깔이 강한 민주당지도자회의 회원인 에스피는 클린턴과 잘 아는 사이였으며, 클린턴을 지지한 최초의 의원 중 하나였다. 에스피의 이력은 그리 좋지 않았다. 그는 전미총기협회 광고에 출연했고, 사형제도에 찬성하는 발언을 했다. 니카라과 반군에 자금을 제공하는 레이건의 정책을 지지했고, 공화당 주도의 예산 감축안에 찬성표를 던졌다. 환경 법안에는 반대표를 던졌다.

1993년 1월 말, 클린턴이 백악관에 입성한 지 얼마 지나지 않아 미국 역사상 최대의 식품 안전 스캔들이 터졌다. 당시 미국에서 5위 햄버거 체인이던 잭 인 더 박스(Jack in the Box)가 오염된 고기를 사용해 600명이 병에 걸리고, 3명의 유아가 사망했다. 범인은 대장균 O157:H7이었다.

식품 산업의 관점에서 보자면, 에스피는 개혁을 위장해 식품 안전 규정을 완화하는 일을 하기에 이상적인 인물이었다. 육류업계는 농무부 검사관의 관여를 오랫동안 불편하게 여겨왔다. 검사관은 오염을 발견하면 라인을 중단시킬 수 있는 권한을 갖고 있었다. 먹거리 무역의 세계화를 진전시키려면 정부 검사를 줄일 수 있는 새로운 시스템이 필요했다. 미국은 세계에서 가장 철저한 육류 검사 시스템을 갖고 있었다. 그리고 이 시스템이 "진보"의 속도를 늦추고 있었다. 규제 완화가 오랫동안 진행되었지만, 태평양 연안 북서부 지역*에서 식중독을 일으킨 햄버거는 국민 여론 무마의 측면에서 큰 문제인 동시에 검사 시스템 변화의 기회이기도 했다.

육류 산업과 식품가공 사업은 "자유무역"의 가장 큰 지지 세력이었다. 그들이 로비와 무역협정으로 추진하던 세계화를 위해서는 미국의 식품 기준을 다른 나라들과 "조합하는" 것이 필요했다. 수직통합된 육류 기업은 개도국에서 새로운 시장을 개척할 수 있는 기회와, 느슨한 환경 규제를 이용해 공장식 농장을 설치할 수 있는 가능성을 동시에 보았다. 탈규제와 자유무역의 신봉자였던 클린턴과 에스피는 육류업계가 원하는 평준화가 필요하다는 데 쉽게 동의했다. 커다란 변화를 만들어내기 위한 무대가 마련되었으며, 클린턴과 에스피는 위험한 조합이었다.

물론 두 사람이 수많은 미국인에게 식중독을 일으키는 시스템을 의도적으로 만들려고 했다고 보기는 힘들다. 그것은 업계가 사적 이윤보다 공중보건을 우선시할 것이라는 믿음과, 기술에 대한 맹신이 잘 드러난 사건이었다. 하지만 둘 중 누구도 식품 안전에 대해서는 잘 알지 못했다. 실제로 에스피는 농무부 장관보다는 보건복지부 장관이 되기를 바랐다. 그리고 비록 식품 안전에 대해서는 많이 알지 못했지만, "어두운 거래"에 대해서는 아는 게 많았다.

• 오리건, 워싱턴, 아이다호 주 북부 일부.

잭 인 더 박스 스캔들

타이슨 푸드의 본사가 있는 아칸소주 주지사를 지낸 클린턴은 가금류 대기업의 정치적 힘을 직접 경험했다. 1978년 클린턴이 처음으로 주지사 선거에 나섰을 때 CEO 돈 타이슨(Don Tyson)은 그를 지지했다. 하지만 클린턴이 주지사로 있으면서 대형 트레일러트럭에 대한 수수료 인상 등 몇 가지 진보적인 개혁을 시도하자, 타이슨은 좋아하지 않았다. 결국 1980년 재선에 나선 클린턴은 타이슨의 지지를 잃었고, 선거에서 패했다. 하지만 클린턴은 학습 속도가 빨랐다. 아칸소주에서 온건한 개혁을 추진하는 것, 특히 가금류 산업에 영향을 미치는 개혁의 추진과 관련해 교훈을 얻었다. 억만장자 돈 타이슨은 1982년 클린턴의 재선을 도왔다. 이후 클린턴이 주지사로 있는 10년 동안은 물론이고 대통령 선거 때도 그를 지원했다.

힐러리 클린턴 역시 타이슨과 관계를 맺었다. 가족의 친구이자 타이슨 푸드 변호사인 제임스 블레어(James B. Blair)가 다수의 육우 선물거래로 힐러리에게 수십만 달러의 이익을 안겨주었다. 이 일은 그녀가 영부인이 되자 스캔들로 비화했다.

세계화 지지자인 빌 클린턴이 농무부 식육검사관을 업계의 자율적인 검사에 의지하는 시스템으로 바꾸려는 계획과 관련해 가금류업계로부터 로비를 받지 않았을 것이라는 생각은 너무 순진하다. 클린턴은 자유무역을 내걸고 대통령이 되었다. 따라서 기념비적인 무역 관련 법안의 통과와 더불어 새로운 식품 안전 시스템 역시 확립해야 했다. 모호하고 기억하기 어려운 약자를 가진 이 새로운 시스템은 현재 '위해 요소 중점 관리 기준(Hazard Analysis & Critical Control Points: HACCP)'이라고 불린다.

하지만 육류 검사 시스템의 완화가 클린턴과 에스피 때 처음 일어난 일은 아니다. 1959년 나사는 필스버리(Pillsbury)와 계약을 맺고, 우주선 승무원이 식중독으로 위험에 빠지는 상황을 방지하는 방법의 개발을 의뢰했다. 필스버리의 수석 식품 과학자였던 하워드 바우먼(Howard Bauman)이 육군의 네이틱연구소(Natick Laboratory)와 함께 프로그램을 개발했다. 그리고 이 프로그램이 변형되어 현재 HACCP로 알려진 완화된 육류 검사 프로그램이 되었다.

원래 바우먼과 동료들은 식품 안전 문제를 질서정연하게 없앨 수 있는 상식적인 접근법을 설계했다. 적절하게 사용할 경우, 식품 안전 문제를 모니터하고 미생물 검사를 통해 문제를 해결하는 것과 관련한 중요 지점들을 파악할 수 있는 시스템을 개발했다. 박테리아 제거에는 방사선 처리나 염소 처리 같은 "처리(Treatments)"를 사용할 수 있었다.

방사선 처리가 박테리아 오염의 해법으로 등장했다. 당시 육군의 네이틱연구소가 병사를 위해 식품을 보존하는 쉬운 방법으로 이 기술(코발트-60이나 세슘 같은 방사선 원소를 먹거리에 조사하는 것)을 사용하는 것과 관련한 프로젝트도 동시에 진행했기 때문이다. 육군의 요청에 따라 1963년 식품의약국은 방사선 처리한 베이컨의 사용을 승인했다. 이후 이 베이컨은 병사의 주식이 되었다. 하지만 방사선 처리 사료를 먹인 실험실 동물은 조기 사망, 희귀 암, 종양, 생식기관 이상, 체중 미달 등 여러 건강 문제에 시달렸다. 결국 1968년 식품의약국은 육군에 부여했던 방사선 처리 베이컨의 사용 허가를 취소했다.

하지만 1980년대 중반이 되자, 거의 30년에 걸친 연방정부의 자금 지원과 진흥 정책 덕분에 이 기술이 널리 쓰이게 되었다. 현재는 방사선동위원소를 사용하지 않는 신기술도 개발되었다. 그리고 세계화된 농산물 산업은, 방사선 처리가 유통 기한을 늘려준다는 이유로 이 기술을 지지하는 세력에 합류했다. 농무부 동식물위생검사청은 초파리 같은 외래 곤충의 확산을 막기 위해 수입산 신선농산물의 방사선 처리를 장려하고 있다.

자부심 강한 공학도 출신 경영진인 필스버리의 바우먼조차도 자신이 개발한 방사선 처리나 품질관리 시스템이 앞으로 어떻게 적용될지 예견할 수 없었을 것이다. 그는 이 시스템이 먹거리의 품질관리를 향상시켜서,

방사선 처리한 식품(딸기와 땅콩버터로 만든 스무디를 각설탕 모양으로 만든 것, 부스러기가 생기지 않는 케이크, 탈수 처리한 스파게티)을 먹는 우주비행사가 식중독으로부터 안전할 것이라 굳게 믿었다.

1971년 봄, 필스버리의 사장이 회사에 닥친 위기를 해결하기 위해 식품 안전 문제 해결 전문가인 바우먼에게 도움을 요청했다. 필스버리의 유아용 분유에서 유리 파편이 발견돼 사회적으로 엄청난 파문이 일었다. 잇따른 스캔들과 리콜의 대응책으로 필스버리는 네이틱연구소에서 바우먼이 진행한 작업에 기반을 둔 새로운 식품 안전 시스템을 채택할 것이라고 발표했다. 그로부터 얼마 뒤 약산성 통조림의 보툴리누스 중독* 문제가 통조림 산업을 괴롭히기 시작했다.

식품의약국은 무언가 조치를 취해야 했다. 당시 널리 알려져 있던 바우먼의 필스버리 식품 안전 프로그램이 식품의약국의 관심을 끌었다. 의회가 식품의약국의 기능에 관한 사항을 정할 때 염두에 두지 않았던 대량의 식품 제조 시설을 다룰 방법을 찾고 있었기 때문이다.

1973년 식품의약국은 바우먼에게 통조림 산업을 대상으로 교육을 실시해달라고 요청했다. 이 교육 과정의 이름은 "위해 요소 중점 관리 기준 시스템을 활용한 식품 안전"이었다. 최초로 HACCP란 말을 사용한 것이다. 같은 해에 육류, 가금류, 가공한 달걀을 제외한 모든 먹거리를 관장하는 식품의약국은 같은 해에 통조림 산업이 저산성 식품에 HACCP와 유사한 접근법을 사용하도록 요구하는 규정을 제정했다.

1970년대의 보툴리누스 중독은 비극이었다. 하지만 사고 발생 경위를 파악하고 해법을 찾는 일은 쉬웠다. 저산성 야채로 통조림을 만들 때 고압에서 열처리하는 병원성 박테리아를 없애면 충분했다. 하지만 20년 뒤인 1993년 가을에 잭 인 더 박스의 유독성 햄버거 사건이 낳은 건강 위기는

• 혐기성 균에 의한 식중독으로, 부패한 소시지나 통조림 등에서 주로 발생한다.

전혀 새로운 유형의 문제였다. 그것은 미국 문화의 중심을 흔들어놓았으며, 사람들이 미국의 상징으로 여기는 식품을 전혀 새로운 관점에서 바라보게 만들었다.

이 사건에서 출현한 무서운 신종 박테리아는 대장균 O157:H7이라 불린다. 이 박테리아는 노출된 사람의 5~10퍼센트에게 심각한 신장 손상을 일으키고(주로 노인과 어린이), 심하면 사망에 이르게 하는 독소를 만들어낸다.

이 변형 박테리아의 기원은 알려져 있지 않다. 하지만 산업화된 먹거리 체계가 확산의 주범임은 분명하다. 육우는 생애 마지막 3~4개월 동안 초대형 비육장에서 밀집 사육되면서 자신의 똥오줌 속에서 뒹군다. 소가 똥오줌으로 뒤덮인 채 도살장에 도착하기 때문에 도살의 첫 단계에서부터 쇠고기 가공의 전 과정에 걸쳐 분변성 박테리아가 퍼진다.

또한 반추동물의 소화기관은 초지에서 풀을 뜯고, 풀이 자라지 않는 동안에는 건초를 먹기에 적합하다. 하지만 이 자연스런 식단과는 반대로 비육장의 육우는 지방질이 점점이 박힌 마블링이 잘된 쇠고기를 만드는 데 도움이 되는 재료들로 이루어진 고열량 사료를 먹는다. 게다가 극도로 빠른 도살장 라인의 속도가 상황을 더욱 악화시킨다. 대형 도살장은 시간당 400마리의 소를 도살·해체할 수 있다. 이 과정에서 당연히 일부 분뇨가 소의 사체에 남는다. 햄버거는 특히 오염에 취약하다. 여러 나라의 비육장에서 온 수천 마리의 부위들을 모아서 막대한 양을 한꺼번에 갈기 때문이다.

이 치명적인 새 병원균의 출현으로 클린턴 행정부는 물론 당황했다. 잭인 더 박스 스캔들이 쇠고기와 관련한 것이기는 했지만, 육류 검사 규정을 조금이라도 바꾸면 가금류에도 영향을 미치게 될 것을 깨달았다. 하지만 클린턴은 육류업계와 여론 사이에서 줄타기를 계속했다. 하룻밤 만에 사람들이 고기를 두려워하기 시작했다.

마이크 에스피는 장관이 된 지 사흘 만에 위기를 맞았다. 그는 이 사건을 클린턴에게 직접 보고했다. 1993년 2월 6일 그는 농무부 식품안전검사국이 "유해 박테리아의 위협에 더 효과적으로 맞서 싸울 수 있는 육류 검사 프로그램을 만들어내기 위해 '혁명적인' 전략을 준비할 것"이라고 말했다. 또한 "쇠고기 방사선 처리에 대한 연방정부의 승인을 가속화할 것"이라고도 했다.[1]

이어서 에스피는 식품의약국에 쇠고기, 송아지고기, 돼지고기, 양고기에 대한 방사선 처리 합법화를 요청했다고 발표했다. 가금육의 방사선 처리는 이미 1990년에 승인되었다. 육류협회 사업자단체인 미국육류협회는 식품의약국에 육류 방사선 처리의 합법화를 요청하는 청원서를 제출했다. 방사선 처리는 육류업계가 찾고 있던 만능열쇠였다. 더러운 고기의 죄를 없애고 도살장 라인의 속도를 빠르게 하는 데 도움이 되었다. 또한 업계의 많은 이들은 방사선 처리를 HACCP의 자율 규제 아래서 자신들이 지게 될 책임을 줄일 수 있는 수단으로 생각했다.

클린턴 행정부가 처음부터 HACCP를 염두에 두고 있었음은 분명하다. 1994년 봄, 에스피는 마이크 테일러(Mike Taylor)와 면담을 가졌다. 정부와 업계 간 회전문 인사의 달인인 테일러는 1991년부터 식품의약국의 정책 담당 차관보로 일하고 있었다. 그는 낙농장들이 "무(無)-rBGH"라는 문구를 라벨에 넣는 것을 금지하는 라벨링 가이드라인뿐 아니라, 해산물에 대한 HACCP 가이드라인도 작성했다. 20년 전부터 해산물 안전성은 큰 문제였다. 식품 질환의 거의 3퍼센트가 해산물 때문이라고 질병통제센터가 발표했다. 식품의약국 해산물부의 한 관리는 HACCP를 "업계가 무언가를 하고, 식품의약국은 얼마나 잘 되고 있는지를 확인하는 것"으로 묘사했다.[2]

업계의 로비 세력 중 하나인 법률 회사 킹 앤 스폴딩(King and Spalding), 공룡 농기업 몬산토, 식품의약국 사이를 오랫동안 오간 테일러는 농무부의 검사 체계를 기업 자율 규제 방식의 HACCP 시스템으로 교묘하게 탈바꿈시키는 데 완벽한 인물이었다. 그는 경험 많은 로비스트로서 달콤한 말로 업계와 소비자단체를 안심시킬 수 있었다. 에스피가 부정 관련 스캔들로 자멸하고 있는 동안 테일러가 일의 마무리를 맡았다. 그는 이후 2년 동안 농무부 식품안전검사국 책임자이자 식품 안전 담당 차관보로 일하면서 HACCP의 가장 큰 지지 세력이 되었다.

하지만 테일러는 소비자단체에 HACCP의 올바름을 확신시켜야 했다. 또한 그는 이 새로운 시스템이 잭 인 더 박스 같은 사고의 발생을 막을 것임을 언론에 (그리고 언론을 통해 국민들에게) 확신시켜야 했다. 그는 과학 기반의 식품 안전 시스템 확립을 이야기함으로써 이 일을 교묘하게 치리했다. 그리고 1994년 가을, 미국육류협회에 대장균 O157:H7을 쇠고기 분쇄육의 부정불량 중 하나로 규제할 것이라고 말했다. 또한 소비자단체가 농무부 고위직 회의에 참석할 수 있도록 했다. 그러자 많은 엘리트가 HACCP를 식품 안전에 대한 해답으로 확신하게 되었다.

테일러가 양측 논쟁을 진정시키는 방법에 관해 전략을 수립하는 동안 에스피는 부정부패 관련 조사를 받고 있었다. 그는 쇠고기업계에서 위험한 적을 만들었다. 예를 들어, 대규모 비육장 사업주들은 쇠고기 산업을 희생시키면서 가금류 산업에 특혜를 주는 불공정한 관행들과 관련해 농무부에 소송을 제기했다. 타이슨 푸드와, 농무부의 규제를 받는 다른 기업들로부터 청탁과 선물을 받은 사실이 드러나자 에스피는 1994년 가을 사임했다. 이 조사의 절정은 에스피가 3만 6,000달러어치의 선물을 받은 것과 관련해서 39개 죄목으로 기소된 일이었다. 하지만 배심원들은 무죄를 선고했다.[3]

1995년 캔자스주 위치타에서 선출된 10선 하원의원 댄 글릭먼(Dan Glickman)이 에스피의 뒤를 이어 농무부 장관이 되었다. 그는 농무부 장관이 될 가능성이 가장 큰 인물이었다. 그는 하원 농업위원회에 8년 동안 있었으며, 정재계 인맥*을 활용하는 방법을 알고 있었다. 하지만 글릭먼의 인준 과정은 논란에 휩싸였다. 조사관들은 3개월 동안 그의 주차 위반 딱지, 신용카드 사용 내역, 파산한 하우스 뱅크(House Bank)에서 잔고 한도를 초과하는 개인 수표 발행 등에 관한 조사를 벌였다.

새로 취임한 글릭먼이 업무를 파악하는 동안 HACCP 추진 세력인 테일러는 이미 무대 뒤에서 한 세기도 더 전에 제정된 육류 검사 규정을 무력화하는 작업을 진행하고 있었다. '검사'를 '처리'로 바꾸려 했다는 점에서 테일러는 순진하거나 냉소적인 사람이었다.

검사에 반대하다

빛의 속도로 동물을 도살해 가공할 수 있는 기술 진보 덕분에 육류 생산은 극적으로 변했다. 1800년대 중반 전기, 철도망 확대, 냉장 기술이 육류 생산에 혁명을 일으켰던 것처럼 20세기 후반에도 새로운 기술이 육류 산업을 변화시키고 있었다. 육류업계는 농무부 검사관이 "하나하나 찔러보고 냄새를 맡아보는" 구식 검사법을 사용한다고 비난했다. 모든 동물의 사체를 하나하나 검사하면서 라인의 속도를 늦추고 있다는 것이다. 연방법은 모든 동물의 사체를 농무부 직원이 검사하도록 요구하고 있었다. 하지만 업계는 자체적인 규율을 통해 스스로 안전을 책임지는 새로운 시스템 채택을 위해 로비를 벌이고 있었다. 역사가 다시 반복되려 하고 있었다.

최초의 식육검사법이 1884년 정육업체들의 요청으로 통과되었다. 이 법은 유럽으로 수출하는 고기가 더럽고 병에 걸렸다는 언론 보도를 상쇄하기 위해 설계되었다. 오늘날과 비슷하게 당시에도 시카고 쇠고기 트러스트라 불리는 소수의 기업이 업계를 지배하고 있었다. 이들은 더럽고 부정불량한 고기를 팔고 있었을 뿐만 아니라, 독점적인 관행을 이용해서 농민이 육우를 경쟁 시장 가격으로 팔지 못하도록 만들었다. 하지만 업턴 싱클레어의 소설 《정글(The Jungle)》이 청천벽력처럼 나타나 미국 전역을 충

• 정재계 엘리트 백인 남성들이 사적인 인맥을 통해 만든 비공식 네트워크를 가리킨다. 고급 골프장, 회원제 클럽 등을 통해 주로 교류가 일어난다. 그래서 이런 곳에 출입이 힘든 여성과 소수인종이 중요한 정보에서 자연스럽게 배제되는 효과가 일어난다.

격에 몰아넣었다. 고기 생산의 역겨운 실상을 요즘 폭로 보도 기사처럼 생생하게 보여주었다. 시어도어 루스벨트 대통령은 시카고에 검사관들을 보냈다. 싱클레어의 묘사가 사실로 확인되자, 루스벨트는 육류의 연방 수준 검사를 의무화하는 법안 제정을 지원했다. 1906년 식육검사법은 도살한 모든 동물 사체의 검사를 의무화했다. 이 법은 오늘날에도 붉은 고기와 돼지고기에 대한 규제와 안전 기준의 기초가 되고 있다.

가금류 산업이 폭발적으로 성장하자, 1957년 의회는 가금육제품검사법(Poultry Products Inspection Act)을 통과시켰다. 1968년 안전한가금육제품법(Wholesome Poultry Products Act)은 이전의 법을 수정·강화해 도살장부터 가공까지 검사가 지속적으로 이루어지도록 의무화했다.

반면 식품의약국의 규제 기능은 1906년 순정식품및의약품법(Pure Food and Drugs Act)의 통과로 확립되었다. 이 법은 육류 검사를 의무화한 법과 동시에 통과되었다. 식품의약국은 원래 농무부의 일부였지만, 1940년에는 지금의 보건복지부 소속이 되었다. 농무부가 육류와 가금류를 규제하는 반면, 식품의약국은 그 외의 모든 식품(껍질째 달걀 등)을 책임진다.* 하지만 식품의약국은 늘 인력이 부족해 검사관의 숫자가 훨씬 적다. 현재 농무부가 6,000명의 라인 검사관과 1,200명의 수의사 검사관을 보유하고 있는 반면, 식품의약국은 약 1,200명의 검사관만을 보유하고 있다.

육류업계는 1970년대부터 농무부의 검사에 계속 저항해왔다. 기술 발전으로 산업화된 대규모 도살장의 운영이 가능해지면서 반대는 더욱 거

---

* 이것은 단순한 설명이고, 실제로는 두 기관 간의 업무분장이 훨씬 복잡하다. 주 내용은 다음과 같다.

가금류	농무부	가축화된 모든 가금류.
	식품의약국	기타 가금류: 야생 칠면조, 오리, 거위 등.
붉은 고기	농무부	주요 붉은 고기: 쇠고기, 양고기, 돼지고기, 말고기 등.
	식품의약국	기타 붉은 고기: 들소고기, 토끼고기, 야생동물 고기, 사슴고기 등.
알	농무부	알 제품: 건조/냉동/액상 알. 알을 깨뜨리고 살균하는 공장.
	식품의약국	가축화된 가금류(닭, 오리, 거위 등)의 껍질째 알. 껍질째 알을 세척·분류·포장하는 공장.

출처: https://www.registrarcorp.com/resources/fda-usda-food-regulations/

세졌다. 포드 행정부 때는 육류업계의 로비로 워싱턴 D.C. 소재 컨설팅 회사 부즈 알렌 해밀턴(Booze Allen Hamilton)에 용역을 맡겨서 육류 검사 시스템의 변화를 위한 권고를 받기로 했다. 이 보고서는 카터 행정부 때 발표되었으며, 비용 효과성을 높이고 불필요한 간섭을 없애는 데 초점을 맞췄다. 이 보고서는 정부 식육검사관의 역할을 축소할 것과 "기업 수준의 품질관리"를 장려하라고 권고했다.[4] 또한 "연방법 준수 여부를 입증할 책임을 업계가 지는" 모니터링 시스템을 만들라고 제안했다. "법 준수 여부에 관한 납득할 만한 증거 제공은 업계의 책임이라는 것이다."[5]

스탠 페인터(Stan Painter)는 육류업계가 어떤 식으로 정치인과 농무부를 압박해서 육류 검사를 완화시켰는지 가장 잘 알고 있다. 앨라배마주에서 나고 자란 페인터는 기분 좋은 남부 억양으로 이야기한다. 그의 말에는 식중독으로부터 미국인을 보호하려는 열정이 묻어나온다. 미국공무원연합 산하 단체인 미국식품검사관협회연맹(농무부 육류 검사관들을 대변하는 연합체) 의장인 그는 수십 년 동안 검사 시스템의 온전성을 보호하기 위해 싸웠다.

페인터는 도살장(주로 가금류 도살장)에서 주로 일했다. 라인 노동자에서 출발해 초대형 패스트푸드 체인인 KFC에 닭고기를 공급하는 가금류 가공 공장의 위생 정화 담당 직원이 되었다. 이후 품질관리 담당자로 승진했고, 결국에는 공장 책임자가 되었다. 1980년대 중반 농무부 수의사가 페인터에게 농무부 식품안전검사국 검사관 자리에 지원해보라고 권했다. 그는 1985년부터 검사관으로 일하고 있다.

페인터는 육류 검사 규제를 완화하라는 압력이, 자신이 검사관으로 일한 지 얼마 되지 않았을 때 시작되었다고 말한다. 1985년 레이건 집권기에 그램-루드만-홀링스법(Gramm-Rudman-Hollings Act)[••]이 통과되었다.

••정식 명칭은 균형예산과긴급적자통제법(Balanced Budget and Emergency Deficit Control Act)으로, 재정 적자 축소가 주된 내용이다.

이 법은 모든 부처의 예산 감축을 의무화했다. 1986년이 되자 식품안전검사국 직원들에게 예산 감축의 고통이 느껴지기 시작했다. 이 기관 예산의 90퍼센트가 인건비였다. 페인터에 따르면, 레이건이 임명한 식품안전검사국 책임자가 예산 감축에 대한 대응으로 처음 한 일이 검사관을 도살장 라인의 시작 부분에서 없앤 것이다. 검사관은 도살장 라인에 들어오는 가금류에 역겹거나 비정상적으로 보이는 것이 없는지(일반적으로 가금류나 사람의 사망 원인에 해당하지 않는 것) 확인하는 역할을 맡고 있었다.

그 결과, 오늘날 소비자는 외부 손상, 종양, 암이 있는 닭고기와 상처에서 고름이 흘러나오는 닭고기를 먹고 있다. 이 사실은 분명 소비자에게 충격일 것이다. 도살장 라인에 도착한 가금류가 질병에 걸렸는지, 부상이나 질병으로 이미 죽었는지를 확인할 농무부 검사관이 1986년부터 사라져 버렸다.

한편 레이건 집권기에 해산물 안전성에 관한 압력이 커지자 의회는 상무부와 미국수산청에 해산물 안전 검사를 위한 새로운 모델 개발을 맡겼다. 이 기관들은 HACCP를 자발적인 검사 프로그램으로 사용하라고 권고했다. 규제 완화의 광풍이 계속 몰아치던 1988년에는 식품의약국, 식품안전검사국, 미국수산청, 미육군의무감실이 한데 모여 국립식품미생물기준자문위원회를 창설하고 예산을 지원했다. 1989년 이 자문위원회는 HACCP의 채택을 지지했다.[6] HACCP 개념의 창시자인 하워드 바우먼이 자문위원회에 참여했다.

조지 H.W. 부시가 대통령으로 있던 1990년 식품안전검사국은 HACCP와 관련해 업계, 농무부 검사관, 기타 관련자와 회의를 개최했다. 규제 완화된 검사 프로그램을 개발하기 위해 "워크숍"이라 불리는 5번의 공식 회의를 1991년과 1992년에 열었다. 육류업계가 주도적으로 개발한 규제 변화안이 이 회의에서 논의되었다. 농무부 식육검사관과 소비자단체에는 HACCP가 검사를 대신하는 것이 아니라, 추가적인 안전 절차와 미생물 검사를 통해 기존의 검사를 강화하고 현대화하는 역할을 할 것이라고 엄숙하게 약속했다. 그들은 검사관들에게 새 프로그램이 채택되더라도 검사관 역할에는 변화가 없을 것이라고 말했다. 하지만 "잉크가 채 마르기도 전에 그것을 대체하기 시작했다"라고 페인터는 증언했다.

클린턴이 취임할 무렵에는 규제 완화가 많이 진행되었다. 에스피는 규제 완화를 더욱 진전시켰다. 1993년 5월 에스피는 모든 육류 공장 및 가금류 공장에 HACCP를 확립할 규정을 마련하라고 식품안전검사국에 지시했다. 글릭먼이 취임할 무렵에는 규정 개편 일정이 마련되었다.

1996년 여름, 사람들이 한창 야외 바비큐에 열을 올릴 무렵 글릭먼은 다음과 같은 언론 보도 자료를 기쁘게 배포했다. "빌 클린턴 대통령은 육류와 가금류 검사를 혁명적으로 바꿀 새로운 식품 안전 규정을 발표했다. …… HACCP는 예방을 가장 우선시함으로써 안전을 확보할 것이다."[7]

1996년 10월 글릭먼은 톰 빌리(Tom Billy)를 식품안전검사국 국장으로 임명했다. 빌리는 1994년부터 식품안전검사국 부국장으로 일해왔다. 그 전에는 식품의약국 해산물부 부장을 지냈다. 식품의약국에 있을 때에는 마이클 테일러와 함께 HACCP를 해산물에 적용하는 작업을 했다. 테일러는 1996년 마법을 모두 부리고 난 뒤 농무부를 떠나 로비로 유명한 법률 회사 킹 앤 스폴딩으로 돌아갔다. 식품의약국에 두 번째로 합류하기 전에 테일러는 이 법률 회사에서 몬산토의 변호사로 일했다. 글릭먼은 농무부 보도 자료를 통해 HACCP 실행에 "톰 빌리보다 더 나은 인물은 없다"라고 이야기했다.[8] 페인터는 테일러와 빌리를 "공범"이라 부른다. 그들은 식품의약국에서 HACCP 관련 작업을 함께하면서 규제 완화에 헌신했다. 빌리는 이 새로운 자리에서 HACCP를 육가공에 실행하는 작업을 진행했다.

농무부는 도살과 육가공을 별개의 과정으로 간주한다. 1996년 규정은 육가공에서 HACCP 실행을 의무화했고, 도살에서는 권고했다. 육가공은 동물을 죽여서 내장을 빼내고 난 다음의 단계로, 고기를 자르고 준비한 뒤

각 부위별로 고기를 포장하는 작업이다. 도살장과는 별개의 시설에서 진행할 수도 있고 큰 도살장의 한 부분에서 진행할 수도 있다. 톰 빌리는 육류 생산의 모든 단계에 HACCP를 적용함으로써 클린턴 행정부가 추진하던 무역 규정들에 부합할 수 있도록 하는 데 헌신했다.

또한 빌리는 국제식품규격위원회에서 근무하면서 먹거리 무역의 세계화에도 중요한 역할을 수행했다. 국제식품규격위원회는 세계무역기구에서 국제적으로 채택하는 식품 기준을 만드는 기관이다. 1990년대 중반 식품안전검사국에 근무하는 동안 빌리는 국제식품규격위원회 부회장직을 겸임했다. 이때 국제 식품 규격에 방사선 처리와 HACCP 기준이 채택되었다. 결국 1999년에 그는 4년 임기의 국제식품규격위원회 회장이 되었다. 식품안전검사국을 떠나 국제식품규격위원회에서 상근직으로 일했다.

1997년 국제식품규격위원회는 국제무역 의제의 일환으로 '국제실행규범: 식품 위생의 일반 원칙(International Code of Practice: General Principles of Food Hygiene)'을 발표했다. 세계무역기구의 식품위생협정이 개별 회원국의 보호 조치를 제한하기 때문에 HACCP가 세계화된 먹거리 체계의 안전 시스템이 되었다. 그 결과, 가장 낮은 수준의 공통분모에 기반을 둔 약한 규정이 보호 규정을 대체했다. 예를 들어, 이 규정은 중국이나 멕시코에서 가공한 닭고기를 미국이나 다른 나라에서 팔 수 있도록 허용하기 위해 설계되었다. HACCP 제도화의 목적은 곧 분명해졌다. 업계가 식품 안전에 주도적인 역할을 수행함으로써 거대 식품 회사들이 가공 시설을 개도국으로 옮길 수 있도록 했다.

얼마 지나지 않아서 미국에서는 농무부 검사관들이 HACCP를 "커피 한 잔 하면서 기도하기(Have A Cup of Coffee and Pray)"의 약자라고 불렀다. 정육업체의 희망처럼 HACCP는 기업의 "자율실행제도*"를 만들어냈으며,

---

• 양심에 따라 자발적으로 규칙을 준수하도록 하는 것. 무감독 시험이 대표적이다.

검사관은 고기를 직접 검사하지 않고 공장의 기록을 모니터하기 시작했다. 만약 HACCP가 업계에 상황을 해결할 수 있는 위생 계획을 개발하도록 요구하고 검사관이 실시간 미생물을 검사할 수 있도록 허용했더라면, 이 새로운 시스템은 육류 안전성을 향상시켰을 것이다. 하지만 이것은 HACCP의 실행 의도와는 거리가 멀었다.

미국 고기는 안전한가

HACCP는 농무부 검사관의 역할을 축소했으며, 검사관에게 서류 작업과 관련한 새로운 업무를 부과했다. 육류가공 공장의 검사관은 오염 때문에 라인을 멈추지 말고 고기가 라인 끝에 도달해 '처리'로 문제가 해결될 때까지 기다리라는 지시를 받았다. 암모니아, 염소, 트리소듐포스페이트 등을 이용한 처리가 가공 공정에서 장려되었으며, 방사선조사는 "라인 끝단의 처리"로 권장되었다. 하지만 라인 끝단에서는 앞에서 봤던 오염된 고기가 제대로 처리되었는지 확인할 수 있는 방법이 전혀 없었다.

페인터는 1970년대 가금류 도살장의 라인 속도는 분당 46마리였지만 지금은 140마리 수준으로 늘어났으며, 몇몇 대형 도살장은 210마리에 이르기도 한다고 설명한다. 잠재적인 위험 상황이 목격될 때 행동을 취하는 대신(이렇게 하면 라인 속도가 늦어진다), 검사관은 "시스템이 해결하도록 내버려 두라"는 지시를 받는다. 라인의 후속 단계에서 오염을 해결할 수 있다는 것이다.

이것은 고기의 식품 안전 문제 뿐만 아니라, 무척 위험한 노동 환경도 만들었다. 페인터는 몇몇 섬뜩한 사고들을 기억해냈다. 엄지손가락이 장비에 끼어서 잘린 여성, 닭고기 냉각 장치**를 청소하다가 두 동강이 난 사람, 이산화탄소 '처리'에 노출되어 사망한 몇 명의 노동자, 그라인딩 머신

•• 내장을 빼낸 닭을 찬물로 식히는 장치.

에 떨어져서 산 채로 갈린 사람 등.

1999년 6월 비영리 시민단체인 정부책임성프로젝트(Government Accountability Project)가 HACCP 공장에서 일한 연방정부 육류 및 가금류 검사관들을 대상으로 설문 조사를 실시했다. 결과는 2000년 정부책임성프로젝트와 공적시민(Public Citizen)이 펴낸 보고서로 발표되었다. 보고서의 제목은 〈정글: 미국 고기는 먹기에 적합한가(The Jungle: Is America's Meat Fit to Eat)〉였으며, 나 역시 필자로 참여했다.

이 설문 조사는 HACCP 때문에 실제로 검사관이 검사의 최전선에서 물러나게 되었음을 보여주는 증거를 제공했다. 검사관들은 더 이상 오염에 직접적인 행동을 취하지 못하게 되었다고 이야기했다. 분뇨, 토사물, 금속 조각 등이 먹거리 체계 속으로 들어가는 상황을 막을 수 없게 되었다. 검사관은 도살 업무 수행 과정에서 목격한 위반 사항을 기록하지 말라고 지시받았다. 검사관들의 이야기를 직접 인용하면 다음과 같다.

"즉각 행동을 취하는 대신, '시스템이 해결하도록 내버려 두라'는 지시를 받았습니다."

"그건 엄청난 서류 작업입니다. …… 온갖 세세한 사항들을 챙겨야 하지요. 중요하게 여기는 것은 그것밖에 없습니다."

"공장 관리자들은 이렇게 이야기합니다. '여기서의 규칙은 아무 규칙이 없다는 것입니다! 우리(공장 관리자)가 스스로 규정을 만듭니다.'"

"육류 공장에서는 기록을 두 벌 작성합니다. 하나는 농무부 검사관들에게 보여주기 위한 것이고(정말 좋은 기록처럼 보이지요), 다른 하나는 자신들이 사용하기 위한 것이지요."

"많은 일들이 계속되고 있습니다. 특히 바닥에 떨어진 고기는, 노동자들이 그것(오염된 고기)을 그냥 집어 올려서 사람들이 먹는 식품으로 만들지요."

페인터는 HACCP가 육가공에서만 의무화되었을 때에도 농무부는

HACCP를 도살장에 도입하려는 계획을 늘 갖고 있었다고 이야기한다. 1998년 농무부는 'HACCP 기반 검사 모델 프로젝트(HACCP-based Inspection Models project: HIMP)'라고 불리는 도살장 대상 시범 프로젝트를 시작했다. 목표는 도살장 라인에서 검사관을 떼어내고, 회사 직원이 작성한 검사 기록을 검사관이 검토하도록 하는 것이었다. 미국공무원연합 의장인 바비 하니지(Bobby Harnage)는 이렇게 말했다. "이것은 의회가 법적 변화를 전혀 고려하지 않는 사항을 행정 수단을 통해 변화시키려는 부정한 시도이다. 전체 육류 및 가금류 검사 절차를 현저히 약화시키고 있다. 우리는 그냥 팔짱을 끼고 앉아서 농무부가 자신의 책임을 포기하고, 그것을 미국 소비자에게 떠넘기도록 내버려두지 않을 것이다."⁹ 미국공무원연합은 검사관이 반드시 모든 동물 사체를 검사해야 한다고 규정한 법을 위반한 혐의로 농무부를 고소했다.

소송에도 불구하고 1999년 30개 공장이 도살장에서 검사관의 숫자를 줄이기 위해 이 프로그램에 참여했다. 2000년 컬럼비아 특별구 순회항소법원은 HACCP 기반 검사 모델 프로젝트가 연방법을 위반했다고 선고했다. 판사들은 판결문에서 이렇게 말했다. "정부는 다른 사람들의 일을 연방정부 공무원들이 지켜봄으로써 법에서 정한 검사의 책임을 완수할 것이라 믿고 있다. 다른 사람이 공을 던지는 것을 주의 깊게 지켜본다는 이유로 심판을 투수라 하기는 힘들다."¹⁰ 그러자 농무부는 HACCP 기반 검사 모델 프로젝트를 재설계해, 동물 사체를 검사하는 식품안전검사국 검사관을 도살장 라인의 끝단에 배치했다.

펠리시아 네스터(Felicia Nestor)는 지난 15년 동안 양심선언을 한 농무부 식육검사관들과 함께 작업했다. 결코 그녀가 계획한 일이 아니었다. 네스터는 웨이트리스로 일하면서 뉴욕시립대에서 예술과 미술을 전공한 뒤 사진작가가 되었다. 그녀는 일 때문에 유엔에서 사진을 찍으면서 놀라운 사람들의 민권 연설을 들었다. 이 경험으로 그녀는 법학대학원에 진학했다. 워싱턴 D.C.에서 조지타운대학교 법대에 다니면서 정부책임성프로젝트 사람을 만났다. 그녀는 이 단체의 자원봉사 사진사로 일을 시작했고, 결국 직원이 되었다.

네스터는 자신에게는 식품 안전에 관한 배경지식이 전혀 없었다고 말한다. 따라서 1990년대 중반 정부책임성프로젝트에서 처음 일하기 시작했을 때 그녀는 완전히 열린 마음을 갖고 있었다. 네스터는 검사관들이 많은 문제를 제기하는 모습과, 농무부 측과 좋은 관계를 유지하고 있던 소비자단체들로부터 아무런 지지를 받지 못하는 상황을 지켜보았다.

네스터는 당시 검사관들이 염려했던 일이 이제 모두 실현되었으며, HACCP에 찬성했던 소비자단체들은 완전히 잘못된 판단을 하고 있었다고 회상했다. 그녀는 블루컬러 노동자에 대한 편견 때문에 소비자단체들이 매끄러운 말솜씨의 관리들에게 넘어가버렸다고 이야기한다.

네스터는 "HACCP 기반 검사 모델 프로젝트에 찬성한 때만큼 소비자단체들이 감언이설에 속아 넘어가는" 방식이 잘 드러난 적이 없었다고 이야기한다. 오염 사고의 대부분이 발생하는 도살 공정에서의 검사 민영화에 반대하는 목소리를 낸 단체는 정부책임성프로젝트와 공적시민, 둘밖에 없었다. 동식물위생검사청장 톰 빌리는 새로운 시스템이 새로운 과학적 방법론에 기반을 두고 있으며, 검사관들은 단지 일자리를 잃을 것을 두려워하고 있을 뿐임을 미국소비자연맹 같은 운동단체들에게 납득시키는 선전 활동에 관여했다.

네스터는 농무부 검사관들의 이야기를 사람들이 듣지 않은 것을 안타깝게 생각한다. "지난 세월 저는 이 일을 걱정하는 검사관 수백 명과 이야기를 나눴습니다. 그들 중 누구도 새로운 프로그램 때문에 일자리를 잃을 위험에 빠지지는 않았습니다. 하지만 그들은 자신의 부모, 자녀, 손자, 이웃이 먹는 식품을 진심으로 걱정하고 있습니다. 농무부는 제대로 상황을 알지도 못한 채 조건반사적으로 작동하는, 노조와 블루컬러에 대한 좋지 못한 편견에 의지해서 이 규제 완화 프로그램을 관철시켰습니다."

그녀는 농무부 관리자들이 육류나 가금류 공장 내부에서 일한 경험이 전혀 없으며, 정해진 절차를 몰래 생략하려는 업계의 시도를 직접 목격한 경험도 전혀 없다고 이야기한다. 그들의 공장 내부 경험은 이따금씩 기업이 대외홍보용으로 보여주는 쇼 때밖에 없다. 물론 이런 쇼 전에 공장 직원들이 공장을 티끌 하나 없이 청소하며, 관리자들이 있는 동안에는 생산 라인이 정상 속도의 절반 정도로 움직인다.

네스터는 HIMP 시범 프로그램에 따라 움직이기 시작한 골드 키스트 (Gold Kist) 가금류 공장에서의 경험을 이렇게 회상한다. 그녀가 이 스캔들을 보도해야 할 필요성을 오스틴 스테이츠먼(Austin Statesmen)과 대형 미디어 그룹인 콕스 뉴스페이퍼스(Cox Newspapers)에게 전하자 모든 것이 터져 나왔다. 골드 키스트는 연방정부 학교 급식 프로그램용 치킨 너겟을 공급하고 있었다. 분당 200마리의 속도로 닭이 도살되고 있었으며, 종양·고름이 흐르는 상처, 기타 건강상의 문제를 가진 병든 닭이 미국 전역의 학교 급식을 위해 가공되고 있었다. 하지만 검사관들이 농무부 상관들에게 이 문제를 보고하자 그들은 훈계를 들었다. 농무부는 아무런 조치도 취하지 않았다.

HIMP에서는 암모니아, 염소, 트리소듐포스페이트 같은 살균제를 사용해 오염을 제거한다. 스탠 페인터의 이야기처럼 이런 공장의 검사관은 "전시용"이다. 오늘날 약 30개 HIMP 공장이 닭고기, 돼지고기, 칠면조고기를 가공하고 있다.

또한 네스터는 농무부가 새로운 시스템에 대한 지지를 얻기 위해 홍보한 미생물 검사의 문제점에 관해서도 많은 글을 썼다. 그녀는 농무부가 병원균 샘플 채취 프로그램과 관련해서 국민을 일관되게 오도해왔다고 이야기한다. 그녀는 농무부가 살모넬라에 대한 제품 검사를 매일 실시하지 않는다는 사실을 발견했다. 이는 선전 활동의 영향으로 소비자가 갖게 된 믿음과는 상반되었다. 대신 대부분의 공장은 연간 60회 미만의 검사를 받았다. 네스터는 이렇게 이야기한다. "농무부는 자신의 '과학 기반' 프로그램에 관해서는 화려한 수사를 늘어놓았지만, 효과적인 과학적 방법론에 관해서는 별로 이야기를 하지 않았습니다. 그리고 그것의 실천에 관해서는 두리뭉실하게 이야기하거나, 심지어 거짓말을 했습니다."

정부책임성프로젝트와 공적시민은 정보공개법에 따라 입수한 농무부 자체 기록을 5달 동안 힘들게 검토한 결과를 〈햄버거 지옥(Hamburger Hell)〉이라는 보고서로 발표했다. 이 보고서는 검사 프로그램을 기반으로 판단할 때, 쇠고기 분쇄육 식품 공급이 더 안전해졌다는 농무부 주장을 뒷받침할 실질적인 증거가 전혀 없다고 결론 내렸다. 네스터와 공저자 패티 로베라(Patty Lovera)는 농무부가 냉장 쇠고기 분쇄육 공급량의 85퍼센트를 생산하는 대형 공장들에서 쇠고기 분쇄육 샘플 가운데 1퍼센트 미만을 채취한다는 사실을 발견했다. 농무부는 전체 쇠고기 분쇄육 공급량의 1퍼센트 미만을 생산하는 규모가 작은 공장들에서 전체 샘플의 60퍼센트를 채취하고 있었다.

농무부는 대형 공장들은 그냥 통과시키고, 오염 문제를 규모가 작은 가공업체들의 탓으로 돌리고 있었다. 그 결과 새로운 정책을 시행한 지 불과 몇 년 지나지 않아 규모가 작은 쇠고기 분쇄육 생산업체의 40퍼센트 이상이 퇴출되었다. 오늘날까지 식품의약국과 농무부는 소형 식품가공업체를 차별하고 있다. 예를 들어, 식품의약국은 산업화된 대형 식품가공 공장의 주요 식품 안전 문제에 대처하는 데 자원을 사용하는 대신, 소비자에게 생우유˙(혹은 우유로 만든 치즈)를 직접 판매하는 생산자의 판매 현장을 순찰하느라 자원을 낭비하고 있다.

˙ 생우유(raw milk)는 젖소에서 짠 그대로의 우유로, 살균 처리나 균질화 처리를 하지 않은 우유이다. 균질화란 생우유가 지방분인 크림과 우유로 자연 분리되는 것을 막는 공정이다. 시판되는 우유는 거의 모두 살균 처리와 균질화를 거친다.

농무부는 미생물 샘플 채취와 관련해서 활용할 수 있는 수많은 새로운 도구의 사용을 전혀 허용하지 않았다. 양심선언자들과 계속 작업해온 네스터는 식품이 시장에 진입하기 전에 검사관이 오염원을 쉽게 발견할 수 있지만, "상관은 그가 그런 일을 하도록 결코 허락하지 않는다"라고 이야기한다.

광우병의 위험

조지 W. 부시 행정부에서 엘사 무라노(Elsa Murano)가 식품 안전 담당 차관보가 되자 탈규제는 새로운 양상을 띠었다. '위험 기반 검사'가 등장했다. 이 프로그램 역시 검사관을 검사 현장에서 없애는 쪽으로 설계되어 있었으며, 잘못된 미생물 검사에 기반했다. 무라노는 텍사스A&M대학교 식품안전센터 센터장을 역임했다. 그녀는 남편 피터 무라노(Peter Murano) 박사와 함께 아이오와주 식품방사선처리센터에서 공직 생활을 처음 시작했다. 기술에 광적인 믿음을 가진 엘사 무라노는 약한 방사선 처리 식품의 기존 라벨링을 변화시켜 방사선이란 단어를 뺀 "냉온살균"으로 바꾸려고 했다.

무라노가 차관보로 있는 동안 그녀의 남편이 농무부 식품영양지원국의 특별영양프로그램 부책임자로 임명되었다. 그는 정부학교급식프로그램을 관할했으며, 학교 급식용 육류의 방사선 처리를 추진했다. 하지만 공적 시민이 전국적인 운동을 성공적으로 조직한 결과, 학교 급식용으로는 방사선 처리한 육류를 사용하지 않게 되었다. 그리고 방사선 처리 식품의 라벨에 "방사선 처리"란 단어를 계속 쓸 수 있게 되었다.

부시 행정부의 농무부는 방사선 처리를 위험 기반 검사 시스템에서 식중독을 예방할 수 있는 묘책으로 보았다. 부시의 두 번째 임기 때 식품 안전 담당 차관보였던 리처드 레이몬드(Richard Raymond)는 최신 탈규제 프로그램을 추진하기 위해 이해관계자들과 하루 종일 회의했다. 의사인 레이몬드는 과거 네브래스카주 최고의료책임자를 역임한 인물이다. 2006년 그는 위험 기반 검사를 식품안전검사국 업무 방식의 "자연스런 진화"라고 불렀다. 기본적으로 이 프로그램은 검사 성적이 좋은 공장에서 육류 검사관을 제거하고, 검사 성적이 나쁜 공장에 검사관을 집중하고자 했다. 이 프로그램은 내재적인 위험도에 따라 부여한 육류 제품들의 순위에 기반을 두었으며, 박테리아를 파괴하기 위해 화학 요법과 방사선 처리를 사용하고자 했다.

그것은 터무니없는 계획이었다. 그들이 사용하고자 계획한 살모넬라와 대장균 검사 기록이 잘못되었기 때문이다. 뿐만 아니라 이 검사 기록이 미국인이 소비하는 육류의 대부분을 생산하는 대형 공장들이 아니라 소형 공장들에서 얻어진 것이며, 검사 이후 소형 공장들 중 다수가 문을 닫았기 때문이다. 2006년 9월 농무부 감찰국 보고서에 따르면, 살모넬라에 대한 검사 기록이 없는 사업장이 전국적으로 865개소나 되었다.

농무부가 위험 기반 검사에 열의를 보이는 이유가 자원과 관련이 있다는 점은 분명하다. 농무부는 언론에 공장의 "가상 검사" 허용을 고려 중이라고 이야기했다. 가상 검사란 회사가 이메일로 기록을 보내서 농무부 직원이 공장에 직접 가지 않고서도 조사할 수 있도록 하는 것이다.

다행히도 하원 농업 및 식품의약국 담당 소위원회 위원장 로사 데루로(Rosa DeLauro) 의원이 이 계획에 제동을 걸었다. 그녀는 이라크전 추가경정예산법에 수정 항목을 추가해, 농무부 감찰국이 식품안전검사국의 검사 시스템(미생물 검사 포함) 감사를 끝낼 때까지 식품안전검사국이 이 프로그램에 더 이상 예산을 쓰지 못하도록 했다. 2010년 감찰국은 6개월 동안 이 프로그램을 감사했으며, 2011년 3월 첫 번째 보고서를 발표했다. 이 보고서는 농무부의 계획에 무척 비판적이었으며, 식품안전검사국이 검사를 철저히 재평가하는 것이 필요하다고 결론 내렸다. 현재는 2단계 조사가 진행 중이다.•

하지만 부시 행정부가 공중보건을 가장 우선시하는 데 실패했음을 잘 보여주는 사례로는 광우병만한 것이 없다. 광우병의 정식 명칭은 우해면 양뇌증(bovine spongiform encephalopathy)으로, 1986년 영국에서 처음 발견되었다. 목장주들이 소가 병에 걸려 걷지 못한다는 사실을 발견했다. 이 무서운 병과 관련한 안전 문제에 농무부는 한 번도 제대로 대처하지 않았다. 현재 유럽, 아시아, 북미에서 발견되고 있는 광우병 때문에 100명 이상이 죽었으며, 농민들은 예방 조치로 수백만 마리의 소를 살처분했다. 몇몇 나라의 쇠고기 산업은 초토화되었다. 과학자들은 이 질병에 감염된 동물의 뇌, 척수 같은 신경 조직을 소가 먹고 감염되는 것으로 추정하고 있다.

2008년 취임한 오바마 대통령은 부시 시대 정책의 결과로 발생한 식품 안전 스캔들에 직면했다. 광우병에 감염되었을 위험이 높은 병든 소의 고기가 학교 급식으로 어린이에게 제공되었다. 정부학교급식프로그램에 두 번째로 많은 양의 쇠고기를 공급하던 캘리포니아주 치노에 있는 한 육류 공장이 심하게 아프거나 기력이 떨어져서 일어설 수 없는 "다우너(downer)"의 고기를 제공한 것으로 밝혀졌다. 이 스캔들이 더욱 큰 논란을 불러일으킨 까닭은 이 회사가 부시 행정부 때 2004~2005 농무부 '올해의 공급업체'로 선정되었으며, 36개 주의 학교에 쇠고기를 공급했기 때문이었다.[11]

미국 동물보호협회 조사관이 신분을 숨기고 중간 크기 도살장에 잠입했다. 그는 값싼 고기용으로 사용하는 병들고 아픈 젖소가 걸어서 검사 구역을 통과할 수 있도록 여러 가지 혐오스러운 방법을 사용하는 장면을 비디오로 찍었다. 노동자들이 지게차로 소들을 거칠게 밀어붙이거나, 민감한

• 2011년 3월에 발표한 보고서는 예비 보고서로 보이며, 최종 보고서는 2012년 5월에 발표했다. 보고서의 제목은 〈Report Title and Number: FSIS Sampling Protocol for Testing Beef Trim for E. coli O157:H7〉이다. 제목에서 알 수 있듯이 쇠고기에서 대장균 검사를 위해 샘플을 추출하는 절차에 관한 평가이다(http://www.usda.gov/oig/webdocs/24601-0001-31.pdf).

부위를 전기가 흐르는 소몰이용 막대로 찔러대는 장면이 담겨 있다. 동물 보호협회의 회장인 웨인 파셀(Wayne Pacelle)은 그들이 보낸 조사관이 "젖소가 일어서서 도살 장치로 걸어갈 수 있도록 하기 위해 도살 전의 모든 단계에서 고문하고 있음을 발견했다"라고 말했다.[12]

미래에도 시의적절한 행동이 취해지지 않으리란 것을 예고라도 하듯 새 대통령이 대응을 하는 데 1년이 걸렸다. 결국 오바마는 다우너 젖소의 고기 사용을 금지했다. 이 조치는 옳다. 하지만 젖소가 다른 가금류 사육장의 깔짚, 육우의 피, 식당에서 나온 가공식품 음식물 찌꺼기를 먹도록 허용하는 등 광우병을 확산시킬 수 있는 다른 관행들은 금지하지 않았다. 또한 미국은 적절한 검사를 실시하지 않고 있으며, 광우병 소가 계속 발견되는 캐나다 등으로부터의 소 수입도 허용한다.

중요한 문제에 관해 신속하고 결단력 있게 행동하지 못하는 것이 오바마 행정부의 일관된 특징이다. 오바마는 대통령에 취임한 지 만 1년이 지난 2010년 1월 25일이 되어서야 농무부 의료수석 엘리자베스 하겐(Elisabeth Hagen)을 식품안전검사국 담당 차관보로 임명했다. 이런 늑장 대응 때문에 반대 진영으로부터 많은 비판을 받았다. 그리고 2010년 9월 마침내 의회가 임명을 비준했다. 하겐은 하버드 의대를 졸업하고 대학 강의와 환자 진료를 병행하다가, 2006년 식품안전검사국 간부가 되었다. 하겐 취임 이후 식품안전검사국이 운동 진영의 우려를 좀 더 받아들이는 태도를 보이고 있다. 하지만 육류 검사 규정의 강화를 위해 투쟁해온 푸드앤워터워치 먹거리 프로그램의 로비스트 토니 콥(Tony corb)은 식품안전검사국을 이렇게 평가한다. "오바마 행정부는 육류 검사와 관련해 오랫동안 지체되어 왔던 업데이트들 중 일부를 했습니다. 쇠고기 분쇄육에서 부정불량으로 간주하는 병원균의 목록을 늘린 것이 대표적이지요. 하지만 그들은 수십 년 동안 이 나라를 휩쓸었던 규제 완화의 속도를 늦추기에 충분할 정도로 강하게 육류업계에 맞서지는 못했습니다."

한편 식품의약국은 일련의 식품 대량 리콜에 대처하느라 큰 어려움을 겪고 있었다. 결국 회전문이 다시 한 번 돌아가서 마이클 테일러가 복귀했다.

7
약물에 절어 사는
동물들

부패는 눈덩이와 같다.
일단 굴러가기 시작하면 반드시 더 커진다.

— 찰스 케일럽 콜턴(Charels Caleb Colton, 1780~1832), 영국 작가.

Foodopoly

그것은 데자뷰였다. 전무후무한 회전문 인사의 달인 마이클 테일러가 식품의약국에 복귀했다. 이번에는 버락 오바마 대통령이 식품 담당 부국장으로 임명했다. 〈뉴욕 타임스〉는 테일러가 "정부, 업계, 학계 사이를 옮겨 다녔다"라고 온건하게 표현했다. 과거 몬산토의 전략가로 일했던 테일러는 2009년 7월 오바마 정부의 신임 식품의약국 국장 마가렛 햄버그(Margaret Hamburg)의 고위자문관으로 일을 시작해서, 2010년 1월에는 식품 담당 부국장으로 임명되었다.[1] 이 새로운 자리는 테일러에게 식품의약국의 먹거리 관련 업무 전체를 관할할 수 있는 권한을 부여했다. 식품안전및응용영양센터에 대한 감독 권한 역시 주어졌다. 당시 식품의약국은 식품 스캔들에 연달아 시달리고 있었으며, 대량 리콜이 일상이었다.

식품의약국은 1906년 순정식품의약품법 통과로 만들어졌으며, 먹거리 체계의 통합과 세계화 진전에 따라 업무 영역이 기하급수적으로 늘어났다. 대량 생산되는 가공식품이 출현하고, 불과 몇 개 되지 않는 곳에서 많은 양의 농산물이 조달되면서 먹거리 안전은 전혀 예상치 않은 방향으로 흘러갔다. 식품의약국은 육류, 가금류, 가공 달걀을 제외한 모든 먹거리를 규제했다.

초창기에 순정식품의약품법은 비양심적인 기업들이 식품에 잘못된 라벨을 붙여 판매하는 것을 막는 데 초점을 맞췄다. 예를 들어, 포도당 90퍼센트에 콜타르에서 추출한 메이플향을 첨가해서 만든 메이플시럽, 포도당과 콜타르에서 추출한 퀸스 에센스가 주성분인 퀸스(quince)* 잼 등이 대표적이다. 당시에도 지금처럼 이 문제가 많은 논란을 일으켰다. 하지만 지금과 달리 20세기 초에는 대부분 음식을 집에서 원재료로 직접 조리했으며, 1년 중 대부분 기간에 지역 또는 광역 생산자가 생산한 신선농산물을 소비했다.

리콜에 시달리는 식품의약국

오늘날 식품의약국은 대부분의 먹거리가 가공식품인 세계에서 인력과 예산 부족에 시달리고 있다. 식품가공 시설 대부분이 검사를 받지 않고 있으며, 식품의약국은 식품 산업에 가이드라인을 제공하는 데 그치고 있다. 많은 경우 식품의약국은 문제 예방보다는 대응에 그치고 있다. 지난 10년 동안 수백 건의 리콜이 이루어졌다. 규모 면에서 특기할 만한 것은 다음과 같다.

- 2006년 9월 14일, 식품의약국은 악성 변종 유산균에 의한 오염이 발생하자 비닐봉지에 포장된 상태로 판매되는 시금치를 먹지 말라고 이야기했다. 이 바이러스로 26개 주에서 205명 이상이 통증을 수반한 출혈성 질환에 시달렸으며, 최소한 5명이 사망했다.[2]
- 2007년 3월, 반려동물 불량 사료 때문에 수천 마리의 반려동물이 신장 기능 장애(신부전)로 죽었다. 5,300개 이상의 반려동물 사료 브랜드가 단백질 함량을 거짓으로 높이기 위해 멜라민을 섞은 중국산 밀글루텐을 사용했다.
- 2008년 시작된 땅콩 제품의 대규모 살모넬라 감염으로 43개 주에서 630명 이상이 병에 걸렸으며, 9명이 사망했다. 이 사고는 PCA(Peanut

---

* 모과와 비슷한 열매. 마르멜로라 부르기도 한다.

Corporation of America) 소유 식품가공 공장 한 곳(조지아주에 있으며 2005년에 문을 열었다)과 관련이 있었다. 이 공장은 살모넬라 식중독 발생 이전까지 한 번도 검사를 받은 적이 없었다. 275개 회사가 영향을 받았으며, 거의 3,500개에 달하는 제품을 리콜했다. 관련 회사 중 한 곳은 리콜을 거부하면서, 식품의약국의 식품 안전 통제력 상실을 부각시켰다. 2009년에는 피스타치오에서도 이와 비슷한 사건이 일어났다.

- 2010년 3월, 식품의약국은 후추의 전국적인 리콜을 발표했다. 이미 그 전에도 몇 년에 걸쳐 살모넬라 감염 때문에 후추 관련 리콜이 진행되었다. 후추와 관련한 가장 큰 사고 때는 후추를 코팅한 살라미** 때문에 44개 주와 컬럼비아 특별구(워싱턴 D.C)에서 238명이 병에 걸렸으며, 5.6톤의 살라미를 리콜했다.

- 2010년 3월 4일 초대형 리콜이 발표되었다. 이 사건은 관련 식품의 숫자, 그리고 문제를 일으킨 회사를 다루는 방식과 관련한 식품의약국의 용기 부족 측면에서 모두 주목할 만했다. 문제를 일으킨 회사는 향미증진제로 사용하는 식물성단백질 가수분해물 제조업체 한 곳이었다. 영양학자이자 먹거리 관련 작가인 매리언 네슬 박사에 따르면, 이 회사는 즉각적인 조치를 거부했으며, 식품의약국 역시 그렇게 하지 못했다. "1월 21일부터 최소한 2월 20일까지 이 회사는 살모넬라에 오염되었을 가능성이 높은 식물성단백질 가수분해물을 계속 배송했다. 결국 그 다음 6일 동안 식품의약국이 베이식 푸드 플레이버(Basic Food Flavors)에 리콜을 하라고 간청해야 했다. 이 회사는 2월 26일에야 고객들에게 이 사실을 알리기 시작했다. 하지만 식품의약국은 살모넬라균을 처음 발견하고 여러 주가 지난 뒤인 3월 4일까지

•• 훈제하지 않고 저온에서 장시간에 걸쳐 건조해서 만드는 소시지. 후추를 양념으로 쓴다.

리콜을 발표하지 않았다."[3]

- 사상 최대 규모의 달걀 리콜이 2010년 일어났다. 단 2개 시설에서 생산한 5억 개의 달걀을 9월에 리콜했다. 설치류에 의해 살모넬라균에 감염된 아이오와주 달걀 농장들 때문에 거의 2,000명이 살모넬라균에 감염되었으며, 전국적으로 거의 6만 명이 병에 걸렸다.

이처럼 사람들의 이목을 집중시키는 대량의 식품 리콜이 자주 일어나자 111대 의회에서 위기에 처한 식품의약국 개혁과 관련한 사안이 떠올랐다. 그리고 우여곡절 끝에 식품의약국 식품안전현대화법(FDA Food Safety Modernization Act)이 2010년 12월에 마침내 의회를 통과했고, 2011년 1월 4일에 오바마 대통령이 서명하면서 법률로 제정되었다. 이 법안과 관련한 악의적인 논쟁은 2009년에 시작되었다. 당시 하원에서 작성한 법안이 많은 논란을 불러일으켰다. 논쟁은 상원으로 옮겨갔다. 지루한 과정 끝에 유사한 법안이 2010년 11월 30일에 통과되었으며, 하원 법안과의 절충 작업이 진행되었다.

하지만 뜻하지 않은 암초가 등장했다. 상원에서 세금 관련 조항을 추가했는데, 연방헌법에 따르면 하원만이 그 권한을 갖고 있었다. 하원은 이 법안을 예산안에 포함시켜 상원으로 되돌려보냈다. 상원에서 세금과 관련한 논쟁이 깊어지면서, 이 법안을 가장 심하게 반대하던 공화당 소속 오클라호마주 연방 상원의원 톰 코번이 그것을 없애지 않을 경우 예산안 전체에 대해 의사진행을 방해하겠다고(filibuster)• 위협했다. 마지막 순간 상원 양당의 지도자들은 식중독 사망자가 발생하면 자신들이 비난받을 것이 두려워 수정안을 통과시키기로 합의했다. 하원은 2010년 크리스마스 며칠 전에 최종안을 통과시켰다. 극적인 사건으로 만들어진 법안이 극적

• 의회의 소수파가 다수파 견제 등을 이유로 의사 진행을 고의로 지연시키는 것을 말한다. 장시간의 연설, 질의 등이 대표적이다.

인 과정을 거쳐 법률로 제정되었다.

업계는 소비자단체들과 코네티컷주 하원의원 로자 들로로처럼 공개적인 발언을 서슴지 않는 이 법안 지지자들에 대항하기 위해 힘을 합쳤다. 하원 농업·식품의약국 예결소위 위원장인 들로로는 식품의약국과 농무부의 식품 안전 프로그램에 적절한 예산을 제공하는 일을 총괄하고 있었다. 그녀가 요구했던 식품 제조 시설의 정기 검사, 식품 오염의 원천을 파악할 수 있는 적절한 수단, 수입 식품 관련 규정의 표준화를 업계는 일자리를 죽이는 급진적인 정부 간섭으로 간주했다.

코번 상원의원은 의사지만 공중보건에 반대하는 입장을 자주 취했다. 그는 〈USA 투데이〉 기고를 통해 이 법 때문에 "민간 영역을 침범하는 새로운 규정들이 생길 것이며" "중복 요소가 많은" 관료주의가 확대될 것이라고 이야기했다. 이어서 이렇게 선언했다. "지난 100년 동안 정부가 아니라 자유시장이 혁신과 안전성 향상의 주된 추진력이었다. 기업의 책임성을 확보하는 데 있어 소비자 선택이 정부 관료주의보다 훨씬 더 효과가 크다."[4]

다윗과 골리앗의 싸움은 사악했으며, 업계의 계속된 거짓 정보 유포로 얼룩졌다. 식품제조업체연합(이 단체는 풍부한 예산과 100명의 직원을 보유하고 있다)으로 대변되는 식품가공업계는 현 상태를 바꿀 뜻이 전혀 없었다. 식품제조업체연합은 강제 리콜과 빈번한 검사에 결사반대했다.

거대 농산물 기업을 위한 로비 조직인 유나이티드 프레시(United Fresh)는 대형 농산물 재배자에게도 농부시장에서 소비자에게 직접 농산물을 판매하는 소규모 농민과 같은 규정을 적용해야 한다고 주장했다. 등록비에 관해서도 뜨거운 논란이 벌어졌다. 업계는 크래프트 같은 대기업들의 등록비를 독립적인 소규모 치즈 제조업체들과 같은 수준으로 낮추라고 요구했다.

식품의약국이 처한 상황의 심각성과 이 법을 둘러싼 여러 세력 간의 열띤 공방을 염두에 둔다면, 마이클 테일러의 복귀가 별로 놀랍지 않다. 정부와 업계를 오가면서 그는 민주당 행정부가 소방수 역할을 맡길 수 있는 최고의 전문가가 되었다. 테일러가 복귀한 이유는 이 법안의 상원 통과를 지원하고 법안 통과 뒤 집행 규정을 작성하는, 논란의 여지가 많은 과정을 관리하기 위해서였다. 업계를 구슬리거나 소비자단체와 가볍게 이야기를 나누는 데 테일러보다 뛰어난 인물은 없었다. 한 식품의약국 직원은 테일러가 모든 의사 결정에 반드시 관여하기 때문에 법 실행에서 병목 현상이 계속 발생한다는 이야기를 비공식적으로 했다.

이 법이 식품 안전 시스템에 대한 철저한 조사와 무관하다는 점은 분명하다. 하지만 이 법은 식품의약국에 강제 리콜 권한을 부여했으며, 식품가공 시설에 대한 검사 일정도 수립하도록 했다. 물론 많은 식품 제조 공장이 한 번도 검사를 받지 않았다는 점을 고려하면, 이미 오래 전에 취했어야 할 조치이다. 하지만 이 조치는 전혀 현실성이 없다. 등록된 식품 제조 시설이 미국에 19만 개소, 해외에 23만 개소 있기 때문이다. 새 법은 "고위험" 시설에 대해서는 3년에 한 번, "저위험" 시설에 대해서는 5년에 한 번씩 검사를 실시하도록 규정하고 있다.

문제는 세부사항이다. 이 법은 미국으로 식품을 수출하는 외국 식품 제조 시설에 대한 검사를 5년 동안 매년 두 배씩 늘리도록 하고 있다. 2011 회계연도에 600개 사업장으로 시작해 2016년에는 1만 9,000개 사업장을 검사하도록 규정했다. 업계는 검사에 맹렬히 반대하고 있으며, 이 같은 비현실적인 검사 일정을 감안할 때 업계의 바람은 이루어질 것으로 보인다. 또 다른 문제는 위험의 정의와 관련된다. 테일러와 부하 직원들은 위험 범주를 어떻게 정의할지 아직도 결정하지 못했다.

입법과 관련한 또 다른 큰 승리가 테스터 개정법안이다. 이 개정법안은 몬태나주 목장주인 존 테스터(John Tester) 상원의원이 발의했다. 소비자나 식당, 혹은 사업장으로부터 반경 442.5킬로미터 이내나 같은 주 안에 위치한 식료품점에 대부분의 생산품을 판매하는, 연매출액 50만 달러 미만의 농장과 소규모 식품 사업체에 검사를 면제하는 내용이다. 농산물업계는 이 조항을 없애려고 노력했지만 실패했다. 이 조항을 계속 유지할 수 있었던 데에는 풀뿌리운동의 힘이 컸다. 유나이티드 프레시와 19개 농산물 단체가 이 개정법안을 맹렬하게 비난하는 서한을 보냈으며, 테스터에게도 욕을 퍼부었다.

항생제의 위험

불행히도 새 법은 세계화·산업화된 먹거리 체계가 공중보건 측면에서 초래한 많은 중요한 문제들은 다루고 있지 않다. 식품의약국이 생우유를 사용한다는 이유로 소규모 치즈 생산자를 급습하는 데 자원과 인력을 사용하는 동안, 우리는 주요 원인이 산업화된 축산업에 있는 항생제 내성 위기에 직면하고 있다. 식품의약국은 공장식 농장이 가축의 성장 촉진을 위해 저농도의 항생제를 사용하는 것을 중단시킬 힘이 있다. 하지만 가까운 미래에 항생제가 감염에 무용지물이 될 위험이 있음에도 불구하고 충분한 조치를 취하지 않고 있다.

2011년 8월, 미국에서 세 번째로 큰 칠면조 생산업체인 카길은 사상 최대 규모의 오염된 육류 리콜을 선언했다. 여러 항생제에 내성을 가진 변종 살모넬라균에 오염된 칠면조고기 1만 6,000톤이 26개 주에서 판매되어 수십 명이 병에 걸렸다. 오염된 고기는 아칸소주에 있는 한 공장에서 생산했다. 이 일로 생산을 통합하고 안전 규제를 완화하는 먹거리 체계의 결함이 드러났다. 문제가 된 살모넬라균은 살모넬라 하이델베르크(Salmonella Heidelberg)다. 이 박테리아는 돌연변이를 통해 항생제에 내성을 갖게 된 "슈퍼버그(superbug)"•이다. 설사, 구토, 현기증이 살모넬라 중독의 특징이다. 심한 경우 심각한 혈액감염으로 사망할 수도 있다.

• 항생제에 내성을 가져서 항생제로 쉽게 제거하는 것이 불가능한 박테리아.

그리고 유럽, 중동, 미국에서 살모넬라 켄터키(Salmonella Kentucky)가 일으킨 질병 사례를 살펴본 다국적 과학자 팀에 따르면, 앞으로의 상황은 더 암울하다. 이 새로운 변종 살모넬라는 심각한 박테리아 감염증 치료에 사용하는 강력한 항생제인 사이프로에도 내성을 갖고 있다. 주된 감염 통로는 가금류이다.[5]

로버트 로렌스(Robert Lawrence) 박사는 항생제 내성 박테리아에 가금류가 감염되어 있다는 사실에 전혀 놀라지 않는다. 그가 창립자이자 책임자로 있는 존스홉킨스대학교 살기좋은미래연구센터(Center for a Livable Future)에는 항생제 내성에 따른 위험의 증가 및 그것과 산업화된 가축 생산의 관계에 관해 연구를 하고 많은 글을 써온 연구원이 한 명 있다. 살기좋은미래연구센터는 형평성, 건강, 지구의 자원에 집중적인 관심을 기울이는 교수들과 연구원들로 이루어진 학제 집단이다.[6]

로렌스의 활력과 에너지는 이제 막 경력을 시작한 사람을 연상시킨다. 그는 의사이자 항생제 내성 전문가일 뿐만 아니라, 현재 농식품 산업과 공장식 농장에 공개적으로 이의를 제기하는 활동가이기도 하다. 살기좋은미래연구센터 센터장 이외에도 그는 존스홉킨스대학교 블룸버그 공중보건대학 교수이자, 의과대학 교수이기도 하다. 센터 직원들은 그가 다양한 일을 한다고 이야기한다. 하루는 일리노이강 인근의 수백 헥타르를 오염시킨 타이슨에 불리한 증언을 하기 위해 오클라호마주에 있다가, 다음 날은 HIV(인간면역결핍바이러스) 관련 회의에 참석하기 위해 남아프리카공화국에 가기도 한다.

로렌스는 성직자의 아들이다. 아버지는 로렌스에게 "사회적으로 쓸모 있는 일이라면, 네가 원하는 일을 무엇이든 해도 된다"라고 이야기했다. 당시 그의 좁은 시야에서는 "사회적으로 쓸모 있는" 일이 성직자나 의사가 되는 것이었다. 그는 의사를 택했고, 장래에 아프리카에서 교회의 일원으로 환자를 돌볼 수도 있겠다 생각했다.

로렌스는 오랫동안 빛나는 경력을 쌓았다. 하버드대학교 의과대학을 졸업한 뒤 남미에서 열대의학 의사로 환자를 진료했으며, 노스캐롤라이나주에서 최초의 다인종 1차 의료 기관을 운영했다. 1974년 하버드 의과대학의 1차 의료 부문 초대 책임자로 임명되었으며, 록펠러재단의 아프리카·아시아·남미 공중보건 프로그램 책임자로 영입되었다. 그가 농업에 관심을 갖게 된 것이 바로 이 무렵이다. 당시에 그는 건강, 농업, 환경, 인구와 관련한 연구 지원금을 확보하면서 "각 분야 특유의 폐쇄적인 관점들이 무너져 내리는" 분위기 속에서 일했다.

존스홉킨스대학교에 영입될 당시 로렌스는 지속가능한 농업 쪽으로 전향해 있었으며, 산업화된 가축 생산이 미국인을 괴롭히는 건강 문제의 가장 중요한 원인이라고 확신하고 있었다. 살기좋은미래연구센터의 가장 중요한 사명은 항생제 내성에 맞서 싸우는 것이다. 질병통제예방센터에 따르면, 매년 미국에서 2백만 명이 항생제에 내성을 가진 박테리아에 감염되며, 9만 명은 사망한다. 이제는 감염증을 일으키는 거의 모든 박테리아가 처음에 그것을 치료하는 데 가장 효과가 좋았던 항생제에 내성을 갖고 있다.

축산업은 항생제를 엄청나게 오용하고 있다. 살기좋은미래연구센터의 데이비드 러브(David Love) 박사는 식품의약국 데이터를 조사해 매년 1만 3,000톤의 항생제가 사용되고 있음을 계산해냈다. 그의 분석에 따르면, 연간 사용되는 항생제의 거의 80퍼센트가 가축용이었다.

20세기에 "특효약"으로 떠오른 항생제의 내성이 일으키는 위험은 일찍부터 인식되었다. 로렌스는 알렉산더 플레밍의 1945년 노벨상 강연을 인용한다. 페니실린을 발견한 플레밍은 항생제 내성에 관해 이렇게 경고했다. "실험실에서 미생물이 페니실린에 내성을 가지도록 만드는 일은 어렵지 않다. 죽기에 충분하지 않을 정도의 농도에 미생물을 노출시키기만 하면 된다."[8] 계속해서 로렌스는 소량의 항생제를 가축 사료에 습관적으로 넣는 것은, 가장 취약한 박테리아는 제거하고 가장 건강한 박테리아만 살아남을 수 있게 만들어서 항생제 내성 박테리아의 증식을 촉진할 수 있다고 이야기한다. 인간은 음식, 공기, 물, 토양을 통해 이런 박테리아와 접촉한다.

사료 회사와 공장식 농장은 이들 약품을 아무런 제한 없이 이용할 수 있으며, 정부의 감독은 전혀 없다고 로렌스는 이야기한다. 2008년 살기좋은 미래연구센터는 공장식축산에관한퓨위원회(Pew Commission on Industrial Farm Animal Production)와 제휴해 가금류에 관한 권고사항을 담은 〈식탁 위에 고기 올려놓기; 미국의 공장식 축산(Putting Meat on the Table' Industrial Farm Animal Production in America)〉이라는 보고서를 발표했다. 이 보고서는 사람의 감염성 질환 치료에 사용하는 항생제를 보전하기 위해 현재 식용 가축의 사료에 첨가하고 있는 항균 약품의 사용을 서서히 줄여나갈 것을 권고했다.

메치실린 내성 황색포도상구균 감염증으로 알려진 박테리아 감염 사례 때문에 현재 연간 1만 7,000~1만 8,000명의 미국인이 사망한다. 이는 돼지와 다른 가축 생산에서의 저농도 항생제 사용과 관련 있는 것으로 보인다.[9] 메치실린 내성 황색포도상구균은 포도상구균 감염증 치료에 보통 사용하는 항생제에 반응을 보이지 않는다. 과거에는 병원에서 감염이 일어났지만, 의료 기관 밖에서 이 균에 감염되는 사례가 늘고 있다. 로렌스에 따르면, 의료 기관은 무슨 일이 벌어지고 있는지 알고 있지만, 제약업계와 축산업계에 맞서는 일을 하지 않고 있다.

심지어 보수적인 미국의사협회마저도 비치료용 항생제의 사용에 반대하는 결의안을 통과시켰다. 로렌스는 미국국립보건원 산하 국립알레르기전염병연구소 소장과 질병통제예방센터 센터장에게 자신의 우려를 담은 편지를 보냈다. 두 사람 모두 답장을 통해 공장식 축산에서의 항생제 오용이 인간 병원균의 항균제 내성과 직접적으로 관련 있다는 데 동의했다.[10]

또 다른 의사 활동가인 데이비드 월링가(David Wallinga)는 농업·무역 정책연구소의 과학, 먹거리, 건강 담당 고위 자문관이다. 그는 메치실린 내성 황색포도상구균을 몇몇 농장과 소매업체의 육류에서 발견할 수 있으며, 예전에 건강했던 사람에게서도 발견할 수 있다고 이야기한다. 월링가는 메치실린 내성 황색포도상구균이 콧속과 피부 위에 살고 있는 경우가 많다고 말한다. "사람들이 알지도 못한 채, 그리고 병에 걸리지도 않는 채 이 박테리아를 지니고 있을 수 있습니다. 하지만 이 박테리아는 혈액, 피부, 폐(폐렴), 기타 기관에서 심각한 감염증을 일으킬 수도 있습니다. …… 이처럼 약품으로는 검출이 불가능한 종류의 포도상구균 때문에 감염증을 앓는 사람의 숫자가 늘어나고 있습니다."[11] 2009년에 수행한 한 연구에서 아이오와와 일리노이 주에 있는 대규모 감금식 가축사육업체(CAFO) 소유 돼지의 49퍼센트, 돼지 노동자의 45퍼센트에서 메치실린 내성 황색포도상구균을 발견했다. 또한 한 캐나다 연구에서는 검사 대상 캐나다 돼지의 거의 절반에서 메치실린 내성 황색포도상구균을 발견했다.[12]

유럽연합과 세계보건기구 같은 명망 있는 보건 관련 기관들은 성장 촉진을 위해 가축 사료 첨가제로 항생제를 사용하는 것을 금지해야 한다고 주장한다. 하지만 미국은 강력한 조치를 취하지 못해왔다. 축산업계만 저농도 항생제 사용을 제한하는 법이나 규정 제정을 막으려고 로비를 벌이는 것이 아니다. 강력한 힘을 가진 제약업계도 항생제의 오용을 무척 수지맞는 사업으로 간주하고 있다. 두 업계는 힘을 합쳐 항생제에 관한 법이나 규제 제정을 방해하고 있다.

월링가와 로렌스는 의학적으로 중요한 항생제를 가축에게 치료 목적 이외의 용도로 사용하는 것을 단계적으로 없애는 법안이 만들어져야 한다고 주장한다. 최근 뉴욕주의 민주당 하원의원 루이스 슬로터(Louise Slaughter)가 의회에 제출한 의료용항생제보존법(Preservation of Antibiotics for Medical Treatment Act)은 106대 의회부터 112대 의회까지 13번이나 제출되었다. 1999년 106대 의회에서는 인간질병용필수항생제법(Essential Antibiotics for

Human Diseases Act)이었으며, 107대 의회부터는 지금과 같은 이름이었다. 이 오랜 기간에 공청회는 단 한 번 열렸다.

규제 기관(특히 농무부) 또한 항생제의 효력을 보호하기에 충분한 조치를 취하는 데 미온적이었다. 오바마 대통령이 임명한 농무부 장관 톰 빌색은 미국육우생산자협회에 다음과 같이 말했다. "농무부의 공식 입장은 지금까지 늘 그래왔던 것처럼 항생제의 분별력 있는 사용이 필요하다는 것이다. 우리는 지금도 그렇게 사용되고 있다고 믿고 있다."

2011년 9월 7일자 감사원 보고서 〈항생제 내성: 동물에 대한 항생제 사용 문제 대처와 관련한 관련 기관들의 진전 미흡(Antibiotic Resistance: Agencies Have Made Limited Progress Addressing Antibiotic Use in Animals)〉에 따르면, 농무부는 다음과 같이 말했다. "현재로서는 성장 촉진용 항생제 사용과 관련한 중요한 정책 결정을 내리는 데 활용할 수 있는 과학적 정보가 불충분하다."[13] 그러자 24개 공익단체가 빌색 장관의 발언에 보내는 공개 편지를 통해서 "농무부는 가축 사육에서의 항생제 오용이 존재한다는 것을 뒷받침하는 중요한 과학적 증거를 인식하고 받아들이는 데 있어서 아무리 잘 봐줘도 일관되지 못한 태도를 보여왔다"라며 농무부의 입장에 "심한 우려"를 표명했다.[14]

이 편지는 계속해서 농무부가 항생제 효력 상실의 심각성을 진지하게 받아들이기를 거부한 몇 가지 사례를 언급했다. 항생제 내성과 관련한 믿을 만한 문헌들을 요약한 2011년 7월의 기술 보고서를 농무부 홈페이지에서 없앤 일이 대표적이다. 2011년 5월 조지타운대학교에서 열린 '먹거리의 미래' 컨퍼런스에서 빌색은 한 청중이 항생제 내성에 관해 농무부가 어떤 조치를 취할 것인지 묻자 이렇게 대답했다. "잘 모르겠습니다. 기본적으로 그것을 어떻게 입법화할 수 있을까요?" 이어서 "겉보기만큼 쉽지 않습니다"라고 덧붙였다.[15]

하지만 항생제 사용을 제한하는 실질적인 힘은 약물 사용 승인을 담당하는 식품의약국에 있다. 2011년 감사원 보고서에서 다룬 최근 문제 중 하나는 '식품의약국이 항생제 내성의 위험에 대처하기 위해 어떤 조취를 취했는가?'이다. 이 보고서는 "항생제 사용과 내성 간의 관계를 이해하고 그 추세를 조사하는 데 필요한 핵심 세부사항이 결여되어 있다"라는 이유로 식품의약국을 비판했다. 감사원은 식품의약국이 가축용 항생제 판매 내역 데이터를 제약 회사로부터 수집하고 있지만, 이 데이터에는 어떤 항생제가 어떤 용도로 사용되고 있는지가 빠져 있다고 지적했다. 이 보고서는 문제를 다음과 같이 요약한다.

> 식품의약국은 …… 식품의약국이 2003년 가이드라인을 발표하기 전에 승인한 항생제의 위험에 대처해야 하는 도전에 직면해 있다. 식품의약국 관리들은 2003년 이전에 승인한 항생제 각각에 대한 위험성 평가는 자원이 너무 많이 소요되어 불가능하며, 이런 방식을 채택할 경우 진행이 더욱 지체될 것이라고 감사원에 이야기했다. 대신 2010년 식품의약국은 제약 회사들과의 공조를 통해 항생제의 승인 용도를 제한하고, 항생제 사용에 대한 수의사의 감독 강화를 주 내용으로 한 자발적인 전략을 제안했다. 하지만 식품의약국은 이 전략의 효과성 측정에 필요한 항생제 사용 데이터(사용 목적 등)는 수집하지 않고 있다.[16]

2012년 3월 23일 식품의약국이 소송에서 패하자 이 기관을 향한 압력이 커졌다. 연방판사는 식품의약국이 인간 의학에 중요한 2개의 항생제(테트라사이클린, 페니실린)를 건강한 가축에게 주기적으로 사용하는 것을 막을 수 있도록 1977년에 작성한 계획을 실행해야 한다고 판결했다. 이와 관련해서는 1999년과 2005년에 시민 청원이 진행되었고, 이후 2011년에 소송이 제기되었다. 식품의약국은 조치를 취했다. 크리스마스 직전에 이 계획을 조용히 폐기했다. 하지만 판사는 식품의약국이 30년 전에 스스로 확인한 우려 사항에 대처하는 조치를 실제로 취해야 한다고 판결했다. 제약 회사에게는 그 항생제를 가축이 주기적으로 먹어도 안전하다는 것을 입증할 기회가 주어질 것이다. 하지만 그렇게 하지 못할 때에는(과학은 그것이 불가능함을 보여준다) 식품의약국이 해당 약품의 비치료용 사용에 관한 승인을 반드시 취소해야 한다.

그로부터 얼마 지나지 않은 2012년 4월 6일 식품의약국은 항생제 세팔로스포린의 비치료용 이용을 대부분 금지했다. 세팔로스포린은 인간(특히 어린이)의 식인성(食因性) 질환 치료와 폐렴, 피부 감염, 연조직염 등의 치료에 시용된다. 하지만 세팔로스포린에 대한 살모넬라균의 내성이 계속 높아져서 공중보건이 위협받고 있다.

닷새 뒤 식품의약국은 항생제의 "현명한 사용"을 장려하기 위한 자발적인 프로그램을 새로 발표했다. '지침 209: 식품 동물에 대한 중요한 항균제의 현명한 사용(Guidance 209: The Judicious Use of Medically Important Antimicrobial Drugs in Food-Producing Animals)' 최종안을 발표하고, 그것이 효과를 발휘하도록 만드는 방법에 관해서도 좀 더 분명하게 밝혔다. 식품의약국은 처방전 없이 살 수 있는 항생제를 가축 사료에 넣는 단계에서부터 수의사가 감독하는 시스템으로 가야한다고 방향을 제시했다. 하지만 규정이 마련되기 전까지 제약업계와 양축 농가가 항생제의 가축 사용을 자발적으로 중단하리란 보장은 없다.

식품의약국은 계속해서 일관성 없는 입장을 보이고 있다. 항생제를 위험하고 부적절한 용도로 이용하는 것을 전면 금지하는 조치를 꺼리고 있다. 또한 현재 식품의약국은 업계의 자발적인 노력이 공중보건 문제를 해결할 것이라고 주장하고 있다. 월링가는 이렇게 이야기한다. "정치가 공중보건을 볼모로 잡고 있습니다. 식품의약국은 이 문제를 30년 전에 인식했음에도, 그 동안 사실상 아무런 조치도 취하지 않았습니다. 우리에게는 연방법(의료용항생제보존법)이 필요합니다. 물론 대형 돼지고기 생산업체들은 이를 반기지 않을 것입니다. 불행히도 그들이 질러대는 비명소리가 의료용항생제보존법의 통과를 요구하는 미국의사협회나 의사들의 목소리보다 더 큽니다."

의료용항생제보존법의 통과 실패는 놀랄 만한 일이 아니다. 제약·의료업계는 1998~2011년에 23억 달러를 로비에 사용했는데, 그중 15억 달러가 제약 회사로부터 나왔다. 1990~2011년에 이들 업계가 의회 의원 선거와 대통령 선거에서 제공한 기부액은 1억 3,100만 달러였으며, 66퍼센트는 공화당으로 34퍼센트는 민주당으로 갔다.

비소

동물건강협회는 제약업계의 동물 약품 부문을 위해 로비를 펼치는 사업자단체다. 동물건강협회가 사용하는 눈속임의 하나가 '유명인과 반려동물의 밤' 행사이다. 지난 15년 동안 의회 의원들과 보좌관들을 축하 연회에 초대해 유명인들과 한데 어울리도록 했다. 이 행사의 백미는 '캐피톨 힐(Capitol Hill)에서 가장 귀여운 반려동물' 사진 콘테스트이다.• 이것은 동물약품업계가 반려동물용 약품을 귀여운 이미지로 포장하는 한 방법에 불과하다.

동물건강협회는 또 다른 위험한 사료 첨가제인 비소 사용을 장려하는 회사들도 대변하고 있다. 프랭클린 루스벨트 대통령 때인 1944년에 식품의약국은 비소 기반의 약품 록사손(roxarsone)의 사료 첨가제 사용을 승인했다. 업계 연구자들은 록사손이 성장을 촉진하고, 사료 효율을 높이며, 고기의 색깔을 밝게 만들어 건강해 보이도록 만든다는 사실을 발견했다. 1995~2000년에 록사손을 사료 첨가제로 사용해 생산한 육계가 70퍼센트에 이른다. 현재는 유기농 닭 생산에서만 록사손 사용을 금지하고 있다.

• 캐피톨 힐은 미국 연방의회 의사당의 별칭이다. 이 사진 콘테스트에서는 각 분야별로(개, 고양이 등) 가장 귀여운 반려동물을 뽑는다. 의회 의원과 보좌관 등 의사당에 근무하는 모든 사람에게 응모 자격이 있다.

비소는 환경 속에서 분해되지 않는다. 대신 다른 원소들과 결합해 화합물을 만들어낸다. 닭이 먹은 비소의 거의 90퍼센트가 분뇨를 통해 배출되는데, 매년 200만 톤의 록사손이 닭 사료에 사용되는 것으로 추정된다. 이 때문에 매년 육계에서 생산되는 약 1,170만~2,300만 톤의 폐기물 중 많은 부분이 비소로 오염되고 있다. 이 폐기물의 대부분이 근처 농경지의 비료로 사용되므로 비소가 토양, 물, 작물로 누출된다.

비소 기반 사료 첨가물을 칠면조와 돼지 산업에서도 질병 예방과 성장 증진을 위해 사용한다. 하지만 공중보건과 환경에 미치는 영향에 관한 연구는 훨씬 더 적다. 한 연구에서 비소 사료 첨가물을 사용한 대형 돼지 사육장의 폐수 처리 연못에서 무기비소를 사용한 증거가 발견되었다.[17]

또한 가금류 농민은 비소를 흔한 가금류 질병인 콕시듐증 통제에도 사용한다. 콕시듐증은 기생충 콕시듐에 의한 감염증이다. 감염된 가금류는 설사, 소화기 및 성장 장애, 면역력 저하에 이르는 다양한 증상을 겪으며, 심하면 죽기도 한다. 콕시듐에 감염된 모든 닭이 죽지는 않지만, 고기와 닭 생산에 장애가 생겨 심각한 경제적 손실을 유발한다.

비소는 닭고기와 닭 폐기물 모두에서 문제를 일으킨다. 미국인의 닭고기 소비량은 지난 70년 동안 현저히 증가했으며, 새로운 연구들은 닭고기의 비소 잔류물이 이전에 알려진 것보다 많을 수 있음을 보여주고 있다. 미국인이 닭고기를 통해 얼마나 많은 비소를 섭취하고 있는지 파악하려면 더 많은 연구가 필요하다. 또한 닭의 폐기물에 들어 있는 비소는 원래의 사료 첨가물보다 더 위험한 형태로 바뀐다.

만성적인 비소 노출은 방광암, 신장암, 폐암, 간암, 전립선암 같은 암의 발병 위험 증가와 관련이 있다. 또한 심혈관계 질환과 당뇨병 위험, 그리고 어린이의 신경 질환 증가와도 연관이 있다. 비소는 노출될 때마다 사람 몸에 계속 쌓인다. 미국암학회 같은 단체들은 비소 노출을 가급적 줄일 것을 촉구한다.

1951년 식품의약국은 가금류 고기의 비소 잔류물 허용 한도를 정했다. 그러나 이 규정은 이미 오래 전에 재검토되었어야 했다. 특히 그 이후 미국인의 닭고기 섭취량이 현저히 증가했다는 점을 고려하면 더 그렇다. 1940년대 미국인의 연평균 1인당 가금육 소비량은 9킬로그램 이하였지만, 2008년에는 3배인 27킬로그램에 달한다. 일반적으로 아프리카계 미국인과 히스패닉이 백인이나 아시아 인종에 비해 닭고기를 더 많이 먹는다. 따라서 이들이 비소에 노출될 위험이 더 크다. 존스홉킨스대학교 살기좋은미래연구센터 과학 책임자인 역학자 키브 나크만(Keeve Nachman) 박사에 따르면, 허용 한도는 "비소 노출이 인간의 건강에 미치는 영향에 관한 우리의 현재 이해보다 뒤처져 있다."

2006년 농업·무역정책연구소가 식료품점과 패스트푸드 매장에서 판매하는 닭고기의 비소 함량을 검사했다. 검사한 151개 소매점 정육 가운데 55퍼센트에서 비소를 발견했다. 여기에는 인증 유기농 회사와 비소를 사료 첨가물로 사용하지 않는 회사에서 생산한 제품이 포함된다. 유기농이나 프리미엄 브랜드가 아닌 제품에서는 조사한 소매점 판매 닭고기의 74퍼센트에서 비소를 발견했다. 패스트푸드 매장에서는 닭고기를 90번 주문한 결과, 모든 샘플에서 비소가 나타났다.

농무부 식품안전검사국은 육류와 가금류의 여러 잔류물 모니터링을 책임지고 있다. 하지만 식품안전검사국은 닭고기의 비소 잔류량 수준을 확인할 적절한 조치를 취하지 못했다. 2000~2008년에 생산된 약 720억 마리의 육계 중에서 식품안전검사국이 검사한 것은 5,786마리에 불과하다. 겨우 1,200만 마리당 한 마리 꼴로 검사를 한 셈이다.[18]

2010년 농무부 감사관실은 식품안전검사국의 국가잔류검사프로그램에 대한 평가 결과를 일반에 공개했다. 이 보고서는 "이 기관이 식품의 유해 잔류물을 모니터링해야 할 사명을 완수하지 못하고 있다"라고 지적했다.[19] 두 가지 비판이 눈에 띈다. 첫째, 식품안전검사국은 수의약품 잔류물의 증거를 발견하더라도 육류를 리콜하지 않는다. 둘째, 식품안전검사국과 환경보호청, 식품의약국이 공조를 통해 유해 잔류물에 대한 적절한 기준을 확립해 국민이 입을 피해를 막아야 하지만 그렇게 하지 않고 있다.[20] 닭고기에 비소 잔류물이 존재한다는 사실은 소비자 보호를 위한 감독의 실패와 모니터링의 부족을 보여주는 대표적인 사례이다.

미국 가금류 1, 2위 기업인 타이슨 푸드와 퍼듀는 각각 2004년과 2007년에 비소 화합물의 사용을 중단했다고 주장한다.[21] 하지만 그들은 비소 화합물을 사용할 권리를 확보하기 위해 계속 로비를 벌이고 있다. 하원 농업 소위원회에서 퍼듀의 환경적 지속가능성 담당 부사장 스티브 슈왈브(Steve Schwalb)는 이렇게 증언했다. "퍼듀는 사료에서 비소 화합물을 사용하지 않기 위해 모든 노력을 기울이고 있습니다. 하지만 가금류의 건강 관련 문제가 발생해 다른 기법으로는 제때 가금류의 건강을 회복시키지 못할 때에는 비소 화합물을 사용할 수도 있습니다."[22] 또한 "과학은 즉각적인 금지를 지지하지 않고 있습니다"라고 슈왈브는 말했다. "만약 사람들이 그것이 식품 안전 문제라고 믿는다면 식품의약국에 이야기해야 합니다."[23]

퍼듀는 메릴랜드주의 비소 사료 첨가제 금지 조치에 맹렬하게 반대했다. 메릴랜드주에서는 3년 동안의 운동 끝에 닭 사료에 록사손의 사용을 금지하는 법안이 2012년에 통과되었다. 푸드앤워터워치 역시 일조했다. 메릴랜드주는 미국에서 8번째로 닭을 많이 생산하는 주로, 가축 사료에서 비소 사용을 제한하는 조치를 취한 미국 내 첫 번째 주가 되었다. 하지만 가금류업계는 미래에 비소 기반 약품을 재도입할 수 있는 몇 개의 빈틈을 이 법에 포함시켰다.[25]

여러 연구와 업계 추정치에 따르면, 육계의 70~88퍼센트가 사료 첨가제로 비소를 사용하고 있다.[24] 심지어 가금류업계조차 소비되는 닭 10마리 중 9마리가 비소를 먹는다고 2011년에 추정했다.[25]

환경보호청은 환경의 최대 오염 수준과 국지적인 수준의 심각한 오염을 다룬다. 2001년 환경보호청은 음용수의 비소 오염 한도를 50ppb(parts per billion)에서 10ppb로 낮췄으며, 2006년 1월부터 시행에 들어갔다.[26] 비소 노출을 줄이기 위한 이 조치는 칭찬할 만하다. 하지만 새로운 기준의 비소 허용 한도조차 다른 많은 발암물질의 허용 한도에 비해 암 발생률 측면에서 50배나 높다.[27]

비소에 관한 새로운 연구들이 큰 관심을 불러일으키자, 그 대응으로 식품의약국 대변인은 이렇게 말했다. 닭고기 사료의 록사손으로 인해 "인간 건강에 부정적인 영향이 나타났음을 보여주는 데이터를 (식품의약국은) 전혀 갖고 있지 않다."[28] 이 같은 증거 부족은 부정적인 영향이 없어서라기보다는, 부정적 영향을 찾으려 하지 않는 태도와 더 관련이 커보인다. 음용수의 비소 기준은 강화되었지만, 가금육의 비소 잔류량 기준은 거의 60년 동안 변하지 않았다.[29]

비소 노출을 우려한 뉴욕주의 민주당 하원의원 스티브 이스라엘(Steve Israel)이 2009년에 무독성가금육법(Poison-Free Poultry Act)을 하원에 제출했다. 하지만 지금까지 전혀 진전이 없다. 제약업계와 축산업계의 정치적 힘은 무시무시하다.

애그리비즈니스의 여느 부문과 마찬가지로 사료 첨가제 생산 역시 극도로 집중화되어왔다. 2000년 제약 회사 알파마 동물 건강(Alpharma Animal Health)은 항생제 사료 첨가제의 1위 생산업체이자, 콕시듐증 치료 약품의 2위 생산업체였다. 2008년 킹 제약(King Pharmaceuticals)이 알파마를 인수했다. 알파마는 록사손 제품의 절반 이상을 생산하고 있으며, 단 6개 회사가 록사손 제품의 90퍼센트 이상을 생산하고 있다.

2년 뒤 세계 최대의 제약 회사인 화이자(Phizer)가 킹 제약을 36억 달러에 매입했다. 비아그라와 쎄레브렉스*의 제조업체인 화이자는 주 수입원

---

* 관절염 치료제.

의 하나인 콜레스테롤 강하제 리피토의 특허 기간 만료가 다가옴에 따라 새로운 수입원을 찾고 있었다. 화이자는 킹 제약의 진통제 부문과 관련 약품들에 가장 큰 관심을 갖고 있었다. 인수 후에 이 공룡 기업이 킹 제약의 동물 건강 부문을 매각할 것이란 소문이 떠돌았다.

동물 건강 부문을 언젠가는 매각할 것이기 때문에, 인수 발표로부터 불과 30일 뒤인 2011년 6월 8일에 화이자가 록사손의 판매를 잠정 중단하겠다는 성명을 발표한 것으로 보인다. 록사손을 먹인 닭의 간에서 비소가 발견되었다는 식품의약국의 새로운 데이터에 기반한 조치였다. 화이자는 록사손의 판매를 자발적으로 잠정 중단함으로써, 식품의약국이 이 약품의 사용을 금지하지 않는 것 때문에 받고 있던 비판에서 벗어날 수 있게 해주었다. 운동가들은 기존 재고가 모두 소진되거나 해당 사업 부문이 다른 회사에 매각되면, 록사손 판매가 재개될 것이라고 우려한다. 가금류업계는 잠정적 판매 중지의 발표에서 시행까지의 30일 동안 많은 물량을 비축할 수 있었다.

3-Nitro(록사손 제품의 브랜드) 판매가 재개될 수 있는 가능성이, 하청업체 한 곳이 화이자를 대상으로 제기한 소송 과정에서 언급되었다. 2011년 10월 화이자에 록사손을 납품하는 중국 화학 회사 롱-야오(Rong-Yao)는 계약 위반을 이유로 화이자에 2,000만 달러의 손해배상을 청구하는 소송을 연방 지방법원에 제기했다. 롱-야오의 최고경영자 르네어 첸(Rener Chen) 박사는 언론 보도 자료를 통해 이렇게 말했다. "화이자가 식품의약국에서 발표한 연구 결과와 식품의약국의 압력을 핑계로 3-Nitro의 판매를 자발적으로 잠정 중단하겠다는 결정을 내린 시점이, 화이자가 동물 건강 부문 전체를 매각하고 이 시장에서 완전히 철수하고자 한다는 보도가 나온 시점과 일치한다는 점이 의심스럽다."[30]

실제로 화이자가 동물 건강 부문을 다른 회사에 매각할 때 이 약품을 다시 시판할지는 소비자 활동가들이 감시를 계속할 것이다. 불행히도 만약 이런 일이 일어나더라도, 식품의약국이 사용을 금지할 가능성은 낮다. 약한 규제로부터 이익을 얻고 있는 경제적 이해 세력의 정치적 힘에 맞설 용기가 식품의약국에게는 없다. 실제로 행동할 경우에도 식품의약국은 자발적인 프로그램을 통해 식품·육류·제약 산업에 협력을 간청해야 한다. 식품의약국은 비소 같은 위험한 잔류물들이 미국인의 식단에서 사라지도록 하는 데 필요한 조취를 취할 의사가 없다.•

식품의약국과 이 기관을 관장하고 있는 정치인들은 육류업계의 이익을 위해서라면, 수백 만 명의 목숨을 구한 기적의 약품인 항생제의 효력까지도 기꺼이 희생시키고자 한다. 공장식 농장에서 비치료용 항생제 사용을 금지하는 확고한 조치의 시행을 거부하는 식품의약국의 무모함 때문에 항생제 내성을 가진 슈퍼버그가 지금 세대의 건강을 위협하고 있다. 그뿐만 아니라 미래 세대의 건강 또한 위협한다.

규제가 필요하다

식품의약국이 업계의 압력에 주눅 들어 있는 것은 분명하다. 하지만 통제에서 벗어난 먹거리 체계가 낳은 산물인 치명적인 위협을 다루는 데 필요한 자원 역시 식품의약국에 부족하다. 겨우 1,300명의 검사관이 육류와 가금류를 제외한 모든 식품을 관장하기 때문에 빈틈없는 검사가 어렵다. 또한 잔류물에 대한 실험실 검사나, 개도국에서 수입하는 식품에 위험한

• 화이자의 자회사인 알파마가 보유하고 있던 동물 약품 소유권은 조에티스(Zoetis, Inc.)로 넘어갔다. 조에티스는 알파마의 3-Nitro 판매 중지를 유지했으며, 2017년 2월 27일에는 3-Nitro의 동물약품 신규 신청을 자발적으로 취소했다. 같은 날, 조에티스와 휴브파마AD(Huvepharma AD)는 3-Nitro의 동물 약품 승인을 자발적으로 취소하고, 다른 비소 동물 약품인 아르사닐산(arsanilic acid)과 카르바르손(carbarsone)의 동물 약품 승인도 자발적으로 취소했다. 2015년 가을 조에티스는 시장에 유일하게 남아 있던 비소 기반 동물 약품인 Histostat(니타손)의 판매를 중단하고, 2015년 말까지 이 약품의 승인 철회를 요청한다고 발표했다. 이렇게 해서 비소 기반 동물 약품은 미국에서 전면 퇴출되었다. 한국에서도 2020년 식품의약품안전처가 식품에서 검출되어선 안 되는 물질에 록사손과 아르사닐산을 추가했다(https://www.fda.gov/animal-veterinary/product-safety-information/arsenic-based-animal-drugs-and-poultry).

독소나 농약이 들어 있는지를 확인할 자금도 부족하다. 매년 적대적이고 당리당략적인 예산 논쟁이 벌어지는 과정에서 식품의약국 예산이 위협받는다. 적절한 예산을 지원하기 전까지는 식품의약국을 미국인의 건강과 안전을 제대로 보호하는 기관으로 만들 수 없다.

식품의약국의 실패나 망가진 먹거리 체계의 악영향으로부터 완전히 벗어날 수 있는 사람은 아무도 없다. 미국은 넓은 국토를 가진 산업 국가이며, 모든 미국인은 연방정부의 규제 시스템에 어느 정도 의지하고 있다. 전적으로 자급자족 생활을 하지 않는 이상, 자신이 먹는 먹거리를 모두 기르기는 불가능하다. 지역 농부시장에서 쇼핑을 하고, 먹거리가 어디에서 오는지를 아는 것이 해법의 일부이기는 하다. 하지만 그것이 식료품점에서 쇼핑을 하거나, 단골 식당에서 음식을 먹거나, 명절에 가족이 차려주는 음식을 먹을 때 도사리고 있는 위험에서 우리를 모두 지켜주지는 못한다. 우리 대부분은 지역에서 농산물이 생산되지 않는 시기에 식료품점에서 과일과 야채를 구매한다. 적어도 곡물 같은 기본 식품을 식료품점에 의지한다. 또한 우리는 식재료를 통제할 수 없는 많은 장소에서 음식을 먹는다.

유기농산물만 사고, 산업화된 육류 및 가공식품의 소비를 피하며, 대부분의 식품을 자연 식품 전문점에서 구매하는 사람들이 있다. 이들조차 그런 제품들에 치명적인 박테리아, 화학물질, 잔류물이 존재하지 않는다는 것을 보장하는 규제 시스템에 의지하고 있다. 중국산 유기농 식품 수입이 늘어나면서, 건강에 주의를 기울이는 소비자조차 화학물질 오염으로 인한 위험 증가와 관련한 식품의약국의 경계에 의지하고 있다. 그리고 식품의 성분 표시를 살펴보는 사람이라면, 투명하고 효과적인 라벨링의 개발 및 집행과 관련해 식품의약국에 의지한다.

장기적으로는 최대한 가공식품을 피하고 지역 수준에서 물건을 구매하며 지역 농민을 알아야 하겠지만, 최선의 해법은 먹거리 체계뿐 아니라 그것을 관할하는 규제 시스템까지 개혁할 수 있는 정치적 힘을 키우는 것이다. 미국이 3억이 넘는 사람이 사는 거대하고 복잡한 사회임을 감안한다면, 공중보건을 보호하는 공정한 규제 시스템을 확보하고, 정치적 압력에 맞서서 소비자의 건강과 안전을 기꺼이 지키려는 연방정부 기관 한 곳이 그것을 관할하도록 하는 것이 무척 중요하다.

먹거리 활동가들이, 지역 수준에서 물건을 구매하면 규제가 필요 없다는 자유주의 철학을 더 이상 따르지 말고 효과적인 규제의 필요성을 포용해야 할 시점이다. 최근 몇 년 동안 SWAT 팀*을 연상시키는 식품의약국 단속반이 생우유나 염소치즈를 판매하는 소형 농장들을 급습해 역풍을 불러일으켰다. 자원의 터무니없는 오용이다. 먹거리와 관련한 위험이 미국에 너무 많으므로, 식품의약국은 소비자를 대상으로 제품을 직접 판매하는 소형 사업장을 단속하는 데 자원을 낭비하지 말아야 한다. 소비자가 위험을 기꺼이 감수하려고 하는 이유는 해당 식품의 생산자를 알고 그것의 안전성을 확신하기 때문이다. 하지만 식품의약국은 수백만 톤의 수입산 식품에 포함되어 있는 화학물질과 잔류물 같은 실질적인 건강 위험 요인에 대해서는 별다른 조치를 취하지 않고 있다.

* 미국 경찰 특수기동대. 인질 구조, 무장 용의자 진압 등 중범죄를 담당한다.

5부

공장식 농장 이야기

지난 20년 동안 중소 축산 농장들이 수천 마리의 소, 돼지, 닭을 과밀한 사육 환경에서 가둬 키우는 공장식 농장들에 밀려 사라졌다. 많은 축산농민이 업계를 떠났으며, 소수는 초대형 정육업체, 돼지고기 가공업체, 가금류 회사, 유제품 가공업체의 지시에 따라 공장식 축산 방식을 채택했다. 이처럼 크기가 커졌는데도 불구하고 많은 축산농가가 생존에 어려움을 겪고 있다. 육우, 돼지, 우유의 실질가격이 수십 년 동안 계속 떨어졌기 때문이다. 초대형 정육업체는 기본적으로 무소불위의 권력을 휘두르는 독점 기업과 마찬가지다. 이들이 바로 공장식 축산을 수지맞는 사업으로 만든 저곡가 정책의 수혜자이다. 산업화된 육류 생산 중단은 먹거리 체계 개혁의 핵심 요소이다.

8
카우보이 대 정육업체:
마지막 가축 몰이

기업은 모든 법적 권리를 완전하고 효율적으로 보호 받을 자격이 있다.
하지만 기업이 국가를 통제하려 하거나,
상황에 따라 변하는 자신의 편의주의로 모든 정치 체계의 뿌리에 있어야 할
자연적 정의라는 고귀한 원칙을 대체하려고 할 경우에는
비판받아 마땅하다.

— 제임스 페니모어 쿠퍼(James Fenimore Cooper), 《미국 민주주의자(The American Democrat)》(1838).

Foodopoly

건장한 카우보이들이 서부 목장에서 소떼에 올가미를 던지는 풍경, 서부 영화와 컨트리 음악에서 미국의 상징으로 굳어진 이 풍경이 이제 사라지고 있다. 19세기 목장전쟁**에서부터 서부 쇠고기 대기업들의 토지 수탈에 이르기까지, 오랫동안 폭력과 무법으로 점철되었던 미국 쇠고기 산업은 최근 수십 년 동안 일종의 경제적 폭력으로 황폐해졌다. 쇠고기 제국은 카우보이를 없애버렸으며 독립 목장주를 업계에서 몰아냈다. 그 결과 목장에서 소떼가 사라지면서 미국 최대 대기업에 속하는 몇몇 업체에 막대한 이윤을 안겨주는 시스템이 만들어졌다.

마이크 캘리크레이트(Mike Callicrate)의 블로그 〈노-불 푸드 뉴스(No-Bull Food News)〉***에는 대규모 농기업에 대한 솔직한 반대 의견이 잘 나와 있다. 그는 캘리크레이트 육우(Callicrate Cattle)의 소유주로, 독립 쇠고기 생산자를 위한 투쟁을 자신의 소명으로 삼고 있다. 캘리크레이트는 사회 활동 때문에 자신이 독점적인 쇠고기 정육업체들의 "블랙리스트"에 올랐다고 이야기한다. 1996년 타이슨과 합병한 거대 정육업체 IBP를 상대로 불공정하고 기만적이며 차별적인 육우 구매 방식에 집단소송을 제

• 《마지막 모히칸족》을 쓴 미국 소설가 제임스 쿠퍼의 정치 에세이집으로, 미국의 공화제 민주주의를 위험에 빠뜨릴 수 있는 요인으로 여론, 선동, 언론을 지목했다.

•• 누구나 소떼를 방목할 수 있는 목초지의 통제권을 둘러싸고 벌어지는 농촌 사회 내부의 무력 충돌로, 미국 서부에서 많이 발생했다. 자세한 내용은 다음을 참조하라. http://en.wikipedia.org/wiki/Range_war.

••• No-Bull은 헛소리(Bullshit)가 아니라는 뜻이다. 즉, '진짜 먹거리 뉴스'라는 뜻이다. 그가 목장주이기 때문에 일부러 황소를 뜻하는 Bull을 사용한 것으로 보인다.

기한 10명의 목장주 가운데 한 명이었다. 이 사건은 IBP에 대한 반대 의견 청취를 연방대법원이 거부함으로써 종결되었다. 캘리크레이트는 대형업체의 시장 지배력과 관련해서 쇠고기업계를 계속 비판했다. 대형업체 중 하나인 팜랜드 내셔널 비프(Farmland National Beef)는 앙갚음으로 그의 소구매를 거부했다.

정력적이고 기업가 정신이 투철한 캘리크레이트는 널리 사용되는 거세 장치를 발명했다. 덕분에 육류 산업의 시장 지배력을 우회하는 자원을 확보할 수 있었다. 업계의 추방에 굴하지 않고 그는 기존 가공 공장의 리모델링에 "수백만" 달러를 투자해 랜치 푸드 다이렉트(Ranch Foods Direct)를 창업했다. 지역에 고품질의 고기를 공급하는 이 회사는 주로 콜로라도 스프링스에서 사업한다. 이곳에서 그는 100개 이상의 식당에 쇠고기를 공급한다.

캘리크레이트는 대부분의 목장주가 이런 선택을 할 수 없다는 데 동의한다. 생산한 소를 도축하고 쇠고기를 판매할 방법이 없기 때문이다. 소비자에게 직접 판매하는 쇠고기의 양이 생산량의 1/4이나 절반에 미치지 못할 경우 목장주가 직판에서 이익을 내기는 어렵다. 그런데 대부분의 소비자는 이렇게 많은 양의 쇠고기를 저장해두고 싶어 하지 않는다. 또한 스테이크나 구이에 적합한 부위만을 원할 뿐 소의 한 부위 전체를 살 때 딸려오는 많은 양의 햄버거용 고기에는 관심이 없다.

이런 문제에 대처하기 위해 캘리크레이트는 농장에서 쓸 수 있는 이동식 도축장의 개발과 판촉에 참여해왔다. 하지만 그는 독립 목장주가 살아남을 수 있는 유일한 방법은 정부가 반독점법을 집행하는 것뿐이라고 믿는다. 그는 목장주들이 생계 유지에 큰 어려움을 겪고 있다고 설명한다. 과거에는 육우가 현장 경매로 팔렸다. 대형 정육업체 역시 소형업체와 경쟁해야 했다. 지금은 독립 목장주가 자신의 소떼를 내놓고 공정한 가격을 받을 수 있는 시장이 존재하지 않는다.

베스트셀러 《패스트푸드의 제국(Fast Food Nation)》을 쓴 에릭 슐로서(Eric Schlosser)는 육류업계를 다음과 같이 적절하게 이야기한다.

지난 20년 동안 약 50만 명의 목장주가 소떼를 팔고 폐업했다. 남아 있는 미국 목장주 80만 명 중 다수는 힘겹게 살고 있다. 부업을 하면서 이윤이 남지 않거나 손해나는 가격에 소떼를 팔고 있다. 300~400마리의 소를 직접 기르면서 거기서 얻는 수입으로만 생계를 꾸리는 목장주들이 가장 어려운 처지에 놓여 있다. …… 현재 목장주들은 지가 상승, 쇠고기 값 정체, 쇠고기 과다 공급, 캐나다와 멕시코로부터 살아 있는 소 수입량 증가, 개발 압력 등 여러 가지 경제적 문제에 직면해 있다.[1]

백 년 동안의 정글

그렇다면 도대체 어떤 과정을 거쳐서 육우가 햄버거로 바뀔까? 한마디로 말해서 농장에서부터 식탁까지의 전 과정이 점점 더 산업화되고 있다. 그 출발점은 인공수정에 사용하는 정액이다. 정액 생산은 3대 대기업이 지배한다. 월드와이드 사이어(World Wide Sires), 코퍼러티브 리소스 인터내셔널(Corporative Resources International), ABS 글로벌(ABS Global). 이 회사들의 이름을 아마 한 번도 들어보지 못했겠지만, 여러분이 쇠고기를 먹는다면 이들의 자손을 먹어온 것이다.

육우는 차례로 여러 단계를 거치며 길러진 뒤 도살·가공된다(업계 용어로는 '정육'이라 부른다).* 생산의 첫 단계는 번식 농장이다. 이곳에서는 번식용 암소를 이용해서 송아지를 생산한다. 아홉 달의 임신기를 거쳐 태어난 송아지는 태어날 때 무게가 27~45킬로그램이며, 태어난 지 6~10개월 정도 되면 젖을 뗀다. 암소는 7~9년 동안 새끼를 낳을 수 있지만, 출산과 관련

• 다음 사이트를 참조하라. http://www.explorebeef.org/raisingbeef.aspx.

한 여러 문제에 시달리는 경우가 많다. 그래서 송아지가 죽거나 높은 수의사 비용이 들어가곤 한다. 송아지는 젖을 뗄 때까지 어미와 함께 목초지나 목장에서 풀을 뜯는다. 이렇게 하면 과밀한 실내에서 생길 수 있는 질병의 위험을 낮출 수 있다. 송아지를 기르는 일은 소규모 가족농장이 담당한다. 가족농장은 양육에 필요한 일을 기꺼이 하며 소를 기르는 데 자부심을 느낀다.

송아지가 181~295킬로그램 정도 되면, 대부분 비육장으로 팔려나간다. 비육장 역시 가족농장이 운영하는 경우가 많다. 비육장의 목초지나 목장에서 소는 체중을 늘린다. 가끔은 이 단계를 생략하고 송아지를 더 오랫동안 번식 농장에서 기른 다음 직접 비육장으로 보내기도 한다. 2008년 전체 육우의 절반을 사육두수 100마리 미만인 67만 5,000개의 농장 혹은 목장에서 길렀다.[2] 하지만 이 소의 대부분은 결국 비육장으로 간다.

비육장에서는 두 살이 약간 안 되거나, 몸무게가 544킬로그램이 될 때까지 곡물 기반의 사료로 소를 살찌운다. 비육장은 알약 모양으로 만든 성호르몬(천연 호르몬일 수도 있고 합성 호르몬일 수도 있다)을 소의 귀 피부 속에 삽입해 체중 증가 속도를 높인다. 일리노이대학교 보건대학의 사무엘 엡스타인(Samuel S. Epstein) 명예교수에 따르면, 쇠고기 생산에 사용되는 호르몬은 인간의 생식 관련 암, 어린이 암 발병 위험 증가와 관련이 있다. 그는 다음과 같이 말한다. "고기 속에 남아 있는 이들 호르몬의 잔류량은 정상치보다 최대 20배 더 많다. 소의 근육 속에 호르몬제를 직접 주입하는,• 심심찮게 이용되는 불법 관행을 사용할 때에는 잔류량이 훨씬 더 많아진다." 불행히도 농무부는 고기 속 호르몬 잔류량을 모니터링하지 않는다.[3]

고기 생산과 정육 부문이 독점화되면서 비육장은 지난 20년 동안 더 커

• 소의 귀에 호르몬제를 삽입하는 것이 성가시기 때문에, 과거에는 소의 목 근육 속에 호르몬제를 삽입하는 방식을 많이 사용했다. 목을 통과하는 혈액의 양이 귀보다 훨씬 많기 때문에, 이 방식을 쓸 경우 소의 혈액 중 호르몬 양이 급증한다(http://www.economist.com/node/204899).

지고 더욱 이윤 위주로 운영되었다. 1960년대까지 소는 전국 각지의 목장에 있는 목초지나 방목지에서 살았다. 특히 텍사스 등 서부 여러 주에 이런 목장이 많았다. 하지만 농장 정책의 변화와 교잡종 곡물의 개발 및 관개 시설의 향상으로 소 사료로 쓸 수 있는 대량의 곡물 생산이 장려되었다. 소의 소화기관이 곡물이 아닌 풀을 소화하기에 적합하도록 만들어져 있는데도 말이다. 1970년대가 되자 비육장이 소를 살찌우는 데 가장 선호하는 방식이 되었다. 업계에서는 이 과정을 "마무리"라고 부른다. 이후에는 연구 및 기술 개발로 곡물을 기반으로 한 특수 사료와, 체중 증가를 위한 호르몬 주사나 소의 몸에 삽입하는 호르몬제가 새롭게 등장했다.

최근까지 비육장은 1천 마리 미만의 소를 기르는 가족 소유 시설에서 운영했다. 오늘날에는 수천·수만 마리의 소를 수 헥타르에 설치한 강철 우리에서 기른다. 우리에 200마리 안팎의 소를 몰아넣는다. 기계화된 사료 급이 시스템이나, 트랙터로 사료를 채워 넣는 방식의 여물통으로 소를 먹인다. 소는 외양간, 그늘, 풀이 전혀 없는 곳에서 그냥 서 있으며, 자기 똥 위에서 잠을 잔다. 소똥은 말랐을 때는 바닥을 콘크리트처럼 덮고, 비가 올 때는 하수구처럼 만든다. 소가 불필요하게 움직여서 열량을 소비하지 않도록 우리 속에 소를 빽빽하게 채워 넣는다.

소는 에탄올을 생산하고 남은 옥수수 부산물, 동물 부산물, 면실박, 곡물, 알팔파 등을 섞어 만든 사료를 먹으며 6개월을 보낸다. 고열량 사료를 먹이는 목적은 고기에 지방이 점점이 박힌 마블링을 위해서다. 스테이크에서 느끼는 풍미와 부드러운 질감의 원천이 바로 마블링이다.

비육장의 규모가 훨씬 더 커지면서 타이슨 푸드나 브라질의 육류 대기업인 JBS 같은 정육업체들이 비육장들과 제휴하거나 이들 업체를 소유하게 되었다. 이런 초대형 정육업체가 미국 육우의 대부분을 판매한다.[4] 지금은 초대형 소 비육장들이 육우의 절대 다수를 마무리한다. 2008년에는 상위 12퍼센트의 비육장(각각이 1만 6,000마리 이상을 마무리한다)이 전체 육우의 거의 75퍼센트를 판매했다.

2010년 푸드앤워터워치가 최신 농업 센서스 데이터를 분석한 결과에 따르면, 사육두수 500마리 이상인 비육장의 육우는 2007년에 1,350만 마리로 늘어났다. 지난 5년 동안 매일 약 1,100마리씩 늘어난 셈이다. 사육장 면적이 가장 넓은 5개 주는 각각 1백만 마리 이상의 육우를 공장식으로 사육하고 있었다. 텍사스주는 평균 사육두수가 2만 마리 이상이었으며, 캘리포니아, 오클라호마, 워싱턴 주는 1만 2,000마리 이상이었다.

불행하게도 업턴 싱클레어가 《정글》을 쓴 지 100년 이상이 지났지만, 노동자, 소비자, 가축을 등한시하는 정육업계의 태도는 변하지 않았다. 1906년에 싱클레어는 가축 시장을 배경으로 삼아 시카고에서 자행되고 있는 이민자 학대를 폭로하기 위해 이 소설을 썼다. 그는 다음과 같은 유명한 말을 남겼다. "사람들의 가슴을 조준했지만, 예기치 않게 배를 때리고 말았다." 싱클레어는 정육 공장에서 몇 주간 신분을 속인 채 일하면서 끔찍한 근로조건을 경험했다. 또한 부당노동행위, 아동 착취, 그리고 차마 입에 담기 어려울 정도로 추악한 일을 목격했다. 그의 소설에서 가장 큰 관심을 끈 장면은, 노동자가 도축한 가축 부위들과 함께 가축사체처리탱크 속으로 떨어져서 갈린 다음 고기 기름으로 팔린 것이었다. 결국 국민들의 항의가 빗발쳤고, 1906년에 순정식품의약품법이 제정되기에 이르렀다.

하지만 당시 업계의 60퍼센트를 통제하던 5개 회사의 시장 지배력이 문제였다. 1919년 연방거래위원회는 우드로 윌슨 대통령의 요청에 따라 보고서를 작성했다. 이 보고서는 육류 산업에 경쟁이 존재하지 않으며, 따라서 구조조정이 필요하다고 했다. 가축의 구매와 정육 판매 모두에서 경쟁 부족을 보여주었다.

1921년 의회는 정육업체및임시가축수용장법(Packers and Stockyards Act)을 통과시켰다. 정육 산업에서 경쟁과 공정한 거래 행위를 회복시키는 것이 목적이었다. 당시는 모리스(Morris)와 아머(Armour)의 합병으로, 5대 정육업체(스위프트, 아머, 쿠다히, 윌슨, 모리스)가 4개로 바뀐 상태였다. 가축 시장에 딸린 공영 임시 가축 수용 시설에서의 판매 활동과, 정육업체 및 살아 있는 가금류 판매상이 운영하는 시설을 규제하기 위한 법이 통과된 뒤에는 정육업체및임시가축수용장관리청(Packersand Stockyard Administration: PSA)이 설립되었다. 현재 이 기관은 곡물검사정육업체및임시가축수용장 관리청(Grain Inspection, Packers & Stockyards Administra-tion: GIPSA)으로 불린다.

PSA는 농무부 산하 기관이었다. 설립 목적은, 정육업체와 가공업체가 생산자에게 불공정하거나 기만적이거나 올바르지 않는 차별적 방식을 사용하지 못하도록 막는 것이었다. PSA는 가격 조작이나 통제, 독점 형성, 담합 등과 같은 반경쟁적 행위도 금했다. 정육업체와 가공업체를 대상으로 한 농무부의 PSA 규정 집행은 일관되지 못하고 제한적이었다. 법의 일부 조항은 심지어 100년이 지난 지금까지 한 번도 집행되지 않았다.

그 후 약 20년 동안은 정육업체의 힘이 약해지면서 2천 개 이상의 소규모 정육업체가 활동했다. 하지만 2차 세계대전 이후 대형 소매 체인들이 등장하면서 자체 정육점을 갖춘 소규모 식료품 소매점 다수가 폐업했다. 그 다음에는 패스트푸드 체인이 쇠고기의 가장 큰 구매처가 되면서 정육 산업에서 대기업의 힘이 다시 커지기 시작했다.

1980년대에는 합병을 향한 움직임이 활발해졌다. 레이건 정부의 법무부는 반독점법을 수정하고 약화하기 위해 열을 올렸다. 법무부는 카길/엑셀(Cargill/Excel)을 지지하는 우호적인 의견을 법정에 제출했다. 당시 이 회사는 미국에서 세 번째로 큰 쇠고기 정육업체인 스펜서(Spencer)를 합병하려 하고 있었다. 당시 다섯 번째로 큰 정육업체이자 양고기 정육 및 유통업체였던 몽포트(Monfort)는 이 합병을 저지하려 노력했다. 〈뉴욕 타임스〉 보도에 따르면, 이 회사의 회장은 "정말 무서운 일"이라는 말까지 했다.[6] 이에 카길은 대법원에 항소했으며, 6대 2로 기념비적인 승리를 거뒀다. 몽포트 같은 회사가 경쟁업체들의 합병을 막기 위해 사적으로 반독점 소송을 제기하는 행위를 금하는 결정을 법원이 내렸다. 1990년이 되자 3개 기업이 정육 산업을 지배했다. IBP(현재는 타이슨 푸드에 인수되었다), 엑셀/카길, 콘아그라이다.

합병이 진전되면서 육류 리콜은 일상이 되었다. 2002년 7월 콘아그라는 20개 주에서 대장균에 오염된 쇠고기 8,600톤을 리콜했다. 당시 기준으로 역사상 두 번째로 큰 리콜이었다. 이 거대 식품가공업체는 현재 가공식품 및 냉동식품, 제분, 소스류 및 양념류 등을 주력 품목으로 하고 있다. 지난 20년 동안 소매업계의 통합에 발맞춰 정육업계의 통합 역시 계속되었다.

쇠고기 산업에서 일어난 또 다른 큰 변화는 상자육이다. IBP가 처음 시작한 상자육은 정육 공장에서 도축한 소를 조각낸 뒤 진공 포장 백에 담아 도매업체, 슈퍼마켓, 패스트푸드 식당에 배달하는 것이다. 이 같은 소위 기술적 진보로 대형 소매 체인의 육류 산업 장악이 강화되었다. 오늘날 전체 매출액의 50퍼센트 이상을 차지하는 4대 소매 체인은 소수의 도매 공급업체와 거래에만 관심이 있다. 시장점유율 20퍼센트의 월마트는 가능한 적은 수의 공급업체로부터 대량의 제품을 안정적으로 공급받기를 원한다. 다량의 쇠고기를 구매하는 패스트푸드 체인들 역시 마찬가지다. 이들도 대량의 쇠고기를 공급할 수 있는 대규모 정육업체들과의 거래를 선호한다.

비육장 운영자 500명이 설립한 공동 소송 집단인 육류가격조사관협회는 1970년대 후반과 1980년대 초반에 정육업체들과 식료품 체인들을 상대로 한 몇 건의 소송에 참여했다. 이 협회는 다음 사항을 발견했다. "슈퍼마켓은 자신의 정육 코너에서 어떤 것을 특별 상품으로 돋보이게 만들지 결정함으로써 쇠고기에 대한 소비자의 수요를 궁극적으로 통제하고 있다. 쇠고기 도매가격이 오를 것 같으면 소비자가 구매를 주저할 수준으로 판매가격을 올리거나, 닭고기나 햄 같은 다른 품목을 돋보이게 함으로써 쇠고기 수요를 줄인다."[7]

미국인은 매년 1인당 30.4킬로그램 가량의 고기를 소비한다. 그중 65퍼센트는 집에서, 35퍼센트는 외식이나 급식으로 소비한다. 중서부 지역의 1인당 소비량이 미국에서 최고로 많아서 33.1킬로그램이며, 그 다음은 남부 지역과 서부 지역으로 각각 1인당 29.5킬로그램을 소비한다. 농촌 소비자가 도시나 도시 근교 소비자에 비해 더 많은 양의 쇠고기를 먹으며, 저소득층의 쇠고기 소비량이 다른 소득 계층에 비해 더 많다.[8]

쇠고기 가운데 유일하게 식당에서 더 많이 먹는 것이 바로 간 쇠고기(분쇄육)이다. 맥도날드, 버거킹, 웬디스가 햄버거를 포함한 패스트푸드 판매액의 73퍼센트를 차지한다. 단일 구매자 가운데 쇠고기를 가장 많이 구매하는 업체인 맥도날드는 1년에 45만 4,000톤을 구매하고 약 13억 달러를 지불한다. 이러한 패스트푸드 체인들의 시장 지배력 때문에 쇠고기 산업의 통합이 더욱 심화되었다.

그 결과 쇠고기 정육이 축산 부문에서 가장 집중도가 높은 산업이 되었다. 점점 더 통합되는 정육업계에 소를 판매하기 위해 비육장들 역시 점점 더 커지고 있다. 현재 시장점유율을 기준으로 단 4개 회사(카길, 타이슨 푸드, JBS, 내셔널 비프)가 소의 80퍼센트 이상을 도살한다.

하지만 쇠고기 가공 산업 역시 점점 더 집중화되고 있다. 쇠고기업계의 3대 업체가 쇠고기 가공 산업 역시 장악하고 있다. 타이슨이 1위이고, JBS와 카길이 그 뒤를 따른다. 쇠고기 가공식품에는 즉석식, 냉동 햄버거, 양념에 절인 쇠고기, 냉장 가공식품, 통조림 등이 있다. 예를 들어 JBS는 국제적인 포트폴리오를 통해 프리보이(Friboi), 쏠라(Sola), 스위프트(Swift), 앵글로(Anglo) 같은 여러 브랜드를 관리하며, 여러 회사의 PB 제품도 만든다.[10]

육류업계를 움직이는 큰손

우리가 먹는 고기의 생산과 가공을 지배하고 있는 이 기업들은 과연 어떤 업체일까? 카길은 육류업계 최대의 기업일 뿐만 아니라, 전 세계 농업 체계를 지배하는 강력한 대기업 중 하나다. 2007년 현재 카길의 비육장 사업은 미국에서 3위로, 매년 70만 마리를 비육한다. 2010년 현재 카길이 운영하는 소 비육장은 텍사스주에 3개, 캔자스주에 1개, 콜로라도주에 1개이다. 카길은 최소한 캐나다 쇠고기 산업 전체와 맞먹는 힘을 갖고 있다. 캐나다 농민연합(Canadian National Farmers Union)에 따르면, 2009년 XL 푸드(XL Foods)가 타이슨의 캐나다 쇠고기 사업장을 인수한 뒤 카길과 XL 푸드가 캐나다 쇠고기 도살의 80퍼센트 이상을 지배한다.[11] 카길은 또한 아르헨티나와 오스트레일리아에도 쇠고기 사업장을 갖고 있다.[12]

가금류 생산으로 유명한 타이슨 푸드는 쇠고기 부문에서도 주요 회사이다. 이 회사가 생산하는 햄버거용 쇠고기를 340그램짜리 햄버거로 환산하면 지구를 10바퀴 돌 수 있을 정도이다. 아칸소주에 본사를 둔 타이슨 푸드는 1935년 존 타이슨이 창립했다. 처음에 그는 아칸소주 스프링데일에서 닭을 트럭에 실어 캔자스시티와 세인트루이스에 내다 팔았다. 1936년에는 처음으로 500마리의 닭을 시카고로 배달해 235달러의 순익을 거뒀다. 그는 이 돈을 전신환으로 집에 보내면서 빚을 갚고 닭을 더 사라는 메시지도 함께 보냈다. 1940년대 후반 타이슨은 사료와 부화 사업에도 뛰어들었다. 1958년 도살장을 추가하면서 이 회사는 완전한 수직통합을 이루었다. 또한 존 타이슨은 평평한 트럭 적재함에 닭장을 부착하는 아이디어를 처음 냈는데, 이 방식은 아직도 쓰이고 있다.[13]

1990년대에 타이슨은 수십 개 회사를 인수했다. 2001년에는 당시 세계 최대의 쇠고기 및 돼지고기 공급업체였던 IBP를 인수하면서 요란하게 쇠고기 사업에 진출했다. 현재 세계 2위의 육류 생산자인 타이슨 푸드는 400개 사업장에 11만 4,000명의 직원을 고용하고 있다. 이 회사는 자신이 단백질 공급업을 하고 있다고 이야기하며, 매주 약 45만 마리의 소를 도살한다.[14]

JBS 창립자인 브라질인 호세 바티스타 소브린호(Jose Batista Sobrinho)는 작은 농장으로 사업을 시작했으며, 매년 정육점에 팔기 위해 한두 마리의 소를 도살했다. 1953년 그는 하루에 500마리의 소를 도살하는 작은 도살장을 인수했다. 1968년에는 다른 시설들을 인수하기 시작했다.[15] 오늘날 이 회사는 12만 8,000명의 직원을 고용하고 있으며, 전 세계 모든 대륙에서 사업장을 운영하고 있다. 1970년대에는 브라질에서 사업을 확장하기 시작했다. 2005년에는 처음으로 외국 회사를 인수했는데, 아르헨티나 최대의 쇠고기 가공업체인 스위프트 아머(Swift Armour)였다. 그 다음으로는 2007년에 미국 회사인 스위프트 푸드(Swift Foods)를 인수했다. 계속해서 이 회사는 오스트레일리아, 유럽, 남미에서 여러 회사를 인수했다. 또한 미국에 본사를 둔 대기업 필그림스 프라이드(Pilgrim's Pride)를 인수했다. 당시 필그림스 프라이드는 미국 최대의 가금류 회사였지만 파산 위기에 놓여 있었다.[16]

JBS는 브라질개발은행과 제휴해 공격적인 인수 전략을 펼쳤다. 그 결과 세계 최대의 육류 공급업체가 탄생했다. 2007년에는 상장으로 50억 달러를 조달해서 어려움을 겪고 있던 미국 쇠고기 사업장들을 마구 사들였다. 현재는 호세 바티스타 소브린호의 자녀들 중 6명이 경영에 참여하고 있으며, 아들 웨슬리 바티스타(Wesley Batista)가 CEO를 맡고 있다. JBS의 전략은 범세계적이며, 미국만이 아니라 러시아, 중국, 중동 등에도 초점을 맞춘다.[17]

카길, 타이슨, JBS보다 훨씬 규모는 작지만, 내셔널 비프는 네 번째로 큰 쇠고기 가공업체로 2010년 370만 마리를 도살했다. 미주리주 캔자스시티에 본사를 둔 이 회사는 캔자스, 캘리포니아, 펜실베이니아, 조지아 주에도 사업장을 갖고 있다. 이 회사는 소매점에서 바로 판매할 수 있도록 포장한 맞춤형 정육, 쇠고기 부산물, 가죽을 가공 및 판매한다. 이 회사의 소유주는 U.S. 프리미엄 비프(U.S. Premium Beef)이다. 수직통합된 기업인 U.S. 프리미엄 비프는 쇠고기를 가공해 여러 브랜드로 판매한다.

이 4대 기업은 시장 집중을 통해 막대한 시장 지배력을 행사한다. 독립적인 소 생산자에 비해 엄청난 우위를 누린다. 대형 정육업체에 소를 팔아야 한다는 압박감 때문에 독립적인 비육장의 규모는 점점 더 커지고 있다. 대형 정육업체가 소유한 비육장과의 경쟁 또한 규모 확장에 기여한다. 현재 대형 쇠고기 정육업체들은 자체적으로 소를 소유하고 비육장을 운영하기 때문에 생산의 전 과정에서 공급을 통제할 수 있다. 그들은 독립적인 소규모업체들로부터 소를 구입할 필요를 줄였다. 자체 비육장 덕분에 정육업체들은 소 가격을 낮추고 쇠고기의 소비자 가격을 높게 유지하며, 생산자에게 지불하는 가격을 낮출 수 있다. 또한 자체적으로 소를 도살하기 때문에 경매에서 판매자 또는 구매자가 될 수 있다. 판매자이면서 동시에 구매자가 될 때도 있다. 자체 도살장이 자체 비육장에서 소를 구매할 때가 대표적이다. 이를 이용해 그들은 가격을 왜곡하거나 조작한다. 예를 들어 정육업체는 소 값이 높을 때는 자체 소를 도살하고, 값이 낮을 때는 경매에서 소를 구입한 뒤 도살한다. 독립적인 소 생산자가 받는 가격을 낮출 수 있다.

회사 소유 비육장은 엄청난 규모다. 세계 최대의 쇠고기 가공업체인 JBS는 파이브 리버스 캐틀 피딩(Five Rivers Cattle Feeding)을 소유하고 있다. 2010년 현재 이 회사는 콜로라도, 아이다호, 캔자스, 뉴멕시코, 오클라호마, 텍사스, 위스콘신 주에서 13개 비육장을 운영하며, 총 비육 능력은 83만 9,000마리에 달한다. 이 회사 소유 비육장의 평균 비육 능력은 약 6만 5,000마리지만, 콜로라도주 유마에 있는 가장 큰 비육장은 12만 5,000마리이다. 2010년 7월 JBS는 매컬해니(McElhaney)를 매입하겠다는 의사를 밝혔다. 매컬해니는 미국 상위 25개 비육장 운영업체의 하나로, 소 13만 마리를 비육할 수 있는 능력을 갖고 있다.[18] 이런 인수합병을 통해 상파울루에 본사를 둔 이 브라질 회사의 시장 지배력은 엄청나게 커지고 있다.[19]

대기업 소유 비육장은 독립적인 비육장에 비해 훨씬 규모가 크며, 지역

사회에 뿌리를 잘 내리지 못한다. 미네소타주에 본사를 둔 다국적기업 카길은 텍사스, 콜로라도, 캔자스 주에 비육장을 갖고 있다. JBS가 내리는 결정은 저 멀리 브라질에서 온다. 농민과 목장주는 이웃들과 같은 물을 마시고 같은 공기를 호흡하다. 하지만 초대형 비육장 소유주는 그런 시설에서 발생할 수 있는 환경 문제로부터 수천 마일 떨어진 곳에 산다.

대부분의 소 비육장이 농촌에 자리하고 있지만, 이 지역 중 다수는 미국 최대 도시들에 맞먹는 양의 폐기물을 만들어낸다. 소가 배출하는 분뇨를 비육장에 저장했다가 인근 농장의 들판에 뿌린다. 하지만 홍수나 폭우로 분뇨가 인근 하천으로 흘러들 수 있으며, 들판에 뿌린 분뇨의 양이 많으면 지하수나 인근의 하천으로 유출될 수 있다.

듀크대학교 세계화·거버넌스·경쟁력센터에 따르면, 대형 비육장의 단 60퍼센트 정도만이 환경 문제 전반에 관한 문서로 된 공식 가이드라인을 가지고 있으며, 축분 관리 프로그램이 있는 곳은 절반 가량에 불과했다. 대부분 비육장은 빗물에 분뇨가 유출되는 것을 막기 위해 폐수저장연못을 활용하고 있다. 그리고 많은 비육장이 빗물에 의한 유출을 막고 침식을 최소화하기 위해 제방이나 울타리, 조경 등을 활용한다.

분뇨를 뿌린 들판과 폐수저장연못에서 유출되는 물 때문에 수계와 음용수가 중금속, 병원균, 항생제, 암모니아 등으로 오염될 수 있다. 또한 가축 분뇨에 들어 있는 박테리아, 바이러스, 기타 독소는 인간 건강에도 악영향을 끼칠 수 있다. 비육장 주변의 수질 오염으로 질소 농도가 높아져 영유아의 "청색증"•도 발생할 수 있다. 청색증은 영유아의 생명을 앗아가거나 발달상의 문제를 일으킬 수 있는 질환이다. 질소 오염 때문에 조류(藻類)가 통제할 수 없을 정도로 많이 자라서 물고기나 식물에 필요한 햇볕이나 산소가 고갈될 수 있다. 텍사스주의 비육장은 멕시코만에 있는 1만

• 아질산염 농도가 높은 물의 섭취로 헤모글로빈의 산소 운반 능력이 낮아지는 병이다.

8,000제곱킬로미터에 이르는 "죽음의 구역"[*]에 부분적으로 책임이 있다. 또한 텍사스주에 있는 여러 호수 역시 비육장 때문에 심하게 오염되었다.[20]

전속 공급제

1990년까지 독립 목장주들은 정육업계의 힘이 날로 커지므로 자신들의 미래가 암울해질 것이라고 예견했다. 기존의 법으로 위압적인 시장 지배력을 억제할 수 있었는데도 불구하고, 법무부와 농무부는 최근 수십 년 동안 자유방임적인 태도를 취해왔다. 하지만 경쟁의 장을 공정하게 만들고 소규모 생산자가 대규모 공장식 농장과 경쟁할 수 있도록 하기 위해 윌슨 대통령 당시에 GIPSA에 부여한 권한은 아직 존재한다. 그리고 GIPSA가 이 권한을 사용하도록 만들라는 압력(입법부 의원들을 향한)이 커졌다. GIPSA가 "공정 농업 규정(fair farm rule)"을 작성하기를 국민들은 1921년부터 기다리고 있었다.

2008년 농업법에 축산농민에게 좀 더 경쟁적인 시장을 제공하는 것과 관련한 새로운 조항을 넣는 투쟁을 위해 전미가족농연합, 국제농촌진흥재단, R-CALF(Ranchers-Cattlemen Action Legal Fund), 전국농민연맹으로 이루어진 농장 관련 조직들의 비공식적인 연대에 WORC(Western Organiza-tion of Resource Councils), 푸드앤워터워치, OCM(Organization for Competi-tive Markets), MRCC(Missouri Rural Crisis Center), ICCI(Iowa Citizens for Community Improvement) 등의 단체가 동참했다. 이 연대가 목표를 전부 달성하지는 못했다. 하지만 이 커다란 법에 농무부(그 의중이 불투명하다)가 GIPSA로 하여금 1921년 법의 집행을 위한 규정을 작성하도록 지시한다는 조항을 포함시키는 데에는 성공했다.

농무부 마케팅 및 규제 프로그램의 일부로서 GIPSA의 사명은 미국 농

---

[*] 부영양화 현상으로 물속의 산소가 고갈되어 생명체가 거의 살지 못하는 구역을 말한다.

업과 소비자의 이익을 위해 경쟁적인 시장을 유지하는 것이다. 하지만 이 기관은 무척 게을렀다. 농기업들이 엄청난 경제력과 정치력을 행사해서 농무부 정무직 공무원들과 부하 직원들을 협박했기 때문이다.

오바마 대통령은 첫 번째 대통령 선거운동 기간에, 만약 자신이 당선되면 식육업계가 가축농민을 이용해먹도록 허용하는 규정을 고치는 일에 힘을 보태겠다고 약속했다. 그러자 정육업체들은 오바마 대통령과 의회 의원들에게 압력을 행사했다. 경쟁을 저해하는 관행, 가축 시장에 대한 조작, 불공정한 가격을 이용한 가금류 사육자 착취 등을 중단하는 규정을 제정하지 못하도록 대응했다.

2011년 5월, 147명의 의원이 공공 정책을 육류업계가 돈으로 살 수 있다는 사실을 다시 한 번 입증했다. 대형 육류 회사들을 위해 일하는 사업자단체들(의원 선거에서 주된 정치자금 제공자)은 GIPSA 규정 제정을 방해하기 위해 농무부 장관 빌색에게 서한을 보냈다. 캘리포니아주 센트럴 밸리에 지역구를 둔 민주당 하원의원 짐 코스타(Jim Costa)가 발의한 이 서한은 반독점법의 집행을 방해하기 위해 보통 사용하는 전략이 다시 한 번 등장한 것이라 할 수 있다. 이 서한은 빌색 장관에게 "이 문제에 관해 이전에 제기되었던 우려들에 즉각 대응할 것"과 "좀 더 철저한 경제 분석 수행에 헌신할 것"을 요청했다.[21]

오바마 행정부는 공약 실천에 적극적이었다. 하지만 정육업체들의 시장 조작과 반경쟁적 행동에 대처할 규정의 제정을 밀어붙일 용기가 부족했던 대통령은 불행히도 업계의 압력에 굴복하고 말았다. 2011년 겨울, 육류업계의 시장 지배력 억제에 거의 아무런 역할도 하지 못할 이빨 빠진 규정이 최종적으로 만들어졌다.

식품업계가 원하는 것을 얻기 위해 얼마나 집요하게 움직이는지는 오바마 정부에서 곡물검사출하집하청 청장을 지낸 더들리 버틀러(Dudley Butler)가 누구보다 잘 알 것이다. 오바마 행정부가 육류업계에 굴복하고 난 직후 버틀러는 사임했다. 그는 미시시피주 법정변호사●이자 목장주로, 닭 대기업들과 소송을 진행하던 계약제 가금류 사육자들의 변호를 맡기도 했다. 덕분에 그는 농기업으로부터 소규모 사육자를 보호하겠다는 의도를 숨기지 않았다. 그는 곡물검사출하집하청 규정을 작성하는 2년 동안 육류업계, 육류 사업자단체, 그리고 그들의 로비스트들로부터 지속적으로 심한 공격을 받았다.

버틀러를 상대로 한 지독한 공격 하나가 2009년 반독점법 집행과 경쟁적인 시장 확립을 위한 단체인 OCM 회의에서 그가 한 발언에 관한 것이다. 버틀러의 고향인 미시시피주에서 발행되는 신문 〈더 파놀리안(The Panolian)〉의 발행인인 존 하월(John Howell)은 다음과 같이 썼다.

> 물론 대형 애그리비즈니스들은 이를 공격했다. "곡물검사출하집하청의 더들리 버틀러가 미국 가축 생산을 위협하고 있다"가 〈비프 매거진(Beef Magazine)〉 2010년 8월호 표제였다. 이 기사는 그를 "닭장을 지키는 여우"에 비유했다. 또한 버틀러는 하원 농업위원회 청문회에서 뭇매를 맞았다. 위원회 소속 의원들이 쇠고기업계와 정육업계로부터 엄청난 선거 자금을 제공받고 있기 때문이다. 한 인터넷 언론은 그를 "뜨기 위해 악명 높은 피고인의 변호를 맡는 변호사"이자 "농업법의 조니 코크런스(Johnnie Cochrans)●●" 같은 인물로 폄하했다.[22]

업계의 목소리를 대변하는 잡지인 〈비프 매거진〉은 OCM 회의에서 청중의 질문에 그가 한 답변 중 일부만을 인용해서, 마치 버틀러가 사람들이 GIPSA 규정을 이용해서 정육업계에 더 많은 소송을 하도록 장려하려는 것처럼 보이게 만들었다. 나중에 R-CALF CEO 빌 불라드(Bill Bullard)는 〈비프 매거진〉에 다음과 같이 목소리를 높였다. "스스로 언론인이라 주장

● 부동산 전문 변호사 등과 달리 법정에서 주로 활동하는 변호사를 말한다.
●● O.J. 심슨, 마이클 잭슨 등 유명인의 변호를 많이 맡은 것으로 유명한 미국 변호사.

하는, 정육업체들의 하수인 중 일부가 더들리 버틀러를 상대로 진행되고 있는 비윤리적 중상모략에 공개적으로 관여하고 있다. …… 제안된 GIPSA 규정의 목적은 독점적인 정육업체들이 가축 공급 사슬의 통제력을 장악하지 못하게 막는 것이다." OCM 사무총장을 지냈던 프레드 스톡스(Fred Stokes)는 정육업체들이 이 회의에서 버틀러가 한 말을 전후맥락을 생략한 채 뽑아내서 "비윤리적으로 왜곡했다"라고 비판했다. 계속해서 그는 "내가 녹음된 대화 내용을 주의 깊게 살펴본 바에 따르면, …… 윤리적인 사람이라면 그렇게 잘못된 결론을 절대 끌어낼 수 없다"라고 이야기했다.

운동가들은 버틀러의 임명에 무척 고무되었다. 왜냐하면 GIPSA가 제 역할을 하도록 만들겠다고 분명히 밝혔으며, 육류업계 역시 GIPSA가 자신에 대항하기 위해 만들어졌다는 사실을 알고 있었기 때문이었다. 버틀러는 GIPSA 규정을 가축 사육자를 좀 더 많이 보호하는 쪽으로 바꾸고, 농업에서 반독점 관련 문제에 대한 공청회를 여는 데 결정적인 역할을 했다. 2010년에 5번의 공청회가 아이오와, 앨라배마, 위스콘신, 콜로라도 주와 워싱턴 D.C.에서 열렸다. 수많은 농민, 목장주, 계약제 가금류 사육자가 GIPSA 규정의 집행이 필요하다고 이야기하기 위해 먼 거리를 달려왔다(이 공청회는 사상 처음으로 열린 2개 부처 공동 공청회였다).

목장주들은 업계의 집중화로 경매에서 쇠고기 생산자들이 받는 가격이 어떻게 낮아졌는지를 거듭 증언했다. 가격을 올릴 경쟁이 존재하지 않기 때문에 가격이 낮아졌다는 것이다. 단 하나의 대형 쇠고기 정육업체만이 비육장에서 열리는 경매에 참석하는 예가 많으며, 2개 업체가 참석하더라도 실제 입찰은 하나만 하는 경우도 드물지 않았다. 5개 비육장 가운데 거의 3개가 경매를 통해 단 1개의 쇠고기 정육업체에 소를 판매한다. 그 영향으로 가격이 계속 낮게 유지된다.[24]

농무부 발주로 1990년대에 수행된 연구들 역시 시장 집중 때문에 쇠고기 생산자가 받는 가격이 낮아진다는 사실을 발견했다. 이 가격은 지난 20년 동안 꾸준히 하락했다. 소 생산자는 경매 가격 중 적은 부분만을 받으며, 이 비율은 계속 감소해왔다. 소 생산자가 받는 순수입은 1981~1994년 마리당 36달러에서 1995~2008년 14달러로 떨어졌다.[25]

정육업체는 자체 도살장에 자신이 경매에서 구매한 소, 기존에 소유하고 있던 소, 비육장이나 생산자와 계약을 통해 확보한 소를 섞어서 공급한다. 정육업체가 요구하는 계약은 "전속 공급제"라고 불린다. 쇠고기 생산자나 비육장은 정육업체와의 판매 계약을 통해 장래에 소를 정육업체에 배달하는 데 동의한다. 이런 계약에서는 정육업체가 사전에 합의한 가격을 배달 시점에서 낮추는 것이 허용되는 경우도 많다. 농무부는 도살 소의 2/5를 전속 공급제가 조달하는 것으로 추정한다.

이들 소 생산자는 경매 때보다 더 낮은 가격을 받으며, 좀 더 유리한 여건의 공급업체에 비해 더 나쁜 조건으로 계약한다. 정육업체가 구매와 판매에서 지배적인 위치에 있다는 점을 악용해서 가격을 조작하는 사례도 많다. 또한 전속 공급제에서는 몇몇 공급업체가 더 높은 가격과 유리한 조건으로 우대 받는다. 보통 이런 공급업체들은 많은 소를 공급할 수 있는 초대형 비육장인 예가 많다. 소규모 판매자는 불이익을 받으며, 정육업체가 지배하고 있는 현물시장*에 의지해야 한다. 그리고 이런 계약은 모두 대외비이다. 다른 공급업체가 어떤 가격을 받고 있는지 전혀 알 수 없을 정도로 불투명하다.

목장주들은 1990년대부터 미 농무부에서 잠자고 있었으며, 지난 두 번의 농업법 개정 기간에 논란의 대상이 되었던 전속 공급제 개혁안이 채택되어야 한다고 큰소리로 이야기했다. 이 개혁안에서는, 미리 결정된 고정 가격과 고정된 배달 일에 기반을 두고 투명하고 공개적인 방식으로 체결

● cash market 또는 spot market. 선물시장에 대비되는 개념으로, 거래가 성립되는 시점과 대금 결제 시점이 동일한 시장 또는 거래 성립 시점과 상품 인도 시점이 동일한 시장을 뜻한다.

된 계약만 승인했다. 또한 정육업체가 몇몇 생산자에게 불공정하게 이익을 주고 다른 이들에게는 불이익을 주는 가격 결정 시스템은 사용하지 못하게 했다.

앨런 센츠(Allan Sents)는 콜로라도주 포트 콜린스에서 열린 법무부·농무부 합동 공청회에서 정육업체의 힘에 관해 증언했다. 센츠는 캔자스주 중부에서 1만 마리 용량의 상업적 비육장을 운영하고 있으며, 40년 동안 이 업계에서 일했다. 그는 농무부 장관 톰 빌색에게 거래 정육업체 하나가 자기 비육장이 도살장에서 더 가까운데도 경쟁 비육장 몇 곳에 전속 계약제를 제안했으며, 종종 자기 비육장에서는 소를 전혀 가져가지 않았다고 설명했다. 계속해서 그는 이 상황을 다음과 같이 설명했다.

그래서 저는 그 구매자(정육업체)에게 이렇게 말했습니다. "흠, 만약 당신이 앞으로도 이런 식으로 차별 행위를 한다면, 나는 다른 정육업체에 우리 소를 살 기회를 먼저 주겠소." 저는 제가 입장 바꿔 생각해보라는 얘기를 했다고 생각했습니다. 반칙은 하지 말자는 얘기였지요. 음…… 그러자 원래 구매자는 그런 식의 반응을 좋아하지 않았으며, 자신의 구매 담당자(대리인)에게 우리 비육장에 가지 말라고 이야기했습니다. 그 결과 세 달 동안 이 대형 정육업체의 대리인이 우리 비육장에 오지 않았습니다. 단지 우리가 그 정육업체가 우리에게 하는 것과 똑같은 방식으로 행동하려 했다는 이유 때문에 말이지요. 이 이야기는 협박의 무척 뚜렷한 증거인 동시에, 왜 생산자들이 자기 목소리 내기를 두려워하는지 잘 보여줍니다.[26]

공청회에서 사우스다코타주에 사는 밥 맥(Bob Mack) 같은 독립 목장주들은 정육업체들이 어떤 식으로 시장을 왜곡시켰는지 이야기하면서, 정육업체와 가공업체의 가축 소유를 왜 의회가 금지해야 하는지에 관한 증거를 제시했다.

GIPSA 규정에 관한 논쟁이 진행되는 동안 전국농민연맹 의장 로저 존슨(Roger Johnson)은 농민을 위한 권리장전의 필요성을 역설하며 다음과 같이 주장했다. "정육업체및임시가축수용장 법은 90년 전부터 존재했다. 지금은 그것을 집행할 때이다. 농민과 목장주를 위한 권리장전은 농민과 목장주를 정육업체와 가공업체의 반경쟁적인 행동으로부터 보호할 것이다. 업계가 제한적인 시장 지배력을 가진 가축 생산자들을 마음껏 남용하도록 더 이상 허용하지 않을 것이다."

위스콘신농민연합 의장 대린 본 루든(Darin Von Ruden) 역시 2011년 규정의 집행을 옹호하기 위해 다음과 같이 비슷한 말을 했다. 그 규정은 "업계에 공정한 시장 환경을 만들고, 소규모 생산자가 대규모 생산자와 동일한 시장 접근성을 가질 수 있도록 보장할 것이다. 그럼으로써 가축을 사육하는 독립적인 가족농에게 공정한 경쟁의 장을 제공할 것이다." 계속해서 그는 대형 정육업체가 "단순히 이용 가능한 고기의 종류뿐만 아니라 그 고기를 생산하는 방식에 대해서도 지시를 내릴 수 있는 엄청난 힘을 갖고 있다"라고 이야기했다.[27]

수많은 소 생산자를 대변하는 단체인 R-CALF는 독점 금지를 위한 개혁과 경쟁적인 가축 시장 확립을 위한 규정의 집행을 가장 굳건히 주장해왔다. 슬로건인 "미국 소 생산자들을 위한 투쟁"이 그간 이 단체가 소송, 로비, 사회운동을 통해 실천해온 일이다.

규정의 필요성에 관한 언론 배포용 자료에서 R-CALF는 직설적으로 다음과 같이 이야기한다. "정육업체들은 로비를 통해 미국의 육우 산업을 양계 산업처럼 만들고 싶어 한다. 생산과 마케팅 조건을 자신들이 통제하는 산업으로 후퇴시키고자 하는 것이다. …… 일단 쇠고기 정육업체들이 독립적인 소 사육자들을 현물시장에서 퇴출시킨다는 목표를 달성하고 나면, 돼지 및 가금류 산업에서와 마찬가지로 계약을 통해 미국 육우에 대한 생산 조건과 판매 조건을 지시하고 통제할 것이다."[28]

쇠고기의 치킨화

네브래스카주 상원의원을 지낸 캡 디어크스(Cap Dierks)는 네브래스카 북중부 출신으로, 업계의 로비에 결코 넘어가지 않는 정치인이다. 유잉에서 성장한 그는 지금도 그곳에 살고 있다. 그의 가족은 1880년대부터 네브래스카주에서 목축을 해왔다. 지금은 막내아들이 농장을 운영하고 있다. 다른 세 자녀 역시 농사에 계속 관심을 갖고 있다. 디어크스 농업에서 일어난 엄청난 변화를 목격했으며, 자신이 살아 있는 동안 독립적인 목축업자와 농민이 공정하게 경쟁할 수 있는 날이 오기를 진심으로 바란다.

2010년 디어크스는 키스톤 XL(Keystone XL) 송유관*이 지나기로 한 부지 주변 토지 소유주를 옹호하는 법안을 발의했다. 송유관이 건설되면 부정적인 영향을 받게 될 주변 농장과 목장을 위한 법이었다. 이 법안은 송유관 건설사인 트랜스캐나다(TransCanada)에 누수, 보수 및 기타 완화 비용에 필요한 기금을 따로 할당할 것을 요구했다. 디어크스는 2006년과 2009년에도 가족농장이 아닌 대기업이 네브래스카주에서 농장이나 목장을 매입하거나 지분을 확보하는 것을 제한하는 법안을 발의한 바 있다 (2010년 11월, 24세의 보수 활동가인 타이슨 라슨(Tyson Larson)이 디어크스의 늙은 나이에 초점을 맞춘 선거운동을 펼쳐 선거에서 승리를 거뒀다). 비록 은퇴했지만, 디어크스는 네브래스카 입법부에 식품 안전 문제와 대형 가축의 약물 사용 문제에 관한 로비를 계속 펼치고 있으며, "쇠고기의 치킨화"를 막기 위한 로비 역시 멈추지 않고 있다.

디어크스는 육류 산업의 권력 남용적인 행위를 중단시키기 위해 오랫동안 열심히 투쟁한 많은 사람을 대변한다. 이번 라운드에서는 업계가 승리를 거뒀지만, 공정한 경쟁을 위해 투쟁하는 이 연대는 다음번 농업법을 이

---

* 캐나다 앨버타주에서 몬태나, 네브래스카, 오클라호마 주를 거쳐 텍사스주의 해안까지 이르는 초대형 송유관 건설 계획. 3단계까지 완성되었고, 4단계(Keystone XL)는 환경단체의 반대로 오바마 행정부 때 일시중단되었다. 2017년 트럼프 대통령은 이 사업의 조속한 완공을 위해 환경평가 속도를 높이도록 행정명령을 발동했다(http://en.wikipedia.org/wiki/Keystone_Pipeline).

용해서 다시 한 번 시도할 것을 다짐하고 있다. 가축 생산자에 대한 자신의 시장 지배력을 유지하고 독립적인 목축업자를 퇴출시키기 위해 더러운 수법의 사용도 마다하지 않는 업계와의 싸움에서 승리를 거두려면, 광범위한 대중 지지에 기반을 둔 노력이 필요하다.

〈파놀리안〉의 하월은 상황을 이렇게 요약한다. "대형 로비 집단과 업계 관련 집단에게 그렇게 많은 반응을 촉발시켰다면, 그 사람이 바른 일을 하고 있을 가능성이 크다."[29]

9
돼지 같은
이윤 추구

세상은 인간의 필요를 충족시키기에 충분하지만,
인간의 탐욕을 충족시키기에는 충분치 않다.
— 마하트마 간디.

Foodopoly

산업적 양돈은 무척 지저분한 사업이다. 거대한 창고 속에 빽빽이 들어찬 수천 마리의 돼지가 수 톤의 액체 및 고형 폐기물을 발생시킨다. 주변 지역사회에 건강 위험을 일으키고 환경도 파괴한다. 돼지 공장에서 나오는 똥오줌은 암모니아, 메탄, 황화수소, 시안화물, 인, 질산염, 중금속, 항생제 및 기타 약물로 오염되어 있다. 돼지가 누는 똥오줌은 바닥에 나 있는 홈을 통해서 축사 아래의 구덩이로 떨어진다. 돼지의 죽음을 막기 위해 대형 팬이 하루 종일 창고 같은 건물에서 유독성 가스를 배출한다. 축사 아래에 쌓인 폐기물은 펌프를 통해 거대한 저수조로 이동한다. 이 저수조의 크기는 2.4~3헥타르에 달하며, 무려 1억 7천만 리터의 폐수를 담을 수 있다. 저수조에서 흘러 나가는 물은 지역의 수계를 오염시키며, 폐기물에서 발생하는 미세한 증기는 지역 주민을 악취와 질환으로 몰아넣는다.

　돼지는 높은 인지 능력과 훌륭한 기억력을 가진 사회적 동물이다. 따라서 돼지를 이런 가혹한 환경에서 기르는 것은 잔인하다. 〈롤링 스톤(Rolling Stone)〉에 실린 기념비적인 글 '대장 돼지(Boss Hog)'에서 제프 티츠(Jeff Tietz)는 공장식 축사에서 사육되는 돼지의 가슴 아픈 삶을 이렇게 묘사한다. "스미스필드 회사의 창고처럼 생긴 축사에는 한쪽 벽에서 다른 쪽 벽까지 일렬로 늘어선 우리들 속에 수십 만 마리의 돼지가 갇혀 있다. 암퇘지들은 너무 좁아서 돌아설 수도 없는 우리 속에 갇힌 채 인공 수정을 하고, 먹이를 먹으며, 출산까지 한다. 작은 원룸만한 크기의 우리 속에 다 자란 113킬로그램짜리 수퇘지 40마리가 갇혀 있는 경우도 많다. 이들은 서로를 짓밟아 죽인다. 이곳에는 햇볕도, 건초도, 신선한 공기도, 흙도 없다."[1]

공장식 돼지 농장의 성장

돼지를 늘 이런 식으로 기른 것은 아니다. 공장식 돼지 농장은 이례적으로 무척 빠르게 늘어났다. 1992년에는 미국 돼지의 1/3 미만만이 사육두수 2,000마리 이상의 농장에서 사육되었다. 하지만 2004년이 되자 5마리 중 4마리가 이런 초대형 농장에서 사육되었고, 2007년에는 이 비율이 95퍼센트에 달했다.[2] 푸드앤워터워치의 분석에 따르면, 1997~2007년에 공장식 농장에서 사육되는 돼지의 숫자가 매일 4,600마리씩 늘어나서 총 6,200만 마리 이상이 되었다. 대부분의 산업화된 가축 생산에서와 마찬가지로 이 산업은 미국 몇몇 지역을 돼지 공장의 입지로 선택했다. 아이오와, 노스캐롤라이나, 미네소타, 일리노이, 인디애나 주에서 2/3가 생산된다.

돼지고기 가공업체와 다른 농기업들이 밀어붙인 연방정부 정책 변화가 이런 변화를 촉진했다. 그중에서도 옥수수, 대두 등 돼지 사료로 쓰이는 작물의 과잉 생산이 가장 주효했다. 돼지 사료 가격이 인위적으로 낮아졌으며, 심지어 사료 원료로 쓰는 작물의 생산비보다도 낮아졌다. 연방정부는 작물 가격이 생산비보다 낮아지도록 허용한 뒤 국민 세금으로 이 차액의 일부를 농민에게 보전해주었다. 돼지 공장의 성장에 보조금을 지급한 셈이다.

또한 사료 가격이 낮아지자 생산자들은 가축을 목초지에서 놓아 기르거나 스스로 사료작물을 재배하는 대신 사료를 사서 썼다. 더 이상 넓은 땅이 필요하지 않았다. 공장식 농장에 가축을 밀집 수용하는 것이 경제적으로 가능해졌다.

공장식 농장에 대한 환경보호청의 이빨 빠진 감독 역시 돼지 농장의 몸짓 키우기를 도왔다. 돼지 농장의 주된 비용 중 하나인 폐기물 처리에 대한 약한 감독은 공장식 축산의 비용을 줄였으며, 농장의 규모를 키운 유인 책이 되었다. 적절한 감독을 하려는 시도를 축산업계가 거듭 가로막았다. 축산업계는 오염 물질에 대한 어떤 규제에도 반대했다.

또한 거대 정육업체들이 인수합병으로 사실상의 독점 체계를 형성하는 것을 법무부가 막지 못해 돼지 공장이 더욱 빠르게 성장했다. 잇따른 인수 합병으로 돼지 생산 부문이 소수 거대 기업의 지배를 받게 되었다. 이들은 돼지 매입가격을 최소화하기 위해 무자비한 전략을 사용하고 있다.

이는 돼지업계의 대규모 통합으로 가축을 공개 시장에서 파는 독립적 인 돼지 생산자가 거의 사라졌음을 뜻한다. 현재 전체 돼지의 2/3를 4대 정육업체가 도살하고 있다. 이 기업들은 돼지의 도살·가공뿐 아니라, 생 산 및 판매 계약을 통해 농장에 엄청난 통제력을 행사한다. 돼지 정육업체 들이 자사 소유 돼지를 점점 더 많이 도축하게 되었으며, 돼지 부문의 수 직계열화와 통제로 가격이 떨어져 생산자들은 "커지든지, 아니면 꺼지든 지"의 선택에 내몰렸다.

이런 추세는 농무부 기록에도 나와 있다. 1993년에는 거의 모든 돼지(87 퍼센트)를 농민이 정육가공업체와 협상해서 판매했다(소위 현물시장 판매). 정육업체가 가족농장에 의존했기 때문에 생산자는 대기업과의 거래에서 약간의 협상력을 가질 수 있었다. 하지만 2006년이 되자 거의 모든 돼지 (90퍼센트)를 정육업체가 통제했다. 업체가 돼지를 직접 소유하거나(20퍼센 트), 계약 생산(70퍼센트)으로 돼지 생산을 통제했다.[3]

그 결과 현물시장 가격이 낮아졌고, 소규모 돼지 농장의 생존이 불가능 해졌다. 공장식 돼지 농장과 계약 생산이 급성장하기 전인 1989~1993년 에는 돼지 45.3킬로그램(100파운드)당 월 평균 가격이 75달러였다. 하지만 2004~2008년에는 31퍼센트 하락한 52달러가 되었다. 농무부 발주로 수 행된 연구에 따르면, 정육업체가 통제하는(소유 또는 계약생산) 돼지의 비율 이 1퍼센트 늘어날 때마다 현물시장 가격이 거의 같은 비율로(0.88퍼센트)

하락했다.[4]

미네소타주에 기반을 둔 토지관리프로그램은 〈전속 공급 물량으로 경쟁 죽이기(Killing Competition with Captive Supplies)〉라는 보고서를 통해 "정육업체의 시장 지배가 보편적이며", "취재 대상 농민들은 자신들이 매일 심리전을 치른다고 이야기한다. 새로운 공장식 돼지 생산 시스템에 순응하라는 농업지도자로부터의 압력을 이렇게 표현한다." 이 보고서가 발견한 내용은 다음과 같다. "계약 생산과 직접 소유로 전속 공급 물량을 확보하는 정육업체의 행위 때문에 중소 농민이 생산한 돼지를 판매할 수 있는 기회가 줄어들고 있다. 구매자의 숫자가 줄고 전속 공급 물량이 늘어남에 따라 독립적인 농민이 생산한 돼지를 구매하기 위한 경쟁이 줄었으며, 가격에 대한 시장 정보 역시 불충분해졌다. 그 결과 가격이 낮아진다."[5]

수직 계열화

오늘날 돼지고기 가공업체는 공장식 농장의 운영자와 착취 계약을 체결한다. 미국은 물론이고 전 세계에서 가장 큰 돼지고기 생산업체이자 정육업체인 스미스필드가 대표적이다. 농장 운영자는 창고 같은 시설들을 만들고 자동 사료 급이 시스템 같은 장비들을 갖추기 위해 막대한 대출을 함으로써 경제적 위험을 떠안는다. 정육업체는 계약을 맺을 때 농민에게 막대한 투자가 필요한 시설의 신축이나 업그레이드를 요구할 수 있다. 전형적인 돼지 마무리 시설의 경우 1,100마리 용량의 돼지 축사 6개를 건설하는 데 보통 60만~90만 달러가 든다.[6] 2005년에 5개 돼지 농장주 중 3명이 (61퍼센트) 이런 자본 투자를 해야만 했다.[7]

시설 신축 및 업그레이드를 목적으로 대출을 받은 돼지 농장 운영자는 대출금 상환 때문에 농장에서 발생하는 현금 수입에 극도로 의존한다. 정육업체나 가공업체와의 안정적인 계약 생산에 의존하는 운영자는 보복으로 계약이 종료될까봐 열악한 대접이나 불공정한 계약 조건에 아무런 불

1 **Cargill** 카길
2 **Tyson** 타이슨
3 **JBS** JBS
4 **National Beef** 내셔널 비프

80% 미국 육우의 80%

1 **Smithfield** 스미스필드
2 **Tyson** 타이슨
3 **JBS** JBS
4 **EXCEL** 엑셀

66% 미국 돼지의 66%

1992
30%

2004
80%

2007
95%

공장식 농장에서 사육되는 돼지의 비율 변화(사육두수 2,000마리 이상 농장 기준).

만도 제기하지 못한다.

계약 생산 조건은 생산자에게 무척 불리할 수 있다. 몇몇 경우에는 엄격한 관리 매뉴얼을 제공해 생산자가 의사 결정을 내릴 재량권을 없앤다.[9] 또한 운영자는 분뇨 처리 허가를 얻어야 하며, 분뇨와 관련한 환경 책임역시 져야 한다.[10] 심지어 어떤 계약에는 농민이 가축을 제대로 돌보지 못한다고 정육업체가 판단할 때, 해당 농민을 농장에서 퇴거시킬 수 있다. 이때 농민은 정육업체가 선택한 관리자를 고용해 돼지를 돌봐야 한다는 조항까지 있다.[11] 많은 경우 업체는 농장 운영자에게 계약을 놓치고 싶지 않으면 규모를 키우라고 압박한다.

불행히도 계약과 관련한 착취 문제에 대처할 수 있는 기회가 2011년 가을에 무산되었다. 앞 장에서 기술한 것처럼, 오바마 행정부가 육류업계에 굴복해 규정 개혁에 실패했다.[12]

GIPSA 규정 개혁은 오랫동안 많은 돼지 사육자의 최우선 과제였다. 크리스 피터슨(Chris Peterson)은 아이오와주 클리어 레이크에 사는 농민이자 아이오와농민협회(Iowa Farmers Union) 의장이다. 그는 정육업체가 돼지 소유 및 계약 생산을 통해 돼지를 통제하는 상황을, 농민이 공정한 경쟁의 장을 되찾기 위해 극복해야 할 주요 장애물로 본다. 2010년 GIPSA 규정 개혁에 관한 농무부와 법무부 합동 공청회에서 피터슨은 다음과 같이 지지 증언을 했다. 그가 양돈을 시작한 1970년대에는 "아이오와주에 수만 명의 독립적인 돼지 생산자가 있었다." 하지만 지금은 "시장이 파괴되었다. …… 기본적으로 더 이상 시장이 존재하지 않는다." 피터슨은 다음과 같이 설명했다.

시골에 있으면 그들이 돼지가 필요한 날에 전화를 했습니다. 그리고 예전에는 제가 옥수수나 다른 것들을 심었지요. 하지만 (한숨) 아시다시피, 요즘에는 정말로 돼지 팔기가 싫습니다. 그러다가 정육업체들이 등장했고, 그들과 거래를 하게 됐습니다. 그러자 놀랍게도 더 이상 작물을 심지 않고서도 돼지 한 마리당 5달러나 10달러를 더 받게 되었습니다. 돼지를 트럭에 실어 보내면 됐지요. 이 말씀을 드리고 싶습니다. 이 문제를 풀고 싶다면, 정육업체의 가축 소유를 금해야 합니다. 이것이 바로 여러 해 동안 우리가 이루려 했고, 지금 제가 달성하려고 애쓰는 것입니다.[13]

돼지고기업계는 다른 육류업계와 더불어 이 규정에 반대하는 로비를 펼쳤다. 그들은 오바마 행정부를 굴복시키기 위해 워싱턴 D.C.에서 자신들이 가진 경제적·정치적 힘을 모두 사용했다. 예를 들어, 농무부 장관 톰 빌색이 방문하는 도시마다 이 규정이 일자리를 죽일 것이라는 광고가 요란하게 울려 퍼졌다.[14]

전미돈육생산자협회 같은 여러 육류 관련 사업자단체들(스미스필드 등의 정육업체로부터 큰 영향을 받는다)은 업계 친화적인 컨설팅 회사를 고용해 로비 활동에 쓸 〈경제 영향 분석〉 보고서를 작성했다. 보고서는 GIPSA 규정에 따라 마케팅 협정 및 계약에 변화가 필요할 경우 돼지고기 산업이 직접적으로 6,900만 달러, 후속 영향으로 7,900만 달러, 그리고 간접적으로 2억 5,900만 달러의 손실을 입을 것이라고 주장했다.[15]

불행히도 업계가 이번 라운드에는 승리를 거뒀다. 스미스필드가 최대 승리자이다. 미국 돼지 시장의 66퍼센트를 통제하고 있는 4대 기업 중 가장 큰 회사는 스미스필드이다. 스미스필드는 정치적·경제적으로 막강하다.[16] 스미스필드는 세계 최대의 돼지 생산업체 및 가공업체로서* 매년 약 2,600만 마리의 돼지를 도살한다. 그중 1,600만 마리는 자사 소유의 농장에서 생산한다.[17] 현재 스미스필드는 2위부터 9위까지의 돼지고기 생산업체(여기에는 다국적 가금류 공룡 타이슨 푸드, 최대의 쇠고기 정육 대기업 JBS/

• 2013년 중국 최대의 육류업체인 WH 그룹(당시에는 Shuanghui Group이라고 불림)이 스미스필드를 인수해 세계 최대 업체가 되었다.

Swift, 쇠고기·돼지고기 가공 및 육가공식품 생산업체인 엑셀이 포함된다)를 합한 것보다 더 많은 돼지를 소유하고 있다.[18]

스미스필드는 버지니아주의 소읍 스미스필드에서 시작되었다. 이곳에서 1936년에 조셉 루터(Joseph W. Luter)와 아들 조셉 루터 주니어가 첫 번째 정육 공장을 열었다. 1969년 조셉 루터 3세는 버지니아주에 스키 리조트를 개발하기 위해 이 회사를 팔았다. 하지만 1970년대 중반 회사가 어려워지자 회사 경영진은 루터에게 다시 회사에 합류하라고 요청했다.[19]

루터의 지휘 아래 이 회사는 업계 용어로 "철저한 기업정비"를 거쳤다.[20] 다른 투자자 지분 인수, 경영진 해고, 다른 육류 회사 인수합병을 중심으로 한 초고속 성장 계획 추진이 주된 내용이었다. 1978년 스미스필드는 노스캐롤라이나주 킨스턴에 있는 공장을 매입했으며, 1981년에는 스미스필드 지역의 오랜 경쟁업체인 그왈트니(Gwaltney)를 인수해 몸집을 두 배로 키웠다. 스미스필드는 중서부 지역으로 확장해 위스콘신주 소재 회사인 패트릭 커더히(Patrick Cudahy)를 인수했고, 그로부터 2년 뒤에는 볼티모어 소재 회사인 에스케이(Esskay)를 인수했다. 하지만 진정한 변화는 1987년에 왔다. 미국 5위 돼지고기 생산업체인 캐롤즈 푸드(Carroll's Foods)와 50대 50으로 파트너십을 체결했다. 이제 스미스필드는 돼지 도살뿐 아니라 돼지 사육까지 겸한다.

1990년대에 스미스필드는 완전한 수직통합을 이뤘다. 돼지의 출생에서부터 가공까지 전 과정을 통제했으며, 심지어 돼지의 유전자까지도 통제했다. 루터는 영국 회사 내셔널 피그 디벨로프먼트 컴퍼니(National Pig Development Company)와 독점 계약을 체결해 지방이 적고 가공하기 쉬운 "유전적으로 완벽한" 돼지를 개발했다.[21] 현재 스미스필드는 특수한 유전자를 가진 돼지 품종 몇 개를 소유하고 있다. 스미스필드 프리미엄 제네틱스(Smithfield Premium Genetics)를 설립해 스미스필드 린 제너레이션 포크(Smithfield Lean Generation Pork)라는 상표로 유전자 조작 돼지를 판매하

고 있다.•

스미스필드는 계속해서 돼지 생산과 가공 부문의 경쟁업체들을 인수했으며, 다른 육류 분야로의 진출도 시도했다. 기업 인수의 숫자만 봐도 이 회사의 업계 지배욕이 얼마나 대단한지 알 수 있다. 스미스필드가 인수한 회사는 밸리데일(Valleydale), 존 모렐(John Morrell), 라익스 미트 그룹(Lykes Meat Group), 노스 사이드 푸드(North Side Foods), 모이어 스페셜티 푸드(Moyer Specialty Foods), 패커랜드 패킹(Packerland Packing), 스테파노 푸드(Stefano Foods), 팜랜드 푸드(Farmland Foods), 컴버랜드 갭 프로비전(Cumberland Gap Provision), 쿡스 아머-에크리치(Cook's Armour-Eckrich), 버터볼(Butterball), 머피 팜스(Murphy Farms), 볼 Inc.(Vall, Inc.), 얼라이언스 팜스(Alliance Farms), MF 캐틀 피딩(MF Cattle Feeding), 파이브 리버스 피딩(Five Rivers Feeding), 프리미엄 스탠다드 팜스(Premium Standard Farms) 등이다.

스미스필드는 더러운 책략으로 유명하다. 스미스필드가 머피 팜스를 매입하겠다는 의사를 밝히자, 당시 아이오와주 검찰총장 톰 밀러(Tom Miller)는 기업농법(corporate farming law) 위반 혐의로 스미스필드를 고발했다. 이 법은 독점적인 소유를 금하고 있다.[22] 합병을 미루는 대신 스미스필드와 머피 팜스는 대담하게도 위장 거래로 소유권을 이전했다. 머피는 자사 소유의 아이오와주 자산을 예전 경영진이던 랜달 스토커(Randall Stoecker)에게 팔았고, 그는 스토커 팜스(Stoecker Farms)라는 회사를 세웠다. 이 회사의 유일한 경영진이자 주주로서 스토커는 아이오와주 자산 매입에 필요한 7,900만 달러 이상의 자금을 머피 팜스로부터 대출받았다. 그가 지불한 금액은 2개의 약속어음이 전부였으며, 대부분 빚의 상환이 10년 동안 유예되었다. 그 뒤 얼마 되지 않아 머피는 아이오와주 자산을 제외한

• 스미스필드 제네틱스에 관해서는 다음 자료를 참조하라: http://www.texaspork.org/2013/tplc/Resources/SPG_Presentation_Pork_Leadership_6-17-13.pdf.

나머지를 스미스필드에 넘겼다. 스토커에게 빌려준 대출금에 관한 권리도 넘겼다. 결국 스미스필드가 머피 팜스의 모든 자산에 대해 완전한 통제권을 갖게 되었다.

스미스필드는 2건의 소송으로 정육업체의 가축 소유를 통한 수직통합 달성을 금지하는 아이오와주 기업농법을 뒤집었다. 2005년 두 번째 소송의 항소 기간에 아이오와주 검찰총장은 스미스필드와 법 집행을 하지 않기로 합의했다.[23] 그 대가로 스미스필드는 10년 동안 환경 교육 프로그램 재원으로 매년 1백만 달러(대기업 입장에서는 얼마 되지 않는 금액이다)를, 그리고 4년에 걸쳐 아이오와대학교에 장학금 24만 달러를 기부하기로 했다. 또한 "혁신적인" 돼지 생산을 위한 기금으로 10년 동안 매년 10만 달러를 기부하기로 동의했다. 엄청난 자원과 정치적 힘을 가진 기업들은 일을 이렇게 진행하는 법이다.

2006년 스미스필드가 미국 2위 돼지고기 기업인 프리미엄 스탠다드 팜스(Premium Standard Farms)를 인수하겠다고 발표하자 경고 신호가 울리기 시작했다. 2006년 9월 19일 아이오와주 공화당 상원의원 척 그래슬리(Chuck Grassley)가 언론에 보도 자료를 배포했다. 그는 미국에서 공개 자유시장 체계가 제대로 작동하려면 가족농과 독립 생산자가 필요하며, 정육업체의 돼지 소유권 확대, 독점 계약, 전속 공급 물량 등은 모두 가족농과 독립 생산자의 시장 경쟁력에 부정적인 영향을 미친다고 말했다.

가장 큰 기업이자 인수합병으로 가장 빠르게 성장하고 있는 스미스필드가 어떻게 미국 전역의 돼지 사업장들을 계속 매입하도록 놔두는지 도무지 이해할 수가 없다. 지난 몇 년 동안 스미스필드는 돼지고기 산업에서 자사의 지배력을 공고히 하기 위해 경쟁업체들을 매입하겠다는 의사를 너무나 분명하게 밝혀왔다. 이는 무서운 일이다. 법무부가 이 합병 건에 대해서 진지하게 살펴보리라 기대한다.[24]

공정 경쟁 관련 법의 집행 책임을 맡고 있는 법무부 반독점국이 실제로 이 건을 살펴보았다. 하지만 불행히도 이 부서가 합병 건에 대해서 안 된다고 이야기할 용기를 낸 예는 드물다. 2007년 이 부서는 이 합병 건을 승인한다고 발표했다. 그래슬리는 이렇게 결론 내렸다. "미국에 단 하나의 정육업체만 남을 때까지 이 모든 수직계열화를 아무도 방해하지 않을 것처럼 보인다. 아마 그렇게 되어야 비로소 법무부도 문제가 있다는 것을 알아차릴지 모른다."[25]

적이 달라졌다

하지만 아이오와주에서 스미스필드가 아무 방해 없이 일을 진행할 수 있었던 것은 아니다. 디모인에 기반을 둔 ICCI가 반격했다. 조 페이건(Joe Fagan)등 4명의 카톨릭 사제는(페이건은 현재 사제직에서 은퇴했다) 1975년 아이오와주 워털루에서 종교와 무관한 사회정의단체로 ICCI를 결성했다. 은퇴했다는 소문에도 불구하고 페이건은 여전히 출중한 활동가이며, 최근 우익 성향의 블로그인 〈언커버리지: 더 라이트 아이디어(Uncoverage: The Right Idea)〉로부터 뭇매를 맞기도 했다. 그는 공적 모임에 참석한 공화당 대통령 후보에게 사회보장의 사유화에 관해 어떻게 생각하는지 물어보았다.

페이건은 1940년 농장에서 태어나 더뷰크 카운티에서 교실 하나짜리 학교를 다녔다. ICCI 결성을 돕기로 결심하고 지역사회 조직책이 되었을 당시 그는 워털루 가톨릭교회 부사제였다. 창립 초기에 8개 교회로부터 자금을 지원 받았으며, 지금도 종교단체 및 재단으로부터 일부 자금을 지원 받는다. 하지만 요즘에는 자금의 많은 부분을 3,300명의 회원이 조달한다. 회원들은 회비를 내는 것뿐만 아니라 풀뿌리운동에도 적극 참여한다. ICCI는 아이오와주 99개 카운티 중 98개에 회원을 갖고 있으며, 16개 카운티에 직원을 두고 있다.[26]

원래 이 단체는 방치된 땅 없애기, 동네 개선을 위한 자금 조달, 공공요금 회사의 과잉 요금 청구 방지 등과 같은 지역사회 문제들에 중점을 뒀다. 하지만 1980년대 농장 위기 때 ICCI는 농업 문제 관련 사업을 시작했다. 200개 이상의 농장을 위해 부동산 담보 대출 회사들과 협상을 벌여서 중소 농장들이 3,200만 달러를 대출 받도록 도운 것이 대표적이다. 정력적인 전략가인 ICCI의 현 대표 휴 에스피(Hugh Espey)는 이런 성공적인 전술들을 배후에서 지휘했다. 예를 들어 사회 정의의 깃발 아래 농민운동, 환경운동, 노동운동, 소비자운동, 이민자운동, 민권운동을 하나로 묶은 강력한 연대를 구축했다. 에스피의 지휘 아래 ICCI는 아이오와주 전역에 걸쳐 회원 기반을 구축했다. 그 덕분에 주 의회에서 좋은 법안은 통과시키고 나쁜 법안은 부결시킬 수 있는 힘을 갖게 되었다.

에스피의 설명에 따르면, 1980년대 농장 위기로 아이오와주가 황폐해지고 있었기 때문에 ICCI가 농업 문제 관련 사업을 시작했다고 한다. 은행이 농민과 협력할 의사가 전혀 없었으므로, 농민은 집과 생계수단을 잃을 위기에 빠졌다. 1990년대 초 ICCI는 공장식 농장을 중단시키는 운동을 시작했으며, 1995년에는 MRCC(Missouri Rural Crisis Center) 등의 단체와 협력해 '가족농장과 환경을 위한 캠페인'에 총력을 다했다. 이 연대운동은 지금도 강력하게 추진되고 있다.

'가족농장과 환경을 위한 캠페인'은 중서부 지역에서 풀뿌리 조직들이 공장식 농장에 맞서 성공적으로 싸울 수 있도록 돕는 데 중요한 역할을 했다. MRCC, ICCI, LSP(Land Stewardship Program)가 서로 협력함으로써, 진보적이고 포용적인 행동 강령 아래 여러 주에서 강력한 활동을 펼칠 수 있었다. 이 연대 운동은 여러 인종과 도시-농촌을 연결했으며, 환경단체, 노동단체, 종교단체, 소비자단체를 끌어들였다.

아이오와주에서의 전략은 주 및 연방 법의 더 나은 집행을 위한 정치적 추진력을 구축하기 위해 지역 수준에서 조직화를 추진하는 것이었다. 72

개 이상의 공장식 농장의 건설이나 확장을 막는 등 ICCI는 아이오와주에서 인상적인 전과를 올렸다. 이들은 공장식 농장 주변의 주택 가격이 악취나 공해 때문에 떨어졌을 때 주택 소유주가 재산세를 적게 낼 수 있도록 도왔다. ICCI는 공장식 농장이 삶의 질에 심각한 영향을 미치는 불법방해를 초래했을 때 소송하도록 주민들을 지원했다. 이 단체는 아이오와주 자연자원국의 허가 과정에 이의를 제기하고, 자연자원국이 공장식 농장의 환경오염에 엄중한 벌금과 처벌 조치를 내리도록 만들었다. 이를 통해 공장식 농장에 대한 지역의 통제권을 확보하기 위한 여러 전투에서 승리했다. ICCI가 진행한 캠페인으로 인해 자연자원국은 환경오염 사건들을 아이오와주 검찰총장에게 회부해서 더 강력한 법 집행이 이뤄지게 했다. 강력한 힘을 가진 농기업들의 반대에도 불구하고 ICCI는 아이오와주 최초로 벌어진 깨끗한 공기를 둘러싼 싸움에서 승리했다. 공장식 돼지 농장에서 배출되는 황화수소의 배출 기준이 2004년 9월에 마련되었다.

공화당 소속 주지사 테리 브랜스태드(Terry Branstad)가 2050년까지 아이오와주 공장식 농장의 산출량을 두 배로 만들고 싶다는 뜻을 밝히자, ICCI가 공격했다. ICCI 회원이자 독립적인 가축 사육 농민인 개리 클리커(Garry Klicker)는 2011년 2월에 열린 주지사와의 대화 시간에 주지사에게 이렇게 말했다. "환경 규제를 줄여서는 안 됩니다. 우리에게는 공장식 농장의 환경오염을 엄중하게 다룰 수 있는 지역 수준의 통제, 더 강력한 허가 기준, 엄격한 벌금 및 징계가 필요합니다."[27]

ICCI 지도자로 오래 있으면서 공장식 농장에 맞서 싸운 클리커는 자신의 생각을 거침없이 포현한다. 그는 아이오와주 빌링턴에서 발간되는 일간신문 〈호크 아이(Hawk Eye)〉와의 인터뷰에서 다음과 같이 말했다. "제 생각은 이렇습니다. 만약 어떤 농민이 돼지를 감금식 우리에서 기른다면, 아이오와주 복지부의 방문이 필요할지도 모릅니다. 왜냐하면 자기 애들도 벽장 속에 가둬놨을 수 있으니까요."[28]

아이오와주가 미국에서 가장 많은 돼지를 보유하고 있음에도 불구하고 (지난번 농업 센서스에 따르면 거의 1,800만 마리), ICCI는 공장식 돼지 농장 시설 신축 및 증축을 성공적으로 저지하고 있다.[29] 2011년 8월에는 카길이 아데어 카운티에 건설하려던 사육두수 5,000마리 규모의 공장식 농장 건설 계획을 중단시켰다. ICCI는 회원들과 함께 자연자원국에 이 농장의 면허 취소를 권고하도록 카운티 의회 의원들을 "교육하고" "영향력을 행사했다." 표결에서 ICCI는 2대 1로 승리를 거뒀다. 다음으로 ICCI는 자연자원국 관리들을 카운티로 초청했으며, 시설 건립 예정지 부근에 사는 주민들이 참석하는 회의에도 참여하게 했다. 그 결과 자연자원국은 카운티 의회가 청원을 제출하기도 전에 이 시설에 대한 허가를 거부했다. 이례적으로 신속한 승리였다.

아이오와주에서만 활동가들이 공장식 농장에 맞서 싸우는 것은 아니다. MRCC 사무총장인 론다 페리(Rhonda Perry) 역시 자기 주에서 같은 싸움을 해왔다. 그녀와 MRCC의 창립자인 남편 로저 앨리슨(Roger Allison)은 지난 20년 동안 돼지고기 산업과 그밖의 세계적인 농기업들을 저지하고자 애써왔으며, 온갖 어려움에도 불구하고 많은 전투에서 승리를 거뒀다. 두 사람은 미주리주의 가족농장에서 자랐으며, 1980년대 중반 농장 위기 때 성년이 되었다. 그들은 가족농장 투쟁 초기에 만나서 결혼했다.

1985년 로저 앨리슨의 부모는 가족농장을 압류당할 위험에 빠졌다. 연료비와 기타 농자재 값은 엄청나게 올랐는데, 농민이 받는 농산물 판매가격은 농사비용에 비해 훨씬 낮았다. 농민이 마지막 수단으로 돈을 빌린 미 농무부의 농민주택청(이후 농업진흥청으로 이름을 바꿨다)은 지방법원 입구 계단에서 수백 건의 경매를 진행해서 헐값에 농장들을 팔았다.

앨리슨은 소송과 정치운동으로 맞섰다. 그의 가족은 불법 압류 혐의로 농무부를 고소해 승리를 거뒀다. 나중에 이 소송은 농무부를 상대로 한 대규모 집단 소송으로 발전했고, 그 결과 불법적인 압류가 중지되었다.

결국 앨리슨과 페리는 앨리슨 부모의 농장을 농무부로부터 매입해 자신들의 농장에 덧붙일 수 있었다. 현재 이들은 MRCC에서 가족농을 위한 싸움을 계속하는 한편, 작물을 경작하고 소 번식 농장을 운영하면서 75마리의 소를 기른다. 또한 소비자에게 생산품을 직접 판매하는 15명의 독립적인 가족농 돼지 사육자로 이루어진 협동조합인 패치워크 패밀리 팜스(Patchwork Family Farms)도 운영한다.

페리는 공장식 돼지 농장이 맹위를 떨치기 전에는 미주리주가 다양한 소규모 가족농장이 번성하기에 적합했다고 이야기한다. 돼지는 농장 수입의 훌륭한 보충 수단이었다. 돼지는 빨리 자라며, 가격이 떨어지면 다음 번에 수를 줄이면 되었다. 페리가 청소년이던 시절에는 돼지를 시장에 팔 때가 자주 돌아왔는데, 그녀의 가족은 돼지 판매처 다섯 곳에 전화를 걸어 본 뒤 가장 가격이 좋은 곳을 선택했다. 하지만 현재는 미주리주에서 독립적인 농민이 돼지를 내다 팔 수 있는 시장은 거의 없다. 스미스필드라는 공룡이 전부 집어삼켰기 때문이다.

오늘날 미주리주는 기업형 돼지 사육이 끼치는 영향을 잘 보여주는 비극적인 사례다. 농장들이 단시간에 사라져버린 슬픈 이야기가 통계 수치에도 나타난다. 농무부에 따르면, 1985년에는 미주리주에 소규모 가족 돼지 농장이 2만 3,000개 있었다. 하지만 2007년에는 87퍼센트 감소한 3,000개의 대형 농장만이 남았다. 농장의 숫자가 극적으로 감소했음에도 불구하고, 미주리주에서 사육되는 돼지의 숫자는 변화가 없었다. 사육두 수 2,000마리 이상의 대형 농장이 돼지의 95퍼센트를 사육하기 때문이다. 한편 돼지고기 소비자가는 1985년부터 지금까지 71퍼센트 증가했으며, 농민에게 돌아가는 몫은 49퍼센트 감소했다.[30]

계속해서 페리는 이런 가격 상승에 따른 이윤이 미주리주의 농촌 지역 사회로 흘러들지 않는다고 이야기한다. 지역 농업은 농촌 지역 경제의 엔진이다. 수직계열화된 대기업이 진입할 경우 이들 업체는 지역 울타리 회사를 이용하지도 않고, 사료용 곡물, 농장 장비 등의 물품을 지역 상점에서 구입하지도 않는다. 따라서 농장들이 통합되고 농장 가족들이 쫓겨나게 될 뿐만 아니라, 지역사회의 경제적 안녕 역시 훼손된다.

MRCC 창립 당시와 현재의 문제들이 많은 부분 일치하는데도 불구하고 페리는 "적이 달라졌다"라고 이야기한다. 1980년대 중반에는 농무부가 로비를 펼쳐야 할 주 대상이었지만, 지금은 상황이 더 복잡해져서 정부 정책과 농기업들의 경제적 힘도 중요해졌다. 공장식 돼지 농장 투쟁은 1990년대 초부터 MRCC의 주요 사명 중 하나였다.

PSF(Premium Standard Farms)는 미주리주에 침입해 완전한 수직계열 모델을 개발한 최초의 회사였다. 1995년 PSF는 8만 마리의 돼지를 사육하는 첫 번째 돼지 공장을 건설했다. 동시에 가공 공장도 하나 지었다. PSF는 이 모델을 "돼지의 출생부터 식탁까지의 전 과정을 포괄하는 모델"*로 묘사했다. 이 회사 중역들은 자신들을 돼지 산업을 좀 더 효율적으로 만들기 위해 델라웨어주에서 온 "우직한(Good ol' boy)"** 돼지 농민일 뿐이라고 주장했다. 그들은 땅을 사고 거대한 시설을 지은 뒤 품종, 새끼돼지, 사료를 자체적으로 조달해서 돼지를 길렀다. 그리고 자체 브랜드로 돼지고기를 팔았다. 상장하고 나자 미주리주에서는 더 이상 PSF를 "가족농장"으로 간주할 수 없게 되었다. 1993년 의회 회기 마지막 날 한밤중에 3개 카운티를 반독점농업법의 예외로 한다는 조항이 몰래 추가되었다. 물론 PSF가 농장을 운영하고 있던 카운티들이었다.

하지만 자사의 모델을 돼지 사육의 미래라고 주장했는데도 불구하고

• 돼지 산업에서 수직계열화를 통해 돼지의 출생에서부터 식탁에 돼지고기가 오를 때까지의 전 과정을 모두 통제한다는 의미이다. 이와 유사하게 "출생에서 베이컨까지(from birth to bacon)"란 표현도 자주 쓴다.

•• 미국 남부 농촌 출신의 사회성 좋은 백인을 가리킬 때 주로 쓰는 속어로, 겸손하고 생각이 깊으며 믿음직한 사람을 보통 나타낸다.

PSF는 손실을 보고 있었다. MRCC는 미국 증권거래위원회***기록을 조사해 PSF가 손실을 보고 있음을 보였으며, 그것을 통해 이 모델이 실패했음을 증명했다. 결국 PSF는 파산하고 구조조정을 거친 뒤 콘티넨탈 그레인 컴퍼니(Continental Grain Company)로 합병되었다. 나중에 이 새로운 회사 역시 스미스필드에 합병되었다.[31]

하지만 MRCC가 기업형 돼지 농장을 저지하기 위한 전투에 일찍 뛰어든 덕분에 미주리주는 중서부 다른 주들에 비해 돼지 사육두수가 적다. 현재 미주리주는 돼지 사육두수에서 전국 7위이다. 1990년대에 들어서 MRCC는 풀뿌리 조직화, 소송, 입법 캠페인, 선거 활동과 같은 다양한 방법을 이용해서 공장식 돼지 농장에 용감하게 맞서 싸우기 시작했다. MRCC는 초창기에 미주리주 칠리코시에 있는 농무부 건물 앞에서 145일 동안 농무부 정책에 항의하는 시위를 벌였다. 매일 농민들과 일반시민들이 트랙터 행렬에 동참했으며, 매주 월요일 밤에는 이곳에서 농민들과 회의를 열었다. 이런 활동을 통해서 MRCC는 주 전역의 농업 공동체와 강력히 연대했으며, 수백 개의 공장식 농장을 성공적으로 저지할 수 있는 정치적 힘을 갖게 되었다.

페리는 MRCC가 거둔 성공과 이 단체가 지닌 저력의 많은 부분을 지역 조직화에 관여하는 농민 회원들 덕분으로 돌린다. 농민 회원들이 이렇게 하는 이유는 자신들에게 득이 되기 때문이다. 지역 수준의 통제를 달성하려면 광범위한 연대 구축이 필요한데, 가끔은 지역의 선출직 공무원들과 연대하기도 한다. 왜냐하면 초대형 농기업들과 전미농민연합 같은 관련 사업자단체들을 상대해야 하기 때문이다.

이 수구 단체들은 재산권에 대한 신념을 이야기한다. 하지만 이들이 이야기하는 재산권은 대기업의 재산권이다. MRCC는 재산권 관련 문제를

*** 미국 증시 감독 기관.

중심으로 운동을 펼친다. 지역 사람은 돼지 농장 허가와 관련한 자기 의견을 피력할 권리가 있다. 그 덕분에 그들은 법안과 관련한 많은 전투에서 승리를 거뒀다. 가장 대표적인 것이 1996년의 선량한이웃법(Good Neigh-bor Act) 통과이다. 이 법으로 공장식 농장에 관한 주 차원의 기준이 최초로 만들어졌다. 2003년 이래 MRCC는 지역 수준의 통제권을 없애려는 대형 농기업들의 시도를 성공적으로 물리쳤다.

MRCC는 돼지 공장 건설을 지역에서 막기도 했고, 주 환경법이나 연방 정부법을 이용해 막기도 했다. 더 최근에는 지역 차원의 건강 조례도 통과시켰다. 이런 일이 가능한 이유는 미주리주가 지역 차원의 통제권을 공식 인정하는 극소수 주에 속하기 때문이다. 이는 시민이 지역 차원에서 돼지 공장 옆에 살고 싶은지, 유독성 폐기물 매립장 옆에 살고 싶은지 등을 결정할 수 있다는 뜻이다.

스미스필드가 일으킨 환경오염

1990년대에 가족농들이 중서부에서 스미스필드에 맞서 싸우는 동안 스미스필드는 동부 지역에서 돼지 조달처를 물색했다. 또한 스미스필드는 수직통합을 위한 전략도 가다듬고 있었다. 유전자 연구와 출산에서부터 포장한 돼지 갈비살에 이르기까지 생산의 전 과정을 통제하고자 했다. 1992년 스미스필드는 노스캐롤라이나주에 본사를 둔 캐롤 푸드와 합작 회사를 설립했다. 당시 캐롤 푸드는 미국에서 네 번째로 큰 돼지 생산업체였다. 1999년 스미스필드는 캐롤 푸드 주식을 모두 매입해서 세계 최대의 돼지 생산업체가 되었다.[32]

그로 인해 노스캐롤라이나는 현재 미국에서 돼지 생산량이 두 번째로 많은 주가 되었다. 노스캐롤라이나에 있는 사육두수 2,500마리의 공장식 농장 한 군데에서 매년 나오는 폐기물 양은 액체 폐기물 9,800만 리터, 슬러지 378만 리터, 슬러리* 7,900만 리터에 달한다.[33] 이 폐기물들을 근처 농경지에 뿌리므로, 유독성 화학물질의 영향을 받는 면적이 더 늘어난다.

이 분뇨 덩이들은 주변 동네로 악취를 뿜어낸다. 이 악취는 91미터 상공을 비행하는 비행기 조종사에게도 구역질을 일으킨다.[34] 이 악취는 주변 농촌 주민의 삶의 질에 영향을 미친다. 많은 주민이 빨래를 밖에 내다 널지 못하고, 마당에 앉아 있지도 못하며, 심지어 창문조차 열지 못한다. 주민들은 천식, 알레르기, 눈 따끔거림, 면역 기능 저하 같은 다양한 건강 문제에 시달린다. 심한 우울증, 긴장, 분노, 피로, 착란 같은 기분장애도 경험한다.[35]

이들 시설이 주는 부담은 노스캐롤라이나주의 가난한 지역 몇 개에 집중되어 있다. 동부 5개 카운티에서 돼지의 거의 2/3를 공장식으로 사육한다.[36] 한 연구에 따르면, 노스캐롤라이나주의 산업적 돼지 농장들은 유색인종 거주 지역과 빈곤율이 높은 지역에 훨씬 더 많은 것으로 밝혀졌다.[37]

돼지 사육은 노스캐롤라이나 농업 문화에서 늘 중요했다. 하지만 1980년대에 집약적인 돼지 생산이 크게 늘어나자, 대형 돼지 정육 회사와 공장식 농장이 급증해 위험이 현실화되었다. 1990년대에는 느슨한 환경 규제와 지방 차원 용도지역제의 예외 규정 덕분에 스미스필드, 프리미엄 스탠다드 팜스 같은 대기업들이 몰려들었다. 이 기업들은 노스캐롤라이나주를 돼지의 주생산지로 탈바꿈시켰다. 2007년 PSF와 합병한 스미스필드는 노스캐롤라이나 돼지 시장의 약 90퍼센트를 지배하게 되었다.[38] 현재 노스캐롤라이나주에는 사람보다 돼지가 더 많다.[39]

하지만 돼지 숫자가 급증하면서 농장 숫자는 80퍼센트 이상 급감했다. 공장식 농장들에 밀려 전통 농장들이 폐업했다. 1986년 노스캐롤라이나주에는 1만 5,000개의 돼지 농장이 있었지만, 2007년에는 2,800개만 남았다.[40] 노스캐롤라이나의 돼지들은 매년 552억 리터의 분뇨를 만들어낸다.[41]

● 물에 분뇨가 엷게 섞인 것.

노스캐롤라이나의 물은 공장식 돼지 농장에서 나오는 폐기물로 여러 번 오염되었다. 저수조에 폐기물을 저장했다가 인근 들판에 뿌리는 시스템의 문제를 일반인들이 알게 된 사건이 1995년에 일어났다. 당시 한 저수조가 터져서 9,460만 리터의 분뇨가 뉴강(New River)으로 유출되었다.[42] 저수조 누출로 1995년 여름에도 380만 리터의 폐기물이 케이프피어강과 그 지류로 흘러들어갔으며,[43] 1999년에는 720만 리터의 폐기물이 퍼시몬 브랜치 개울로 유출되었다.[45] 돼지 폐기물은 또한 2003년 뉴강(Neuse River)에서 일어나 물고기 집단 폐사 역시 돼지 폐기물일 가능성이 크다. 당시 두 달이 채 안 되는 시간에 300만 마리의 물고기가 죽었다.[46]

돼지 공장이 일으킨 환경 위험의 가장 악명 높은 사례에 해당하는 사건이 1999년에 일어났다. 허리케인 플로이드가 노스캐롤라이나에 몰아닥치자 50개 축산폐수연못이 물에 잠기고 3개가 파괴되었다. 그 결과 수백만 리터의 분뇨가 유출되었으며, 약 3만 500마리의 돼지, 210만 마리의 닭, 73만 7,000마리의 칠면조가 익사했다.[47]

1997년 노스캐롤라이나주는 돼지 폐기물 처리 연못의 신설에 모라토리엄을 선언했다. 2007년에는 법을 통해 이 금지 조치를 영구화했다.[48] 그러나 불행히도 이 조치는 기존 연못에는 적용되지 않는다. 여러 해 동안 업계를 감시해온 시민사회단체들에 따르면, 모라토리엄에도 불구하고 기존 연못들의 크기는 계속 커지고 있다.[49]

또한 스미스필드의 도살장 역시 공장식 농장보다 나을 것이 없다. 노스캐롤라이나주 타 힐에 있는 스미스필드의 도살장은 세계에서 두 번째로 큰 도살장으로, 매일 약 3만 4,000마리의 돼지를 도살한다.[50] 이 도살장은 매일 지역 대수층에서 757만 리터의 물을 뽑아낸 뒤, 약 1,100만 리터의 하수를 케이프피어강으로 내보낸다.[51] 여느 스미스필드 사업장처럼 이 도살장 역시 환경 법규를 여러 번 위반했다.[52]

1997년 스미스필드는 미국 역사상 최대 금액에 해당하는 수질환경법

(Clean Water Act) 위반 벌금을 부과받았다. 스미스필드와 버지니아주에 있는 두 자회사는 적절한 공해 방지 설비를 설치하지도, 폐기물을 처리하지도 않았다. 인, 분변계 대장균*, 기타 오염물질의 허용 한도를 5,000건이나 위반했다. 오염물질들은 페이건강, 제임스강, 체사피크만으로 5년 이상 흘러들었다.[53] 레베카 비치 스미스(Rebecca Beach Smith) 판사는 스미스필드의 위반이 "환경과 공중에 큰 영향을 미쳤으며, 따라서 전체적으로 봐서 스미스필드의 위험 물질 배출 한도 위반은 매우 심각하다"라고 말했다.[54] 스미스필드는 1,260만 달러의 벌금을 선고받았는데,[55] 이는 이 회사 연매출액의 0.035퍼센트에 불과하다.[56]

악명 높은 노동 관행

하지만 스미스필드가 그렇게 높은 악명을 누리고 있는 이유가 단순히 사업장의 환경오염 기록 때문만은 아니다. 이 회사의 노동 관행 역시 악명 높다.

전미식품상업노동조합의 발주로 작성된 보고서 〈정육 산업의 노동자 학대: 스미스필드 타 힐 공장의 안전 및 건강 상태(Packaged with Abuse: Safety and Health Conditions at Smithfield Packing's Tar Heel Plant)〉에 따르면, 스미스필드는 몇 가지 방식으로 착취적인 노동 관행에 관여한다. 스미스필드 직원이었던 바네사 맥클라우드(Vanessa McCloud)는 빠른 속도로 라인을 따라 내려오는 냉동 돼지고기에서 껍질을 잘라내는 일을 7년 동안 했다. 어느 날 바네사는 일하다가 척추에서 디스크가 하나 빠졌다. 그녀는 곧바로 직장에 복귀할 수 없었고, 해고되었다. 그녀는 산업재해 보상을 전혀 받지 못했으며, 의료비를 지불하기 위해 저소득층용 의료부조를 신청했다. 심각한 부상 때문에 자신과 자녀를 부양할 방법을 전혀 찾지 못하고 있다.[57]

이 보고서는 바네사의 경험이 이 공장 노동자들에게 일반적이라고 폭

---

* 동물의 장내에 있는 대장균으로, 주로 분뇨를 통해 환경으로 배출되므로 분뇨 오염의 척도로 사용된다.

로한다. 생산 목표를 달성하기 위해 가공 라인은 매우 빠른 속도로 움직인다. 속도를 따라가지 못하는 노동자는 모욕을 당하거나 심지어 해고된다. 속도를 따라가기 위해 최선을 다하지만, 몇 달 이상 공장에서 일하는 사람은 극소수에 불과하다. 살인적인 노동강도로 인해 부상을 당하기 때문이다.[58] 이 공장에서 보고된 부상은 무척 다양하며, 발생 건수가 늘고 있다. 반복 동작에 의한 직업병(수근관 증후군* 등), 타박상, 젖은 바닥에 미끄러지거나 넘어져서 생긴 둔상, 날카로운 것에 베이거나 찔린 부상, 감염으로 인한 손톱 빠짐, 골절, 절단, 화상, 탈장, 발진, 부종 등이 노동자를 위협하고 있다. 2006년 1~7월에 타 힐 공장에서 463건의 부상이 보고되었다. 전년도 같은 기간에 발생한 부상은 421건이었다.[59]

계속해서 이 보고서는 스미스필드가 다친 노동자를 돕는 대신 노동자에게 부상을 보고하지 말라고 위협하고 있다고 이야기한다. 심지어 노동자가 부상을 보고해도 산업재해에 따른 보상을 거부하는 경우가 많았다. 그리고 노동자는 부상 때문에 적당한 수입을 올릴 수 있는 직장을 다시는 찾지 못하는 예가 많았다.[60]

스미스필드는 법적인 수단으로 복수하고 있다. 이 보고서를 발주한 전미식품상업노동조합과 보고서를 작성한 연구자들을 고발했다. 스미스필드가 가진 자원과 일류 법률 회사를 이용할 수 있는 능력을 염두에 둔다면, 이는 놀랄 만한 일이 아니다. 고소장은 다음과 같이 주장한다.

스미스필드로부터 돈과 재산을 갈취하려는 피고인들의 계속된 계획의 일환으로 피고인들은 의도적·악의적으로 스미스필드 타 힐 공장의 근로조건에 관한 거짓되고 사람들을 호도하며 근거 없는 정보를 이 보고서에 실었다. …… 이 보고서의 전반적인 기초는 스미스필드 타 힐 공장을 산업안전과 관련한 법과 기준을 상

* 손목이 찌릿찌릿한 증상.

습적·의도적으로 위반하는 안전하지 못한 직장으로 묘사하고자 하는 피고인들의 집단적인 의도를 용이하게 하기 위한 것이며, 이는 스미스필드의 평판에 손상을 입히기 위해 피고인들이 벌이고 있는 노력의 일환이다.[61]

전미식품상업노동조합 연구자들은 혐의를 부인했으며, 법원에 고소를 기각하라고 요청했다.[62]

전미식품상업노동조합은 스미스필드가 "1990년대 초반에 시작한 일을 지금도 계속하고 있다"라며 고소 내용을 반박했다. 당시 스미스필드는 두 번의 노조 선거에서 저지른 불법 행위로 법원에 출두명령을 받았다.[63] 타 힐 공장의 노동자들은 1994년과 1997년 두 번에 걸쳐 전미식품상업노동조합의 지원으로 노조 결성을 시도했다. 선거에서는 졌지만, 전미노동관계위원회 심사관이 결과를 뒤집었다. 심사관은 스미스필드가 자유롭고 공정한 노조 선거를 방해함으로써 연방 노동법을 몇 건이나 위반했다고 선고했다.[64] 전미노동관계위원회는 스미스필드가 노조 활동과 관련해서 공장폐쇄나 정리해고를 빌미로 직원들을 위협한 것, 직원들이 노조를 선택하지 않도록 직원들의 고충에 대한 처방이나 복지 혜택 향상을 제안한 것, 그리고 노조 활동을 이유로 직원들을 해고한 것 등을 위반 사항으로 판결했다.[65]

2004년 12월 전미노동관계위원회는 타 힐 공장에서 노조 선거를 새로 실시하라는 명령을 내렸다. 하지만 스미스필드는 항소했다. 한편, 전미식품상업노동조합은 공장 노동자의 조직화를 막기 위한 책략으로 인종적 차이를 이용했다는 혐의로(노동자 대부분이 흑인과 히스패닉이었다) 스미스필드를 고발했다. 전미식품상업노동조합은 스미스필드가 두 집단의 노동자들을 각기 다른 부서에 배치했으며, 1997년 선거 기간에 두 집단 사이에 반목을 조장하려고 시도했다고 주장했다. 스미스필드가 집단별로 별도의 회의를 열어 히스패닉들에게는 노조에 찬성표를 던지면 미국에서 추방될 것이라고 이야기했으며, 흑인들에게는 노조에 찬성표를 던지면 히스패닉들이 그들을 대신하게 될 것이라고 이야기했다는 것이다.[66] 1997년부터 이 공장의 히스패닉 노동자 비율은 급격히 증가했다. 예전에 감독관으로 근무한 셰리 버프킨(Sherri Buffkin)은 미 상원 증언을 통해 스미스필드가 "조종하기 쉽다는 이유로" 이주노동자를 선호했다고 말했다.[67]

전미식품상업노동조합에 따르면 2000~2005년에 스미스필드는 주 특별법을 이용해서 자체적인 사립경찰 병력을 유지했으며, 사립경찰은 공장을 순찰하면서 노동자들이 권리를 주장하지 못하도록 협박했다. 사립경찰은 근무시간은 물론이고 근무시간이 아닐 때에도 무기를 몰래 갖고 다녔으며, 노동자를 붙잡아 공장 내 감방에 감금했다. 스미스필드의 사립경찰은 적어도 90명 이상의 노동자를 체포해 다양한 범죄 혐의로 고발했다. 불행한 것은 이 고발 중 다수가 카운티 법원에서 기각되었는데도 불구하고, 체포된 노동자가 법원비용과 변호사비를 지불해야 했다는 점이다.[68]

2004년 전미노동관계위원회는 스미스필드와, 이 회사의 사립경찰 및 위생 업무 관련 하청업체를 노동법 위반으로 고발했다. 고발 내용은 피고용인에 대한 신체적 공격 및 잘못된 구속, 노조 활동을 이유로 한 피고용인 해고, 연방 이민국에 신고해서 구속시키겠다는 협박을 피고용인에게 한 것, 신체적 위해를 가하겠다는 협박을 피고용인에게 한 것 등이었다.[69]

2008년 겨울 스미스필드 노동자들은 마침내 전미식품상업노동조합을 자신들의 대리인으로 선임하는 찬반투표를 했다. 2009년 공정한 처우와 더 나은 근로조건을 위한 17년간의 힘든 투쟁 끝에 타 힐 공장의 노동자들은 전미식품상업노동조합이 회사와 협상한 4년짜리 계약에 대한 투표를 실시해서 비준했다. 이 계약에는 임금 인상이 포함되어 있었다.[70]

〈정육 산업의 노동자 학대〉 보고서와는 별개로, 전미식품상업노동조합은 스미스필드가 타 힐 공장 부지에 부상당한 노동자를 검진하는 시설을 운영하고 있다고 주장한다. 이 진료소는 산재 휴가 및 보상 관련 신청의 승인을 맡고 있다. 하지만 여러 노동자는 이곳에서 엉성한 검사만을 받은 뒤 다시 일터로 보내졌다.[71] 2005년 휴먼라이츠워치가 미국 도살장의 노동자 인권에 관해 펴낸 보고서에 따르면, "스미스필드 노동자들은 …… 회사 진료소를 회사 직속 징계 부서로 묘사한다. 산재 신청과 복지 혜택을 거부하며, 부상을 보고하지 않는 경우도 많기 때문이다."[72]

2003~2006년에 스미스필드의 타 힐 공장은 회사를 상대로 산재 보상 청구 소송을 제기한 노동자들에게 55만 달러를 지불하라는 법원의 선고를 받았다. 노동자들은 직장에서 입은 부상 때문에 자신들이 지출한 의료비와 받지 못한 임금을 회수하기 위해 변호사를 고용했다. 이 노동자들 대부분은 부상 뒤 일정 시간이 흐른 뒤에 해고되었다.[73]

2003년 25세의 노동자가 청소를 위해 탱크 속에 들어갔다가 유독가스 때문에 사망했다. 노스캐롤라이나 노동안전위생국 조사에 따르면, 이 젊은이는 제대로 된 교육과 감독을 받지 못했다. 탱크에는 "위험한 밀폐 공간"이라는 라벨도 제대로 붙어 있지 않았다. 하지만 노동안전위생국은 스미스필드에 겨우 4,323달러의 벌금만 부과했다.[74]

이 사건 이후에도 안전사고는 끊이지 않았다. 2005년 3월 연방 산업안전보건청은 이 공장 구내를 걸어 다니면서 안전 검사를 실시한 결과, 직업안전위생법 위반 사항을 50건 이상 발견했다. 대부분이 "심각" 등급에 해당했다. 안전 교육 미비, 칼날에 대한 보호 장치 미흡, 난간 미설치, 비상출구의 장애물, 읽기 힘든 표지판, 부적절한 안전 절차 등이 그 내용이었다.[75]

숨을 쉴 수가 없었어요

미국 활동가들이 돼지 공장에 대항하는 싸움을 계속하는 동안, 스미스필드와의 또 다른 전투가 세계 무대에 등장했다. 미국의 환경주의자, 농민, 소비자에게 엄청난 분노를 불러일으킨 스미스필드는 이윤을 확대하기 위해 해외로 눈을 돌리기 시작했다. 스미스필드는 폴란드와 루마니아에서 관리를 상대로 로비와 접대를 벌여서 동유럽 사업을 시작했다. 공기 조절 장치를 갖추고 수천 마리의 돼지를 수용하는 공장식 축사(공조 장치도 있음), 사료 공장, 도살장으로 이루어진 복합체를 만들기 위해 고위 인사들의 지원을 등에 업고 지역 반대 집단들을 "물리쳤다."[76]

1999년 스미스필드는 폴란드의 느슨한 환경 규제와 값싼 인력을 이용하기 위해 폴란드 최대의 육류가공 회사인 애니멕스(Animex)를 매입했다. 이 인수를 위해 유럽부흥개발은행 및 그 파트너들로부터 1억 달러의 대출을 받았다.[77] 스미스필드로서는 나쁘지 않은 거래였다. 5억 달러짜리 회사를 단 5,500만 달러에 인수했다고 생각했다. 당시 CEO 조셉 루터는 "1달러당 겨우 10센트"라며 자랑했다.[78]

스미스필드의 철학은 분명했다. 현 CEO 래리 포프(C. Larry Pope)는 동유럽 사업을 이렇게 이야기한다. "우선 정치적으로 허용되는 일이며, 서유럽에서는 시간당 20유로를 줘야 하지만 동유럽에서는 시간당 1~2유로에 사람을 구할 수 있습니다. 서유럽에서 땅을 구하려면 무척 힘들지만, 동유럽에서는 거의 거저지요. 서유럽에서는 공장이 무척 비싸지만, 동유럽에서는 돈을 약간만 내면 거의 공짜로 내주다시피 하지요."[79]

2009년 스미스필드는 500명의 농민을 고용해 폴란드 공장에서 가공할 돼지를 기르게 했다. 루마니아에서는 총 면적 2만 헥타르에 이르는 40개의 농장과 경작지를 이용해서 이 나라 최대의 돼지 생산업체가 되었다. 유럽의 농업 보조금 덕분에 스미스필드의 이윤은 증가했지만, 돼지 생산량이 지나치게 많아져서 소규모 농장들이 폐업했다. 또한 스미스필드는 미국 사업장에서와 마찬가지로 돼지 배설물 누출, 수질 오염, 악취 등의 환경재해도 일으켰다.[80]

스미스필드의 폴란드와 루마니아 침공이 환경과 건강 문제만 일으킨 것은 아니다. 푸드앤워터워치를 위해 동유럽에서 스미스필드에 대항하는 운동을 조직해온 안나 비토프스카-리테르(Anna Witowska-Ritter)는 그 참상을 가장 잘 알고 있다. 비토프스카는 2010년 폴란드 크라쿠프주에 있는 야갤로니안대학교에서 사회학 박사 학위를 받았으며, 2004년부터 스미스필드의 습격에 맞서 싸웠다. 그녀는 미국에 몇 년 동안 머물면서 비영리 단체에서 일했지만, 결국에는 미국인 남편과 함께 폴란드로 되돌아갔다. 이제 어린 두 딸의 엄마가 된 그녀는 아직도 시간을 내서 스미스필드의 혐오스런 관행들을 시민, 언론, 정책결정자에게 알리고 있다.

비토프스카는 이렇게 이야기한다. "스미스필드는 실업과 관련된 폴란드와 루마니아의 절박한 상황을 이용했습니다. 저는 이 두 나라에서 공장식 농장들을 살펴봤습니다. 그중 일부는 공산주의 시대 조합들이 남긴 시설을 사용하고 있더군요." 이어서 그녀는 이렇게 이야기한다. "그것들은 공산주의에 대한 기업자본주의의 승리를 나타냅니다. 그래도 꽤 처량한 장면임에는 변함이 없습니다. 스미스필드는 사람들을 침묵시키는 데 성공했습니다. 사람들의 입을 막기 위해 학교와 기타 지역사회 활동에 자금을 제공하고 있습니다."

루마니아 시민들은 스미스필드가 사용하는 방법에 충격을 받았다. 2007년 체네이에 있는 스미스필드 사업장은 열사병으로 죽은 수백 마리의 돼지 사체를 약 10일 동안 방치했다. "숨을 쉴 수가 없었어요." 체네이 군청의 자문위원이 말했다. "저는 그 농장에서 1킬로미터 떨어진 곳에 삽니다. 그 날 밤에는 잠을 자기 위해 창문을 닫아야만 했지요. 미국인들이 우리 마을을 병원균의 온상으로 만들었습니다."[81]

2007년 루마니아를 강타한 돼지 인플루엔자 때도 사람들을 당황하게 만든 일이 일어났다. 관리들은 스미스필드에 돼지 번식을 중단하고 다른 농장으로 돼지들을 옮기라고 부탁했다. 하지만 스미스필드는 들은 척도 하지 않았다. 이후 당시 루마니아에 있던 스미스필드의 33개 공장식 농장 가운데 11개가 위생 당국으로부터 허가를 받아서 폐쇄되어야 한다는 사실이 밝혀졌다. 수의사들이 스미스필드의 사업장들을 검사하려 하자 경비견을 대동한 경비원들이 출입을 막았다.[82] 티미소아라주 가축위생국 부국장 크사바 다로크지(Csaba Daroczi)는 다음과 같이 설명한다. "스미스필드는 검사 사흘 전에 미리 경고해야 한다는 내용이 담긴 협약에 서명하라고 제안했습니다. 이 사람들은 공공기관과 소통하는 방법을 전혀 몰라요."[83]

공중과의 소통 역시 별로 나을 게 없었다. 이 질병에 대한 스미스필드의 대응은 아무리 잘 봐줘도 거만했으며, 그 때문에 결국에는 유럽연합으로의 돼지 수출이 중단되었다. "언론에 이야기할 것은 전혀 없습니다. 돼지 인플루엔자는 통제되고 있습니다. 기자 여러분은 그냥 우리 공식 발표대로 기사를 적으시면 됩니다." 본사로부터 언론인과의 접촉을 모두 거부하라는 명령을 받은 뒤 스미스필드 티미소아라 사업장 책임자가 한 말이다.[84]

한 TV 리포터가 사업장에 잠입해서 오래된 고기에 유통기한을 새로 붙여 상점으로 되돌려 보내기, 흐물흐물해진 고기를 세척해서 신선하게 보이도록 만들기 같은 비위생적인 일들을 촬영했다. 하지만 스미스필드는 이를 "폴란드인들이 칠칠맞지 못한" 탓으로 돌렸다.

비토프스카는 스미스필드에 대한 투쟁을 계속하고 있으며, 유럽연합의 농업 개혁을 위해 노력하고 있다. 왜냐하면 동유럽이 서유럽에서라면 결코 허용되지 않을 방식으로 오용되고 있기 때문이다.

충분히 예상할 수 있듯이 기업농업이 유입되자 미국에서와 마찬가지로 동유럽의 지역공동체와 시장이 절름발이가 되었다. 스미스필드의 동유럽 확장으로 돼지가 과잉 생산되어, 돼지고기 가격이 독립적인 돼지 농민의 생산비 이하로 떨어졌다. 그 결과 이들 국가의 특징 중 하나인 전통 농장이 사라졌다.

아이오와주 돼지 농민 래리 긴터는 ICCI의 오랜 회원으로, 공장식 농장에 반대해왔다. 긴터는 아이오와주에서 열린 GIPSA 규정 개정에 관한 공청회 증언을 통해 미국 농민의 곤경과 다른 나라 농민의 어려움을 연결시켰다. 그는 이렇게 이야기했다. "노동, 가족농장, 민주적 권리가 자본독재에 대항해 총력전을 벌이고 있다. 이것이 국제적인 투쟁임을 알게 되었다. 이곳에 오는 멕시코 노동자들은 가족농이다. 정육 공장에 있는 수단 노동자들은 자본의 압제 때문에 이곳으로 밀려온 가족농이거나 노동자이다. 우리만 미국에 있는 것이 아님을 알아야 한다." 동료 농민들의 행동을 촉구하면서 긴터는 다음과 같이 결론 내렸다. "농민이 농기계를 몰고 씨앗을 심지 않으면, 농장에서는 아무 일도 일어나지 않는다."

가까운 시일에 스미스필드가 파괴 속도를 늦출 징후는 전혀 없다. 또한 이 육류업계의 공룡이 통합 노력을 포기할 것 같지도 않다. 2010년 여름에는 스미스필드의 주가가 10퍼센트 올랐다. 브라질의 쇠고기 및 돼지고기 정육업체인 JBS/Swift가 이 회사 매입에 관심이 있다는 소문 때문이었다. 하지만 다행스럽게도 미국 전역에서 공장식 농장에 반대하는 긴터 같은 핵심 투사들이 지역사회를 보호하고 연방정부의 농장 정책을 변화시키기 위해 노력하고 있다.

사회적으로책임있는농업프로젝트(Socially Responsible Agriculture Project) 대표인 켄드라 킴비라우스카스(Kendra Kimbirauskas)는 이렇게 이야기한다. "그간 우리가 진행한 사업을 통해서 알게 된 것은, 일단 사람들이 공장식 농장의 끔찍한 영향을 알게 되면, 많은 이들이 현 시스템을 변화시키는 데 열의를 보인다는 사실입니다." 사회적으로책임있는농업프로젝트는 공장식 농장에 맞서 싸우고 로컬푸드 체계(그 기반은 가족 규모의 농업이다) 복원에 필요한 핵심 인프라를 되살리기 위해서 미국 전역의 지역사회 집단들로 이루어진 네트워크와 협력하는 전국 조직이다. 이어서 킴비라우스카스는 다음과 같이 이야기한다. "우리 먹거리 체계를 되살리는 데 필요한 많은 접근법이 이 운동에 포함되어 있습니다. 사회적으로책임있는농업프로젝트는 모든 주를 포괄하는 광범위한 활동가 네트워크를 구축하는 것과 더불어, 지역화한 먹거리 경제에 기반을 둔 국가로 이 나라를 바꾸는 데 필요한 실천 도구들도 제공하려 합니다."

10
현대판
농노

법인기업:
개인적 책임 없이 개인적 이익을 얻을 수 있는
교묘한 수단.
— 앰브로즈 비어스(Ambrose Bierce), 《악마의 사전(The Devil's Dictionary)》.

Foodopoly

대부분 미국인은 자신이 먹는 닭을 기르는 가족농장이 연 평균 1만 5,000달러를 번다는 사실을 전혀 모른다. 뼈 빠지는 노동에 대한 보상이 형편없다는 뜻이다. 반면 KFC, 타이슨 푸드 같은 대기업들은 막대한 이윤을 얻는다.

버지니아&웨스트버지니아 계약제가금류사육자협회 회장인 마이크 위버(Mike Weaver)에 따르면, "소비자는 KFC 등의 체인에서 통에 든 12조각의 치킨을 살 때 보통 26.99달러(정확한 가격은 가게 위치에 따라 다르다)가량을 지불한다. 이 26.99달러 중 3~5달러가량은 통합업체(가금류 회사)가 가져간다(가금류 회사가 가져가는 액수는 치킨 가격에 따라 달라진다). KFC는 21달러가량을 가져가고, 최소 6주 이상 닭을 기른 사육자는 25센트를 가져간다!"[1]

위버는 사육자들끼리 서로 이야기하는 것을 업계가 좋아하지 않지만, "그들이 나를 협박하지는 않는다"라고 말한다. 그는 어류및야생동물관리국 법집행부에서 특수요원으로 일하다 은퇴한 뒤 10년간 가금류를 길렀다. 3년간 칠면조를 기른 뒤, 필그림스 프라이드와 JBS가 합병하기 직전에 육계로 전환했다. 그는 업계가 사람들에게 거짓말을 하고 있으며, 사람들의 고충에 귀를 기울이지 않는다고 비판한다.

통합업체의 만행

이렇게 불공정한 관계가 존재하는 이유는, 레이건 행정부가 반독점 규제를 이빨 빠진 호랑이로 만든 덕분에 식품업계가 대규모 통합을 통해 엄청난 정치적·경제적 힘을 축적했기 때문이다. 불공정한 관계는 가금류 산업에서 더욱 두드러진다. 지난 25년 동안 대형 회사들이 규모가 작은 지역 가공업체들과 협동조합들을 합병하면서 가금류 산업의 집중화는 점점 더 심해졌다. 지난 10년간 5대 가금류 생산업체였던 타이슨 푸드, JBS/필그 림스 프라이드, 샌더슨 팜, 콕 푸즈(Koch Foods)가 현재 미국에서 소비되는 육계의 70퍼센트를 판매한다.[2]

2대 기업인 타이슨과 JBS/필그림스 프라이드는 매년 미국인이 먹는 육계 10억 마리의 절반을 판매한다. 육류 산업 집중화의 단적인 사례로, 타이슨은 미국 최대의 육계 생산업체인 동시에 세계 2위의 닭고기·쇠고기·돼지고기 가공업체이다. 브라질 기업인 JBS/필그림스 프라이드는 미국 2위의 육계 생산업체이면서, 세계 최대의 육류 생산업체이다.

가금류 산업은 막대한 힘을 이용해서 이윤의 원천인 가금류 사육자들에게 부정행위를 마음껏 저지른다. 가금류 산업은 탐사보도 전문기자인 데이브 만(Dave Mann)이 "현대판 소작인이자 계약 하인"●으로 묘사한 동물 생산 시스템을 창조했다.[3]

만은 통합업체라 불리는 대형 가금류 가공업체들이 닭의 유전자에서부터 정육 코너의 닭고기에 이르기까지 육계 생산의 모든 단계를 무자비하게 통제한다고 지적한다. 한때는 고기를 얻기 위해 수십 종의 닭을 사육했다. 하지만 1950년대부터 육계는 점점 더 가슴이 커지고, 6주의 생애 동안 사료를 살로 "효율적으로" 바꿀 수 있도록 육종되었다. 예를 들어 미국 최대의 육계 생산업체인 타이슨 푸드는 콥 육종 회사(Cobb Breeding company)를 소유하고 있다. 이 회사는 가장 인기 좋은 공장식 육계이자 업계에서 가장 널리 사용하는 육계인 콥500을 개발했다.

타이슨 푸드 회장을 지낸 돈 타이슨이 이런 말을 했다. "닭 가슴살이 파운드당 2달러이고, 다리 살이나 날개 살이 1달러라면, 내가 어떤 걸 택하

● 미국 개척 초기, 뱃삯을 치를 돈조차 없어서 몇 년간 임금 없이 하인으로 일하기로 계약하고 미국으로 온 가난한 유럽 이민자들을 말한다.

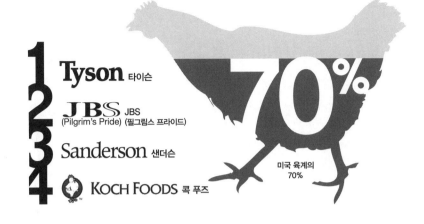

겠소?" 바로 이것이 미국 가금류 산업이 가금류 유전자 연구에 막대한 돈을 투자하는 핵심 이유이다.[4]

지난 수십 년 동안 가금류 산업이 개발한 육계 유전자 계열 중에서 업계에서 압도적으로 많이 사용하는 것은 몇 개에 불과하다. 이 가금류들은 크기가 균일하고 약 5~6주 사이에 최적 체중에 도달한다. 균일한 크기와 형태 때문에 가공이 쉬워서 도살장 라인의 속도를 높일 수 있으며, 그 덕분에 비용이 줄어든다. 병아리 생산비도 절약된다. 암탉 한 마리가 무척 짧은 기간에 많은 수의 자손을 생산할 수 있기 때문이다.[5]

가금류 대기업들은 자체 부화장에서 병아리를 생산한 뒤 태어난 지 하루된 병아리를 사육자에게 넘긴다. 또한 그들은 약물로 뒤범벅된 사료를 생산하는 사료 공장 역시 소유하거나 통제하고 있다. 과밀하고 더러운 환경에서 닭을 기르기 위해서는 그런 사료가 필요하다. 이 사료에는 닭의 병을 막기 위한 항생제가 들어 있으며, 닭고기에 장밋빛이 돌게 하기 위해 비소를 의도적으로 추가하는 경우도 많다.

업계가 생산 사슬의 모든 단계에 통제력을 행사한 결과, 현재 미국에서 소비되는 닭의 98퍼센트가 계약제로 생산된다.[6] 대형 가금류 통합업체는 사육자에게 닭 값을 지불하는 것이 아니라, 닭을 기르는 서비스의 대가를 지불한다.

오번대학교 경제학 교수인 로버트 테일러(Robert Taylor)는 지난 23년 동안 가금류 산업을 연구하고 글을 써왔다. 그는 이 산업의 작동 방식을 이렇게 설명한다. "일반적으로 통합업체들은 종계군[*], 부화장, 병아리, 병아리 배정, 사료 공장, 사료 원재료, 사료의 수송, 가공 공장(도살장)을 소유하거나 관리합니다. 가금류 생산에 영향을 미치는 모든 의사 결정을 하나로 통합한 이 업체들은 생산의 주요 영역에서 취해야 할 행동을 지시합니다. 병아리 배치, 각 사육자에게 배정하는 병아리 수, 어떤 닭에게 사료를 먹여야 할지 등을 지시할 뿐만 아니라, 적절한 시기가 되면 사육장에서 닭을 실어 도살장으로 보내지요."[7]

통합업체(쇠고기 및 돼지고기 업계의 정육업체에 해당한다)는 생산 계약을 이용해서 닭 사육비를 낮게 유지하고 자사 소유 도살장에 필요한 닭의 공급을 관리한다. 이 회사들은 닭 사육에 필요한 공장식 농장 시설이나 장비에 대한 자본 투자를 자신들이 전혀 하지 않아도 되는 구조를 만들었다. 사육자가 창고 같은 축사 건설에 필요한 모든 빚과 재정적 위험을 떠맡으며, 미국 납세자들이 채무 불이행에 따른 위험을 떠안는다. 이런 일은 미 농무부 산하 농업진흥청이 대출 보증을 통해 통합업체와 은행에 경제적 편익을 제공하기 때문에 가능하다. 따라서 은행은 빚의 상환 여부에 상관없이 대출이자를 챙긴다.

앨라배마주 가금류 사육자 스콧 해밀턴(Scott Hamilton)은 이 대출의 작동 방식을 이렇게 설명한다. "사육자는 자기 땅에 집을 지을 대출을 얻으러 은행에 가기 전까지는 서면 계약서를 보지도 못합니다. (정식 계약서가 없어도) 가금류 회사의 의향서[**]만으로 은행이 대출을 해주는 예가 많기 때

• 후손을 생산하기 위한 암탉과 수탉의 무리.

•• 계약이 최종적으로 이루어지기 전에 계약 당사자들이 합의한 대략적인 사항을 문서화한 것.

5부 공장식 농장 이야기

문이지요."[8]

사육자는 이를 받아들인다. 농장에서 생계를 유지하기 위해 필사적이기 때문이다. 잠재적인 사육자는 가금류 회사의 사탕발림에 속아 이것이 괜찮은 사업 기회라 믿는다. 농업진흥청은 농민이 이 사업에 뛰어들도록 장려하고 대출 과정을 손쉽게 만들어서 가금류 산업의 착취적인 계약 관행의 정당화에 상당한 역할을 했다. 딥 사우스[***]나 델마바 반도(델라웨어, 메릴랜드, 버지니아 주에 걸쳐 있음) 지역의 농민에게 가금류 사육은 가족농장을 지키기 위한 마지막 몸부림인 경우가 많다.

가금류 사육자를 지원하는 공익단체 국제농촌진흥재단에 따르면, 일단 농장을 저당 잡히고 나면 사육자는 "빚의 노예"가 된다. 국제농촌진흥재단은 사육자가 일방적이고, 착취적이며, 협상의 여지가 전혀 없는 계약에 서명한다고 이야기한다.

> 전형적인 가금류 농민은 전문화된 가금류 축사와 농기계 투자를 위해 100만 달러 이상을 은행에서 대출 받는다. 이 빚의 상환 기간은 10년 이상이다. 농민의 집과 땅은 빚 담보로 저당 잡힌다. 하지만 이 계약의 유효 기간은 1회차 분의 닭을 사육하는 동안, 즉 4~6주에 불과할 수도 있다. 농민은 회사가 제시하는 새로운 계약을 모두 받아들여야만 하며, 심지어 이전보다 불리한 조건일 때에도 그래야만 한다. 그렇지 않으면 계약 종료, 부도, 농장과 집을 잃는 일이 일어난다. 불공정하고 착취적인 계약 조건이 현재 이 업계에서는 일상화되었다.[9]

테일러는 자신이 분석한 많은 계약들을 근거로 이에 동의한다. 그가 통합업체들에게 고자질하지 않을 것이란 사실을 사육자들이 믿는 데 약 10년이 걸렸다고 한다. 결국에는 그의 사무실 문 밑으로 사육자들이 몰래

●●● 조지아, 앨라배마, 미시시피, 루이지애나, 사우스캐롤라이나 주 등의 지역.

계약서를 넣어주었고, 이를 통해 이 업계의 경제학을 살펴볼 수 있는 중요한 통로를 확보했다. 일단 사육자가 대출을 받고 나면, 통합업체는 사육자에게 값비싼 시설 개선을 강요한다. 계속 빚진 상태를 유지하는 것이 회사가 사육자를 통제하는 수단이다. 시설 개선을 거부하는 사육자는 거의 대부분 퇴출된다.[10]

테일러에 따르면, 이 업계의 구조는 "플랜테이션과 비슷하며" 가금류 사육자는 "담보대출에 매인 농노"이다. 그는 가금류 산업이 농업 분야에서 가장 "수직통합"이 많이 된 분야로서, 유전자에서부터 상점에서 판매하는 포장육에 이르기까지 통합업체가 육계 공급 사슬의 모든 과정을 소유하고 통제한다고 이야기한다.[11]

그는 가금류 생산이 "편향되어 있고 기만적이며", 모든 산업 중에서 가장 불균형적이라고 말한다. 통합업체는 아무것도 서면으로 남기지 않는 요령을 터득했다. 통합업체는 사육자에게 총수입을 이야기하지만, 그와 관련한 비용은 일부만 이야기한다. 회사가 돈과 관련한 모든 데이터를 갖고 있고 사육자는 아무것도 갖고 있지 않기 때문에, 사육자는 불공정한 대가를 받는다. 기본적으로 닭을 공짜로 키우게 되는 것이다.

테일러는 대부분 사육자가 자기 농장에서 얼마나 돈을 버는지 거의 모른다고 이야기한다. 비용과 수입 정보를 얻는 유일한 방법은 연간 1,200달러의 수수료를 지불하고 앨라배마농장분석협회의 서비스를 신청하는 것이다. 이 협회는 사육자에게 통합업체로부터 받은 모든 영수증과 기타 정보를 모으라고 지시한다. 그 뒤 젊은 농업경제학자들이 이 자료를 검토해서 비용을 계산한다. 적절한 관리 회계를 통해 사육자의 손실을 밝혀낸다. 심지어 사육자의 인건비를 일부 고려하기만 해도 가능하다.[12]

테일러가 논란에 휘말린 것은 이번이 처음은 아니다. 1980년대 텍사스 A&M대학교 재직 당시 그는 미 과학기술국을 위해 옥수수 에탄올의 경제성을 평가해서, 텍사스주 의원들로부터 뭇매를 맞았다. 하지만 그는 물러

서지 않았다. 이제 교수로서 정년을 보장받은 그는 사육자들이 강력한 힘을 가진 이 업계를 제압할 수 있도록 돕고 있다. 그는 이 업계가 사육자들을 속이고 악용해서 이윤을 올리고 있다고 말한다. 통합업체들은 모든 정보를 통제한다. 사육자들이 받는 돈은 물론이고, 닭의 생산, 폐사율, 체중과 관련한 월간 정보가 모두 통합업체들의 손아귀에 있다.

업계가 사육자를 속이는 방법 하나가 순위 체계를 기초로 사육자에게 돈을 지불하는 것이다. 이 체계에서 사육자는 닭의 체중 증가(사료전환율)를 두고 다른 사육자들과 경쟁한다. 이 모든 과정의 함정은, 회사가 필요한 투입물(생후 1일짜리 병아리와 약물로 뒤범벅된 사료)을 제공한다는 것이다. 하지만 회사는 병아리가 태어난 부화장이나 사료가 생산된 사료공장에 상관없이 여러 사육자를 한데 섞어서 순위를 매기는 경우가 많다. 이 때문에 공정하지 못한 상황이 펼쳐진다. 회사가 병아리와 사료의 품질을 책임지고 있는데도 불구하고, 회사는 마치 정직하고 공정한 경쟁인 것처럼 사육자들의 순위를 매긴다.

해밀턴은 이렇게 설명한다. "1등과 꼴찌의 차이는 7~9주 걸리는 1회차를 기준으로 사육자에게 수 만 달러의 차이일 수 있습니다. 회사는 이 체계를 공정한 경쟁으로 묘사하고 있지만, 실제로 승자는 오직 회사밖에 없습니다."[13]

해밀턴에 따르면 "몇몇 사육자는 그 연막을 꿰뚫어보고, 사육자들이 서로 협력할 때에만 더 나은 계약을 요구할 수 있다는 사실을 알게 되었다." 그는 순위 체계가 계약 남용을 폭로하는 사육자들에게 보복용 도구로 종종 사용된다고 말한다. 해밀턴은 상원 소위원회에서 자신이 앨라배마가금류사육자협회(Alabama Poultry Growers Association) 활동을 시작하자 순위가 떨어졌다고 이야기했다.

제 순위는 떨어졌고, 저는 보호관찰 비슷한 프로그램에 속하게 되었습니다. 그 뒤 저는 건강하지 못한 병아리들을 받았습니다. 하지만 그것은 제 통제 밖의 일이었지요. …… 더 극단적인 사례로, 조지아주의 육계 사육자 크리스 버거(Chris Burger)가 자기 지역에서 육계-산란계 사육자 모임을 조직하려 하자 회사로부터 심한 보복을 받았습니다. 회사는 고의적으로 그를 표적으로 삼아 콜레라에 걸린 병아리들을 농장에 보냈습니다. 그는 소송했고, 몇 년 뒤 소송에서 이겼습니다. 하지만 그가 법정에서 거둔 승리는, 농장을 잃은 것과 소송 기간의 스트레스로 인한 이혼 때문에 빛을 잃고 말았습니다.[14]

러들 부부에게 생긴 일

웨스트버지니아주에서 JBS/필그림스 프라이드를 위해 일하는 가금류 사육자 발레리 러들(Valerie Ruddle)은 보복을 포함해서 통합업체로부터 온갖 학대를 당했다. 보통 가금류 사육자들은 자기 농장과 집을 잃을 것이 두려워 공개적으로 이야기하지 않는다. 하지만 발레리 러들이 이 산업의 진실을 이야기하는 것을 막을 수 있는 사람은 아무도 없다. 그녀는 사육자들이 정말로 두려워하고 있지만, 자신은 협박에 굴하지 않을 것이라고 말한다. 그녀는 필그림스 프라이드의 한 중역에게 다음과 같이 항의하기도 했다. "당신들은 이미 할 수 있는 한 최대로 나를 재정적으로 괴롭혔어요. 할 수 있는 건 이미 다 했죠. 이제 당신들은 더 이상 할 수 있는 게 없어요."[15]

러들은 워싱턴 D.C.의 대도시 지역에서 자랐다. 자신이 가금류를 사육하리라고는 "꿈에도 생각하지 않았다." 2003년 카길을 위해 칠면조를 사육하던 그녀의 나이 든 시숙들은 상환에 수십 년이 걸리는 융자를 얻어 시설을 개선하든지, 아니면 사육자 일을 그만두든지 선택해야 했다.[16] 시숙들은 사업을 접었으며, 수입 없이 2년을 보내고 나자 농장을 압류당할 상황에 놓였다.

발레리와 남편 러셀은 가족이 농장을 잃는 것을 수수방관할 수 없었다.

그들은 농장을 인수하기로 결정했다. 곧바로 그들은 카길의 시설 개선 요구가 터무니없음을 알게 되었다. 농장의 칠면조 사육 시설이 괜찮은 상태였기 때문이다. 그래서 그들은 러셀이 다니던 직장인 필그림스 프라이드를 위해 닭을 사육하기로 결정했다.

러들 부부는 상당한 돈을 저축하고 있었으며, 두 사람 모두 괜찮은 직장을 갖고 있었다. 발레리는 지역 가스 회사에 근무하고 있었고, 남편은 필그림스 프라이드 가공 공장에서 전기 기술자로 근무하고 있었다. 그럼에도 불구하고 그들은 81만 2,000달러의 빚을 졌다. 전혀 예상 밖의 일이었다. 59헥타르에 달하는 농장 담보대출을 인수하고, 닭 사육을 위해 새로운 축사와 장비들을 갖추는 데 그 정도의 돈이 들었다. 그들은 기존의 칠면조 축사를 활용할 수 없었다. 필그림스 프라이드의 기준에 맞춰 새로운 축사를 지어야만 했다.

필그림스 프라이드에서 제공한 현금 흐름과 이윤 추정치에 따르면, 러들 부부는 투자금을 벌써 회수했어야 했다. 하지만 실제로는 그렇지 못했다. 농장과 육계 시설을 위한 빚은 러들 부부의 저축을 고갈시켰다. 농장 밖의 일자리가 없었더라면 이들은 파산했을 것이다. 2008년 필그림스 프라이드가 파산을 선언하자(2009년 JBS가 이 회사를 인수했다) 그들의 경제 상황은 더욱 나빠졌다. 파산 전 필그림스 프라이드는 비효율적으로 운영되었다. 자사의 사업 기반을 허물면서 생산자에게 부정적인 영향을 미치는 방식으로 비용을 절감하고 있었다.

예를 들어, 이 회사는 닭잡이꾼들 중 일부를 해고했다. 닭잡이꾼은 닭이 다 자랐을 때 문자 그대로 축사 안으로 들어가서 닭을 잡아 트럭에 싣는 사람이다. 이는 러들 부부의 비용을 증가시켰다. 왜냐하면 남은 닭잡이꾼들로는 하루에 2개 축사의 닭들만 트럭에 실을 수 있었기 때문이다. 러들 부부의 축사 세 동은 "1회차 분"으로 간주되며, 사육자는 1회차당 평균 체중 증가를 기준으로 순위가 매겨진다. 사료 전환율은 병아리를 축사에 배치한 첫날과 닭을 트럭에 실은 마지막 날을 기준으로 계산한다. 만약 닭을 트럭에 싣는 날이 달라지면, 사육자가 불리해진다. 왜냐하면 닭 사육비가 더 든 것처럼 보이기 때문이다.[17]

러들 부부를 곤란하게 만든 또 다른 문제는 언제 병아리를 받게 될지, 심지어 병아리를 받을 수 있을지도 스스로 결정할 수 없다는 점이었다. 통합업체는 예비 사육자에게 5년 계약을 약속하며 병아리 공급을 보장한다. 발레리는 계약서에 깨알 같은 글씨로 빽빽하게 쓴 세부 내용을 눈여겨봐야 한다고 이야기한다. 왜냐하면 한 사육자가 병아리를 몇 회차 받을지를 회사가 결정하기 때문이다. 심지어 사육자와 계약을 맺었더라도 회사는 "각 회차별로" 사육자가 병아리를 받게 될지 말지를 결정한다. 따라서 회사에 "협력하지" 않는 사육자는 시설을 위해 엄청난 빚을 졌는데도 불구하고 다음번 회차에 병아리를 받지 못할 수 있다.

회사 관행을 공개적으로 이야기할 경우 보복 때문에 사육자들은 더욱 심한 경제적 곤경을 겪는다. 버지니아&웨스트버지니아 계약제가금류사육자협회의 서기를 맡은 발레리 역시 그러했다. 2010년 5월 러셀은 1995년부터 일한 필그림스 프라이드 가공 공장 전기기사직에서 해고되었다. 닭 사육이라는 "부업" 때문에 너무 근무시간을 많이 빼먹는다는 것이 사유였다. 그는 닭잡이꾼들이 닭을 트럭에 실을 때 현장에 있기 위해(이는 필그림스 프라이드의 요구 사항이다) 정규 휴가 시간과 연간 몇 시간의 무급휴가를 썼을 뿐이다. 회사가 병아리를 배달하고 닭을 트럭에 싣는 데 하루 이상이 걸릴 때가 많아서 러들 부부는 재정적 손실을 입었을 뿐만 아니라, 러셀은 더 많은 휴가를 쓸 수밖에 없었다.

2010년 12월 발레리는 GIPSA 규정 개정 관련 청문회에서 증언해달라는 요청을 받았다. 러들의 증언에 관한 보도 자료가 나간 12월 3일, 필그림스 프라이드의 생산 현장 담당 차장인 제프 부숑(Jeff Bushong)이 그녀의 직장을 찾아왔다. 부숑은 계약상의 의무를 충족할 때까지 회사가 더 이상 병아리를 제공하지 않겠다고 말했다. 또한 다음 수요일인 12월 8일에 그녀가 다른 지역을 방문한다는 사실도 알고 있다고 이야기했다. 그날은 발레리가 워싱턴D.C.의 청문회에서 증언하기로 한 날이었다.[18]

러들은 증언에서 통합업체가 사육자를 어떻게 이용해왔는지 설명했다.

> 불균형에 대해 이야기하셨지요. 가금류 산업에는 그게 정말 심합니다. 수직통합이라 불리지요. …… 그들이 우리에게 모든 것을 제공합니다. 병아리도 주고, 사료도 주고, 필요한 약품도 주지요. 모든 게 회사에서 나옵니다. 하지만 우리는 노동력을 100퍼센트 제공합니다. 공과금도 100퍼센트 제공하고, 부동산 담보대출로 닭을 기를 건물도 제공하지요. …… 우리는 무척 열심히 일합니다. 이 일은 단순하지 않고, 무척 시간이 많이 듭니다.[19]

계속해서 발레리는 사육자가 사료 무게와 관련해서는 통합업체를 그냥 믿어야만 한다고 말했다. 사료가 배달될 때마다 무게를 측정하지는 않기 때문이다. 그리고 사육자는 도살장에서 측정한 닭의 무게도 믿어야만 한다. 무게 확인을 위해 사육자가 도살장에 가는 것을 회사가 싫어한다. 사육자는 일정 액수의 기본급을 지불받지만 파운드당 가격은 결국 각 회차분 닭의 평균 체중 증가에 따라 달라진다. 통합업체는 한 회차분의 닭을 언제 도살장에 보낼지 결정하며, 이를 통해 이 숫자들을 조작할 수 있다. 닭을 일찍 실어갈 수도 있고, 여러 축사의 닭들을 여러 날에 걸쳐 실어갈 수도 있다. 러들 부부는 필그림스 프라이드의 조작 때문에 총 무게 17만 2,000킬로그램의 1회차분 닭에서 2.2킬로그램당 1센트의 손해를 보았다. 총 3,790달러의 손실을 입었다.[20]

또한 러들 부부는 순위와 관련해서도 문제를 경험했다. 발레리는 각 회차별 닭의 사료전환율을 기초로 순위를 계산한다고 말한다. 즉 통합업체가 작성하는 확인 불가능한 수치에 근거해서 순위를 매긴다. 사육자는 함께 순위 경쟁을 하는 다른 사육자들이 누구인지, 다른 사육자들의 사육 조건이나 사료 품질이 자기와 상당히 다른 것은 아닌지 등을 알지 못한다.[21]

발레리는 가끔 회사로부터 건강하지 못한 병아리나 품질이 떨어지는 사료를 받는다. 회사는 닭의 짧은 생애를 세 가지로 구분해서 세 종류의 사료를 제공한다. 시작기, 성장기, 중단기. 닭에게 항생제와 기타 사료 성분(성장 촉진제로 사용하는 비소가 대표적이다)을 먹이는 것을 "중단하게" 된다는 점은 의심의 여지가 없다. 그녀는 이렇게 이야기한다. "통합업체에서 제공하는 투입물, 즉 사료와 병아리 품질 등이 좋은 닭을 만드는 데 80퍼센트를 차지합니다."[22]

러들 부부는 축사 세 동을 갖고 있다. 오늘날 사육자들은 3만 5,000마리 용량의 축사 5~6동을 짓는 것이 보통이다. 짧고 비참한 7주 가량의 생애 동안 닭 한 마리에게 232제곱센티미터의 면적이 주어진다. 축사 면적이 커졌을 뿐만 아니라, 가금류 농장의 규모 역시 급증했다. 사육자가 계약제로 생산하는 가금류의 규모 확대를 통해 생계를 유지하려 하기 때문이다. 중앙값에 해당하는 중규모 농장이 지난 4년 동안 15퍼센트 늘어서, 사육 두수가 2002년에는 연간 52만 마리였지만 2006년에는 60만 마리가 되었다.[23]

푸드앤워터워치의 분석에 따르면, 2007년에 실시한 최신 농업 센서스 당시 미국 내 대형 농장에서 사육되는 육계는 10억 마리 이상이었다. 10년 동안 약 88%가 증가한 것이며, 이는 대형 농장에서 사육되는 육계 숫자가 시간당 5,800마리씩 늘어났음을 뜻한다.

내일의 닭

상황이 늘 이러했던 것은 아니다. 1940년대 초까지는 대부분의 가금류가 지역 차원의 소비를 위해 소규모 농장에서 사육되었다. 가금류 수요는 2차 세계대전 때 급증했는데, 배급제로 생긴 쇠고기의 빈자리를 가금류로 메웠기 때문이다. 많은 농민이 가금류 사업에 뛰어들었다. 오래된 암탉이나 수탉처럼 알을 낳지 못하는 가금류를 고기용으로 팔았다. 이런 닭들은 농장 마당을 자유롭게 돌아다녀서 고기 맛이 좋고 섬유질도 많았다. 마리 단위로 팔았으므로 사람들은 닭을 통째로 굽거나 잘라서 튀겼다.[24]

전쟁 뒤 가금류에 대한 관심이 높아지자, 연방정부는 더 크고 부드러운 닭을 개발하기 위한 유전자 연구에 자금을 쏟아부었다. 영계라 불리는 어린 수탉 같은 닭을 만들고자 했다. 그 전까지는 주로 달걀 생산을 위해 육종이 이뤄졌다. 1946년 미국 최초의 슈퍼마켓 체인인 A&P가 닭고기라는 새로운 시장을 포착해서 "내일의 닭" 전국 경연대회를 열었다. 아주 짧은 기간에 다 자라고 가슴도 큰 고수확 품종의 닭을 개발하기 위해서였다.

이 경연대회는 1948년에 정점에 달했다. 25개 주의 육종가들에서 3만 1,000개 이상의 달걀을 출품했다. 이 달걀들은 같은 조건에서 부화하고 기른 것이었다. 델라웨어대학교 가금류연구분소 직원이 심사를 맡았다.[25] 우승 닭 밴트리스는 이후 10년 동안 닭의 표준이 되었다. 이 닭의 먼 친척이 오늘날 공장식 농장에서 사육되는 육계인 타이슨의 콥500이다.•

그 뒤 영양학 연구의 시대가 도래함에 따라, 비타민B12, 항산화물질, 항생제를 섞은 향상된 사료 배합이 탄생했다. 질병 통제를 위해 백신도 개발했다. 자동 사료 급이 장치와 환기 장치를 갖춘 축사 덕분에 많은 숫자의 닭을 기를 수 있게 되었다.[26]

소규모 사육자들은 새로운 스타일의 축사와 장비를 갖추는 데 필요한 대규모 자본 투자를 감당할 수 없었다. 기술 발전에 따른 생산량 증가로 가격이 하락했기 때문에 더 그랬다. 그로 인해 대형 사료회사들이 육계 생산으로 사업 영역을 확장할 수 있는 기회가 생겼다. 사료회사들은 대량의

• 이 경연대회는 1946~1948년에 총 3번 열렸다. 육종가들은 달걀 30다스(12개 들이)를 심사용으로 출품했다. 이 대회 우승자 중 하나인 밴트리스는 이후 시장에서 성공을 거두어, 이 품종을 개발한 육종회사인 콥-밴트리스(Cobb-Vantress)가 현재도 세계 3대 육계 육종회사 중 하나로 남아 있다.

사료에 심하게 의존하는 육계업계의 성장을 촉진하면 자신들에게 경제적으로 득이 된다는 사실을 깨달았다. 유리한 자본 접근성 덕분에 그들은 부화 사업에 뛰어들 수 있었으며, 가공 공장을 짓거나 매입할 수 있었다. 1955년이 되자 거의 모든 육계가 계약제로 생산되었다.

또한 식료품점이 대량의 육류를 저가로 공급해줄 업체를 요구함에 따라, 가금류 산업의 집중과 수직통합이 더욱 가속화되었다. 농무부 경제연구소에 따르면, 2차 세계대전 이후 10년 동안 닭고기 소매가격은 30~40퍼센트 하락한 반면, 같은 기간 붉은 고기* 가격은 75~90퍼센트 상승했다.[27]

생산비를 낮추는 방법 가운데 하나가 경제적으로 낙후한 지역에서 시설을 운영하는 것이다. 그 결과 육계 산업은 서부의 델마바반도와 남부 지방, 이 두 지역에 집중되었다. 델마바반도에는 1920년대부터 소규모 양계 산업이 존재해왔다. 당시 델라웨어주 오션뷰에 살던 한 사업 수완 좋은 여성이 병아리 500마리로 양계업을 시작해서, 1926년에는 육계 2만 5,000마리로 규모를 늘렸다. 다른 농장들 역시 그녀의 성공을 지켜보았다. 얼마 지나지 않아 사료용 곡물 재배에 적합한 기후와 평지를 가진 이 지역에서 소규모 산업이 자라났다.[28] A&P 경연대회가 열릴 무렵에는 델마바반도에서 가금류 산업이 번성하고 있었으며, 델라웨어대학교에는 가금류 관련 교육 과정이 생겼다.

남부 지방에서는 1950년대에 면화 산업이 서쪽으로 이동하면서 대두가 주력 작물로 떠올랐다. 온화한 날씨와 아이젠하워 시대의 농업 정책 덕분에 "잉여 노동력"이 풍부한 이 지역은 육계 산업이 성장하기에 이상적이었다. 남부에는 적은 돈을 받고 오랜 시간 기꺼이 일하려는 농민들과, 위험하고 유쾌하지 않은 도살장에서 기꺼이 일하려는 노동자들이 있었다.

생산지 밖의 주에서 판매되는 육계의 검사를 의무화한 1957년 가금류

• 쇠고기, 양고기 등 색깔이 붉은 고기. 보통 색깔이 흰 닭고기 등의 가금육과 대비되는 개념이다.

식품검사법(Poultry Products Inspection Act)이 통과되자, 소규모 사육장이 받는 압력이 커졌다. 이 법의 요구 사항을 충족시키기 위해서는 대규모 자본 투자가 필요했다. 자동화 가공 시스템을 설치해서 생산량을 늘릴 수 있는 회사만 새 법에서 요구하는 식품 안전 관련 투자비를 감당할 수 있었다.

1970년대가 되자 사료 판매를 주업으로 하는 회사들이 육계 사업에서 철수하고, 생산의 모든 단계에 초점을 맞추는 타이슨 푸드 같은 통합업체들이 업계를 장악했다. 유전자 연구, 사료전환율, 감금식 사육 관련 신기술이 발전함에 따라 대규모 자본을 갖춘 회사가 경쟁업체를 매입할 수 있는 무대가 마련되었다.

하지만 기술 발전에도 불구하고 수직통합된 업체가 이윤을 얻는 주된 방법은 비용을 사육자에게 전가하는 것이었다. 결국 수십 년에 걸쳐 계약은 점점 더 무자비해졌다. 첫 번째 유형의 계약에는, 통합업체가 사육자에게 신용을 제공하고 사육자는 축사, 장비, 노동력, 연료, 사료를 제공했다. 육계를 판매하고 나면, 사육자는 회사에 대출금을 상환하고 얼마가 남든 그 차액을 이윤으로 챙겼다. 다른 계약 유형들도 사용되었다. 정액비용 계약이 대표적이다. 정액비용 계약에서 사육자는 축사와 노동력을 제공하고, 통합업체는 사료, 약물, 병아리를 제공한 뒤 다 자란 육계에 대한 권리를 소유했다. 얼마 지나지 않아 정액비용 계약을 조금씩 바꾼 형태의 계약이 사용되기 시작했으며, 그 주된 목적은 생산에 따르는 위험과 비용을 사육자에게 전가하는 것이었다.

자기 농장 근처에 통합업체가 한둘밖에 없는 사육자가 전체의 절반 정도이다. 일단 어떤 사육자가 한 통합업체와 연결되고 나면 다른 회사와 계약을 체결하기는 무척 어렵다. 왜냐하면 권리를 주장하는 사육자에 관한 블랙리스트가 비공식적으로 돌기 때문이다. 사육자에게 업체가 어떤 조건을 제시하든, 받아들이는 것 외에는 선택의 여지가 없다.

오늘날에는 대부분 계약이 "각 회차별로" 이루어지기 때문에 한 사육자가 다음번에 병아리를 받을 수 있다는 보장은 없다. 심지어 각 회차별 계약이 자동으로 갱신되더라도 사육자는 계속해서 병아리를 받기 위해 회사에 의존하며, 불투명한 순위 체계에 따라 돈을 지불받는다.

노스캐롤라이나주 캐머런의 사육자 케이트 도비(Kate Doby)는 3대째 내려오는 농장에서 살고 있다. 그녀와 남편은 육계 축사 2동을 지어서 2008년 10월, 계약이 종료될 때까지 닭을 길렀다. 처음에 그녀는 대출금 상환 기간과 동일한 10년짜리 계약을 제시받았다. 하지만 종료일 전에 계약이 1년 단위로 바뀌었다. 기존의 빚을 모두 갚기 전에 회사는 값비싼 시설 개선을 요구했고, 그녀는 거부했다. 그녀는 GIPSA 청문회에서 다음과 같이 증언했다. "회사는 사육자에게 시설 개선을 하면 이 순위 체계에서 더 많은 수입을 얻을 수 있을 것이라고 말합니다. 그래서 제가 회사 책임자에게 물었습니다. 직접 찾아가서 이렇게 말했지요. '나한테 시설 개선하라고 했지요? 언제 내가 대출금을 모두 갚을 수 있을지 증거 서류를 보여주세요. 이미 집을 담보로 빚을 지고 있는 상태에서 더 많은 돈을 빌리려면, 정당화할 수 있는 증거가 있어야 합니다.' 그들은 보여주지 못했습니다."[29]

도비는 많은 사육자가 "회사가 요구하는 시설 개선을 하느라 많은 돈을 빌렸으며" 담보로 "소중한 농장과 집을 저당 잡혔다"라고 말한다. 이 사육자들은 현재 재정적 어려움을 겪고 있다. 회차별 계약 때문에 통합업체의 손에 마구잡이로 휘둘리고 있다.

테일러는 통합업체가 생산 과정을 지시하는 "지배자" 역할을 한다고 설명한다. 회사가 사료와 병아리를 배달하고 나면, 사육자는 회사에 고기로 되돌아가는 것에 대해서만 대가를 지불받는다. 죽은 닭은 사육자의 몫이며, 농장에서 발생하는 엄청난 양의 폐기물 역시 사육자의 책임이다. 테일러와 공저자는 다음과 같이 설명한다. "일단 사육자 생활을 시작하고 나면 덫에 빠진다. 사업 시작에 높은 자본비용과 대규모 빚이 필요하고, 투입물 가격과 상품 가격은 존재하지 않으며, 상품을 판매할 시장 역시 존재하지 않고, 통합업체가 사육자를 '내버릴' 경우에는 파산 외에 다른 탈출구가 없다."[30]

가금류 사육자가 농장에서 얻는 평균소득은 소규모 농장(연간 사육두수 26만 6,000마리 미만)은 1만 달러, 중규모 농장(연간 사육두수 26만 6,000~66만 마리)은 2만 달러이다. 여기에는 사육자의 노동비가 전혀 반영되어 있지 않다. 이 보잘것없는 수입으로는 축사 시설 개선에 든 빚을 거의 줄일 수 없다. 1995~2009년의 15년 중 10년 동안 가금류 사육자들은 손해를 봤다.[31]

가끔씩 정의가 존재할 때도 있다. 2010년 오클라호마주 배심원들은 "기만적이고 강압적인 사업 관행"을 이유로 타이슨 푸드에 배상금 730만 달러를 사육자들에게 지불하라고 결정했다. 사육자들은 생산비 이하로 닭

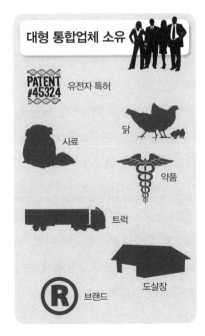

을 기르도록 타이슨이 경제적 영향력을 행사했다고 주장했다. 타이슨은 값비싼 시설 개선을 사육자에게 강요하고, 보수 계산에 불투명한 시스템을 사용했으며, 사료나 닭의 무게를 확인하고 싶다는 사육자들의 요청을 거부했다. 처음에는 50명의 가금류 사육자가 공동으로 이 회사를 고소했다. 하지만 이후 이 소송은 작은 소송들로 나뉘었다.[32] 그리고 2012년 3월 오클라호마 대법원은 배심원 평결을 뒤집었다. 배심원 설문지가 부적절하게 작성되었고, 법이 잘못 해석되었다는 타이슨의 주장에 근거해서 새로 심리하라는 명령을 내렸다.[33]

테일러에 따르면 "계약은 사육자들이 생존할 수 있게는 하지만, 성장하거나 이윤을 내거나 번성할 수 있게 하지는 않는다. 육계 사육자 가운데 '부유한' 집단은 없다. …… 사육자의 경영보다는 통합업체의 통제를 받는 요인들이 사육자의 순위에 더 큰 영향을 미치는 경우가 많다."

산란계의 사정

산란계 역시 마찬가지이다. 독자 여러분은 달걀을 생산하는 거대 기업들의 이름을 한 번도 들어보지 못했을 가능성이 크다. 하지만 그들이 생산한 달걀은 여러 번 먹었을 가능성이 무척 크다. 소수의 달걀 회사가 미국인 대부분이 소비하는 달걀의 많은 부분을 생산한다. 4대 기업인 칼-메인 푸드(Cal-Maine Foods), 로즈 에이커 팜(Rose Acre Farms), 디코스터(DeCoster), 모아크 LLC(Moark LLC)가 2억 5,700만 마리 이상의 산란계를 기른다.[34]

산란계 농장의 평균 크기는 50퍼센트 증가해서 지난 2007년의 농업 센서스 때는 61만 4,000마리였다. 2009년 현재 4대 기업이 생산 단계 산란계의 30.2퍼센트를 소유하고 있다.[35] 소수의 회사가 시장을 지배하면, 공모해서 가격을 조작하고 집약화와 규모 확대가 더 진전되도록 업계 관행을 몰아갈 수 있다. 몇몇 대형 회사는 소매점 달걀 가격 조작을 위해 공모하고 달걀 생산량을 인위적으로 줄였다는 혐의를 받았다.[36]

예를 들어 2009년 랜드 오 레이크스(Land O'Lakes)와 이곳의 달걀 납품 업체 모아크 LLC는 가격 담합 관련 집단소송 합의금으로 2,500만 달러를 지불했다. 랜드 오 레이크스가 달걀 공급량 감소와 소매가격 상승을 위해 다른 업계 파트너들과 공모했다는 것이 원고 측 주장이었다. 원고 측은 달걀 생산업체들이 닭장 내 공간을 줄이고(달걀 생산량이 준다), 공모를 통해 각 회차별 닭 사육두수를 줄이는 등 공급량을 줄여서 가격을 올리려는 시도를 했다고 주장했다. 랜드 오 레이크스는 공모에 가담한 다른 회사들의 자료를 제공하는 데에도 동의했다.

같은 유형의 학대가 닭잡이꾼들에게도 자행된다. 이들은 닭똥의 항생제 내성 박테리아로 가득한 냄새나고 더럽고 먼지 많은 환경에서 빠른 속도로 일하라는 압력을 받는다. 닭을 쫓아다니며 잡는 일을 더 빨리할수록 그들이 들이마시는 먼지 역시 더 많아진다.

예전에 계약제 사육자로 일한 캐롤 모리슨(Carole Morison)은 성공회 주교 짐 루이스(Jim Lewis)와 함께 델마르바가금류정의연대(Delmarva Poultry Justice Alliance)를 창립했다. 그녀는 닭이 태어난 지 7주 정도 지나 2.5킬로그램 정도 되면 "판매 가능 연령"에 도달하며, 이때 사람이 손으로 닭을 잡는다고 이야기한다. 잡은 닭을 철장에 넣으면 지게차가 트럭에 싣는다.[37] 그들은 닭잡이꾼의 처우를 사람들에게 알리기 위한 노력의 일환으로, 닭잡이꾼이 닭장의 닭을 잡아서 도살장행 트럭에 싣는 더러운 일을 하고 있다는 내용의 전단을 식료품점에서 배포했다. 급료가 너무 낮아서 닭잡이꾼이 "식료품점에서 퍼듀의 닭 한 마리를 사서 집에 갈 수 있으려면" 2,500마리의 닭을 잡아야 한다. 이는 가금류 산업이 일하는 사람들의 희생을 기반으로 사업 기반을 공고히 하는 방식의 하나이다.

가금류 가공 공장 노동자들의 상황도 별로 다르지 않다. 이런 유형의 노동을 하려면, 10℃ 이하의 공장에서 여러 시간 컨베이어 벨트 앞에 선 채, 가금류의 내장을 빼내고, 뼈를 바르고, 살을 잘라야 한다. 컨베이어 벨트 앞에서의 작업은 부자연스럽다. 기계는 표준 크기에 맞춰 설계되지만, 사람의 키는 같지 않다. 따라서 키가 큰 노동자는 허리를 굽혀야 하고, 키가 작은 노동자는 허리를 펴야 한다. 뼈를 발라낼 때 사용하는 일자형 칼 역시 심각한 부상을 유발하며, 가끔은 노동자를 불구로 만들기도 한다.[38]

한 이주 노동자는 다음과 같이 설명한다. "한 트럭분의 닭을 모두 끝내지 못하면, 교대 시간이 돼도 일터를 떠나지 못합니다. 우리는 노예입니다. …… 정말로 엄청 빠르게 움직여야만 합니다. 생산 라인의 속도를 따라가야 하기 때문에 항상 안전하게 일할 수는 없습니다. 관리자들은 늘 더 짧은 시간에 더 많이 생산하기를 원하기 때문이지요."[39]

닭은 눈이 핑핑 돌 정도로 빠르게 움직이며, 노동자는 라인 속도를 통제할 수 없으므로 쉴 수 없다. 라인 속도는 10년 전의 분당 143마리에서 190마리로 빨라졌다. 일이 반복적이어서 여러 가지 신체적 고통과 손상도 일어난다. 가금류 노동자의 20퍼센트가 직장에서 부상을 입는다. 이 업계의 반복성 스트레스 장애 발생률은 세 번째로 높다. 노동자는 한 번의 교대시간에 자르는 동작을 1만~4만 번 반복한다.[40]

가공 공장의 작업 환경은 끔찍하다. 뼈가 시릴 정도의 추위에다가 축축하고 미끄럽다. 한 노동자는 이렇게 설명한다. "칼과 기계를 조심해야 합니다. 모든 것이 너무 미끄럽기 때문이지요. 많은 기름이 기계와 바닥에 떨어집니다. 모든 곳이 기름이지요. 모든 것이 기름기투성이고요. 따라서 회전하는 칼날이 붙은 디스크 커터가 있으면 손가락이 잘릴 위험이 있습니다."[41]

미국 정육 및 가공 부문에서 일하는 노동자 5명 가운데 1명이 불법체류자다.[42] 전국적으로 가금류 노동자의 50퍼센트가 히스패닉이며, 50퍼센트 이상이 여성이다. 회사가 지불하는 임금 역시 낮기 때문에 평균적인 노동자는 헤드 스타트(Head Start)˙, 푸드 스탬프(food stamp), 연방 학교급식 프로그램, 저소득층 가정 에너지 보조 프로그램 같은 저소득층용 복지 혜택을 받는다.

가금류 회사들을 대상으로 한 노동부의 2000년 조사에 따르면, 공장의 60퍼센트 이상이 최저임금 관련 법규와 근무시간 관련 법규를 위반하고 있었다. 대다수의 가금류 공장은 노동자에게 근무시간 전후의 초과 작업과 휴식시간에 대한 보상을 하지 않았다. 근무시간이 아닐 때에도 일을 하도록 불법적으로 강요한 셈이다. 또한 가금류 공장의 절반 이상(주로 노조가 없는 공장)은 필요한 보호장구 구입비를 노동자의 임금에서 공제함으로써, 불법적으로 안전장비 구입비를 노동자에게 전가하고 있었다. 노동자에게 임금을 적게 주기 위해 꼼수를 부리고 보호장구 벗는 시간을 보상하지 않았다는 혐의로 타이슨과 퍼듀는 여러 번 고소를 당했으며, 수백만 달러를 보상금으로 지불했다.[43]

1991년 노스캐롤라이나주의 한 가금류 공장에 불이 나서 25명의 노동자가 질식사했다. 이들을 구출하러 간 소방관들은 기업주가 도난 사고를 막기 위해 비상구를 잠가두라고 지시했음을 발견했다. 25년 뒤인 지금도 가금류 공장은 미국에서 가장 위험한 일자리 중 하나다. 통합업체가 과밀에 따른 감염을 막기 위해 항생제를 사료에 섞기 때문에 닭에는 항생제 내성 바이러스가 있다. 그리고 이 바이러스는 가금류 노동자에게 전염된다. 한 조사에 따르면, 가금류 노동자는 항생제 젠타마이신에 내성을 가질 확률이 보통 사람의 32배에 달하는 것으로 밝혀졌다. 가금류 노동자는 가금류의 먼지와 배설물에도 노출되며, 이 때문에 폐렴과 천식 같은 호흡기 질환에 시달린다.[44]

가금류 노동자들과 함께 보낸 세월을 이야기하면서 모리슨은 퍼듀와의 일을 이렇게 회상했다. "퍼듀는 대외적으로는 '바른 일'을 하고 있다고 이야기하지만, 내부적으로는 정반대의 일을 은밀하게 꾸미고 있습니다. 제

• 미취학 연령의 저소득층 자녀를 지원하는 프로그램

가 기억하는 최악의 사건은 임신한 가공 공장 노동자가 오줌을 싼 일입니다. 화장실에 가도록 허락했으면, 라인에서 그녀의 자리가 비게 되어 작업 속도가 느려졌을 테니까요." 이어서 그녀는 이렇게 말했다. "방금 이야기한 그 퍼듀 공장에서는 감독관이 노동자들을 끊임없이 괴롭힙니다. 노동자들의 동작이 굼뜬 것 같으면 계속해서 노동자들에게 닭 조각을 던지지요."

가금류 산업에서 고통 받는 것은 노동자만이 아니다. 출생부터 도살까지 가금류가 살고 죽는 환경은 잔인하다고 밖에 이야기할 수 없다. 육계 산업은 큰 가슴을 갖도록 육종한 품종을 사용하는데, 이 닭은 성장 속도가 워낙 빨라서 심장이나 폐가 따라가지 못한다. 그 결과 심장마비 등의 건강 문제에 시달린다.

짧은 생애 동안 수많은 육계가 극도로 과밀한 환경 속에 갇혀 산다. 이 닭들은 더러운 축사 속에서 자신의 똥오줌과 함께 뒹군다. 짧은 생애가 끝날 때가 되면 트럭에 대충 실려서 가공 공장으로 옮겨진다. 운송 도중에는 물이나 먹이를 전혀 먹지 못한다. 가공 공장에 도착하고 나면 거꾸로 매달린 채 트럭 단위로 도살된다.[45]

달걀을 낳는 암탉이 사는 환경 역시 육계보다 낫지 않다. 그저 다를 뿐이다. 수십 만 마리의 산란계를 사육하는 대규모 농장이 달걀을 생산한다. 소수의 회사가 자체 농장에서, 또는 대규모 농장들과의 계약을 통해서 달걀을 생산한다. 대부분 농장은 작은 우리 속에 닭을 집어넣은 뒤 축사의 바닥부터 천정까지 우리를 빼곡히 쌓아올린다. 달걀 생산은 미국 5개 주(아이오와, 오하이오, 인디애나, 캘리포니아, 펜실베이니아)에 집중되어 있다. 이곳에서 총 6,900만 개의 달걀을 생산한다.

2010년 10월과 11월에 동물보호협회 소속 활동가 한 명이 신분을 속이고 연간 80억 개의 달걀을 생산하는 칼-메인 소유의 달걀 농장에 잠입했다. 닭들의 생활환경은 극도로 더럽고 과밀했다. 닭 한 마리에 할당된 공간이 A4 용지 크기에 불과했다. 닭들은 날개, 목, 다리, 발이 닭장의 철사에 걸리면 먹이나 물을 먹지 못했으며, 여러 가지 부상 때문에 비참한 죽음을 맞곤 했다. 달걀은 똥 속에 묻혀 있었다.[46]

동물보호협회 조사의 일부로 촬영된 비디오에는 이런 장면이 나온다. 노동자처럼 보이는 사람들이 어린 칠면조의 발을 잘라낸 다음 칠면조를 활송장치에 던진다. 칠면조는 활송장치를 통과해서 피범벅인 컨베이어 벨트 위로 떨어진다. 또한 노동자들이 칠면조 몇 마리를 잡아서 통 속에 던져 넣는 듯한 장면도 나온다. 그 과정에서 몇 마리가 바닥에 떨어지지만 그냥 방치한다. 또한 한 직원이 다친 칠면조들을 실은 카트를 분쇄기에 갖다대고 그 칠면조를 분쇄기에 던져 넣는 장면도 나온다.[47]

"더 많은 예산과 법적 권한이 필요합니다"

가금류 산업은 정말로 엄청난 공해를 유발한다. 한 구역에서 엄청나게 많은 수를 사육하기 때문이다. 가금류 농장은 엄청난 양의 폐기물을 만들어낸다. 이 악취 나는 폐기물은 암모니아, 메탄, 황화수소 같은 유독성 가스를 배출한다.

예를 들어, 산란계 농장이 집중되어 있는 카운티는 중간 규모 도시만큼 많은 오물(똥오줌)을 만들어낼 수 있다. 오하이오주 머서 카운티에 있는 1,380만 마리의 산란계는 댈러스에서 포트워스에 이르는 댈러스 대도시권 전체 인구만큼 많은 폐기물을 만들어낸다. 텍사스주 셸비 카운티의 공장식 농장에서 사육하는 2,010만 마리의 육계 역시 마찬가지다. 아이오와주 수시티에 있는 770만 마리의 산란계로부터 시애틀에서 발생하는 하수만큼이나 많은 분뇨가 나온다. 그리고 조지아주 프랭클린 카운티에 있는 1,750만 마리 육계는 필라델피아 대도시권만큼이나 많은 폐기물을 만들어낸다.

산란계 농장의 폐기물을 앞에서 살펴본 돼지 산업에서처럼 폐수처리용 인공연못에 보관하는 경우도 가끔 있다. 이럴 경우 누출이나 범람 사고가 발생한다. 그밖의 달걀 공장과 대부분의 육계 농장은 헛간이나 야외에 마른 폐기물(닭똥과 깔짚)을 저장해두었다가 인근 농경지에 뿌린다. 이렇게 뿌린 폐기물 중 많은 부분이 지역 수계로 흘러들어가서 물을 오염시킨다. 주민들 역시 유해한 가스를 들이마시거나 질산염, 유독성 미생물, 항생제 내성 박테리아, 바이러스 등에 오염된 물을 마시고 병에 걸린다.

환경단체 워터키퍼(Waterkeeper)의 변호사를 역임하고, 지금은 푸드앤워터워치의 법무 프로그램에서 기소 담당자로 일하는 스콧 에드워즈(Scott Edwards)는 공장식 농장의 환경 파괴 문제를 누구보다 잘 알고 있다. 2010년 워터키퍼는 퍼듀를 대상으로 소송을 제기했다.

에드워즈는 메릴랜드주에서 벌어졌던 당시의 일을 이렇게 이야기한다. "수질환경법 위반으로 고발 당한 지 일주일 만에 기업 이미지 제고를 위해서 주지사를 움직인 것이 가장 인상 깊었습니다. 그들은 주지사 사무실로 걸어 들어가서 주지사로부터 직접 환경 관리에 관한 상을 받았습니다. 또한 퍼듀는 주 상원의원들에게 전화를 걸어서(그중 몇 명은 퍼듀에서 선거 자금을 받았습니다) 로스쿨 학생들의 환경법 무료 자문 프로그램에 대한 공적 자금 지원을 중단하도록 했습니다. 그 프로그램이 소송에서 베이 지역의 이해를 대변했기 때문이지요. 정말 놀라운 능력 아닌가요?"

에드워즈는 공장식 농장에 고삐를 채우기 위해 닉슨 행정부 때 통과된 수질환경법을 사용해왔다. 그는 포괄적인 환경법들을 하나로 모은 이 종합 선물세트가 기업의 책임을 어느 정도 물을 수 있도록 설계되었다고 설명한다. 투명한 인허가 및 모니터링 시스템을 통해 기업이 폐기물 방출에 대해 책임지도록 했기 때문이다. 농업 폐기물은 비점오염원으로 알려져 있다. 산업 시설이나 제조 공장처럼 한 곳에서 오염물질을 배출하지 않는다.

에드워즈는 퍼듀를 이렇게 이야기한다. "자신이 만들어내는 수십억 킬로그램의 폐기물에 대한 책임을 모두 다른 사람들에게 전가시켰습니다. '치킨

시터'라고 불리는 지역의 닭 사육자들이 모든 책임을 졌습니다. 하지만 이들에게는 퍼듀의 닭들이 내놓는 분뇨의 일부만이라도 제대로 처리할 수 있는 수단이나 자원이 없습니다. 퍼듀는 닭을 소유하고 있습니다. 닭에게 주는 사료와 약품도 소유하고 있지요."

계속해서 그는 이렇게 설명한다. "한 측이 거의 모든 책임을 지는 부당한 계약으로 사육자에게 부담을 지워서 법을 위반하게 만듭니다. 미국의 어떤 산업도 이 정도로 시스템을 왜곡시키지는 못했습니다."

가금류 회사가 닭과 닭에게 먹이는 사료를 소유하고 있음에도 불구하고 분뇨 관리 책임은 농민이 진다. 분뇨와 분뇨로 흠뻑 젖은 닭장 바닥의 깔짚(보통 왕겨나 볏짚을 사용) 같은 가금류 폐기물들은 농장에 저장했다가, 나중에 근처 농경지에 거름으로 뿌린다. 가금류 농장이 밀집해 있는 많은 지역에서는 가금류 폐기물의 양이 근처 농경지의 비료 필요량과 수용 능력을 훨씬 넘어선다. 너무 많은 가금류에서 너무 많은 분뇨가 나오기 때문에, 축적된 분뇨로 인해 심각한 환경 위험이 발생할 수 있다.

공장식 농장 관련 활동가들은 오바마 행정부의 환경보호청이 산업화된 축산 시설의 폐기물 문제를 해결하기 위해 조치를 취할 것이라는 희망을 가졌다. 그러나 환경보호청은 업계의 압력에 굴복했다. 2010년 몇몇 환경단체가 소송을 제기하자, 환경보호청은 대형 공장식 농장의 현황 조사를 실시해서 시설의 위치, 분뇨의 양과 사용처 등에 관한 정보를 수집하는 데 동의했다. 이런 데이터가 있으면 공장식 농장의 폐기물 문제를 제대로 파악할 수 있지만, 환경보호청은 이전에는 이런 데이터를 한 번도 추적하지 않았다. 하지만 환경보호청은 업계에 항복했다. 산업화된 축산 시설에서 새로운 정보를 얻는 노력을 하지 않겠다고 발표했다.

불행히도 오바마 행정부는 환경 보호, GIPSA 규정 강화, 부당한 계약에 의한 사육자 피해 감소 등을 위해 가금류 산업에 대항하는 조치를 취하지 못했다. 이는 양 정당의 오랜 정책과 맥을 같이하는 결과다. 가금류 산업이 저지르는 환경 파괴와 사육자, 노동자에 대한 부당한 처우에 관해서는 지난 몇 십 년 동안 충분한 보고가 이루어졌다. 1990년대 중반에는 가금류 산업의 부당한 처우가 너무 심해져서, 매년 예산안을 짤 때마다 농무부 관리들이 가금류 산업에 대한 조사와 규제를 강화하기 위해 GIPSA의 새로운 권한과 예산 확대를 요청했다.

1999년 3월 농무부의 마케팅 및 규제 프로그램 담당 차관보는 닭 사육자들의 곤경을 다룬 〈볼티모어 선(Baltimore Sun)〉의 연재 기사를 인용하면서 다음과 같이 말했다. "생산자를 돕기 위해서는 더 많은 예산과 법적 권한이 절실히 필요합니다."[48]

하지만 그로부터 10년 이상의 세월이 흘렀지만, 더 커진 가금류업계의 정치적 힘과 영향력 때문에 상황은 더 나빠지기만 했다. 가금류업계에 맞서는 일은 사육자, 닭잡이꾼, 도살장 노동자를 위해 정의를 확립하는 문제

KFC에서 파는
치킨 12조각이 든 통 하나마다
(맨해튼에서는 19.09달러이다)

사육자 몫 25센트
JBS 몫 3〜5달러

KFC 몫 나머지

이상이다. 그것은 우리의 하천을 파괴하고 미국 최대의 하구 지역인 체사피크만을 "죽음의 구역"으로 만들고 있는 끔찍한 공해 문제에 대처하는 일이기도 하다.

11
우유
쥐어짜기

따라서 공장식 농업에서 나타나는 실패의 대부분 또는 전부가
돌봄 없이 땅이 생산하도록 만들려는 시도의 결과인 것처럼 보인다.
— 웬들 베리, 《온 삶을 먹다(Bring It to the Table: Writings on Farming and Food)》 (2009).

Foodopoly

내가 가장 좋아하는 기억은 아버지가 우리 집 저지종 젖소에서 짠 우유를 담은 양동이를 들고 부엌문으로 들어오는 장면이다. 양동이에 담긴 우유에서는 벌써 크림이 위로 떠오르고 있었다. 저지종 젖소는 원래 잉글랜드 해안 밖에 있는 채널제도에서 육종된 품종으로, 성품이 좋고 젖소로는 크기가 작아서 사료비도 적게 들었다. 20대부터 젖소를 길러온 아버지는 늘 저지종이 우유 생산량은 약간 적지만 유지방 함량이 높아서 최고라고 말했다. 어머니와 나는 중력이 마법을 부려서 진한 크림이 위로 떠오르길 기다리곤 했다. 당연히 나는 기다리지 못하고 손가락을 넣어 맛을 보곤 했다. 우리는 크림을 큰 유리병에 넣은 뒤 세게 흔들어서 버터를 만들곤 했다. 로테크(low-tech) 버터 교반기였던 셈이다. 아버지는 젖소와 친밀한 관계를 유지하며 하루에 두 번씩 젖을 짰고, 보시(Bossy)라 이름 붙인 이 젖소를 가족으로 생각했다.

86세의 존 킨즈먼(John Kinsman) 역시 직접 젖을 짜는 36마리의 젖소에게 비슷한 감정을 느낀다. 그는 위스콘신주 라임 리지에 있는 농장에서 유기농 우유를 생산해서 근처에 있는 고품질 치즈 제조업체인 시더 그로브(Cedar Grove)에 공급한다. 기운차고 건강한 그는 60.7헥타르에 달하는 유기농 농장에서 아직도 우유를 짜고 힘든 농장 일을 한다. 60.7헥타르 중 32.4헥타르는 장소를 바꿔가며 가축을 방목하고 건초를 생산하는 데 사용하며, 나머지 28.3헥타르는 숲이다. 가족은 대대로 농사를 지었다(그의 성은 13세기 잉글랜드의 카인먼(Kynneman)에서 유래하는데, 이 말은 '가축 사육자'를 뜻한다). 그의 조부모는 19세기에 버몬트주에서 농사를 짓다가 포장마차를 타고 위스콘신주로 왔다.

킨즈먼의 아버지는 2차 세계대전이 끝나 존이 괌에서 군복무를 마치고 집으로 돌아온 지 얼마 지나지 않아 농장을 샀다. 킨즈먼은 이렇게 이야기한다. "농장은 스톤헨지 같았습니다. 바위투성이라 풀이 자라지 않았지요." 가족은 존이 신경장애를 심하게 앓은 1960년대 초까지 몬산토가 생산한 농약을 사용했다. 의사는 병의 원인을 농약이 일으킨 신경손상으로 진단했다. 그는 농장에서 다시는 농약을 사용하지 않았다.

오늘날 그의 유기농 젖소들은 장소를 바꿔가며 풀을 뜯는다. 이런 시스템은 반추동물의 소화 계통에 가장 적합한 영양을 제공한다. 킨즈먼 농장에서는 곡물을 먹이지 않는다. 공장식 농장에서는 곡물을 젖소에게 주는 경우가 많다. 하지만 염소, 양 같은 다른 반추동물들과 마찬가지로 젖소는 곡물 소화에 어려움을 겪는다. 12시간마다 그는 젖소들을 새로운 목초지로 이동시킨다. 그가 늑장을 부리면 젖소들이 큰 소리로 불평한다고 한다.

킨즈먼은 활동가로서도 열성적이다. 1970년대 그는 미시시피주의 흑인 어린이들을 위스콘신주의 가정에 며칠간 머물 수 있도록 초대하는 홈스테이 프로그램의 운영을 도왔다. 그러면서 민권운동에도 적극 참여했다. 그는 1980년대 농장 위기 때 지도자의 한 명이었으며, 우유에 인공 호르몬을 사용하는 것에 맞서 싸웠다. 1994년 그는 가족농장지킴이(Family Farm Defenders)를 설립했다. 이 단체는 위스콘신주에 기반을 둔 운동 조직으로 낙농업자가 중심이었다. 그는 이 단체가 지속가능한 농업을 위해 투쟁하고 있다고 이야기한다. 킨즈먼은 동물 복지, 노동자의 권리, 소비자 안전, 환경보호 등을 포괄하는 의미로 이 말을 사용한다.

20년 전에는 위스콘신주에 공장식 농장이 2개밖에 없었지만, 지금은 150개 이상이다. 2010년 가족농장지킴이와 몇몇 시민단체가 매디슨에서 열린 연례 세계낙농엑스포 첫날을 화려하게 장식했다. 위스콘신주에서 보조금을 지급받는 공장식 농장이 확대되는 것에 반대하는 시위였다. 이 곳에서 이 단체는 위스콘신 '축산폐수 처리 연못 1만 개의 땅' 수상자들도 처음으로 발표했다. 이 상은 한 장소에 가장 많은 분뇨를 둔 업체, 가장 많은 젖소를 감금식으로 사육하는 업체, 납세자로부터 보조금을 가장 많이 받은 업체 부문의 수상자를 매년 선정한다. 가족농장지킴이는 공장식 농장이 "무기력한 규제, 많은 보조금, 환경 책임에 대한 요구 부재, 악명 높은 농장 노동자 학대, 노골적인 정치 부패, 기업의 영향력 등으로부터 힘을 얻었다"라고 이야기했다.[1]

2006년 위스콘신 주의회는 공장식 농장의 입지를 지역 수준에서 통제하지 못하도록 하는 법안을 통과시켰다. 의사 결정을 주지사가 임명하는 테스크포스에 맡겼는데, 이 테스크포스를 업계가 지배하고 있다. 위스콘신주 자연자원국은 공장식 농장의 입지 허가 과정에서 늘 업계의 손을 들어준 기록을 갖고 있다.

"위스콘신주의 음용수를 보호하기 위한 목적으로 만든 법들의 완화와 법 집행 미비는 섬뜩할 정도이다. 자연자원국이 의미 있는 모니터링이나 법 집행을 하지 않는다는 사실에서 자명하다." 수상식에서 지속가능한위스콘신농촌네트워크(Sustain Rural Wisconsin Network)의 제니퍼 넬슨(Jennifer Nelson)이 한 말이다.

낙농장의 변신

지난 20년 동안 낙농장은 우유 생산 공장으로 탈바꿈했다. 낙농장은 생산한 우유를 한 회사에 판매하는데, 거대 협동조합인 경우가 보통이다. 대기업처럼 거대한 조합이 농장에서 우유를 수집해서 가공업체에 판매하면, 가공업체는 우유를 저온살균한 뒤 용기에 담아 유통한다. 식품제조업체는 우유를 치즈와 아이스크림, 다른 가공식품 회사가 필요로 하는 산업 성분으로 바꾼다. 완제품을 대형 소매점이 판매하는데, 대형 소매점이 해당 제품의 도매가격을 결정하면 가공업체나 제조업체가 이를 받아들이는 경우가 많다.

그리고 소비자가 지불하는 돈에서 무척 적은 비율만이 농민의 손에 들어간다. 소비자가 지불하는 돈과 농민이 받는 돈의 차이는 점점 더 커지고 있다. 업계를 지배하는 가공업체와 소매업체가 그 차액을 차지한다. 2009년 6월 유타주 농식품국장은 농민이 받는 우유 값이 하락하고 있는데도 소비자가 아무런 혜택도 보지 못하고 있다는 사실에 주목했다. "도매 단계에서의 엄청난 가격 하락에도 불구하고 소매업체가 우유의 소매가를 낮추지 않았다는 것이 우려스럽다."

낙농 산업의 엄청난 변화는 많은 부분 소매 시장 변화에 대한 대응이다. 지난 몇 십 년 동안 광역 및 지역 차원의 슈퍼마켓 체인들이 사라지고, 전국 차원의 대형 마트들과 할인점들이 식료품 소매의 강자로 새롭게 등장했다. 이 업체들은 소비자에게는 잘 보이지 않는 식품 공급업체들에게 엄청난 영향력을 행사한다. 농업에서의 시장 집중에 관한 선구적인 연구로 유명한 농촌사회학자 메리 헨드릭슨(Mary Hendrickson)과 윌리엄 헤퍼넌(William Heffernan)은 대형 소매 식료품점에 봉사하기 위해 유제품 산업의 구조가 어떻게 바뀌었는지를 이렇게 이야기한다. "수십 년 동안은 대부분 낙농농민이 구조 변화의 영향을 받지 않는 것처럼 보였다. 지역 및 광역 협동조합을 통해서 농민 자신이 지역 및 광역 시장의 지배적인 우유 가공업체가 되었기 때문이다. 전국 시장은 존재하지 않았다. 심지어 투자자가 소유한 회사들조차 대부분 지역 차원에서 운영되었다. …… 유제품의 가공과 소매 단계를 공식적으로 연결하는 수직통합이 현재 구조조정을 촉발하는 주된 원동력인 것 같다."[2]

계속해서 그들은 시장에서 대형 소매업체가 가진 힘과 영향력 때문에 낙농 산업이 변했다고 이야기한다. 대형 소매업체가 식품 제조업체와 가공업체에 원하는 것을 이야기하면, "이들 업체들이 시스템 전체에 변화를 강제해서, 농장에 이르기까지 그에 상응하는 변화가 일어난다".[3] 식품가 공업체와 제조업체는 소매 부문의 시장 집중을 환영했다. 많은 고객을 상대할 때에 비해 거래비용이 낮아지기 때문이다.

그리고 누구나 예상할 수 있듯이 가장 규모가 큰 유제품 가공업체인 딘 푸드가 월마트, 크로거, 슈퍼밸류(Supervalue), 코스트코 등의 거대한 소매 업체를 고객으로 갖고 있다. 딘 푸드는 유기농 유제품과 두유의 대형 공급 업체이며, 홀 푸드와도 거래한다. 소매업계의 통합은 농장에서부터 시작 해 초대형 협동조합, 우유 가공업체, 유제품 제조업체에 이르기까지 유제품 산업의 모든 부분에서 시장 집중을 극적으로 촉발했다.[4] 이 업체들은 생산 사슬 전반에서 강력한 동맹을 형성하면 이윤이 극대화된다는 사실을 발견했다. 그 출발점은 초대형 공장식 농장이었다.

농장, 가공업체, 제조업체의 규모 확대와 생산량 증가로 미국에서 낙 농장과 낙농가가 줄어들고 있다. 불과 10년 사이에 5만 2,000개의 낙농 장이 사라졌다.[5] 1998년까지만 해도 젖소 사육두수 200마리 이하인 소 형 낙농장들이 우유를 생산했다. 오늘날에는 사육두수 2,000마리 이상 인 산업적인 낙농장들이 전체 우유의 1/3 이상을 생산한다. 이 초대형 낙 농장들은 1만 마리 이상의 젖소를 수용할 수 있다. 젖소들은 풀을 뜯지 못 한 채 좁은 우리 속에서 고밀도로 사육된다.

현재 남아 있는 6만 5,000개 낙농장에서 생산하는 우유는 강력한 힘을 가진 소수의 구매업체와 소매업체가 유통한다. 이 업체들은 자신들의 시 장 지배력을 이용해서 농민이 받는 우유 가격을 낮춘다.[6] 농장 규모가 현 저히 커졌기 때문에 전체적인 우유 생산량은 꽤 일정한 수준으로 유지되 었다.[7] 우유를 생산하는 기계처럼 젖소를 취급하며, 일정 시간마다 계속해 서 우유를 짜낸다. 공장식 낙농장이 출현하기 전에는 젖소가 무려 20년 동 안 우유를 생산했다. 반면 공장식 농장에서는 최대 3년 동안 젖소를 사육 한다. 이 기간이 지나면 도살되어 보통 패스트푸드 가게의 햄버거가 된다.

오늘날 젖소는 송아지를 출산한 뒤 약 10개월 동안 우유를 생산한다. 태어난 송아지를 먹이기 위해서다. 그러나 공장식 농장에서는 인공수정으로 임신시키며, 송아지는 거의 태어나자마자 바로 어미 곁을 떠난다. 암송아지는 우유 생산을 위해 해당 농장에서 기르는 것이 보통이지만, 숫송아지는 송아지고기 생산에 사용된다. 송아지고기는 낙농 산업의 부산물이다. 송아지고기는 보통 송아지가 운동을 하지 못하게 막는 비인도적인 우리를 이용해서 생산된다. 이 송아지에게는 빈혈을 유발하는 먹이를 먹인다. 이 모두가 송아지고기의 특징인 옅은 색깔의 고기를 생산하기 위해서다.

또한 젖소는 고밀도로 감금된 채 짧은 생애를 보내며, 우리 속에서 곡물 사료를 먹고 물을 마신다. 젖소는 엄청난 양의 우유를 생산하도록 육종되었기 때문에 기계를 이용해서 무려 하루에 4번씩 젖을 짠다. 때로는 젖소에게 유전자 재조합 소 성장 호르몬(recombinant bovine growth hormone: rBGH)을 주사하기도 한다. 이럴 경우 우유 생산량이 8~12퍼센트 늘어난다. 사육두수 500마리 이상인 대형 낙농장의 거의 43퍼센트가 이 호르몬을 사용한다. 중규모 낙농장은 29퍼센트, 소규모 낙농장은 9퍼센트이다.[8]

rBGH가 젖소에게 고통스런 바이러스성 유방 감염증인 유선염을 일으킨다는 점에 관해서는 많은 보고가 이루어졌다. 이 호르몬을 함유하고 있는 약품인 포실락(Posilac)은 원래 몬산토에서 개발했다. 거대 제약 회사인 엘리 릴리(Eli Lilly)가 이를 매입해서 현재 개도국에서 판촉을 진행하고 있다. 이 약품의 사용과 관련해서는 상당한 우려가 아직 해소되지 않았다. 또 다른 강력한 호르몬인 IGF-1을 증가시키기 때문이다. IGF-1은 인간의 대장암, 유방암, 전립선암과 관련이 있다. 유럽연합, 일본, 캐나다, 오스트레일리아는 rBGH 사용을 금했으며, 미국에서의 사용량 역시 소비자 반발 때문에 줄어들었다.

공장식 낙농장은 수천 마리의 젖소로부터 엄청난 양의 폐기물을 만들어낸다. 지하수를 오염시키고, 미세먼지를 늘리며, 하천의 부영양화도 유발한다. 반면 소규모 낙농장은 분뇨 발생량이 적으며, 분뇨를 경작지나 목초지의 거름으로 보통 사용한다. 대형 낙농장은 거름으로 사용할 수 있는 것보다 훨씬 더 많은 양의 분뇨를 만들어낸다. 그래서 거대한 저수지에 보관하거나 근처 경작지에 과도한 비율로 살포한다. 이렇게 과다하게 살포된 분뇨는 지하수로 유출되거나 인근 하천에 흘러든다. 최근 수년 동안 다량의 분뇨 유출을 비롯한 많은 환경 재해가 여러 공장식 낙농장에서 발생했다.

이런 종류의 오염과 관련한 사례는 미국 전역에 많다. 2010년 인디애나주 랜돌프 카운티에 있는 한 낙농장에서는 분뇨 저장 연못 내부에 덧대는 라이너가 떨어져서 수면 위로 떠오른 뒤, 분해 중인 분뇨에서 나오는 가스 때문에 부풀어 오르기 시작했다.[9] 이 분뇨 풍선은 인공위성 사진에서도 보일 정도로 컸다. 하지만 우유 가격 폭락 이후 파산을 선언했던 농장주는 라이너 수리비를 감당할 수 없었다.[10] 유독성 가스가 유출되거나 폭발할 위험이 있었기 때문에 카운티 당국은 이 지역 도로를 폐쇄하고 스쿨버스의 인근 지역 통행을 금지했다. 그리고 인디애나주 환경 담당 공무원들이 이 풍선에서 가스를 빼냈다.[11]

2008년 메릴랜드주 프레드릭 카운티에 있는 사육두수 1,000마리의 낙농장에서 218만 리터의 분뇨가 유출되는 사고가 발생했다. 이 사고로 지역 상수원이 오염되어 두 달 동안 상수도 운영이 중단되었다. 이후 이 낙농장은 비상 상수도 제공 비용 및 기타 비용과 관련해 카운티와 지역 도시에 25만 4,900달러를 배상했다.[12]

2009년에는 미네소타주 파이프스톤 카운티에 있는 사육두수 660마리의 낙농장에서 94만~113만 리터의 분뇨가 유출되는 사고가 발생했다. 분뇨 저수조 2개를 연결하는 관이 막혀서 저수조 물이 넘쳤고, 이렇게 유출된 분뇨는 인근 하천의 지류로 흘러들어갔다. 이 사고로 물고기들이 떼죽

음을 당했으며, 주립공원의 물에서 분변계 대장균이 발견되어 현충일 연휴 동안 수영이 금지되었다.[13]

많은 오염을 불러일으키는 공장식 낙농장(사육두수 490만 마리)의 부상은 서부 지역 주들에서 더욱 두드러져서, 지난 10년 동안 미국 낙농업의 판도를 바꿔놓았다. 믿기 어렵게도 1997~2007년에 매일 650마리씩 젖소가 늘어났으며,[14] 현재 캘리포니아, 아이다호, 텍사스, 뉴멕시코 주의 공장식 낙농장에 270만 마리 이상의 젖소가 산다.

초대형 공장식 낙농장이 들어선 카운티들은 미국 주요 대도시에서 발생하는 하수(하수처리장에서 처리하고 있다)만큼이나 많은 양의 축산 폐기물을 만들어낸다. 캘리포니아주 툴레어 카운티에 있는 공장식 낙농장들의 총 사육두수는 46만 4,000마리 이상이며, 이들은 뉴욕시 대도시권 전체 인구보다 다섯 배나 많은 폐기물을 만들어낸다.[15] 캘리포니아주 머세드 카운티에 있는 약 24만 마리의 젖소는 조지아주 애틀랜타시의 약 10배에 달하는 폐기물을 만들어낸다.

서부 지역의 공장식 낙농장이 떠오르면서 미국 남동부, 북동부, 중서부 북쪽, 중서부 일부 지역에서 지역 낙농장이 몰락했으며, 중서부 일부 지역에서도 비슷한 일이 일어났다.[16] 1997~2007년에 전통적으로 낙농이 유명한 주(위스콘신, 뉴욕 등)의 젖소 사육두수 역시 초대형 낙농장을 중심으로 34만 마리의 젖소가 늘어났지만, 서부 주들에서 공장식 낙농장 성장으로 빛이 바랬다

기업형 협동조합의 탄생

1800년대부터 20세기에 이르기까지 우유는 소규모 농장에서 생산된 뒤 지역 수준에서 판매되었다. 미국에서 도시화가 진전되면서 농민들이 도시 내 유통을 위해 우유를 가공업체에 팔기 시작했다. 냉장 설비를 갖춘 기차와 트럭이 출현한 뒤에는 우유 마케팅과 유통이 더 광역화되었다. 결

국 많은 농민이 한데 모여 조합을 결성했다. 구매자와의 거래에서 집단적인 협상력을 활용하기 위해서였다. 2차 세계대전 직후부터 1960년대 말까지는 우유 소비량에서 우유 배달부가 가정으로 배달하는 우유가 차지하는 비중이 높았다. 하지만 식료품 소매 체인들이 등장하면서 소매 체인 및 그들에게 우유를 공급하는 회사들이 주도권을 잡았다.

1920~1970년대에는 극소수의 낙농장이 가공과 유통을 지배했다. 보든 낙농 회사(Borden Dairy Company, 크래프트의 전신), 비어트리스(Beatrice), 카네이션(Carnation), 페트(Pet) 등이 대표적이다. 농무부 경제연구소에서 발표한 보고서에 따르면, "기업 인수는 내셔널 낙농 회사(National Dairy Products Corporation)와 보든 낙농 회사가 성장하기 시작한 1920년대 후반에 사상 최고 수준에 달했다. 이후 대공황기에 줄어들었다가, 2차 세계대전 중 1,000개 이상의 회사가 인수되었다. 이 기록은 현재까지 깨지지 않고 있다. 1950년대 중반 연방거래위원회는 8개 대형 유제품 회사의 기업 인수를 사실상 중단시켰다."[17]

1960년대가 되자 인수합병을 통해 다각화된 대형 회사들이 이 회사들을 흡수했다. 하지만 1990년대까지는 중간 크기 우유 가공업체 다수가 여전히 지역 수준의 가족 기업이었다. 이들은 지역 낙농장에서 생산한 우유를 구매해서 지역 소비자와 소매업체에 공급했다.[18] 상하기 쉽고 끊임없이 생산되는 우유의 특징 때문에 낙농농민은 구매자에게 심하게 의존한다. 우유가 아직 신선할 때 출하해야 하므로 구매자가 농민에게 상당한 힘을 행사할 수 있다. 우유 가공 산업이 통합화·전문화되어 농민이 지역 수준에서 판매할 수 있는 판로가 점점 더 적어지고, 소규모 낙농장의 생존이 불가능해지면서 이런 추세는 더욱 강화되었다.

조엘 그리노(Joel Greeno)는 위스콘신주 켄달에 있는 65헥타르 농장에서 젖소 48마리를 길러 우유를 판다. 그는 1993년에 이 낙농장을 시작했으며, 1년 뒤에는 가족농장지킴이 설립을 도왔다. 최근 그는 우유업계의 현황과 낙농농민이 직면한 문제에 관해 이렇게 증언했다.

먼저 제 가족 이야기를 좀 할게요. 저희 그리노 가족은 위스콘신주 먼로 카운티에서 150년 동안 농장을 운영했습니다. 아버지와 어머니의 결혼 29주년 선물은 농장의 압류였고, 30주년 선물은 법원 계단에서 보안관이 농장을 경매에 붙인 일이었지요. 그래서 저는 부모님 농장 밖으로 제 젖소들을 옮겨야 했습니다. …… 음, 제 아버지는 소아마비, 심각한 척추 부상, 암은 이겨냈지만, 낮은 우유 값에는 어쩔 수 없었지요. 그래서 무언가를 해야만 했습니다. 1월 중순에 뉴욕주의 한 낙농농민이 키우던 젖소 51마리를 총으로 쏜 다음 자살했습니다. 2008년 가격 붕괴 이후 현재까지 거의 100명에 달하는 낙농농민이 자살했지요. 그걸 멈춰야 합니다. …… 낙농농민은 존엄을 누릴 자격이 있습니다. 정의를 누릴 자격도 있고, 생산비를 충당하고 이윤을 얻을 수 있어야 합니다.[19]

낙농농민, 특히 사육두수가 적은 낙농농민이 퇴출되고 있다. 극소수의 회사가 업계를 지배하고 있다. 다른 농업 분야와 마찬가지로 낙농업에서도 "커지든지, 아니면 꺼지든지"가 하나의 주문이 되었다. 소수의 회사가 농장에서 생산하는 대부분의 우유를 구매한 뒤 가공해서 유제품과 산업식품 원료를 만든다.

대부분 낙농농민은 협동조합을 통해 우유를 판매한다. 이 협동조합들 덕분에 생산자들은 제품을 공동 출하할 수 있으며, 연방우유유통명령에 규정된 가격 결정에 참여할 수 있다. 연방우유유통명령은 1937년에 처음 만들어졌다. 당시 농무부는 미국을 여러 광역 지역으로 나누고 우유 유통에 관한 연방정부 명령을 제정하기 시작했다. 이 시스템은 여러 등급의 우유를 정의하는데, 그들은 광역 지역별 생산비를 기초로 우유 등급이 결정된다고 이야기한다.*

현재는 대기업과 비슷한 협동조합이 우유 판매대금을 조합원에게 배분하는 방식을 결정한다. 협동조합은 고가치 제품에 대해 더 높은 가격을 받더라도 그 차액을 조합원에게 배분해야 할 의무가 없다. 많은 지역에서는 특정 협동조합이 유일한 구매자이다. 따라서 농민은 협동조합의 이 같은 차별적인 대우를 감내할 수밖에 없다. 다른 판로가 없기 때문이다.[20]

또한 인수합병으로 지난 20년 동안 유제품 협동조합의 숫자가 절반으로 줄었다. 하지만 남아 있는 소수의 협동조합을 통해 판매되는 우유의 비율은 커졌다. 1980년에는 435개 유제품 협동조합이 전체 우유의 77퍼센트를 판매했다. 하지만 2002년에는 불과 196개 협동조합이 86퍼센트를 판매했다.[21]

대기업 형식의 협동조합과 우유 취급·가공·제조 산업이 연합함에 따라 낙농농민은 극도로 취약해졌다. DFA(Dairy Farmers of America)가 단연 최대의 협동조합으로, 이 조합 웹사이트에 따르면 미국 우유 생산량의 30퍼센트를 차지한다. DFA, 캘리포니아 데어리스(California Dairies, Inc.), 랜드 오 레이크스, 노스웨스트 유제품 조합(Northwest Dairy Associa-tion) 등 4대 유제품 협동조합이 액체 우유 판매량의 40퍼센트를 차지한다(분유 제외). DFA는 1만 8,000명 이상의 조합원을 가진 판매 협동조합으로, 우유를 수집하고 판매하는 대형 가공업체들과 밀접하게 연결되어 있다. DFA는 1998년 4개 대형 협동조합의 합병으로 만들어졌다. 낙농농민이 DFA를 통하지 않고서는 시장에 우유를 판매할 수 없는 예가 많으며, 낙농농민은 DFA가 제시하는 가격을 무조건 받아들인다.

워렌 테일러(Warren Taylor)는 DFA와 나머지 낙농 산업에 관해 할 이야

• 유통명령제는 생산자의 자발적인 참여를 통한 농산품 유통 질서 확립을 목적으로 한다. 일정 비율의 생산자(보통 2/3)가 승인할 경우 해당 지역 전체에서 그 상품을 취급하는 모든 사람이 따르는 방식으로 실행되며, 그것을 통해 판매량, 등급, 품질, 가격 등을 정할 수 있다. 현재 미 농무부는 유제품, 과일, 야채에 대해 유통명령을 시행하고 있다. 우유에 대한 유통명령은 1930년대에 시작되었으며, 우유를 총 4개 등급으로 구분해서(1등급(직접 소비), 2등급(요구르트, 아이스크림 등 가공용), 3, 4등급(탈지분유)) 가격을 다르게 결정하도록 하고 있다. 하지만 캘리포니아 등 몇 개 주는 이에 참여하지 않는다.

기가 많다. 직접 겪었기 때문이다. 그의 아버지 버트 워렌(Bert Warren)은 유명한 낙농 기술 전문가였다. 테일러는 아버지의 뒤를 이었다. 1974년 테일러는 오하이오주립대학교에서 축산 기술로 학위를 받은 뒤 세이프웨이 스토어(Safeway Stores)에 첫 직장을 잡았다. 그곳에서 미국 최초의 컴퓨터 제어 우유 공장과 관련한 프로젝트의 책임자로 일했다. 이어서 이 회사 기술 간부로 승진해서 미국과 캐나다에 있는 30개 우유 공장과 아이스크림 공장의 가공 공정을 설계했다. 이 무렵(1977~1987년) 세이프웨이는 세계 최대의 소비자용 우유 생산 공장을 갖고 있었다. 세이프웨이를 떠난 뒤 그는 DFA, 다농, 랜드 오 레이크스 같은 가공업체들을 위해 여러 프로젝트를 맡았다.

테일러는 자기 아버지가 이 업계에서 일하던 1950년대에는 우유가 신선하고 살아 있었다고 이야기한다. 방목하는 젖소에서 생산한 우유를 지역 안에서 판매했기 때문이다. 테일러와 아내 빅토리아는 자신들이 사는 동네에 이렇게 건강한 유제품을 제공하고 싶었다. 현재 그들은 오하이오주 남동부에 위치한 포머로이에서 스노우빌 유제품 회사(Snowville Creamery)를 운영한다. 그의 우유는 식료품점에서 구할 수 있는 것 중 가장 신선하다. 최소한으로 저온살균하고 균질화[•]도 하지 않는다. 오랜 경험을 가진 낙농 기술자이기 때문에 최첨단 낙농장을 설계하고 건설할 수 있었다. 그가 생산한 우유는 식품의약국 저온살균 기준을 능가하며, 생산 하루 만에 상점에서 팔리는 때가 많다. 이 유제품 회사는 2006년 빌 딕스(Bill Dix)와 스테이시 홀(Stacy Hall)이 운영하는 121헥타르의 낙농장에서 시작되었다. 이 낙농장의 젖소 130마리는 곡물은 아주 적게 먹고 장시간 방목된다. 젖소들은 목초지를 바꿔가며 풀을 뜯는다.

테일러는 지난 30년간 업계에서 일한 경험을 이렇게 이야기한다. "이

• 생우유는 그냥 놔두면 크림 층이 위로 뜬다. 이를 방지하기 위해 보통 시중에 판매하는 우유는 유지방을 작게 분쇄하는 공정을 거치는데, 이렇게 생산한 우유를 균질우유라고 한다.

업계는 너무나 심하게 통합이 이루어져서 DFA와 딘 푸드, 이 2개 대형업체의 지배 아래 있습니다." 그는 유기농 우유조차 진정한 대안이 아니라며 애통해 한다. 왜냐하면 유기농 우유도 대부분 공장식 농장에서 생산되며, 현재 딘 푸드가 가장 큰 유기농 브랜드 중 하나인 호라이즌을 소유하고 있기 때문이다.

수수께끼 같은 우유 값 결정

테일러의 낙농업계 평가는 정확하다. 딘 푸드는 미국 최대의 낙농 회사로, 데어리 100(Dairy 100) 리스트** 1위 업체이다. 이 리스트는 유제품 판매액을 기준으로 순위를 매기는데, 회사들이 유제품 산업의 어떤 분야에 관여하고 있는지 보여준다. 매출액 기준으로 11위에 오른 DFA는 딘 푸드의 주요 우유 공급업체이며, 몇몇 지역에서는 독점 공급업체다.[22] 반대로 딘 푸드는 미국 우유 공급량(분유 제외)의 약 40퍼센트,[23] 유기농 우유의 60퍼센트,[24] 두유의 90퍼센트를 가공 및 판매한다.[25]

딘 푸드는 1980년대에 괜찮은 광역 우유 브랜드들을 매입하기 시작했다. 1987~1998년에 14개 우유 회사를 매입했다.[26] 또한 수이자 푸드(Suiza Foods)와 합병했는데, 이는 1, 2위 우유 가공업체의 합병이었다. 딘 푸드가 유제품에 사용되는 우유의 최대 공급처임에도 불구하고 소비자는 딘 푸드의 라벨을 거의 보지 못한다. 딘 푸드와 이 회사의 자회사들이 50개 이상의 브랜드로 제품을 판매하기 때문이다. 알타 디나 데어리(Alta Dena Dairy), 버클리 팜(Berkeley Farms), 보든, 컨트리 프레시(Country Fresh), 개를릭 팜(Garelick Farms), 메도우 브룩(Meadow Brook), 메도우 골드(Meadow Gold), 라이터(Reiter), 세넌도어스 프라이드(Shenandoah's Pride), 실크 두유(Silk Soymilk), 스위스 데어리(Swiss Dairy), 베리파인(Verifine) 등이 대표적이다.

•• 〈Dairy Foods Magazine〉에서 작성하는 유제품 100대 기업 리스트.

기업 크기를 기준으로 유제품 기업의 순위를 매기는 것은 혼란을 초래한다. 유제품 산업이 세계화되어 있고, 우유에서부터 치즈, 버터, 아이스크림 등의 제조품을 생산하기까지 너무 많은 단계가 존재하기 때문이다. 유제품 회사들이 우유 가공에서부터 제조품 생산에 이르기까지 유제품 산업의 여러 측면에 관여할 수 있기 때문에 제품별로 회사의 순위를 매기기는 힘들지만, 총매출을 기준으로 순위를 매기는 것은 가능하다. 이럴 경우 딘 푸드가 1위, 네슬레가 2위, 스푸토(Sputo, 퀘벡에 본사가 있다)가 3위, 크래프트가 4위, 랜드 오 레이크스가 5위다.* 많은 유제품 회사가 사업 제휴를 체결했지만, 제품을 구매하는 소비자는 이를 알기 어렵다.

브랜드 소유권의 투명성 부족과 마찬가지로 우유 가격 결정 역시 이 업계에 익숙하지 않은 사람들에게는 수수께끼일 수 있다. 현재의 가격 결정 시스템은 20세기 초반에 그 기원을 두고 있다. 1925년 당시 가공업체들은 우유의 용도에 따라 농민에게 대금을 지불했다. 액체 우유(사람이 마시는 용도)와 가공용 우유(치즈, 버터, 아이스크림 등의 제조용)로 우유를 구분했다. "등급별 가격 결정"이라 불리는 이 개념을 아직도 쓰고 있다. 액체 우유는 유제품 제조용 우유에 비해 높게 가격을 매긴다.

농민이 받는 우유 가격은 롤러코스터처럼 오르락내리락했다. 2007년 여름에 가격이 사상 최고 수준에 도달하자 대규모 낙농장들은 사육두수를 늘렸다. 이후 2년 동안 초과 생산으로 가격이 절반으로 떨어졌다. 우유 값이 떨어졌는데도 생산비는 하락하지 않았다. 2008년 사료비는 35퍼센트 상승했으며, 에너지 비용은 30퍼센트 증가했다.[27] 2009년에는 많은 낙농농민이 매달 젖소 1마리당 100~200달러의 손실을 입었다.[28] 테일러는

• 2013년 순위에서는 네슬레가 딘 푸드를 누르고 1위를 차지했으며, 그 다음은 딘 푸드, 사푸토, 슈라이버 푸드(Schreiber Foods), 랜드 오 레이크스, 크래프트 순이었다(http://www.dairyfoods.com/ext/resources/DF/2013/August/Dairy100-Table-ONLINE.pdf). 그리고 2019년 순위에서는 네슬레, 사푸토, 딘 푸드, 다농, 크래프트, 아그로푸(Agropur), 슈라이버 푸드, DFI 순이었다(https://www.dairyfoods.com/2019-Dairy-100).

4대 유제품 협동조합이
우유 총판매량의 40퍼센트를 차지한다.

1 DFA

2 캘리포니아 데어리스

3 랜드 오 레이크스

4 노스웨스트 유제품 협회

MILK

40%

4대 협동조합과
딘 푸드가 우유 총판매량의
80퍼센트를 차지한다.

MILK

4대 협동조합 ——

Dean ——
딘 푸드

80%

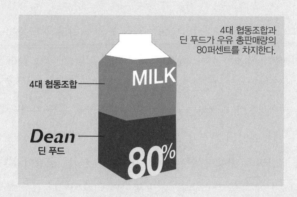

우유
MILK
40%

유기농
우유
MILK
USDA
ORGANIC
60%

두유
SOY
90%

Dean 딘 푸드의 시장 점유율(일반 우유, 유기농 우유, 두유).

이렇게 이야기한다.

우유 가격 결정은 점점 더 불안정해지고 불규칙해졌습니다. 자신이 받는 가격에 대해 아무런 통제력이 없는 낙농업자에게는 재앙이었습니다. 농민으로부터 우유를 사는 대형 유가공업체에는 사상 초유의 이윤과 독점적 지배력을 확보하는 기회가 되었지요. 우유 가격 결정의 불안정성은 거의 독점에 가까운 수준으로 나아간 시장 집중의 결과입니다. 미국 낙농농민은 우유 45.3킬로그램당 겨우 12달러를 벌지만, 생산비는 17달러에 달합니다. 주변에서 돈을 빌리거나 새로 대출을 얻을 수밖에 없지요.[29]

우유 가격은 농상품 트레이더들의 조작에 특히 취약하다. 낙농농민이 맞서 싸워야 하는 시장은 시카고상업거래소*이다. 이곳에서는 빛의 속도로 진행되는 디지털 트레이딩을 통해 농상품의 선물시장가격이 결정된다. 시카고상업거래소의 체다치즈 현물가격은 연방정부 우유 가격 결정의 기초가 된다. 이곳에서의 가격 결정은 투명하게 이루어져야 하지만, 비밀스럽고 내부자만이 이해할 수 있는 방식으로 이루어지는 경향이 있다. 치즈 농상품 선물거래는 일주일에 반 시간 동안만 이루어진다. 6개 회사를 위해 일하는 40명 이하의 트레이더가 거래에 참여하는 것으로 추정되며, 미국에서 판매되는 치즈의 80퍼센트가 여기에서 거래된다.[30]

2008년 DFA와 2명의 전직 임원이 시카고상업거래소에서의 체다치즈 구매를 통해 우유 가격 조작을 시도한 혐의로 1,200만 달러의 벌금을 선고 받았다(그리고 다른 2명의 임원은 이보다 적은 액수의 벌금을 선고 받았다).[31]

거대 낙농 기업들을 대변하는 이 소수의 트레이더는 결정적인 순간에 치즈를 팔거나 팔지 않음으로써, 실제로 시카고상업거래소 치즈 가격에

---

* 세계 최대의 농산물 및 금융 상품 선물거래소.

영향을 미칠 수 있다(따라서 이들은 농민에게 지불되는 우유 가격에도 영향을 미칠 수 있다). 미국 회계 감사원은 시카고상업거래소의 치즈 가격이 조작에 취약하다고 판정했다.

치즈 현물 시장은 엷은 시장(thin market)[••]이며, 거래 대부분을 소수의 트레이더가 취급한다. 이러한 치즈 현물 시장의 가격 결정 구조가 가격 조작 가능성에 관한 의문을 불러일으킨다. …… 학계의 분석과 치즈 및 유제품 산업 참여자들은 엷은 시장이 조작에 취약하다는 점에 많은 우려를 표명해왔다. 다음이 대표적이다. 엷은 시장에서는 지배적인 트레이더들이 가격 조작 시도를 좀 더 쉽게 할 수 있다. 엷은 시장의 가격은 심지어 지배적인 트레이더들의 조작 행위가 없을 때에는 수요와 공급을 반영하지 않을 수 있다.[32]

조엘 그리노는 이렇게 설명한다.

낙농업의 위기는 현실입니다. 낙농업의 문제는 사람이 만든 것입니다. …… 시카고상업거래소가 유제품 가격의 모든 것을 결정합니다. …… 시카고상업거래소의 치즈 거래는 투기가 횡행하는 엷은 시장으로, 거래자의 수도 무척 적습니다. 현재 2명의 거래자가 시카고상업거래소 체다치즈 블록 거래를 주로 관리하고 있습니다. …… 거래자가 2명밖에 없어서는 시장이라 할 수 없습니다. 최소한 제대로 된 시장은 아니지요. 업계 전체가 시카고상업거래소 가격에 맞춰 움직입니다. 이미 가격 담합의 선례가 있는 만큼 시카고상업거래소의 치즈 블록 가격이 우유 가격 결정의 결정적인 요인이 되어서는 안 됩니다.[33]

회계감사원 기록에 이 시장을 재배하는 소수 트레이더에 관한 내용이 남

•• 어떤 증권에 대한 매도나 매수 호가의 수가 비교적 적은 시장.

아 있다. 1999년 1월 1일에서 2007년 2월 2일에 2명의 시장 참여자가 전체 치즈 블록의 74퍼센트를 구매했으며, 3명의 시장 참여자가 67퍼센트를 판매했다. 같은 기간에 4명의 시장 참여자가 전체 치즈 배럴*의 56퍼센트를 구매했으며, 2명의 시장 참여자가 68퍼센트를 판매했다.[34]

뉴욕주 델리의 낙농업자이자 활동가인 존 번팅(John Bunting)은 다음과 같이 설명한다. 1980년대 이전에는 "농민이 농자재비용에 이윤을 더한 금액을 기초로 우유 가격을 지급받았습니다." 그러나 레이건은 서명 한 번으로 공정한 가격 결정 방식과 반독점법 집행에 필요한 자원을 없애버렸다. 번팅은 이 문제에 관해 많은 글을 써왔다. 그는 〈2009년 낙농장 위기: 통상적인 분석을 넘어서(Dairy Farm Crisis 2009: A Look Beyond Conventional Analysis)〉라는 보고서에서 다음과 같이 말한다. "유제품 시장은 소수의 엘리트가 지배하는 과두제로 운영되며, 정부의 감독은 거의 혹은 전혀 존재하지 않는다. 따라서 현재의 재정 상황은 핵심 참여자들이 농장의 우유 가격을 부당하게 억눌러서 이윤과 시장 지배력을 동시에 획득할 수 있는 좋은 기회이다."[35]

번팅은 낙농계 대형업체들의 시장 지배력을 직접 경험했다. 그가 사는 지역의 유일한 우유 구매업체인 DFA는 그가 생산한 우유를 전혀 사지 않는다. 그는 "자신의 정치 활동 때문에" 일이 꼬여서 기르던 젖소의 수를 줄일 수밖에 없었다고 이야기한다. 현재 그는 가족이 먹는 우유를 위해 몇 마리의 젖소만 기른다. 대신 돼지를 사육하고 있다.

계속해서 그는 레이건 정부 이래 농민이 받는 우유 가격이 거의 매년 떨어졌지만, 소비자가 지불하는 우유 가격은 계속 올랐다고 이야기한다. 농민이 받는 우유 가격 하락을 초래한 요인은 시카고상업거래소에서의 조작, 세계화, 우유 단백질 농축물(치즈 생산에서 우유 대신 쓰임)의 수입량 증가

• 치즈 블록은 소용량인 18킬로그램이고, 치즈 배럴은 대용량인 226.7킬로그램이다. 다음 사이트를 참조하라. http://www.cheesereporter.com/cheeseaverages.htm.

등이 있다.

우유 단백질 농축물

우유 단백질 농축물은 우유보다 훨씬 싼 가격으로 덤핑 판매되며, 크래프트의 싱글스(Singles) 같은 식품들에 사용된다(크래프트는 식품의약국의 라벨링 규정을 우회하기 위해 이 제품을 가공 치즈 제품으로 표기한다). 우유 단백질 농축물은 우유를 한외여과(限外濾過)[**] 해서 만든다. 여과 과정에서 액체나 크기가 작은 분자를 모두 제거한다. 따라서 유제품업계가 건강에 필수라고 칭송하는 미네랄도 모두 사라진다.

여과 과정 뒤에 남는 것은 단백질 함량이 높은 건조 물질로, 가공 치즈, 유제품으로 만든 냉동 디저트, 치즈 크래커, 에너지 바(energy bar)[***] 등의 제품에 첨가제로 사용된다. 우유 단백질 농축물이 보통 분말로 생산되기 때문에 수출업체는 무척 저렴한 비용으로 장거리 수송할 수 있다. 미국에서 사용되는 거의 모든 우유 단백질 농축물이 수입산이다.

우유 단백질 농축물은 젖소의 우유로 생산할 수도 있고 야크, 물소 등의 우유로도 생산할 수 있다(인도나 중국 같은 몇몇 수출국에서는 물소 우유를 먹는다). 이렇게 정의가 부정확하고 기준이 모호하기 때문에, 이 제품의 생산지와 사용처를 규제 기관이 제대로 추적할 수 있을지 의심스럽다. 하지만 실제로는 규제 기관이 그렇게 할 필요가 없다. 우유 단백질 농축물에 관한 규제가 거의 없기 때문이다.

번팅은 이렇게 이야기한다. "미국으로 우유 단백질 농축물을 수입하는 것은 우유를 수입하는 것과 똑같다. 차이가 있다면, 우유 단백질 농축물은 부두에서 컨테이너 트럭에 실은 다음 공장으로 수송한다는 점만 다를 뿐

[**] 여과 방식의 하나로, 보통여과, 정밀여과보다는 더 세밀하며 역삼투압여과보다는 덜 세밀하다.

[***] 곡물과 열량이 높은 성분들로 만든 바로, 식사시간이 부족해 짧은 시간 안에 많은 열량을 섭취해야 하는 사람들을 대상으로 개발한 제품이다. 군인용 제품이 대표적이다.

이다. 누구도 제대로 모른다. 농무부는 우유 단백질 농축물을 우유로 간주하지 않는다. 2008년 12월에 수입한 우유 단백질 농축물을 우유로 환산하면, 우유를 가득 실은 탱크 트럭의 행렬이 거의 104.6킬로미터에 달할 것이다."[36]

이런 상황에 격분하는 낙농업자는 번팅 외에도 많다. 미국 전역의 많은 농민이 우유 단백질 농축물을 농민이 받는 우유 가격 급락의 원인 중 하나로 지적한다. 캘리포니아농민연합(California Farmers Union) 의장 호아킨 콘텐테(Joaquin Contente)와 동생은 그의 가족이 1920년대부터 소유해온 농장을 운영하고 있다. 2009년 7월 의회 공청회에서 콘텐테는 연방정부에 "30년도 더 된 옛날에 생산자에게 지불한 가격이 아니라, 생산비를" 우유 가격 결정에 포함하라고 촉구했다. "낙농산업의 황폐화"를 초래한 원인으로 그가 열거한 것으로는 농축 유제품의 수입 증가, 시장 내 경쟁 부족, 업체들의 통합, 농자재비 상승 등이 있다. 계속해서 그는 문제를 다음과 같이 요약했다. "낙농 생산자들은 여러 해 동안 유제품 수입을 규제하는 법안을 통과시키기 위해 투쟁해왔다. …… 지금까지 유제품 가공업체와 식품 제조업체는 로비 회사를 이용한 막대한 자금 살포로 모든 규제를 무산시켰다. 낙농업의 위기를 종식하려면 우리 시장에 홍수처럼 쏟아져 들어와서 너무나 많은 낙농장을 파산 위기로 몰아넣고 있는 유제품 수입에 대해 입법부 의원들이 관심을 기울여야 한다."[37]

유제품 수입은 가족 낙농장의 관 뚜껑에 못질을 한 또 다른 요인이다. 이 문제를 해결하기 위해 몇 가지 단기적인 조치를 취할 수도 있다. 예를 들어, 가공식품과 치즈식품*에 사용되는 우유 단백질 농축물과 기타 수입산 유제품 원료의 투명한 라벨링을 이용해서 소비자의 경각심을 일깨울 수 있다. 하지만 기업 주도의 세계화와 관련되어 있는 이 문제들을 장기적

---

* 자연치즈 이외에 유화제, 착색제, 식물성 기름 등의 성분을 함유한 치즈 제품을 말하며, 슬라이스 치즈나 치즈 스프레드가 대표적이다. 가공 치즈, 조제 치즈, 낱장 치즈 등으로도 불린다.

으로 해결하려면 무역 정책을 변화시켜야만 한다. 값싼 저품질 제품 때문에 우유 및 기타 먹거리의 지역·광역 생산 기반이 잠식되지 않도록 하려면, 이것이 유일한 방법이다. 우유 단백질 농축물 등의 값싼 유제품 원료 때문에 시장이 불안정해지면, 낙농가가 생계를 유지할 수 없으며, 소비자가 안전하고 건강한 먹거리를 이용할 수도 없다.

낙농업자의 가슴 아픈 빈곤화와 가족 낙농장의 감소를 막는 일은 또한 낙농업자가 대금을 지불받는 비밀스럽고 복잡한 방식을 개선하는 일이기도 하다. 연방정부의 우유 가격 결정 공식은 생산비와 농민의 적정 임금을 보장하는 데 충분한 이윤에 기반을 두어야 한다. 하지만 현재는 소수의 대기업이 그것을 전국 농민이 받는 가격을 낮추는 데 이용하고 있다.

또한 낙농업자가 받는 금액과 관련한 개혁을 이루기 위한 열쇠는 낙농업계에 두드러지게 나타나는 통제 불능의 시장 집중을 해결하는 것이다. 젖소의 젖통에서부터 통에 든 우유에 이르기까지, 유제품 공급 사슬의 모든 단계를 소수의 대기업이 통제하고 있다. 그들은 미국 낙농 정책을 좌지우지하고, 농민이 받는 우유 가격을 결정하는 곳을 통제하고 있다. 미국 최대의 우유 가공업체인 딘 푸드는 초과 생산과 낮은 가격을 장려하는 정책 때문에 막대한 이득을 보고 있다. 마찬가지로 막대한 시장 지배력을 가진 월마트와 기타 대규모 소매 체인들 역시 자신들의 시장 지배력을 활용해 대량으로 값싼 우유를 공급할 수 있는 이 미국 최대 우유 공급업체와 담합에 가까운 계약을 체결함으로써 이익을 얻고 있다.

이 회사들은 지속가능성과 가족농민에 약속한다고 선언함으로써 쏟아지는 비판을 피한다. 하지만 뒤에서는 우월한 시장 지위를 유지하기 위해 경제적·정치적 힘을 이기적으로 사용해서 농민과 소비자를 희생시킨다. 농무부와 법무부가 딘 푸드 같은 대기업들의 사업 관행(식료품 체인과의 관계 등)을 조사해야 할 시점이다.

사실상 독점 기업처럼 운영되는 DFA를 비롯한 소수의 대기업형 협동조합에 대한 조사 역시 반드시 이루어져야 한다. 그들은 면세 혜택을 받는 자신들의 법적 지위와 특권을 낙농업자를 볼모로 잡는 데 이용하고 있다. 우유대금을 회원 생산자에게 배분하는 방법과 관련해서 DFA가 내리는 결정은 불공정하고 비윤리적이다. 특히 협동조합이 고부가가치 제품의 가격 프리미엄으로 얻는 이득을 회원에게 배분하지 않는다는 점을 고려하면 더욱 그러하다. DFA에게 기업 규모와 관련해서는 반독점법을 적용할 수 없지만, 회원 착취 관행과 관련해서는 반독점 규정을 적용할 수 있다. 또한 이 대기업형 협동조합과 딘 푸드 같은 우유 가공업체들의 공모도 반드시 조사해야 한다.

6부

생명 도둑질

지난 40년 동안 개인적인 이익과 명예를 추구하는 과학자들이 박테리아와 종자에서부터 물고기와 동물에 이르기까지 여러 생명체의 유전자를 조작하려고 노력했다. 기업은 납세자 세금을 주로 이용해서 생명을 이루는 기본 구성요소를 제어할 수 있게 되었으며, 그 결과 유전자 풀의 온전성과 우리의 집단적인 먹거리 보장이 위협받게 되었다. 유전공학은 기본적으로 규제를 받지 않아서 공상과학소설 영역으로 나아가고 있다. 실제로 과학자들은 생명체를 창조하고자 애쓰고 있다. 생명공학 선각자들과 주창자들의 역사와 의도를 이해하는 일은 이 위험스런 기술에 고삐를 채우고 지속가능한 먹거리 체계를 만드는 데 매우 중요하다.

12
생명의 상업화:
생명과학 기업의 탄생

과학이 어떤 발견을 할 때마다,
천사들이 그것을 가장 잘 사용하는 방법을 의논하는 동안
악마가 움켜쥔다.
— 앨런 발렌타인(Alan Valentine).

Foodopoly

2차 세계대전 뒤 자신의 능력과 기술의 역할에 엄청난 믿음을 가진 신세대 과학자들이 나타났다. 그중 한 명이 아버지가 석탄 광부와 철도 노동자였던 허버트 보이어(Herbert W. Boyer)다. 1936년에 태어나 펜실베이니아주 데리에서 자란 보이어는 생물학보다 미식축구에 더 관심이 많았다. 앞으로 과학의 판도를 바꿔놓을 인물로는 전혀 보이지 않았다. 하지만 과학교사를 겸하고 있던 미식축구 코치는 보이어가 과학에 관심을 갖도록 격려했다. 어린 보이어는 1953년의 DNA 발견에 매료되었다. 결국 그는 피츠버그대학교에서 세균학 박사학위를 받았으며, 예일대학교에서 효소학과 단백질화학으로 박사후 과정을 밟았다. 반문화운동의 전성기인 1966년에는 캘리포니아대학교 교수가 되기 위해 샌프란시스코로 갔다. 당시 그는 장발에 콧수염을 길렀다. 유전자 변형 생물에 찬성하는 과학자에 대해 일반적으로 받아들여지는 정형화된 이미지와는 달리, 그는 민권운동과 베트남전반대운동에 참여했다.[1]

이 무렵 스탠퍼드대학교와 하버드대학교의 과학자들은 유전자 접합과 재조합을 연구하고 있었다. 폴 버그(Paul Berg)는 유전자를 바이러스 DNA 분자의 여러 부분에 접합했다. 스탠퍼드대학교에서 버그보다 2층 아래에 있던 스탠리 코헨(Stanley Cohen)은 대장균에서 작은 고리 모양의 유전 물질을 분리해내고 있었다. 코헨은 보이어가 하와이에서 열린 한 컨퍼런스에서 자신의 연구에 대해 이야기하는 것을 들었다. 이후 두 사람은 호놀룰루 간이음식점에서 운명적인 회의를 한 뒤 서로 힘을 합치기로 했다.[2] 이 전설적인 사건을 담아낸 감상적인 조각상이, 보이어가 창립을 도운 회사인 제넨텍(Genentech)의 캠퍼스*를 빛내고 있다.

학문적 발견의 상업화

이 두 사람은 유전자 재조합에 관한 보이어의 연구를 이용해서 유전공학의 기초를 마련했다. 본질적으로 이 일은 한 종의 유전자를 다른 종으로 이동시킴으로써, 수십 억 년의 역사를 거치며 이어져온 진화의 흐름에 간섭한 것이었다. 이 역사적인 연합의 결과물은 1973년에 발표되었다.

당시 캘리포니아대학교 교수 존 마이클 비숍(J. Michael Bishop)이 생명공학의 탄생을 자세히 설명하는 구술 기록 자료의 머리말을 썼다. 그는 캘리포니아대학교 교수 중 일부가 보이어의 연구가 일으킬 수 있는 오염에 대해 우려했으며, 그 결과 보이어의 연구실이 "연구 관련 전문 시설이 거의 없는 열악한 방으로" 옮겨졌다고 이야기한다. 보이어는 연구용으로 빌려온 값비싼 장비 몇 개를 망가뜨렸는데, "추방당한 것에 대한 작은 보복"으로 짐작된다. 계속해서 비숍은 보이어와 코헨의 연구가 발표된 뒤 촉발된 사건들에 관해 이렇게 기술한다.

그것은 멋지고 강력했으며, 일부 사람에게는 걱정스러웠습니다. 경고 신호가 들어왔습니다. 자연 질서에 대한 그런 간섭이 과연 어떤 해악을 초래할까? 오래지 않아 연구진은 안전성 문제가 해결될 때까지 DNA 재조합 연구를 자발적으로 일시 중단하기로 했습니다. 1974년 12월, 걱정하던 사람들이 캘리포니아주 퍼시픽 그로브에 있는 아실로마 컨퍼런스 센터에 모여서 DNA 재조합 연구에 관한 몇 가지 가이드라인의 초안을 마련했습니다. …… 보이어에게는 이 컨퍼런스가 "악몽"이자 "정말로 역겨운 한 주"였으며, 이 컨퍼런스를 계기로 만들어진 생물학적 위험 관

• 실리콘밸리 벤처 기업들은 자기 회사 경내를 캠퍼스로 부르는 경우가 많다. 애플이 대표적이다.

런 위원회들은 "엄청난 돈과 시간의 낭비"였지요.[3]

그러나 유전공학에 대한 이 모라토리엄은 오래 가지 못했다(이런 종류의 결정이 일반인에게 거의 알려지지 않은 채 아무런 논의 없이 진행되는 경우가 얼마나 많은지 잘 보여주는 사건이다). 변화의 물결이 빠르고 거세게 밀어닥치고 있었다.

1976년 샌프란시스코의 벤처 투자가인 로버트 스완슨(Robert Swanson)이 과학계에서 떠돌던 혁신적인 연구에 관한 소문을 들었다. 대학에서 화학을 전공한 뒤 경영학 석사를 받은 그는 생명공학의 상업화로 큰돈을 벌 수 있는 가능성을 보았다. 스완슨은 보이어에게 접근했고, 얼마 지나지 않아 이들은 제넨텍을 설립했다. 새로운 산업이 태어났다. 제넨텍은 살아 있는 세포에서 만든 유전자 조작 약품으로 화학 약품을 대체하는 일에 초점을 맞췄다. 살아 있는 세포가 약품 공장 역할을 했다. 제넨텍은 최초의 유전자 조작 인간 치료약을 개발했다. 인간의 인슐린 유전자를 추출해서 박테리아에 삽입한 뒤, 박테리아가 증식하면 단백질을 추출 및 정제해서 의약품으로 만든다.

학문적 발견의 상업화는 유전공학 기술만큼이나 혁명적인 사건이었다. 1970년대 중반에는 과학자가 대학교 실험실에서 이룬 과학적 업적으로부터 재정적 이익을 얻는 것이 아직 보편적이지 않았다. 이런 점에서 보이어는 '학문적 발견의 상업화'에 초점을 맞춘 최초의 과학자라고 할 수 있다. 이 관행은 학술 기관을 극적으로 변화시켰으며, 과학의 온전성을 여러 방식으로 훼손했다.

보이어는 초기부터 제넨텍에 적극 참여했다. 창립 때부터 이사직을 맡았으며, 1976~1990년에는 부사장을 지냈다. 동시에 캘리포니아대학교 샌프란시스코 캠퍼스의 생화학 및 생물물리학 교수로 1991년까지 근무했다(현재는 명예교수다).

회사 창립 당시 스완슨은 공간을 빌리고 투자자를 찾는 등 설립 실무를 맡았다. 보이어는 젊은 과학자들을 고용하고 감독했다. 이 회사의 문화는 "마초적인 것"으로 알려졌다. 그 이유는 "생명공학이 '남자들의 일'로 시작되었기 때문이다."[4] 가슴을 드러낸 여성이 파도타기를 하는 포스터가 1980년대 말까지 연구실 한 곳을 빛내고 있었으며, 여직원이 불만을 제기하고 나서야 사라졌다. 스스로를 제넨엑서(GenenExers)[•]라 부르는 제넨텍 직원들은 수십 개의 생명공학 회사를 설립했다. 〈샌프란시스코 크로니클(San Francisco Chronicle)〉에 기고하는 언론인 톰 어베이트(Tom Abate)는 이 회사의 문화를 이렇게 묘사한다.

> 제넨텍의 역사는 발명, 판매 능력, 경영진 관련 추문으로 얼룩졌다. 이 회사 출신들은 제넨텍이 이룬 업적과 이런 지나침이 같은 특성에서 나온 것이라고 이야기한다. 엄청난 경쟁심, 성공 욕구, 역사를 만든다는 자부심 등이다. …… 스트레스 해소를 위해 제넨텍은 금요일 오후의 맥주·피자 파티를 만들었으며(이들은 이를 호호(ho-ho)라 부른다), 이 파티는 계속 진화했다. 부서들은 최고의 파티를 열기 위해 서로 경쟁한다. 1년에 한 번씩은 하와이 방식으로 행사가 열리는데, 스완슨과 보이어가 풀로 엮은 치마를 입고 돼지 바비큐를 직원들에게 배식한다.[5]

생명공학 회사를 세워 경쟁자들보다 먼저 신제품을 출시하려는 강도 높고 공격적인 경쟁이 시작되었다. 1960년대 언론자유운동과 반문화운동에서부터 실리콘밸리의 기업가정신에 이르기까지, 사상의 최첨단을 달리는 문화를 가진 캘리포니아는 이 새로운 산업이 성장하기에 적합한 곳이었다. 하지만 여기에도 수백 만 명의 다른 투자자가 몰려들기 전에 신생기업에게 자금을 제공할 누군가는 있어야 했다. 또한 생명공학은 무척 돈이 많이 드는 분야로, 처음뿐만 아니라 자주 막대한 자금이 필요하다.

• 여기서 ex는 ex-wife, ex-boss 등과 마찬가지로 '전(前)'의 의미이며, exer는 boxer처럼 er을 붙여 의인화했다. 따라서 제넨텍 출신이란 뜻이다.

처음에 스완슨과 보이어는 벤처 캐피털 회사인 클라이너 퍼킨스(Kleiner Perkins)의 톰 퍼킨스(Tom Perkins)를 설득해서 종잣돈을 마련했다. 퍼킨스는 수백 달러씩 투자하다가 결국에는 수백만 달러를 투자했다. 벤처 투자자들은 캘리포니아주 멘로파크의 샌드힐 로드에 모여 있다. 샌드힐 로드는 캘리포니아의 월스트리트로, 이곳의 투자자들은 생명공학, 인터넷 혁명 등의 신기술에 초기 자금을 제공했다.

이 돈이 많이 드는 산업의 탄생에는 캘리포니아대학교 데이비스 캠퍼스의 마틴 케니(Martin Kenney) 교수가 "대학-산업 복합체"라 부르는 것이 핵심적인 역할을 했다. 생명공학은 대학 실험실에서 태어났지만, 생명공학의 성장을 이끌어낸 원동력은 "1개 대학과 1개 회사 간 수백만 달러짜리 다년 계약"이었다. 실제로 하버드 의과대학과 몬산토가 1974년에 맺은 계약은 생명공학을 탄생시킨 대학-산업 복합체의 모델이 되었다.[6]

데이비스 캠퍼스 교수 레이 발렌타인(Ray Valentine)이 동부 지역 대학들의 선례를 따랐다. 1975년 농학·환경과학과의 젊은 교수 발렌타인은 생명공학의 미래에 관한 논의가 벌어진 아실로마 회의(보이어가 격분했던 그 회의)에 농업 분야 대표로 참석했다. 발렌타인은 신출내기 농학자로서 노벨상 수상자들과 한자리에 선 것이 엄청난 경험이었다고 말했다. 회의에서 그는 이 신기술을 식물에 질소를 고정하는 용도로 사용할 수 있을 것이라고 제안했다. 발렌타인은 농업에서 이 기술을 상업화할 수 있는 잠재력을 금방 알아차렸다.[7]

1970년대 후반 발렌타인은 대학 연구를 바탕으로 상업 제품을 개발하는 기관의 설립을 제안하는 논문을 하나 썼다. 대학 측은 냉담했다. 하지만 대학이 기업과 협력해야 한다는 소신을 갖고 있던 그는 생물학적 질소 고정 연구 프로젝트를 위해 얼라이드 코퍼레이션(Allied Corporation)에서 연구비를 얻어냈다. 그리고 그 대가로 프로젝트에서 얻는 모든 특허의 독점적인 사용권을 이 회사에 부여했다. 그가 재직하던 대학이 농기업들과의 연계로 이미 유명했음에도 불구하고, 이 일은 대학 안에서 상당한 논란을 불러일으켰다. 케니에 따르면, "연구비 지급이 확정된 지 얼마 지나지 않아 레이 발렌타인은 최초의 농업 생명과학 회사인 칼진(Calgene)을 설립하고 부사장이 되었다. 그리고 그로부터 일주일 뒤 얼라이드 코퍼레이션은 칼진의 주식 20퍼센트를 2백만 달러에 사들였다."[8]

발렌타인은 거물들의 지원도 받았다. 그는 무산 위기에 처한 연구비를 확보하는 데 닉슨이 어떻게 개인적으로 도움을 주었는지 이야기했다. 그의 연구실이 이 돈을 확보하지 못했더라면 칼진은 태어나지 못했을 것이다. 그는 이 일을 닉슨이 죽을 때까지 말하지 않기로 맹세했다.[9]

노먼 골드파브(Norman Goldfarb)가 가세하자 새로운 기회가 생겼다. 당시 골드파브는 인텔을 그만두고 자기 사업을 시작하려던 참이었다. 골드파브의 가족은 제넨텍부터 애플까지 여러 회사에 돈을 댔고, 골드파브에게는 투자할 자금이 있었다. 칼진을 설립한 뒤 발렌타인은 대학에서 계속 일하면서 칼진의 연구 담당 부사장이 되었으며, 과학 자문위원회도 설립했다.

1980년대에 칼진은 제초제 내성 유전자 연구를 시작했다. 이 연구에는 오랜 시간이 걸렸다. 하지만 결국에는 몬산토의 제초제 '라운드업' 개발로 이어졌다. 칼진의 초창기 과학자 빅 크노프(Vic Knauf)에 따르면, 창립자들은 칼진을 제넨텍과 애플의 뒤를 이어 "혁명적인 변화를 가능하게 하는 존재"로 간주했다. 칼진은 몇몇 초대형 투자자도 확보했는데, P&G와 프랑스 화학 대기업 롱프랑(Rhone-Poulenc)이 대표적이다. 하지만 투자자들의 마음을 사로잡은 것은 "모든 야채 쇼핑객의 불만을 해결해서 칼진을 유전자 분야의 졸리 그린 자이언트(jolly green giant)* 로 만들어줄 발견"에 관한 기대였다. 당시의 아이디어는 더 나은 토마토를 만드는 것이었다. 맛

• 통조림 광고에 등장하는 초록색 거인 캐릭터로, 미국에서 엄청난 인기를 끌었다.

좋고, 유통 기간도 길며, 토마토 페이스트로 만들기에 좋은 토마토다. 칼진의 과학자문위원회는 이 아이디어에 별 감명을 받지 않았지만, 선임연구원이었던 데이브 스토커(Dave Stalker)는 깊은 인상을 받았다. 그는 이를 개인적인 목표로 삼았다. 캠벨 수프(Campbell's Soup)가 연구 자금을 대기로 했다. 칼진은 토마토를 무르게 만드는 유전자를 분리해냈으며, 이 유전자의 기능을 억제하는 다른 유전자를 구축하기로 결정했다.[10] 놀랍게도 이 전략은 성공했다.

수년 동안의 연구개발 끝에 이 토마토는 1994년에 식품의약국의 승인을 받았으며, 승인 사흘 만에 시판되었다. 인간 소비용으로 승인된 최초의 유전자 조작 식품인 이 토마토는 맥그리거(MacGregor) 토마토라는 상표로 시판되었으며, Flavr Savr(무르지 않는 토마토)** 종자로 재배했다. 그러나 유전자 조작 토마토는 대실패였다. 칼진은 유전자를 조작할 때 맛좋은 토마토 품종을 사용하지 않았으며, 이렇게 개발한 종자의 향상을 위해 전통적인 육종 기법을 사용하지도 않았다.*** 이 토마토의 유통기간은 길었다. 하지만 빨개진 뒤 수확하면 단단한 상태를 유지하지 못했다. 따라서 여전히 토마토가 아직 녹색일 때 수확해야 했다.**** 칼진에서 연구원으로 근무했던 벨린다 마티노(Belinda Martineau)는 이렇게 이야기한다. "40억 달러에 달하는 미국의 신선 토마토 소매 시장을 잠식하는 대신 칼진은 토마토 사업에서 적자를 보고 있었다. 총 적자 규모는 연간 수천만 달러에 달했다. 결국 Flavr Savr 유전자는 토마토 생과 시장에서 별 가치가 없었다. 시판한 지 2년도 못 되어 이 무르지 않는 토마토는 슈퍼마켓 진열대에서 영원히 사라지고 말았다."[11]

- ** '맛 지킴이(flavor saver)'를 뜻한다.
- *** 요즈음에는 유전자 조작 종자도 전통적인 육종 기법을 사용해서 품질을 높이고 지역 환경에 대한 적응성을 높이는 과정을 거치는 경우가 많다.
- **** 녹색인 토마토를 상점에서 익게 만들려면 호르몬제를 뿌려야 했다. 이것 역시 이 토마토가 실패한 이유 중 하나다.

몬산토의 기업 인수 이력

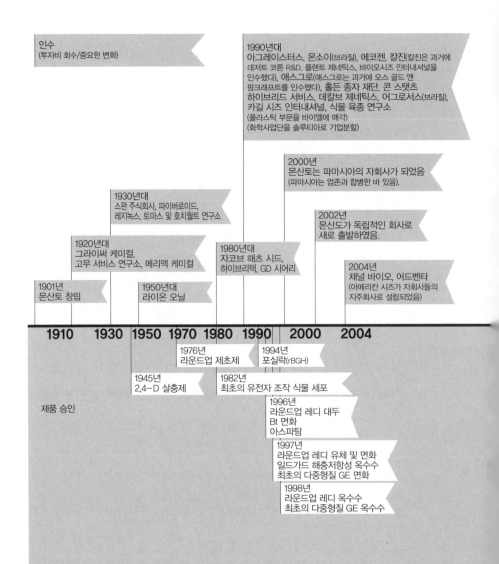

인수
(투자비 회수/중요한 변화)

1990년대
아그레이스터스, 몬소이(브라질), 에코젠, 칼진(칼진은 과거에 데저트 코튼 R&D, 플랜트 제네틱스, 바이오시즈 인터내셔널을 인수했다), 애스그로(애스그로는 과거에 오스 골드 앤 팜크래프트를 인수했다), 홀든 종자 재단, 콘 스탯츠 하이브리드 서비스, 데칼브 제네틱스, 어그로서스(브라질), 카길 시즈 인터내셔널, 식물 육종 연구소
(플라스틱 부문을 바이엘에 매각)
(화학사업단을 솔루티아로 기업분할)

2000년
몬산토는 파마시아의 자회사가 되었음
(파마시아는 업존과 합병한 바 있음).

2002년
몬산도가 독립적인 회사로
새로 출발하였음.

1930년대
스완 주식회사, 파이버로이드,
레지녹스, 토마스 및 호치월트 연구소

1920년대
그라이써 케미컬,
고무 서비스 연구소, 메리맥 케미컬

1980년대
자코브 해츠 시드,
하이브리텍, GD 시어리

2004년
채널 바이오, 어드벤타
(아메리칸 시즈가 자회사들의
지주회사로 설립되었음)

1901년
몬산토 창립

1950년대
라이온 오닐

| 1910 | 1930 | 1950 | 1970 | 1980 | 1990 | 2000 | 2004 |

1976년
라운드업 제초제

1994년
포실락(rBGH)

1945년
2,4-D 살충제

1982년
최초의 유전자 조작 식물 세포

제품 승인

1996년
라운드업 레디 대두
Bt 면화
아스파탐

1997년
라운드업 레디 유체 및 면화
일드가드 해충저항성 옥수수
최초의 다중형질 GE 면화

1998년
라운드업 레디 옥수수
최초의 다중형질 GE 옥수수

2008년
앨리 파티시페이코스(브라질), 마모트(과테말라),
데 루이터 시즈, 어스맵 솔루션(포실락을 엘리 릴리에 매각)

2009년
웨스트브레드, 화이자의 체스터필드
빌리지 연구 센터, 세미늄(아르헨티나)
(선플라워 자산을 신젠타에 매각)

2006년
디어니 시즈, 세븐 하이브리드, 크루거 시드, 트리지어
시드 팜, 골드 컨트리 시드, 헤리티지 시즈,
필더 초이스 다이렉트, 캠펠 시드(몬산토와
다우 케미컬은 양사의 지적재산권을 서로 대가 없이
사용하기로 합의했다. 세계 최초의 크로스 라이센싱이었다)

2010년
ANASAC의 옥수수
및 대두 공장(칠레)

2011년
다이버전스, 비오로직스,
패논 시즈(헝가리)

2005년
세미니스, NC+ 하이브리드,
스튜어트 시즈, 스톤 시즈,
스페셜티 하이브리드, 폰타넬
하이브리드, 이머전트 제네틱스,
스톤빌 코튼

2007년
델타&파인랜드, 아그로스테 시즈(브라질), 웨스턴 시즈,
리어 하이브리드, 정 시드, 모웨아쿠아 시드, 보카 엔터프라이즈,
호크아이 하이브리드, 루이스 하이브리드, 허브너 시드,
ICORN Inc.. 폴로니 세멘스(몬산토 초이스 제네틱스(돼지)에 대한
투자비 회수. 법무부의 반독점법 소송을 막기 위해
넥스젠&스톤빌 면화 브랜드에서 투자비 회수, 인터내셔널 시드 그룹을
지주회사로 설립)

| **2005** | **2006** | **2007** | **2008** | **2009** | **2010** |

2005년
라운드업 레디 알팔파와
사탕무가 승인됨
(2007년에 이 둘에 대한 승인이 취소됨)

2011년
라운드업 레디 알팔파 재출시
라운드업 레디 사탕무의
부분적 재출시 가뭄저항성 옥수수
지방산 강화 대두

식품가공 및 페이스트 용도로 개발한 유전자 조작 토마토 역시 실패했다. 칼진과 영국 기업 제네카(Zeneca)는 캠벨 수프의 자금 지원으로 유전자 조작 토마토 개발 협약을 맺었다. 칼진이 생과 시장에서 판매할 토마토를 개발하고, 제네카가 식품가공용 토마토를 개발한다는 내용이었다. 식품의약국의 승인이 떨어지고 난 뒤 두 토마토를 보통 토마토보다 낮은 가격에 판매했고, 유전자 조작 토마토로 광고했다. 하지만 소비자들의 반응은 미지근했다. 그 결과 두 토마토 모두 시판이 중단되었다.[12]

토마토 프로젝트의 실패는 칼진에 큰 부담이었다. 결국 화학 산업을 정리하면서 생명과학 회사로 변신하기 시작하던 몬산토가 1996년에 칼진의 최대주주가 되었고, 1997년에는 나머지 주식도 모두 매입했다. 유전자 조작된 지방종자, 면화, 야채, 과일을 개발하기 위해서였다.

이 중요한 인수는 1990년대에 들불처럼 번진 생명공학 분야 인수합병 중 하나였다. 생명공학 산업은 생명공학 연구 기업, 종자 유통 회사, 화학 제조업체 간의 인수합병과 제휴를 통해 성장하고 발전했다. 성장과 이윤에 대한 압력 때문에 제약 회사와도 제휴가 이루어졌다. 브라이언 버거론(Bryan Bergeron)과 폴 찬(Paul Chan)은 자신들이 쓴 책에서 생명공학 산업을 이렇게 설명한다. "성장의 주된 수단은 종자 시장에 직접 접근할 수 있도록 종자 회사를 인수하는 것이었다. 궁극적으로는 종자 회사가 어떤 생명공학기술을 자신의 제품 계열에 포함시킬지 결정하기 때문에, 전속 종자 회사 없는 농업 생명공학 회사가 자신의 기술을 시장에 선보일 수 있으리라는 보장이 없었다."[13]

몬산토

세계 최대의 유전자 조작 종자 생산업체로 674개의 농업 특허를 갖고 있는 몬산토가 생명공학산업의 주된 기업이자 상징이 되었다. 몬산토는 1910년 미주리주 세인트루이스에서 존 프란시스 퀴니(John Francis Queeny)가 창립했다. 퀴니는 메이어 형제 약품 회사(Meyer Brothers Drug Company)에서 구매 담당으로 일하면서 약품과 화학 산업을 익혔다. 그는 부자인 장인의 이름을 따서 회사 이름을 지었다. 장인 멘데스 데 몬산토(Mendes de Monsanto)는 세인트 토머스 출신의 설탕 투자자였다. 1936년 〈타임〉에 따르면 "퀴니는 지금껏 약과 조미료를 충분히 판매했으니 이제는 제조를 해서 돈을 벌 수도 있겠다고 생각했다. …… 그는 아내의 성을 따서 그 제조 회사의 이름을 지었는데, 그 이유는 자신의 이름으로 계속해서 약품을 판매할 계획이었기 때문이다."[14]

몬산토는 처음에 사카린을 생산했다. 사카린은 콜타르에서 추출되는 물질로, 존스홉킨스대학교 연구원이 우연히 발견했다. 20세기 들어서 방광암과 관련이 있는 것으로 밝혀졌다.* 몬산토는 코카콜라에 사카린, 카페인, 바닐라를 공급하는 주 업체로 사업을 시작했다. 현재 시점에서 보자면 참으로 예언적인 제휴가 아닐 수 없다.

1945년에 농약 판매를 시작하기는 했지만, 몬산토가 농약 분야에 대규모로 뛰어든 것은 제초제 2,4-D를 출시한 때부터였다. 이 제품의 출시로 1960년 몬산토에 농업사업단이 생겼다. 그리고 이것을 계기로 몬산토의 제초제 생산이 이어졌다. 1964년에 램로드(Ramrod), 1968년에 라쏘(Lasso)를 출시했다. 몬산토 유전공학 연구의 시발점이 된 세포생물학 연구 프로그램은 보이어와 코헨의 유전자 접합법이 널리 알려지면서 1975년에 시작되었다.

제초제 라운드업은 1976년에 시판되었다. 1981년에 몬산토는 자사의 전략적인 초점을 생명공학에 집중하기로 하고 분자생물학 그룹을 설립했다. 몬산토는 바람직한 형질을 추가하기 위해 한 유기체에서 다른 유기체로 유전 물질을 이전하는 DNA 재조합 기술의 이용에 관한 연구에 돈을

---

* 최근에는 사람이 보통 먹는 정도의 양으로는 건강에 무해하다는 연구 결과가 발표되어, 사카린이 유해물질 목록에서 삭제되었다.

쏟아 부었다. 그 결과 몬산토는 식물 세포를 유전자 조작한 최초의 회사가 되었다. 연구의 궁극적인 목표는 라운드업을 들판에 뿌리면 잡초만 죽고 작물은 해를 입지 않는, 제초제에 내성을 가진 종자를 개발하는 것이었다.

생명공학은 작물과 가축의 바람직한 형질을 얻기 위해 전통적인 육종법에 도전한다. 식물의 전통적인 선별육종법은 바람직한 형질이 스스로 발현될 때까지 같은 식물 종 내에서 수분을 여러 세대 동안 진행한다. 이 당시 유전자 접합은 무척 비용이 많이 드는 사업으로, 최첨단 연구실과 높은 보수를 받는 과학자들이 필요했다. 따라서 몬산토가 전략 계획을 실행하려면 많은 돈이 있어야 했다.

몬산토는 1985년 뉴트라스위트(NutraSweet)의 제조업체인 G.D. 설(G.D. Searle)을 매입했다. 이 인수는 좋은 결합처럼 보였다. 이 제약 회사는 경험 많은 영업사원과 마케팅 인력을 보유하고 있었다. 하지만 1988년 자궁 내 장치[•]인 Copper-7 때문에 설은 수백 건의 소송과 나쁜 평판에 시달렸다. 이 제품으로 인해 수백 명의 여성이 죽거나 다쳤다. 한 가지 덧붙이자면, 제럴드 포드 대통령 밑에서 1970년대에 국방부 장관을 지내고 2001년 조지 W. 부시 대통령 밑에서 다시 국방부 장관을 지낸 도널드 럼즈펠드가 1976년부터 1985년까지 설을 경영했다. 워싱턴 D.C. 변호사인 짐 터너(Jim Turner)에 따르면, 1981년 영업 회의에서 럼즈펠드는 자신의 정치적 영향력을 이용해서 그 해가 가기 전에 인공감미료 아스파탐의 승인을 받아내겠다고 약속했다. 그리고 레이건의 인수팀에서 일할 때 그는 식품의약국 국장으로 아서 H. 헤이즈 주니어(Arthur H. Hayes Jr.) 박사를 추천했다. 얼마 뒤 헤이즈 박사는 이 감미료를 승인했다.

1980년대 초 몬산토는 유전자 조작 작물 실험을 시작했다. 1987년 일리노이주 남서부에 있는 마을이자, 세인트루이스에서 별로 멀지 않은 저

• 자궁 안에 설치하는 피임 장치의 일종.

지빌이 최초의 생명공학 실험 재배장으로 떠올랐다. 저지빌에서 처음에 토마토를, 다음으로 라운드업 레디 대두를 시험했다.

1993년 식품의약국은 몬산토의 첫 번째 생명공학 제품인 rBGH를 승인했다. 이 호르몬의 목적은 젖소의 우유 생산량을 늘리는 것이었다. 젖소가 자연적으로 이 호르몬을 생산하기는 하지만, 인위적으로 이 호르몬 수치를 높일 경우 우유 생산량이 증가한다. 하지만 이 인공 호르몬은 젖소에 유선염을 일으키며, 인간 건강에도 나쁜 영향을 미칠 수 있다.

감자잎벌레를 쫓아내는 유전자를 추가한 유전자 조작 감자인 뉴리프(New-Leaf)는 1995년에 출시되었다. 하지만 이 유전자 조작 감자는 더 이상 판매되지 않는다. 씨감자 값이 농민이 감당하기에 너무 비쌌으며, 감자의 최대 단일 소비처인 맥도날드가 소비자 압력에 굴복해 사용을 중단했기 때문이다. 사람들은 유전자 조작 식품의 실험 대상이 되고 싶어 하지 않았다.

몬산토는 소비자 반대에 대응하기 위해, 가공식품의 성분으로 사용되어 소비자의 눈에 잘 띄지 않는 농산품에 더 집중했다. 유채, 대두, 옥수수, 밀, 그리고 비식용 작물인 면화가 그 대상이었다. 몬산토는 라운드업 레디(Roundup Ready) 유채와 면화를 1990년대 중반에 출시해서 빠르게 시장을 잠식했다. 1996년에 라운드업 레디 대두가 승인되었다. 유전자 조작 대두의 상업화는 몬산토의 생명공학 프로그램이 계속해서 달성해야 할 목표였다. 제초제에도 살아남을 수 있도록 대두의 유전 물질을 조작하면 제초제와 대두 판매에서 막대한 이윤을 얻을 수 있다. 유명한 인도 활동가 반다나 시바(Vandana Shiva)는 육종부터 재배와 판매에 이르기까지 식물의 전체 생산 단계를 지배하는 것을 "전 세계 식량 공급의 강탈"이라고 불렀다.

대두는 단백질과 기름 생산을 위해 미국에서 많이 재배하는 만능 작물이다. 식료품, 동물 사료, 산업 제품 등에 다양하게 사용된다. 따라서 대두 생산 통제는 농업의 변화를 예고하는 서막이었다. 현재 대두 생산량의 80퍼센트가 유전자 조작 대두이며, 라운드업 레디 대두는 몬산토 총이윤의 40퍼센트를 차지한다. 반다나 시바는 애통해 하며 이렇게 이야기한다. "대두와 대두 제품이 다양한 문화의 다양한 먹거리를 대체하는 전 세계적인 대체품으로 보급되고 있다. 인도의 다양한 지방종자와 두류의 대체품이자, 전 세계 다양한 곡물과 유제품의 대체품으로 장려되고 있다."[15]

다음으로 라운드업 레디 옥수수가 승인되어 1996년에 시판되었다. 몬산토는 옥수수에 다중형질을 도입한 최초의 회사였다. 다중형질이란 두 가지 이상의 형질을 한꺼번에 갖도록 하는 것이다. 예를 들어, 해충 저항성과 라운드업 제조체 내성을 동시에 갖도록 만들 수 있다.

1998년 몬산토는 드칼브 제네틱스(DeKalb Genetics Corporation) 인수 경쟁에서 승리를 거뒀다. 당시 드칼브는 옥수수 종자 시장의 11퍼센트를 지배하고 있었다. 몬산토는 곧 유전자 조작 종자를 많은 농민에게 보급했다. 또한 같은 해에 대규모 옥수수 종자 회사 홀든(Holden)도 매입해서 20세기 말에는 전 세계 옥수수 종자 시장을 지배했다.

생명공학 기업 인수합병 및 제휴도 계속했다. 몬산토와 멕시코 생명공학 기업 엠프레사스 라 모데르나(Empresas La Moderna)는 멘델 생명공학(Mendel Biotechnology)과 공동협약을 체결해서, 옥수수, 대두, 몇 가지 과일 및 야채와 관련한 멘델의 기술력과 유전자 연구에 관한 독점적인 이용권을 획득했다. 유전자 기능 식별 및 그에 해당하는 DNA 염기서열의 특허 출원 분야에서 멘델이 가진 전문성은, 몬산토가 차세대 생명공학 제품을 개발하는 데 핵심 역할을 했다.[16]

1998년 몬산토는 북미 지역 종자 사업을 제외한 카길의 국제 종자 사업 부문 전체를 매입했다. 이 거래의 추진 과정에서 유전 물질의 잘못된 획득과 관련해서 양사에 대한 소송이 제기되는 등 여러 문제가 발생했다. 카길의 엄청난 국제 마케팅 인프라와 몬산토의 생명공학 역량이 결합하면서 가축 사료 재배용 종자 시장이 황금알을 낳는 거위가 되었다. 이 합병은 가축 사육 방식에 큰 변화를 일으킨 사건 중 하나였다. 수확량은 더 많고 생산비는 더 적게 드는 사료작물을 개발하면서 공장식 농장의 성장이 촉진되었다.[17]

1990년대 말 몬산토는 수백만 달러의 돈을 물 쓰 듯하는 회사로서 손해배상책임도 신경 쓰게 되었다. 결국 몬산토는 화학 부문을 별개의 회사인 솔루시아(Solutia)로 분리했다. 당시 몬산토의 화학 부문은 PCB(폴리염화바이페닐) 제조와 관련해서 엄청난 법적 손해배상책임 문제에 직면해 있었다. 솔루시아는 2003년에 파산을 선언했다.

몬산토는 거대 생명공학기업으로 계속 변화했으며, 그 과정에서 파마시아 앤드 업존(Pharmacia & Upjohn)과 합병했다. 이후에는 회사명 변경, 기업분할, 기업 인수, 투자비 회수(인공감미료 뉴트라스위트를 보스턴투자그룹에 매각한 것이 대표적이다) 등 혼란스런 재조직화 과정을 거쳤다. 이때 몬산토에 큰 변화를 몰고 온 사건이 또 하나 일어났다. 라운드업의 주성분인 글리포세이트의 특허가 2000년에 종료되어, 다른 회사들이 비슷한 제초제를 홍수처럼 쏟아냈다. 여기에 막대한 기업 인수 비용 지출이 겹치면서 몬산토는 일시적인 현금 부족 상태에 놓였다.

몬산토 따라잡기

인간 유전자물질에 대한 경쟁이 격해지는 가운데 듀폰은 몬산토를 따라잡느라 적극적이었다. 1990년대 말 이 두 거대 기업의 합병에 관한 루머가 월스트리트에 떠돌았다. 오랫동안 농업 담당 언론인으로 일한 알 크렙스(Al Krebs)는 두 회사가 경쟁을 통해 생명공학계의 코카콜라와 펩시콜라처럼 되려 한다고 평했다. 이어서 이렇게 말했다. "유전자 조작 종자가 도입된 지 3년 만에 작물의 유전자 조작은 신생 과학 분야에서 한창 뜨는 사업 분야로 성장했다. …… 이제는 경악할 정도로 빠른 힘의 집중을 통해 유전자 조작 작물의 설계, 수확, 가공의 많은 부분이 이 두 회사의 영향력 아래로 들어가고 있다."[18]

퀸리가 몬산토를 창립하기 오래 전에 프랑스인 위그노 듀폰(Huguenot E.I. du Pont)이 듀폰을 설립했다. 듀폰의 농업 관련 특허는 565개로, 특허 보유 숫자에서 2위에 해당한다. 듀폰은 전쟁에서 큰 이득을 얻은 기업으로서, 프랑스혁명을 피해서 탈출한 이민자가 델라웨어주에 설립했다. 이후 듀폰가는 미국의 귀족 가문이 되었다. 미국에서 매우 부유하고 유명한 가문 중 하나가 되었다. 화학을 전공한 부자였던 듀폰은 고품질 화약 제조 회사를 미국에 세웠다. 이 회사는 빠르게 성장해서 남북전쟁 무렵에는 북군에서 사용하는 화약의 절반을 공급했다. 이후 다이너마이트와 새로운 유형의 화약들도 생산했다. 20세기 초반 창립자의 증손자들이 경영하면서 듀폰은 자신보다 규모가 작은 화학 회사들을 매입해 화학 회사로 탈바꿈했다. 이후 나일론, 테프론(Teflon),* 라이크라(Lycra)** 같은 다양한 제품을 개발했다. 그리고 창립 150년 만에 생명공학계의 선두주자로 발돋움했다.

1997년 듀폰은 세계 최대의 종자 회사인 파이어니어 하이브레드(Pioneer Hi-Bred)의 지분을 인수했다. 1926년 헨리 월리스(Henry Wallace)가 교잡종 옥수수 상업화를 위해서 설립한 회사로, 창립 당시의 이름은 하이브레드 옥수수 회사였다. 이후 이 회사는 다른 옥수수 종자 회사들과 차별화하기 위해 이름에 파이어니어를 추가했다. 월리스가 자신이 만든 회사가 1998년 듀폰에 100억 달러에 팔린 것을 알았더라면, 아마 경악했을 테다. 젊을 때 월리스는 고수확 교잡종 옥수수 품종의 개발을 도왔다. 프랭클린 루스벨트 대통령의 첫 두 임기 동안 농무부 장관직을 맡았으며, 세 번째 임기 때는 부통령을 지냈다.*** 농민의 처우 개선을 강하게 주장한

• 프라이팬 등의 코팅 재료로 많이 쓰는 불소수지.

•• 고탄성 폴리우레탄 섬유인 스판덱스의 상표명. 스포츠 의류 등에 많이 사용한다.

••• 뉴딜 정책으로 대공황을 극복한 루스벨트 대통령은 4선을 연임했다.

그는 1948년 진보당 후보로 대통령 선거에 출마했지만, 민주당의 트루먼에게 패하고 말았다.

월리스가 세운 회사는 연구개발을 통해 종자업계의 거대 기업이 되었다. 파이어니어 하이브레드는 1973년에 상장했으며, 여러 회사와 합병했다. 1981년에는 옥수수 종자 판매 시장을 지배했으며, 1991년에는 대두 종자 판매에서도 1위를 차지했다. 이 회사는 Bt를 이용해서 옥수수, 대두, 유채, 해바라기, 기타 종자의 곤충 저항성을 개발하기 위해 마이코젠 시즈(Mycogen Seeds)와 파트너십을 체결했다. Bt는 곤충에게는 유독하지만 사람에게는 독성이 없는 박테리아의 약자이다. Bt 독소는 유기농민들이 널리 사용하고 있다. 하지만 이렇게 유전자 조작을 통해 Bt 유전자를 작물에 넣을 경우에는 Bt 독소에 내성을 가진 해충이 출현할 수 있다.

이후 1992년 파이어니어는 몬산토로부터 옥수수들명나방 저항성을 가진 라운드업 대두 종자의 권리를 매입했다. 듀폰은 1999년 파이어니어를 인수함으로써 생명공학 분야에 화려하게 진입했다. 하지만 생명공학 산업의 통제권을 둘러싼 싸움은 이제 시작이었다.

혼란스러운 인수합병의 광풍은 계속 이어져 신젠타(Syngenta)가 창립되었다. 2000년까지 몬산토와 듀폰은 시장 지배권을 둘러싸고 스위스 바젤에 본사를 둔 다국적 제약 회사인 노바티스(Novartis)와 싸우고 있었다. 2000년 노바티스와 아스트라제네카(AstraZeneca)•••• (이 두 회사 역시 인수합병의 산물이다)가 농업 부문 자회사들을 합쳐서 새로운 회사인 신젠타를 만들었다. 유전자 조작 종자 및 농약 전문 기업인 신젠타는 현재 생명공학 종자 분야에서 세 번째로 큰 회사이다.

반다나 시바는 생명공학 기업들 간의 인수합병이 농민과 소비자에게 어떤 영향을 미칠지 정확히 알고 있었다. 1987년 한 생명공학 세미나에

•••• 영국 제약 회사.

참석한 그녀는 산도스(Sandoz)*의 간부가 이야기하는 것을 들었다.

생명공학 세미나에 참석해달라는 요청이 들어오기 시작했습니다. 그것이 그 다음 단계였기 때문이지요. 1987년 어느 세미나에서 업계는 세계 지배에 관한 원대한 꿈을 늘어놓았습니다. 그들은 유전자 조작의 필요성을 이야기했는데, 그 목적은 소농이 사용할 수 없는 기술을 확보해서 독점력을 행사하는 것이었습니다. 특허 말입니다. 특허 없이는 힘의 집중이 불가능하니까요.

산도스에서 온 사람이 이렇게 말했습니다. …… 그들이 모두 합병해서 신젠타가 되었다고요. 당시 그들은 이렇게 말했습니다. "세기가 바뀔 무렵이면 우리는 다섯이 되어 있을 겁니다." 그래서 저는 "다섯 개 거대 기업이 우리의 건강과 먹거리를 지배하는 세상에서 살고 싶지는 않습니다"라고 말했습니다."[19]

슬프게도 이 말은 생명공학업계의 뻔뻔스런 호언장담에 그치지 않았다. 업계는 자신의 정치적 영향력을 이용해서 공공 정책을 좌지우지했다. 현재 그들은 지구의 유전자 자원 중 많은 부분을 지배하고 있다. 유전공학은 과학자, 기술자, 연구실 등에 자금을 제공할 막대한 자본이 필요하다. 따라서 푸도폴리 및 그것과 관련한 상업화된 먹거리 생산 모델과 불가분의 관계에 있다.

과학을 납치하다

생명공학은 과학을 부적절하게 이용해서 사회에서 먹거리가 적합한 역할(전 세계인에게 생태적으로 균형 잡힌 방식으로 먹거리를 제공하는 것)을 수행하지 못하게 하는 방식을 보여주는 좋은 사례이다. 역사적으로 전 세계 사람들은 지역의 식재료와 문화를 이용해서 지역에 맞는 건강한 요리를 만들었

• 스위스 제약 회사. 노바티스의 계열사이다.

다. 지난 수십 년 동안의 연구는 과연 무엇이 건강한 식단의 기초인지 확인해주었다. 바로 야채, 통곡물, 과일, 약간의 단백질 섭취이다. 유전자 조작 작물에서 얻은 원료로 만든 가공식품이 건강한 먹거리와 정반대라는 사실은 이미 충분히 입증되었다. 하지만 과학계는 푸도폴리 세력과 파트너십을 맺어, 먹거리를 건강한 식단의 기초가 아닌 이윤 생산의 중심점으로 만들기 위해 사람들의 입맛, 먹거리 가공, 농산물 생산을 조작하고 있다.

놀라지 마시라. 유전자 풀의 미래에 관한 결정을 내리는 회사들 중 다수는 과거에 극도로 무책임한 행태를 보여왔으며, 사람들의 건강과 환경을 보호하는 측면에서 좋지 못한 기록을 갖고 있다. 이 회사들은 유전공학의 의도하지 않은 장기 영향에 관해서는 전혀 관심을 보이지 않았다. 푸도폴리 세력의 주된 관심사는 사람들을 먹이는 것도, 사람들의 건강에 기여하는 것도 아니며, 심지어 기업의 장기 생존 가능성을 확보하려는 것도 아니다. 우리 경제 체계가 만들어낸 그들의 행동강령은 단기적인 경제적 이익에 초점을 맞춘다. 다음 분기의 이윤, 회사 주가, 인수합병 보너스, 스톡옵션, 황금낙하산(golden parachute)** 등에 초점을 맞춘다.

지금은 기업의 재무제표를 위해서가 아니라, 사람의 이익을 위해서 과학을 이용해야 한다. 농민들은 오랫동안 선택적 육종을 통해 지역 환경에 가장 적합한 종자와 가축을 생산해왔다. 수천 년 동안 이어온 이 기법을 기반으로 해서 합리적인 먹거리 생산 체계를 다시 구축해야 한다. 기후변화와 인구 증가로 새로운 도전이 생겨나고 있는 지금보다 그것이 더 중요했던 적은 없다. 우리 유전자의 미래와 먹거리 체계에 대한 통제력을 다시 회복해야 할 때이다. 오늘날 생명공학 산업은 거의 규제를 받지 않고 있다. 미래 세대가 제대로 먹을 수 있도록 이 산업에 고삐를 채울 수 있는 정치적 힘을 구축해야 한다.

●● 적대적 인수합병을 막기 위해 기업 경영진 해임 시 거액의 퇴직금 지급, 스톡옵션 부여 등을 미리 명문화함으로써 기업 인수비용을 높이는 전략.

13
다윗과
골리앗

어떤 과학도 정치의 나쁜 영향과 권력의 부패로부터
자유로울 수 없다.
— 제이콥 브로노프스키(Jacob Bronowski, 1908~1974), 영국 과학자.

Foodopoly

21세기에 접어든 지 불과 10년 만에 유전자 조작 작물의 재배 면적은 29개 국 1억 4,770만 헥타르 이상으로 늘었다.[1] 미국이 6,670만 헥타르로 세계 1위이며, 전 세계 재배량의 절반 가량을 생산한다.[2] 1996년에는 미국의 유전자 조작 작물 재배 비율이 대두 7퍼센트, 옥수수 1퍼센트에 불과했다. 하지만 15년 만인 2011년에 대두 94퍼센트, 옥수수 88퍼센트로 늘어났다.[3]

도대체 어떻게 해서 규제 기관들은 거의 예외 없이 생명공학을 허용했을까? 소속 정당에 관계없이 지난 다섯 번의 역대 대통령 행정부에 공공 정책을 팔아온 이야기가 그 답이다. 생명공학 산업에 대한 적절한 규제 실패는 먹거리와 농업에 장기적으로 부정적인 영향을 미쳤다. 유전공학은 음식 알레르기, 발암성 인공 호르몬 등 의도치 않은 영향을 많이 미친다. 유전자 조작으로 특정 제초제에 내성을 가진 작물을 만들자, 환경을 오염시키고 건강을 위협하는 이 농화학물질들의 사용량이 엄청나게 늘어났다. 동식물의 유전자 풀 조작이 장기적으로 어떤 영향을 미칠지는 누구도 제대로 알지 못한다.

생명공학에 대한 규제를 피하는 전략은 생명공학 혁명이 시작된 캘리포니아대학교나 스탠퍼드대학교의 최첨단 연구실에서 만들어지지 않았다. 야심만만한 젊은 이공계 출신 경영진을 고용한 수십 개 스타트업에서 시작되지도 않았다. 규제 체계의 파괴는 몬산토에서 시작되었다. 이 공업화학 회사는 1970년대 규제 전쟁을 이겨냈으며, 유독물질인 PCB(지금은 산업 냉매로의 사용이 금지되었다) 및 고엽제의 제조와 관련한 수백 건의 소송에서도 살아남았다. 특유의 기업 문화를 바탕으로, 몬산토는 자연의 핵심에 도전할 수 있는 경험과 자원을 가진 교활하고 무자비한 거대 기업으로 성장했다.

두 번째 산업혁명

1979년 생명공학의 미래에 관한 비전을 가진 과학자 한 명이 단번에 몬산토를 사로잡았다. 몬산토는 하워드 슈나이더먼(Howard Schneiderman)을 연구개발 프로그램 부흥을 위해 스카웃했다. 그는 원래 발달생물학자로, 몬산토의 과학 책임자가 되기 전까지 캘리포니아대학교 어바인 캠퍼스의 생명과학대학 학장을 지냈다.

슈나이더먼은 다채로운 경력의 소유자였다. 그는 뉴욕시에서 성장했으며, 얄궂게도 윤리문화협회(Ethical Culture Society)에서 운영하는 학교를 다녔다. 윤리문화협회는 인간과 자연에 대한 존중 향상을 목적으로 하는 단체로,* 그의 부모는 이 단체 일에 적극적이었다. 슈나이더먼은 하버드대학교를 졸업하고 같은 학교에서 박사후 과정을 끝낸 뒤에 브루클린윤리협회학교에서 결혼했다. 1953년 그는 코넬대학교에서 처음 교수로 일했고, 뒤에 케이스웨스턴리저브대학교로 옮겼다. 이 학교에서 슈나이더먼은 녹색혁명 연구 프로그램의 일환으로 포드재단으로부터 큰 연구비를 따냈다. 당시 슈나이더먼은 세포 관련 연구를 시작했으며, "유전자 접합"에 관심을 가졌다. 말년에는 1990년에 백혈병으로 죽을 때까지 몬산토에서 일하면서, 유전자 사적 소유의 윤리적 측면에 관해 여러 곳에서 강의했다.[4]

슈나이더먼이 없었더라면 몬산토가 생명공학에 그렇게 막대한 투자를

---

* 유대교와 기독교에서 종교적 요소를 모두 배제하고 윤리와 도덕적 가르침에 초점을 맞추는 단체로, 현재는 진보적인 교육 관련 활동으로 유명하다.

과감하게 할 수 없었을지도 모른다. 어쨌든 당시 분위기는 그랬다. 당시는 생명공학이 언론의 머리기사를 장식하고, 신생 기업에 자본이 쏟아져 들어오며, 과학자들이 학계와 기업 간의 경계를 무너뜨리던 때였다. 그리고 슈나이더먼은 학계가 산업계와 협력해야 한다는 신념을 가진 신세대 과학자였다. 그래서 그는 남부 캘리포니아를 떠나 세인트루이스에 있는 몬산토 본사로 갔다.

몬산토에 도착한 슈나이더먼은 오랫동안 생명공학이 미래라는 꿈을 간직한 몬산토의 과학자 한 명을 심복으로 삼았다. "코르크 어니(Ernie the Cork)"라는 별명을 가진 어니스트 재보스키(Ernest Jaworski)는 폴란드 이민자의 자식으로, 오리건대학교를 졸업한 뒤 1952년 몬산토에 입사했다. 주먹구구식 기업 문화를 가진 몬산토는 일하기 쉬운 직장이 아니었다. 가장 성공적인 제품이 엄청난 이윤을 벌어들이면 경영진은 막대한 금액을 새로운 프로그램에 쏟아부었다. 하지만 이윤이 줄어들면 하루아침에 프로그램이 사라지곤 했다. 그러나 동료들은 재보스키가 늘 "어떻게든 살아남아서 물 위로 떠오른다"라는 느낌을 받았다.** 그는 차세대 제초제 연구에 매달려야 했다. 하지만 유전자 접합에 생물학자들이 흥분하기 시작하자, 라운드업 살포에도 살아남을 수 있는 옥수수 유전자 만들기에 관심을 가졌다. 슈나이더먼이 도착할 때까지는 몬산토 안에서 미친 생각처럼 보이는 이 아이디어에 관심을 갖는 사람이 거의 없었다.[5]

슈나이더먼은 생명공학이 두 번째 산업혁명이라고 믿었다. 그는 야보르스키와 의기투합해서 몬산토를 생명공학 시대로 인도할 수 있는 기술을 가진 젊은 과학자들을 끌어 모으기 시작했다. 그는 생명과학연구소(Life Sciences Research Center)에 투자하도록 경영진을 설득하기에 충분한 정도의 신뢰를 갖고 있었다. 결국 생명과학연구소가 1984년 설립되어 1,000명

** 이렇게 물 위로 떠오른다는 점 때문에 '코르크'가 별명이 되었다.

의 과학자가 배치되었다. 회사 안에서는 생명과학연구소를 "하워드가 지은 집"으로 불렀다. 그는 자신의 지명도와 데이터 처리 능력을 이용해서 영향력 있는 모든 임원으로부터 지지를 얻었다. 슈나이더먼은 몬산토의 목표를 추구하기 위해 대학이 가진 자원을 동원할 수 있는 능력 또한 갖고 있었다. 1982년 워싱턴대학교와 몬산토는 2,300만 달러짜리 협정에 서명했다. 슈나이더먼은 옥스퍼드대학교를 비롯한 다른 대학들과도 긴밀한 연구 협력 관계를 발전시켰다.[6]

슈나이더먼이 몬산토에 입사한 직후인 1980년에, 규제 완화와 자유시장 자본주의를 공약으로 내건 로널드 레이건이 대통령에 당선되었다. 이미 워싱턴 정가에서 강력한 영향력을 발휘하던 몬산토는 레이건 행정부에 쉽게 영향을 미칠 수 있었다. 슈나이더먼은 생명공학 산업이 앞으로 논란에 휩싸일 것으로 내다봤다. 만약 유전공학 제품을 면밀히 조사하는 새로운 법이 제정된다면, 자신의 성공에 문제가 생기리라는 점을 잘 알고 있었다.

1980년대 초 워싱턴 D.C.에 있던 몬산토의 로비 책임자는 레너드 과라이아(Leonard Guarraia)였다. 《수확의 제왕(Lords of Harvest)》을 쓴 다니엘 찰스(Daniel Charles)에 따르면, 과라이아는 워싱턴의 관리들을 구워삶기 위해 고용된 쾌활하고 세속적이며 체구가 큰 로비스트였다. 그와 그에게 협력하는 관리들은 새로운 법안의 통과를 막기 위해서는 이미 규제가 이루어지고 있다는 환상을 만들어내는 것이 필요하다고 보았다. 그것은 교묘한 책략이었다. "가짜규제"와 제품 승인을 위한 몇 가지 쉬운 절차들로 소비자를 안심시키는 것이 우선이었다. 여기에 몬산토 같은 대형 회사들이 손쉽게 완료할 수 있는 과정을 마련해서 소규모 생명공학 회사들과의 경쟁에서 우위를 확보한다는 것이 복안이었다.

과라이아는 실제로 생명공학에 대한 저항이 커지자 깜짝 놀랐다. 조치의 필요성을 동료들에게 알려야 했다. 그는 생명공학계의 "가장 목소리 크고 완강한 적"의 모습을 담은 비디오테이프를 세인트루이스에 있는 몬산토 경영진에게 보냈다. 이 테이프에는 제레미 리프킨(Jeremy Rifkin)이 환경주의자들에게 행동을 촉구하는 모습이 담겨 있었다.[7]

리프킨은 1977년에 《누가 신이 되려 하는가? 생명의 인공 창조와 그것이 인류의 미래에 가지는 함의(Who Should Play God? The Artificial Creation of Life and What It Means for the Future of the Human Race?)》를 공동 저술했다. 이 책은 소름끼치는 미래를 제시하며, "유전자라는 화약고 위에서 우리가 얼마나 위험천만한 상황에 놓여 있는지"를 보여준다. 또한 기업이 생명체를 소유하고 판매할 권리를 가질 것이며, 곧 하나의 세포에서 살아 있는 유기체 전체를 끝없이 복제할 수 있을 것이라고 예측했다.

리프킨은 1960년대 후반에는 활동가가 아니었다. 그는 펜실베이니아대학교 와튼스쿨에서 경제학 학사를 받았으며, 1967년 졸업식 때 학생대표로 선출되었다. 총동창회상도 받았다.[1] "캠퍼스 모금운동● 대표로서 자선사업에 헌신했다",[2] "펜실베이니아 정신으로 똘똘 뭉쳐서……그것을 치어리더로서 미식축구 팬들에게 전했다",[3] "기숙 동아리●●들의 대의를" 증진했다는 공로를 인정받았다.[8]

하지만 어느 시점부터 정치에 관심을 가지게 되어, 베트남전 반대론자가 되었다. 터프츠대학교 국제관계학 석사 과정 때 리프킨은 반전 활동에 열중했으며, 환경주의자가 되었다. 1973년 유가 상승으로 나라가 요동치던 때 리프킨은 '보스턴 차 사건'●●● 200주년 기간에 보스턴 항구에서 석유회사들에 반대하는 시위를 조직했다. 1977년 그와 동료 한 명은 경제동향

● 대학 구내에서 돈을 모금해 지역 자선단체나 사회복지단체 등에 기부하는 프로그램.

●● 여러 개의 방이 있는 집에 회원들이 모여 사는 친목 동아리. 보통 남성 전용, 여성 전용으로 운영한다. 각 동아리의 이름에 Kappa Alpha Society, Delta Phi Fraternity 등 그리스 문자가 들어가고 집의 전면에 이 그리스 문자들이 보통 크게 새겨져 있기 때문에, Greek letter society라고 통칭한다.

●●● 식민지 미국 주민들이 영국 본국으로부터의 차 수입을 저지하기 위해 일으킨 사건. 과도한 세금 징수에 저항하기 위한 것이었다.

연구재단(Foundation on Economic Trends)을 창립했다. 그는 지금도 이곳에서 전 세계 경제 위기, 에너지 안보, 기후변화라는 3중의 도전에 맞서서 경제가 장기적으로 지속가능해지도록 노력하고 있다.

생명공학 여명기에 리프킨은 유전공학에 초점을 맞추고 있었다. 그는 업계가 두려워하는 존재였다. 앞에서 말했듯이 리프킨이 환경주의자들에게 연설하는 모습을 담은 비디오테이프를 몬산토가 갖고 있었다. 이는 몬산토나 다른 단체들이 그의 활동을 모니터링하고 있었다는 얘기다.

이 비디오 시청 모임에 참석한 중역 중 한 명이 워싱턴 D.C. 사정에 정통한 윌 카펜터(Will Carpenter)였다. 그는 화학물질 생산을 둘러싸고 환경주의자들이 화학업계에 대항할 때 몬산토를 대변했다. 당시 몬산토의 오랜 환경오염 이력을 둘러싸고 큰 논란이 벌어졌다. 카펜터는 생명공학에서 이런 일이 다시 벌어지는 것을 막고 싶었다.[9]

1983년과 1984년에 열린 전략회의에서 카펜터는 생명공학 기술의 안전성을 공중에게 확신시키기 위해서는 정부의 승인 도장이 필요하다고 주장했다. 규제와 절차 개발 지원을 정부에 요청한 뒤, 기업이 일련의 요구 사항을 충족하면 자동으로 제품이 승인되도록 만들자고 제안했다. 몬산토가 업계를 규제할 새로운 법 통과를 원한 것은 물론 아니었다. 몬산토는 중세 그림에서 국부를 가리기 위해 사용한 무화과나무 잎처럼 최소한의 구색만을 갖춘 규제를 원했다.

이 아이디어를 전파하기 위해 워싱턴을 방문한 카펜터는 암초에 부딪혔다. 레이건 정부 인사들이 규제에 전혀 찬성하지 않았다.[10] 특히 식품의약국의 헨리 밀러(Henry Miller)가 몬산토의 계획에 강하게 반대했다. 환경주의와 규제에 불같이 화를 내는 반대론자인 밀러는 식품의약국에 15년간 있으면서 생명공학 산업의 중요한 옹호자 역할을 했다. 그는 생명공학부의 초대 부장을 지냈으며, 첫 번째 유전자 조작 약품의 의학 부문 심사관으로서 허가가 빨리 나도록 도왔다. 밀러는 지금도 규제에 강력히 반대하는 입장을 고수한다. 우익 성향인 후버연구소(Hoover Institute) 선임연구원으로 있으면서 생명공학 규제에 반대하는 목소리를 높이고 있다.

밀러는 신제품 시험 비용을 감당할 수 없는 칼진 같은 소규모 생명공학 회사들을 몬산토가 몰아내려 한다고 비난했다. 밀러는 몬산토를 "배신자"로 부르며, 몬산토가 리프킨보다 더 생명공학 산업에 해를 끼친다고 말했다. 분위기가 심상치 않게 돌아가자 몬산토는 세부적인 전략 계획이 필요하다고 생각했다.[11]

몬산토는 워싱턴에서 자신의 일을 맡아서 해주는 청부업체 중 하나인 킹 앤 스폴딩에 몬산토 제품을 아무 마찰 없이 빠르게 출시할 수 있도록 돕는 규제 절차 전략을 개발해달라고 요청했다. 125년 역사의 이 국제 법률 회사는 '식품의약국 및 생명과학 사업부'(이 사업부는 마이클 테일러가 만들었다)를 통해 지금도 대형 제약 회사 및 생명공학 회사를 대변하고 있다. 6장에서 이야기한 것처럼 테일러는 식품의약국 직원으로 근무했으며, 1981년 이 법률 회사의 식품의약국 로비 관련 책임자가 되었다.

몬산토의 로비력은 단연 최고였다. 테일러가 제안한 업계 친화적인 규제는 백악관 과학기술정책국이 개발한 정책에 거의 토씨 하나 바뀌지 않고 그대로 채택되었다. 1984년 12월 31일자 〈연방관보(Federal Register)〉에 발표된 '생명공학 규제를 위한 종합 프레임워크(Coordinated Framework for the Regulation of Biotechnology)'라는 이름의 이 정책은, 지금도 규제의 기초가 되고 있다. 몬산토는 결국 승리를 거뒀다. 생명공학을 규제하기 위한 새로운 법이 전혀 필요하지 않게 되었다.

레이건 시대는 몬산토와 생명공학 산업에 또 다른 선물을 가져다주었다. 생명체의 특허 문제를 해결했다. 이 이야기는 1906년에 시작된다. 당시 종묘업계는 자신이 개발한 식물을 경쟁업체가 접목이나 꺾꽂이로 복제해서 판매하거나 무료로 제공하는 것을 막기 위해 상표법(Trademark Act) 개정을 시도했다. 그러나 개정안을 통과시킬 수 있을 정도의 정치적 힘은 모으지 못했다. 목적 달성에 실패하자 종묘업계는 전국식물특허협의회를 창설했다. 미국종묘협회를 대변하는 로비 조직이었다. 1929년 레드 딜리셔스(Red Delicious) 사과와 골든 딜리셔스(Golden Delicious) 사과를 개발한 업체의 사장인 폴 스타크(Paul Stark)가 전국식물특허협의회 회장직을 맡았다.

종묘업계는 로비를 통해 1930년 식물특허법(Plant Patent Act)을 통과시켰다. 이 법은 접목과 삽목으로 재배한 식물에 17년 동안의 특허를 허용했다.[12] 이런 보호는 훗날 1952년 특허법을 통해 농산품, 화학물질, 공정으로 확대되었다. 1970년에는 종자로 재배한 식물에 대한 지적재산권이 확립되었다. 당시 식물품종보호법(Plant Variety Protection Act)은 육종가에게 18년 동안 독점적인 특허권을 부여했다. 하지만 농민에게도 종자를 저장하고 다른 농민에게 판매할 권리를 주었다.

1980년 대법원이 유전자 조작 식물, 동물, 박테리아를 특허로 보호하는 역사적인 결정을 내렸다. 찬성 5, 반대 4의 과반수로 이루어진 이 결정의 판결문에서 닉슨 대통령이 임명한 대법관인 워런 버거(Warren Burger)는 이렇게 주장했다. "연구실에서 창조한 생명체는 1952년 특허법에서 규정한 '자연의 산물'이 아니며, 따라서 특허를 받을 수 있다." 심대한 영향을 미친 이 결정은 지금도 특허 부여의 법적 기반이 되고 있다. 이 결정은 미생물에 대한 특허가 이루어질 수 있도록 허용함으로써, 실용신안특허법(utility patent law)에 의거한 식물 특허가 이루어질 수 있다고 판정한 미국 특허청의 판결을 촉발했다. 그로 인해 종자 저장과 공유를 거의 무용지물로 만든 다른 특허법 관련 결정들이 등장할 수 있는 길이 열렸다.

공적자금 지원으로 얻은 연구개발 결과를 민간 기업에게 공유하라는 압력 역시 높아졌다. 레이건 혁명을 누구보다 빨리 받아들이기 위해 1984년 보수파 상원의원 스트롬 서몬드(Strom Thurmond)와 정당을 초월한 68명의 후원자가 국가협동연구법(National Cooperative Research Act)을 도입했다. 이 법은 생명공학 회사가 하고 있던 방식, 즉 공동 연구개발을 위해 설립된 사업체에 대한 반독점법 적용을 완화해주었다. 몬산토를 비롯한 다양한 산업의 기업들이 1986년 기술이전법 통과를 위해 로비를 벌였다. 이 법은 연방정부기관들이 민간 기술 이전을 조직 사명에 포함시키도록 규정했으며, 기술 이전의 성공 여부를 공무원의 연례 업무 성과 평가에 반영되도록 했다.

이 모든 변화로 인해 생명공학을 둘러싼 논쟁과 논란이 커졌다. 1980년 대 초 반대 세력을 무력화하고 정부에 로비하기 위해 2개 사업자단체가 만들어졌다. 생명공학산업협회는 대기업을 대변했으며, 생명공학기업협회 는 스타트업의 이익을 대변했다. 10년 뒤에는 생명공학 산업이 성숙함에 따라, 이 두 단체가 통합해서 바이오협회(Biotechnology Industry Organization)가 되었다. 워싱턴 로비를 총괄하는 이 단체는 현재 "바이오(BIO)"란 약칭으로 불린다.

한편, 생명공학이 정치적 힘을 불리는 동안 유전공학에 반대하는 세력들 역시 힘을 모았다. 생명공학을 우려하는 각양각색의 단체들로 구성된 비공식 네트워크인 생명공학워킹그룹(Biotechnology Working Group)이 1980년대 초 모임을 시작했다. 회원 단체로는 경제동향연구재단, 지구의 벗(Friends of the Earth), 소비자연맹(Consumers Union)을 비롯해서, 종교 및 노동 단체가 참여했다. 이 연합체는 생명공학을 감독할 규제 신설을 촉구했다. 의회에서 이들의 가장 큰 협력자는 테네시주의 젊은 하원의원 앨 고어였다. 고어는 규제되지 않는 산업에 민간 자본이 몰리는 것을 회의적으로 보았다.[13]

고어는 아마추어 미래학자로서 신기술의 지지자였다. 그럼에도 불구하고 환경에 피해가 생길 때까지 기다리지 말고 피해가 발생하기 전에 정부가 개입해야 한다고 주장했다. 그는 업계를 규제하고 공익을 보호할 새로운 법 제정을 촉구했다. 생명공학워킹그룹에 소비자연맹 대표로 참석한 마이클 한센(Michael Hansen)은 유전공학의 초기 반대자 중 한 명이다. 그는 고어가 이 문제를 제대로 알고 있었으며, 진지하게 우려하고 있었다고 말한다.

마이클 테일러, 돌아오다

몬산토의 지원으로 만들어진 새로운 규제 체계는 생명공학 제품이 일반 제품과 같으며, 생명공학 제품 특유의 특성 혹은 위험이 전혀 없다는 견해를 명문화했다. 생명공학업계를 규제할 새로운 법이 통과되지 않았기 때문에, 3개 기관이 규제 책임을 주로 지게 되었다. 식품의약국, 환경보호청, 농무부, 이 3개 기관이 생명공학 제품에 기존의 법령을 적용할 수 있도록 했다. 이는 유럽연합, 일본, 오스트레일리아, 기타 여러 나라의 훨씬 더 보호주의적인 규제 체계에 비하면 상당히 급진적인 접근법이다.

반대의 목소리가 커지고 규제 압력이 높아지자 몬산토는 초조했다. 1986년 말 몬산토 중역 4명이 조지 H.W 부시 부통령을 방문했다. 2001년 〈뉴욕 타임스〉 기사를 보자.

> 백악관은 동의했고, 오랫동안 워싱턴에서 큰 정치적 영향력을 행사해온 몬산토가 원하는 규제를 위해 배후에서 움직였다. 이런 결과는 앞으로도 끊임없이 반복될 것이다. …… 몬산토는 워싱턴에서 원하는 것을 얻었으며, 생명공학업계 전체 역시 그것을 얻었다. …… 그리고 갑자기 이 회사가 규제를 없애서 자신이 생산한 식품을 빨리 출시해야 할 필요가 있다고 결정하자, 백악관은 이례적으로 관대한 자율규제 정책으로 신속히 화답했다.[14]

몬산토는 행정 기관의 담당자가 계속 바뀌는 와중에도 규제 정책에 영향을 미칠 수 있는 능력을 지니고 있다. 부통령이었던 조지 H.W. 부시가 대통령이 되자 생명공학 규제를 완화하라는 압력이 탄력을 받았다. 1991년 2월

백악관 경쟁력위원회는 생명공학 규제를 강화하려는 의회의 노력에 반대하는 권고문을 발표했다. 이 위원회는 부시 대통령이 추진하던 규제 완화 프로그램의 일환으로, 댄 퀘일(Dan Quale) 부통령이 위원장을 맡고 있었다. 위원회는 유전자 조작 세포에 대한 특허 보호 기간 연장을 권고하는 한편, 생명공학에 대한 연방정부의 자금 지원을 농업 및 에너지 응용 분야로 전환할 것을 주장했다. 퀘일 부통령은 백악관 바로 옆에 있는 옛날 행정관●에서 새로운 정책을 발표하면서 다음과 같이 말했다. "우리는 생명공학 제품이 불필요한 규제로 방해를 받는 대신 다른 제품들과 동일한 감독을 받도록 보장할 것이다."

1991년 7월 회전문이 다시 돌아가서 부시 행정부는 킹 앤 스폴딩의 전략가 마이클 테일러를 식품의약국으로 복직시켰다. 그는 특별 신설된 정책 담당 차관보 자리를 맡았다.

식품의약국에 복귀한 테일러의 인도 아래 1992년 3월 부시 행정부는 경쟁력위원회의 권고를 받아들여, 생명공학 제품에 관한 승인 절차를 간소화했다. 식품의약국은 생명공학 정책을 발표해서, 유전자 조작 식품 관련 연방법에 대한 "식품의약국의 해석"을 분명하게 밝혔다. 생명공학에서 얻은 식품이 다른 식품과 다르지 않다는 것이 공식 견해였다.

MIT 학보 〈더 테크(The Tech)〉에서는 관대한 새 정책이 생명공학산업의 성장을 촉진해서 식물과 농산품의 유전자를 조작하도록 할 것이며, 그 결과 "기업들이 MIT 보유 특허를 더 많이 사용하게 될 수도 있다"라고 새 정책을 격찬했다. 부시는 "이 40억 달러 산업이 10년 뒤에는 500억 달러로 성장할 것이다"라고 공언했다.[15]

하지만 몬산토가 생명공학에서 원하는 경제적 이익을 얻는 데 필요한 모든 것이 갖춰지지는 않았다. 몬산토는 우유 생산을 늘리는 인공 성장 호르

● 현재는 아이젠하워 행정관으로 불린다. 부통령실의 많은 부분이 이곳에 있다.

몬인 rBGH와 관련해서 몇 년 동안 노력을 기울였다. 계속되는 논란에도 불구하고 1981년에 몬산토는 식품의약국의 승인을 받기 위한 예비 자료를 제출했다. 3년 뒤 이 기술에 대한 공중의 비판과 우려를 불식시키기 위해 식품의약국은 rBGH를 이용해서 생산한 우유가 인간의 건강에 미치는 영향을 대강 살펴보았다. 그리고 몬산토와 다른 생명공학 기업들이 제공한 연구를 기반으로 위험이 없다고 발표했다. 그러자 몬산토는 호르몬 논쟁이 계속되고 있는데도 불구하고 공식 승인 신청서를 1987년에 제출했다.

1988년 rBGH를 사용해서 생산한 우유가 일종의 단백질 호르몬인 인슐린 유사 성장 인자(insulin-like growth factor type 1: IGF-1)의 양을 늘린다는 사실이 주목을 끌었다.* 인간은 자연적으로 IGF-1을 생산하며, rBGH를 사용하지 않은 젖소에서 생산한 우유 속에도 IGF-1이 포함되어 있기는 하다. 하지만 rBGH 주사를 맞은 젖소에서 생산된 우유에는 훨씬 많은 양의 IGF-1이 들어 있다. 이 단백질 호르몬은 젖소의 피에서 우유로 이동하며, 저온살균하더라도 파괴되지 않는다. 그런데도 식품의약국은 rBGH가 건강에 아무런 악영향을 미치지 않는다는 결론을 내리고 조사를 종결했다.

조사에 참여한 과학자가 식품의약국이 몬산토가 조작한 데이터에 의존했다며 비판했다. 그러자 의원 몇 명이 감사를 촉구했고, 감사원이 식품의약국의 rBGH 조사에 대한 심층적인 감사에 착수했다. 감사원은 후속 연구를 수행할 때까지 이 제품의 승인을 늦추라고 식품의약국에 권고했다. 하지만 식품의약국은 이 인공 호르몬이 안전하다는 원래의 결론을 재천명했다.

한센은 이 호르몬의 합법화에 격렬하게 반대했다. 그는 식품의약국의 이해관계 충돌 때문에 rBGH 승인 과정에 처음부터 문제가 있었다고 말한다.

• 이 호르몬은 성장 호르몬과 기능이 비슷하지만, 태아 때 주로 분비되어 성장을 촉진하다가 이후에는 줄어든다. 성인의 암 발생 증가와 관련 있는 것으로 알려져 있다.

하지만 1993년 클린턴 행정부의 식품의약국은 이전 정부의 전철을 밟아 몬산토의 손을 들어주었다. 민주당과 긴밀한 유대를 맺고 있던 몬산토 중역들은 클린턴 행정부 내 인맥을 이용해서 이 호르몬의 상업적 이용 승인을 얻어냈다. 이 제품은 포실락이란 이름으로 판매되었다.

몬산토가 로비를 펼친 결과이기도 했지만, 1994년이 되자 식품의약국은 낙농장이 우유 라벨에 "무-rBGH"라고 밝히는 것까지 금지했다. 몬산토 전략가이자 정부 소식통인 마이클 테일러가 이 라벨링 규정을 작성했다. 테일러가 서명한 식품의약국 라벨링 지침에 따르면, '무-rBGH'는 사람들을 호도하는 것이다. 따라서 식품의약국이 내린 결론을 밝히는 다음의 긴 문장 역시 반드시 넣어야 한다. "rbST로 처리한 젖소와 그렇지 않은 젖소에서 생산한 우유 사이에 큰 차이가 없었다"(rbST는 recombinant bovine somatotropin(재조합 소 소마토트로핀)의 약자로, 이 약품에 대해 업계가 선호하는 이름이다).••

식품의약국이 이 문서를 발표한 불과 며칠 뒤 몬산토는 우유 라벨에 '무-rBGH'를 넣은 2개 낙농장을 고소했다. 또한 테일러의 예전 직장인 킹 앤 스폴딩은 몬산토를 대신해서 여러 낙농가에 편지를 보내 규정을 준수하지 않을 경우 폐업시킬 수도 있다고 경고했다.

결국 감사원이 이해충돌을 이유로 마이클 테일러를 감사했다. 1980년대에 테일러는 킹 앤 스폴딩에서 일하면서 여러 주 rBGH 라벨링 법의 위헌성에 관한 문서의 초안을 몬산토를 위해 작성한 뒤 식품의약국으로 자리를 옮겨서 이 문제에 관한 지침도 작성했기 때문이다. 하지만 감사원은 이 지침이 "식품의약국의 결정에 대한 구속력"을 갖지 않았으며, 따라서 불편부당성 기준의 적용을 받지 않는다고 결론 내렸다. 결국 이 가이드라

•• 자연적으로 분비되는 성장 호르몬을 가리킨다. rBGH 등의 인공 성장 호르몬은 유전자 재조합 기술을 이용해 박테리아에서 생산하므로, 업계에서는 이를 숨기기 위해 자연 호르몬을 연상시키는 '재조합 소 소마토트로핀'이란 이름을 선호하고 있다. 소 성장 호르몬은 bST, 돼지 성장 호르몬은 pST(por cine somatotropin)라 부른다.

인과 관련한 테일러의 작업은 감사에서 완전히 배제되었으며, 그의 회전 문 이력은 계속 이어졌다.

1994년 클린턴 대통령이 테일러를 농무부에 임명하면서 테일러는 식품 의약국을 떠났다. 농무부를 떠난 뒤에는 킹 앤 스폴딩에 잠시 되돌아갔다가, 1998년 몬산토의 공공 정책 담당 부사장이 되었다. 그리고 2009년 오바마 대통령에 의해 국장 '특별자문관'으로 식품의약국에 다시 복귀했다.

테일러의 주도로 rBGH에 대한 별도의 라벨링이 이루어지지 않자, 불행히도 수백만 명이 높은 수준의 IGF-1에 노출되었다. 최근의 연구에서는 인체 내 IGF-1 수치가 높을 경우 유방암, 대장암, 전립선암 등의 발생 위험이 증가하는 것으로 밝혀졌다. 또한 여러 연구를 통해 rBGH(포실락)가 송아지의 출산율 저하 및 저체중과 소에게 여러 신체적 질환(유선염, 발굽이나 다리의 문제 등)을 일으킨다는 점이 입증되었다. 동물과 인간의 건강상의 우려 때문에 현재 유럽연합, 일본, 오스트레일리아, 캐나다 등은 rBGH 사용을 전면 금지한다.

이 호르몬은 지금까지 계속해서 논란에 휩싸여왔다. 따라서 이 인공 호르몬 사업부를 분사하기로 한 몬산토의 결정은 별로 놀랍지 않다. 2008년 8월 대형 제약회사 엘리 릴리(Eli Lilly)가 몬산토의 rBGH 사업을 3억 달러에 인수한다고 발표했다. 포실락은 엘리 릴리 계열사인 엘란코(Elanco)의 일부가 되었다. 엘리 릴리는 이미 지난 10년 동안 포실락의 국제적인 독점 판매원이었다. 이 인수를 통해 가축 항생제 제조업체인 엘리 릴리는 양쪽에서 이익을 얻었다. 호르몬도 판매할 수 있고, 암소의 유선염 치료에 필요한 항생제 또한 판매할 수 있게 되었다. 슬프게도 엘리 릴리는 현재 산업화된 가축 생산을 늘리는 데 힘 쏟고 있는 개도국에서의 판매에 초점을 맞추고 있다.

결국 미국에서는 인공 호르몬 반대 세력이 rBGH의 사용을 극적으로 줄이는 데 성공했다. 공익 옹호운동 때문에 크로거나 스타벅스 같은 대형 소매업체들과 식품회사들이 이 호르몬을 써서 생산한 우유의 사용을 거부하고 있다. 미국 최대의 우유 유통업체인 딘 푸드는 자사의 거의 모든 우유에는 인공 호르몬이 들어 있지 않다고 밝혔다. 요플레(Yoplait)와 다농 역시 자사 제품에 rBGH를 넣지 않겠다고 발표했다. 심지어 월마트의 우유마저도 무-rBGH이다.

식품의약국의 이상한 규제

rBGH를 둘러싼 싸움이 워싱턴 D.C.에서 격렬하게 벌어지는 동안 종자와 작물을 둘러싼 새로운 싸움이 식품 전쟁의 마지막 격전지로 떠올랐다. 워싱턴 정가는 몬산토 및 통합 과정을 거치고 있던 그밖의 종자 회사들로부터 엄청난 압력을 받고 있었다. 업계를 대변하는 조치를 취하라는 압력이 클린턴 행정부와 의원들에게 점점 더 거세졌다. 1994년 미국은 국제식물신품종보호협약(International Convention for the Protection of New Varieties of Plants)을 조인했다. 이 협약은 대부분 작물의 식물 특허 기간을 20년으로 늘리고, 특허권자의 허가 없이 농민이 저장한 특허 받은 종자의 판매를 금하는 마키아벨리식 권모술수였다.

제레미 리프킨은 종자 대기업의 종자 통제가 갖는 위험성을 일찍 인식했다. 그는《바이오테크 시대(The Biotech Century)》에서 생명공학 회사가 유전자 조작 생명체를 자연환경 속으로 내보내는 일을 "연구실에서 탄생한 두 번째 창세기"라고 명명했다. 리프킨은 경제동향연구재단의 생명공학 문제 담당자로 앤드류 킴브렐(Andrew Kimbrell)을 고용했다. 이후 킴브렐은 1997년에 먹거리안전성센터를 만들었다. 먹거리안전성센터는 생명공학 산업에 대해 몇 건의 소송을 제기했다.

먹거리안전성센터가 관여한 초기 투쟁들 가운데 하나가 유전자 조작으로 불임 종자를 만드는 기술과 관련한 것이다. 불임 종자는 아놀드 슈워제네거 주연의 영화 주인공 이름을 따서 "터미네이터 종자"라 불린다. 이번에도 몬산토가 태풍의 핵이었다. 농무부와의 협력을 통해 불임 종자를 만들고 관련 특허도 받은 종자 회사 델타 앤 파인 랜드(Delta & Pine Land)를 인수하려 했다. 그러자 1990년대 후반에 엄청난 대중적 항의가 일어났다. 저장이 불가능한 종자 때문에 종자 저장에 의존하고 있는 지역에서 기아 사태가 발생할 수 있었다.

몬산토가 비판의 표적이 되었다. 몬산토가 1998년 델타를 인수하려는 뜻을 밝혔기 때문이다. 몬산토 CEO 로버트 샤피로(Robert B. Shapiro) 역시 크게 당황했다. 그는 생명공학 종자가 지구상에서 굶주림과 빈곤에 맞서 싸울 핵심 도구가 될 것이라고 예측한 적이 있었다. 너무나 당황한 나머지 그는 1999년 10월에 록펠러재단에 편지를 썼다. 록펠러재단 이사장이 터미네이터 기술을 비판했기 때문이다. 몬산토는 당분간 이 기술을 보류하겠다는 뜻을 밝혔다. 하지만 미래의 문은 열어뒀다. "현실적으로 기업은 농업 혁신에 투자한 자금을 보호하고 그것으로부터 수익을 얻어야 할 필요가 있습니다. 이런 수익이 없다면, 우리는 농민들이 원하는 신제품을 더 이상 개발할 수 없습니다. …… 우리는 현재 이 기술의 개발에 자원을 투자하고 있지 않습니다. 하지만 미래에 유전자 보호나 농업 경영 측면에서 이익을 위해 이 기술을 사용할 가능성을 배제하지는 않습니다."[16]

1998년 연방정부 규제 기관이 몬산토의 델타 인수를 금지했다. 그럼에도 불구하고 2006년 몬산토는 델타와 이 회사의 터미네이터 특허를 인수했다. 식품안전성센터 서부 해안 지역 책임자인 레베카 스펙터(Rebecca Spector)는 터미네이터 종자를 반대하는 대중의 격렬한 저항으로 생명공학을 둘러싼 논쟁의 양상이 바뀌었다고 이야기한다. "수만 년 동안 농민은 종자를 저장해왔습니다. 생명공학업계가 불임 종자를 실제로 만들어내고 있다는 것에 사람들은 큰 충격을 받았습니다. 한 번만 쓸 수 있는 종자라는 아이디어는 농민 집단을 비롯한 다양한 단체에 큰 분노를 자아냈습니다. 그것이 이 운동에 엄청나게 크고 새로운 활력을 가져다주었습니다."

스펙터는 유전공학 반대 진영의 핵심 인물이다. 그녀는 코네티컷주 교외에서 자랐다. 그녀가 살던 동네의 경계에는 자체 아이스크림 가게가 있는 낙농장이 하나 있었다. 아버지는 이 이웃 농장으로 그녀를 데려가서 농장 안을 함께 둘러보곤 했다. 이 경험을 통해 스펙터는 자연계와 환경 윤리의 중요성을 잘 이해하게 되었다(현재 이 농장이 있던 자리에는 아파트가 들어섰다). 대학 시절 그녀는 환경에 관한 자신의 관심과 농업의 새로운 비전을 만들어내고 싶은 바람 사이에 공통점이 있다는 것을 발견했다. 미시건대학교에서 환경 정책 석사를 받고 난 뒤 그녀는 캘리포니아로 갔다. 이곳에서 스펙터는 9년 동안 하프 문 베이에 있는 한 유기농 농장의 운영을 도왔다. 유전자 조작이 유기농업에 미치는 영향 때문에 그녀는 이 기술에 경각심을 갖게 되었다. 스펙터는 생명공학에 반대하는 목소리를 일찍부터 내온 마더스 앤아더스(Mothers & Others) 같은 풀뿌리단체들과 함께 일하기 시작했으며, 이후 먹거리안전성센터에 합류했다.

1990년대 후반 유기농 기준을 둘러싸고 격렬한 논쟁이 벌어졌다. 덕분에 생명공학 반대운동이 힘을 얻고 여러 새로운 활동가가 등장했다. 1997년 농무부는 미국유기농기준안(National Organic Standards)을 공개했다. 이 안은 유기농업에서 유전자를 조작할 수 있도록 허용했다. 거의 하룻밤 사이에 이에 반대하는 엄청난 규모의 풀뿌리운동이 일어났다. 20만 명 이상이 유전공학을 유기농 기준에서 배제해야 한다는 의견을 담은 편지를 농무부에 보냈다. 이 연방정부 규제 절차를 둘러싼 운동 덕분에 전국적으로 사람들이 먹거리 관련 문제와 관련해 행동하게 되었다. 이후 이 운동의 규모가 엄청나게 커졌다.

스펙터는 유전자 조작 기술과 관행을 유기농 식품에서 배제하는 커다란 승리를 거둔 뒤, 풀뿌리 활동의 효과에 대해 큰 감명을 받았다. 그녀가 2000년에 먹거리안전성센터에 합류한 까닭은 업계의 새로운 유전공학 제품 승인 노력에 대응해서 풀뿌리 활동과 법적 행동을 강화할 필요가 있었기 때문이다. 이 단체는 유전공학이 농업에서의 산업화를 심화하는 방식을 시각적으로 보여줘야 할 필요가 있다고 판단했다.

스펙터는 앤드류 킴브렐과 함께 《치명적인 수확: 산업농업의 비극(Fatal Harvest: The Tragedy of Industrial Agriculture)》을 공동 편집했다. 이 책은 현재 좋은 먹거리운동의 바이블이다. 커피 탁자 크기의 이 큰 책에는 250장의 사진과 반다나 시바에서부터 웬들 베리에 이르는 다양한 사람이 쓴 글이 실려 있다. 석유화학제품을 사용해서 생산하는 단작농업이 지속가능하지 않다는 이야기에서 그치지 않고, 생명공학이 효율적이고 생산성도 높인다는 잘못된 통념을 깨부순다. 이 책은 이 문제에 대한 관심을 크게 높였으며, 작은 판형의 자매판인 《선집(reader)》과 더불어 10년이 지난 지금도 중요한 도구로 남아 있다.•

생명공학 산업에 대한 효과적인 규제의 필요성을 주장해온 사람으로서 스펙터는 이렇게 이야기한다. "클린턴 행정부는 생명공학 산업을 크게 진흥시켰습니다. 정권을 잡은 8년 동안 생명공학을 효과적으로 규제할 조치를 전혀 취하지 않음으로써 불행한 유산을 남겼습니다. 지금 우리에게는 생명공학에 제대로 대처할 수 있는 방법이 없습니다. 완전히 새롭고 위험한 기술들을 규제하는 데 오래되고 케케묵은 법령을 사용하고 있기 때문입니다."[17]

유전자 조작 식품의 섭취가 장기적으로 사람에게 어떤 위험을 초래할지는 아직 불확실하다. 식품의약국은 유전자 조작 식품의 섭취가 만성적인 해악을 끼친다는 사실을 입증하는 과학적 증거가 충분치 않다고 주장한다.[18] 하지만 유전자 조작 품종이 미국 옥수수의 대다수를 차지한 것은 2005년이고, 미국 대두의 대다수를 차지한 것은 2000년에 불과하다.[19] 효과 누적에 따른 장기 위험에 관해서는 아직 연구가 이루어지지 않았다. 승

• 이 책은 원래 하드커버로 출간되어 가격이 비쌌으나, 페이퍼백으로 다시 나오면서 가격을 크게 낮췄다. 페이퍼백의 제목이 《Fatal Harvest Reader》이다.

인을 위해 어떤 제품의 안전성을 판단할 때 이런 점을 반드시 고려해야 한다. 라벨링 없이 일단 출시한 다음 평가하는 방식이어서는 곤란하다.

식품의약국은 유전자 조작 식품의 안전성을 기업이 자율적으로 규제하도록 허용한다. 퀘일 부통령이 그토록 자랑스러워한 1992년 식품의약국 지침은 새로운 유전자 조작 식품이 연방식품약품화장품법(Federal Food, Drug, and Cosmetic Act)을 준수하도록 보장할 책임을 업계에 주었다.[20] 2001년 여론이 압박하자 식품의약국은, 기업이 새로운 유전자 조작 식품에 관한 데이터를 시판 120일 전까지 제출하도록 하는 규칙을 제안했다.[21] 2012년 현재 이 규칙은 아직도 확정되지 않았으며, 업계의 데이터 제출은 여전히 자율로 남아 있다.

식품의약국은 유전자 조작 동물을 수의약품으로 규제한다. 이는 상당히 기괴한 업계 친화적인 방식의 규제이다. 2009년 식품의약국은 연방식품약품화장품법에 나와 있는, "인간이나 동물의 신체 기능 구조에 영향을 미치도록 의도된" 물질이라는 수의약품의 정의에 유전자 조작 동물도 포함된다고 결정했다. 생명공학 기업들은 안전성과 관련한 대부분의 데이터를 공개하지 않을 수 있게 되었다. 왜냐하면 "전매특허 성격"을 갖고 있기 때문이다. 2012년 봄 현재 상업 판매 허가와 관련해서 심의가 이루어진 것은 유전자 조작 연어와 돼지밖에 없다. 그밖의 모든 동물은 아무런 승인 없이 우리의 먹거리 사슬로 들어왔다.

자연 식품[**]의 경우 안전성 책임이 제조업체에 있으며, 판매 전에 식품의약국의 승인을 받을 필요가 없다.[22] 하지만 생명공학 형질처럼 식품에 추가하는 물질을 식품의약국은 GRAS(generally recognized as safe: 일반적으로 안전하다고 인정되는 물질)[***]나 식품첨가물로 분류한다.[23] 식품의약국은 유전

[**] 가공과 정제가 거의 혹은 전혀 되지 않은 식품. 곡물, 야채, 과일 등이 대표적이다.

[***] 경험과 훈련을 거친 전문가가 과학적 절차를 통해 의도된 사용 조건 아래서 안전성을 평가한 결과 안전하다고 판단된 물질.

자 조작 식품이 안전하다고 간주되는 기존 식품과 구조, 기능, 성분 면에서 동등할 경우 GRAS를 부여한다. 1998년부터 식품의약국은 식품에 대한 GRAS 신청의 95퍼센트에 GRAS를 부여했다.[24]

반면 식품첨가물은 판매 전에 반드시 식품의약국의 사전 승인을 받아야 한다. 그러나 식품의약국은 유전자 조작 식품과 형질이 시판 중인 기존 식품과 동일하다는 것을 보증할 책임을 생명공학 기업에 맡긴다. 기업은 해당 유전 형질의 출처에 관한 정보(즉 어떤 식물이나 유기체를 조합했는가에 관한 정보)나 해당 식품의 소화 용이성, 영양 성분, 구성 성분과 관련한 정보를 제출해도 되고, 새로운 유전자 조작 물질이 기존의 식품과 유사하다는 것을 입증하는 문서를 제출해도 된다. 식품의약국은 기업이 제출한 데이터를 평가하며, 스스로 안전성 검사를 실시하지는 않는다.[25] 식품의약국은 유전자 조작 물질을 승인하거나, 조건부 승인하거나(섭취 허용 한도 설정 등), 판매 금지할 수 있다.[26] 식품의약국은 모든 식품첨가물의 안전성을 평가한다. 하지만 지금까지 식품의약국이 식품첨가물로 간주해서 평가한 유전자 조작 작물은 단 하나에 불과하다. 최초로 상업화된 유전자 조작 작물인 '무르지 않는 토마토'이다.[27]

일단 유전자 조작 식품이 승인되어 시판되고 나면(GRAS를 부여받든지 아니면 식품첨가물로 승인되든지 간에) 식품의약국이 그 안전성을 책임진다. 실제로 식품의약국은 유전자 조작 식품을 리콜하도록 기업을 압박한 적이 있다. 스타링크 옥수수가 그 대상이었다. 이 옥수수는 식용으로 승인되지 않았음에도 불구하고 먹거리 공급 사슬 속으로 들어왔다.[28] 하지만 시판 뒤 모니터링을 제대로 하지 않기 때문에 일반인이 승인되지 않은 유전자 조작 형질에 노출될 수 있다.

유전자 조작 내충성 작물 역시 알레르기를 일으킬 수 있다. 동물실험에서는 해충을 쫓아내기 위해 완두콩에 집어넣은 "무해한" 대두 단백질 하나가 생쥐에게 알레르기성 폐 손상과 피부병을 일으켰다.[29] 하지만 생명공학 단백질이 인간에게 어떤 알레르기를 발생시킬지를 평가하는 확실한 방법은 없다.[30] 규제 체계의 이 빈틈 때문에 알레르기를 발생시킬 수 있는 유전자 조작 작물을 먹거리 공급에서 배제하지 못한다.

스타링크 옥수수의 대실패는 유전자 조작 식품의 승인 과정에서 여러 기관의 역할이 서로 상충하는 문제점을 잘 보여준다. 여러 기관의 업무 영역이 겹치는 이 혼란스런 체계에서 환경보호청은 식량 작물과 사료작물의 농약 잔류 한도를 정한다. 이때 환경보호청은 식품의약국이 정한 식품·사료 안전성 기준을 모두 충족시켜야 한다. 환경보호청은 스스로 농약을 생산하도록 유전자 조작된 작물의 승인(등록)을 관할한다. 하지만 곤충을 쫓아낼 목적으로 이 내충성 작물에 집어넣은 유전자는 의도치 않은 다른 결과를 초래할 수 있다.

유럽의 거대 제약 기업 아벤티스(Aventis)가 만든 스타링크 옥수수를 예로 들어보자. 사람이 먹었을 때 심각한 알레르기 반응이 일어날 수 있다는 증거에도 불구하고, 1998년 환경보호청은 이 옥수수를 가축 사료 및 에탄올 생산용으로 승인했다. 아벤티스는 이 옥수수를 식품으로 사용하지 않겠다는 서면 합의를 농민들로부터 받을 것이라고 이야기하며 환경보호청을 안심시켰다. 하지만 이 방법은 식품처럼 보이지만 먹으면 위험한 품목을 규제하기에는 별로 좋지 못한 방법임에 틀림없다.

2000년 지구의벗이 옥수수 제품들을 검사한 결과, 타코벨의 옥수수 토르티야●가 스타링크에 오염되어 있음이 발견되었다. 결국 농민들과 대형 곡물 창고들은 알레르기 확산과 리콜로 경제적 손실을 입었다. 아벤티스는 역시 이와 관련한 여러 건의 소송 때문에 수백만 달러를 지불했다.

● 밀가루나 옥수수 가루로 만든 반죽을 구운 것으로, 보통 속에 야채나 고기를 넣고 싸먹는다.

유전자 조작 작물은 안전한가

통상적인 유전자 조작 작물이 식품의약국의 승인을 받기는 했지만, 안전성에 관한 의문은 여전하다. 유전자 조작 옥수수와 대두는 산업화된 먹거리 공급의 기본적인 구성요소로, 가축 사료에서부터 식물성 경화유(마가린, 쇼트닝 등)와 고과당 옥수수 시럽(액상과당)에 이르기까지 다양하게 쓰인다. 유전자 조작 식품의 안전성에 관한 연구는 제한적인데, 생명공학 기업이 종자 사용 허가 계약을 통해 연구 목적으로의 재배를 금하고 있기 때문이다.[31]

생명공학 작물에 관한 독립적인 연구 몇 개가 학술지에 실렸으며, 이를 통해 유전자 조작 식품이 건강에 미치는 악영향이 어느 정도 드러났다. 2009년 〈국제생물과학회지(International Journal of Biological Sciences)〉에 실린 한 논문은 유전자 조작 옥수수를 90일 동안 먹은 쥐의 간과 신장에서 기능 손상을 발견했다.[32] 또 다른 연구는 쥐의 간에서 이상 증세를 발견했는데, 유전자 조작 식품의 섭취로 신진대사율이 높아졌기 때문이었다.[33] 그리고 2007년의 한 연구는 내충성 Bt 옥수수를 먹은 쥐에서 심각한 간과 신장 손상을 발견했다. 이를 통해 "현재의 데이터를 놓고 판단하건대, 유전자 조작 옥수수 MON863을 안전한 식품으로 결론 내리기는 불가능하다"라고 주장했다.[34] 생쥐 태아 연구에서는 유전자 조작 대두를 먹은 생쥐가 태아 발달상의 장애를 나타냈다.[35] 심지어 유전자 조작 가축 사료도 그것으로 만든 동물성 식품을 먹은 소비자에게 어느 정도 영향을 미칠 수 있다. 이탈리아 연구자들은 유전자 조작 사료를 먹은 젖소에서 생산된 우유에서 유전자 조작 유전자를 발견했다. 전이유전자가 저온살균에도 살아남았다.[36]

또한 유전자 조작 작물과 보통 함께 사용하는 제초제 글리포세이트 (glyphosate)*가 동물과 인간의 건강에 위험을 일으킬 수 있다는 증거도 있다. 2010년 학술지 〈독성학의 화학적 연구(Chemical Research in

Toxicology)〉에 실린 한 연구는 글리포세이트 기반의 제초제가 척추동물에게 고도의 기형과 신경 기능 손상을 일으킨다는 사실을 발견했다.[37] 또 다른 연구는 제조업체가 권장하는 노출 수준보다 훨씬 더 낮은 정도로 글리포세이트에 노출되더라도 인간 세포에 DNA 손상이 생긴다는 사실을 발견했다.[38] 그럼에도 불구하고 라운드업 레디 작물에 사용되는 글리포세이트의 양은 꾸준히 늘어났다. 이 농약의 살포량은 2001~2007년에 두 배로 늘어났다.[39]

제초제 내성 작물이 처음 도입된 지 15년이 지나자, 잡초는 이미 제초제에 내성을 가지게 되었다. 2010년 국가연구위원회 보고서에 따르면, 라운드업의 광범위한 살포로 글리포세이트에 내성을 가진 잡초가 생겨났다. 농민은 잡초와 싸우기 위해 유독성 제초제를 더 많이 뿌리고 보존경운[**]은 줄이고 있다.[40]

환경보호청은 살충제와 제초제를 규제한다. 규제 대상에는 해충 저항성을 갖도록 설계된 유전자 조작 작물도 포함된다. 환경보호청은 농약을 "해충을 예방하거나 파괴하거나 쫓아내거나 완화시키는" 물질로 정의한다. 따라서 미국에서 판매되는 모든 농약이 환경보호청의 규제를 받는다. 또한 환경보호청은 식품의 농약 잔류량 허용 기준을 정하는데, 여기에는 유전자 조작 내충성 작물도 포함된다. 1995~2008년에 환경보호청은 옥수수, 면화, 감자 속에 삽입된 유전자 조작 농약을 29개 등록했다.

생명공학 농약은 1947년 제정한 연방살충제살균제살서제법(Federal Insecticide, Fungicide and Rodenticide Act)의 규제를 받는다.[41] 이 법에 따르

• 아미노산 재합성을 저해해서 모든 식물을 죽이는 비선택형 제초제로, 몬산토의 라운드업이 대표적이다.

•• 토양 침식이 많은 시기에 작물 부산물이 농지 표면의 30퍼센트 이상 혹은 1,000kg/ha 이상 남도록 해, 토양 침식과 물 유실을 줄이는 방식의 경운을 말한다. 현재 미국에서 가장 많이 사용되는 경운 방식이다. 따라서 위 문장은 작물 부산물에 잡초 씨가 섞여 있을까 하는 우려 때문에 작물 부산물을 밭에 덜 남겨두게 되었다는 뜻이다.

면, 내충성을 갖도록 설계된 유전자 조작 작물 등에 사용하는 새로운 농약은 생태계 오염과 환경 및 공중보건 위험 발생을 포함해 "환경에 과도하게 부정적인 영향을" 초래하지 않음을 반드시 입증해야 한다.[42] 환경보호청은 일반적인 농약과 마찬가지로 새로운 유전자 조작 내충성 작물의 형질을 승인하고 등록할 의무가 있다.[43] 생명공학 기업은 새로운 내충성 유전자 조작 작물의 형질에 대한 현장 실험*을 실시하고, 식품의 농약 잔류 허용 한도를 설정하며, 상업적 생산 전에 해당 농약의 특성을 등록해야 한다.[44]

또한 환경보호청은 등록하지 않은 농약에 대한 포장시험이나, 등록한 농약을 등록하지 않은 용도로 사용하는 것에 관한 시험을 허가할 수 있는 권한도 갖고 있다. 허가 신청서에는 새로운 내충성 유전자 조작 작물의 확산을 어떻게 막을 것인지를 반드시 적어야 한다. 농민이 이 관리 계획을 따르도록 할 책임은 생명공학 종자 회사가 진다. 2010년 환경보호청은 2002~2007년에 환경보호청이 지시한 경작 제한 사항을 농민에게 알리지 않고 유전자 조작 종자를 판매한 혐의로 몬산토에 250만 달러의 벌금을 부과했다.

이 혼란스런 과정에 관여하는 세 번째 기관은 농무부이다. 농무부는 해충과 잡초로부터 작물과 환경을 보호하는 책임을 갖고 있다. 여기에는 생명공학 작물과 기존 작물이 모두 포함된다. 기업이 새로운 유전자 조작 식품이 농업, 환경 또는 표적으로 삼지 않은 유기체에 해를 끼치지 않는다는 점을 보여주는 데이터를 제출하면, 농무부는 포장시험의 승인 여부를 한 달 안에 결정한다. 만약 농무부가 신청을 반려하면 기업은 좀 더 복잡한 허가 절차를 통해 다시 신청할 수 있다.

그럴 경우 농무부는 허가를 내주기 전에 그 유전자 조작 식물의 포장시

---

* 외부와 격리된 시험포장에서 유전자 변형 작물을 시험 지배하는 것.

험이 심각한 환경 영향을 초래할지를 먼저 판단한다. 농무부는 4개월 동안 과학적 증거와 관련한 제출 자료를 검토한다. 포장시험을 승인할 경우라도, 그 유전자 조작 식물 물질이 탈출해서 인간 건강과 환경에 위험을 초래하는 것을 막기 위해 파종이나 운송을 제한한다. 1987~2005년에 농무부는 생명공학 포장시험 신청을 대부분(92퍼센트) 승인했다. 신청 회사는 현장 실험 6개월 안에 농무부에 데이터를 제출해서, 해당 작물이 식물, 표적으로 삼지 않은 유기체 또는 환경에 해를 끼치지 않음을 입증해야 한다.[45] 만약 신청 회사가 허가 사항을 위반하면, 농무부는 허가를 취소할 수 있다.[46]

포장시험과 작물 시판 사이의 기간에 농무부는 환경평가나 환경영향연구를 실시해야 한다. 이 규정은 1970년 국가환경정책법(National Environmental Policy Act)에 정한 것으로, 생명공학 작물을 포함한 모든 작물에 적용된다. 환경평가에서는 유전자 조작 작물 재배가 인간 건강이나 환경에 심각한 위험을 초래하는지를 판단한다. 농무부가 심각한 위험이 없다고 결정하면, "심각한 영향이 발견되지 않음"이라고 통보한다. 하지만 심각한 영향이 발견되면 더 철저한 평가인 환경영향연구를 실시한다.

이 과정은 최근 들어 더욱 약해졌다. 이미 많은 환경평가에서 농무부는 기업이 제공한 데이터에 의존한다. 하지만 2011년에 제안된 시범 프로젝트는 이 과정의 과학적 엄정성을 훨씬 더 손상시킬 위험이 있다. 2년짜리 시범 프로젝트는 해당 생명공학 기업과 농무부 간의 협력 서비스 협약을 통해 고용된 컨설턴트가 환경평가를 수행할 수 있도록 허용한다. 그리고 그것을 통해 기업이 자사 제품의 안전성 판단에 더 큰 영향력을 행사할 수 있도록 한다.

유럽인들이 유전공학 규제 논쟁을 벌이는 동안 대서양 건너편 미국에서는 1990년대에 상황이 정리되었다.[47] 그 결과 유전자 조작 종자와 기타 제품에 대한 승인이 미친 듯이 빠르게 이루어졌다. 특히 몬산토가 종자 회사들을 마구 집어삼키고, 듀폰이 그 뒤를 따르면서 가속도가 붙었다. 하지만 유전자 조작 제품들에 대한 논란은 계속되고 있으며, 특히 인간 소비용으로 시판된 제품들은 더 그렇다.

2002년 몬산토는 농부무에 라운드업 레디 '붉은 색 봄밀(red spring wheat)'을 승인해달라고 청원했다. 이 밀은 가축 사료나 가공식품 재료가 아니라, 주로 인간이 소비하는 용도로 설계된 최초의 유전자 조작 작물이다. 일본과 유럽연합이 유전자 조작 작물을 제한하고 있으므로, 유전자 조작 밀의 대량 생산은 미국의 밀 수출에 타격을 줄 수 있다. 2004년 아이오와주립대의 연구는, 유전자 조작 밀이 승인되면 미국의 밀 수출량이 30~50퍼센트 감소하고, 유전자 조작 밀과 일반 밀의 가격이 하락할 수 있다고 예측했다. 수출과 관련한 우려 때문에 몬산토는 시판 허가를 얻기 전에 유전자 조작 밀에 대한 포장시험을 포기했다. 하지만 몬산토는 2009년에 연구를 재개했다.[48]

2005년 농무부는 몬산토의 라운드업 레디 사탕무를 승인했다. 이 제품의 경작이 다른 식물, 동물, 환경에 아무런 위험을 일으키지 않는다고 판정한 이후 내린 결정이었다.[49] 2008년 먹거리안전성센터와 시에라클럽(Sierra Club)은 농무부의 환경평가가 중요한 환경적·경제적 영향을 무시했다는 주장을 근거로 이 승인에 대한 취소 소송을 제기했다. 그 결과로 2009년 연방 지방법원이 농무부에 더 심층적인 환경영향연구를 실시하라는 명령을 내렸다. 그럼에도 불구하고 농무부는 몇몇 종자 회사의 경작을 허용했다. 그러자 법원은 1제곱킬로미터에 심은 유전자 조작 사탕무를 모두 뽑아내고, 환경영향연구가 끝날 때까지 새로 재배하지 말라고 몬산토에 명령했다. 하지만 농무부는 2012년에 환경영향연구를 최종 완료한 뒤 이 유전자 조작 사탕무의 경작을 승인했다.

이는 사탕무 설탕을 만드는 제조업체의 절대 다수, 특히 캔디 산업이 유전자 조작 제품을 사용할 것이라는 뜻이기도 하다. 허쉬 같은 익숙한 브랜드들에 유전자 조작 설탕이 포함될 것이라는 사실 때문에, 유전자 조작 식품의 라벨링을 실현하기 위한 노력이 힘을 받는다.●

또한 유전자 조작 알팔파에 대한 논쟁이 계속되고 있는 상황 역시 유전자 조작 식품의 라벨링 추진에 정치적 압력을 가해 속도를 높이는 데 도움이 된다. 알팔파는 가축 사료용으로 중요한 작물이다. 2005년에 농무부는 몬산토의 라운드업 레디 알팔파를 처음 승인했다. 2007년 먹거리안전성센터와 여러 유기농 알팔파 생산자가 유전자 조작 알팔파가 일반 알팔파를 오염시켜 일반 알팔파를 사라지게 만들 수 있다는 주장을 근거로 농무부 승인 취소를 요구하는 소송을 제기했다. 그러자 캘리포니아 지방법원은 농무부가 환경영향연구를 수행할 때까지 유전자 조작 알팔파의 판매와 경작을 금지하라고 판결했다. 유기농 알팔파 재배 농민에게 큰 위험을 일으키고, 낙농업자가 재배하는 사료작물이 유전자 조작 알팔파에 의해 오염될 수 있기 때문이었다.[50] 농무부가 2010년에 수행한 환경영향연구는 유전자 조작 알팔파가 유기농 알팔파 재배 농민과 관행 알팔파 재배 농민에게 경제적 악영향을 끼칠 수 있음을 보여주었다. 오염 방지에 필요한 비용 증가, 수요 감소, 오염으로 인한 시장 상실 등이 대표적이다.[51] 그럼에도 불구하고 2011년 1월 농무부는 유전자 조작 알팔파를 승인했다.[52]

스펙터는 이 소송에 관해 이렇게 이야기한다. "우리가 진행한 소송은 성공적이었습니다. 유전자 조작 알팔파의 상업화를 5년 동안 막았기 때문입니다. 우리는 새로운 소송이 성공하기를 희망하고 있습니다. 생물학적 오염은 리콜이 불가능합니다. 비유전자 조작 작물에 대한 오염은 대다수 알팔파 재배 농민의 권리를 침해합니다. 농민의 권리와 알팔파 사료로 생산되는 식품의 온전성을 보호해야 합니다."

● 미국은 마침내 2017년에 '유전자조작식품라벨링법'을 통과시켜서, 유전자조작식품에 BE(bio-engineered)라는 표시를 하도록 했다. 이 규정은 2020년부터 시행되며, 2022년부터 의무화된다 (https://www.watchusgrow.org/2019/01/08/everything-you-need-to-know-about-gmo-labeling-in-2019/).

알팔파는 바람이나 곤충에 의해 자연적으로 수분되는 작물이다. 따라서 수분 과정에서 유전자 조작 알팔파가 일반 알팔파를 오염시킬 수 있다. 교차수분이나 종자 확산을 통해 유전자 조작 물질이 어떤 농민의 경작지를 의도치 않게 오염시킬 수 있다는 점은 충분히 입증되었다. 참여과학자연대(Union of Concerned Scientists)가 수행한 연구에 따르면, 미국에서 생산된 비유전자 조작 옥수수와 대두의 50퍼센트, 비유전자 조작 카놀라 종자의 83퍼센트가 낮은 수준의 유전자 조작 잔류물에 의해 오염되었다. 심지어 몬산토조차 "어느 정도는 미량의 꽃가루 이동이 우발적으로 일어난다"라고 인정할 정도다.[53]

농무부는 유기농 인증을 받은 모든 제품에서 유전자 조작 작물의 사용을 금지한다. 생명공학 형질에 의해 유기농 작물이나 유기농 사료가 오염되면 유기농 인증 농민은 심각한 경제적 어려움에 직면한다. 저장이나 유통 중에 유전자 조작 종자가 예기치 않게 비유전자 조작 종자와 섞이거나, 유전자 조작 작물이 일반 작물을 타가수분시킬 경우 이런 오염이 일어날 수 있다.[54]

2010년 농무부의 라운드업 레디 알팔파 승인은 이런 오염이 유기농 생산자에게 큰 영향을 미칠 수 있음을 잘 보여준다. 알팔파는 젖소의 가장 중요한 사료작물이다. 하지만 유전자 조작 알팔파는 유기농 알팔파를 쉽게 타가수분시킬 수 있다. 검사를 통해 오염이 밝혀질 경우 유기농 농민은 시장을 잃는다. 한편 기존 알팔파 재배 농민은 자신의 작물이 유전자 조작 알팔파에 의해 의도치 않게 수분되더라도 몬산토로부터 종자 해적 행위 혐의로 소송을 당할 수 있다. 실제로 자신의 유채 밭이 인근 농장의 유전자 조작 작물에 의해 오염되어 소송을 당했다고 주장하는 농민이 최소한 한 명은 존재한다.[55]

유기농 낙농가는 이미 유기농 사료 확보에 어려움을 겪고 있으며, 유전자 조작 알팔파에 의한 오염이 더 확산되면 더욱 큰 곤경에 빠질 것이다.[56]

유기농 낙농가는 생산한 우유에 대해 45.3킬로그램당 6.69달러(44퍼센트)의 가격 프리미엄을 받지만, 5~7달러의 생산비를 추가로 부담한다. 기존 낙농장보다 38퍼센트 비용이 더 드는 셈이다.[57] 따라서 오염이 발생하면 가격 프리미엄이 사라져서 이윤을 못 낼 수도 있다.

오염에 따른 재정 부담은 유기농 생산자와 비유전자 조작 생산자의 몫이다. 그래서 그들은 생명공학 기업에 손해배상책임을 지우기 위해 투쟁한다. 2011년 공공특허재단은 농민과 유기농 산업을 대신해서 몬산토에 소송을 제기했다. 만약 몬산토의 유전자 조작 형질이 기존 농장이나 유기농 농장을 오염시키면, 몬산토가 특허권 침해로 농민을 고소할 법적 권한을 갖고 있는지에 대한 법원의 판단을 요청했다. 이 소송에서 농민들은 패했으며, 이후 항소했다.•

2011년 농무부는 신젠타의 아밀라아제 옥수수를 승인했다. 이 옥수수는 에탄올 생산을 촉진하는 효소를 생산한다.[58] 신젠타는 이 옥수수를 에탄올 생산 전용으로 개발했다. 그럼에도 불구하고 농무부는 이 옥수수를 식품과 가축 사료로 사용해도 안전하다고 판정했다. 식품 및 동물 사료용으로 재배하는 유전자 조작 옥수수와 나란히 경작할 수 있도록 허용했다.[59] 오염된 옥수수를 식품으로 사용할 가능성은 충분하며, 특히 이 사례처럼 바람에 의한 수분을 최소화할 완충 구역이 없으면 더욱 가능성이 크다. 심지어 농무부조차 부가가치가 높은 유기농 푸른 옥수수와 흰 옥수수가 오염되어, 조리할 때 색깔이 짙어지거나 옥수수가 물러지는 등 "바람직하지 못한 영향"이 나타날 수 있다고 인정한다.[60]

• 2013년 연방항소법원은 이 소송을 각하해서 몬산토의 손을 들어주었다. 법원은, 몬산토가 의도치 않은 오염에 대해 농민에게 소송을 제기하지 않겠다는 구속력 있는 서약을 했으므로, 농민에게 소송을 제기할 수 있는 몬산토의 권리를 박탈할 수 없다고 판결했다(https://www.reuters.com/article/us-monsanto-organic-lawsuit/organic-growers-lose-decision-in-suit-versus-monsanto-over-seeds-idUSBRE9590ZD20130610).

사람들은 더 이상 참지 않는다

최근 3명의 대통령이 집권하는 동안 여러 생명공학 제품이 승인되었다. 클린턴 대통령은 8년 동안 50건을 승인했으며, 부시 대통령은 연임하는 동안 20건을 승인했다. 2010년에는 부시, 클린턴, 고어가 BIO 주최로 열린 연례 생명공학 산업 컨퍼런스에서 기조연설을 했다. 시카고에서 열린 이 컨퍼런스에 전 세계 생명공학 과학자들이 참석했다.

오바마 행정부의 생명공학 산업 옹호는 훨씬 더 심하다. 오바마 대통령은 마이클 테일러를 식품의약국에 복귀시킨 다음, 신설한 식품국 담당 부국장으로 임명했다. 하지만 그는 대형 종자 회사 및 농기업에 커다란 특혜를 주었다. 또한 유전자 조작 알팔파의 경작을 제한하는 조건을 지나치게 "업계에 부담을 준다"라는 이유로 폐기하기도 했다.

훨씬 더 놀라운 점은 오바마 행정부가 4년이 안 되는 기간에 12개의 신제품을 승인했다는 것이다. 오브세션 II(Obsession II), 패션 II(Passion II), 템프테이션 II(Temptation II) 같은 스위트콘 옥수수 종자를 비롯한 유전자 조작 식품들이 합법화되었다. 이 다중형질 퍼포먼스 시리즈 스위트콘들에는 서로 다른 세 가지 형질이 들어 있다. 하지만 이런 형질들을 하나로 조합했을 때의 안전성에 대한 평가는 지금까지 전혀 이루어지지 않았다. 또한 연구 결과, 이 옥수수의 형질 가운데 두 개가 농약 살포에 저항성을 보인다는 점이 밝혀졌다.[*]

몬산토의 야채 종자 사업부 담당 부사장에 따르면, 이 옥수수는 재배 면적 10만 헥타르의 신선 옥수수 시장[**]을 겨냥한다. 몬산토가 목표 재배 면적을 달성할 경우 전체 스위트콘의 약 40퍼센트를 이 옥수수가 차지하게 된다.[61] 몬산토는 야채 통조림 제조 회사 및 냉동 야채 제조 회사와도 논의

---

[*] 이 옥수수들은 Bt/라운드업 레디 스위트콘으로 불린다. 땅 위에 드러난 옥수수 식물을 먹는 해충뿐만 아니라 옥수수 뿌리를 공격하는 해충에까지 저항성을 갖고 있으며, 제초제 라운드업에 대한 저항성도 갖고 있다.

[**] 가공용 및 사료용을 제외한 소비자 소비용 옥수수.

를 진행 중이다.[62] 따라서 이 새로운 스위트콘이 금방 시장을 지배할 수도 있다.

대통령, 의회 의원, 규제 기관은 팔짱을 끼고 가만히 있고, 생명공학업계가 이들에게 정책을 받아쓰게 할 수 있다. 이는 결코 놀랄 만한 일이 아니다. 대형 농식품 특허 보유 기업 50개와 생명공학 및 농약 사업자단체 중 가장 규모가 큰 두 단체는 1999년부터 선거 자금 지원과 로비에 5억 7,200만 달러 이상을 썼다. 이들은 유전자 조작 식품과 농산품의 진흥을 위해 로비 능력이 탁월한 로비 회사들을 고용했다. 이들 로비 회사에는 최소 13명 이상의 전직 의원과 의회나 백악관에서 근무한 적 있는 300명 이상의 전직 공무원이 일하고 있다.

유전자 조작 식품을 둘러싼 싸움은 1990년대 초에는 모호한 사안에 불과했다. 하지만 이제는 가장 첨예한 사안으로 바뀌었다. 생명공학업계의 공공 정책 매수와, 기업과 정부 규제 기관 사이를 오가는 회전문 인사는 미국 민주주의를 웃음거리로 만들었다. 하지만 유전자 조작 식품에 대한 라벨링과 규제를 강화하기 위해 운동을 조직하는 사람이 늘고 있다. 이들 각각은 광범위한 지지자를 대변한다.

생명공학업계의 과도한 행태가 역풍을 맞기 시작했다. 사람들은 더 이상 참지 않는다.

14
먹거리의 미래:
공상과학소설이냐 자연이냐

누구도 환전상의 영혼으로
과학의 성전에 접근해서는 안 된다.
— 토마스 브라운(Thomas Browne, 1605~1982), 영국 작가.

Foodopoly

크레이그 벤터(Craig Venter)를 인공생명업계의 빌 게이츠라 부르는 이들도 있다.[1] 하지만 벤터는 유전자 과학을 이용해서 이윤을 창출하는 회사를 창립할 수 있는 큰돈을 선물 받은 덕분에 벼락부자가 된 사람이라고 자신을 설명한다. 최초의 인공생명을 개발하면 자신이 전능하다는 콤플렉스에 빠질 수도 있다. 큰 자아를 가진 우상 파괴론자인 벤터는 자신의 대형 연구용 선박을 타고 전 세계를 여행하면서 바다에서 유전자 물질을 수집한다(내 귀에는 해적질처럼 들렸다). 사적 이익을 위해 우리의 집단적인 유전자 자원을 약탈하고 있다.

벤터는 자수성가한 사람이다. 베트남에서 군복무를 마치고 캘리포니아대학교에서 생리학과 약리학을 전공해 박사학위를 받았다. 그 뒤 국립보건원에서 일하면서 유전자를 해독하는 새로운 기술을 개발했다. 1992년 벤터는 유전자연구소를 설립했으며, 1990년대 중반 과학자들과 함께 살아 있는 유기체의 유전자 물질을 최초로 해독했다. 곧이어 투자를 받아서 인간 게놈 서열을 분석하는 영리 기업 셀레라 제노믹스(Celera Genomics)를 설립했다. 그리고 마침내 2001년 2월 〈사이언스〉에 인간 게놈에 관한 논문을 실었다.[3]

가끔은 현실이 공상과학소설보다 더 이상한 경우가 있다. 특히 야심만만한 사람들이 민간 기업 연구실, 과학 연구기관, 대기업 사업 계획 속에

• 예수가 성전에서 환전상을 내쫓은 일화를 이용한 표현이다.

숨어서 무언가를 집요하게 추구할 때 그렇다. 이윤 추구를 위해 개발된 신기술이 먹거리와 생태계에 미치는 영향에서 우리가 벗어날 방법은 점점 사라지고 있다.

스테로이드 주사를 맞은 유전공학

대중적인 홍보나 엄격한 규제 없이 무척 조용하게 생명공학의 새로운 분야가 등장하고 있다. 이 분야는 화학을 통해 인공생명을 만들어낼 수 있으며, 인류가 새로운 생명체를 창조할 권리를 갖고 있다는 신념에 기반한다.

이 새로운 유형의 과학자들은 자신의 능력을 너무나 확신한 나머지, 자연을 능가해서 먹거리 생산용 합성 유기체를 만들어내려고 노력한다. 그리고 그 과정에서 기꺼이 인류를 모르모트로 삼는다. 크레이그 벤터는 우리의 먹거리 체계가 농민, 소비자, 환경을 희생시키면서 얼마나 뒤틀려왔는지를 보여주는 두드러진 사례에 지나지 않는다. 기업이 과학과 먹거리 체계를 지배하면서 우리는 건강한 먹거리 공급의 기본 요소로부터 멀어졌다. 무자비한 이윤 추구 과정에서 벌어진 일이다.

2010년 6월판 〈사이언티픽 아메리칸(Scientific American)〉은 이를 "스테로이드 주사를 맞은 유전공학"이라고 부른다. 인공생명을 만들기 위해 석유, 화학, 농업 관련 다국적기업들이 힘을 합친다는 이야기는 마치 B급 할리우드 영화 같다. 하지만 세계적인 거대 기업 다수가 여기에 기대를 걸고 있다. 이 소동에 참여한 회사는 카길, 유니레버(Unilever), 번지(Bunge), 아처 대니얼스 미들랜드, 다우 케미컬, 바스프(BASF) 등이다. 벤터가 새로 설립한 신세틱 제노믹스(Synthetic Genomics)는 BP로부터 일부 자금을 투자 받았으며, 바이오 연료 개발을 위해 엑손모빌과 협력하고 있다. 또한 수확량이 많고 질병에 저항력이 있는 사료용 식물 개발에 필요한 합성 미생물도 만들고 있다.[4]

세브론(Chevron)과 P&G는 미생물이 식물의 섬유소(셀룰로오스)를 발효시켜 연료와 플라스틱을 만들어낼 수 있다는 데 돈을 걸고 있다. 유니레버는 팜유의 대체물을 찾고 있다. GM과 마라톤 오일(Marathon Oil)은 우드칩으로 에탄올을 생산하려 한다. 듀폰은 이미 합성 이스트를 이용해서 연간 1만 6,000헥타르 면적의 옥수수를 플라스틱으로 바꾸고 있다.[5]

합성생물학[*]을 지지하는 학계 인사인 비토르 마르틴스 도스 산토(Vitor Martins dos Santo)는 최근 이렇게 이야기했다. "기술적 잠재력은 무한하고, 사회적 영향은 막대하며, 확대되는 시장 기회는 상당히 많고 다양하다."[6]

2010년 6월 유서 깊은 우드로우윌슨국제학술센터에 입주해 있는 합성생물학프로젝트(Synthetic Biology Project)는 합성생물학에 선뜻 내어준 막대한 자금에 대해 박수를 보내는 보고서를 발표했다. 새롭게 떠오르는 이 연구 분야는 식품용 및 산업용으로 사용할 수 있는 살아 있는 유기체를 재설계하기 위해 과학과 공학을 결합한다. 지지자들은 인간의 필요를 충족하기 위해 동물을 선택적으로 육종해 생산성을 늘리는 것의 다음 단계가 유전자 코드 생산이라고 믿는다. 어떤 사람들에게는 이 이야기가 한때 유행하면서 의도하지 않은 영향을 너무나 많이 끼친 "화학을 이용한 더 나은 삶"이라는 철학을 오용한 것처럼 들릴 수도 있다.

대부분 사람은 합성생물학의 존재조차 모르고 있다. 하지만 자연계의 미래가 합성생물학에 의해 결정되고 있다. 복수의 정부 기관을 비롯해서 미국과 유럽에 있는 230개 이상의 여러 조직이 합성생물학의 발전과 상업화에 자금을 대고 있다. 향후 10년 동안 총 투자금액이 35억 달러를 넘을 것으로 전망된다. 현재는 이 자금 중 4퍼센트만이 창조주 놀이의 윤리적·법적·사회적 함의를 연구하는 데 사용된다. 합성유기체의 창조가 가져올 위험을 평가하는 일과 관련한 예산은 없다.[7]

드류 엔디(Drew Endy)는 합성생물학의 신비로운 세계를 움직이고 뒤

• 인공생물학이라고도 한다.

흔드는 또 다른 인물이다. 그는 인간이 자연을 훨씬 넘어설 수 있다고 믿는 "비주류 괴짜" 세대[8] 과학자의 선두주자다.* 리하이대학교를 졸업한 뒤 다트머스대학교에서 박사학위를 받은 그는 텍사스대학교 오스틴 캠퍼스와 위스콘신대학교 매디슨 캠퍼스에서 박사후 과정으로 있으면서 유전학과 미생물학을 연구했다. 1998년에는 버클리에서 분자과학연구소를 설립했으며, MIT 합성생물학워킹그룹, 표준생물학부품등록소, 바이오브릭재단(BioBrick Foundation)도 공동 창립했다. 바이오브릭**은 바이오브릭재단이 정한 기술적·법적 기준을 충족하는 인공생물학 부품을 가리키는 이름으로, 현재 상표권이 등록되어 있다.[9]

언론인 레베카 카스카트(Rebecca Cathcart)에 따르면, "엔디는 공학적 설계를 통해 거대한 조롱박들이 방 4개와 화장실 2개를 갖춘 집들로 자라나는 미래를 그립니다. 사람의 몸속에 장착된 생물학 센서가 발생 초기 종양에 관해 경고 신호를 보내고, 자동차가 박테리아에서 생산된 휘발유로 달리는 모습을 보지요."[10]

2011년 6월 중순 바이오브릭재단 주최로 열린 한 컨퍼런스에서는 자연의 미래로부터 누가 이익을 얻을 것인지가 결정되고 있었다. (이 재단은 최신 유행을 따라서 자신의 컨퍼런스를 SB5.0으로 불렀다.)*** 이 행사의 정식 제목은 '합성생물학 5차 국제회의'이며, 스탠퍼드대학교에서 열린 행사에 700명이 참석했다. 행사 목표는 합성생물학의 광범위한 학문적·상업적 발전을 촉발하는 것이었다. 참석자에게 보내는 편지에서 엔디는 이렇게 이야기한다. "국제사회가 조립을 통한 생명 이해, 생물학을 더 조작하기 쉽게 만들

- 드류 엔디는 유전자 정보의 제한된 소유에 반대하며, 자유로운 접근을 주장한다. 실제로 그가 설립한 바이오브릭재단은 표준 생물학 부품에 관한 정보를 무료로 제공한다. 일종의 오픈소스운동을 벌이고 있다.
- ** '생물벽돌'을 뜻한다. 기능이 알려져 있는 생물학적 부품들을 표준화해서, 연구자가 레고를 조립하듯 이 부품들로 인공생명체를 만들어낼 수 있도록 하려는 것이다.
- *** 이 컨퍼런스는 2004년에 처음 열렸으며, 2011년에 SB5.0이 그리고 2013년에 SB6.0이 열렸다.

려는 노력들에 관해 공유하고 숙고하고 토론하고 계획할 것이다."[11]

수십 명의 과학자가 여러 분과로 나뉘어 인공생명 창조에 관한 세부 사항들을 토론했으며, 과학 치어리더인 달린 카발리에(Darlene Cavalier)가 행사장 분위기를 띄웠다. 카발리에는 NBA 필라델피아 세븐티식서스 농구단의 전문 치어리더 출신으로, Science Cheerleader.com의 창립자이다. •••• 이 사이트는 "과학 및 과학 관련 정책에서의 시민 참여 증진을 목적으로 하며, 전현직 NFL 및 NBA 치어리더 출신 과학자와 엔지니어로 이루어진 과학 치어리더들이 출연한다." 지구의 미래에 영향을 미칠 수 있는 과학 회의의 분위기를 컨퍼런스 주최자가 좀 가볍게 만들어보려고 했던 것 같다.[12]

합성생물학은 외부의 규제 없이 자체적으로 운영된다. 합성유기체가 의도적·비의도적으로 환경에 방출될 때 어떤 일이 벌어질지는 누구도 모른다. 자연에 존재하지 않는 유전자를 만들어내는 일은 위험하며, 그것이 살아 있는 시스템 속에서 어떻게 행동할지 예측할 방법은 없다. 유전자물질에 대한 조작은 먹거리 체계와 자연 환경에 의도치 않은 장기 영향을 미칠 수 있다. 그 최종 결과가 어떨지는 누구도 모른다. 특히 합성생물학이 나노 단위에서 수행된다는 점을 고려하면 더욱 그러하다. 이는 과학자들이 중요한 생물학적 과정을 변화시키고 있다는 사실을 스스로 인식조차 못할 수 있음을 뜻한다.

오하이오주립대학교 진화·생태학·유기체생물학과의 앨리슨 스노우(Allison Snow) 박사는 최근 이렇게 증언했다. "이런 인공생명체가 무해하거나 연약한 것처럼 보일 수도 있지만, 재생산을 시작하면 훨씬 더 성공적인 생물로 진화할 수 있다." 일단 이들이 환경 속으로 방출되면, 회수할 방법은 없다. 무한히 재생산할 수 있기 때문이다. 스노우는 현재 방출에 관한 제안

•••• 카발리에는 템플대학교를 졸업하고 펜실베니아대학교에서 과학에서의 시민 역할을 주제로 석사학위를 받았다.

이 이루어지고 있는 합성유기체들을 평가 혹은 모니터링할 수 있는 규제 기관들의 능력에 의문을 제기한다.[13]

합성생물학이 급속도로 발전하고 있다는 사실에는 의심의 여지가 없다. 이 분야가 얼마나 빨리 발전할지, 이 분야의 치어리더들이 가능하다고 이야기하는 것 중 일부라도 달성할 수 있을지 예견하기는 힘들다. 유전공학이나 나노기술과 마찬가지로 합성생물학은 이번 세기 말 90억에 도달할 것으로 추정하는 전 세계 굶주리는 사람들을 위한 인류의 구원자로 칭송받고 있다. 물론 그렇게 냉소적인 태도를 취하지 않더라도, 이 첨단 기술이 전 세계 가난한 사람들에게 먹거리를 제공하는 일보다는 돈벌이를 더 목표로 하고 있다는 점은 분명하다. 하지만 실제로는 돈을 잃는 상황이 벌어질 가능성이 크다. 합성생물학을 이용해서 화석 연료 대체재와 기타 마법 같은 상품을 생산하려면, 엄청난 면적의 토지에서 사료작물을 재배해야 한다. 에너지로 전환할 수 있는 바이오매스를 생산하기 위해 대기업들은 세계 전역에서 엄청난 면적의 토지를 매입하고 있다. 브라질의 소농 축출과 아마존 유역 잠식에서부터 아프리카 대륙의 막대한 토지 수탈에 이르기까지, 합성생물학은 소수 대기업의 에너지, 먹거리, 경작지 자원 통제를 더욱 심화할 수 있다.

그리고 우리는 기술이 세계를 먹여 살릴 것이라는 과대 선전을 이미 들은 바 있다. 실제로 과학자, 기업, 정부가 합심해서 새로운 기술(보통 위험한 기술인 경우가 많다)을 장려할 때마다 이런 이야기가 울려 퍼졌다. 물론 나노기술이 세계를 먹여 살릴 것이라는 이야기 역시 나왔다. 영국 정부의 수석 과학자문관이자 런던 임페리얼 칼리지 응용집단생물학 교수인 존 베딩턴 (John Beddington)은 옥스퍼드 농업 컨퍼런스에서, 늘어나는 세계 인구를 먹이려면 2030년까지 식량 생산량을 50퍼센트 더 늘려야 한다고 말했다. 그는 이를 가능하게 만들 기술로 나노기술, 유전공학 등을 꼽았다.[14]

합성생물학은 새로운 물질을 창조하기 위해 원자에 가까운 규모에서 물질을 조작하는 나노기술의 한 분과이다. 새로운 생명체 창조의 기초가 되는 유전자 조작은 나노 수준에서 진행된다. 나노 입자는 다른 입자들이 가지 못하는 곳에 갈 수 있기 때문에, 나노기술을 이용하면 유전물질 조작과 외부DNA 이식을 좀 더 정교하게 할 수 있다. 연구에 따르면, 원자 크기의 입자들은 너무나 작아서 사람의 피부를 뚫고 지나갈 수 있다. 심지어 혈액-뇌장벽*을 구성하는 세포들의 단단한 보호막도 통과할 수 있다(비유하자면 이 입자들은 머리카락 한 올의 5만 분의 1 크기이다).

2010년 미국과학진흥회 회의에서(세계 최대 규모의 과학자 회의이다) 아이다호대학교의 학자 2명이 유전공학, 합성생물학, 나노기술 등을 포함한 바이오 기술을 동물성 식품 생산에 어떻게 활용할 것인가에 관한 심포지엄을 조직했다. 동물과학자 로드 힐(Rod Hill)과 식품과학자 래리 브래넌(Larry Branen)이 그 주인공이다. 이들은 자연을 훨씬 뛰어넘는 능력이 인간에게 있고, 자연계에 심대한 영향을 미칠 선택을 내릴 수 있는 권리가 소수의 과학자에게 있다는 신념을 가진 사람들을 대변한다.[15]

대부분 눈에 잘 띄지 않지만, 나노기술은 식품과 관련해서 이미 많은 용도로 활용되고 있다. 좀 더 효과 좋은 식품 착색제와 착향제, 영양 강화제, 식품 포장재용 항균 성분, 더 강력한 농약과 비료 등이 그 예다.[16]

나노 입자는 보통 현미경으로는 볼 수 없는 초미세 입자로, 그보다 약간 더 큰 입자들과도 전혀 다른 독특한 특성을 갖고 있다. 예를 들어 알루미늄 캔은 타지 않지만, 알루미늄 나노 입자는 폭발성이 있어서 로켓 연료 촉매제로 사용된다. 탄소는 무른 원소이지만, 탄소 원자로 만든 나노 크기의 원통(탄소나노튜브)은 강철보다 100배나 강하다. 식품 및 식품 포장용 나노 입자의 제조와 관련해서는 수백만 달러짜리 산업이 생겨났다.[17]

은나노는 식품 포장재, 도마, 주방 용품,[18] 비료[19] 등 최소 206개 이상의

---

* 뇌로 가는 모세혈관 벽의 내피 세포들이 단단히 결합한 것으로, 대부분 화학물질이 뇌로 들어갈 수 없도록 차단해서 뇌를 보호한다.

소비재에서 항균 물질로 사용된다. 실제로 은나노는 항균 특성을 갖고 있다. 학술지에 실린 한 논문에 따르면, 은나노 입자에 노출될 경우 연구실 실험동물과 살아 있는 동물 모두에서 돌연변이가 더 자주 일어났다. 이 논문의 저자들은 장기적으로 생물재해가 일어날 가능성에 관한 연구가 필요하다고 역설했다.[20]

식품 생산에 이런 기술을 이용하는 것은 지역에 적합한 지속가능한 농업 및 먹거리 생산과는 상반된다. 그것은 화학물질을 다량으로 사용하는 산업농과 과다한 가공식품을 더욱 촉진한다. 강력한 힘을 가진 전 세계 초대형 식품 회사들이 식품 관련 나노기술의 연구개발에 매달리고 있는 것은 결코 우연이 아니다. 캠벨 수프, 카길, 듀폰, 제너럴 밀스, 하인즈, 허쉬, 크래프트, 마스, 네슬레, 펩시콜라, 사라 리(Sara Lee), 신젠타, 유니레버, 유나이티드 푸드 등 많은 기업이 나노기술을 이용해서 먹거리 체계를 더욱 산업화하고자 한다.[21]

연방정부 역시 '국가 나노기술 전략'이란 정부 프로그램을 통해 나노기술을 진흥한다. 이 프로그램은 수십 억 달러의 혈세를 나노기술의 연구개발에 투입한다. 국가 나노기술 전략은 "이 기술의 발견, 개발, 운용을 가속화하는 것을 목표로 하며", 예산이 이를 반영한다.[22]

이 전략은 어느 정도 성공을 거두고 있는 것처럼 보인다. 규제도 받지 않고 대부분 시험조차 이루어지지 않은 기술이 상업화되고 있다. 최근 조사에 따르면 800개 이상의 소비재에 나노기술이 사용되었으며[23] 매달 20개씩 새로운 상품이 출시되고 있다.[24] 지구의벗이 최근에 수행한 조사에 따르면, 식품 및 농산품 100개에 나노 입자가 들어 있는 것으로 밝혀졌다.[25]

현재 먹거리 체계에서 나노기술의 사용 현황을 간단히 파악하려면 다음을 생각하면 된다. 농장에서는 점토 등의 나노 입자가 들어 있는 비료와 농약이 유효 성분을 오랜 시간에 걸쳐 느리게 방출하는 매커니즘과 효력 때문에 칭송받고 있다.[26]

식품에도 나노 입자가 들어 있을 수 있다. 절인 고기나 소시지,[27] 나노 녹차,•[28] 은나노를 함유하고 있는 다양한 영양보충제 등이다. 식품가공에서 나노기술을 활용하기 위한 연구개발이 진행 중이다.[29]

부엌에서 우리는 항균 은나노기술을 이용한 주방 용품과 도마로 음식을 준비한 뒤,[30] 은나노로 코팅된 냉장고에 음식을 보관한다.[31] 반찬통이나 랩으로 음식을 보관할 때 이런 제품을 만드는 데 사용한 나노 입자••에 노출될 수 있다.[32]

나노기술을 이용해서 칼로리와 지방 함량이 낮은 아이스크림, 탄산음료, 칩을 생산하는 것 또한 미래 계획의 하나이다. 나노기술은 "전자레인지처럼 스위치를 누르기만 하면 식품의 색깔, 맛, 질감을 바꿔서 개개인의 건강 관련 요구 사항에 맞는 맞춤형 제품을" 제공할 수 있는 능력을 가졌다고 칭송받고 있다.[33]

지지자들은 세계적인 문제를 해결할 수 있는 나노기술의 엄청난 잠재력에 관해서는 입이 마르도록 칭송하지만, 인간 건강과 환경에 미치는 위험은 대체로 무시한다. 나노기술의 잠재력을 연구하는 데 투입되는 자금과는 대조적으로, 의도하지 않은 결과가 일어날 가능성을 연구하는 데 쓰이는 자금은 매우 적다. 그럼에도 불구하고 나노독성 연구를 통해 이 규제되지 않는 산업의 위험성에 관한 연구 결과가 발표되고 있다. 예를 들어 다음과 같다.

- DNA 손상[34]
- 세포 기능 교란[35]
- 석면 흡입 때와 비슷한 질환 유발[36]
- 간질 등의 신경 질환[37]

• 녹차 입자를 나노화해 항산화물질의 흡수를 돕는다.
•• 랩 등에 실리카(silica)를 넣어 산소와 가스의 투과를 막음으로써 식품의 저장 기간을 늘린다.

- 간과 콩팥의 손상 같은 기관 손상[38]
- 하수 처리 시스템 속에 있는 유익한 박테리아의 파괴[39]
- 옥수수, 대두, 당근, 오이, 양배추의 뿌리 성장 장애[40]
- 물고기의 아가미 손상과 호흡 장애[41]

나노 입자의 이 독특한 특성에 관해서는 규제 기관들도 알고 있는 것 같다. 하지만 그들은 나노기술이 일으키는 위험에 정면으로 이의를 제기하지 않는다. 식품의약국과 환경보호청 어느 곳도 조치를 취하지 않는다. 기본적으로 어떤 기업이 자사 제품의 안전성을 스스로 평가한 결과를 믿으라고 국민에게 요구하는 것이다. 무척 위험한 상황이 아닐 수 없다.

불행히도 규제 기관들이 펼치고 있는 이처럼 안이한 규제가 이제는 늘 있는 일이 되어버렸다. 이는 새로운 기술을 환경에 도입할 때 마땅히 따라야 할 방식과는 정반대이다. 새로운 기술이 보건이나 생태계에 해를 끼칠 가능성이 있을 경우, 환경 속으로 방출하기 전에 무해함을 입증해야 한다. 하지만 미국에서는 이렇게 신중한 행동 절차를 따르지 않는다. 기업이 의회와 행정 기관을 압박해서 규제 기관이 예방적 조치를 취하지 못하도록 막고 있다. 식품 분야에서는 이 점이 더욱 두드러진다. 그 다음 단계는 생명공학업계의 압력에 굴복해서 유전자 조작 동물을 허용하는 것이다.

유전자 조작 연어 이야기

최근 식품의약국은 식품용 유전자 조작 동물의 상업화에 온힘을 쏟고 있는 기업들의 요구를 들어주기 위해 첫발을 내딛었다. 그 시작은 유전자 조작 연어였다. 식품의약국은 유전자 조작 연어의 상업화를 국민들이 눈치 채지 못하게 추진하려고 했다. 하지만 국민들의 항의가 너무 거세서, 내가 이 책을 쓰는 동안 유전자 조작 연어의 합법화가 중단되었다.

프랑켄피시(frankenfish)의 합법화는 생명공학업계에 큰 이익을 안겨줄 수 있다. 또한 생명공학업계는 의회의 정치 과정은 물론이고, 정무직 공무원을 통해 규제 기관들에 영향을 미칠 수 있는 엄청난 힘을 갖고 있다. 푸드앤워터워치의 분석에 따르면, 1999~2010년에 생명공학업계는 선거와 로비에 5억 7,200만 달러를 썼다. 강력한 인맥을 지닌 로비 회사들이 유전자 조작 식품과 제품의 진흥을 위해 바쁘게 움직이고 있다.[42]

업계는 수많은 유전자 조작 동물을 상업화하기 위해 게거품을 물고 있다. 공장식 농장 맞춤형으로 설계된 돼지 인바이로피그(Enviropig)●는 상업화 직전에 와 있다. 하지만 여기서는 유전자 조작 연어에 초점을 맞추기로 하자. 여론이 이 물고기의 합법화에 강력히 반대하고 있기는 하지만, 소비자단체들과 환경운동단체들은 식품의약국이 업계의 로비 때문에 유전자 조작 연어를 인간 소비용으로 승인하지는 않을까 두려워하고 있다.

캐나다 기업 아쿠아바운티(AquaBounty)는 이 기술의 상업화를 원하는 생명공학업계 및 산업화된 먹거리 진영의 대리자 역할을 하고 있다. 이 회사는 유전자 조작 물고기의 알을 양식장에 판매하고 싶어 한다. 유전자 조작 연어는 오션 파우트(Ocean pout)●●의 유전자를 연어의 유전자에 삽입해서 만들며, 종전보다 두 배 빨리 판매 가능한 크기로 자란다. 현 시점에서 이 유전자 조작 연어가 상업적인 대규모 생산 시설에서 이처럼 빠르게 성장할지는 불확실하다. (극적으로 수확량을 늘린다고 선전한 많은 유전자 조작 제품이 실제 농장에서는 그러지 못했다.)[43] 분명한 점은 유전자 조작 연어가 환경과 소비자에게 위험을 일으키고 있으며, 식품의약국은 이를 진지하게 고려하고 있지 않다는 것이다.●●●

식품의약국에는 유전자 조작 동물의 합법화에 관한 규제 절차가 존재

● 축분의 환경오염 감소를 위해 사료 속의 인을 소화시킬 수 있게 한 돼지로, 대장균 유전자와 생쥐의 DNA를 사용했다. 2012년에 자금이 끊겨서 사업이 중단되었다.

●● 북미 동북 연안에 서식하는 등가시칫과 물고기의 일종.

●●● 이 연어의 이름은 아쿠아어드밴티지(AquaAdvantage)이며, 인간 소비용으로 미국과 캐나다에서 승인을 받은 최초의 연어다. 2020년 시판 예정이다.

하지 않는다. 유전자 조작 연어에 대해 식품의약국이 사용하고 있는 절차는 실제로는 동물 약품을 위해 만들어졌다. 이 절차는 심사 과정에서 높은 수준의 비밀 유지를 보장한다. 기업의 데이터와 연구 결과를 기업 비밀로 간주하기 때문이다. 식품의약국은 수의학자문위원회에 프랑켄피시 합법화에 관한 검토를 요청했다. 생명공학에 우호적인 태도를 보이는 이 자문위원회마저도 조악한 연구 방법과 연구 설계를 지적하며 이 회사의 연구 결과에 심각한 우려를 제기했다.

식품의약국은 승인 절차에 사용된 4개의 연구를 공개했다. 하나는 거의 20년도 더 된 것이고, 다른 3개는 아쿠아바운티나 아쿠아바운티가 고용한 업체들이 수행한 것들로 학술 논문 수준의 검증을 받지 않았다. 영양과 알레르기 발생 위험에 관한 연구가 특히 주목을 끌었다. 데이터의 크기가 너무 작았기 때문이다. 겨우 6마리의 유전자 조작 연어를 사용했다. 엉성한 데이터와 조악한 연구 설계, 그리고 비교 연구 전에 기형 연어들을 모두 죽여 없앤 점 때문에 이 승인 신청은 스캔들에 휩싸였다.

최근 수의학자문위원회는 장시간에 걸쳐 회의를 했다. 회의에서 자문위원회는 인간 건강상의 위험을 전혀 검토하지 않았다(이 회의에서 푸드앤워터워치는 유전자 조작 연어의 합법화에 반대하는 수천 통의 편지를 자문위원회에 직접 전달했다). 식품의약국은 이런 이야기까지 했다. "아쿠아바운티가 제출한 대조군을 이용한 비교 연구들을 가장 우선시했다."[44] 큰 이권이 걸려 있는 상황에서 이는 그다지 좋은 태도가 아니다. 특히 이 연구들에서 유전자 조작 연어가 일반 연어에 비해 구성 성분과 영양 면에서 통계적으로 유의미한 차이가 있다는 것이 결과로 나타났음을 고려하면 더욱 그러하다.

과학자들은 유전자 조작 유기체의 섭취가 인간과 동물의 건강에 해를 끼칠 수 있다는 논문을 발표하고 있다. 그럼에도 불구하고 안전성에 대한 장기적인 연구는 전혀 이루어지지 않았다. 고단백 식품인 연어는 알레르기 반응이 나타날 위험이 크다. 단백질은 식품의 다른 구성 성분에 비해 알레르기 반응을 유발할 가능성이 더 크다. 〈뉴잉글랜드 의학 저널(New England Journal of Medicine)〉에 실린 한 논문은 브라질 넛[•]의 단백질을 이식한 대두가 소비자에게 알레르기 반응을 일으킨다는 사실을 발견했다.[46] 다른 사례에서는, 몇몇 콩에서 해충을 물리치는 역할을 하는 무해한 단백질을 완두콩에 이식하자, 생쥐에게 알레르기성 폐 손상과 피부병을 일으키는 위험한 물질로 바뀌었다. 다른 연구에서는, 유전자 조작 콩가루를 먹은 어미에게서 태어난 생쥐의 영아 사망률이 높았다.[47] 또 다른 연구는 쥐의 간에서 이상을 발견했다. 유전자 조작 식단이 신진대사율을 높였기 때문이다.[48]

2007년의 연구는, 살충 효과가 있는 Bt 유전자를 가진 유전자 조작 옥수수를 먹은 쥐의 간과 신장에서 현저한 손상을 발견했다. 그리고 "현재의 데이터를 바탕으로 할 때 유전자 조작 옥수수 MON863을 안전한 식품으로 결론내리는 것은 불가능하다"라고 말했다.[49] 심지어 유전자 조작 사료도 동물성 식품을 먹은 소비자에게 어느 정도 영향을 미칠 수 있다. 이탈리아 연구자들은 유전자 조작 사료를 먹은 젖소에서 생산된 우유에서 유전자 조작 유전자를 발견했다. 유전자 조작 유전자가 저온살균에도 살아남을 수 있다는 뜻이다.[50]

또 다른 우려는 유전자 조작 연어가 야생으로 탈출할 가능성이다. 실제로 아쿠아바운티 자료에 작은 글씨로 쓴 내용을 보면, 유전자 조작 연어가 모두 불임은 아니다. 유전자 조작 물고기가 몇 마리만 탈출하더라도 불과 40세대만에 야생 연어를 멸종시킬 수 있다.[51] 유전자 조작 연어는 대형 육식 어종으로서 경쟁 우위를 갖고 있다. 따라서 먹이와 서식지 측면에서 다른 야생 물고기들을 압도할 수 있다. 또한 야생 물고기들에게 질병을 퍼뜨릴 수 있다.

• 아마존강 유역 원산의 견과류로, 셀레늄이 풍부한 슈퍼푸드로 인기가 높다..

일반 양식 연어가 기존 양식장을 탈출하는 문제는 광범위하게 일어나고 있다. 따라서 탈출을 막겠다는 아쿠아바운티의 약속은 허술해보인다. 2010년 3월 한 영국 양식장에서 거의 10만 마리에 이르는 대서양 연어가 탈출했다. 그물에 난 한 개의 구멍을 통해서였다.[52] 전 세계적으로 탈출하는 연어의 숫자는 이보다 훨씬 더 많다. 매년 북대서양으로 탈출하는 양식 연어의 숫자는 2백만 마리로 추정되며,[53] 태평양으로 탈출하는 양식 연어도 수백만 마리에 이른다.[54] 뉴질랜드에서 유전자 조작 육종을 실험하고 있는 한 생명공학 기업은 유전자 조작 연어의 알을 의도치 않게 방출한 혐의를 받고 있다.[55] 고도로 통제된 실험 시설에서조차 탈출을 막기 어렵다.

2010년 가을 식품의약국의 허술한 분석이 다시 한 번 드러났다. 최근 푸드앤워터워치는 정보공개법에 따라 내무부 어류및야생동물국으로부터 내부 문서를 받았다. 이 문서에 따르면, 식품의약국은 멸종위기종보호법(Endangered Species Act)에 규정된 요구 사항을 제대로 지키지 않았던 것으로 드러났다. 아쿠아바운티 연어를 승인할 때 어류및야생동물국 및 또 다른 연방 기관인 미국수산청과 상의하지 않았다.

"그레그, 잘했네." 어류및야생동물국 광역지역본부 유전학자 데니스 호킨스(Denise Hawkins) 박사는 9월에 한 동료에게 보낸 이메일에서 이렇게 썼다. "탈출 시 생존 가능성이 낮다는 주장을 뒷받침할 데이터가 전혀 없다는 점을 지적한 것은 특히 좋았어. 그게 큰 문제라는 데 전적으로 동의하네. 또한 삼배체 물고기*(아쿠아바운티는 이 물고기들이 불임화되었다고 주장한다) 사용이 100퍼센트 확실한 방법은 아니라는 점에도 동의하네. 이 사람들(식품의약국)은 〈쥐라기 공원〉을 한번 봐야 할 것 같아."

아쿠아바운티는 자신이 생산한 유전자 조작 연어 알의 최대 5퍼센트가 생식력을 가질 수 있다고 인정했다. 식품의약국은 이 말을 "사람들이 호도

---

* 염색체가 기본의 3배 있는(3n) 개체로 불임인 경우가 많다. 씨 없는 수박 등을 만들 때 사용한다.

할 가능성이 있는" 주장으로 분류했다.

아쿠아바운티는 유전자 조작 연어를 폐쇄 시스템에서 사육한다고 주장한다. 그러나 어류및야생동물국 내부 이메일에 따르면, 이 기관의 직원들은 유전자 조작 연어를 메인주 앞바다에 설치한 시설(가두리 양식장)에서 사육하겠다는 제안이 나왔다는 소식을 들었다. 아쿠아바운티의 부사장을 지낸 조 맥고니글(Joe McGonigle)이 제안한 것으로 보인다. "아무리 조심하더라도 물고기는 탈출하는 법이지. 그리고 일단 그런 일이 벌어지면 되돌릴 방법은 없어. 따라서 다른 사람들 이야기처럼 이건 정말로 나쁜 선례를 남기는 일이라고 생각해." 어류및야생동물국 프로그램 관리자가 한 말이다.

이 문서에서 지부장 제프 아담스(Jeff Adams)를 포함한 어류및야생동물국 고위 공무원들은 식품의약국이 자신들과 상의해야 한다는 법 규정을 지키지 않은 것에 불만을 터뜨린다. "또한 이 제안(아쿠아바운티 연어 승인)을 통해 자연 자원이 주된 업무 영역이 아닌 식품의약국이 미국의 자연 자원에 큰 위협을 줄 수 있는 사안을 승인할 권한을 갖게 되었다"라고 아담스는 말했다. 식품의약국이 어류및야생동물국과 상의하는 것과 관련해서 한 광역 지역 부책임자는 다음과 같이 말했다. "우리가 어떤 식으로 개입해야 할지 좀 모호해." "내가 보기에도 모호해"라고 이 기관의 멸종 위기종 담당 부서의 부책임자가 응답했다.

고기를 기른다

'신 콤플렉스(god complex)'가 사납게 날뛴 분야가 유전자 조작 연어만은 아니다. 이상하고 윤리적으로도 문제가 있는 식품 기술과 제품이 많이 개발되고 있다. 2008년 초 식품의약국은 복제 동물로 생산한 고기와 우유가 안전하다고 발표했다. 수 년에 걸친 논란과 윤리, 건강, 동물 복지 측면에서 아직 해결되지 못한 문제가 많은데도 이런 결정을 내렸다. 식품의약국은 축산업계에 복제 동물로 생산한 고기와 우유의 식품 사용에 대한 자발적인 모라토리엄을 계속 유지해달라고 부탁했다. 하지만 복제 동물의 자손으로 생산한 제품에 대해서는 모라토리엄을 부탁하지 않았다.

설상가상으로 식품의약국은 이런 식품에 라벨링을 전혀 요구하지 않고 있다.[•] 축산업계는 번식용이나 우유 생산용으로 유용하다는 점 때문에 복제 동물에 큰 매력을 느낀다. 이미 복제 황소의 정자를 미국 전역으로 수송해서 바람직한 형질(우유 생산량 증가 등)을 가진 자손을 만들어내고 있다.

젖소 복제는 일본에서 처음 성공했다. 이후 미국에서도 수백 마리의 젖소를 복제했다.[56] 2006년 텍사스의 한 기업이 경주에서 우승한 말들을 복제하기 시작했다. 이 말들의 가격은 마리당 15만 달러에 달한다.[57] 그리고 영리 회사에 3만 2,000달러만 내면 자신의 반려용 고양이를 복제할 수 있다.[58]

연구자들은 식품용 동물의 복제도 추진하고 있다. 지렁이의 유전자를 돼지의 유전 물질에 혼합함으로써 오메가-3 지방산 함량이 높은 돼지 복제를 만드는 데 성공했다.[59] 물론 이 돼지를 광고할 때는 이런 사실을 언급하지 않는다.

하지만 복제 동물은 기형이나 건강상의 문제가 있을 확률이 높아서 불과 5퍼센트 정도만 살아남는다.[60] 양, 젖소, 쥐에서 뇌, 간, 비장, 림프절, 비뇨생식기 계통의 기형 등이 보고되었다.[61] MIT 생물학 교수 루돌프 재니쉬(Rudolf Jaenisch)의 말처럼 "95퍼센트가 태어나기 전에 죽는데, 나머지 5퍼센트를 정상이라고 이야기할 수는 없다."[63]

만약 이런 이야기에도 입맛이 사라지지 않았다면, 세계인을 먹이는 방법과 관련해서 가장 최근에 주목받고 있는 아이디어를 한번 살펴보자. 87세

[•] 앞에서 말한 것처럼 유전자 조작 식품의 라벨링은 미국에서 2020년부터 시작되었으며, 2022년부터는 의무화된다.

인 빌렘 반 엘렌(Willem van Eelen)은 생물반응기[••]라 부르는 배양 접시 속에서 고기를 기르고 싶어 한다. 반 엘렌은 상당히 특이한 사람이다. 그는 네덜란드가 인도네시아를 지배하던 시절 인도네시아에서 태어났으며, 그의 아버지는 한센병 환자 수용소를 운영하던 의사였다. 2차 세계대전 때 그는 일본군의 전쟁포로로 몇 년을 보냈다. 〈사이언티픽 아메리칸〉의 제프리 바르톨레(Jeffrey Bartholet)와 인터뷰에서 그는 포로수용소에서 굶주리면서 음식에 집착하게 되었다고 이야기했다. 길 잃은 개가 철조망 근처로 다가오면, 포로들이 개를 잡아서 생으로 먹곤 했다. 반 엘렌은 암스테르담대학교에서 의학을 공부했으며, 이곳에서 한 교수가 학생들에게 연구실에서 근육 조직을 키우는 방법을 보여주었다고 한다.[64]

배양육에 관한 대부분의 언론 보도는 윈스턴 처칠이 그것을 옹호했다는 이야기이다. 처칠은 1932년에 쓴 책에서, 결국에는 인간이 적절한 매질을 이용해서 만든 고기가 가장 인기 있는 고기가 될 것이라고 썼다. 반 엘렌은 이 꿈을 실현하기 위해 특허를 얻고 사비를 썼으며, 마침내 컨소시엄 추진에 필요한 연구비를 네덜란드에서 확보했다.[65] 한편 대서양 건너편에서는 모리스 벤자민슨(Morris Benjaminson)이 나사로부터 연구비를 받았다. 그는 아직 태어나지 않은 소 태아의 피를 담은 큰 용기에 금붕어의 근육 조직을 넣고, 거기서 고기를 생산하려 했다.[66]

반 엘렌은 더 이상 괴짜가 아니다. 다양한 과학자와 동물권 보호 관련 집단이 같은 꿈을 좇고 있다.[67] 여러 팀이 "고기를 기른다"는 아이디어를 실현하려고 노력한다. 네덜란드에 있는 기술대학교와 암스테르담대학교가 대표적이다. 미국에서는 사우스캐롤라이나 의대가 고기를 기르는 효과적인 방법을 찾으려 애쓰고 있다. 러시아에서 훈련 받은 과학자인 블라디미르 미로노프(Vladimir Mironov)는 유명한 세포 조직 연구자로, 이 아이디어에

•• 생물의 체내에서 일어나는 화학 반응을 모방하는 시스템으로, 최근 많은 주목을 받고 있다.

오랫동안 매료되었다. 이 분야의 과학자들은 배양육이 공장식 농장을 대체할 수 있다고 믿는 것 같다.

하지만 배양육이 사람의 몸속에서 안전하게 잘 소화될 수 있을지는 보장할 수 없다. 또한 고기의 맛을 좋게 하기 위해 사용하는 공정과 화학물질 때문에 배양육에 유독 성분이 생길 수 있다. 배양육은 지역적이고 더 지속가능한 방식의 먹거리 생산 쪽으로 우리를 이끄는 것이 아니라, 연구실 속으로 먹거리를 되돌려보낸다.

오직 대기업만이 시험관 고기의 대량 생산에 필수적인 처리 공장을 세우고 특허권을 획득하는 데 필요한 자본을 충당할 수 있다. 그리고 여느 가공식품과 마찬가지로 배양육은 대기업에 먹거리 체계를 통제하고 사람들의 건강보다 이윤을 우선시할 수 있는 기회를 제공한다.

환경단체 ETC에서 기술과 먹거리에 관한 글을 많이 써온 짐 토마스(Jim Thomas)는 이렇게 요약한다. "만약 배양육이 대성공을 거둔다면, 빅맥에 그것이 등장했다는 얘기나 농기업이 특허권을 산다는 소식을 듣게 될 것입니다."[68]•

이런 기술은 돈을 벌기 위한 것이지, 사람들을 먹이기 위한 것이 아니다. 미국이나 전 세계의 농촌 지역에 경제적 기반을 제공하는 것은 더욱 아니다. 이런 유형의 산업화된 먹거리 생산은 진짜 재료의 맛을 흉내 내는 많은 화학 성분에 의존한다. 하지만 적절한 규모의 가족농장에서 생산한 진짜 먹거리의 특성을 기업 회의실에서 구상해 연구실에서 만든 화학물질의 조합으로 대체하는 것은 불가능하다. 우리 먹거리 체계는 이미 너무나 많이 정상에서 벗어나 있다. 이윤 추구에 과학이 물들어서 식품의 가공과 제조에 자연보다 화학에 더 의존하고 있다.

기업, 과학계, 정부 기관이 자금을 대고 있는 공상과학소설식 먹거리를 상업화할 경우 어떤 일이 벌어질지 생각해보라. 만약 이들의 전략에 제동을 걸지 않는다면 미래의 생명공학(인공생명, 나노 입자, 복제, 배양육 등)은 지금 식료품점을 가득 채우고 있는 건강하지 못한 먹거리들을 구식 로테크 제품처럼 보이게 만들 것이다. 인공 영양분으로 가득한 칼로리 제로의 정크푸드(가공되고, 조미되고, 질감처리되고, 착색되고, 혈뇌관문을 통과할 수 있는데도 규제를 받지 않고 검증되지도 않은 나노입자를 이용해서 만든 용기에 담긴 정크푸드)가 과체중 미국인의 처방이 될 수 있을까? 거의 모든 과학 진보가 예상치 못한 결과를 불러왔다. 이 최신 계획들의 위험성을 파악하는 일은 그리 어렵지 않다.

• 2020년 4월 현재 배양육이 시판되거나 승인을 받은 국가는 없다. 하지만 관련 기업의 숫자는 늘고 있으며 투자도 증가하고 있다. 요즘에는 줄기세포로 원하는 조직을 키우는 방식이 주로 사용된다. 생선 살을 이런 방식으로 생산하려는 기업들도 있다. 한국에서도 멤피스미트 등의 스타트업이 생겼다. 배양육은 고기 생산에 수반되는 자원과 환경오염을 줄일 수 있고, 육식의 윤리적 문제도 피할 수 있으며, 가축 생산에 사용되는 항생제 문제 등도 피할 수 있다는 장점이 있다. 하지만, 대량 보급되기에는 여전히 생산비가 너무 비싸다. 배양육의 성패는 향후 몇 년이 지나야 결정될 것으로 보인다 (https://www.theguardian.com/food/2020/jan/19/cultured-meat-on-its-way-to-a-table-near-you-cultivated-cells-farming-society-ethics).
최근에 더 화제가 되고 있는 것은 배양육보다 식물성 고기이다. 이 방식에서는 식물성 성분으로 햄버거 패티, 소시지 등을 만든다. 이미 미 식품의약국의 승인을 받아 관련 제품이 시판되고 있다. 한국에서도 판매 중인 '임파서블 버거(Impossible Burger)'가 대표적이다. 이 방식은 가격 경쟁력을 확보해서 투자가 급증하고 있다. 임파서블 푸드(Impossaible Foods)와 비욘드 미트(Beyond Meat)가 대표적인 회사이다. 한국에서도 버거킹과 롯데리아에서 관련 메뉴를 출시했다(2020년 4월 현재 한국 현황과 관련해서는 다음을 참조하라. https://www.elle.co.kr/article/45934).

7부

푸도폴리에 도전할 수 있는
정치적 힘 만들기

거대한 운동들이 하나로 모여 사회적 변화를 불러일으킨 역사가 미국에 있다. 지금은 건강하고 지속가능한 로컬푸드 생산을 위한 운동이 많은 사람에게 영감을 불어넣고 있다. 사람들은 자신이 먹거리에 지출하는 돈을 통해 투표하고, 농민과 식품 소비자 간의 직판 채널을 조직하며, 먹거리 체계 변화에 대해 교육하고 고무하는 여러 프로그램에 참여한다. 다음 단계는 이런 먹거리 활동가들을 정치화해서, 이 망가진 먹거리 체계를 만든 연방 농업 및 식량 정책을 바꾸는 데 참여시키는 것이어야 한다. 모든 미국인에게 득이 되는 먹거리 체계를 다시 만들어내려면, 반독점법 집행에서부터 어린이 대상 정크푸드 마케팅 규제에 이르는 다양한 정책 변화가 필요하다. 궁극적으로는 우리 모두가 전 지구의 공유재를 함께 공유하고 있다는 점을 인식해야 한다. 미래 세대를 위해 지구의 공유재를 보호할 수 있는 정치적 힘을 반드시 만들어야 한다.

15
정치적으로 먹고
정치적으로 행동하자

위대한 운동은 예외 없이 세 단계를 거친다.
조롱받다가, 토론되다가, 채택된다.
— 존 스튜어트 밀(John Stuart Mill, 1806~1973), 영국 철학자.

Foodopoly

역사적으로 사회운동은 정치적 변화로 이어진 새로운 사고, 가치, 신념의
도입 과정에서 강력한 역할을 했다. 지난 50년 동안 민권운동, 여권운동,
환경운동이 미국 사회를 탈바꿈시켰으며, 그 결과 규제 및 법률상의 중요
한 변화가 일어났다. 먹거리운동은 미국인의 먹는 방식과 먹거리에 관한
생각을 바꿈으로써 중요한 문화적 전환을 만들어내고 있다. 먹거리 체계
의 문제점과 위험을 사람들에게 일깨우는 것은 정치적 행동을 위한 첫걸
음이다.

이 문화적 전환이 가져올 결과 중 하나가 육류 소비 감소이다. 육류협회
에서 발행하는 신문 〈데일리 라이브스톡 리포트(Daily Livestock Report)〉에
따르면, 육류 특히 붉은 고기의 미국 내 수요는 4년 연속 감소했으며, 지난
6년 중 5년 동안 감소했다. 사회과학 리서치 회사인 DGWG의 가치연구
소는 완전 채식을 하지는 않지만, 육류 섭취량을 크게 줄이는 "플렉시테리
언 식단(flexitarian diet)"[*]이 건강 관련 주요 트렌트가 될 것이라고 전망했
다. 연구소는 이런 변화의 원인으로 '월요일 고기 안 먹기 운동(Meatless
Monday)'을 지목했다.

FGI 리서치(FGI Research)의 2011년 연구에 따르면, 미국인의 50퍼센트
가 월요일 고기 안 먹기 운동을 알고 있으며, 그중 1/4 이상은 이 운동의 영
향으로 고기 소비량을 줄였다. 놀라운 점은, 이 운동이 광고, 홍보 대행사,

---

[*] 플렉시테리언은 준채식의 한 유형이다. 기본적으로 채식을 하지만, 사회적 필요 등에 유연하게
(flexible) 대처해서 가끔씩 고기를 먹는 것을 가리킨다.

공공기관의 발표 없이 입소문에 의지한 풀뿌리 캠페인이었다는 것이다. 월요일 고기 안 먹기 운동은 은퇴한 광고 회사 중역 시드 러너(Sid Lerner)가 고안했다. 그는 "차민 휴지를 꾹 누르지 마세요(Don't squeeze the Chamin)"• 광고 개발에도 참여했다. 50년 경력의 이 광고업계 전문가는 심장병의 주원인인 포화지방이 지나치게 많은 식생활을 바꾸기 위해 무언가 의미 있는 일을 하고 싶었다. 러너는 어릴 적 월요일 고기 안 먹기 운동을 생각해냈다. 2차 세계대전 때 애국심에 호소하는 자발적인 식량 절약운동의 하나로 이 운동이 펼쳐졌다. 한 주의 시작인 월요일은 공통적인 문화 경험을 대변하는 것이기도 했다.

카리스마와 에너지가 넘치는 80세의 러너는 이 운동을 확산시키기 위해 20개 공중보건대학과 힘을 합쳤다. 현재 연구를 통해 입증된 사실을 그는 직관적으로 알아챘다. 일을 시작하는 첫날인 월요일에 한 주의 건강 관련 일과가 시작되며, 이 운동으로 1년에 52번 좋은 행동을 강화할 수 있다. 월요일 고기 안 먹기 운동은 전 세계로 퍼져나갔으며, 많은 사람을 정치 참여로 이끄는 데 중요한 역할을 하고 있다.

〈식품 주식회사〉, 《패스트푸드 제국》, 〈미트릭스〉

영화, 소셜미디어, 그밖의 문화적 표현 수단들도 사람들을 먹거리 문제로 끌어들이고 있다. 농식품 산업의 파멸적인 영향을 보여주는 오스카상 후보작이자 에미상 수상작인 〈식품 주식회사(Food, Inc.)〉는 역대 최우수 다큐멘터리 20개 중 하나로, 아마존에서 가장 많이 팔린 다큐멘터리 영화 DVD이다. 거의 50만 명에 달하는 페이스북 팬을 갖고 있다. 서던캘리포니아대학교 노먼리어센터(Norman Lear Center)가 사회운동 도구로써 〈식품

• P&G의 차민 두루마리 휴지 광고 시리즈로, 여성 고객이 진열된 두루마리 화장지가 얼마나 단단히 감겨 있는지 확인하기 위해 손으로 꾹 눌러보면, 슈퍼마켓 매니저가 나와서 이를 나무라는 내용이다. 1965~1985에 방송되어 미국에서 큰 인기를 끌었다.

주식회사〉의 효과성을 연구했다. 그 결과에 따르면, 응답자 1만 5,000명 중 76퍼센트가 영화를 보고 난 뒤 농기업 개혁 관련 사회운동에 참여하고 싶어졌다고 응답했다. 그리고 81퍼센트는 영화가 자신의 삶을 바꿨다고 응답했다. 연예계 잡지 〈버라이어티〉는 이렇게 표현했다. "사회의식이 투철한 사람, 영양 문제에 관심이 많은 사람, 굶주린 사람을 위한 절제된 공포영화. …… 〈식품 주식회사〉는 〈죠스〉가 해변에 했던 일을 슈퍼마켓에 하고 있다."

〈식품 주식회사〉의 감독 로비 케너(Robby Kenner)는 사람들이 얼마나 먹거리에 관해 열정적인지 깨닫고 나서 얼떨결에 활동가가 된 사람이라고 자신을 소개한다. 그의 지역사회 모임과 대학 강연에는 수백 명, 아니 보통 수천 명이 참석한다. 그는 이렇게 이야기한다. "저는 많은 대학 캠퍼스에서 강연을 하는데, 늘 학생들이 자신이 어떤 일을 할 수 있느냐고 묻습니다. 이 문제가 너무 많은 열정을 불러일으키기 때문에 많은 사람들이 정치 행동을 하고 싶어 하지요."

케너는 현재 자신이 최근에 설립한 픽스푸드(FixFood) 일로 바쁘다. 픽스푸드는 여러 미디어를 전방위적으로 활용하는 사회적 행동 프로젝트다. 비디오, 쌍방향 웹사이트, 지역사회 미디어를 이용해 일반 청중의 행동을 촉구한다. 픽스푸드는 바로 이용할 수 있는 해법들을 식별하고 먹거리 체계를 개편하는 일을 이미 시작한 집단들을 지원한다. 또한 기꺼이 행동하고자 하는 소비자를 돕는다. 케너는 이런 노력들로 더 광범위한 사회적 변화가 일어나기를 바란다. 그는 이렇게 이야기한다. "사람들을 수동적인 먹거리 소비자에서 제대로 알고 있는 쇼핑객으로 탈바꿈시키는 것이 목표입니다. 입법 과정 참여, 소매점이나 시장에서 압력 행사, 자신이 선출한 대표자가 더 책임 있게 행동하도록 만드는 행동을 통해 사람들을 이 정치적 투쟁에 참여시키는 것이지요."

웹 기반 프로그램을 활용해 사람들을 교육하고 사회운동에 나서도록 고무하는 그레이스커뮤니케이션재단의 데스틴 레인(Destin Layne)은 먹거리 운동이 점점 더 정치적인 운동이 되어가고 있다고 이야기한다. 그녀는 '잘 먹기 가이드(Eat Well Guide)' 프로그램을 관장한다. 이 가이드는 세심하게 정리한 온라인 디렉토리로, 지역에서 지속가능한 방식으로 생산·제조한 먹거리 2만 5,000개 이상의 목록을 담고 있다. 또한 사람들이 먹거리 활동가가 되도록 장려하는 소비자 친화적인 자료 센터 '지속가능한식탁(Sustainable Table)'도 관장하고 있다. 그녀는 이렇게 이야기한다. "〈식품 주식회사〉를 보고 에릭 슐로서가 쓴 《패스트푸드 제국(Fast Food Nation)》을 읽음으로써 많은 사람들이 산업화된 먹거리 체계를 무척 생생하게 알게 되었습니다. 그냥 좀 더 책임 있는 식생활을 하려는 사람들도 있지만, 정치적 행동에 나서는 사람들도 많지요."

새로운 미디어와 디지털 세대를 겨냥한 새로운 형태의 문화적 표현 수단들은 청년들을 정치적 행동으로 이끄는 데 있어서 무척 중요하다. 3명의 농장 동물이 주인공으로 나오는 〈미트릭스(The Meatrix)〉는 레인의 조직이 개발한 플래시 애니메이션으로,• 웹 기반 풀뿌리운동 도구의 신기원을 개척했다. 팝 컬처와 풍자를 이용해서 만든 이 전염성 높은 애니메이션은 공장식 농업을 중단시키는 일에 참여하도록 사람들을 자극한다. 〈미트릭스〉 시리즈는 30개 이상의 언어로 번역돼, 전 세계적으로 3,000만 명이 넘는 시청자를 확보했다. 역사상 가장 성공적인 온라인운동 캠페인이라고 할 수 있다.

〈미트릭스〉 제작에 참여한 마케팅 전문가 다이앤 해츠(Diane Hatz)는 예술과 대중문화를 활용하면 사람들을 교육할 수 있을 뿐 아니라 정치적으로 무관심한 사람을 정치적으로 행동하게 바꿔놓을 수도 있다고 믿는다. 지속가능한먹거리와농업을위한글린우드연구소(Glynwood Institute for

---

• www.themeatrix.com

Sustainable Food and Farming) 공동 창립자이자 소장인 해츠는 'TEDxManhattan: 우리가 먹는 방식 바꾸기(Changing the Way We Eat)'를 조직하고 있다. 이 연례행사는 음악, 좋은 먹거리와 와인, 역동적인 프레젠테이션을 하나로 결합해 사람들이 행동에 나서도록 한다. 강연자들에게는 "사람들을 고무시킬 수 있는" 12분의 시간이 주어진다. 350명의 참석자뿐 아니라 여러 사람을 참여시키기 위해 수십 개의 시청 모임(어떤 경우에는 참석자가 무려 450명이나 된다)이 미국 전역에서 만들어진다. 강연을 12분짜리 동영상으로 제작해 여러 다른 이슈에 사람들을 동원하는 데 활용한다. 해츠는 이렇게 말한다. "이 독립 행사는 국제적인 행사인 TED 모임에 기반을 두고 있습니다. TED는 '퍼뜨릴 가치가 있는 아이디어'에 관한 것이지만, 우리는 여기서 한 걸음 더 나아가 아이디어를 실천하고자 합니다."

앞에서 언급한 단체들을 비롯해 좋은 먹거리운동단체는 정치 참여를 촉구하기 위해 전통적인 방법과 인터넷을 많이 이용한다. 하지만 대안적인 지역 먹거리 체계 개발에 집중하는 단체들도 있다. 이런 로컬푸드 프로그램들은 농민과 먹거리 소비자가 "공동체를 형성"하고, 다양한 사람을 교육하는 데 매우 소중하다. 그러나 현재의 지배적인 모델을 대체하는 대안 먹거리 체계를 로컬푸드만으로 달성할 수 있을지는 의문이다. 이런 노력들이 가치 있고 소중하기는 하지만, 미국 국민 대다수의 필요를 충족시키려면 근본적인 구조 변화가 필요하다.

농무부 문서들에 따르면, 공동체지원농업과 농부시장을 통한 직판이 증가하고 있기는 하지만 도시 시장에 한정되는 경향이 있다. 매출액 48억 달러는 인상적이지만, 관행 먹거리 매출액 1조 2,000억 달러에 비하면 무척 적다. 더욱이 직판에 참여할 수 있는 기회는 인구 밀집 지역 근방에 사는 농민에게만 주어진다. 실제로 소비자 직판에 참여하는 농장의 절반이 대도시 지역 근처에 있다. 하지만 전체 농장의 2/3는 근처에 도시가 전혀 없는 농촌 지역에 있다.

이런 상황은 농상품에서 야채와 과일로 생산 품목을 바꾸고자 할 때 인구가 적은 지역의 농민이 직면하는 어려움을 잘 보여준다. 산업화된 식료품 산업이 유통을 통제하고 있는 현재 먹거리 체계에서는 농촌 지역에 사는 농상품 재배 농민의 유통망에 접근할 수 없다. 대부분의 농민은 캘리포니아의 기업화된 농장들과 경쟁하거나, 세계화된 농산물 시장에서 경쟁할 수 있는 기후나 재배 조건을 갖고 있지 않다. 또한 농산물 재배업에 필요한 장비를 소유하거나 이용하는 것조차 불가능한 경우가 많다.

방 안의 코끼리

가족농의벗(Friends of Family Farms) 대표인 미셸 크나우스(Michele Knaus)는 먹거리 체계를 바꾸기 위해 오리건주에서 교육, 옹호, 풀뿌리 조직화 등 여러 가지 접근법을 활용하고 있다. 가족농의벗은 미래에 큰 변화를 일으키는 것을 목표로, 현재 농민이 안고 있는 문제점을 해결하기 위해 노력한다. 독립적인 가족농과 먹거리 소비자를 위해 강력하고 결집된 목소리를 키워온 가족농의벗은 이미 오리건주의회에서 생산자가 로컬푸드의 판매와 가공을 더 쉽게 할 수 있도록 하는 법안을 통과시켰다.

크나우스는 이렇게 이야기한다. "올해 우리가 거둔 입법 관련 승리로 소규모 농민이 농장에서 닭을 가공하고, 과일과 야채로 만든 잼·젤리 등의 식품을 판매하는 것이 가능해집니다. 이것은 지속가능한 먹거리 체계를 만들기 위한 첫걸음에 불과합니다. 자신이 농업 정책의 이해관계자라는 사실을 먹거리 소비자가 깨닫고 있습니다. 소비자와 농민이 함께 목소리를 내면 도시 및 농촌 지역 의원들도 귀를 기울일 것이며, 농업이 우리의 지역 경제에서 얼마나 필수불가결한 부분인지도 잘 드러날 것입니다."

농촌사회학자 메리 헨드릭슨은 지역사회에 득이 되는 대안적인 먹거리 체계를 만드는 일과 정치적 행동을 촉발하는 일을 동시에 추진해야 한다고 믿는다. 그녀는 동료인 빌 헤퍼넌(Bill Heffernan)과 함께 먹거리 산업의 과도한 집중을 연구하고 관련 정보를 널리 알린 최초의 학자이다. 헨드릭슨은 반독점 개혁이 핵심이기는 하지만, 로컬푸드 체계를 만드는 일 역시 중요하다고 이야기한다. "우리는 랜드 그랜트 대학교(land-grant university) •인 미주리대학교 소속 연구자이자 농촌지도사로서, 우리가 가진 특별한 '관점'을 이용해서 이 세계화된 먹거리 체계에 관여하고 있는 기업들의 크기와 범위를 보여주었습니다. 더불어 농민이 이 기업들의 전략을 이해할 수 있도록 도왔습니다."

헨드릭슨은 그냥 데이터만 보고하고, 어떻게 변화가 일어나는지 이해하기 위한 틀을 제공하지 않는 것은 사람들을 기운 빠지게 한다고 이야기한다. 이 점을 염두에 두고 그녀는 1994년 캔자스시티푸드서클(Kansas City Food Circle)과 함께 일했다. 농촌지도사로서 대안적인 지역사회 먹거리 체계를 만드는 일을 돕기 위해 실용적인 접근법을 사용하고자 했다. 캔자스시티푸드서클은 농업의 화석연료 의존 문제와 관련해서 1980년대 그레이터캔자스시티그린스(Greater Kansas City Greens)가 조직한 한 사업에서 출발했다. 이 모임은 농민과 먹거리 소비자의 굳건한 관계를 기반으로 대안적인 먹거리 체계를 만든다는 비전을 설정했다. 헨드릭슨은 이런 모임이 흔히 무시되지만, 실제로 그들은 지역사회에 중요한 방식으로 "기존의 경제 구조와 정치 구조에 도전했다"라고 이야기한다.

1990년대 후반 헨드릭슨과 미주리대학교 동료들은 '푸드서클 네트워킹 프로젝트(Food Circles Networking Project)' 개발을 위해 연방정부와 주정부로부터 자금을 지원받았다. 이는 캔자스시티푸드서클의 원래 비전에 기반을 둔 것이었다. 이 프로젝트는 다른 학계 조직과 공익단체를 결집해

• 각 주에 의해 모릴법(Morill Acts) 수혜 대상으로 선정된 대학을 말한다. 모릴법은 연방정부 토지를 각 주에 불하해, 주가 그 매각대금으로 실용적인 농업, 과학, 군사과학, 공학을 교육하는 대학을 설립하도록 하고 있다.

서 지역 농민을 파악하고, 지역 수준의 인프라와 유통 시스템을 다시 개발하는 것을 목표로 한다. "지역산 제철 먹거리를 두고 요리사와 식료품점은 아직도 자신의 관점에 치우쳐 있습니다. 자기 사업의 기준에서 가격이 적당해야 하고, 포장과 배달도 제대로 되어야 하지요. 여기서 '규모 확대'와 농민의 비전 및 필요가 서로 상충할 수 있습니다." 그녀는 푸드허브를 구축하려고 노력하는 지역사회는 늘 이 문제와 씨름한다고 이야기한다.

캔자스시티에서는 헨드릭슨과 먹거리 활동가들이 정부와 재단들의 자금 지원을 받아서 푸드서클 개념을 현실화할 수 있었다. 그것을 위해 그들은 볼스 푸드 스토어(Balls Food Stores) 및 굿 네이처드 패밀리 팜(Good Natured Family Farms)과 제휴했다. 볼스 푸드는 광역 식료품 체인으로, 헨 하우스 마켓(Hen House Markets) 매장 13개, 프라이스 호퍼(Price Hoppers) 매장 15개를 갖고 있다. 굿 네이처드 패밀리 팜은 캔자스주 동부와 미주리주 서부에 있는 농장들의 연합체였다. 농민들은 시장을 필요로 했고, 볼스 푸드는 로컬푸드로 대규모 전국 체인들과 차별화를 꾀하려 했다. 볼스 푸드는 농장에서 생산한 물품을 받아서 각 매장에 유통하기 전에 농산물을 냉장할 수 있는 유통 센터 역할을 할 창고에 기꺼이 투자하려 했다. 굿 네이처드 패밀리 팜의 성공은 많은 부분 다이앤 엔디콧(Diane Endicott)의 조직화 역량, 헌신적인 노력, 비전에 기인한다.

엔디콧은 끊임없이 일하는 원기왕성한 여성으로, 텍사스의 가족농장으로 되돌아가서 농사로 생계를 꾸리려 한 경험이 있다. 그녀는 이 경험을 이렇게 이야기한다. "우선, 우리 토마토를 팔려고 나섰을 때까지는 소규모 가족농장이 어떤 어려움에 처해 있는지 깨닫지 못했습니다. 생산품을 판매할 수 있는 시장을 먼저 찾아야만 합니다. 운 좋게 상점을 발견했다면, 그 다음에는 상점에서 사람들에게 이 물건이 지역산이며 맛도 더 좋고 건강에도 더 낫다고 알려야지요. 이런 일들을 하는 데 정말로 많은 돈이 듭니다. 우리는 깜짝 놀랐습니다."

초기에 헨드릭슨과 동료들은 더 많은 지역 생산자를 파악하기 위해 볼스 푸드의 경영진과 협력했다. 식료품 산업의 시장 집중에 관한 연구 결과를 공유하고 먹거리의 안전과 품질에 관한 세미나도 개최했다. 지난 10년 동안 굿 네이처드 패밀리 팜과 볼스 푸드는 농민과 먹거리 소비자의 개인적인 유대를 만들어내는 데 성공했다. 헨드릭슨은 이렇게 이야기한다. "이 식료품 체인(볼스 푸드)에 납품하는 농민들은 '바이 프레시, 바이 로컬(Buy Fresh, Buy Local)' 제품을 전시하는 하계 토요일 행사에 최소 한 번 이상 참가해야 하고, 식품 안전이나 마케팅 교육에도 참석해야 합니다." 볼스 푸드 매장에서 판매하는 모든 먹거리는 반경 322킬로미터 안에서 생산한 것이다. 100명 이상의 농민이 굿 네이처드 패밀리 팜에 참여한다. 이들 외에 볼스 푸드는 25명의 재배자와도 관계를 맺고 있다.

볼스 푸드는 1년 내내 로컬푸드를 제공하고 싶어 했다. 그 방법은 지역산 고기 제공이다. 엔디콧은 올내추럴쇠고기조합(All-Natural Beef Coop)의 설립을 도왔다. 이 조합은 18개 가족농장으로 이루어져 있다. 이것이 가능했던 이유는 엔디콧이 농무부 인증을 받은 육류 가공 공장을 구입했기 때문이다.

'굿 네이처드 패밀리 팜'은 현재 볼스 푸드 매장에서 판매되는 모든 지역산 제품의 브랜드명이다. 고기, 달걀, 우유, 꿀은 물론이고, 다양한 과일과 야채가 이 브랜드로 판매된다. 윈록인터내셔널(Winrock International)의 월리스센터(Wallace Center)에서 '혁신적인 모델들'에 관해 펴낸 보고서에 따르면, "볼스 푸드는 굿 네이처드 패밀리 팜과 협력해 농민들이 재정적 자생력을 갖도록 돕고 있다. 예를 들어, 이 식료품 체인은 농민들과 협력해서 가격을 결정한다."[1] 농민과 볼스 푸드 구매 담당자가 소통해서 가격을 결정하기 때문에 농민과 볼스 푸드 모두 이윤을 얻는다. 볼스 푸드는 자사 매장들을 통해 지역산 먹거리를 판매함으로써 내방 고객수가 늘었고, 총매출액 역시 증가했으며, 관행 먹거리와 먹거리 이외 상품의 매출까지 올랐다.

헨드릭슨은 캔자스시티 프로젝트에 관해 다음과 같은 이야기도 한다. 이 프로젝트가 지역사회에 혜택을 준다는 사실은 아무리 강조해도 지나치지 않지만, 모든 사람에게 봉사하는 항구적인 대안 먹거리 체계를 만들려면 법령과 규제 변화가 필요하다. 그녀는 자신의 작업이 로컬푸드 체계와 기존 경제구조 사이의 긴장을 잘 보여준다고 이야기한다. 예를 들어, 앞에서 말한 식료품 시장의 확대에는 굿 네이처드 패밀리 팜과 볼스 푸드의 상당한 투자가 필요했다. 굿 네이처드 패밀리 팜은 육류 가공, 유통, 판매 같은 인프라에 투자했다. 볼스 푸드는 지역산 농산물을 저장하고 유통하는 중앙 물류센터 구축에 투자했다. 뿐만 아니라, '바이 프레시, 바이 로컬' 마케팅을 제대로 하기 위해 상당한 수준의 직원 교육을 해야 했다.

헨드릭슨은 이렇게 이야기한다. "우리의 경제구조가 현재 어떻게 작동하고 있는지에 주의를 기울이지 않는다면, 그것을 좀 더 민주적이고 공정한 경쟁이 이루어지도록 만들지 않는다면, 로컬푸드 체계는 지금의 먹거리 체계와 똑같아지고 말 것입니다. 이를 달성하는 방법을 생각하지 않는다면, 다시 한 번 농민은 경제적 힘을 가진 사람들의 손아귀에서 놀아날 것입니다. 로컬푸드 취급을 늘리려고 노력 중인 한 소형 유통업체는 저에게 대기업들의 로컬푸드 수용이 일시적인 유행이 아니라고 이야기했습니다. 하지만 그들은 로컬푸드(혹은 녹색 상품)를 자신들의 사업 방식에 맞게 바꿀 것입니다. 농지를 사들이거나 로컬푸드를 생산할 농민을 고용하는 식으로 말이지요. 그러면 어떻게 공정해지겠습니까? 농산물 가격이 저렴해질 수는 있겠지만, 그것이 과연 공정할까요? 그리고 농민은 과연 로컬푸드를 사 먹을 수 있을 정도로 돈을 벌 수 있을까요? 지리적 경계만으로는 공정하고, 가격이 저렴하고, 민주적이며 녹색인 먹거리 체계를 만들어낼 수 없습니다."

먹거리 관련 단체 및 재단과 작업하고 있는 그레이스소통재단 사무총장 스콧 컬렌(Scott Cullen)은 이렇게 요약한다. 먹거리는 "우리 시대의 핵심 문제 중 하나입니다. 왜냐하면 먹거리 생산이 우리의 공기, 물, 건강에 큰 영향을 미치기 때문입니다." 또한 이런 얘기도 한다. "좋은 먹거리가 온갖 종류의 놀라운 장소에 서서히 퍼지고 있습니다. 먹거리가 강력한 사회 변화의 도구인 이유는 모든 사람이 먹기 때문입니다. 먹거리는 정말로 사람들을 서로 친하게 만듭니다."

하지만 컬렌은 이렇게 경고한다. "광역 차원에서 생산된 먹거리가 단순한 사치품 이상이 되어야 합니다. 그런 먹거리에 관해 배우고 그것을 생산하는 일이 우리 삶, 우리 지역사회, 우리 학교의 일부가 되어야 합니다. 여기서 늘 '방 안의 코끼리(elephant in the room)'● 역할을 하는 것이, 경쟁의 장을 불공평하게 만들면서 잘못된 것들에 대부분의 인센티브를 주는 왜곡된 연방정책입니다. 제 생각에는 농업법 해체와 연방정부 먹거리 정책의 철저한 재검토를 이끌어낼 수 있는 정치적 힘을 키워야 합니다. 먹거리운동이 훨씬 더 과감하고 야심차게 움직여서 정치적 힘을 키우는 운동이 될 필요가 있습니다. 정치적으로 먹거리를 선택하는 것은 그 첫걸음입니다. 하지만 그 다음 단계로 나아가서 정치적 행동까지 취해야 합니다."

● 누구나 해결해야 함을 알고 있지만, 그 해결이 너무 어렵거나 먼저 나서기를 꺼려서 그냥 모른 척 하고 있는 문제를 말한다.

16
밝은 미래를
위해

공유재의 세계관을 받아들이고 그것에 따라 행동하는 일은
미몽에서 깨어나 너그러워지는 길이며,
현재 우리가 나아가고 있는 방향과는 정반대의 길이다.
— 해리엇 바로우(Harriet Barlow), 공유재에대해(On the Commons) 공동 창립자,
〈지혜의 목소리(Wisdom Voices)〉, 2012년 1월 16일.

Foodopoly

먹거리 독점을 깨뜨리고 망가진 먹거리 체계를 고치려면 법과 규제를 크게 바꿔야 한다. 이것이 우리 민주주의를 되살리기 위한 광범위한 전략의 일부가 되어야 한다. 다른 진보운동들 역시 공공 정책을 개혁 및 재편해서 모든 미국인의 이익에 봉사하도록 만들기 위해 정치적 힘을 키우고 있다. 이런 진보운동에 먹거리 활동가들이 동참해야 한다. 너무나 많은 사람이 정치 체계의 개혁은 불가능하며 정치 참여는 가망 없는 일이라고 믿고 있다.

이런 무관심과 냉소주의의 진짜 수혜자는 정치 체계를 왜곡시키고 있는 경제적 이해 세력이다. 따라서 우리가 용기를 잃고 우리의 먹거리 체계, 우리의 유전자라는 공유재, 우리의 공유 자원, 우리의 민주주의에 대한 기업 통제에 도전하는 일을 꺼려서는 안 된다. 미국의 역사는 비록 그 길이 멀고도 험난하지만, 정치 체계를 개혁할 수 있음을 보여준다. 여기에는 정치 참여, 조직화에 대한 헌신, 장기적인 전망을 굳건히 견지하는 인내심이 필요하다. 우리가 무엇을 달성하기 위해 싸우고 있는지에 대한 명확한 비전이 필요하다.

번성하는 가족농이 생산한 건강한 유기농 먹거리를 모든 사람이 즐길 수 있는 공정한 사회를 만드는 일은 사회와 농장과 먹거리 정책의 근본적인 변화를 통해서만 가능하다. 혁신, 품질, 지속가능성이 아니라 오직 규모를 기준으로 보상이 주어지는 시장에서는, 먹거리 소비자와 농민에게 득이 되는 주 수준의 건실한 광역 먹거리 체계를 구축할 수 없다. 먹거리 체계를 다시 만드는 일은 먹거리 사슬의 모든 단계를 움켜쥐고 있는 극소수 농기업, 초대형 식품제조업체, 은행으로부터 통제권을 되찾는 것을 의미한다.

소수의 초대형 기업이 식품 산업을 지배하고, 먹거리 생산이 먼 곳에서 이루어지며, 화학농업에 의존하고, 위험한 신기술이 늘어나는 지금 상태를 거부하는 것이 장기적으로 새로운 먹거리 체계를 만드는 열쇠다. 우리는 소수의 행위자가 지배하고 있는 기존의 비경쟁적인 시장으로 문제를 해결할 수 있다는 지배적인 패러다임에 이의를 제기해야 한다. 당신이 만약 월마트가 먹거리 생산을 재지역화할 수 있다거나 시장의 힘만으로 더 나은 먹거리 체계를 만들 수 있다고 이야기한다면, 대중매체에 접근하거나 사업 자금 지원을 받는 일이 꽤 쉬울 것이다. 하지만 잘못된 약속으로는 더 나은 먹거리 체계를 만들어낼 수 없다.

시장만으로 지속가능한 먹거리 체계를 만들 수 없다

시장만으로는 이 문제를 해결할 수 없다. 기업은 선거 자금 제공, 로비, 정치적 영향력 행사 등으로 공공 정책 결정에 부당하게 영향력을 행사한다. 이에 의기소침해진 먹거리운동 진영의 많은 사람이 시장에서 해법을 찾으려 한다. 이런 해법은 인기가 높다. 정부와 규제는 악(惡)이고 개인의 자유와 선택은 선(善)이라고 생각하는 자유주의 철학이 팽배한 이 사회에 잘 어울리기 때문이다. 다수의 영향력 있는 먹거리 활동가는 건강한 유기농 먹거리를 원하는 사람의 숫자가 많아지면 시장이 응답할 것이라 믿고 있다. 그러나 이 전략을 주의 깊게 살펴보면, 단순히 시장에 의지해서는 더 나은 먹거리의 미래를 만들어낼 수 없다는 점이 드러난다.

유기농 산업은 왜 "쇼핑을 잘 하는 것"만으로는 망가진 모델을 고칠 수 없는지 잘 보여준다. 반독점법 집행의 실패와 소매 및 유통망에서의 독점력 해소의 실패로 유기농 산업의 구조는 관행 식품 산업의 구조를 닮아가고 있다. 사람들이 유기농 식품에 더 많은 돈을 지불하고는 있지만, 그 돈이 먹거리 체계를 바꾸지는 못한다. 반대로 대기업들이 '수지맞는 틈새시장'으로 보고서 유기농 시장에 진출해, 비전과 선의로 창립한 많은 소규모 유기농 회사들을 집어삼켰다. 효과적인 반독점법 집행의 실패로 유기농 식품의 판로가 제한되었으며, 독점적인 지배력으로 가격이 올랐다. 또한 유기농 산업을 지배하는 대기업들의 로비로 유기농 가공식품에 합성 성분을 사용할 수 있도록 허용함으로써 유기농 식품의 온전성이 손상되었다.

따라서 먹거리 체계를 개혁하는 주체는 시장이 아니다. 근본적인 문제 해결 방식은 바로 시장에 대한 규제이다. 반독점법 집행, 농상품 거래 규제 등이 필요하다. 불행히도 지난 30년 동안 우리 운동 진영은 정책 결정에 대형 보수 재단들이 깊숙이 관여하도록 허용해왔다. 그 결과 기업의 탐욕에 고삐를 채우는 데 필요한 정치적 힘을 기르고 선출된 대표자가 책임 있게 행동하도록 만드는 일에 자금을 지원하는 대신, 시장 기반 해법들을 주로 장려했다.

이 전략은 실패했다. 사람과 지구를 보호하는 싸움에서 승리하려면, 정치적 힘을 기르기 위한 조직화를 힘차게 시작해야 한다.

시장 기능 회복에 대한 요구

시장이 공정하게 작동하지 않으면 지속가능한 먹거리 체계를 만들 수 없다. 한 세기 전에 만들어진 반독점법은 현재 농업 시장의 규모, 형태, 구조를 다루기에는 부적합하다. 연방정부의 법 집행 역시 집중화된 권력이 소비자, 농민, 시장에 미치는 영향을 완화하는 데 실패해왔다.

농업 시장의 경쟁 상황을 의회가 오래 전에 조사해야 했다. 지금은 먹거리 활동가들이 더 나은 먹거리 체계를 만들기 위한 행동 목표의 하나로 반독점법 관련 내용을 추가해야 할 시점이다. 불행히도 먹거리운동 진영에서 이 중요한 문제에 매달리고 있는 사람은 극소수에 불과하다. 이 문제가 기술적이어서 보통 사람이 이해하기 어려우며, 이 업무를 담당할 직원을 채용할 수 있는 재원이 먹거리 단체들에게 없기 때문이다.

먹거리운동의 지도자들이 반독점법 집행 및 강화의 실패를 더 이상 외면해서는 안 된다. 그것이 먹거리 체계를 망가뜨린 근본 원인이기 때문이다. 먹거리 산업이 통합되면서 소비자가 원하는 먹거리(더 건강한 지역산 유기농 먹거리)를 판매하려는 회사가 식료품점의 판매대에 진출할 수 없게 되었다. 소비자와 생산자의 이익을 위해 시장 경쟁을 회복시킬 법 집행 및 규제 프로그램을 연방정부에 요구해야 한다.

현재의 흐리멍덩한 법 집행은 세 기관(법무부, 연방거래위원회, 농무부)에 나눠져 있다. 그래서 먹거리 사슬 내 시장 지배력에 관한 실질적이고 체계적인 조사가 불가능하다. 이 복잡한 법 집행 체계는 혼란스러울 뿐만 아니라, 소매 부문의 거대 기업들이 먹거리 사슬 전체에 걸쳐 경쟁을 저해하고 있는데도 감독이 거의 이루어지지 않은 결과를 낳았다.

합병, 독점, 담합(가격 담합 등)에 대한 반독점법 집행 권한은 법무부와 연방거래위원회가 공동으로 가진다. 연방거래위원회는 소비자에게 큰 영향을 미치는 산업을 관장한다. 슈퍼마켓, 식품제조업체(봉투, 상자, 캔 등에 든 식품)는 물론이고, 종자나 비료 등의 농장 투입물을 제조하는 업체도 관장한다. 법무부는 그밖의 대부분 품목을 관장한다. 유제품, 농기구 등이다. 농무부는 정육업체및임시가축수용장법에 따라 육류와 가금류 산업을 관장한다.

연방거래위원회는 슈퍼마켓에 대한 반독점법 집행 권한을 갖고 있다. 하지만 지난 20년 동안 식료품 소매 부문에서 인수합병 광풍이 몰아쳐서 월마트가 미국 최대의 식품 소매업체로 부상했음에도 불구하고, 연방거래위원회는 대부분 무시했다. 연방거래위원회는 1970년대부터 거의 유명무실하게 운영되어온 식료품 소매 산업에서의 반독점법 집행을 강화해야 한다. 그리고 독점화된 소매업체들이 먹거리 공급 사슬 전반에 미치는 영향을 조사해야 한다. 대형 소매업체가 공급업체에게 강요하는 부당한 판매 계약 등에 대한 조사뿐 아니라, 가격, 품질, 제품 선택의 측면에서 독점화가 소비자에게 미치는 영향 또한 조사해야 한다.

법무부는 몬산토와 낙농 산업의 시장 집중과 지배력에 관한 조사를 끝내지 못하고 있다. 여기서 반독점법 집행과 관련한 혼란과 행동력 부족이 잘 드러난다. 이 조사는 수년 동안 방치되었다. 일부 조사는 오바마 행정부 전에 끝났어야 했다. 이 조사를 가능한 빨리 끝내야 하며, 오랫동안 진척시키지 못한 다른 조사들 역시 끝내야 한다.

하지만 2011년 우리는 정책결정자들이 식품산업을 공정하게 만드는 일에 얼마나 겁을 먹고 있는지 보았다. 2008년 선거운동 당시 오바마 대통령은 육류업계의 반경쟁적 관행에 관해 들었다. 또한 육류업계가 독점적인 시장 지배력을 이용해서 축산농민의 소득을 얼마나 감소시켰는지, 농민에게 규모를 크게 키우도록 어떻게 강요했는지, 공장식 농장에서 사용하는 더 집약적인 관행을 채택하도록 어떻게 장려했는지에 관해서도 직접 들었다. 가족농장을 옹호하는 활동가들의 투쟁 덕분에 2008년 농업법에 사상 최초로 축산을 다루는 별개의 장이 생겼다. 이를 근거로 축산농이 육류 정육업체와 가금류 회사로부터 공정한 대우를 받을 수 있도록 하는 새로운 규정을 개발하는 임무를 농무부에 할당했다. 하지만 오바마 행정부는 이 상식적인 규정을 확정할 용기를 내지 못했다. 업계의 압력에 굴복해서 독점화된 정육업계의 시장 지배력에 농민이 계속 휘둘리도록 방치했다.

7개 주 풀뿌리단체들로 이루어진 광역 네트워크 조직이자, 가족농장과 목장을 구하기 위해 끊임없이 노력해온 WORC(Western Organization of Resource Councils)는 오바마 행정부를 이렇게 비판했다.

WORC 회원들은 원안의 내용에 기반을 둔 이 규정들에 큰 희망을 가졌으며,

지난 18개월 동안 최종 발표를 손꼽아 기다렸다. 하지만 법무부와 오바마 행정부의 최종 발표는 이 나라의 독립적인 농민들과 목장주들을 실망시켰다. 선거운동 당시 오바마 대통령은 독립적인 가족농의 공평한 시장 접근성, 생산 결정에 대한 통제, 투명한 가격 결정을 보장하기 위해 싸우겠다고 이야기했다. 하지만 오바마 행정부는 대형 정육업체들의 압력에 굴복해서, 불공정하고 기만적인 관행들을 지속시켰다.[1]

불행히도 이 중요한 싸움에서 먹거리운동은 대체로 침묵했다. 그 결과 육류업계의 시장 지배력과 소비자·농민·환경의 학대에 도전할 수 있는 기회를 놓쳐버렸다. 만약 개혁이 이행되었더라면, 불공정하고 인위적인 공장식 농장의 우위와 이윤을 줄이고, 축산 가족농의 생계를 유지하는 데 직접적인 영향을 미쳤을 것이다.

농촌유권자연맹 사무총장 닐 리치(Niel Ritchie)는 이렇게 말한다. "그 본질상 산업농은 우리 토지와 수자원에 엄청난 손상을 초래했다. 또한 한때 번성했던 농촌 지역사회의 경제적 활력을 고갈시켰다. 하지만 상황이 반드시 이래야 하는 것은 아니다. 지역 및 광역 시장에 봉사하는 중소 농장을 지원함으로써 우리 먹거리 체계를 다시 건설할 수 있다."

이와 관련해서는 앞으로 또 한 번의 기회가 있다. 향후 농업법 개정 과정에서 더 공정한 경쟁이 가능하도록 하는 규정을 신설할 수 있다. 2008년 농업법의 축산 관련 장에 포함된 경쟁 증진 정책의 초기 요소들을 확대 강화해서 먹거리 사슬 전반의 독점적 시장 지배를 다루는 장을 별도로 신설해야 한다. 그것을 통해 낙농, 축산, 가금류 가공업체, 종자 회사, 농산물 구매업체, 식료품점 등의 시장 독점에 대처해야 한다.

환경적·경제적으로 지속가능한 먹거리 체계를 발전시키는 일은 먹거리 사슬의 모든 단계를 지배하고 있는 농기업 독점체를 깨부수고, 농민과 먹거리 소비자를 연결하는 경제적·물리적 인프라를 재구축하는 작업이다. 이 전투에 먹거리운동이 전력을 다해야 한다. 이 싸움의 핵심이 바로 농업법 개정이다.

농업법 개정

망가진 먹거리 체계는 우연의 산물도 아니고, 경제적 효율성이 낮은 자연스런 결과물도 아니다. 농기업, 식품 산업, 기타 이익집단들의 의회 로비가 만들어낸 정책의 결과물이다. 정책은 국민이 이용할 수 있는 먹거리의 종류, 생산 방법, 판매처, 먹거리를 구매할 수 있는 사람 등을 결정한다. 그리고 약 5년마다 개정되는 농업법은 많은 정책을 포함하고 있다.

　다음번 농업법은 값싼 원료를 원하는 농기업의 바람을 충족시키는 것이 아니라, 시장이 공정하게 작동하도록 만드는 것이어야 한다. 이를 통해 우리 먹거리를 생산하는 농민과 농장 노동자가 적정 소득을 얻고, 환경을 돌보며, 지속가능한 지역산 먹거리 공급에 필요한 인프라를 재구축하도록 만들어야 한다. 농업법은 시장 집중 관련 문제를 비롯해 농민과 소비자에게 부정적인 영향을 미치는 많은 문제를 해결할 수 있는 수단이다. 많은 장들로 이루어진 이 초대형 법은 미국의 농업, 영양 보조 프로그램(푸드 스탬프 등), 농촌 경제 발전 프로그램, 농업 연구 등에 관한 전체적인 틀을 제시하며, 관련된 정부 정책 및 지원도 확립한다.

　최근 농업법 지출액의 약 2/3가 이 영양을 다룬 장에 배정되었다. 이 장에 SNAP(Supplemental Nutrition Assistance Program: 푸드 스탬프의 새 이름) 등 식품 보조를 제공하는 정부 프로그램이 실려 있다. 하지만 가장 논란이 많은 부분은 농상품에 관한 장으로, 산업화된 먹거리 체계의 원료로 쓰이는 옥수수, 밀, 대두 등의 곡물 및 지방종자 작물을 다룬다.

　농상품 프로그램의 현재 구조가 산업화된 먹거리가 과잉 생산되는 데 큰 몫을 한다. 하지만 옥수수·대두·밀 재배 농민에게 주는 지불금을 그냥 없애는 것으로는 농장 체계의 균형을 회복할 수 없다. 농업 정책 개혁을 통해 농민의 안전망을 복구해야 한다. 농상품 작물에 관한 농업 정책을 그냥 없애서는 공정한 먹거리 체계를 만들 수 없다. 오히려 가족농장의 손실이 더 커져서 지속가능한 먹거리 체계로의 전환이 어려워질 수 있다.

앞에서 살펴본 것처럼, 정부의 농장 프로그램은 농상품의 과잉 생산을 장려한다. 그것을 통해 농상품 가격을 생산비보다 낮게 떨어뜨린다. 가격 하락폭이 크면, 농민이 입은 손실의 일부를 정부가 보전해준다. 납세자가 내는 돈이 농민의 손을 거치면서 효과적으로 세탁되어 정육업체, 공장식 농장, 식품가공업체를 보조하는 것으로 끝난다. 정부 지불금의 수혜자는 농민이 아니라, 값싼 농산물을 사는 구매업체이다. 정부 지불금 덕분에 구매업체가 원료 물질로 사용하는 농산물을 원래보다 낮은 가격에 구매할 수 있다. 정부 지불금을 중단하는 것으로는 먹거리 공급 문제를 해결하지 못한다. 지불금은 낮은 가격의 결과이지, 원인이 아니다.

농업 정책에서 보조금의 역할을 연구해온 터프츠대학교 글로벌개발 및환경연구소(Global Development and Environment Institute)의 연구 및 정책 프로그램 책임자인 팀 와이즈 역시 같은 생각이다. "정부 보조금을 농민에게 지급하기는 하지만, 미국 농장 프로그램의 진정한 수혜자는 농민이 아닙니다. 농기업이지요. 보조금이 장려하는 생산과 수요 증대로부터 몬산토, 존 디어(John Deere) 같은 농자재 공급업체들이 득을 보고, 그 결과로 나타나는 낮은 가격의 혜택을 스미스필드, 카길 같은 농기업 구매업체들이 챙깁니다. 농민은 농자재 값은 비싸게 지불하고 농산물 값은 낮게 받으면서, 이 두 과점 세력 사이에서 계속 압박을 받고 있습니다."

농산물 가격이 폭락하면, 농민은 손해를 보지만 농산물 구매업체는 이득을 본다. 대형 식품가공업체는 값싼 곡물 가격을 원한다. 이들의 비즈니스 모델은 값싼 곡물 가격을 바탕으로 하고 있다. 옥수수, 대두 같은 원료 물질의 가격이 낮아지면, 대형 식품가공업체는 정크푸드나 액상과당을 훨씬 더 값싸게 생산할 수 있다. 그리고 가축을 목초지에서 기르는 대신 공장식 농장에 몰아넣고 인위적으로 싼, 옥수수나 대두로 만든 사료를 가축에게 먹일 수 있다.

과잉 생산을 장려하고 대형 농기업에게 득이 되는 농장 프로그램을 유지하는 대신 상식적인 공급 관리 정책과 가격 안전망을 복원해야 한다. 그것을 통해 납세자가 아니라 농기업이 농민에게 공정한 가격을 지불하게 만들어야 한다. 전략 곡물 비축분을 복원하고, 농민에게 토지의 일부를 휴경하도록 요구하고, 과잉 생산이 일어나더라도 최소한 농민이 생산비는 건질 수 있도록 농산물에 최저가격을 설정해야 한다.

위스콘신주의 가족농민이자 가족농장지킴이 이사인 짐 굿맨(Jim Good-man)은 추가로 이렇게 이야기한다. "농민에게는 농업 활동과 관련한 대출, 공정한 부동산 담보 대출, 공정한 가격, 몬산토 같은 대기업들의 특허를 받지 않은 종자 등이 필요합니다. 소비자는 건강한 지역산 농산물을 구입할 수 있는 한편 생활임금을 벌 수 있어야 해요."[2]

5년마다 반복되는 농업법에 대한 정치권의 판에 박힌 논의를 변화시키고 장기적으로 지속가능한 먹거리 체계를 만들려면, 환경운동과 보전운동에 참여하는 진보주의자들이 먹거리 정책과 관련해서 농민에게 비난의 화살을 돌리는 일을 중단해야 한다. 농민을 희생양으로 삼는 것은 불공평하다. 지금의 먹거리 정책은 지난 80년 동안 농기업과 식품업계가 로비로 만든 결과물이기 때문이다. 농민을 희생양으로 삼는 것은 농민과 식품 소비자의 연대 구축에도 도움이 되지 않는다.

"탐욕스런" 농민이 받는 보조금에 초점을 맞춤으로써 먹거리 활동가들의 화를 돋우고 언론의 관심을 끄는 것은 쉽다. 하지만 이런 행동을 하면 농업 정책 변화에 없어서는 안 될 계층이 배제된다. 이 같은 비난은 초대형 농기업, 식품 제조업체, 전미농민연합 같은 보수 이익집단들이 진보적인 먹거리운동 및 농장개혁운동으로부터 농민을 분리할 수 있는 무기가 된다.

농민과 힘을 합쳐서 농업이 주산업인 주의 의원을 제대로 선출하고 책임 있게 행동하도록 만들지 못한다면 농업 정책 개혁은 불가능하다. 푸드앤워터워치는 지난 30년 동안 상원과 하원의 농업위원회 구성을 연구했다. 연구 책임자 패트릭 우달(Patrick Woodall)은 이렇게 설명한다. "의회 농업위원회 소속 의원들은 늘 농촌 주와 농촌 유권자를 대변해왔습니다. 농업 정책은 대도시 지역이 아니라 중서부, 대평원, 그리고 남동부 지역 출신 의원들이 만듭니다. 진보주의자는 농기업의 권력에 눌려 사는 농민과 농촌 유권자를 악마 취급할 것이 아니라, 농민 및 농촌 지역사회와 힘을 합쳐야 합니다."

농촌 경제 발전

농업공동체를 황폐하게 만든 문제를 해결하면 먹거리 운동가와 농민에게 모두 득이 된다. 식품 산업이 통합되면서 지역 소유의 독립적인 제조업체, 가공업체, 유통업체 등이 폐업했다. 외지 회사가 미국 농촌에서 이윤을 뽑아가면서 농촌 소읍의 중심가에는 버려진 건물이 늘어났다. 독립적인 곡물 저장업체, 밀과 옥수수 제분업체, 소규모 육류가공업체, 과일 및 야채 유통 터미널, 농자재(종자, 사료, 농기계 등) 공급업체 등은 점점 더 찾기 어려워지고 있다. 현재 존재하는 사업체는 대규모 농장과의 계약을 통해 농자재를 공급하는 기업들이 대부분이다. 주변 지역 농민 전체를 상대하는 제분소나 도살장은 무척 규모가 크며, 근처에서 찾기도 힘들다.

경제적 자생력을 가진 독립 농장은 농촌 지역사회의 생명줄이다. 지역에서 소유하고 지배하는 농장에서 생기는 소득이 지역사회 안에 머물면 경제적 승수효과가 일어난다. 이런 사업체들이 사라지고 소수의 대형업체로 대체되면 농촌 경제는 어려움을 겪는다. 정육업체 소유의 소 비육장이나 돼지 생산 시설에서 발생하는 소득과 이윤은 지역에 재투자되지 않고 기업의 본사로 들어간다. 독립적인 도살장, 우유 및 육류 가공 회사, 지역 소유의 곡물 저장 시설, 지역의 사료 및 농기계 판매상 등은 농촌 지역 사회에 고용, 투자, 안정성을 제공한다.

농무부는 농업법에 따라 수억 달러에 달하는 자금을 농촌 발전에 사용한다. 지자체와 지역사회 조직에 대한 지원에서부터 사업체에 대한 정부 보증 대출에 이르기까지 다양한 사업에 자금을 댄다. 불행히도 과거 많은 농업법은 먹거리 체계의 재구축에 도움이 되지 않는 활동을 지원하는 데 초점을 맞췄다. 광대역 인터넷 접속 같은 대형 프로젝트나, 편의점과 호텔에서의 가공식품 판매 지원이 대표적이다.

안타깝게도 야채·곡물·낙농·축산 농민을 지원하는 농업 관련 산업과 인프라에 대한 투자는 빠져 있었다. 농민이 생산품을 시장에 판매하려면 유통·포장·가공 시설이 필요하지만 그런 지원은 없었다.

미래의 농업법은 독립적인 농민, 목장주, 식품가공업체를 위해 공정한 경쟁의 장을 마련하는 데 초점을 맞춰야 한다. 또한 농촌 발전 프로그램의 방향을 대기업의 공급 사슬이 아니라 주 수준의 광역 먹거리 체계에 봉사하는 인프라를 재구축하는 쪽으로 조정해야 한다. 한 가지 방법은 농촌 발전 관련 자금 지원을 독립적인 중소 농촌 사업체나 먹거리 사업체의 성장을 촉진하는 데에만 사용해서, 지역경제를 재활성화하고 로컬푸드의 역할을 늘리는 것이다.

로컬푸드 판매액이 늘고는 있지만, 관행 먹거리에 비하면 미미한 수준이다(48억 달러 vs 1조 2,000억 달러). 지역산 먹거리 수요가 늘고 있지만, 지역산 먹거리를 손쉽게 구입할 수 있는 것은 아니다. 슈퍼마켓 진열대에서 로컬푸드를 늘리려고 애쓰는 소비자와 농민은 소수의 슈퍼마켓 체인과 맞닥뜨린다. 이들 체인은 수천 개 매장에 물품을 공급하는 고도로 집중화된 유통망을 갖고 있다. 하지만 이런 모델은 독립적인 중소 생산자나 가공업체의 접근을 불가능하게 만든다. 특히 수백만 헥타르에 걸쳐 농상품을 재배하는 농촌 주에서는 이런 현상이 더욱 두드러진다. 이 농민들의 "지역"

시장은 크기가 작으며, 지역에서 생산한 과일, 야채, 고기를 유통시킬 방법도 없다.

지속가능한먹거리와농업을위한글린우드연구소의 전 소장이자 현재 선임연구원인 주디 라벨(Judy LaBelle)은 10년 이상 뉴욕주 허드슨 밸리 지역에서 로컬푸드 체계를 만들기 위해 노력해왔다. 그녀는 대안적인 먹거리 체계 만들기의 어려움을 이렇게 이야기한다. "수십 년 동안 정부의 정책과 기업의 경영 방침이 농민에게 '커지든지, 아니면 꺼지든지'를 장려한 결과, 우리는 한 번에 거의 전체 시스템을 재구축해야만 했습니다. 소규모 독립 농민에게는 가공, 유통, 마케팅 같은 농장 밖 인프라가 필요합니다. 이런 것들이 있어야 농민이 소비자의 늘어나는 로컬푸드 수요를 충족시키고 그것에서 이익을 얻을 수 있지요. 먹거리 체계가 바뀔 수 있도록 연방 정책을 개혁해서, 먹거리 체계가 모두에게 봉사하도록 만들어야 합니다."

미국 전역에서 생겨나고 있는 건강한 먹거리 관련 프로젝트들에 흥분하지 말아야 한다는 뜻이 아니다. 푸드허브, 푸드서클, 농장에서 학교까지 프로그램, 농부시장, 공동체지원농업, 기타 미국 전역에서 일어나고 있는 인상적인 프로젝트들을 통해 새로운 먹거리 체계의 타당성이 입증되고 있다. 이 프로젝트들은 지역에서 생산한 먹거리의 가치를 알아보고, 농민에게 감사하도록 사람들을 교육함으로써 공동체를 만들어내고 있다. 이 풀뿌리 자활 프로젝트들이 먹거리 체계를 망친 근본 원인을 해결하려는 운동가들과 결합하면 바람직한 변화를 불러일으킬 수 있다. 시장 집중 문제의 해결과 연방정부 정책의 변화 없이는 모든 미국인에게 봉사하는 지역 및 광역 먹거리 체계를 재구축할 수 없다.

건강한 먹거리의 접근성 향상

농업 시장의 작동 규칙 정하기와 더불어, 농업법은 과일과 야채의 접근성 향상을 돕는 프로그램도 만든다. 망가진 먹거리 체계에 대한 한 가지 인기 있는 처방이 농상품 프로그램의 자금을 과일, 야채 등이 포함된 특수작물로 옮기는 것이다. 과거 농업법에서는 과일과 야채와 관련한 자금을 잘못 사용했다. 농약 오염이 가장 심한 12개 과일과 야채의 목록을 발표한 환경워킹그룹(Environmental Working Group)의 '12대 오염 농산물' 순위를 반박하기 위해서 먹거리와농업을위한연대(Alliance for Food and Farming)에 18만 달러를 지원한 사례가 대표적이다.

미래 농업법에서는 초대형업체가 아니라, 중소 과일·야채 농민을 지원하는 쪽으로 자원이 배분될 수 있도록 특수작물 관련 장에 지침을 추가해야 한다. 특수작물의 유기농 재배를 지원하는 프로그램들 역시 다른 장에 넣어야 한다. 예를 들어, 지금까지 주로 농상품 작물과 가축 생산에 초점을 맞춰온 연구 및 보전 관련 장에 넣을 수 있다.

하지만 과일과 야채의 접근성을 진정으로 향상시키려면, 식료품 소매 산업의 시장 집중을 해결해야 한다. 앞에서 살펴본 것처럼 4대 식료품 체인이 미국 시장을 지배하고 있다. 학계 연구에 따르면, 지역 내 소매업체 집중도와 높은 식료품 가격 사이에는 상관관계가 있다. 이 소매업체들은 농산물 산업에 시장 지배력을 행사해서 공급망 전체를 집중화하고 있다.

소매 체인은 대형 공급업체를 선호한다. 이들이 협상하기에 가장 좋고, 협상 내용을 바탕으로 농장에 비용 절감을 요구할 수 있기 때문이다. 월마트 같은 대형 소매 체인들의 수요를 맞추기 위해 농산물 포장업체와 배송업체는 더욱 더 대형화·집중화되고 있다. 농무부에서 수행한 한 실증 연구에 따르면, 슈퍼마켓 체인들이 지불하는 자몽, 사과, 상추 배송업체의 배송대금은 경쟁 시장 가격보다 낮았다. 반면 사과, 오렌지, 자몽, 생포도, 상추의 소비자가격은 경쟁 시장 가격보다 높았다. 장기적으로 소비자가 과일과 야채를 적당한 가격에 이용할 수 있게 하려면, 반독점법을 집행하고 강화해야 한다.

지금까지 돌, 어스바운드 팜 같은 초대형 농산물 포장업체들의 반경쟁 행위에 관한 분석은 거의 이루어지지 않았다. 이들이 재배자와 맺는 계약 조건과 그것이 작물 생산에 미치는 영향도 조사해야 한다. 가공 농산물, 생과일과 생야채, 사탕무, 담배의 대부분이 계약 생산되고 있으며, 많은 농상품 작물도 계약 생산되는 비율이 상당하다(약 20퍼센트). 농무부는 계약 생산자, 계약 내용, 수직계열화가 농민과 시장에 미치는 영향을 조사하고 연구해야 한다. 계약 생산 비율이 높은 작물들에 특히 초점을 맞춰야 한다.

농산물 산업의 집중화는 식료품점에서 이용 가능한 과일과 야채의 가격과 구성에 영향을 미치며, 소비자가 지불하는 최종 가격도 결정한다. 현재 농민은 대형 농산물 포장업체와 경쟁할 수 없다. 대형 포장업체는 소규모 재배자가 생산한 물품을 싸게 파는 것 이상의 일을 할 수 있다. 매장 판매대 할당에 대한 대가 지불 등 대형 소매업체가 제시하는 다양한 요구 사항도 이행할 수 있다.

하지만 과일과 야채의 공급이 충분한 먹거리 체계도 빈곤 문제나 적절한 식품의 접근성 부족 문제를 궁극적으로 해결할 수는 없다. 망가진 먹거리 체계의 개선이 우리 사회의 경제적 불평등에 대처하는 더 광범위한 전략의 일부가 되어야 한다. 2011년 의회 예산국이 수행한 연구에 따르면, 미국의 소득 불균형은 1970년대부터 급증했다. "소득이 각 계층별로 불균등하게 늘어난 결과, 2007년 세후 가계소득 분포는 1979년에 비해 현저히 불균등해졌다. …… 가장 소득이 많은 상위 20퍼센트의 세후 소득이 나머지 80퍼센트의 세후 소득보다 많았다."[3]

먹거리 보장에 관한 전문가이자 유명 저자인 마크 윈(Mark Winne)은 자신의 블로그에 이런 글을 올렸다. "먹거리 불안정이 수십 년 동안 미국에

어두운 그림자를 드리웠다. 근본 원인인 빈곤에 대처하지 못했기 때문이다. 민간 및 공공 먹거리 프로그램으로 이루어진 정교한 네트워크는 빈곤의 가장 나쁜 측면인 굶주림을 완화하기 위해 고귀한 노력을 기울이고 있다. 하지만 가장 잘 진행되고 있던 때조차 빈곤 '관리'에 성공했을 뿐 결코 끝내지는 못했다."[4] 또한 그는 그 이전 글에서 다음과 같이 썼다.

우리의 공공 정책이 다시 한 번 빈곤을 종식하는 임무에 착수하고, 민간 기업이 강제에 의해서든 아니면 부끄러움 때문이든 노동자에게 생계유지에 충분한 임금을 지불할 때까지는, 굶주림과 먹거리 불안정이 수천만 명의 미국인에게 일상이 될 것이다. 먹거리 체계에서 최근에 일어난 사태들은 우리 모두가 경제적·자연적 힘에 얼마나 취약한지를 보여준다. 하지만 빈곤층과 빈곤층에 합류하고 있는 사람들에게는 그저 일상일 뿐이다.[5]

심지어 버크셔 해서웨이(Berkshire Hathaway) 회장이자 CEO인 워렌 버 핏마저도 경제 정책의 개혁을 주장하고 있다. 버핏은 최고부자들이 자신의 공정한 몫에 해당하는 세금을 내고, 빈곤층과 중산층의 세율은 낮추자는 주장(이 조치는 소득 불균형 개선과 연방정부 예산의 적절한 확보에 중요하다)에 찬성한다. 버핏은 〈뉴욕 타임스〉에 기고한 글에서 이렇게 썼다. "워싱턴의 입법부 의원들로부터 이런저런 축복이 우리에게 폭포처럼 쏟아지고 있다. 마치 우리가 점박이부엉이나 여타 멸종위기종이라도 되는 것처럼, 우리를 보호해야 한다는 강한 의무감을 느끼고 있는 것 같다. 고위직에 친구들이 있다는 것은 멋진 일이다. …… 억만장자 친화적인 의회 때문에 내 친구들과 나는 오랫동안 좋은 대접을 충분히 누렸다. 이제는 우리 정부가 희생의 공유에 관해 진지하게 생각해보아야 할 시점이 되었다."[6]

유기농업과 환경 보호

지난 수십 년 동안 유기농업은 믿을 수 없을 정도로 성장했다. 하지만 농업 정책은 그 속도를 따라가지 못하고 있다. 연구, 보전, 신용, 보험 관련 장을 포함해서 농업법 전반에 걸쳐 유기농 생산에 초점을 맞춘 조항을 넣을 필요가 있다.

유기농 인증을 받은 농민이 보전 프로그램의 혜택을 더 쉽게 받을 수 있게 해야 한다. 유기농 자체가 환경 개선을 의미하기 때문이다. 2008년 농업법에는 비용 공유 조항이 들어 있다. 유기농 인증 비용을 농민에게 지원하는 조항이다. 이는 유기농으로 전환하려는 관행농민에게 도움이 된다. 따라서 현 수준에 머물 것이 아니라 더욱 확대해야 한다.

농업법은 보전 프로그램을 많이 지원한다. 이 프로그램은 농민이 취약한 토지를 생산에서 제외하도록 장려하거나, 환경적으로 바람직한 특정 농법을 요구하거나, 더 친환경적인 농법으로 바꾸도록 자금을 지원한다. 환경 개선 유인 프로그램(Environmental Quality Incentives Program)은 초지 및 습지 관리나 분뇨 관리 향상 같은 효과적이고 환경에 유익한 생산 방법 실행에 기여할 수 있다.

하지만 이런 자금을 단기적이고 기술 중심적인 미봉책을 지원하는 데 사용하는 경우가 너무나 많다. 2008년 농업법은 환경 개선 유인 프로그램을 통해서 공장식 농장에 보조금을 지급했다. 이 프로그램 예산의 60퍼센트를 축산 시설에 할애한 것이다. 2003~2007년에 납세자들은 환경 개선 유인 프로그램을 통해 공장식 낙농장과 돼지 사육 시설의 분뇨 관리 비용에만 1억 7,900만 달러를 지불했다(닭과 육우는 제외한 금액이다). 이 문제를 해결하는 방법 중 하나는 개별 지원금의 규모를 제한하고, 중소 규모 시설에만 지원금을 지급하는 것이다.

농업법 프로그램의 혜택을 받는 농장이 우수 보전 농법을 준수하게 해야 한다. 농업법의 보전 준수 관련 조항들이 여기에 기여할 수 있다. 이 조항들은 최소한의 환경 기준을 충족하지 못할 경우 농업법에 의거해서 받을 수 있는 몇몇 자금의 수혜 자격을 박탈한다.

이 요건들을 다음번 농업법에서 유지·강화해야 한다. 보전 프로그램에 따른 지원금을 장기적 환경 편익이 가장 큰 곳에 제공해야 한다. 생물다양성을 향상하고, 대기 및 수질 오염을 최소화하며, 토양·물·기타 자원을 보전하는 쪽으로 농장 관리 전략이 바뀔 수 있도록 자금을 지급해야 한다. 보전 프로그램은 유기농업으로의 전환을 지원해야 하며, 농민이 지역의 수자원과 기후에 적합한 작물과 농사 기술을 식별할 수 있도록 도와야 한다.

유기농업을 지원하고, 농민이 더 지속가능한 농법으로 전환하도록 도우며, 누구나 이용할 수 있는 기술 및 동식물 품종의 개발을 위해 농업법의 연구 자금을 써야 한다. 과거에는 연방정부 자금이 민간 부문과 공동 수행하는 응용 연구에 초점을 맞췄다. 따라서 농기업이 농무부의 자금 지원으로 이루어진 연구의 결실을 사적 이익을 위해 활용할 수 있었다.

미래 농업법의 연구 관련 장은 농기업이 아니라 소농에게 혜택을 주는 정책에 초점을 맞춰야 한다. 사적 이익이 아니라, 국민을 위해서 연구할 수 있도록 해야 한다. 또한 비유전자 조작 작물 및 가축 품종 연구, 가축 방목 같은 지속가능 저투입 농법 연구 등 산업적 생산의 대안과 관련한 연구에 초점을 맞춰야 한다.

유전자 조작의 중단

유전공학은 식물과 동물의 유전자를 조작해 새로운 유기체를 만들어낸다. 그 과정에서 의도치 않은 일들이 벌어지고 있다. 생명공학업계는 늘어나는 세계 인구를 먹일 수 있는 환경적으로 건전하고 농민에게도 득이 되는 기술로 유전공학을 선전한다. 하지만 유전자 조작 식물과 동물은 전통 품종에 비해 더 나은 성과를 내지 못하고 있다.

연방정부는 유전공학 규제에 의지를 보이지 않는다. 규제를 책임진 3개 연방정부기관(식품의약국, 농무부, 환경보호청)은 책임지려는 자세, 서로 협력하려는 태도, 혼란스런 체계를 정비하려는 시도를 거의 보이지 않는다. 그 결과 유전자 조작 식품에 대한 심사를 적절하게 하지 않고, 시판 제품에 대한 감독을 하지 않고(이 때문에 의도치 않은 다양한 식품 오염 사고가 발생했다), 유전자 조작 식품에 대한 별도의 라벨링 요구를 하지 않는 일이 벌어지고 있다.

진정한 승자는 특정 형질의 특허를 확보한 뒤 농민에게 유전자 조작 종자와 농약을 묶음으로 판매하는 생명공학 기업이다. 한때 대학에 의지해서 대부분의 연구개발을 수행했던 화학 및 제약 거대 기업들이 종자 산업을 지배하고 있다. 1996~2007년에 몬산토는 12개 이상의 기업을 인수했으며, 현재 미국에서 재배되는 유전자 조작 옥수수의 70퍼센트, 유전자 조작 대두의 약 99퍼센트를 지배하고 있는 것으로 추정된다. 남아 있는 극소수 회사들마저 상호특허사용계약을 맺는 경우가 많으며, 몇 개 회사에서 개발한 형질들을 특정 방식으로 조합한 종자를 판매한다. 이런 고도의 시장 집중은 종자 가격을 높이고, 미래의 먹거리 접근성과 이용 가능성을 위협할 수 있다.

장기적으로는 과학자들이 우리의 유전자 공유재로 장난을 치지 않고, 소수 대기업이 우리의 생존이 달려 있는 종자를 통제하지 않는 세상이 되어야 한다. 거인을 램프 속으로 다시 집어넣을 때까지 결코 마음을 놓아서는 안 된다.

단기적으로는 연방정부가 새로운 규제 틀을 개발할 때까지 유전자 조작 식물과 동물의 새로운 승인에 대해 국가적인 모라토리엄을 선포해야 한다. 의회는 유전자 조작 식품에 적합한 법을 제정해야 하며, 연방정부기관들은 시장에 출시된 유전자 조작 식물·동물·식품을 감시해야 한다. 현재 미국에서는 유전자 조작 식품 대부분이 인간의 소비와 환경에 안전한 것으로 간주되고 있다. 하지만 상업화 이전에 유전자 조작 작물 및 식품이 일으킬 수 있는 악영향을 철저히 평가해야 한다. 동시에 소비자들과 먹거리단체들은 주와 연방정부 차원에서 강력한 라벨링운동을 계속 펼쳐야 한다. 특히 먹거리 공급 부문에서 설탕의 형태로 어디에서나 쓰이는 사탕무를 비롯해 수많은 새로운 유전자 조작 먹거리를 오바마 행정부가 합법화한 이후, 라벨링에 대해 탄력이 붙고 있다. 모든 유전자 조작 먹거리와 재료, 축산물에는 인정 라벨이 표시되어야 한다.

또한 농업법의 연구 자금 지원과 연구 관련 우선순위가 생명공학 산업에 유리한 방향으로 설정되는 것을 막아야 한다. 과거 농업 정책과 농무부의 정책 우선순위는 유전자 조작 작물을 장려하고 지원하는 쪽으로 치우쳐 있었다. 농업법의 연구 의제로 인해, 특허를 받을 수 있는 생명공학 기술을 연구하는 민간 기업에 연방정부 자금이 제공되며, 농무부 생명공학 장려 프로그램에 따라 유전자 조작 옥수수를 경작하는 농민의 작물 보험 요율도 낮아진다.

미래의 농업법은 유전자 조작 작물이 비유전자 조작 작물을 오염시킬 경우 해당 유전자 조작 종자의 특허를 가진 기업이 어떤 책임을 져야 할지에 관한 문제도 반드시 다뤄야 한다. 지금은 유전자 조작 종자를 판매한 기업이 전혀 책임지지 않는다. 유전자 조작 형질이 유기농 작물이나 가축 사료를 오염시킬 경우 유기농 인증 농민은 상당한 경제적 어려움에 빠질 수 있다. 비유전자 조작 제품이나 유기농 제품의 국내 및 국제 시장은 이렇게 오염된 상품을 전혀 용인하지 않는다. 의도치 않은 오염 때문에 농민은 시장을 잃을 수 있지만, 해당 유전자 조작 종자를 만든 기업은 아무 책임을 지지 않는다. 미래 농업법에는 유기농 및 비유전자 조작 농민이 시장을 잃는 일을 막기 위한 오염 예방 정책을 넣어야 한다. 오염에 따른 재정 부담은 농민이 아니라 유전자 조작 기술의 특허권자가 져야 한다.

무역에 대한 미신

새로운 먹거리 체계 만들기 논쟁에서 자주 등장하는 문제 가운데 하나가 세계무역기구이다. 세계무역기구는 국제무역을 증진하는 국제기구로, 회원국의 국내 정책이 무역 장벽에 해당하는지 판정하는 역할도 한다. 만약 누군가가 농업 정책이나 무역 정책에 관한 새로운 아이디어를 제안하면, "하지만 그것이 세계무역기구의 규정을 준수하는가?"라는 질문이 흔히 나온다. 2009년 캐나다와 멕시코는 미국의 육류 원산지표시제가 불법적인 무역 장벽에 해당한다며 세계무역기구에 제소했다. 2011년 별다른 책임을 지지 않는 이 국제기구는 원산지표시제가 무역 장벽이라고 판정했다. 최근 세계무역기구 패널 한 명은 참치 통조림 라벨에 넣은 "돌고래 보호"라는 표시가 무역 제한이라고 주장했다. 이 표시는 참치를 잡는 과정에서 돌고래가 의도치 않게 해를 입지 않았다는 뜻이다.

실제로 세계무역기구 농업협정은 농산물 공급이나 가격에 영향을 미치는 농업 정책 도입을 금하고 있다. 농업 프로그램은 가격이나 공급의 고려 사항들과 탈동조화되어야 한다. 여러 해 동안 미국 입법부 의원들은 세계무역협정 규정에 맞춰 미국 농업 정책을 변화시키려고 노력했다. 그 결과 보조금 형태로 지불하는 직접지불금이 채택되었다. 직접지불금은 가격이나 공급 조건에 영향을 미치지 않아서 세계무역기구 규정에 부합한다.

미국 농업 정책을 세계 농업 무역 규정에 맞추려고 노력하지 말고, 농민이 공정한 가격을 받을 수 있도록 보장하는 정책을 입법부 의원들이 채택해야 한다. 실제로, 가격이 낮았을 때 세계무역기구 농업 규정에 따라 값싼 상품이 개도국으로 쏟아져 들어가는 것이 촉진되었으며, 2008과 2011년처럼 가격이 높았을 때 식량을 수입에 의존하는 나라들은 주곡 가격이 감당할 수 없을 정도로 높아지는 상황에 직면했다. 세계무역기구는 회원국들에게 농산품 관세 인하를 요구했다. 그 결과 미국산 옥수수, 대두 등의 농상품이 홍수처럼 개도국에 쏟아졌다. 이 같은 농상품 덤핑 때문에 개도국의 많은 농민이 농지를 떠났다.

한편 미국의 과일과 야채 생산자는 노동과 환경 기준이 약한 개도국의 플랜테이션에서 생산한 과일과 야채의 수입 급증으로 어려움을 겪고 있다. 농산품 시장의 세계화로 미국에서 농민을 쥐어짜는 농기업이 개도국의 농민과 농장 노동자도 이용할 수 있게 되었다.

세계무역기구의 농업 정책 모델은 잘못되었으므로, 이것을 미국 농업 정책의 기초로 삼아서는 안 된다. 미국 농업 프로그램은 농민이 공정한 가격을 받을 수 있도록 보장해야 한다. 그래야 전 세계 농민이 받는 가격 역시 안정될 것이다. 비록 가격이 낮더라도 농기업은 미국 농산물을 생산비 이하의 가격으로 수출할 수 있다. 이는 개도국 농민에게 피해를 준다. 만약 농산물을 수출하는 농기업이 공정한 가격으로 농민에게 곡물을 구매해야만 한다면, 생산비 이하의 가격으로 농산물을 개도국에 덤핑해 지역 시장을 파괴하는 일을 더 이상 할 수 없을 것이다.

지속가능한 지역 및 광역 먹거리 생산에 득이 되는 공정한 먹거리 체계를 만들려면, 농업과 먹거리에 관한 의사결정을 내릴 때 세계무역기구 및 기타 무역 관련 협정에서 벗어나야 한다. 북미자유무역협정 등의 무역 협정 때문에 멕시코로 값싼 옥수수가 홍수처럼 쏟아져 들어갔다. 옥수수 가격이 특히 낮았던 1990년대 후반에는, 이 때문에 수백만 명의 멕시코 농민이 농지를 떠났다. 동시에 많은 농기업이 값싼 노동력과 약한 환경 기준을 이용하기 위해 멕시코로 이전하거나, 멕시코에서 과일과 야채를 조달했다. 멕시코에서 수입하는 토마토, 고추 등의 농산물 때문에 미국 농민이 손해를 입었으며, 미국 통조림 공장 및 가공 공장 역시 피해를 봤다.

이런 무역 협정들은 모두 초국적 농기업에게는 득이며, 미국 및 해외의 농민과 노동자에게는 독이다. 먹거리는 너무나 중요하다. 국제무역 규정에 따라 여느 상품처럼 취급해서는 안 된다.

약물 없는 안전한 먹거리

우리 앞에 놓인 많은 단기 투쟁 과제 중 하나가 산업화된 가축 생산에서 약물 사용을 중단시키는 것이다. 그것은 지속가능한 먹거리 체계 만들기뿐 아니라 미래 인류의 건강에도 무척 중요하다. 항생제 내성이 커지고 있기 때문이다.

식품의약국은 1970년 태스크포스를 만들어 항생제를 가축 사료에 사용하는 문제를 검토했다. 하지만 40년 이상의 세월 동안 거의 아무런 조치도 취하지 않았다. 항생제가 더 이상 효력을 발휘하지 못할 경우, 인간 건강에 미치는 영향을 경고하는 신호를 의학계와 보건계가 끊임없이 보냈는데도 말이다. 항생제 과다 사용으로 항생제에 대한 내성이 생기고 있다는 것은 과학적으로 분명한 사실이다. 하지만 농기업의 약물 사용에 고삐를 채우려는 움직임은 규제 당국이나 의회로부터 거의 나오지 않았다. 과학만으로는 충분치 않다.

더 많은 연구가 필요하다거나 업계가 자발적으로 조치를 취할 수 있도록 가이드라인을 제시해야 한다는 말로 의원들과 규제 기관들이 시간을 끌게 내버려둬서는 안 된다. 그들이 조취를 취하도록 강제하는 정치적 힘을 길러야 한다. 의회는 의학치료용항생제보전법(Preservation of Antibiotics for Medical Treatment Act)을 통과시켜야 하며, 식품의약국은 항생제를 치료 이외의 용도로 사용하는 것을 금하는 규정을 채택해야 한다.

또한 다양한 식품 안전 문제에 관한 강력하고도 충분한 자금을 갖춘 풀뿌리운동이 필요하다. 의학치료용항생제보전법은 2013년에 통과된 뒤 2017에 개정되었다. 항생제 내성과 관련해서는 항생제내성예방법(Preventing Antibiotic Resistance Act)이 2015년에 통과되었다. 식품 안전처럼 중요한 문제를 업계의 자율에 맡기는 것은 소비자를 방치하는 것과 같다. 정부의 제대로 된 식품 안전 프로그램 하나가 식품 안전을 감시하는 역할을 할 수 있다. 그러면 대기업이 식품 안전 관련 관행을 좌지우지하면서, 중소기업을 몰아내는 수단으로 활용하는 일은 더 이상 일어나지 않을 것이다.

이는 여러 유형의 식품 생산에서 발생하는 위험을 살펴보도록 정부의 식품 안전 연구 과제를 재조정하고, 식품 오염의 단순한 처리가 아니라 예방을 위한 모범 사례를 검토하는 것을 의미한다. 또한 식품 안전의 범주에 화학물질 잔류물, 유전공학, 기타 식품 관련 기술이 건강에 미치는 장기적인 위험도 포함시켜야 한다. 그리고 식품 안전 문제가 일으키는 위험과 관련해 제대로 된 정보에 기반을 두고 규정들을 개발해야 한다. 지금보다 작고 안전한 먹거리 체계를 이룩하려면 정부의 검사와 기술 지원에 충분한 자금을 제공해야 한다. 그것을 통해 주 수준의 광역 먹거리 체계를 재구축하려는 주체들에게 이런 프로그램들이 장벽으로 작용하지 않도록 해야 한다.

광고 제한

미셸 오바마 영부인이 시작한 프로그램에서부터 농부무 농식품연구소의 연구 의제까지 최근 비만 방지 활동이 붐을 이뤘지만, 비만 만연에서 광고의 역할에 관해서는 제대로 된 인식이 이루어지지 못했다. 비만은 망가진 우리 먹거리 체계의 또 다른 증상이다. 2011년 4개 정부 기관으로 구성된 부서간워킹그룹(Interagency Working Group)이 어린이용 식품의 마케팅과 관련한 자발적인 기준을 정하려고 시도했다. 하지만 너무나 많은 업계가 거세게 반발하자 연방거래위원회 소비자보호국은 이 미약한 자발적 기준마저 포기했다.

유명 저자이자 먹거리 활동가인 미셸 사이먼(Michele Simon)은 이렇게 지적한다. "업계는 계속 로비를 해댈 것입니다. 그들이 가장 잘하는 일이지요. 그리고 의회는 그냥 늘 하던 대로 할 것이고요. 하지만 현 상태를 유지하면 어린이는 계속 이용당할 것입니다. 평생 갈 수 있는 나쁜 식습관에 빠지도록 계속 꼬드김 당할 테지요. 업계는 득을 얻고 어린이는 비용을 치릅니다."

광고가 어린이의 행동에 미치는 영향은 잘 알려져 있다. 1970년대 어린이텔레비전을위한행동(Action for Children's Television)이 어린이 광고를 상대로 싸움을 벌였다. 이런 노력 덕분에 마침내 1990년에 아동텔레비전법(Children's Television Act)이 만들어졌다. 이 법은 광고 시간은 제한하지만, 광고 제품은 제한하지 않는다. 2007년 카이저가족재단은 어린이가 텔레비전 광고에 얼마나 많이 노출되는지를 조사했다. 2~7세 어린이는 하루 평균 12개 식품 광고를 봤다(이는 연간 4,400개에 해당한다. 1년에 거의 30시간을 보는 셈이다). 8~12세 어린이는 하루 평균 21개 식품 광고를 봤다(이는 연간 7,600개에 해당한다. 1년에 50시간 이상을 보는 셈이다). 그리고 13~17세 청소년은 하루 평균 17개 식품 광고를 봤다(이는 연간 6,000개 이상에 해당한다. 1년에 40시간 이상 보는 셈이다).[7]

한편 많은 연구를 통해 텔레비전에서 정크푸드 광고를 보고 나면, 어린이의 정크푸드 섭취량이 늘어난다는 사실이 입증되었다. 거의 모든 광고가 인공 착색제와 착향료, 설탕, 지방, 소금으로 가득 찬 건강하지 못한 식품에 관한 것이다.

지방, 설탕, 소금을 조작해 가공식품을 중독성 있는 식품으로 만드는 일은 비양심적이다. 열량은 높고 영양분은 적은 식품을 먹이기 위해 사람들(특히 어린이)에게 광고를 사용하는 것 역시 마찬가지다. 마케팅 기법을 비만 및 정크푸드 과다 섭취 관련 질병(당뇨, 심장병 등)의 원인으로 간주해야 한다.

비만 및 관련 질병의 파괴적인 영향을 멈추려면 먹거리운동가들이 어린이에 대한 식품 광고를 규제하는 운동을 시작해야 한다. 매리언 네슬은 이렇게 요약한다. "수정헌법 제1조의 목적은 정치적·종교적 발언을 보호하기 위한 것이었습니다." 수정헌법 제1조의 목적이 정크푸드를 어린이에게 마케팅하는 식품 회사의 권리를 보호하기 위한 것이었다고는 생각하지 않습니다. 어린이를 대상으로 한 마케팅은 비윤리적입니다. 멈춰야 합니다. 그 일을 할 책임은 정부에 있습니다."[8]

법적 대응

성공적인 조직화 및 운동의 결과로 공공 안전 및 환경 안전과 관련한 중요한 법률 및 규정이 다수 확보되었다. 산업적 먹거리 생산자가 보호 기준을 침해하거나, 편법으로 안전장치를 우회하려 할 때에는 법적 대응이 우리의 자연 자원과 시민을 보호하는 데 핵심 역할을 한다. 푸드앤워터워치 법무 프로그램 공동 책임자인 미셸 메르켈은 이렇게 이야기한다. "특별한 이해관계를 가진 집단이나 로비스트가 돈으로 유해한 법안을 통과시키려 하거나 주나 연방 정부 기관들에 강력한 영향력을 행사할 때, 법정이 마지막 방어선일 경우가 많습니다. 인종차별 종식에서부터 언론의 자유 증진, 그리고 최근 캘리포니아주의 동성결혼 금지 철폐에 이르기까지, 법적 승리는 형평성과 정의를 신장할 수 있는 무대를 마련해주었습니다. 환경 분야 역시 마찬가지입니다. 법원은 오염 행위를 중단시키고 지역사회를 지킬 수 있는 힘을 갖고 있습니다."

오늘날 우리의 수계에 가장 큰 영향을 미치는 문제가 초대형 공장식 가축 농장에서 배출하는 영양물질(질소, 인)의 과도한 유입이다. 수질환경법은 이 동물 공장을 오랫동안 오염원으로 규제해왔다. 하지만 환경보호청과 각 주의 환경 담당 부서 모두 법을 집행하는 데 어려움을 겪었다. 다른 산업 오염원들만큼 효과적으로 법을 집행할 수 없었기 때문이다. 공장식 가축 농장은 비록 서류상으로는 규제를 받았지만, 실제로는 규제를 거의 받지 않았다.

● 미 연방헌법에 대한 최초의 수정안으로, 종교·언론·출판, 집회의 자유에 대한 보장이 그 내용이다.

하지만 정부가 한눈을 파는 사이에 수질환경법 및 집중가축사육시설 규제 관련 기타 법률의 모니터링과 집행에서 시민들이 계속해서 핵심 역할을 하고 있다. 규제 기관이 더 나은 법과 정책을 하루 빨리 수립하도록 끊임없이 압박하고 있다.

산업농업에 대한 법적 대응은 많은 형태로 이루어질 수 있다. 여러 환경법을 이용해서 공기와 물로 오염물질을 배출하는 공장식 가축 농장에 소송을 제기할 수도 있고, 주변의 주택 소유주들에게 미치는 영향에 대한 안온방해(安穩妨害)• 소송을 제기할 수도 있다. 또한 관련 규정이 없을 때에는 환경보호청에 청원을 제기해 규정 신설을 요구할 수도 있다. 업계의 무책임한 행동으로 우리의 공적 신탁 자원과 지역사회가 받는 피해를 해소하기 위한 목적으로 이런 법적 도구들을 활용할 수 있다.

새로운 패러다임의 창조: 전 세계적 공유재

먹거리는 인간의 경험, 문화, 건강의 기초가 되며, 세상을 보는 방식을 새롭게 할 수 있는 통로를 제공한다. 우리에게는 세상을 공유재로 보는 시각에 바탕을 둔 새로운 패러다임이 필요하다. 공기, 물, 토양, 유전물질에서부터 혈세로 지원한 연구, 도서관, 도로, 그리고 우리가 공유하는 기타 모든 자원을 집단적인 공유 자산으로 인식하는 시각이 필요하다.

점점 더 과밀해지는 세계에서 함께 사는 방법을 개념화하는 도구로 공유재를 사용한다면, 좀 더 공평하고 지속가능한 사회를 만드는 데 도움이 되는 비전을 얻을 수 있다. 우리의 문화와 정치 체계를 지배하고 있는 이 기적인 이윤 중심 사고방식을 무력화할 수 있다. 우리가 하는 모든 작업을 통해서 좀 더 인도주의적이고 환경 친화적인 미래를 가꿀 필요가 있다. 학

• 매연, 열기체, 액체, 음향, 진동 등으로 이웃 토지의 사용을 방해하거나 이웃 거주자의 생활에 고통을 주는 것을 말한다. 원칙적으로 금지되며, 통상적으로 용인될 수 있는 수준을 넘어설 경우에는 중단이나 피해 보상을 요구하는 소송을 제기할 수 있다.

술 작업에서부터 풀뿌리 조직화에 이르기까지 우리가 하는 모든 작업에서 활용할 수 있는 새로운 사고틀이 필요하다.

《우리가 공유하는 모든 것: 공유재 현장 가이드(All That We Share: A Field Guide to the Commons)》의 저자 제이 월재스퍼(Jay Walljasper)는 이렇게 이야기한다.

> 공유재는 단순한 틈새 아이디어 이상의 것이다. 공유재는 더 분별 있고 더 안전하며 더 유쾌한 미래에 대한 신선한 희망을 제공하는 광범위한 실천 수단을 포괄하고 있다. 공유재 개념의 중심에는 4가지 단순한 원칙이 있다. ① 공동선에 대한 봉사, ② 우리 모두에게 속하는 것을 공평하게 사용할 것, ③ 환경 보호를 통해 미래 세대가 위험에 빠지지 않도록 할 것, ④ 자신의 미래를 만드는 결정에 사람들이 참여할 수 있는 실용적인 방법을 만들 것.[9]

유엔 물 자문관을 지냈으며 진보운동의 리더 중 한 명인 모드 발로는 이렇게 이야기한다. "공유재 개념은 정말 중요합니다. 왜냐하면 공유재는 우리를 갈라놓는 고독과 소속 집단 특유의 제한된 시각 사이에 다리를 놓기 때문입니다. 먹거리운동가, 농장운동가, 사회정의운동가가 한데 모여 서로의 작업과 관점을 이해하는 일이 무척 중요합니다. 자신이 알고 있는 세상이 가능하다는 꿈을 함께 꾸어야 하며, 현재의 작은 개선에 안주해서는 안 됩니다. 이는 현재의 문제에 대항하는 싸움을 벌이는 동안에도 완전히 다른 경제, 무역, 발전 모델을 계획해야 한다는 뜻입니다."[10]

정치적 힘 만들기

우리가 하는 운동은 사람들을 정치적 행동으로 이끄는 전략을 심화하고 확대하는 것이어야만 한다. 미국 전역의 광범위한 진보운동과 힘을 합쳐서 각 주와 대부분 선거구에서 사람들을 조직해야 한다. 우리 먹거리 체계, 우리 민주주의, 우리 공유재를 되찾을 수 있는 정치적 힘을 만드는 길에 지름길은 존재하지 않는다.

사람들의 삶과 가족에게 영향을 미치는 문제를 중심으로 사람들을 조직하고 동원해야 한다. 사람들은 어떤 문제에 자신의 이해관계가 걸려 있다고 생각하기 때문에 정치에 참여하는 경우가 대부분이다. 먹거리 관련 문제는 정치를 변화시키고 시민의 참여를 장려하는 데 중요한 역할을 할 수 있다. 먹거리운동은 적극적인 참여자가 아니었던 미국인들을 정치화하는 촉매 역할을 할 수 있다. 먹거리는 본질상 사람들을 하나로 통합하는 전략의 일부가 될 수 있다.

이런 점은 미국 농촌 지역에서 더욱 두드러진다. 향후에 농업법 관련 작업을 하기 위해서는 농촌 지역에서의 역량 구축이 반드시 필요하다. 단순히 협상을 통해 얻을 수 있는 최선의 결과에 만족할 것이 아니라, 우리가 진정으로 원하는 것을 위해 싸울 수 있는 장기적인 비전이 필요하다. 그것은 장기적인 목표를 단기적이고 달성 가능한 목표들로 세분화하는 것을 의미한다. 우리는 항생제 내성, 식품 안전, 공장한 시장의 재구축 같은 먹거리 관련 문제들을 승리에 필요한 과반수 확보 전략의 일부로 사용할 수 있다.

우리는 사회 변화를 위해 성공적으로 사람들을 조직해온 오랜 역사를 갖고 있다. 과거의 모든 운동은 자기 삶에서 구체적인 향상을 이루기 위해 투쟁했던 사람들로부터 시작되었다. 결국 이 운동은 대중적인 행동을 통해 권력관계를 바꿔 놓았다.

미드웨스트 아카데미(Midwest Academy)에서 40년 동안 풀뿌리 조직화 기술을 가르쳐온 스티브 맥스(Steve Max)는 이렇게 말한다. "사회 변화는 개인을 정치화하는 것에서 시작합니다. 여기서 핵심은 사람들의 사익 추구에 대한 이해입니다. 사익 추구를 물질적인 편익에 한정지어 해석하지 말아야 합니다. 사익 추구는 훨씬 더 광범위한 개념입니다. 사람들은 자기 자신에 대한 압제를 끝내기 위해서만 싸우지 않습니다. 세대의 경계를 넘어 자식과 손자를 돕기 위해 싸울 수 있지요. 사익 추구는 사람들을 기분 좋게 만들고, 서로 연결시키며, 유용하게 만들고, 도덕적으로 옳은 일을 하도록 만듭니다. 대체로 많은 사람이 공동선을 위해 일하는 것을 즐깁니다. 때문에 시민으로서의 책임을 받아들이고 공적인 의사 결정에서 어떤 역할을 하도록 영감을 불어넣을 수 있습니다."

맥스는 이런 얘기를 덧붙인다. "선거를 통해 선출된 공적 대표자 대부분은 공중의 이익보다 기업의 이익에 봉사하면, 성난 유권자들 때문에 다음 선거에서 낙선하지 않을까 두려워합니다. 우리가 해야 할 일은 많은 유권자를 조직해서 그들의 발등에 불을 떨어뜨리는 것입니다. 그렇게 하려면 체계적인 접근법으로 사람들을 조직해서 정치적 힘을 만들어야 합니다. 그리고 그 정치적 힘을 활용해서 승리해야 합니다. 나아가 공적인 일에 시민들이 참여할 수 있는 통로를 제공하는 영속적인 제도를 만들어야 합니다."

많은 사람이 이것을 불가능하다고 말한다. 정치에서 돈의 영향력(합법적인 뇌물 수수 시스템이다)에 너무나 실망한 나머지 미래를 위한 로드맵을 보지 못한다. 우리 먹거리 체계를 파멸시켰을 뿐만 아니라 우리 민주주의를 훼손시킨 이기적인 세력들로부터 미국을 되찾고 싶다면, 이런 패배주의적 태도에서 벗어나야 한다.

사람들이 정치적으로 행동하고 풀뿌리 수준에서 조직할 때 사회 변화가 이루어진다. 변화는 외부에서 오지 않는다. 개개인으로부터 온다. 지역 사회에서 사람들을 행동하도록 만들고, 그 행동이 주나 국가 차원 운동의 일부가 될 때 변화가 일어난다. 이런 변화를 위해서 원대한 비전과 그 달성 경로를 명확히 해야 한다.

우리는 누구와 싸워야 하는가

채효정[•]

푸도폴리(foodopoly). 그들이 답이었다. 식량독점세력, 나의 시간과 노동을 훔쳐간 자들. 귀촌해서 농사를 시작한 지 5년이다. 시골로 내려올 때 막연히 품었던 농촌에 대한 낭만적 환상이 깨어지는 시간은 그리 오래 걸리지 않았다. 지을수록 손해를 보는 농사는 텃밭 농사에서는 알지 못했던 생계 농업의 비밀이었다. 착취하는 이 아무도 없는데도 내 노동력이 증발해버리는 이상한 나라로 잘못 들어선 느낌. 나만 그런 게 아니었다. 10킬로그램의 감자를 담는 포장상자 단가가 990원인데 감자를 한 상자당 천 원에 출하하고 감자 농사를 접었다는 말에, 무엇이 잘못된 건지 알아야겠다고 마음먹고 이웃 친구들과 함께 공부 모임을 시작한 지도 5년. 그동안 읽은 책이 많지만, 우리의 시간과 노동을 훔쳐가는 '주범'이 누구인지 이렇게 선명하게 알려주는 책은 처음인 것 같다. 분하고 억울해서 가슴이 뛰었다. 이 책은 체제를 개념적으로 설명하기보다, 그 체제를 만들고 굴려가는

• 정치학자, 〈오늘의교육〉 편집위원, 《대학은 누구의 것인가》 저자. 농사도 짓고 연구도 하고 교육운동 마을운동도 하며 강원도 산촌에서 살고 있다. 현재 신문과 노동 잡지 등에 노동, 생태, 교육, 정치 문제를 아우르는 칼럼과 연재 글을 쓰고 있다.

이들의 '정체'와 그들이 실제로 무엇을 어떻게 하고 있는지를 폭로한다. '그것'이 무엇인지가 아니라 '그들'이 누구인지를 말해준다. 그들은 푸도폴리다. 제목이 곧 이 책이 전하고자 하는 일관된 메시지다.

독점은 곧 독재다

독극물과 화학물로 뒤범벅된 음식들, 빈번하게 일어나는 치명적 식품 오염 사고, 생산 라인에서 일어나는 끔찍한 동물 학대와 노동 착취, 유전자 조작과 생명공학 기술이 만들어내는 괴물 음식 프랑켄푸드(frankenfood), 농촌과 농민에 대한 파괴와 기업 종속화 등은 우리가 '대략' 많이 들어왔던 이야기다. 물론 처음 알게 된 독자들도 있을 것이다. 경험도 하고 공부도 해왔지만 이렇게 구체적인 부분까지는 잘 몰랐는데, 생생한 사례를 통해 접한 이면의 이야기들은 나에게도 큰 충격으로 다가온다.

저자는 1장부터 마지막 장까지 끈질기게 주범을 지목한다. 그것이 푸도폴리다. 푸도폴리는 구조의 이름이면서 주체의 이름이다. 이 푸도폴리를 통해 우리는 농업과 상업, 농민과 기업, 농촌과 자유무역, 원조와 부채, 생명과 기술, 정치와 경제가 어떻게 연결되어 관계를 맺고 돌아가는지에 대한 전체적인 상을 갖게 된다. 독점(monopoly)은 곧 독재(monoarchy)다. 푸도폴리는 전 세계적인 자본의 독재가 어떻게 독점을 통해 구축되는지, 국가의 행정부가 어떻게 초국적 자본권력의 지역적 집행관리자가 되는지를 보여준다. 이 과정에서 농업(agriculture)은 농업비즈니스(agribusiness)가 되고, 농촌은 거대 식품기업의 하청 기지로 변화하며, 농산물은 농상품으로, 농민은 현대판 소작농으로 전락한다.

밭에서 땀 흘려 일하는 순간에는 분명 보람과 기쁨도 있지만, 그 대가가 무화되는 것은 절망적인 경험이다. 여기서 한 상자에 천 원에 출하했던 감자가 상표를 단 감자칩이나 감자튀김이 되어 팔릴 때는 도대체 얼마가 되어 있을까? 이 책에는 미국에서 19달러 정도에 판매되는 KFC 치킨 한 통에서 사육자에게 돌아가는 몫이 25센트에 불과하다고 나온다. 25센트를 뺀 나머지는 모두 육가공기업과 KFC가 가져간다. 아마 다른 가공 먹거리들도 비슷할 것이다. 미국만의 일도 아니다. 이런 일은 내가 사는 곳의 축산농가나 신선채소 시설재배단지에서도 똑같이 일어나고 있다. 판로를 보장하고 기술을 지원한다는 명목으로 농가와 파트너 계약을 맺는 식품회사는 영화 〈미안해요, 리키〉에서 유통회사가 택배 노동자의 시간과 노동을 수탈하는 것과 똑같은 방식으로 농민을 수탈한다. 농민은 땅을 제공하고 기업은 기술과 신용을 제공해서 생산 시설에 공동 투자한다는 말은, 땅을 담보로 돈을 빌려주는 채무 계약을 은폐한다. 수입이 증대해도 대부분 채무 상환에 들어가고, 사업 규모가 커질수록 농가의 부채 경제도 함께 커질 뿐이다. 협력업체 관리자는 꼬박꼬박 "사장님"이라고 불러주지만, 내 것이라 할 수 있는 것은 땅과 빚과 노동력뿐이다. 빚을 못 갚으면 결국 땅도 잃게 될 것이다. 그마저 잃지 않으려면 밤낮없이 노예처럼 일해야 한다.

계약농에서 농민은 계약과 동시에 모든 자율성을 잃는다. 품종, 재배 환경, 투입되는 사료나 비료, 투입량과 시간까지 모두 회사가 제공하는 매뉴얼대로 해야 하고, 노동시간만이 무제한적 자율성(?)에 맡겨진다. 기업이 요구하는 대로 계약서에 따라 이행하고 있지만, 대기업과 파트너 관계인 이 농민은 고용된 자가 아니기 때문에 고용보험도 없고 산재보험도 없다. 반대로 기업은, 자신이 부담해야 할 토지와 시설, 노동비용을 거의 무상으로 전유하면서 사료나 장비를 팔아먹고 시설 관리비용도 청구하면서 이중삼중으로 이득을 남긴다. 규모가 커지면 소득과 부채와 위험이 함께 커지고 기업에 대한 종속도 심화될 수밖에 없다. 하지만 "커지든지 꺼지든지"라는 시장의 압박은 소규모 가족농에게 해마다 최고장처럼 날아온다. 저 말은 오늘날 농민에게 남은 두 가지의 길을 말해준다. 푸드폴리의 하청업체가 되든지, 하청노동자가 되든지. 물론 둘 다가 되기도 한다.

비밀을 알고 나면 우리는

농촌과 농민의 몰락은 식품 소비자의 안전과 곧바로 직결된다. 식량 시스템 자체가 푸도폴리의 손에 장악되어 있는 한, 우리가 아무리 윤리적인 소비의 원칙을 가지고 친환경 유기농 식품이나 HACCP 인증 식품을 장바구니에 넣고, 육식을 끊고 채식주의를 선택한다고 해도 문제는 해결되지 않는다. 인간의 배를 채우는 것이 아니라 자본의 배를 채우는 것이 목표가 되어버린 식량 산업 시스템 속에서는 상호 착취의 사슬에서 빠져나올 수 있는 방법이 없다. 친환경 신선채소는 전기로 키워져 저렴한 이주노동자의 노동력을 착취하고, 택배 운송 노동자의 밤과 삶을 빼앗으며 새벽의 고속도로를 달려 우리 집 문 앞에 도착한다. 동물 학살에 저항하며 고기 대신 콩을 먹고 우유 대신 두유를 택해보지만, 우리가 마트에서 미국산 대두로 만든 두부와 된장을 살 때 원산지의 농민은 땅을 잃고 농업노동자로 전락한다. 그리고 그 대가로 대두 산업의 90퍼센트를 장악한 몬산토는 앉아서 돈을 번다. 두유 대신 아몬드유는 괜찮을까? 전 세계로 팔려나가는 캘리포니아 아몬드는, 아몬드 시장이 팽창할 때마다 생산지의 물을 고갈시키고 생태계를 파괴하면서 푸도폴리의 자본과 권력을 강화한다.

식품 산업에 종사하는 노동자의 상황도 점점 나빠진다. 노동자가 위험할 때 과연 소비자는 안전할 수 있을까? 위험한 공장은 위험한 음식과 직결된다. 신선식품의 유통 기간과 보존 기간을 늘리기 위한 방사선 처리 기술은 노동자를 위험하게 하지만 동시에 소비자의 건강도 위협한다. 생산성 극대화를 위해 빠른 속도로 돌아가는 작업대 앞에서 운동 시간도 없이 단순 동작으로 한쪽 근육만 쓰다가 근골격계 질환을 앓는 노동자는 통증으로 동작이 무뎌지고 다치다가 절단기에 손이나 팔을 잃게 되면, 결국 일자리도 같이 잃는다. 노동자가 거대한 분쇄기 속으로 떨어져버리거나, 기계를 수리하려다가 몸이 빨려 들어가는 사고는 사업장을 구분하지 않는다. 임신한 여성 노동자는 화장실에 갈 수 없어 선 채로 작업장 바닥에 소변을 쏟기도 한다. 그러나 기계는 멈추지 않는다. '멈추지 않은 기계'는 백년 전 일본의 시멘트 공장에서 돌 분쇄기에 빨려 들어간 노동자의 이야기를 담은 하야마 요시키의 소설 〈시멘트 포대 속의 편지〉에서나, 제철소 용광로에 빠져 죽은 노동자의 이야기를 담은 지금 여기의 노래 〈그 첫물 쓰지 마라〉까지 변함이 없다. 왜 기계는 멈추지 않을까? 사람이 죽어도 멈추지 않는 기계가 햄버거 패티 공장에도 있다는 생각을 해본 사람은 얼마나 될까? 전 세계에서 온 고기를 갈아서 만든 분쇄육 속에는 무엇이 들어갔는지 알 수 없다. 병들고 학대받은 동물과 인간이 함께 갈아 넣어져 먹음직스런 햄과 미트볼로 변신하는 과정은 마술 같은 연금술에 가깝다. 축산 공장과 식품 공장의 비밀을 알고 나면 우리는 아무 것도 먹을 수 없다.

그러면 어떻게 해야 할까? 그것도 푸도폴리가 답이다. 푸도폴리를 해체하는 것, 농업을 농산업에서 탈환해서 회복하는 것, 그리고 자본에 맞설 수 있는 노동자 권력을 강화하는 것이다. 노동자가 위험한 노동을 거부할 수 있고 현장에서 결정권을 행사할 수 있는 노동권이야말로 안전한 노동 환경을 보장하고 안전한 먹거리를 지킬 수 있는 가장 최선의 방법이다. 먹거리는 '상품'이 아니라 '공공재'가 되어야 하며, 그러기 위해선 자본을 규제하는 반독점법과 노동법이 동시에 강화되어야 한다.

이 책은 아주 급진적인 노동정치나 농민의 정치세력화로 나아가지는 않는다. 1930년대 뉴딜 시대의 독점 해체와 금융자본에 대한 강력한 규제에 준하는 수준을 요구하는 것 같다. 하지만 그때의 대중적인 요구가 지금은 급진적 소수의 요구로 들린다. 시장의 자유를 사실상 무제한적으로 허용하고, 기업의 자유를 위한 규제 철폐를 정부가 앞장서서 노골적으로 말하는 시대에는 '반독점법'조차 급진적 주장이 되어버렸다. 하지만 그것은 사회주의나 공산주의의 목표가 아니라 공황 상태에서 벗어나기 위한 '정상적 시장경제'에 대한 요구였고, 시장을 안전하고 건강하게 유지하기 위해 자유시장주의자들이 추구한 목표이기도 했다. 그런 점에서 이 책은 식품 산업 체제를 반식민주의 관점에서 비판하는 반다나 시바나, 인간중심주의에 반대하는 급진적 동물권과 반자본주의적 생명권 운동의 관점과는 차이가 있다. 하지만 그 차이가 지금까지의 논의에서 종종 포기되었던 주체를 반독점운동의 주체로 불러온다. 그것은 푸도폴리의 반대편에 선 산업국가의 소농과 가족농을 비롯해 푸도폴리 체제에서 억압당하고 있는 노동자와 위험에 빠진 시민이다. 푸도폴리에 대항하는 반독점 전선은 선진국의 농민, 노동자, 시민을 연결하는 새로운 연대의 전선을 만들어낸다.

책을 읽다보면 미국 중심의 관점이 보이기도 한다. 하지만 미국이 푸도폴리의 심장이기 때문에, 그리고 이들이 개발한 독점과 통치의 기술들이 전 세계적 표준(global standard)이 되고 있기 때문에, 여기에 대항하기 위해서는 푸도폴리 심장부의 지배 구조를 정확하게 아는 것은 무엇보다 중요하다. 이는 결국 주변부 국가들의 저항 세력에도 도움이 될 것이다.

악행의 주체를 묻는 운동

이 책의 가장 큰 미덕은 식량 생산 시스템 속에서 '어떤' 일들이 일어나고 있는지, 그것이 '얼마나' 위험한지에 대한 이야기를 넘어 집요하게 '왜'를 묻는다는 것이다. 왜 이런 일이 일어나고 있는지에 대한 의문은 결국 '누가' 이런 일을 일으키고 있는지를 밝혀내도록 만든다. 그것은 푸도폴리, 곧 식량 생산 시스템을 독점하고 지배하는 세력이다. 펩시, 켈로그, 네슬레, 허쉬, 유니레버 등 우리에게도 친숙한 푸도폴리들이 등장하고, 몬산토와 카길 같은 악명 높은 글로벌 식품기업들이 등장한다. 만약 한국에서라면, 사카린 밀수 사업에서 시작된 제일제당과 그것을 이은 씨제이 푸드 계열사들의 독점화 과정을 이렇게 밝힐 수 있을까? 기업의 중역들과 연루된 로펌들과 컨설팅 회사들, 정치적 로비와 관계를 모두 실명으로 폭로하면서 말이다. 악의 구조만 말하고, 악행의 주체를 묻지 않는 운동은 구조도 개선할 수 없다. 내가 이 책에서 일관된 목소리로 들었던 '반독점법'은 독점의 구조와 주체를 함께 해체해야 한다는 메시지다.

'어떻게 할 것인가?'에 앞서 '왜 누가 이런 일을 벌였는가?'를 먼저 묻는 것은 지금 시점에서 실천을 위한 매우 중요한 인식론적 전환이다. 왜냐하면 오늘날 시민들은 '대안은 없다'는 신자유주의적 주술에 걸려 '대안 찾기'에 스스로 포획되어 있기 때문이다. "대안을 제시하라"라는 말은 신자유주의적 실천론을 보급하는 혁신주의자들의 문법이기도 하다. 혁신주의자들은 대안이 없으면서 불만만 말하지 말라고 우리의 입을 봉쇄한다. 그리고 언제나 그럴싸하게 멋져 보이는 대안을 먼저 제시한다. 하지만 그 대안들은 항상 기술주의적이고 시장주의적이며, 문제를 궁극적으로 해결하기보다 다른 문제를 만들어내면서 기존의 문제를 다른 영역으로 이전시킨다. 식품 오염 사고가 터지면 새로운 인증 제도를 만드는 식이다. 이 책에서 HACCP가 미국에서 만들어질 때의 과정은 어떻게 검사관이 '전시품'이 되고, 현장 감시자에서 '서류 관리자'로 전락하는지를 잘 보여준다. 새로운 식품검사법은 공공 부문 인력 감축과 규제 완화라는 자본의 목표를 동시에 처리했다.

혁신 경제는 불안이 커지면 '안전 상품'을 개발하고, 건강 상태가 나빠지면 '건강식품'을 팔고, 불행한 사람들이 많아지면 '행복 시장'을 창출한다. 대안은 항상 마케팅으로 귀결된다. 식품 산업도 마찬가지다. 공장식 축산의 비윤리성이 문제가 되면, 푸도폴리는 채식주의자를 위한 상품을 출시해서 소비자가 개인적으로 양심을 지킬 수 있도록 '윤리적 음식'과 '선택의 권리'를 제공한다. 이들의 대안 제시는 너무나 발 빠르고 솔깃하며, 사회를 삐딱하게 보는 사람들에 비해 항상 긍정적이고 건설적인 세계관의 소유자로 돋보이게 만든다. 하지만 늘 시장주의적 대안으로 귀결되는 그들의 대안주의는, 시민이 문제의 근본 원인을 생각하지 못하게 함으로써 문제를 근본적으로 해결하려는 정치적 행동을 차단하고 시장으로의 우회로를 만들어낸다. 그래서 우리는 환경을 생각하고 농촌과 농민을 돕겠다는 '선의'를 갖고 도시농부 장터를 열거나, 생산자 직거래나 생협 소비자가 되어 물건을 구매하거나, 공정무역 상품을 사고 채식주의자가 되는 개인적인 소비 실천을 한다. 하지만 그것은 우리의 의도와 정반대로, 푸도폴리 기업들이 새로운 시장을 창출하고 자신들의 신규 사업 분야를 확장하는 데 초기 투자금과 연구개발비까지 공적 자금으로 지원받을 수 있도록 '선량하고 아름다운 사회 공익적 스토리'를 제공하는 데 이용당한다. '어떻게'에 앞선 '왜'라는 질문은 그래서 중요하다. "왜?"라고 물을 때 비로소 우리는 늘 미래로만 납치당하던 우리의 시선을 현재로 돌려, 지금 일어나는 일들이 어디서부터 왔는지를 성찰하고 추적할 수 있다. 해결책은 원인으로부터만 나올 수 있다.

이 책에는 1990년대의 연도들이 계속 등장한다. 어떤 정부든 상관없이, 클린턴·부시·오바마 행정부의 행정 요직과 푸도폴리의 고위직을 오가는 회전문 관료가 나타나고, 지역 농장에겐 규제가 강화되고 대기업에겐 규제가 완화되며, 농민의 자율성은 박탈당하고, 식품기업의 자율성은 무한히 커지는 과두독점의 과정들이 상세하게 기술된다. 1990년대는 어떤 분기점이었을까? 금융자본주의가 세계화된 시점이다. 농업이 전기 산업이되고, 농업이 자유무역 체제와 금융경제에 종속된 애그리비즈니스로 변질되기 시작한 시기이기도 하다. 2003년 한국의 농민 이경해는 WTO 농업협정에 반대하며 멕시코의 회의장 앞에서 자기 가슴을 칼로 찔러 자결로 항거했다. 나는 이경해라는 이름을 최근 읽은 반다나 시바의 책과 마리아로사 달라 코스따의 책에서 발견했다. 세계농민운동의 역사가 기억하는 이름이지만, 우리의 기억에서는 지워지고 있다. 그 이름이 지워진 까닭은, 그의 행동이 우리가 누구와 싸워야 하는지를 정확하게 가르쳐주고 있기 때문이다.

이 책도 다른 방식의 실천으로 그것을 가르쳐준다. 혁신론과 대안론이 쳐놓은 덫에 걸리지 않고 우리가 무엇을 할 것인지 묻는 대신, 그들이 무엇을 왜 어떻게 했는가를 먼저 폭로한다. 우리가 어떻게 할 것인가에 대해서는 마지막 한 장만 할애하고 있고, 그것은 '정치적 힘을 조직해야 한다'는 원론적 대안으로 제시된다. 그러나 그때쯤이면 독자는 이미 백만 개의 구체적 대안보다 더 강력하고 선명한 하나의 요구안에 도착해 있을 것이다. 그 요구안은 바로 안티-푸도폴리, 곧 '반독점'이다. 식량독점체제, 곧 푸도폴리 위에서 우리는 식량주권도, 식량정의도, 식량에 대한 미래도 가질 수 없다. 우리의 대안은 독점의 해체이고, 우리가 싸워야 할 대상은 저 식량독점세력이라는 것을 이보다 선명하고, 이보다 설득력 있게 보여줄 수는 없을 것이다.

처음 펼칠 때만 해도 숫자와 통계, 정보와 사실로 성실하게 채워진 책을 읽고 이렇게 가슴이 아파 자주 멈춰 서게 될 줄 몰랐다. 애그리비즈니스의 민낯을 폭로하는 위노나 하우터의 작업은 성실하고 집요하고 끈질겼으며, 현장과 지식을 잇는 저술의 귀감이었다. 부디 문제의식에 공감하는 많은 이들이 이 책을 읽고 푸도폴리의 반대편에 서는 반독점의 저항 주체가 되어, 그것을 해체할 다른 주체들과 지금과는 다른 식으로 연결되고 새로운 관계를 만들어냈으면 한다. 그리고 이 책이 국내의 농업농민운동, 먹거리운동의 담론과 실천에도 많은 영감을 주어 농민, 노동자, 시민의 반독점·반자본 연대를 만들어내기를 희망한다.

안티-푸도폴리! 푸도폴리를 해체하라!

주

주에서는 다음의 약자를 사용했다.

- DOJ   U.S. Department of Justice(미 법무부)
- EPA   U.S. Environmental Protection Agency(미 환경보호청)
- FDA   U.S. Food and Drug Administration(미 식품의약국)
- FTC   Federal Trade Commission(연방거래위원회)
- UFCW   United Food and Commercial Workers International Union(전미식품상업노동조합)
- USDA   U.S. Department of Agriculture(미 농무부)
- USDA ERS   U.S. Department of Agriculture Economic Research Service(미 농부무 경제연구소)

머리말

1 Sarah Low and Stephen Vogel, "Direct and Intermediated Marketing of Local Foods in the United States", U.S. Department of Agriculture, Economic Research Report No. 128, November 2011, iii.

2 Ibid.

3 Ibid.

4 Timothy A. Wise, "Still Waiting for the Farm Boom: Family Farmers Worse Off Despite High Prices", Policy Brief No. 11-01, Global Development and Environment Institute, Tufts University, March 2011.

5 Fred Kirshenmann et al., "Why Worry About the Agriculture of the Middle? A White Paper for the Agriculture of the Middle Project", available at www.agofthemiddle.org.

1 청년들이 농장을 떠나게 하라!

1 Foster Kamer, "Hedge Farm! The The Doomsday Food Price Scenario Turning Hedgies into Survivalists", New York Observer, May 18, 2011.

2 Timothy A. Wise, "Still Waiting for the Farm Boom: Family Farmers Worse Off Despite High Prices", Policy Brief No. 11-01, Global Development and Environment Institute, Turfs University, March 2011.

3 Doug Smith and Richard Fausset, "Rural America Gets Even More Sparsely Populated", Los Angeles Times, December 15, 2010.

4 이 부분에서 나는 농업의 역사를 기록한 기념비적인 저작 《대기업 농부: 애그리비즈니스에 관한 책》의 저자인 알 크렙스에게 신세를 지고 있다. 이 장의 농장운동의 역사에 관한 많은 내용을 크렙스의 책에서 가져왔다.

5 Committee for Economic Development, "An Adaptive Program for Agriculture: A Stantement on National Policy by the Research and Policy Committee", New York, 1962.

6 Ibid.

7 Krebs, Corporate Reapers.

8 Jerry Markham, "Futures Trading", in A Financial History of the United States (Armonk, NY: M.E. Sharpe, 2011), 101.

9 Committee for Economic Development, "International Trade, Foreign Investment and Domestic Employment", New York, 1945. 다음 자료에서 재인용 : Committee for economic Development, "Trade Negotiation for a Better Free World Economy; A Statement on National Policy by the Research and Policy Committee", New York, 1964, 15.

10 "What Post-War Policies for Agriculture?", report of the USDA, Interbureau and Regional Committees on Post-War Programs, The Farmer and the War, no. 7 (Washington, DC: U.S. GPO, 1944).

11 Mark Ritchie and Kevin Ristau, "U.S. Farm Policy", World Policy Journal 4, no. 1 (1986/87): 113~34.

12 John H. Davis, "From Agriculture to Agribusiness", Harvard Business Review, January/February 1956, 107~15.

13 Al Krebs, "Merle Hanse, Fearless Popoulist Hero", Progressive Populist 11, no. 1 (January 2005), www.populist.com/05.01.krebs.html.

14 Interview Greg Naylor, In Motion, June 22, 2011, www.inmotionmagazine.com/ra11/g_naylor_int11.html.

15 Krebs, "Merle Hansen".

16 John Hanse, "Where Is the Outrage?" www.familyfarmer.org/sections/outrage.html.

17 저자와의 이메일 교환, 2012년 4월 11일.

18 Dan Carney, "Dwayne's World", Mother Jones, July/August 1995.

19 Associated Press, "Senate Farm Bill Means Big Win for Big Business", Charleston Gazette, February 18, 1996, 5B.

20 "Big Agribusiness Enjoyed Benefits in Senate Farm Bill", Lincoln Journal Star, February 19, 1996.

21 Daryll Ray, "Review of US Agricultural Policy in Advance of the 2012 Farm Bill: Written Statement Extends Oral Testimony of Daryll E. Ray before the United States House of Representatives Full Agriculture Committee", May 13, 2010, www.agpolicy.org/present/2010/RayTestimonyMay2010.pdf.

22 Timothy A. Wise, "Identifying the Real Winners from U.S. Agricultural Policies", Global Development and Environment Institute Working Paper No. 05~07, Tufts University, December 2005.

23 Ibid.

24 Brad Wilson, "Rebuttal to US PIRG's Video: "Stop Subsidizing Obesity", September 21, 2011, available at www.zcommunications.org/farm-subsidies-rebuttal-to-us-pirg-video-stop-subsidizing-obesity-by-brad-wilson.

25 Ibid.

26 Timothy A. Wise, "Understanding the Farm Problem: Six Common Errors in Presenting Farm Statistics", Global Development and Environment Institute Working Paper No. 05~02, Tufts University, March 2005.

27 Wise, "Still Waiting for the Farm Boom".

28 Ibid.

2 정크푸드 진흥 세력

1 Brody Mullins, "Koch's K Street Orbit", Roll Call, November 15, 2004.

2 Ibid.

3 "FTC Review (1977~1984)", 다음 소위원회를 위해 FTC 구성원이 작성한 보고서 : Subcommittee on Oversight and Investigations of the Committee on Energy and Commerce, U.S. House of Representatives, September 1984.

4 "Written Testimony of Pamela G. Bailey, President and CEO, Grocery Manufacturers Association", Hearing on Food Safety Enhancement Act of 2009 Discussion Draft, before the Subcommittee on Health, Commimittee on Energy and Commerce, U.S. House of Representatives, 111th Cong., 1st sess., June 3, 2009, 1~6.

5 David Orgel, "A FMI, GMA Plan to Aligh Agendas, Meetings", Supermarket News, January 19, 2009, supermarketnews.com/retail-amp-financial/fmi-gma-plan-align-agendas-meetings#ixzzlyd21yxzJ.

6 IDEO, "Safeway Supply Chain Innovation for Kraft Foods", www.ideo.com/work/safeway-supply-chain-innovation-for-kraft-work/featured/kraft.

7 Marion Nestle, "'Singing Kumbaya', GMA/FMI Display Preemptive Label Design", Food Politics, January 25, 2011, www.foodpolitics.com/2011/01/singing-kumbaya-gmafmi-displays-preemptive-label-design/.

8 Ibid.

9 International Food Information Council Foundation, 2008 Food & Health Survey: Consumer Attitudes Toward Food, Nutriton & Health (Washington, DC: IFIC Foundation, 2008), www.foodinsight.org/Resources/Detail.aspx?topic=2008_Food_Health_Survey_Consumer_Attitudes_toward_Food_Nutrition_Health.

10 Rosa Delauro, "Delauro Calls for Stronger Food Labeling Regulations", press release, January 24, 2011, delauro.house.gov/index.php?option=com_content&view=article&id=848:delauro-calls-for-stronger-food-labeling-regulations&catid=7:2011-press-release&Itemid=23.

11 "Nutrition Infor Moving to the Front of Packages", Mass Market Retailers, November 15, 2010, business.highbeam.com/4856/article-1G1-243278315/nutritional-info-moving-front-packages.

12 Media Awareness Network, "Marketing and Consumerism: Special Issues for Young Children", www.media-awareness.ca/english/parents/marketing/issues_kids_marketing.cfm.

13 "Government Pulls Back on Junk Food Marketing Proposal", ABC News, Octyober 12, 2011, available at www.wjla.com/articles/2011/10/goverment-pulls-back-on-junk-food-marketing-proposal-67754.html.

14 Ibid.

15 Donald Cohen, "Junk Food Companies Say Eating More Fruits and Vegetables Is a 'Job Killer'", Huffpost Healthy Living, November 22, 2011.

16 Reuters, "Exclusive: Soda Marketing Escalate Attacks over Obesity," July 20, 2011.

17 Tanzina Vega, "Complaint Accuses Pepsi of Deceptive Marketing", New York Times, October 19, 2011.

18 "The History of Pepsi-Cola", Soda Museum, web.archive.org/web/20080212003647/www.sodamuseum.bigstep.com/generic.jhtml?pid=3.

19 "PepsiCo Lineup to Look Healthier in 10 Years: CEO", NewsDaily, October 17, 2011, www.newsdaily.com/stories/tre79gzo-us-pepsi-ceo/.

20 Interview with Indra Nooy, Fox Business American Icon series, February 7, 2011, 다음에서 재인용 : Landon Hall, "CEO: Pepsi, Doritos 'Are Not Bad for You'", Orange Country Register, February 7, 2011, healthyliving.ocregister.com/2011/02/07ceo-pepsi-doritos-are-not-bad-for-you/29022/.

21 "Food Processing's Top 100", 2011 rankings, FoodProcessing.com, www.foodprocessing.com/

top100/index.html.

22 Reuters, "UPDATE 6-Nestle Buys 60 Pct of Chines Candymaker for $1.7 Bln", July 11, 2011.

23 Catherine Ferrier, "Bottled Water: Understanding a Social Phenomenon", report commissioned by the World Wildlife Fund, April 2001, 19.

24 Olga Naidenko et al., "Bottled Water Quality Investigation: 10 Major Brands, 38 Pollutants", Environmental Working Group, Washington, DC, October 2008, www.ewg.org/reports/ bottledwater.

25 Ivan Penn, "The Profits on Water Are Huge, but the Raw material Is Free", Tampa Bay Times, March 16, 2008, www.tampabay.com/news/environment/water/article418793.ece.

26 Elizabeth Whitman, "Bottled Water Companies Target Minorities, but So Do Soda Firms", Madison Times, November 23, 2011, www.themadisontimes.com/news_details.php?news_ id=1550.

27 Nestle Research, "Popularly Positioned Products: Affordable and Nutritious", www.research. nestle.com/asset-libraries/Documents/Popularly%20Positionjed%20Products.pdf.

28 Ibid.

29 "Laos: NGOs Flay Nestle's Infant Formula Strategy", IRIN Global, June 23, 2011, www.irinnews. org/Report/93040/LAOS-NGOs-flay-Nestle-s-infant-formula-strategy.

30 Ibid.

31 "Davos Open Forum 2006-Water: Property or Human Right?", YouTube video, www.youtube. com/watch?v-WmFpYCtiRsw.

32 "Rainer E. Gut: Profile", Forbes, people.forbes.com/profile/rainer-e-gut/24010 (assessed November 19, 2011).

33 "Peter Brabeck-Letmathe, 1944~", Reference for Business, www.referenceforbusiness.com/ biography/A-E/Brabeck-Letmathe-Peter-1944.html.

34 Paul Glader, "Nestle Chairman Skeptical of Growth in Organic Food Market", Co.Exist, www. fastcoexist.com/1678437/nestle-chairman-skeptical-of-growth-in-organic-food-market (accessed November 19, 2011).

35 Kraft Foods, "Make Today Delicous, 2010 Fact Sheet", www.kraftfoodscompany.com/assets/ pdf/kraft_foods_fact_sheet.pdf (assessed November 20, 2011).

36 Andrew Ross Sorkin and Chris V. Nicholson, "Kraft to Split Its Snacks and Grocery Businesses", DealBook, New York Times, August 4, 2011, dealbook.nytimes.com/2011/08/04/kraft-to-split- two-separating-snacks-and-grocery-business.

3 먹거리 사슬의 월마트화

1 Barry C. Lynn and Phillip Longman, "Who Broke America's Jobs Machine?", Washington Monthly, March 4, 2010.

2 마이클 퍼척과의 전화 인터뷰, 2011. 11. 29.

3 "FTC Review (1977~1984)", 다음 소위원회를 위해 FTC 구성원이 작성한 보고서: Subcommittee on Oversight and Investigations of the Committee on Energy and Commerce, U.S. House of Representatives, September 1984.

4 마이클 퍼척과의 전화 인터뷰.

5 Ibid.

6 Ibid.

7 "FTC Review (1977~1984)."

8 Lynn and Longman, "Who Broke America's Jobs Machine?"

9 Barry C. Lynn, Cornered: The New Monopoly Capitalism and the Economics of Destruction (Hoboken, NJ: John Wiley & Sons, 2010).

10 Barry C. Lynn, "Breaking the Chain: The Antitrust Case Against Wal-Mart", Haerper's July 2006, www,harpersorg/archive/2006/07/0081115.

11 브루스 폰스타인과의 전화 인터뷰, 2011. 12. 1.

12 Michelle Christian and Gary Gereffi, "The Marketing and Distribution of Fast Food", in Contemporary Endocrinology: Pediatric Obesity: Etiology, Pathogenesis and Treatment, ed. M. Freemark (New York: Springer Publishing, 2010), 439~450.

13 Ibid.

14 Wal-Mart Stores, Inc., "The Nation's First Wal-Mart Supercenter Receives Modern Design Conversion", press release, January 12, 2007; Steve W. Martinez, "The U,S, Food Marketing System: Recent Developments 1997~2006", USDA ERS Report NO. 42, May 2007, 6.

15 SEC 10-K Filing, Wal-Mart Stores, Inc., 2010, 6. 10.

16 Stephanie Clifford, "Wal-Mart Tests Service for Buying Food Online", New York Times, April 24, 2011.

17 Martinez, "U,S, Food Marketing System", 6; Elena G. Irwin and Jill Clark, "The Local Costs and Benefits of Wal-Mart", Department of Agricultural, Environmental, and Development Economics, Ohio State University, February 23, 2006, 4.

18 Martinez, "U,S, Food Marketing System", 6~7; Christopher Leonard, "Wal-Mart Tightens Distribution to Increase Stock", Arkansas Democrat-Garzette, June 19, 2005.

19 Irwin and Clark, "Local Costs and Benefits of Wal-Mart", 4~5.

20 Anthony Bianco and Wendy Zellner, "Is Wal-Mart Too Powerful?", Business week, October 6, 2003.

21 Emily Schmitt, "The Profits and Perils of Supplying to Wal-Mart", Business week, July 14, 2009.

22 Ibid.; Constance L. Hays, "Big Stakes in Small Errors; Manufacturers Fight Retailer 'Discounts' in Shipping Disputes", New York Times, August 17, 2001.

23 Hays, "Big Stakes in Small Errors."

24 Anne D'Innocenzio, "Inventory or Invasion?; Some Fear Wal-Mart Smart Tag Plan Infringes on Privacy", Grand Rapids Press, July 26, 2010.

25 Ibid.,; Eric Mortension, "High-Tech Changes Face of Farmworkers", The Oregonian, March 5, 2008.

26 Barnaby J. Feder, "Wal-Mart Plan Could Cost Suppliers Millions", New York Times, November 10, 2003.

27 Steve Painer, "ID-Tag Inventory Study Finds Accuracy Up 13%; Wal-Mart Can Save Millions, Expert Says", Arkansas Democrat-Gazette, March 14, 2008.

28 Martinez, "U,S, Food Marketing System", 8, 9, Table 4.

29 Lynn, "Breaking the Chain".

30 Anna Lappe, "Why We Should Question Walmart's Latest PR Blitz", Civil Eats, Jauary 21, 2011, civilleats,com/2011/01/21/why-we-should-question-walmart%E2%80%99s-latest-pr-blitz/.

31 Stacey Roberts, "Wal-Mart Shows Its Energy-Saving Side", Arkansas Democrat-Gazette, August 25, 2006.

32 "Wal-Mart Says Environment Initiatives About Money, Not Brand Image", Environmental Leader, April 13, 2011, www.environmentalleader.com/2010/04/13/wal-mart-says-environmental-initiatives-about-money-not-brand-image/.

33 Stefania Vitali et al., "The Network of Global Corporate Control", Swiss Federal Institute of

Technology, September 19, 2011.

34 "U.S. Corporate Bond Market: 2011 Rating and Issuance Activity", Fitch Ratings, February 1, 2012.

35 Food Institute, "Merger & Acquisition Activity Is Healthy and Growing", press release, March 1, 2012.

36 Dave Fusaro, "Merger and Acquisition Activity Returns to Pre-2008 Levels", Foodprocessing. com, August 31, 2010.

37 Pauline Renaud, "Challengers and Opportunities in the Food & Drink Sector", Financier Worldwide, March 2010.

38 David Welch, "Kellogg to Buy Procter & Gamble's Pringles for $2.7 Billion", Bloomberg, February 15, 2012.

4 녹색 공룡들은 더 이상 캘리포니아에 살지 않는다

1 Steven Stoll, The Fruits of Natural Advantage: Making the Industrial Countryside in California (Berkeley: University of California Press, 1998).

2 Ibid.

3 작물과 해당 프로그램 관할 기관에 따라(보통 연방정부 혹은 주) 다양한 의무 마케팅 프로그램이 존재한다 (판매명령 시스템을 가리킨다—옮긴이). 일반적으로 이들 프로그램은 특정 유형의 농산물의 재배자를 대변 하는 사업자단체나 농상품 집단에 의해 시작되지만, 정부 기관이 규제한다. 이 프로그램들은 해당 농산품 의 소비자 구매를 장려하는 광고 캠페인을 발전시키기 위해 생산자들로부터 수수료를 거둔다. 이들 프로 그램은 소규모 재배자들로부터 비판을 받는 경우가 많다. 이들 소규모 재배자들은 어쩔 수 없이 참여하고 있지만, 광고 캠페인이 비용이 많이 들고 자신들에게 득이 되지 않는다고 느끼고 있다.

4 "Statement of C. Manly Molpus, President and CEO, Grocery Manufacturers of America", Agricultural Trade Negotiations, Hearings Before the Committee on Agriculture, U.S. House of Representatives, 108th Cong., 2nd sess., April 28 and May 19, 2004, 322-23; Robert Aldrich, "Statement of Grocery Manufacturers Assoiciation", Implementation of the United States-Peru Trade Promotion Agreement, Hearing Before the Committee on Ways and Means, U.S. House of Representatives, 109th Cong., 2nd sess., July 12, 2006.

5 Elliiot Zwiebach, "Analysis Discuss Consolidation, Whole Foods", Supermarket News, SEptember 19, 2011, supermarketnews.com/retail-amp-financial/analysts-discuss-consolidation-whole- foods.

6 Ibid.

7 Wal-Mart Stores, Inc., "Wal-Mart Releases 2012 Annual Shareholder Meeting Materials", press release, April 16, 2012.

8 Wal-Mart Stores, Inc., "Wal-Mart Releases 2012 Annual Initiative to Make Food Healthier and Healthier Food More Affordable", press release, January 20, 2011.

9 Wal-Mart Stores, Inc., "Illinois' Frey Farms Teams with Wal-Mart to Celebrate America's Farmers", press release, September 27, 2006.

10 Frey Fruits Web site, www.freyproduce.com/profile.htm (accessed January 8, 2012).

11 Julia Hanna, "HBS Cases: Negotiating with Walmart", Harvad Business School Working Knowledge: Lessons from the Classroom, April 28, 2008, hbswk.hbs.edu/pdf/item/5903.pdf.

5 유기농 식품의 역설

1 이 장은 필립 하워드 박사(Dr. Philip H. Howard)의 훌륭한 저작들에 기반을 두고 있다.: Philip H. Howard, "Consolidation in the North American Organic Food Processing Sector, 1997 to 2007",

International Journal of Sociology of Agriculture & Food 16, no. 1 (2009): 13~30; Daniel Jaffe and Philip H. Howard, "Corporate Cooptation of Organic and Fair Trade Standards", Agriculture and Human Values 27 (2010: 387~399.)

2 Diane Brady, "The Organic Myth", Bloomberg Businessweek, October 16, 2006.

3 Howard, "Consolidation in the North American Organic Food Processing Sector".

4 Catherine Greene and Carolyn Dimitri, et al., "Emerging Issues in the U.S. Organics Industry", Economic Research Service, Economic Information Bulletin No. 55, June 2009, www.ers.usda. gov/publications/eib55/eib55.pdf.

5 Eden Organic, "Why Eden Foods Chooses Not to Use the USDA Seal", www.edenfoods.com/ articles/vies.php?articles_id=78 (accessed December 30, 2011).

6 Hain Celestial Group and Cargill Health & Food Technologies, "Industry Leaders Hein Celestial Group and Cargill Health & Food Technologies Announce Collaboration", press relase, August 27, 2003, available at http://www.thefreelibrary.com/Industry+Leaders+Hain+Ce lestial+Group+and+Cargill+Health+%26+Food····-a0131665463.

7 Dawn Withers, "Private Label Growing", The Packer, March 9, 2010.

8 Beth Kowitt, "Inside the Secret World of Trader Joe's", Fortune, August 23, 2010.

9 John Mackey, "The Whole Foods Alternative to Obama Care", op-ed, Wall Street Journal, August, 11, 2009.

10 Elliot Ziebach, "Analysts Discuss Consolidation, Whole Foods", Supermarket News, September 19, 2011.

11 Ronnie Cummings, "The Organic Monopoly and the Myth of 'Natural' Foods: How Industry Giants Are Undermining the Organic Movement", Common Dreams, July 9, 2009, www. commondreams.org/view/2009/07/09.

12 "Top 10 Industry Deals in 2010", Nutrition Business Journal, January 1, 2011.

13 Kate Murphy, "Investing: Health Food Seller Is Back to Health", New York Times, December 31, 2000.

14 Jane Hoback, "The Future of Distribution", Natural Food Merchandiser, October 17, 2010.

15 Amanda Loudin, "The Right Recipe", Food Logistics, April 2010, www.envistacorp.com/ envista_case_studies?envista_case_study_NaturesBest.pdf.

16 Hoback, "Future of Distribution".

17 Nancy Luna, "Sprouts Merges with Sunflower Markets", Orange Country Register, March 9, 2012.

18 "Sprouts, Sunflower Agree to Merge", Supermarket News, March 9, 2012.

19 "Private Equity Firm Scoops Up 80% Stake in Organic, Natural Food Chain for $300 Mil", Sustainable Food News, April 12, 2012, sustainablefoodnews.com/printstory.php?news_ id-15857.

20 Ibid.

21 Melanie Warner, "Wal-Mart Eyes Organic Foods", New York Times, May 12, 2006.

22 "Mark Retzloff from Aurora Organic Dairy", Organic Guide, www.organicguide.com/organic/ people/mark-retzloff-from-aurora-organic-dairy (accessed September 14, 2011).

6 독극물이 되어가는 먹거리

1 Daniel Puzo, "Espy Calls for Overhaul of Meat Inspection System: Food: Agriculture Secretary Tells Senators Probing Bacteria Illnesses That Contamination Can Be Reduced, but Not Totally Prevented", Los Angeles Times, February 6, 1993, articles.latimes.com/21993-02-06/news/ mn-1079_1_meat-inspectioin-system.

2 Phillip Spiller, "FDA Seafood HACCP Inspection Presentation", text based on actual oral presentation, 1, nsgl.gso.uri.edu/flsgp/flsgp/flsgpw93002/flsgpw93002_part1.pdf (accessed November 8, 2011).

3 Donald C. Smaltz, "Final Report of the Independent Counsel Re: Alphonso Michael (Mike Espy)", Office of Independent Council, October 25, 2001.

4 USDA, "Executive Summary: Study of the Federal Meat and Poultry Inspection System", Vol. III, Washington, DC, July 1997.

5 Ibid.

6 A.M. Pearson and T.R. Dutson, eds., HACCP in Meat, Poultry and Fish Processing (New York: Chapman & Hall, 1995), 368~369.

7 "Statement of Dan Glickman, Secretary of Agriculture", USDA News 55, no. 7 (August 1996).

8 USDA, "Glickman Announces Head of Food Safety Agency", press release, October 17, 1995, www.usda.gov/news/releases/1996/10/0570.

9 "Inspectors' Union Files Suit Against USDA Over Carcass by Carcass Rules", The-Inspector. com, April 13, 1998, www.the-inspector.com/unionissues.htm.

10 AFL_CIO, et. al., v. U.S. Department of Agriculture, et. al., Appeal from the U.S. District Court for the District of Columbia, June 30, 2000.

11 Humane Society of the United States, "Rampant Animal Cruelty at California Slaughter Plant", press realse, Jauary 30, 2008, www.humansociety.org/news/news/2008/01/undercover_investigation_013008.html.

12 Wayne Pacelle, "Case Finally Closed on 'Downers' Loopholes", A Humane Nation, March 14, 2009, hsus.typepad.com/wayne/2009/03/obama-downers.html.

7 약물에 절어 사는 동물들

1 Gardiner Harris, "New Official Named with Portfolio to Unite Agencies and Improve Food Safety", New York Times, September 13, 2010.

2 Elizabeth Weise and Julie Schmit, "Spinach Recall: 5 Faces. 5 Agonizing Deaths. 1 Year Later", USA Today, September 24, 2007.

3 Marion Nestle, "What's Up with the Hydrolyzed Vegetable Protein Recall?", Food Politics, March 10, 2010, www.foodpolitics.com/2010/03/whats-up-with-the-hydrolyzed-vegetable-protein-recall.

4 Tom Coburn, "Opposing View on Food Safety: Leverage the Free Market", USA Today, November 22, 2010.

5 Francois-Xavier Weill et al., "International Spread of an Epidemic Population of Salmonella enterica Serotype Kentucky ST198 Resistant to Ciprofloxacin", Journal of Infectious Diseases, August 2, 2011.

6 로버트 로렌스 박사와의 전화 인터뷰, 2011. 9. 19.

7 Ralph Loglisci, "New FDA Numbers Reveal Food Animals Consume Lion's Share of Antibiotics", Center for a Livable Future blog, December 23, 2010, www.livablefutureblog.com/2010/12/new-fda-numbers-reveal-food-animals-consume-lion's-share-of-antibiotics.

8 Accelr8 Technology Corporation, "Antibiotic Resistance", www.accelr8.com/antiobiotic_resistance.php (accessed September 16, 2011).

9 David Zinczenko and Matt Goulding, "Five Nastiest Things in Your Grocery Store", Men's Health, April 11, 2012.

10 로버트 로렌스 박사와의 전화 인터뷰.

11 David Wallingda, "Antibiotics, Animal Agriculture and MRSA: A New Threat", Institute for Agriculture and Trade Policy, November 2009.

12 T. Khanna, R. Friedship, C. Dewey, and J.S. Weese, "Methiciliin Resistant Staphylococus Aureus Colonization in Pigs and Pig Farmers", Department of Population Medicine, Ontario Veterinary College, University of Guelph, Guelph, ON.

13 U.S. Government Accountability Office, "Antibiotic Resistance: Agencies Have Made Limited Progess Addressing Antibiotic Use in Animals", September 7, 2011, 66.

14 STOP Foodborne Illness et al., "Letter to Tom Vilsack, Secretary of U.S. Department of Agriculture", October 18, 2011, http://www.stopfoodborneillness.org/sites/default/files/Antibiotic%20GAO%20report%20USDA%20Group%20Sign%20ON%20FINAL.pdf.

15 "Statement of Tom Vilsack, Secretary of U.S. Department of Agriculture", Future of Food Conference, Georgetown University, May 2011.

16 U.S. Government Accountability Office, "Antibiotic Resistance", Summary.

17 Konstantinos Markis et al., "Fate of Arsenic in Swine Waste from Concentrated Animal Feeding Operations", Journal of Environmental Quality 37, no. 4 (2008): 1626~1933.

18 USDA Food Safety and Inspection Service, "National Residue Program Red Book Reports, 2000~2008"; USDA National Agricultural Statistics Service, "Poultry-Production and Value. 2009 Summary", Pou 3-1 (10), April 2010; H.D. Chapman and Z.B. Johnson, "Use of Antibiotics and Roxarsone in Broiler Chickens in the USA: Analysis for the Years 1995 to 2000", Journal of Poultry Science 81 (March 2002): 1.

19 USDA, "FSIS National Residue Program for Cattle", Office of Inspector General, Audit Report 24601-08-KC, March 2010, 1.

20 Ibid., 1~2.

21 Bette Hileman, "Arsenic in Chicken Production. A Common Feed Additive Adds Arsenic to Human Food and Endangers Water Supplies", Chemical and Engineering News 85, no. 15 (April 9, 2007); Jennifer Hlad, "Poultry Farmers Resist Ban on Arsenic in Feed", Daily Record (Baltimore, MD), March 16, 2010.

22 Steve Schwalb, "Statement of Perdue Farms, Incorporated", Subcommittee on Conservation, Credit, Energy, and Research, Committee on Agriculture, U.S. House of Representatives, December 9, 2009, 6.

23 Hlad, "Poultry Farmers Resist Ban".

24 Chapman and Johnson, "Use of Antibiotics and Roxarsone", 1; Dave Love, "CLF Prvides House Testimony on Maryland Bill 953 to Ban Arsenic from Poultry Feed", Johns Hopkins University Center for Livable Future, March 9, 2010; 키브 나크만과의 개인적인 소통, 2010. 8. 10.

25 Nicholas D. Kristof, "Arsenic in Our Chicken", New York Times, op-ed, April 4, 2012, www.nytimes.com/2012/04/05/opinion/kristof-arsenic-in-our-chicken.html.

26 EPA, "National Primary Drinking Water Regulations; Arsenic and Clarifications to Compliance and New Source Contaminants Monitoring", Federal Register Environmental Documents, January 22, 2001; EPA, "Fact Sheet: Drinking Water Standard for Arsenic", January 2001, water.epa.gtov/lawsregs/relesregs/sdwa/arsenic/regulations_factsheet.cfm.

27 Hileman, "Arsenic in Chicken Production."

28 Don Hopey, "Chicken Feed May Present Arsenic Danger", Pittsburgh Post-Gazette, March 8, 2007.

29 Ellen Sillbergeld and Keeve Nachman, "The Environmental and Public Health Risks Associated with Arsenical Use in Animal Feeds", Annals of the New York Academy of Sciences 1140 (2008):

349; FDA, "Listing of Food Additive Status Part I."

30 Zhejiang Ronmgyao Chemical Co. Ltd, "Chinese Manufacturer Rongyao Alleges that Pfizer Breaches Agreement by Voluntarily Removing Poultry Feed Adeditive '3-Nitro' from the Market", press release, October 13, 2011, Business Wire, www.businesswire.com/news/home/20111013006053/en/Chinese-Manufacturer_Rongyao-Alleges-Pfizer-Breaches-Agreement.

8 카우보이 대 정육업체: 마지막 가축 몰이

1 Eric Schollser, Fast Food Nation: The Dark Side of the All-American Meal (New York: HarperPerennial, 2002), 134. 《패스트푸드의 제국》, 에코리브르, 2001.

2 Shane Ellis, "State of Beef Industry 2008", Beef Magazine, 2008, 9.

3 Cancer Coalition, "Hormones in U.S. Beef Linked to Increased Cancer Risk", press release, World Wire, October 21, 2009.

4 James M. MacDonald and William D. McBride, "The Transformation of American Livestock Agriculture: Scale, Efficiency and Risks", USDA ERS, Economic Information Bulletin No. 43, January 2009, 12.

5 Ellis, "State of the Beef Industry", 11.

6 Wiliams Robbins, "A Meatpacker Cartel Up Ahead?" New York Times, May 29, 1988, 4.

7 Dale Kasler, "IPB Keeps Tight Grip on Market", Des Moines Register, September 24, 1998.

8 Christopher Davis and Lin Biing-Hwan Lin, "Factors Affecting U.S. Beef Consumption", Electronic Outlook Report, USDA ERS, 2005.

9 Marcy Lowe and Gary Gereffi, "A Value Chain Analysis of the U.S. Beef and Dairy Industries", Duke University Center on Globalization, Governance and Competitiveness, February 2, 2009.

10 Mike King, "JBS SA (JBSS3) - Financial and Strategic SWOT Analysis Review - A New Company Profile Report on Companiesandmarkets.com", Companiesandmarkets.com, May 28, 2012, reprts.pr-inside.com/jbs-sa-jbss3-financial-and-r3201276.htm.

11 Daivd Lewington, National Farmers Union, Ontario, Board Member, "Letter to Melanie Aitken, Commissioner of Competition at the Canadian Competition Announces Results of XL-Lakeside Merger Review", press release, February 27, 2009; Kevin Hursh, "National Advantage for Beef Production Squandered", Saskaton Star Phoenix, March 4, 2009.

12 Cargill, "Cargill Beef Australia", www.cargill.com.au/australia/en/home/products/beef/index.jsp (June 26, 2009, 푸드앤워터워치에 있는 자료 이용).

13 Tyson Foods, Inc., Investor Relations Department, "Tyson Fact Book", 2010.

14 Ibid.

15 Wes Ishmael, "Beef Sits Down with Westley Batista", Beef Magazine, September 10, 2010.

16 Hoovers, JBS S.A Profile, September 15, 2011, www.hoovers.com.

17 Juan Forero, "An Industry Giant from Farm to Fork", Washington Post, April 15, 2011, A10.

18 Robert Pore, "JBS Swift Buys Another Huge Cattle Feeding Operation", Aglines, July 2, 2010, www.aglines.com/2010/07/jbs-swift-buys-another-huge-cattle-feeding-operation/.

19 Skema Business School, "JBS Company Profile", March 31, 2011, skem-a.blogspot.com/2011/03/jbs-company-profile_31.html.

20 Kate Celender, "The Impact of Feedlot Waste on Water Pollution Under the National Pollutant Discharge Elimination System (NPDES)", William & Mary Environmental Law and Policy Review 33, no. 3 (2009).

21 한 의회 보좌관이 푸드앤워터워치 연구책임자 패트릭 우달에게 비밀리에 보낸 이메일(2011. 5. 2).

22 John Howell, "Butler Battling Giants of Meat Packing Industry", The Panolian, September 17, 2011.

23 Ranchers-Cattlemen Action Legal Fund, "Meatpacker Apologists Engage in Deceptive Smear Campaign Against USDA Official", November 5, 2010, www.r-calfusa.com/news_releases/2010/101105-meatpacker.htm.

24 Clement E. Ward, "Feedlot and Packer Pricing Behavior: Implications for Competition Research", paper presented at Western Agricultural Economics Association annual meeting, Portland, OR, July 29-August 1, 2007, 1.

25 David Domina and C. Robert Taylor, "The Debilitating Effects of Concentration in Markets Affecting Agriculture", Organization for Competitive Markets, September 2009, 46.

26 Allan Sents, testimony, Agriculture and Antitrust Enforcement Issues in Our 21st Century Economy: Livestock Industry, DOJ and USDA Public Workshops Exploring Competition Issues in Agriculture, Colorado State University, Fort Collins, CO, August 27, 2010, 81, www.justice.gov/atr/public/workshops/ag2010/colorado-agworkshop-transcript.pdf.

27 "WFU Praises Senate Bill on Competitive Livestock Markets", Wisconsin Ag Connection, September 12, 2011, www.wisconsinagconnection.com/story-state.php?Id=1094&yr=2011.

28 Ranchers-Cattlemen Action Legal Fund, "Proposed GIPSA Rule Provides a Rock-Solid Foundation for Correcting Severe Marketing Problems in the U.S. Fed Cattle Market", R-CALF USA Briefing Paper, July 26, 2010.

29 Howell, "Butler Battling Giants."

9 돼지 같은 이윤 추구

1 Jeff Tietz, "Pork's Dirty Secret: The Nation's Top Hog Producer Is Also One of America's Worst Polluters", Rolling Stone, December 2006.

2 Nigel Key and William McBride, "The Changing Economics of U.S. Hog Production", U.S. Department of Agriculture (USDA) Economic Research Service (ERS), Economic Research Report No. 52, December 2007, 5.

3 Steve W. Martinez, "The U.S. Food Marketing System: Recent Developments 1997~2006", USDA ERS Economic Research Report No. 42, May 2007, 27.

4 Research Triangle Institute International "GIPSA Livestock and Meat Marketing Study: Volume 1: Executive Summary and Overviw-Final Report", prepared for Grain Inspection, Packers and Stockyards Administration, January 2007, ES-10.

5 Land Stewardship Program, "Killing Competition with Captive Supply", April 23, 1999, www.landstewardshipproject.org/pr/newsr_042399.html.

6 James M. MacDonald and William D. McBride, "The Transformation of U.S. Livestock Agriculture Scale, Efficiency, and Risks", USDA ERS, Economic Information Bulletin No. 43, January 2009, 25; Mary Hendrickson and Bill Heffernan, "Concentration of Agricultural Markets", Department of Rural Sociology, University of Missouri-Columbia, April, 2007.

7 James M. MacDonald and Penni Korb, USDA ERS, "Agricultural Contracting Update, 2005", Economic Information Bulletin No. 35, April 2008, 17.

8 David Domina and C. Robert Taylor, "The Debilitating Effects of Concentration in Markets Affecting Agriculture", Organization for Competitive Markets, September 2009, 65.

9 "Testimony of Lynn A. Hayes, Farmers' Legal Action Group, Inc. (FLAG)", Hearing on Economic Challenges and Opportunities Facing American Agricultural Producers Today, before the U.S. Senate Committee on Agriculture, Nutrition, and Forestry, 110th Cong., 1st sess., April 18, 2007, 3.

10 David Moeller, "Livestock Production Contracts: Risks for Family Farmers", FLAG, March 22, 2003, 4.

11 "Testimony of Lynn A. Hayes", 3.

12 "Department fo Agriculture, Grain Inspection, Packers and Stockyards Administraion, 9 CFR Part 201 RIN 0580-AB07, Implementation of Regulations Required Under Title XI of the Food, Conservation and Energy Act of 2008; Conduct in Violation of the Act. AGENCY: Grain Inspection, Packers and Stockyards Administration, USDA, ACTION: Proposed rule", Federal Register 75, no. 119 (June 22, 2010).

13 Chris Petersen, testimony, Agriculture and Antitrust Enforcement Issues in Our 21st Century Economy: Livestock Industry, DOJ and USDA Public Workshops Exploring Competition Issues in Agriculture, Colorado State University, Fort Collins, CO, August 27, 2010, 66.

14 American Meat Institute, "Livestock Producers Urge President Obama to Stop GIPSA Rule", press release, August 16, 2011.

15 Informa Economic, "An Estimate of the Economic Impact of GIPSA's Proposed Rules", November 8, 2010, www.beefusa.org/uDocs/GIPSA-Executive-Summary.pdf.

16 North Carolina in the Global Economy, "Hog Farming", www.soc.duke.edu/NC_GlobalEconomy/hog/corporation.php.

17 휴 에스피와의 인터뷰, 2011. 7. 15.

18 Tietz, "Pork's Dirty Secret."

19 Scott, Kilman, "Restrictive Laws Dam Competition, Leave Acquisition as Best Path to Expansion", Wall Street Journal, August 31, 2001.

20 Smithfield Foods, Inc., "Directors & Management", www.smithfieldfoods.com/Understand/History.

22 Office of the Iowa Attorney General, "Miller Sues Smithfield Foods to Block Acquisition of Murphy Farms in Iowa", press release, January 24, 2000.

23 Tom Miller, Iowa attorney general, "Concentration in Agriculture: Summary of Activities of the Iowa attorney general", March 12, 2010, www.state.ia.us/government/ag/working_for_farmers/farm_advisories/Ag&20Concentration%20IA%20AGO%20activity%203-12-10.pdf.

24 Office of Senator Chuck Grassley of Iowa, "Grassley Concerned About Smithfield-Premium Standard Farms Merger", press release, September 19, 2006.

25 Bob O'brien, "Can Smithfield's Hogs Go Wild?", Barron's April 11, 2012.

26 Rekha Basu, "Joe Fagan Is a Force for Activism", Des Moines Register, July 16, 2010.

27 Taylor Leake, "Activists Crash Iowa's Factory Farm Deregulation Hearings", Change.org, February 25, 2011, newschange.org/stories/activists-crash-iowa-s-factory-farm-deregulation-hearings.

28 Mike Augspurger, "ICCI Promotes 'Real' Family Farms", Hawk Eye (Burlington, IA), June 22, 2002.

29 USDA, "2007 Census of Agriculture", National Agricultural Statistics Service, 2009.

30 번식 농장(cow/calf farm)은 송아지 몸무게가 181~317킬로그램에 이를 때까지 최대 2년 동안 기른다. 그 뒤 이 송아지들은 송아지 육성 농장으로 옮겨진다.

30 USDA, "2007 Census of Agriculture."

31 Smithfield Foods, Inc., U.S. Securities and Exchange Commission Form 10-K, May 1, 2011, 29.

32 Ranchers-Cattlemen Action Legal Fund, "JBS Merger: Exhibit 18: Understanding the History of Smithfield", April 8, 2008, www.rcalfusa.com/industry_info/2008_JBS_merger/080409Exhibit18_HistoryofsmithfieldFoods.pdf.

33 Robbin Marks, "Cesspools of Shame: How Factory Farm Lagoons and Sprayfields Threaten Environmental and Public Health", Natural Resources Defense Council and the Clean Water Network, July 2001.

34 Tietz, "Pork's Dirty Secret."

35 Ibid.

36 다음 자료에 대한 푸드앤워터위치의 분석 : USDA, NASS, "2007 Census of Agriculture."

37 S. Wing et al., "Environmental Injustice in North Carolina's Hog Industry", Environmental Health Perspectives 108 (2000): 225~231.

38 L. Sorg, "With Merger, the World's Number 1 Would Get Even Bigger", North Carolina Independent Weekly, April 4, 2007.

39 USDA, "2007 Census of Agriculture"; U.S. Census Bureau, "Annual Estimates of the Population for the United States, Regions, States and Puerito Rico", July 1, 2009.

40 USDA, "2007 Census of Agriculture."

41 Iowa Department of Natural Resources, "Manure Production Per Space of Capacity", Manure Management Plan Form, 2004, Appendix A, 2.

42 Bruce Henderson, "Hog-Waste Lawsuits Settled in DEal to Fight Water Pollution", Charlotte Observer (NC), January 21, 2006.

43 Estes Thompson, "Pollution Threatens Coastal Rivers", The Herald-Sun (Durham, NC), August 21, 1995.

44 Stuart Leavenworth, "Million Gallons of Hog Waste Spill in Jones County", News and Observer (Raleigh, NC), August 13, 1996.

45 Associated Press, "Report: Spill Caused by Dike Failure", April 30, 1999; James Eli Shiffer, "Waste Spill Probably Accidental, SBI Says", News and Observer (Raleigh, NC), April 22, 1999.

46 Greg Barnes, "North Carolina Scientists Divided over Impact of Hog Waste on the Environment", Fayette Observer (NC), December 13, 2003.

47 Bruce Henderson and Diane Suchetak, "BAckhoes Bury Most of the Hogs Killed in Floods", Charlotte Observer (NC), October , 1999; Dennis Cauchon, "Farmers, Scientists Assess the Damage in N.C.", USA Today, September 27, 1999.

48 "Senate Enacts Ban on New Hog-Waste Lagoons", News and Observer (Raleigjh, NC), April 19, 2007.

49 Neuse Riverkeep Foundation, "Hogs and CAFOs", www.neuseriver.org/neuseissuesandfacts/hogsandcafos.html.

50 UFCW, "The Case Against Smithfield: Human and Civil Rights Violations in Tar Heel, North Carolina", www.cfcw.org/working_america/case_against_smithfield/case_against_smithfld.cfm.

51 Shafeah M'Bal and Peter Gilbert, "Smithfield Packing Struggle Mixes Black-Brown Unity, Environment and Workers' Rights", Axis of Logic, April 27, 2007, www.axisoflogic.com/artman/publish/article_24425.shtml.

52 UFCW, "Irresponsible Smithfield", www.ufcw.org/smithfield_justice/irrespoonsible_smithfield/index.cfm.

53 DOJ, "Smithfield Foods Fined 12.6 million, Largest Clean Water Act Fine Ever", August 8, 1997, www.usdoj.gov/opa/pr/1997/August97/331enr.htm.

54 Ibid.

55 Ibid.

56 Tietz, "Pork's Dirty Secret."

57 UFCW, "Workers Voices", www.smithfieldjustice.com/workersvoices.php#Main.

58 Mark Smith, "Family Farm Food Vs. Facotry Farm Food", faid.convio.net/book/ AmericanFamilyFarmers.pdf.

59 UFCW, "Wokers Voices."

60 Research Associates of America, "Packaged with Abuse: Safety and Health Conditions at Smithfield Packing's Tar Heel Plant", report prepared for UFCW, August 2006.

61 Complaint for Damages and Equitable Relief, Smithfield v. United Food and Commercial Workers Union International Itl., Civ. Action No. 3:07CV641, 26.

62 Answer for Defs. Research Assocs. of America (field 11/20/07), 7; Answer for United Food and Commercial Workers International Union, Gene Bruskin, Joseph Hansen, William T. McDonough, Leila McDowell, Patrick J. O'Neill, Andrew L. Stern, Tom Woodruff (filed 11/20/07), 15; Smithfield v. United Food and Commercial Workers Union International Ltl., Civ. Action No. 3:07CV641.

63 Memo. of Law in Support of Defs.' Jt. Mot. to Dismiss Under R. 12(b)(6). Fed, R. of Civ. Proc. (filed 11/20/07), Smithfield v. United Food and Commercial Workers Union International Itl., Civ. Action No. 3:07CV641.

64 UFCW, "Case Against Smithfield."

65 Summary of Smithfield Foods, Inc., 347 National Labor Relations Board No. 109, August 31, 2006.

66 UFCW, "Case Against Smithfield."

67 Ibid.

68 Ibid.

69 Ben Wheeler, "Poland: Green Federation Gaja Fights Pollution from Industrial Feedlots", Global Greengrants Fund, January 28, 2005, www.greengrants.org/grantstrories.php?news_id=72.

70 Desiree Evans, "Smithfield's Tar Heel Workers Ratify First-Ever Union Contract", Institute for Southern Studies, July 2, 2009.

71 UFCW, "Case Against Smithfield."

72 Human Rights Watch, "Blood, Sweat, and Fear: Workers' Rights in U.S. Meat and Poultry Plants", January 2005.

73 Research Associates of America, "Packaged with Abuse."

74 Ibid.

75 Ibid.

76 Doreen Carvajal and Stephen Castle, "A U.S. Hog Giant Transforms Eastern Europe", New York Times, May 6, 2009.

77 Wheeler, "Poland."

78 Tom Garrett, "The End of the Beginning: A Patriot Victory in the Polish Sejm", Animal Welfare Institute, AWI Quarterly, Spring 2005.

79 Ahmed ElAmin, "Smithfield Targets Romania for Expansion into Europe", MeatProcess.com, August 9, 2006.

80 Carvajal and Castle, "U.S. Hog Giant."

81 Mirel Brans, "Swine Plague: Romania Criticizes American Group's Attitude", Le Monde, August 15, 2006.

82 Ibid.

83 Ibid.

84 Ibid.

1 마이크 위버와의 이메일 교환, 2012. 1. 6.

2 "Top U.S. Poultry Companies 2011: Rankings", Watt Poultry USA, February 2011; U.S. Poultry & Egg Association, "Industry Economic Data", April 2011, www.uspoultry.org/economic_data/.

3 David Mann, "Getting Plucked: How the Poultry Industry Turns Contract Farmers into Modern-Day Sharecroppers", Texas Observer, March 17, 2005.

4 Jessica Chesnut, "How the Cobb 500 Changed the US Market", Poultry Site, October 21, 2008, www.thepoultrysite.com/articles/1200/how-the-cobb-500-changed-the-us-market.

5 Oklahoma Cooperative Extension Service, "Beef, Pork, and Poultry Industry Coordination", Pig Site, www.thepigsite.com/articles/?Display=1265.

6 C. Robert Taylor, "The Many Faces of Power in the Food System", presentation at the DOJ/FTC Workshop on Merger Enforcement, FTC, Washington, DC, February 17, 2004, 5.

7 C. Robert Taylor and David A. Domina, "Restroing Economic Health to Contract Poultry Production", May 13, 2010, ocm.srclabs.com/wp-content/uploads/2012/02/dominareportversion2.pdf.

8 "Testimony (Draft) of Scott Hamilton, Poultry Grower, Phil Campbell, Alabama", before the Committee on Agriculture, Natrition, and Forestry, U.S. Senate Hearing on Economic Challenges and Opportunities Facing American Agricultural Producers Today, April 18, 2007, www.rafiusa.org/docs/hamiltontestimony.pdf.

9 Rural Advancement Foundation International-USA, "Farmers Trapped by Debt and Unfair Contracts", fact sheet, www.rafiusa.org/docs/hamiltontestimony.pdf.

10 로버트 테일러 박사와의 인터뷰, 2011. 8. 16.

11 Ibid.

12 Ibid.

13 "Testimony (Draft) of Scott Hamilton."

14 Ibid.

15 Valerie Ruddle과의 인터뷰, 2011. 8. 25.

16 Ibid.

17 Ibid.

18 Ibid.

19 Valerie Ruddle, testimony, Poultry Workshop, Agriculture and Antitrust Enforcement Issues in Our 21st Century Economy: Margins, DOJ and USDA Public Workshops Exploring Competition Issues in Agriculture, USDA, Washington, DC, December 8, 2010.

20 발레리 러들과의 인터뷰.

21 Ibid.

22 Ibid.

23 James M. MacDonald and William D. McBride, "The Transformation of U.S. Livestock Agriculture: Scale, Efficiency, and Risks", USDA ERS, Economic Information Bulletin No. 43, Jauary 2009, 25; Mary Hendrickson and Bill Heffernan, "Concentration of Agricultural Markets", Department of Rural Sociology, University of Missouri-Columbia, April 2007, 7.

24 USDA ERS, "Consumer-Driven Agriculture", AmberWaves, November 2003, www.ers.usda.gov/amberwaves/november03./features/supplypushdemandpull.htm.

25 Shady Land Poultry Farm, "A History Worth Repeating", hcfam.com/A%20History%20%Worth%20Repeating.htm.

26 Steve W. Martinez, "The Role of Chaning Vertical Coordination in the Broiler and Pork

Industries", USDA ERS, Agricultural Economics Report No. AER777, April 1999.

27 USDA ERS, "Consumer-Driven Agriculture."

28 John Hurdle, "Chickens Play a Big Role in Demarva Economy, History", DFM News, May 1, 2012, www.delawarefirst.org/13455-chickens-play-big-role-delmarva-economy-history/.

29 Kay Doby, testimony, Roundtable Discussion on Poultry Grower Issues, Agriculture and Antitrust Enforcement Issues in Our 21st Century Economy, DOJ and USDA Public Workshops Exploring Competition in Agriculture, Alabama A&M University, Normal, AL, May 21, 2010.

30 Taylor and Domina, "Restoring Economic Health."

31 Ibid.

32 "Oklahoma Growers Win Verdict Against Tyson", Agweek, April 5, 2010, www.agweek.com/event/article/id16076/.

33 Associated Press, "Okla. Supreme Court Overturns $10M Tyson Verdict", March 7, 2012, ap.thecabin.net/pstories/state/ar/20120306/965234590.shtml.

34 Feed Marketing and Distribution 2010 Reference Issue, September 15, 2010, 4.

35 Simon Shane, "2008 Egg Industry Survey", Watt Egg Industry 114, no. 3 (March 2009).

36 John R. Wilke, "Federal Prosecutors Prob Food-Price Collusion", Wall Street Journal, September 23, 2009, online.wsj.com/article/SB12213370781365931.html.

37 Carole Morison with Polly Walker, "Organizing for Justice: DelMarVa Poultry Justice Alliance", Lecture 7, Johns Hopkins Bloomberg School of Public Health, July 2002.

38 Ibid.

39 Ibid.

40 UFCW, "Injury and Injustice-America's Poultry Industry", fact sheet, www.ufcw.org/press_room/fact_sheets_and_backgrounder/poultryindustry_cfm?&bsuppresslayout=1.

41 Kristin Kloberdanz, "Poultry Workers", Health Day, March 21, 2012, comsumer.healthday.com/encyclopedia/article.asp?AID=646575.

42 Jeffrey S. Passel, "Background Briefing Prepared for Task Force on Immigration and Amerca's Future", Pew Hispanic Center, June 14, 2005, 27.

43 UFCW, "Injury and Injustice."

44 Kloberdanz, "Poultry Workers."

45 Karl Webert ed., Food, Inc.: A Participant Guide: How Industrial Food Is Making Us Sicker, Fatter, and Poorer-And What You Can Do About It (New York: Public-Affairs, 2009), 67~78. 《식품주식회사》, 따비, 2010.

46 Emanuella Grinberg, "Humane Society Accuses Top Turkey Hatchery of Abuse", CNN, November 24, 2010, artticles.cnn.com/2010-11-24/us/humane.society.hatcher.probe_1_animal-welfare-turkey-industry-animal-rights-group?_s=PM:US.

47 Ibid.

48 Kate Shatzki, "Chicken Industry Regulators Ask Congress to Raise Budget", Baltimore Sun, March 4, 1999.

11 우유 쥐어짜기

1 Wisconsin Family Farm Defenders, "Citizens Mark the Opening Day of the World Dairy Expo with a Speak Out Against Taxpayer Subsidized Factory Farm Expansion in Wisconsin", press release, September 28, 2010, familyfarmers.org/?page_id=62.

2 Mary Henderickson et al., "Executive Summary: Consolidation in Food Retailing and Dairy: Implications for Farmers and Consumers in a Global Food System", report to the National

Farmers Union, Departyment of Rural Sociology, University of Missouri-Columbia, January 8, 2001. 이들 연구자가 쓴 이 기념비적인 저작으로부터 이 장을 쓰는 데 필요한 중요한 정보를 얻었다.

3 Ibid.

4 USDA, "Economic Effects of U.S. Dairy Policy and Alternative Approaches to Milk Pricing", report to U.S. Congress, July 2004, 17-18; USDA National Agricultural Statistics Service (NASS), Agricultural Statistics Database, www.nass.usda.gov/Quick Stats (accessed August 5, 2008).

5 NASS, Agricultural Statistics Database.

6 Dennis A. Shields, "Consolidation and Concentration in the U.S. Dairy Industry", Congressional Research Service, April 27, 2010.

7 James M. MacDonald and William D., McBride, "The Transformation of U.S. Livestock Agriculure: Scale, Efficiency, and Risks", USDA ERS, Economic Information Bulletin No. 43, January 2009.

8 USDA, "Diary 2007. Part 1: Reference of Dairy Cattle Health and Management Practice in the United States, 2007", October 2007, 79.

9 Lauren Etter, "Manure Raises a New Stink", Wall Street Journal, March 25, 2010.

10 Ibid.; Lauren Etter, "Burst Manure Bubble Causes Big Stink, but No Explosions", Wall Street Journal, April 1, 2010.

11 Etter, "Burst Manure Bubble."

12 Ron Cassie, "Walkersville, Farm Settle over Spill", Frederick News Post (MD), October 14, 2009; Jeremy Hauck, "Lawsuits Loom Large in Walkersville, Thurmont", Maryland Gazette, January 1, 2009.

13 Paul Walsh, "Manure Spill Closes State Park's Beach", Minneapolis Star Tribune, May 22, 2009; Madeleine Baran, "Dairy Fine $10K After Burst Manure Pipe Contaminates Swimming Area", Minnesota Public Radio, September 29, 2009.

14 이 정보는 농무부의 1997, 2002, 2007년 농업센서스(Censuses of Agriculture) 보고서와 데이터를 이용해 푸드앤워터워치가 분석한 내용에 기반을 두고 있다.

15 사람의 폐기물 생산량과 가축의 폐기물 생산량은 다음의 환경보호청 보고서 수치를 기반으로 푸드앤워터워치가 계산한 것이다.: "Risk Assessment Evaluation for Concentrated Animal Feeding Operations", EPA/600/R-04/042, May 2004, 9. 사람은 평균적으로 1년에 83킬로그램의 분뇨를 생산하는 반면, 젖소는 생체중(live weight) 1,000파운드당(453킬로그램, 젖소 가축단위 1단위) 13.6톤을 생산한다. 평균적인 사람에 비해 젖소 가축 단위당 분뇨 생산량이 163.9배 많은 것이다. 푸드앤워터워치는 163.9에 각 카운티 별로 젖소 사육두수 500마리 이상인 축산 시설에서 사육되는 젖소의 동물 단위를 곱해서 분뇨량을 계산한 뒤 이 값을 각 도시의 배출량과 비교했다. 환경보호청 보고서들에는 "1,000 가축 단위를 보유한 낙농 집중가축사육시설은 인구 164,000명의 도시에 상응한다"라고 나와 있다. 이는 푸드앤워터워치의 계산치에 부합한다. 인간의 1인당 평균 오물 배출량에 각 대도시권 인구에 대한 통계국의 추정치를 곱해서 각 대도시권의 오물 배출량을 계산했다. U.S. Census Bureau, "Annual Estimates of the Population of Metropolitan and Micropolitan Statistical Areas: April 1, 2000 to July 1, 2009", CBSA-EST209-01.

16 NASS, Agricultural Statistics Database.

17 Alden C. Manchester and Con P. Blayney, "The Structure of Dairy Markets: Pst, Present, Future", Commercial Agriculture Division, USDA ERS, Agricultural Economic Report No. 757, September 1997, 43.

18 Hendrickson, "Consolidation in Food Retailing and Dairy", 7.

19 Joel Greeno, testimony, Dairy Workshop, Agriculture and Antitrust enforcement Issues in Our 21st Century Economy, DOJ and USDA Public Workshops Exploring Competition Issues in Agriculture, University of Wisconsin-Madison, June 24, 2011, available at armppa.webs.com/

information.htm.

20 American Antitrust, "Chapter 8: Fighting Food Inflation Through Competition", Transition Report on Competition Policy, 2009, 300.

21 "USDA Report to Congress on the National Dairy Promotion and Research Program and the National Fluid Milk Processor Promotion Program", 2004, 21, www.ams.usda.gov/AMSv.1.0/getfile?dDocName=STELDEV3099993.

22 Dean Foods Co. 10-! SEC Filing, 2002, Item 2.

23 A. Cheng, "Dean Foods Cuts 2007 Forecast on Milk Price", MarketWatch, June 12, 2007.

24 C. Scott, "Organic Milk Goes Corporate", Mother Jones, April 26, 2006.

25 B. Silverstein, "Silk Soymilk: Smooth", Brand Features: Profile", Brand channel.com, December 31, 2007.

26 Michael Ollinger et al., "Effect of Food Industry Mergers and Acquisitions on Employment and Wages", USDA ERS, Economic Research Report No. 13, 2005, 17.

27 "Statement of James 'Jim' W. Miller, Under Secretary for Farm and Foreign Agricultural Services, U.S. Department of Agriculture, Washington, D.C.", Hearing to Review Economic Conditions Facing the Dairy Industry, Hearings Before the Subcommittee on Livestock, Dairy, and Poultry of the Committee on Agriculture, U.S. House of Representatives, 111th Cong., 1st sess., July 14, 2009.

28 "Statement of Scott Hoese, President, Carver County Farmers Union, Dairy Farmer, Mayer, MN; On Belaf of National Farmers Union", Hearings Before the Subcommittee on Livestock, Dairy, and Poultry of the Committee on Agriculture, U.S. House of Representatives, 111th Cong., 1st sess., July 21, 2009.

29 Letter from Warren Taylor to Friends of Snowville Creamery, 날짜 미상.

30 David Domina and C. Robert Taylor, "The Debilitating Effects of Concentration in Markets Affecting Agriculture", Organization for Competitive Markets, September 2009.

31 Eric Palmer, "Dairy Co-op, Former Execs Fines $12 Million in Price Manipulation Case", Kansas City Star, December 16, 2008.

32 U.S. Government Accou8ntability Office (GAO), "Spot Cheese Market: Market Oversight Has Increased, but Concerns Remain About Potential manipulation", 2007.

33 Greeno, testimony.

34 GAO, "Spot Cheese Market."

35 John Bunting, "Dairy Farm Crisis 2009: A Look Beoynd Conventionalk Analysis", report, March 2009, midmddairyvets.com/docs/DairyFarmCrisis209-1.pdf.

36 Ibid.

37 "Statment of Joaquin Contente, President, California Farmers Union, Hanford, CA: On behalf of National Farmers Union", Hearings Before the Subcommittee on Livestock, Dairy, and Poultry of the Committee on Agriculture, U.S. House of Representatives, 111th Cong., 1st sess., July 28, 2009.

12 생명의 상업화: 생명과학 기업의 탄생

1 "Herbert Bpoyer: Biotechnology", Who Made America?, PBS, www.pbs.org/wgbh/theymadeamerica/whomade/boyer_hi.html.

2 Recombinant DNA Research at UCSF and Commercial Application at Genentech", University of California, San Francisco, Oral History Program and the Program in the History of the Bioological Sciences and Biotechnology, Brancroft Library, University of California, Berkeley,

2001, archieve.org/details/dnaresearchucsf00boyerich.

3 Ibid.

4 Tom Abate, "The Birth of Biotech: How the Germ of an Idea Became the Genious of Genentech", San Francisco Chronicle, April 1, 2001.

5 Ibid.

6 Martin Kenney, Biotechnology: The University-Industrial Complex (New Haven, CT: Yale University Press, 1986).

7 Andy Fell, "Nothing Ventured, Nothing Gained-Biotech Startup Illustrates Campus's Shift in Attitude", UC Davis News and Information, April 3, 2004, dateline.ucdavis.edu/dl_detail.lasso?id=7755.

8 Ibid.

9 Belinda Martineau, First Fruit: The Creation of the Flavr Savr Tomato (New York: McGraw-Hill, 2001).

10 Ibid.

11 Ibid.

12 Sonla Panse, "History of the Genetically Engineered Tomato", ed. Paul Arnold, Bright Hub, May 22, 2011, www.brighthub.com/science/genetics/articles/27236.aspx.

13 Bryan Bergeron and Paul Chen, Biotech Industry: A Global, Economic, and Financing Overview (Hoboken, NJ: John Wiley & Sons, 2004), 101.

14 "Business: More for Monsanto", Time, May 18, 1936.

15 Vandana Shniva, Stolen Harvest: The Hijacking of the Global Food Supply (Boston: South End Press, 2000), 31.《누가 세계를 약탈하는가》, 울력, 2003.

16 A. V. Krebs, "The Seed Patenters: Biotech Giants Force Farmers into Lockstep", Progressive Populist, July 1998.

17 Ibid.

18 Ibid.

19 Interview with Vandana Shiva, "The Role of Patents in the Rise of Globalization", New Delhi, India, August 27, 2003.

13 다윗과 골리앗

1 Clive James, "ISAAA Brief 42-2010: Global Status of Commercialized Biotech/GM Crops: 2010", International Service for the Acquisition of Agri-biotech Applications (ISAAA), 2011, 7.

2 Ibid., Executive Summary, Table 1.

3 USDA, Office of Inspector General, Southwest Region, "USDA's Role in the Export of Genetically Engineered Agricultural Commodities", Audit Report No. 50601-14-Te, February 2009, 7; USDA ERS, "Adoption of Genetically Engineered Crops in the U.S.", from corn and soybean spreadsheets, updated july 1, 2011, www.ers.usda.gov/Data/BiotechCrops (accessed July 6, 2011).

4 Lawrence Gilbert, "Howard Schneiderman, 1927~1990", in Biographical Memoirs, vol. 63 (New York: National Academy of Science, 1994), 481~494.

5 Daniel Charles, Lords of the Harvest (New York: Basic Books, 2001), 7~10.

6 Gilbert, "Howard Schneiderman", 495~496.

7 Charles, Lords of the Harvest, 26~27.

8 리프킨이 받은 상을 보고 싶으면 다음을 참조하라.: foet.org/img/University%20Off%20Pennsylvania%20Student%20Award%20of%20Mert.jpb.

9 Charles, Lords of the Harvest, 26~27.

10 Ibid., 28.

11 Ibid.

12 Daniel J. Kevles, "Protections, Privileges, and Patents: Intellectual Property in American Horticulture, the Late Nineteenth Century to 1930", Proceedings of the american Philosophical Society 152, no. 2 (June 2008): 209~212, www.amphilsoc.org/sites/default/files/15202204.pdf.

13 Charles, Lords of the Harvest, 28.

14 Kurt Eichenwald, Gina Kolata, and Melody Petersen, "Biotechnology Food: From the Lab to a Debacle", New York Times, January 25, 2001.

15 Karen Kaplan, "New Biotech Policy Could Aid Mit", The Tech, March 6, 1992, tech.mit.edu/V112/N11/biotech.11n.html.

16 "Open Letter from Monsanto CEO Robert B. Shapiro to Rockefeller Foundation President Gordon Conway and Others", October 4, 1999, www.monsanto.com/newsviews/Pages/monsanto/ceo-to-rockefeller-foundation-president-gordon-conway-terminator-technology.aspx.

17 레베카 스펙터와의 전화 인터뷰, 2011. 10. 15.

18 U.S. General Accounting Office (GAO), "Genetically Modified Foods: Experts View Regimen of Safety Tests as Adequate, but FDA's Evaluation Process Could Be Enhanced", report to Congressional Requesters, GAO-02-566, 2002, 30.

19 USDA ERS, "Adoption of Genetically Engineered Crops in the U.S."

20 Policy STatement: Foods Derived from New Plant Varieties, 57 Fed Reg, 22984 (May 29, 1992), 1.

21 Premarket Notice Concerning Bioengineered Foods, 66 Fed. Reg. 4706 (January 18, 2001).

22 Pew Initiative on Food and Biotechnology, "Guide to U.S. Regulation of Genetically Modified Food and Agricultural Biotechnology Products", September 2001, 19~20.

23 Ibid., 20.

24 FDA, GRAS Notice Inventory, accessed April 28m, 2011. 푸드앤워터워치에 저장된 데이터. 다음에서 이용할 수 있다. : www.accessdata.fda.gov/scripts/fcn/fcnNavigation.cfm?rpt=grasListing.

25 Food Additive Petitions, 21 CRF 171.1(c).

26 Determination of Food Additive Status, 21 CRF 170.38/(c).

27 Premarket Notice Concerning Bioengineered Foods, 66 Fed. Reg. 4708 (January 18, 2001); Pew Initiative on Food and Biotechnolgy, "Guide to U.S. Regulation", 21.

28 EPA, "Concerning Dietary Exposure to CRY9C Protein Produced by Starlink: Corn and the Potential Risks Associated with Such Exposure", draft white paper, October 162007, 9.

29 Emma Young, "GM Pea Causes Allergic Damage in Mice", New Scientist, November 21, 2005.

30 EPA, "Concerning Dietary Exposure", 7.

31 Andrew Pollack, "Crop Scientists Say Biotechnology Seed Companies Are Thwarting Research", New York Times, February 20, 2009.

32 Joel Spiroux de Vendomois et al., "A Comparison of the Effects of Three GM Corn Varieties on Mammalian Health", International Journal of Biological Sciences 5, no. 7 (2009): 716~718.

33 Manuela Malatesta et al., "Ultrastructural Morphometrical and Immunocytochemical Analyses of Hepatocyte Nuclei from Mice Fed on Genetically Modified Soybean", Cell Structure and Function 27, no. 5 (2002): abstract.

34 Gilles-Eric Seralini, Dominique Cellier, and Joel Spiroux de Vendomois, "New Analysis of a Rat Feeding Study with a Genetically Modified Maize Reveals Signs of Hepatorenal Toxicity", Archives of Environmental Contamination and Toxicology 52, no. 4 (2007): 596, 601.

35 B. Cisterna et al., "Can a Genetically-Modified Organism-Containing Diet Influence Embryo Development?: A preliminary Study on Pre-implantation Mouse Embryos", European Journal of Histochemistry 52, no. 4 (2008): 263.

36 Antonella Agodi et al., "Detection of Genetically Modified DNA Sequences in Milk from the Italian Market", International Journal of Hygiene and Environemntal Health 209, no. 1 (January 10, 2006): abstract.

37 Alejandra Paganelli et al., "Glyphosate-Based Herbicides Produce Teratogenic Effects on Vertebratges by Impairing Reinoic Aid Signaling", Chemical Research in Toxicology 23 no. 10 (2010): 1586.

38 Nora Benachour and Gilles-Eric Seralini, "Glyphosate Formulations Induce Apoptosis and Necrosis in Human Umbilical, Embryonic, and Placental Cells", Chemical Research in Toxicology 22, no. 1 (2009): 97.

39. Arnold L. Aspelin, "Pesticides Industry Sales and Usage: 1994 and 1995 Estimates", EPA, August 1997, Table 8; Arthur Grube et al., "Pesticides Industry Sales and Usage: 2006 and 2007 Market Estimates", EPA, February 2011, Table 3.6.

40 Committee on the Impact of Biotechnology on Farm-Level Economics and Sustainability, National Research Council, The Impact of Genetically Engineered Crops on Farm Sustainability in the United States (Washington, DC: National Academies Press, 2010), 4, 13~14. 미국 내 잡초 품종 중 최소 8개가 글리포세이트에 내성을 갖고 있는 것으로 확인되었다(세계적으로는 15개). 여기에는 작물 경작지의 공격적인 잡초인 돼지풀, 쇠뜨기말, 물대마 등이 있다. 2009년 퍼듀대학교에서 수행한 연구에 따르면, 글리포세이트에 내성을 가진 쇠뜨기말이 "처음 발견된 지 약 2년 뒤에는 엄청난 수준에 도달할 수 있는" 것으로 밝혀졌다. 심지어 생명공학 기업인 신젠타는 2013년까지 글리포세이트에 내성을 가진 잡초들이 미국 경작지의 1/4로 확산될 것이라고 예측한다. 퍼듀의 과학자들은 라운드업에 내성을 가진 돼지풀이 옥수수를 죽일 수도 있다고 말한다.

41 Registration of Pesticides, 7 U.S.C. 136a(c)(5); EPA, "FIFRA Amendments of 1988", press release, October 26, 1998, www.epa.gov/history/topics/fifra/01.htm. 푸드앤워터워치에도 있음.

42 Registration of Pesticides, 7 U.S.C. 136a(c)(5).

43 Pesticide Registration and Classification Procedures, 40 CFR 152.1(a).

44 Experimental Use Permits, 40 CFR 172.3(a); Tolerances and Exemptions for Pesticide Chemical Residues in Food, 40 CFR 180; Pesticide Registration and Classification Procedures, 40 CFR 152.1(a); Pew Initiative on Food and Biotechnology, "Guide to U.S. Regulation", 13~14.

45 Permits for the Introduction of a Regulated Article, 7 CFR § 340.4(f)(9) (2008).

46 Permits for the Introduction of Regulated Article, 7 CFR § 340.4(g) (2008).

47 유럽연합 집행위원회가 2010년에 수행한 생명공학 관련 여론 조사 결과에 따르면, 유럽인의 59퍼센트가 유전자 조작 식품이 자신과 가족의 건강에 안전하지 못하다고 생각하고 있으며, 61퍼센트는 유전자 조작 식품의 개발을 장려하지 말아야 한다고 생각한다. 이 같은 의견을 반영해 유럽연합 회원국의 약 1/4이 유전자 조작 식품을 금지한다. 2010년 9월 현재 유럽연합에는 292개 지방정부와 4,713개 지역정부가 유전자 조작 식품을 금하고 있다. 유럽연합의 생명공학 규제는 미국보다 훨씬 더 엄격하다. 소위 예방 원칙에 따라 식품의 상업화 이전에 안전성을 평가한다. 하지만 미국정부와 생명공학업계의 압력으로 유럽연합은 30개 이상의 유전자 조작 식품 판매를 허용했다. 그 대부분은 동물 사료용으로 쓰는 유전자 조작 대두와 옥수수이다. 단 2개 유전자 조작 작물만을 현재 유럽연합에서 허용한다. 유럽연합법은 유전자 조작 성분을 함유한 모든 식품과 사료에 대해 라벨을 부착하도록 하고 있다. 의도치 않게 유전자 조작 성분이 0.9퍼센트 이상 들어간 사료나 식품도 마찬가지다. 하지만 '가공 첨가제'로 간주하는 유전자 조작 상품은 이 라벨링 규정에서 예외다. 치즈 제조에 사용하는 유전자 조작 효소들이 대표적이다.

48 Robert Wisner, "Round-Up2® Ready Spring Wheat: Its Potential Short-Term Impacts on U.S.

Export Markets and Prices", Iowa State University, October 2004, 1; Monsanto, "Frequently Asked Questions about Monsanto and Wheat", www.monsanto.com/products/Pages/wheat-faq.aspx (accessed February 7, 2011).

49 Monsanto Co. and KWS SAAT AG; Determination of Nonregulated Status for Sugar Beet Genetically Engineered for Tolerance to the Herbicide Glyphosate, 70 Fed, Reg. 13007-13008 (March 17, 2005).

50 "Memorandum and Order", Geertson Seed Farms et al. v. USDA, U.S. District Court for the Northern District of California, No. C 06-01075 CRB, February 13, 2007, 1, 3.

51 USDA, "Glyphosate-Tolerant Alfalfa Events J101 and J163: Request for Nonregulated Status", Final Environmental Impact Statement, December 2010, S-39-41.

52 Determination of Regulated Status of Alfalfa Genetically Engineered for Tolerance to the Herbicide Glyphosate; Record of Decision, 76 Fed. Reg. 5780-5781 (February 2, 2011); USDA, "Glyphosate-Tolerant Alfalfa Events J101 and J163: Request for Nonregulated Status", Record of Decision, January 27, 2011, 5, 7~8.

53 Monsanto, "2011 Technology Use Guide", 2011, 7.

54 Union of Concerned Scientists (UCS), "Gone to Seed: Transgenic Contaminants in the Traditional Seed Supply", 2004, 28.

55 Norman Ellstrand, "Going to 'Great Lengths' to Prevent the Escape of Genes That Produce Specialty Chemicals", Plant Physiology, August 2003.

56 Carolyn Dimitri and Lydia Oberholtzer, "Marketing U.S. Organic Foods: Recent Trends from Farms to Consumers", USDA ERS, Economic Information Bulletin No. 57, September 2009, abstract.

57 William D. McBride and Catherine Greene, "A Comparison of Conventional and Organic Milk Production Systems in the U.S.", USDA ERS, prepared for presentation at the American Agricultural Economics Association Annual Meeting, Portland, OR, July 29-August 1, 2007, 13, 17; 미국노동통계청의 소비자물가지수-평균가격 데이터(Consumer Price Index-Average Price Data)에서 가져온 평균소비자물가 데이터를 푸드앤워터워치가 분석한 것; 농가 수취가격은 농무부 농업통계국의 농업 가격 연간 요약(Agricultural Prices Annual Summary)에서 가져왔다.

58 Availability of an Environmental Assessment and Finding of No Significant Impact for a Biological Control Agent for Arundo donax, 76 Fed. Reg. 8708 (February 15, 2011).

59 USDA, "Syngenta Seeds, Inc. Alpha-Amylase Maize Event 3272, Draft Environmental Assessment", November 6, 2008, 34-35; USDA, "National Environmental Policy Act Decision and Finding of No Significant Impact, Syngenta Seeds Inc., Alpha-Amylase Maize Event 3272", 2011, 10.

60 USDA, "Syngenta Seeds", 32~33.

61 Carey Gillam, "Monsanto Launching Its First Biotech Sweet Corn", Reuters, August 4, 2011; USDA, "2007 Census of Agriculture-United States Data", 2009, 35.

62 Jack Kaskey, "Monsanto to Sell Biotech Sweet Corn for U.S. Consumers", Bloombert, August 4, 2011.

14 먹거리의 미래: 공상과학소설이냐 자연이냐

1 David Ewing Duncan, "Craig Venter: The Bill Gates of Artificial Life?", Technology Review, June 13, 2007, www.technologyreview.com/blog/duncan/17623/.

2 "Designing Life: What's Next for J. Craig Venter?", 60 Minutes, CBS News, June 12, 2011, www.cbsnews.com/stories/2011/06/12/60minutes/main20070141.shtml.

3 J. Craig Venter Institute, "About: Biographies: J. Craig Venter", www.jcvi.org/cms/about/bios/jcventer/ (accessed June 20, 2012).

4 Synthetic Genomics, "What We Do: Agricultural Products", www.syntheticgenomics.com/what/agriculture.html (accessed June 20, 2012).

5 Jim Thomas, "The Sins of Syn Bio", Slate, February 2, 2011, www.slate.com/articles/technology/future_tense/2011/02/the_sins_of_syn_bio.html.

6 Vitor Martins dos Santos, "Synthetic Biology in Food & Health", Systems and Synthetic Biology, Wageningen University, undated, 36.

7 Woodrow Wilson International Center for Scholars, "Trends in Syunthetic Biology Research Funding in the United States and Europe", Research Brief 1, June 2010.

8 Ibid.

9 BioBrick Foundation, "About: Board of Directors", biobricks.org/about-foundation/board-of-directors/.

10 Rebecca Cathcart, "Designer Genes", Good, March 20, 2008, www.good.is/post/designer_genes.

11 BioBricks Foundation, "SB 5.0: The Fifth International Meeting on Synthetic Biology", June 15-17, 2011, sb5.biobricks.org/fioles/sb5-program-book-v3.pdf.

12 Science Cheerleader, "About Us: Darlene Cavalier", www.sciencecheerleader.com/about-us/darlene-cavalier/.

13 Allison A. Snow, "Risks of Environmental Release of Synthetic CEOs", invited presentation for the Presidential Commission for the Study of Bioethics, July 8, 2010, 2~3.

14 John Beddington, Government Chief Scientific Advisor, "Key Issues in Agriculture Science", Frank Parkinson Lecture, Oxford Farming Conference, January 5, 2010, www.ofc.org.uk/files/ofc/papers/2010beddingtonpaper.pdf.

15 "Biotech, Nanotech and synthetic biology Roles in Future Food Supply Explored", Science Daily, February 25, 2010, www.sciencedaily.com/release/2010/02/100221143238.htm.

16 Friends of the Earth, "Out of the Laboratory", 20.

17 International Center for Technology Assessment, "Citizen Petition for Rule-making to the United States Environmental Protection Agency", 2008, 10.

18 Friends of the Earth, "Out of the Laboratory", 20.

19 M.C. Roco, "Broader Societal Issues of Nanotechnology", Journal of Nanopaticle Research 5 (2003): 182.

20 Wenjuan Yang et al., "Food Storage Material Silver Nanoparticles Interfere with DNA REplicationo Fidelity and Bind with DNA", Nanotechnoloogy, February 2, 2009.

21 Louise Gray, "Chief Scientist Says GM and Nanotechnolgy Should Be Part of Modern AGriculture", The Telegraph, January 6, 2010, www.telegraph.co.uk/earth/earthnews/6943231/Chief-scientist-says-GM-and_nonotechnology-should-be-part-of-modern-agriculture.html.

22 National Nanotechnology Initiative, "Supplement to the President's FY 2010 Budget", 2009, 3.

23 Project on Emerging Nanotechnologies, "Consumer Products: An Inventory of Nanotechnology-based Consumer Products Currently on the Market", www.nanotechproject.org/inventories/consumer/.

24 Project on Emerging Nanotechnologies, "New Nanotech Products Hitting the Market at the Rate of 3~4 Per Week", www.nanotechproject.org/news/archieve/6697/.

25. Friends of the Earth, "Out of the Laboratory", appendix A.

26 Ibid., 20.

27 Ibid., 12.

28 Ibid., 55.

29 Barnaby Feder, "Engineering Food at Level of Molecules", New York Times, October 10, 2006.

30 Project on Emerging Nanotechnologies, "Consumer Products."

31 Ibid.

32 Ibid.

33 Friends of the Earth, "Out of the Laboratory", 12.

34 K. Donaldson et al., "Free Radical Activity Associated with the Surface of Particles: A Unifying Factor in Determing Biological Activity?" Toxicology Letters, Novembetr 24, 1997, 89; Rosemary Dunford et al., "Chemical Oxidation and DNA Damage Catayzed by Inorganic Suncreeen Ingredients", FEBS Letters, November 24, 1997, 89.

35 Christie Sayes et al., "Correlating Nanoscale Titania Structure with Toxicity: A Cytotoxicity and Inflammatory Response Study with Human Dermal Fibroblastys and Human Lung Epithelial Cells", Toxicological Sciences, April 2006, Conclusions.

36 Craig Poland et al., "Carbon Nanotubes Introduced into the Abdominal Cavity of Mice Show Asbestos-like Pathogenicity in a Pilot Study", Nature Nanotechnology, May 20, 2008.

37 National Institutes of Health, National Center for Complementary and Alternative Medicine, "Backgrounder on Colloidal Silver Proudcts", nccam.nih.gov/health/silver/.

38 J. Wang et al., "Acute Toxicity and Biodistribution of Different Sized Titanium Dioxicde Particles in Mice After Oral Administration", Toxicology Letters, December 2006, Conclusion.

39 "Silver Nanoparticles May Be Killing Beneficial Bacteria in Wastewater Treatment", Nanotechnology Business Journal, May 12, 2008.

40 L. Yang et al., "Particle Surface Characteristics May Play an Important Role in POhytotoxicity of Alumina Nanoparticles", Toxicology Letters, March 2005, 122~132.

41 Federicia Gillian et al., "Toxicity of Titanium Dioxide Nanoparticles to Rainbow Trout (Oncorhynchus mykiss): Gill injury, Oxidative Stress, and Other Physiological Effects", Aquatic Toxicology, October 30, 2007, abstract.

42 Food & Water Watch, "Food and Agriculture Biotechnology Industry Spends More Than Half a Billion Dollars to Influence Congress", Issue Brief, 2010, 1.

43 Doug Gurian-Sherman, "Failure to Yield: Evaluating the Performance of Genetically Engineered Crops", Union of Concerned Scientists, 2009.

44 Veterinary Medicine Advisory Committee, "Briefing Packet: AquAdvantage Salmon", FDA Center for Veterinary Medicine, September 20, 2010 (prereleased September 3, 2010), 108.

45 Ibid., 30, 88~89.

46 Julie Nordlee et al., "Identification of a Brazil-Nut Allergen in Transgenic Soybenas", New England Journal of Medicine, March 14, 1996.

47 Irina Ermakova, "Genetically Modified Organisms Could Be Real Threat to the Life (Reply to ACNFP on the 'Statement on the Effect of GM Soy on New-born Rats')", Annex 2 to ACFNP/80/8, Advisory Committee on Novel Foods and Processes, September 18, 2006, www.food.gov.uk/multimedia/pdfs/acnfp8008gmsoya.pdf.

48 Manuela Malatesta et al., "Ultrastructrral Morphometr5ical and Immunocytochemical Analysis Hepatocyte Nuclei from Mice Fed on Genetically Modified Soybean", Cell Structure and Function 27, no. 5 (2002).

49 Gilles-Eric Seralini, Dominique Cellier, and Joel Spiroux de Vendomois, "New Analysis of a Rat Feeding Study with a Genetically Modified Maize Reveals Signs of Hepatorenal Toxicity", Archives of Environmental Contamination and Toxicology 52, no. 4 (2007).

50 Antonella Agodi et al., "Detection of Genetically Modified DNA Sequences in Milk from the Italian Market", International Journal of Hygiene and Environmental Health 209, no. 1 (January 10, 2006).

51 William Muir4 and Richard Howard, "Possible Ecological Risks of Transgenic Organism Release When Transgenes Affect Mating Success: Sexual Selection and the Trojan Gene Hypothesis", Ecology, November 23, 1999.

52 "100,000 Salmon Escape", Fish Site, March 12, 2010, www.thefishsite.com/fishnews/11892/100000-salmon-escape.

53 R. Naylor et al., "Fugitive Salmon: Assessing the Risks of Escaped Fish from Net Pen Aquaculture", Bioscience, May 2005, Introduction.

54 Ibid.

55 Dita De Boni, "'Frankenfish' Programme Canned", New Zealand Herald, February 25, 2000.

56 Margot Roosvelt, "Would You Eat a Clone?", Time, June 13, 2005.

57 Renuka Rayasam, "Horse Is a Champ-It's in the Genes", Austin-American Statesman, March 31, 2006.

58 Anne Eisenberg, "Hello Kitty, Hello Clones", New York Times, May 28, 2005.

59 Paul Elias, "Engineered Swine Rich in Omega-3", Monterey Country Herald, March 27, 2006.

60 H. Tamada and N. Kikyo, "Nuclear Reprogramming in Mammalian Somatic Cell Nuclear Cloning", Cytogenic and Genome Research 105 (2004): 285~291.

61 G. Vatija, "Handmade Cloning-Summary", unpublished, 2004, 다음에서 재인용 : "The Science and Technology of Farm Animal Cloning: A Review of the State of the Art of the Science, the Technology, the Problems and the Possibilities", report from the project Cloning in Public, Danish Centre for Bioethics and Risk Assessment; J.P. Renard et al., "Lymphoid Hypoplasia and Somatic Cloning", The Lancet 353 (May 1999) 1489-91 다음에서 재인용 : Joyce D'Silva, "Farm Animal Cloning from an Animal Welfare Perspective", Compassion in World Farming, www.ciwf.org.

62 P. Chavatte-Palmer et al., "Health Status of Cloned Cattle at Different Ages", Cloning and Stem Cells 6, no. 2 (June 2004): 94-100, 다음에서 재인용 : "Science and Technology of Farm Animal Cloning."

63 "Even the Few That Make It Are Abnormal", BioWorld Today, October 14, 2005.

64 Jeffrey Bartholet, "When Will Science Grow Meat in a Petri Dish?", Scientific American, May 17, 2011, www.scientificamerican.com/article.cfm?id=inside-the-meat-lab.

65 Ibid.

66 Michael Specter, "Test-Tube Burgers", New Yorker, May 23, 2011.

67 Ibid., 32.

68 Ibid., 37.

15 정치적으로 먹고 정치적으로 행동하자

1 Shonna Dreier and Minoo Taheri, "Innovative Medels: Small Grower and Retail Collabrations, Part B-Balls Food Stores' Perspective", Wallace Center of Windrock International, June 2009, 4, available at ngfn.org/resources/research-1/innovative-models/Balls%20Food%20Stores%20Innovative%20Model.pdf.

1 Mabel Dobbs, Livestock Committee Chair for the Western Organization of Resource Councils, statement in response to USDA's final submission of Grain Inspection Packers and Stockyards Administration rule, November 4, 2011, worc.org/userfiles/file/livestock/ Unde%$20Preference/WORC_statement_rule_11_04)11.pdf.

2 Jim Goodman, "Occupy the Food System", Other Words, December 12, 2011, available at www. commondreams.org/view/2011/12/12-0.

3 Congressional Budget Office, "Trends in the Distribution of Household Income Between 1979 and 2007", Washington, DC, October 2010, cbo.gov/ftpdocs/124xx/doc12485/10-25-Householdincome.pdf.

4 Mark Winne, "Food Bank Speech-May 15, 2008-Seattle, WA: Leading the Charge, Leading the Change", June 21, 2008, www.markwinne.com/food-bank-speech-may-15-2008-seattle-wa/.

5 Mark Winne, "High Food Prices-Just Another Bad Day in the Food Line", May 11, 2008, www. markwinne.com/52.

6 Warren Buffett, "Stop Coddling the Super-Rich", op-ed, New York Times, August 14, 2011.

7 "Executive Summary: Food for Thought: Television Food Advertising to Children in the United States", Henry J. KIaiser Family Foundation, March 2007, www.kff.org/entmedia/ upload/7618ES.pdf.

8 Marion Nestle, "The Food Industry Vs. Nutrition Standards: A First Amendment Issue?" Food Politics, September 6, 2011, www.foodpolitics.com/2011/09/the-food-industry-vs-nutrition-standards-a-first-amendment-issue/.

9 Jay Wallijasper, "Twelve Reasons You'll Hear More About the Commons in 2012", Huffington Post, January 6, 2012.

10 Maude Barlow, "Our Commons Future Is Already Here", Commons Magazine, October 12, 2010.

Araz, Mark, and Rick Wartzman. The King of Cotton: J.G. Boswell and the Making of an Secret American Empire. New York: PublicAffairs, 2003.

Barlow, Maude. Blue Covenant: The Global Water Crisis and the Coming Battle for the Right to Water. New York: New Press, 2007.《물은 누구의 것인가 : 물 권리 전쟁과 푸른 서약》, 한국방송통신대 학교출판부, 2009

Bergeron, Bryan, and Pau Chen. Biotech Industry: A Global, Economic, and Financing Overview. Hoboken, NJ: John Wiley & Sons, 2004.

Charles, Daniel. Lords of the Harvest: Biotech, Big Money, and the Future of Food. New York: Basic Books, 2001.

Cochrane, Willard, The Curse of American Agricultural Abundance: A Sustainable Solution. Lincoln: University of Nebraska Press, 2003.

Conkin, Paul. Revolution Down on the Farm: The Transformation of American Agriculture Since 1929. Lexington: University Press of Kentucky, 2009.

Fromartz, Samuel. Organic, Inc.: Natural Foods and How They Grew. Orland, FL: Harcouret, 2006.

Green, Dorothy. Managing Water: Avoiding Crisis in California. Berkeley: University of California Press, 2007.

Hauter, Wenonah. Zapped! Irradiation and the Death of Food. Washington, DC: Food & Water Watch, 2008.

Kaufman, Frederick. A Short History of the American Stomach. Orlando, FL: Houghton Mifflin Harcouret, 2008.

_____ , "The Food Bubble: How Wall Street Starved Millions and Got Away with It." Harper's Magazine, July 2010.

Kenney, Martin. Biotechnology: The University-Industrial Complex. New Haven, CT: Yale University, 1986.

Kimbrell, Andrew. The Fatal Harvest Reader: The Tragedy of Industrial Agriculture. Washington, DC: Island Press, 2002.

Krebs, AL. The Corporate Reapers: The Book of Agribusines. Washington, DC: Essential Books, 1992.

Lappe, Anna. Diet for a Hot Planet: The Climate Crisis at the End of Your Fork and What You Can Do About It. New York: Bloomsbury USA, 2010.《지구를 위한 다이어트 혁명 : 오늘 하루 당신은 얼마나 많은 석유를 먹었습니까?》, 이후, 2011.

Lappe, Francis Moore, and Anna Lappe. Hope's Edge: The Next Diet for a Small Planet. New York: Jeremy P. Tarcher/Putnam, 2002.《희망의 경계 : 풍요로운 세계에서의 빈곤과 굶주림의 역설》, 이후, 2005.

Martineau, Belinda. First Fruit: The Creation of the Flavr Savr Tomato and the Birth of Biotech Food. New York: McGraw-Hill, 2001.

McCune, Wesley. The Farm Bloc. New York: Greenwood Press, 1968.

_____, Who's Behind Our Farm Policy? New York: Praeger, 1956.

McMillan, Tracie. The American Way of Eating: Undercover at Walmart, Applebee's Farm Fiels, and the Dinner Table. New York: Scribner, 2012.

Nestle, Marion, Food Politics: How the Food Industry Influences Nutrition and Health. Berkeley: University of California Press, 2007.《식품 정치》, 고려대학교출판부, 2011.

Patel, Raj. Stuffed and Starved: The Hidden Battle for the World Food System. New York: Meville House. 2008.《식량전쟁 : 배부른 제국과 굶주리는 세계》, 영림카디널, 2008.

Peek, George Nelson. Equality for Agriculture. Moline, IL: H. W. Harrington, 1992.

Ray, Daryll E., et al. "Rethinking US Agriculture Policy: Changing Course to Secure Farmers Future", Agricultural Policy Analysis Center, University of Tennessee, September 2003.

Schlosser, Eric. Fast Food Nation: The Dark Side of the All-American Meal. New York: HarperPerennial, 2005. 〈패스트푸드의 제국 : 패스트푸드가 당신의 생명을 노린다〉에크리브르, 2001.

Shiva, Vandana, Stolen Harvest: The Hijacking of the Global Food Supply. Boston: South End Press, 2000. 〈누가 세계를 약탈하는가〉 울력, 2003.

Simon, Michele. Appetite for Profit: How the Food Industry Undermines our Health and How to Fight Back. New York: Nation Books, 2006.

Sinclair, Upton, The Jungle. New York: Doubleday, Page & Co., 1906.《정글》, 페이퍼로드, 2009.

Stoll, Steven. The Fruits of Natural Advantage: Making the Industrial Countryside in California. Berkeley: University of California Press, 1998.

Wallijasper, Jay, and On the Commons. All That We Share: How to Save the Economy, the Environment, the Internet, Democracy, our Communities, and Everything Else That Belongs to All of Us. New York: The New Press, 2011.《우리가 공유하는 모든 것 : 세상을 바꾸는 새로운 패러다임》, 검둥소, 2013.

Weber, Karl, ed. Food, Inc.: How Industrial Food Is Making Us Sicker, Fatter, and Poorer-and What You Can Do About It. New York: PublicAffairs, 2009.《식품 주식회사》, 따비, 2010.

Winne, Mark, Closing the Food Gap: Resetting the Table in the Land of Plenty. Boston: Beacon Press, 2009.《(정크푸드가 넘쳐나는 세계에서) 협동으로 만드는 먹거리 혁명》, 따비, 2013.

Wise, Tim, "Still Waiting for the Farm Boom: Family Farmers Worse Off Despite High Crop Prices", GDAE Policy Brief 11-01, March 2011.

____ , "Understanding the Farm Problem: Six Common Errors in Presenting Farm Statistics", GDAE Working Paper No. 05-02, March 2005.

____ , and Alicia Harvie. "Boom for Whom? Family Farmers Saw Lower On-Farm Income DEspite High Prices", GDAE Policy Brief 09-02, February 2009.

찾아보기

푸도폴리

1판 1쇄 인쇄 2020년 11월 16일 | **1판 1쇄 발행** 2020년 11월 23일

글쓴이 위노나 하우터 | **옮긴이** 박준식, 이창우

펴낸이 임중혁 | **펴낸곳** 빨간소금 | **등록** 2016년 11월 21일(제2016-000036호)

주소 (01021) 서울시 강북구 삼각산로 47, 나동 402호 | **전화** 02-916-4038

팩스 0505-320-4038 | **전자우편** jioim99@hanmail.net

ISBN 979-11-965859-9-0(03300)

• 책값은 뒤표지에 있습니다.